《任乃强全集》编委会

主　　任　李后强　侯水平

副 主 任　黄立新　刘周远

编　　委　张勋燎　林　向　霍　巍　石　硕　周伟洲　谭继和

　　　　　李明泉　格　勤　降边嘉措　杜永彬　王　川

主　　编　任新建

副 主 编　何　洁

任乃强 ◎ 著

西康图经

任乃强全集【第一卷】

主　编　任新建
副主编　何　洁

四川人民出版社

图书在版编目（CIP）数据

西康图经 / 任乃强著. —成都：四川人民出版社，2021.12

（任乃强全集；第一卷）

ISBN 978-7-220-12479-2

Ⅰ.①西… Ⅱ.①任… Ⅲ.①西南地区－地方志 Ⅳ.①K297

中国版本图书馆CIP数据核字（2021）第257645号

XIKANG TUJING

西康图经

任乃强 著

主　编	任新建
副主编	何　洁

总策划	罗桑道吉
出版人	黄立新
组稿统筹	喻　磊
项目执行	邹　近　章　涛
责任编辑	戴黎莎
装帧设计	戴雨虹
封面画像	蒋骊霄
责任校对	申婷婷
责任印制	祝　健

出版发行	四川人民出版社（成都三色路238号）
网　　址	http://www.scpph.com
E-mail	scrmcbs@sina.com
新浪微博	@四川人民出版社
微信公众号	四川人民出版社
发行部业务电话	（028）86361653　86361656
防盗版举报电话	（028）86361653
照　　排	四川胜翔数码印务设计有限公司
印　　刷	成都东江印务有限公司
成品尺寸	185mm×260mm
印　　张	32
字　　数	590千
版　　次	2021年12月第1版
印　　次	2021年12月第1次印刷
书　　号	ISBN 978-7-220-12479-2
定　　价	2500.00元（全十五卷）

■版权所有·侵权必究

本书若出现印装质量问题，请与我社发行部联系调换

电话：（028）86361656

作者像

1920年任先生北京农业专门学校毕业照

1962年任先生与其子任新建合影

1988年任先生在书房留影

任先生与考古工作者在夏乐湾岩屋前合影

任乃强小传

任乃强(1894—1989),字筱庄,四川南充人。我国现代藏学的开拓者、著名的历史地理学家、民族学家、农经学家、教育家。涉猎广博,著作等身,在多个领域卓有建树。历任重庆大学、华西协和大学(今四川大学华西校区)、四川大学、西南民族学院(今西南民族大学)教授,曾任西南民族事务委员会委员、四川省政协委员、四川省社会科学院特约研究员。

任乃强出生于一个"耕读传家"的农村家庭。幼年时因父亲受牵连入狱,家道败落,幸赖张澜先生将他收入所办公学得以继续求学。因成绩优秀,深受张澜先生赏识。1916 年,由张澜先生资助赴京,考入北京农业专门学校(今中国农业大学)。五四运动中,曾作为学生领袖被捕入狱,后得全国声援,获释复学。1920 年以优异成绩毕业。旋返川,协助张澜先生从事"地方自治"工作,创办四川第一所新型学校——南充中学,任教务主任兼史地教员。1928 年出版了近代首次系统研究巴蜀历史、地理沿革的专著《四川史地——乡土史讲义》。

1929 年,应川康边防总指挥部之邀,首次赴西康考察,以一年时间遍历康定、丹巴、甘孜、瞻对等 11 县。"周历城乡,穷其究竟。无论政治、军事、经济、宗教、民俗、山川风物,以致委巷琐屑鄙俚之事,皆记录之。"相继撰成《西康诡异录》《西康十一县考察报告》等著作。

在这次考察中,任乃强与藏族才女罗哲情错喜结连理。在罗哲情错的协助下,自 1932 年起陆续撰成《西康图经》之《境域篇》《地文篇》《民俗篇》三卷,发表后在国内外受到广泛重视,被誉为"边地最良之新志","开康藏研究之先河",促进了全国藏学和边疆学研究的发展。

1933 年,随张澜先生赴广西等地考察教育、实业。返川后相继任重庆大学农学院教授兼农场部主任、省三中校长。其间发表《四川教育改革刍议》,呼吁改革传统教育,推行学以致用,教学与实践相结合方针,引发全川教育大讨论和川内教改的施行。

1936年，被任命为西康建省委员会委员。再次入康，深入西康各县考察，致力于建立西康省的总体规划和交通、文化建设。1940年，任西康省通志馆筹备主任，撰《西康通志纲要》一卷，编成三卷初稿。其间，遍阅康区旧档和珍贵藏文秘籍，广泛采集康藏民族资料，撰成《康藏史地大纲》，校注藏文史籍《西藏政教史鉴》，发表《吐蕃丛考》等数十篇论文和《泸定导游》《天芦宝札记》等长篇考察报告，主持发掘了王晖石棺等重要文物，发表《樊敏碑考》《芦山汉石图考》等考古论文。

他长期潜心致力于康藏地图之测绘工作，历时15年，以自己步测手绘所得，参以古今、中西、汉藏图籍，于1943年绘成我国第一张《百万分之一康藏标准全图》和西康各县分图，填补了康藏研究中的一大空白。此图作为当时国内外最精确之康藏地图，在解放西藏时被作为进军用图之蓝本。

1943年，受华西协和大学之聘，任社会系教授兼华西边疆研究所研究员。次年，与李安宅同率华大考察团，再次赴康藏地区考察，着重对德格等地寺庙、土司及史诗"格萨尔"等进行了研究。所撰《德格土司世谱》《喇嘛教与西康政治》等文，对康区土司制度及政教关系之演变作了深刻剖析。发表关于"藏三国""格萨尔"研究的系列论文，对史诗"格萨尔"的版本、性质、艺术特点、历史背景、人物原型等首次作了系统梳理研究，"奠定了我国'格萨尔'研究的第一块基石"，在国内外产生了广泛的影响。

1946年，为推动藏学研究，他联合国内外专家学者，发起组织了国内第一个专门研究藏学的民间社团——康藏研究社，被推选为理事长，创办《康藏研究月刊》，并担任主编。在经费极端困难的条件下，节衣缩食，出刊29期，发表了大量藏汉学者的研究成果和藏文典籍的译作，开创了藏汉学者联合进行藏学研究的范例，成为我国藏学史上一个重要里程碑。同年秋，受聘兼任四川大学农经系教授，讲授农业经济地理和中国农业史。

1950年，他以数十年研究之心得积极为和平解放西藏建言献策，不少意见受到党和政府的高度重视并被采纳。为解决进军西藏缺乏地图问题，他以自绘《百万分之一康藏标准全图》为基础，主持绘制了进军西藏的全部地图，为和平解放西藏做出了重大贡献，被国务院任命为西南民族事务委员会委员，参与了西南民族学院的筹建工作。

在反右和"文化大革命"中，他受到沉重的打击和迫害，但其报国之志始终不渝，在监督劳动的日子里，仍未间断研究工作，奋力完成了《川、康、藏农业区划》《四川州县沿革图说》《华阳国志校补图注》《周诗新诠》等多部长篇专著。《华阳国志校补图注》出版后,荣获首届国家图书奖。

党的十一届三中全会以后,他的冤案得到改正,年已耄耋的他,感奋不已,以超人的精力,在十年间相继完成了《羌族源流探索》《四川上古史新探》《川藏边历史资料汇编》《山海经新探》等七部专著及数十篇论文。他以多年心得写成的《康藏高原采金刍议》,受到国务院领导的重视,为开发康藏资源做出了贡献。为了培养藏学研究人员,他以90岁高龄,招收了康藏专门史硕士生,亲自授课指导。此外,他还积极指导全川修志工作,一一函答各地县修志中的问题。直到去世前,他一直坚持每日伏案、笔耕不辍。1989年3月30日,因病逝世,终年96岁。

前 言

任乃强先生（1894—1989）是我国著名学者，涉猎广博，视野开阔，独树一帜。在史学、地学、藏学、人类学、文学、农学和古籍整理、戏剧、民俗等多个领域均卓有建树，尤其在藏学和历史地理学方面成就杰出，蜚声海内外，被誉为"中国现代藏学的开拓者""地理历史学派的代表人物""康藏研究与'格学'的奠基人"（"格学"为"格萨尔学"的简称）。

一

任乃强治学以深厚的国学功底为基础，由农学研究而入地理学研究，由地理学研究而入历史学与民族学研究，由史地与民族研究进而入文化、民俗、社会研究，穿透自然科学与人文社会科学，形成独特的学术风格，在众多领域取得卓越成就，对我国的学术发展做出重要贡献。

藏学是任乃强毕生致力的一个学术研究领域。从20世纪20年代起，他在康藏史地、民族、宗教、社会、经济、文化等各个方面进行了一系列开拓性研究，发表了《西康图经》《康藏史地大纲》《德格土司世谱》《吐蕃音义考》等大量论著，纠正了前人和国外的众多谬讹，创立了许多新说，在国内外产生深远的影响，不仅对我国边疆学的兴起产生了重要的推动作用，更为我国现代藏学研究奠定了基础。

任乃强在历史地理方面造诣深厚，于西南史地研究有不少卓绝的贡献。他1928年发表的《四川史地——乡土史讲义》，是近代首次系统研究巴蜀史地之专著。在《西康图经》中，他运用现代地学和历史地理学方法，首次对西康的自然地理、人文地理和经济地理作了科学的研究考证，澄清了长期笼罩在康藏史地上的许多迷雾，纠正了诸多谬讹。他撰写的《华阳国志校补图注》《四川上古史新探》《〈山海经〉新探》《〈吐蕃传〉地名考释》《四川地名考释》等，对我国大西南地区的历史地理以及相关问题作了广泛深入研究，提出许多新的观点，在学术界产生广泛影响。

在民族研究方面，任乃强对藏、羌、纳西、彝等民族的研究独到，颇多创见，所撰《羌族源流探索》《达布人族源问题》《四川十六区民族分布》等，对氐羌系民族的渊源与流变进行了全面梳理研究，深入剖析了氐羌系民族在西南地区的演变史。

任乃强还是我国"格学"的奠基者，他最早将"格萨尔"史诗汉译，推介于全国。他关于"格萨尔"产生年代、人物原型的论断和对史诗版本、内容和艺术价值、民间影响等的研究，为国内"格萨尔"研究打下了基础，在国际"格学"界产生重要影响。

任乃强对戏剧、文学也颇有研究，并且创造性地将它们与史地、民族研究结合起来，所创作的《新编六出祁山》等剧、历史小说《张献忠》、民俗地理小说《长生岛》等作品，均别具一格。

二

任乃强的学术思想和治学方法有四大特点：

一是力求"经世致用"的学术思想。早年他受"以农立国"思想的影响，专攻农业经济。后来，因"痛感列强对藏觊觎，而国人向对藏事扞隔"之情况，又投身于康藏问题之研究。为促进西康建省，深入康地考察，针对西康建省的境域区划、交通问题、省会选址、建设要务等进行研究，提出方案，对西康省的建立提供了学术支撑；他针对康区人民不堪乌拉差徭之苦的情况，创立"牧站联营"的办法，改革乌拉之制；他针对康区社会的特点，深入研究藏传佛教与康藏政治的关系，作出了"治康首在利导其教"的卓见。

二是坚定维护国家统一、民族团结的学术立场。20世纪三四十年代西藏分裂势力甚嚣尘上之时，他发表了《本年西藏政变始末》《检讨最近之藏区》等文，揭露"西藏问题"真相，维护国家统一，抨击分裂活动；解放西藏时，他尽平生之学，积极为进军西藏献策，无偿地捐献出他历时15年心血所绘的地图，为解放西藏作出了重大贡献；他坚决反对大民族主义和民族歧视，早在30年代初就提出了康人有"四大美德"之说，批驳了那些视康藏为"蛮荒"的错误，大力促进汉藏文化交流，将藏族优秀文化介绍于国内外。他一直保持着对康藏的深深眷恋，矢志不渝地努力将自己的学识奉献给康藏地区的发展和民族团结。

三是奉行理论与实证的统一，文献与田野调查的互证，时间与空间参印的研究方法。在历史研究中他引入了人类学的田野调查方法，注重地理环境的作用，采用史、地参证,综合研究。故他之著作,大多左图右史,史地互证,形成一种独特的学术风格。依靠这种治学方法,他解决了许多历史疑难问题,例如发现西汉水的两源问题,考证出上古民族大多聚落于盐池、盐泉地区,辨清了东、西女国的地望问题,以及附国非吐蕃问题等。

四是求真务实、勇于创新的治学精神。他治学从不迷信权威,不囿于成说,探索其真。例如他依据实证,批驳康熙的"三危说",纠正了傅华封关于康藏卫划分的错误和钱穆等关于三苗析支的错谬,辩证了岑仲勉关于附国即吐蕃之错讹。在其漫长的学术历程中,一直保持着创新精神,即使在他晚年,仍写出了一批新的研究成果,提出了不少新的观点。

任乃强先生的著述,内涵丰富、影响广远,有很高的学术价值,体现了我国老一辈知识分子经世致用、报效祖国的学术追求和情怀,反映了我国藏学、西南民族史地等研究的历程和成就,不仅是我国文化学术的珍贵遗产,而且对维护国家统一、反对民族分裂、开发西南民族地区,有着重要的理论价值和现实意义。为此,在国家社科出版基金和省出版基金的支持下,我们编辑出版了这套《任乃强全集》。

三

任乃强一生著作甚多,计有专著20多部,论文300余篇,以及回忆录、日记、书信、建言和未竟稿等,共1000多万字。本次编辑出版之全集,除收录已发表过的论著,还收入了一批未曾公开发表过的作品,包括《筱庄笔记·回忆录》、《峡外游记》(1933年随张澜考察广西日记)、《康北考察日记》(1944年率华西大学师生考察日记)及部分书信、诗文和戏剧、文学手稿等。在整理中,我们对过去发表之作中文字的错讹,依据任乃强手稿作了校订修正,有需要说明的地方,由编者添加注释。根据任乃强先生的学术特点和出版要求,本文集的编排采用分类编排,分为15册,前13册为专著,后2册为论文集。需要说明的是,任乃强先生民国时散见于各刊物的论著,尚有一些未能收集到,许多与名人的来往书信,以及部分文稿,在"文化大革命"中遗失,无法收入本文集。

《西康图经》序

古来作地方志者,必始之以天文而终之以人事,其中间之记载则为地理。今则地方位置之测定,已无假于观星;而地理之记述,则自地质以至于地文,各有专家之记载。且人事之统计发达以来,一切社会动态,皆一一可于数字中求之,静态更无论矣。至是,而作志之体例乃与昔日大异,而难易亦各不同。惟中国则政治社会诸般组织设备至陋,学术亦至幼稚。关于交通便利之地方其记载稍多,然已大半为外人之贡献。至若边远之区,则几于无记载可言。

国人中有颇明了巴黎、纽育(纽约)之街巷,不能举西藏、青海中最大之城市、最大之山河之名者。若此,国民欲要求其有正确之爱国观念,难矣。任乃强先生近著《西康图经》,曾连载于《新亚细亚》月刊,实为边地最良之新志。其内容之精详、丰富,与体例之正确、明允,自来志书中罕有其比。读之不但能悉一地之情况,其指示研究地方史地者以中正广大之道路者,尤为可贵。称曰"图经",盖非夸也。近由学会合印成册以饷国人,爰为一言以弁其首。

戴传贤于温故斋

自　记

民国十八年（1929），余视察西康，以初夏往，以孟春归。所至各县，皆周历城乡，穷其究竟。鞍马偶息，辄执土人慰问，征其谈说。无论政治、军事、山川、风物、民俗、歌谣，下逮委巷琐屑纤微鄙俚之事，皆记录之；益以自所观察，造化之所现示者，回川日，箧笥积稿一千余条，都数十万言；大抵对谈时速记之作，文语夹杂，未遑整理也。方余在康，每与留省朋俦通讯，辄写见闻一二，则以资谈笑，友人抄登《边政月刊》，即今新亚细亚学会印行之《西康札记》是也。回川后，又以笔记之有谐趣者，分为七类，陆续抄与《四川日报》登载，名曰《西康诡异录》。意在引起国人研究边事之兴趣，藉使明了西康之实况。日报篇幅有限，印刷尤劣，将及一载，才完三篇，又复首尾割裂，讹误满纸，每阅而恶之，久益嫌厌，罢稿勿与。诸相好之留心边事者，多以为惜。咸劝完成全篇，专册问世。时余正致力于《西康图志》之撰辑，谢不暇为。说者曰："不然，足下之愿，徒欲国人明了西康情形，促其向往开发之志而已。若然，则图志笔记，相辅为用，未可轻为轩轾。图志陈义宜高，意欲侈而辞欲约，体欲大而思欲微，是宜供学者参考，非一般人所能尽解也。笔记滑稽多趣，平易近人，茶酒之暇，舟车之间，随地皆宜，不择读者。故论引人入胜之力，笔记优于图志。况使二者互为经纬，相与发明，则笔记又图志之先导也。夫今国人尚多不知西康为何物，更无论其内容，即有谈论西康问题者，亦如群盲论象，疵谬丛生。足下笔记虽不佳，但能以实地观察之事物，翔实记载，宛转诱导，使人能想见西康之实况，为功已不小矣。讵可藐其委琐而弃之耶？"余静思后深韪其言。因暂罢图志，更取笔记修正之。一其文体，厘其讹误，改次条理，补绘图画；又复考译古史，参订藏文，证以西书，验于档卷。共成笔记21篇，1000余条，约150万言，名曰《西康图经》。总期搜罗美备，考订精详，一洗前人肤浅惝恍，夸张谬妄诸病。虽笔记体，而隐具章节。文词质实，寓旨遐远。世之览者，幸勿以寻常小说目之。

民国二十年（1931）十月一日南充任乃强记

目 录

第一篇 境域篇

弁言 …………………………………………………………… (003)

第一章 部 分 ……………………………………………… (004)
    一、康藏部分组织 ………………………………………… (004)
    二、土伯特四部与西藏四部 ……………………………… (005)
    三、藏人所分之康藏部分 ………………………………… (007)
    四、清代之川边土司 ……………………………………… (011)
    五、《卫藏通志》所载之西康部分 ……………………… (022)
    六、清末改流时之川边部分 ……………………………… (024)
    七、西康县份 ……………………………………………… (027)
    八、傅华封主张之西康郡县 ……………………………… (029)

第二章 辨 名 ……………………………………………… (031)
    一、最大之误译 …………………………………………… (031)
    二、藏族名称沿革 ………………………………………… (032)
    三、戎氏羌解 ……………………………………………… (032)
    四、土伯特解 ……………………………………………… (033)
    五、唐古特解 ……………………………………………… (034)
    六、乌斯藏解 ……………………………………………… (034)
    七、西藏解 ………………………………………………… (035)
    八、西康之名未妥 ………………………………………… (036)
    九、西炉与西康 …………………………………………… (037)

第三章 疆 域 (038)

- 一、喀木部分之退缩 (038)
- 二、西康境土之退缩 (039)
- 三、西康之阿米巴运动 (041)
- 四、新西康省之疆域问题 (042)
- 五、余主张之新西康省域 (044)
- 六、熊禹治之主张与其批评 (045)

第四章 省 会 (047)

- 一、巴安建设省会问题 (047)
- 二、祝庆建设省治之奇论 (049)
- 三、具有西康省治资格之地 (049)
- 四、打箭炉 (051)
- 五、打箭炉户口 (054)
- 六、甘 孜 (054)
- 七、巴 塘 (056)
- 八、昌 都 (058)

第五章 界 务（上）——清代之康藏界划 (060)

- 一、傅华封之西康疆域记 (060)
- 二、康藏古界非丹达山 (062)
- 三、关于丹达山与鲁共拉之记载 (063)
- 四、丹达大王 (067)
- 五、杨揆咏丹达山与鲁共拉诗 (068)
- 六、宁静山划界记 (069)
- 七、《康輶纪行》所记之界碑 (070)
- 八、喜松工山 (071)
- 九、宁静山以外之界标 (071)
- 十、岳钟琪与周瑛抛弃之地域 (072)
- 十一、"世界之脊" (074)
- 十二、西炉西界 (075)
- 十三、青康藏划界经过 (075)
- 十四、今世所存之玉树二十五族 (078)

第六章　界　务（中）——近世康藏争界交涉

一、赵尔丰所定之边藏界线 …… (079)
二、瓦子山与禄马岭 …… (080)
三、民国初年之康藏防堵线 …… (081)
四、森姆拉会议中康藏所争之地界（略） …… (081)
五、森姆拉会议后康藏所争之地界线（略） …… (081)
六、刘赞廷、陈遐龄盗卖之地界 …… (081)
七、战败后之划界交涉 …… (083)
八、歌电原文（略） …… (085)
九、歌电最有价值之反声（略） …… (085)
十、四川省议会之谬电（略） …… (085)
十一、贤者之失 …… (085)
十二、民国七年以来西康鱼烂之地 …… (087)
十三、唐柯三、刘赞廷拟订之割地赔款和约 …… (087)
十四、最近康青藏军警戒形势 …… (090)

第七章　界　务（下）——新省划界问题

一、康境西南界标 …… (092)
二、桑昂杂瑜形势 …… (092)
三、珞瑜 …… (094)
四、英人所记之珞瑜 …… (095)
五、程凤翔呈报杂瑜情势文 …… (097)
六、波密问题 …… (101)
七、康藏印缅间之暗沟 …… (102)
八、门空春迁 …… (102)
九、滇康旧界 …… (104)
十、中甸、维西、阿敦子隶属问题 …… (106)
十一、木里永宁应划属西康 …… (107)
十二、建南隶属问题 …… (108)
十三、汉源划属西康议 …… (110)
十四、川康之天然界线——邛崃山脉 …… (111)
十五、金川划属西康议 …… (112)

十六、西康北界（俄洛"野番"附）············(114)

第八章　县界问题············(115)

　　一、西康县界尚待改正············(115)

　　二、理想之西康县区············(116)

　　三、康定县境分析············(119)

　　四、丹巴县境分析············(121)

　　五、霍尔县份············(122)

　　六、瞻化沿革············(124)

　　七、理化疆域图说············(126)

　　八、瞻理界务纠纷与其解决方法············(129)

　　九、巴安疆域图说············(134)

　　十、义敦县故事············(137)

　　十一、昌都、乍丫、江卡、贡觉四县建置始末············(138)

　　十二、德格五县············(140)

境域篇后记············(143)

境域篇补记············(144)

第二篇　民俗篇

原　序············(149)

|上篇|　番　族

第一章　人　种············(152)

　　一、西康民族之由来············(152)

　　二、西藏民族之由来············(153)

　　三、康番之细分············(155)

　　四、西番体格············(157)

　　五、西康之种族分野············(158)

　　六、西康户口············(159)

第二章　职　业············(163)

　　一、牛厂娃············(163)

二、驮脚娃 …………………………………………………… (163)

　　三、庄房娃 …………………………………………………… (164)

　　四、吃庄房 …………………………………………………… (165)

　　五、商人之地位 ……………………………………………… (165)

　　六、农牧的偏嗜 ……………………………………………… (166)

　　七、西番工人 ………………………………………………… (167)

　　八、小娃子为特种职业 ……………………………………… (167)

　　九、西康娼妓（略） ………………………………………… (168)

　　十、西康乞丐 ………………………………………………… (168)

　　十一、杀牲渔猎为最贱之业 ………………………………… (168)

　　十二、抢劫为英雄事业 ……………………………………… (169)

第三章　居　住 ………………………………………………… (170)

　　一、番民住宅定式 …………………………………………… (170)

　　二、番房修造法 ……………………………………………… (171)

　　三、独木梯 …………………………………………………… (172)

　　四、叠石奇技 ………………………………………………… (172)

　　五、八角碉 …………………………………………………… (174)

　　六、康藏之城 ………………………………………………… (174)

　　七、屋顶用途 ………………………………………………… (175)

　　八、甘孜县署 ………………………………………………… (176)

　　九、孔撒官寨与朱倭官寨 …………………………………… (177)

　　十、瞻化县署 ………………………………………………… (178)

　　十一、番　厕 ………………………………………………… (178)

　　十二、板　房 ………………………………………………… (179)

　　十三、番人坐寝之具 ………………………………………… (180)

　　十四、灯　烛 ………………………………………………… (180)

　　十五、牛毛帐房 ……………………………………………… (180)

　　十六、三十牛驮之巨帐 ……………………………………… (181)

　　十七、混　帐 ………………………………………………… (181)

　　十八、牛厂产妇 ……………………………………………… (182)

　　十九、烧牛屎 ………………………………………………… (182)

二十、皮火筒 …………………………………………………………… (182)

二十一、天然砖瓦 ………………………………………………………… (183)

二十二、牛厂娃之建筑 …………………………………………………… (183)

二十三、野游之幕 ………………………………………………………… (183)

二十四、雪中露宿记 ……………………………………………………… (184)

第四章 饮　食 ……………………………………………………………… (186)

一、四大食品一种调和 …………………………………………………… (186)

二、青稞与汉文"来"字 ………………………………………………… (187)

三、水　磨 ………………………………………………………………… (188)

四、边　茶 ………………………………………………………………… (188)

五、茶与槚及荼 …………………………………………………………… (189)

六、支那新解 ……………………………………………………………… (190)

七、三种锅 ………………………………………………………………… (191)

八、铜　瓢 ………………………………………………………………… (191)

九、两种食具——木碗与吊刀 …………………………………………… (191)

十、糌粑袋 ………………………………………………………………… (192)

十一、酥油制法与用途 …………………………………………………… (192)

十二、酥油茶桶 …………………………………………………………… (193)

十三、负水奇技 …………………………………………………………… (194)

十四、西康食盐之给源 …………………………………………………… (194)

十五、番　酒 ……………………………………………………………… (195)

十六、碗儿糖 ……………………………………………………………… (195)

十七、猪洛可 ……………………………………………………………… (196)

十八、油马即芜菁 ………………………………………………………… (197)

十九、活　吃 ……………………………………………………………… (197)

第五章 衣　服 ……………………………………………………………… (198)

一、四季一皮裘 …………………………………………………………… (198)

二、番人之单衫 …………………………………………………………… (199)

三、毪子与氆氇（附扒量） ……………………………………………… (199)

四、裤　史 ………………………………………………………………… (199)

五、便溺异俗（略） ……………………………………………………… (200)

六、番人汗衣 …………………………………………………… (200)

　　七、番人衣料表 ………………………………………………… (201)

　　八、番裁缝（附针线） ………………………………………… (202)

　　九、番　靴 ……………………………………………………… (203)

　　十、苫之再见 …………………………………………………… (204)

　　十一、发辫种种 ………………………………………………… (204)

　　十二、耳　珰 …………………………………………………… (205)

　　十三、戒指与手镯 ……………………………………………… (206)

　　十四、领扣与项珠 ……………………………………………… (206)

　　十五、告　乌 …………………………………………………… (206)

　　十六、念珠二用 ………………………………………………… (206)

　　十七、杂　佩 …………………………………………………… (207)

　　十八、叉子枪 …………………………………………………… (207)

　　十九、帽式种种 ………………………………………………… (208)

第六章　性　格 ……………………………………………………… (210)

　　一、家庭教育与民族道德 ……………………………………… (210)

　　二、神圣赞普之遗教 …………………………………………… (211)

　　三、四大美德 …………………………………………………… (212)

　　四、余之番妇 …………………………………………………… (212)

　　五、贞淫问题 …………………………………………………… (215)

　　六、贞淫问题之反证 …………………………………………… (215)

　　七、战争与劫掠混为一事 ……………………………………… (216)

　　八、仇杀规矩 …………………………………………………… (217)

第七章　礼　俗 ……………………………………………………… (220)

　　一、参与番人宴会记 …………………………………………… (220)

　　二、官场盛筵 …………………………………………………… (221)

　　三、哈达与赞敬 ………………………………………………… (223)

　　四、西康婚礼 …………………………………………………… (223)

　　五、赘　婿 ……………………………………………………… (226)

　　六、一妻多夫 …………………………………………………… (227)

　　七、一夫多妻 …………………………………………………… (227)

八、赵尔丰为番人所窘 …………………………………… (228)

九、《西行艳异记》捏造之番民婚俗 …………………… (229)

十、婚礼恶剧 ……………………………………………… (232)

十一、恋爱与逃婚 ………………………………………… (233)

十二、番烈女 ……………………………………………… (233)

十三、男女工作 …………………………………………… (234)

十四、女权发达耶 ………………………………………… (234)

十五、生育奇俗 …………………………………………… (235)

十六、命　名 ……………………………………………… (235)

十七、对于天花之处置 …………………………………… (236)

十八、卫生事项 …………………………………………… (237)

十九、交际仪注 …………………………………………… (238)

二十、村务会议 …………………………………………… (239)

二十一、死的解释 ………………………………………… (240)

二十二、水　葬 …………………………………………… (240)

二十三、火　葬 …………………………………………… (241)

二十四、天　葬 …………………………………………… (241)

二十五、地　葬 …………………………………………… (242)

二十六、土　葬 …………………………………………… (242)

二十七、祭祀仪节 ………………………………………… (242)

第八章　岁　时 …………………………………………… (244)

一、番　历 ………………………………………………… (244)

二、番人年节 ……………………………………………… (246)

三、乌霞过年肇事记 ……………………………………… (247)

四、八月节 ………………………………………………… (248)

五、打箭炉岁时记 ………………………………………… (248)

六、拉萨岁时记 …………………………………………… (251)

七、番人星期 ……………………………………………… (253)

第九章　娱　乐 …………………………………………… (255)

一、跳歌装 ………………………………………………… (255)

二、讴　歌 ………………………………………………… (257)

三、地方谣 …………………………………………………………… (257)

　　四、恋　歌 …………………………………………………………… (258)

　　五、番人戏剧 ………………………………………………………… (258)

　　六、甘孜观剧记 ……………………………………………………… (260)

　　七、跳弦子 …………………………………………………………… (264)

　　八、跳财神 …………………………………………………………… (265)

　　九、说三国 …………………………………………………………… (265)

　　十、打骨牌 …………………………………………………………… (267)

　　十一、拌巴躺 ………………………………………………………… (267)

　　十二、番人棋戏 ……………………………………………………… (268)

　　十三、赛　马 ………………………………………………………… (269)

　　十四、雪中游戏 ……………………………………………………… (270)

　　十五、儿　戏 ………………………………………………………… (271)

第十章　语　文 …………………………………………………………… (272)

　　一、多言之族 ………………………………………………………… (272)

　　二、番人语风 ………………………………………………………… (272)

　　三、番语组织 ………………………………………………………… (273)

　　四、番语易学难精 …………………………………………………… (274)

　　五、骂人番语 ………………………………………………………… (275)

　　六、"是"字用法（求人语附）…………………………………… (275)

　　七、番人所说之汉语 ………………………………………………… (276)

　　八、藏　文 …………………………………………………………… (276)

　　九、藏文渊源 ………………………………………………………… (277)

　　十、藏文书法 ………………………………………………………… (279)

　　十一、竹笔与墨海 …………………………………………………… (280)

　　十二、番纸与汉纸 …………………………………………………… (280)

　　十三、藏文字典 ……………………………………………………… (281)

　　十四、藏文信札款式 ………………………………………………… (281)

第十一章　"同化"问题 ………………………………………………… (283)

　　一、西番为最易"同化"之民族 …………………………………… (283)

　　二、"同化"番族之必要条件 ……………………………………… (285)

三、过去沟通语言工作者之失败 ……………………………………… (285)

　　四、培植译材之必要 …………………………………………………… (286)

　　五、通译舞弊记事 ……………………………………………………… (287)

　　六、陕商之藏语教本 …………………………………………………… (288)

　　七、民族混居之效果 …………………………………………………… (289)

　　八、番人观光之效果 …………………………………………………… (290)

　　九、扯格娃 ……………………………………………………………… (291)

　　十、"同化"定律 ……………………………………………………… (292)

　　十一、古　风 …………………………………………………………… (292)

　　十二、七笔钩 …………………………………………………………… (294)

| 下篇 |　汉族及其他各民族

第十二章　客民来历 …………………………………………………………… (296)

　　一、居留西康之汉人 …………………………………………………… (296)

　　二、陕人入康小史 ……………………………………………………… (298)

　　三、金川屯户为移民之佳例 …………………………………………… (299)

　　四、军台与移民 ………………………………………………………… (300)

　　五、名山木匠 …………………………………………………………… (302)

　　六、河口船户 …………………………………………………………… (303)

　　七、开矿与移民 ………………………………………………………… (303)

　　八、垦民小史 …………………………………………………………… (304)

第十三章　客民小传 …………………………………………………………… (306)

　　一、冯兆祥 ……………………………………………………………… (306)

　　二、甘正全 ……………………………………………………………… (307)

　　三、李德元 ……………………………………………………………… (307)

　　四、赵建侯 ……………………………………………………………… (308)

　　五、遂宁安岳之移民地 ………………………………………………… (308)

　　六、二道桥垦户张姓 …………………………………………………… (309)

　　七、张二姐 ……………………………………………………………… (310)

　　八、丁蛮王 ……………………………………………………………… (311)

　　九、姜保正 ……………………………………………………………… (311)

十、何耀如 …… (312)

　　十一、刘绍尧 …… (312)

　　十二、盐井垦夫吴姓 …… (313)

　　十三、《西行艳异记》之闵景谦 …… (313)

　　十四、剃头匠小传 …… (315)

　　十五、周长发三富三穷记 …… (317)

　　十六、李占云生活曲线 …… (318)

第十四章　移民问题 …… (324)

　　一、移民与国防 …… (324)

　　二、移民与内乱 …… (325)

　　三、移民与开发实业 …… (327)

　　四、移民之稳健办法 …… (328)

　　五、客民生活之容易 …… (329)

　　六、赴康者宜具之艺能 …… (330)

第十五章　倮倮 …… (331)

　　一、中华民族之铁豆 …… (331)

　　二、官府治倮之法 …… (332)

　　三、倮罗与师巫 …… (333)

　　四、瓠笙与竹琴 …… (334)

　　五、倮倮婚俗 …… (334)

　　六、昭觉故事 …… (335)

　　七、某军官卖白彝 …… (336)

　　八、打怨家 …… (337)

　　九、邓秀廷治彝 …… (337)

　　十、倮番相同之点 …… (338)

第十六章　滇边诸族 …… (339)

　　一、摩些木天王 …… (339)

　　二、摩些风俗 …… (343)

　　三、估悰为西番之一支 …… (345)

　　四、那马即民家 …… (347)

　　五、生熟栗粟 …… (348)

六、怒子与俅夷 …………………………………………………… (349)

　　七、开辟康滇间地之三大动力 ………………………………… (350)

民俗篇后记 ………………………………………………………………… (352)

第三篇　地文篇

第一章　地　形 ………………………………………………………… (355)

　　一、西康高原 …………………………………………………… (355)

　　二、西康高原中之峡谷 ………………………………………… (357)

　　三、西康高原之躯干 …………………………………………… (359)

　　四、西康高原之地形分类 ……………………………………… (359)

　　五、雪岭与山口 ………………………………………………… (361)

　　六、高原牧场 …………………………………………………… (361)

　　七、高原农地 …………………………………………………… (363)

　　八、高原中之浅谷与深谷 ……………………………………… (365)

　　九、河原八种 …………………………………………………… (365)

　　十、腹原与肩原 ………………………………………………… (367)

　　十一、冈与顶原 ………………………………………………… (368)

　　十二、绝壁各态 ………………………………………………… (369)

　　十三、巴塘平原 ………………………………………………… (370)

　　十四、地形与建置 ……………………………………………… (370)

第二章　地　质 ………………………………………………………… (372)

　　一、西人对于西康之探险 ……………………………………… (372)

　　二、谭寿田、李赓扬之发见 …………………………………… (373)

　　三、余对西康地质之认识 ……………………………………… (377)

　　四、天然之地质博物馆 ………………………………………… (378)

　　五、西康海子 …………………………………………………… (379)

　　六、西康温泉 …………………………………………………… (380)

　　七、火龙石 ……………………………………………………… (380)

　　八、西康地震 …………………………………………………… (381)

　　九、金川得名之由 ……………………………………………… (381)

十、西康之地质区带 …………………………………………………（382）

第三章　山　脉 ………………………………………………………（383）

　　一、横断山脉辨 ………………………………………………………（383）

　　二、折多山与海子山（附大雪山脉考）……………………………（385）

　　三、大炮山 ……………………………………………………………（386）

　　四、郭达山（附郭达造箭辨）………………………………………（387）

　　五、木雅贡噶 …………………………………………………………（388）

　　六、川康间之山脉 ……………………………………………………（393）

　　七、贡噶岭与云岭 ……………………………………………………（394）

　　八、喀哇罗里与麦科山脉 ……………………………………………（395）

　　九、雀儿山 ……………………………………………………………（395）

　　十、噶拉山脉 …………………………………………………………（396）

　　十一、宁静山 …………………………………………………………（396）

　　十二、当拉山脉与瓦合山 ……………………………………………（397）

　　十三、喀哇革颇——怒山山脉 ………………………………………（398）

　　十四、康藏弧形山脉 …………………………………………………（399）

　　十五、沙鲁里山考 ……………………………………………………（399）

　　十六、山岳琐记 ………………………………………………………（401）

第四章　水　道 ………………………………………………………（403）

　　一、释　水 ……………………………………………………………（403）

　　二、大渡河异名考（附岷山辨）……………………………………（404）

　　三、打箭炉河 …………………………………………………………（406）

　　四、雅龙江 ……………………………………………………………（407）

　　五、入雅龙之水 ………………………………………………………（408）

　　六、金沙江源考 ………………………………………………………（410）

　　七、入金沙江之水 ……………………………………………………（412）

　　八、澜沧江源流 ………………………………………………………（415）

　　九、怒江源流 …………………………………………………………（416）

　　十、入雅鲁藏布江之水 ………………………………………………（417）

第五章　经纬度与气象 ………………………………………………（419）

　　一、西康经纬度 ………………………………………………………（419）

二、高度之测定 …………………………………………………………… (421)

三、西康各要地高度表 …………………………………………………… (422)

四、西康气温 ……………………………………………………………… (428)

五、西康之风 ……………………………………………………………… (429)

六、丹巴白神戏水 ………………………………………………………… (430)

七、西康降水 ……………………………………………………………… (431)

八、西康雪线 ……………………………………………………………… (432)

九、雪线与雹灾 …………………………………………………………… (434)

十、西康气候区带 ………………………………………………………… (435)

十一、康定之气象记录 …………………………………………………… (436)

第六章 正 译 ………………………………………………………………… (445)

一、译 弊 ………………………………………………………………… (445)

二、标准译名举例 ………………………………………………………… (446)

三、标准译名表 …………………………………………………………… (450)

四、康藏地名类别 ………………………………………………………… (457)

五、正译余话 ……………………………………………………………… (458)

第七章 纠 谬 ………………………………………………………………… (460)

一、康藏谬说之源泉 ……………………………………………………… (460)

二、三藏非古三危　潞江非古黑水 ……………………………………… (462)

三、雅鲁藏布江更非古黑水 ……………………………………………… (463)

四、余之黑水考（附昆仑三危辨）……………………………………… (463)

五、关于大金沙江诸谬说 ………………………………………………… (466)

六、卫为印度之谬说 ……………………………………………………… (467)

七、西康非古康国 ………………………………………………………… (468)

八、打箭炉非古旄牛国 …………………………………………………… (469)

九、巴塘非古丁零羌与白狼国 …………………………………………… (470)

十、折多非云鬼多气喘非因大黄 ………………………………………… (471)

十一、西人谬说 …………………………………………………………… (472)

十二、昌都炉霍名义辨 …………………………………………………… (472)

附录：西康三十六县名义 ………………………………………………………… (474)

地文篇后记 ………………………………………………………………………… (478)

任乃强全集·第一卷

第一篇 境域篇

弁 言

嚣然众口之西藏问题,非即藏族之统治问题乎?在昔统治西域之关键,在于巩固驻藏大臣之权力。鼎革以来,情势遽变;藏族统治问题之重心,乃在省藩境界之分划,康藏界务,即其症结。质言之,今日之西藏问题,即西康境域问题而已。西康行将建省,国人之意,欲此省境包有江达。而藏藩之意,欲使彼境东抵泸定。英人自称调停者,又欲以瞻对以西界藏。然则西康究何有乎?国人对此,不能无争。争必有说,说必有据,然后足以折其心而塞其口。回观往事,国人对于康藏境界,争持未尝不烈。无如所言,悉失要领,每每争其所不必争,而遗其所不当弃,以致争愈力而地愈蹙。20年来,节节退步,至将回复吐蕃时代之旧境。其弊何在?在未明了康藏之部分形势与其建置沿革。一味瞎争,适以启列强之轻蔑,失藩国之同情也。本篇根据史籍与档卷,将康藏间历史的、自然的、拟议的、实现的,种种界线之成立的原因,变革的状况,与其相关之一切质素,分条剖析,绘图说明。冀国人阅之,能深切明了康藏界务上之各种线纹与其理据,庶将来有所争持时,进退裕如,不复如昔人之徒遗笑柄也。①

---

① 西藏自古为中国的一部分,西康原为四川的边区,辛亥革命后,英国乘乱挑动西藏地方政府上层,制造康藏界务纠纷。1928年,国民政府准备建立西康省,为对康藏两省的境域有科学的划分,任乃强从历史、地理、人文、经济的角度撰写《西康图经》,对西康建省以学术支持。——编者注

第一章 部 分

一、康藏部分组织

康藏部分沿革，历有变化。汉藏书籍，迄未分析明白。凡诸作家，大都各就当时所知，道路所传，意为区划。或挂一漏万，或拾小遗大，或含糊不明，或叠床架屋，或古今混淆，使世之览者，遑然迷惘，入歧益深，甚可慨矣！自森姆拉会议①以来，康藏划界问题，嚣然众口。国人文电所争，觉皆隔靴搔痒，不得要领。实由不曾明白边疆之部分区划与其沿革变迁之所致矣。是故研究边疆问题者，应即从研究边疆部分沿革着手。

康藏为挟有多数峡谷之大高原。故其地势，约可分为草原、溪谷之二类。草原为游牧部落所据，其地荒凉寂寞，其人飘忽不居，其部族渺小而不相隶属，其政治呈小部独立状态而受操纵于溪谷之酋长。故其面积虽大，实非康藏重要部分。

康藏溪谷面积甚少而多深峡，时有绝壁束江，分划全河谷为无数破碎之小部分。峡之巨而长者，又约束若干小部为若干较大部分。其各小部分之形势，为整一之河谷平原者甚少，大多数为参差出现于岩壁间之小平地。以其地在深谷内，地位低，能育谷麦，有农业，有庄房；故此大小各部分之酋长，大多富裕有力。局面愈宽者，酋长之势力愈大，每能管辖其附近之小部。

上述之河谷小部分，实为康藏区划之单位，称为"村"。其头人曰"鄂巴"，相当于汉语之甲长。数小村合为一大村，其头目曰"碟巴"，相当于汉语之团总。若干大村为一小部，其酋长曰"宗本"（亦作"宗琫"，亦作"宗巴"），相当于汉地之县官。若干小部为一大部，有大酋长或大僧官管领之，如巴塘、理塘、德格、明正之土司，察木多（昌都）、乍丫（察雅）、类乌齐、八宿之呼图克图，皆是也。若干大

---

① 森姆拉会议：今称西姆拉会议。——编者注

部分合为一区，如康、卫、藏、青海、阿里皆区名也。区为政治部分，而无一定之酋长，亦若我国殷周时之九州然。

每小村辖民不过十余户，大村不过二三十户，小部数百户，大部数千户。依地理历史之特殊关系，常有小部直隶于中央政府而不隶于大部之酋长者，亦有小村直接受治于小部之酋长者。例如洛隆宗、硕般多、边坝之营官（宗本），皆直接受治于拉萨地方政府；霍尔、孔撒、白利、林葱等小土司，皆直接受治于四川省，并无大土司酋长居间管理之。又如康定之雅拉沟、折多、榆林宫村，昔皆直接受治于明正土司是也。

牧地虽亦有小村、大村、小部、大部等组织，但其区划根据于部落历史之递变者为多，受地势之割裂者为少，且其社会内容，尚在半秘密时期，外人只知其概，不能详其委曲也。

雪山与激流，遍布于康藏高原之内。山脊与河心，为大小各部之天然界限①。出例外者，不过十之二三，皆由历史的特殊关系所搅乱。原始的部分界线，固皆山脊与河心也。

二、土伯特四部与西藏四部

吐蕃极盛时，奄有今日西藏、青海、西康全部之地，与新疆、印度、缅甸、云南、四川、甘肃之一部，成为传统 300 余年之大帝国。第 9 世纪之末，帝国崩裂，各小部纷起自雄，互不相属；仅赖帝国培植之佛教，维系各部，成一民族团体，即所谓"土伯特"，清人呼为"唐古特"者是也。明之末世，厄鲁特蒙古顾实汗②征服土伯特全部，始分其地为四区：曰"库库诺尔"，汉译为"青海"，即今之青海省地；曰"巴尔喀木"，省称"喀木"，即今之西康；曰"卫"，亦作"危"，即今拉萨附近之地；曰"藏"，即今后藏之地。雍正二年（1724），年羹尧奏陈《青海善后事宜疏》云：

"查青海、巴尔喀木、藏、危，乃唐古特四大部落。顾实汗占据此地，以青海地宽大，可以牧养牲畜；喀木地方人众粮多，遂将伊子孙分居此二处。伊则在青海游牧居住。喀木地方为伊等纳贡。藏、危二处施舍为达赖喇嘛、班禅喇嘛香火。"（清人通称土伯特为唐古特，详后节。）

---

① 界限：意为分界线，引文中保留原字"界限"，正文改为界线。——编者注
② 顾实汗：今多称固始汗。——编者注

魏源《圣武记·抚绥西藏记》云：

"初，唐古特有四部：东曰'喀木'，曰'青海'，西曰'卫'，曰'藏'。固始汗（即顾实汗）者，本厄鲁特部，于明季吞并东二部，以青海地广，令子孙游牧，而喀木输其赋。其卫地，则第巴（官名）奉达赖居之。藏地，则藏巴汗居之。第巴曰'桑结'者，与藏巴汗不相能，谓其残虐部众，毁黄教，乞师于固始汗剪灭之。以其地居班禅，与达赖分主二藏，尽逐红帽、花帽诸法王。事在崇德十年。"（有误，崇德只有八年，应为"崇德八年"。）

此唐古特四部分析之历史也。唯此四部，并无明确疆界。康、卫、青海间，七十九族之游牧之地，属青属康，皆未明白规定（藏人习惯以此部为康）。雍正二年（1724），征服青海，同时收抚康地与宁番七十九游牧部族，始将康、卫、青海境界明白划清（后详）。唯又将康地分为二部，东部分属四川、云南，西部并卫、藏之地，赏与达赖喇嘛，称为"西藏"。青海则归西宁镇守使管辖。其时达赖已经征服北印度之拉达克、噶尔大、罗多克等地方，称为"阿里"部。此乾隆《大清一统志》（以下简称《一统志》或《志》）所以分西藏为康、卫、藏、阿里四部也。西藏四部之界至《一统志》曾明白载出，转录如下：

"卫在四川打箭炉西北3000余里，即乌斯藏也。番字'乌'加'斯'字，切音作'卫'。居诸藏之中，亦名'中藏'。东自木鲁乌苏①岸西海部落界［按：雍正七年（1729）勘划青、藏地界为当拉岭，此云木鲁乌苏，似系就支差地界言之］，西至噶木拉巴岭藏界，1533里。南自鄂木拉刚冲岭，北至牙尔佳藏布河，2200余里。

藏在卫西南500余里。东自噶布巴拉岭（即上文'噶木拉巴岭'）卫界，西至麻尔岳木岭阿里界，1882里。南自帕里宗城之毕木拉岭，北至者巴部落之北打鲁克雨木撮池，1300余里。

喀木在卫东南832里，近云南丽江府之北。东自鸦龙江②西岸，西至鲁卜公拉岭卫界，1400里。南自噶克拉冈里山，北至木鲁乌苏南岸，1700里。东南自云南塔城关，西北至索克宗城西海部落界，1850里。东北自西海部落界阿克多穆拉山，西南

---

① 木鲁乌苏，即金沙江上游通天河。
② 鸦龙江，亦作雅龙江，今作雅砻江。——编者注

至色勒麻冈里山，1500 里。

阿里东自藏界麻尔岳木岭，西至巴第和木布岭，2100 余里。南自匝木萨喇岭，北至乌巴拉岭，1300 余里。此西藏之西边鄙也。"

《志》称青海为"西海"，康曰"喀木"，当时文书，固皆作此称也。唯谓喀木东界至雅龙江，则系采访之误。查康熙时平定西炉，以雅龙江之中渡为康炉分界。炉属四川，康属青海。迄雍正平定青海，遂以宁静山为四川西界（详后节）。宁静以西始为西藏之康部。《一统志》修于乾隆之世，不应尚援康熙旧界为文。兹特辨正。从来记康藏部分者，类有疵缪，固不仅此志为然。阅者宜细察之。

下表说明土伯特四部与西藏四部之关系。

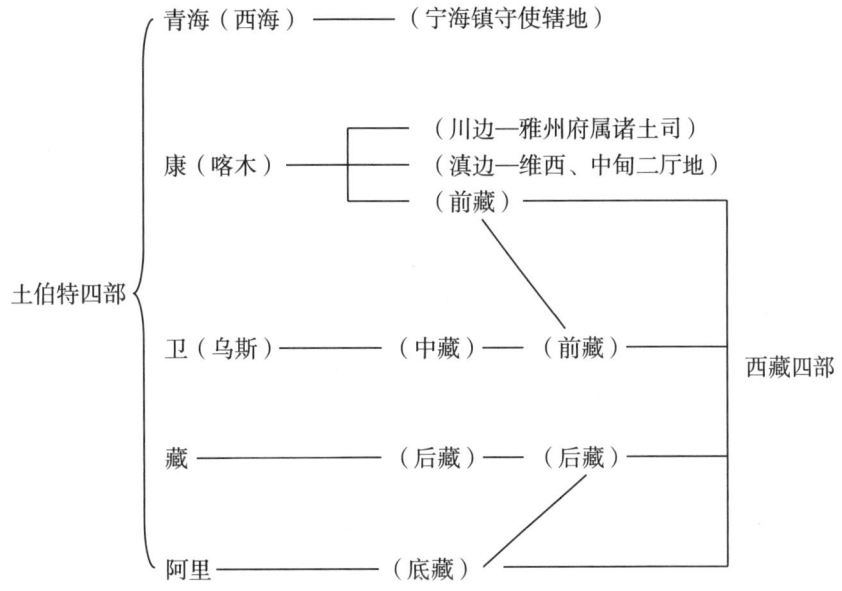

三、藏人所分之康藏部分

以上所言，为汉人所分析之康藏部分。若藏人自己所分析者，则又不同。彼等认为凡喇嘛教流行之地，除蒙古外，皆为教皇达赖之领土，统称为"白巴"（白巴今通作"播巴"，意即"藏人"）。天然区域，分为三大部：

（一）藏普（Gtsang-po）即喜马拉耶山脉[①]以北，斯文海定山脉[②]以南，雅鲁藏

---

① 喜马拉耶山脉，即喜马拉雅山脉。
② 斯文海定山脉，即念青唐古拉山脉。

布江流域之地，亦即西藏政治文艺产业之中心地。卫藏两区皆包在内。藏语"藏布"，清洁者之义也。

（二）羌塘（Byang-thang）即斯文海定山脉以北之湖泊地带，为西藏高原之主体，高寒干燥，无农业，无民居，唯产盐与硼砂，有牧业而已。行政上属于藏部。藏语北方曰"羌"，荒原曰"塘"。广义之羌塘，实包青海西南部在内。

（三）康（Khams）亦作"喀木"，为丹达山脉（或作伯舒拉岭山脉）与当拉岭以东，潞江（怒江）、澜沧江、金沙江、雅龙江流域之地。即青海南部，亦包在内。藏语"喀木"，犹言大地也。

此三部外，若北印度与喜马拉雅山南侧斜面之诸小国，与四川大渡河上游诸部之地，彼亦认为土伯特（与"白巴"同义）。但此诸地，与拉萨地方政府，从无亲切之政治关系，故亦不甚坚持其说。

藏人对于此三部，又分为若干小部，各有专名，列举如下（羌塘从略）：

卫部（Dbus）　亦称"白部"，专指拉萨附近之地。《西藏图考》云："前藏东至禄马岭土，民皆称'百巴'是也。"（百巴、白部、百部同义）

藏部（Gtsang）　雅鲁藏布江上游日喀则附近之地，《西藏图考》云"羊白卓地至扎什隆布、三桑一带，土民皆称藏巴"是也。藏卫二部，并各包有若干小部。以其去康地远，关系小，故略不列。

工部（Kong-po）　亦作"工固"或"工布"，在卫部之东，自禄马岭至宁多错拉（即瓦子山）中间，工曲河流域之地皆是。首邑名"江达"，即民国之太昭县也。

拉里（Lha-ri）　错拉以东，鲁共拉以西，拉曲流域之地皆是。首邑名"拉里"，即民国之嘉黎县也。

波部（Spo-bo）　亦作"波巴"，即汉人所称之"波密"也。在丹达山脉之外，工部东南，属波曲流域。原为藏布之一部，后因不愿受藏人统治，来投汉官。清之末年，康藏两大臣，并欲得其地，尚未明定所属，而边事已坏，遂仍呈半自治状。民国二十年（1931）复为藏军（西藏地方军队）征服。

以上属于藏普之部分也。

甲得（Rgya-sde）　凡潞江（怒江）、澜沧江、金沙江上流之高原牧地，即汉人所称之三十九族与玉树之二十五族之地皆是也。"甲得"者，"汉人地方"之谓也。

甲龙（嘉绒 Kgyal-mo-rong）　凡巴颜喀喇山脉（巴颜喀拉山脉）东大渡河上游、青海南部，四川西北之番族游牧地与金川地方皆是。藏语河谷曰"龙"。甲龙，亦汉人地方之谓也。以上三地，其土人实皆羌族之遗裔。羌族与华夏交通甚早，多能华语，习汉俗，故吐蕃诸部认之为汉人，相沿称呼至今（今作"嘉绒"）。

俄洛（Mgo-log）　亦译"鄂洛克"。凡巴颜喀喇山脉以南雅龙江源以东，黄河上游之地皆是。有十八游牧土酋，称为"俄洛十八姓"。姓犹族也。

霍尔（Hor）　藏语曰"合阿尔"。清代官书作"霍尔"。包有章谷、卓窝、麻书、孔撒、东科、白利、霍尔咱等土司地。今为甘孜、炉霍、道孚三县境。

卡拉（Lcags-la）　亦作"甲拉"。即故明正土司辖地。凡今康定、九龙两县，与雅江、道孚、丹巴、泸定四县之大部地方皆是。藏语"卡拉"，犹言"中国地方"也。

理塘（Li-thang）　故理塘土司辖地。凡今理化、稻城、定乡、贡噶岭与雅江县之雅龙江以西地方皆是。

巴塘（Vbav-thang）　故巴塘土司辖地。凡今巴安、盐井、得荣三县，与云南阿敦子、维西、中甸之地皆是。雍正初，划阿敦子、中甸、维西隶于云南。

雅龙（新龙 Nyag-rong）　汉人称为"瞻对"，今瞻化县是也。其地跨雅龙江。藏语雅龙江为雅曲（Nyag-chu），河谷曰"龙"（绒）。

德格（Sde-dge）　故德格土司辖地，面积广阔，凡今德化、白玉、同普（江达）、邓柯、石渠五县之地多是（详见本书第一篇第八章第二节）。石渠县地藏语曰"杂曲卡"（Rdzag-chu-kha），原为一特立部分，雍正以后，始渐附属于德格土司。

纳夺（Lha-tho）　在今同普县西境。为一高广之牧原，有数土司管领，清代属四川省。

察木多（昌都 Chab-mdo）　即昌都大寺呼图克图领地。民国为昌都县。

类乌齐（Ri-bo-che）　即类乌齐大寺呼图克图领地。在察木多与甲得之间。

八宿（Dpav-shod）　旧译"巴苏"，为康地四呼图克图辖区之一。地在察木多部西南，杂瑜、波密之北。八宿寺不当大道，故不知名。

乍雅或乍丫（察雅 Drag-g·yab）　民国为察雅县。亦康地四呼图克图辖区之一。地在察木多东南。

麻康（芒康 Smar-khams）　民国为宁静县。藏语"麻康"犹言"下康"也。康藏地势，西北高而东南低，故藏人常以西北为上，东南为下。①

贡觉（Go-vjo）　可译"官角"。民国为贡县地。昔属麻康，清季析为二部。

---

① 解释有误。芒康，意为"宁静"。

三崖（Sa-Ngan）　其地在巴塘与贡觉之间，跨金沙江。清代为野番①，民国为武成县。

察哇龙（Tsha-ba-rong）　为怒江支流瑜曲（Yul-Chu）流域之地。在八宿与盐井之间，包有左贡、札夷诸部，与门空、杂瑜同归桑昂曲宗营官管辖（今左贡）。

门空（Sman-khungs）　在察哇龙、盐井、桑昂之间，南与云南接壤。归桑昂曲宗营官管辖。

桑昂（Gsang-sngags-chos）　在察哇龙外，杂瑜之北。即民国之科麦县也。

杂瑜（Rdza-yul）　旧译"咱义"。民国为察隅县。在桑昂南，西连波密，南接珞瑜。

洛隆宗（Lho-rong）　在八宿、类乌齐二部之间，属潞（怒）江流域，为西藏一直辖县。首邑同名，当入藏大道。

硕般多（Sho-pa-mdo）　在洛隆宗西，潞江（怒江）之南，为西藏一直辖县。首邑同名，当入藏大道。

边坝（Dpal-vbar）　在硕般多西，拉里之东。亦译"冰坝"或"班巴"，为西藏一直辖县。首邑曰"达隆宗"（达尔宗），当入藏大道。以上三部，藏人又统称之为硕达洛松（Sho-Star-lho-gsum）。

以上属于喀木之部分也。

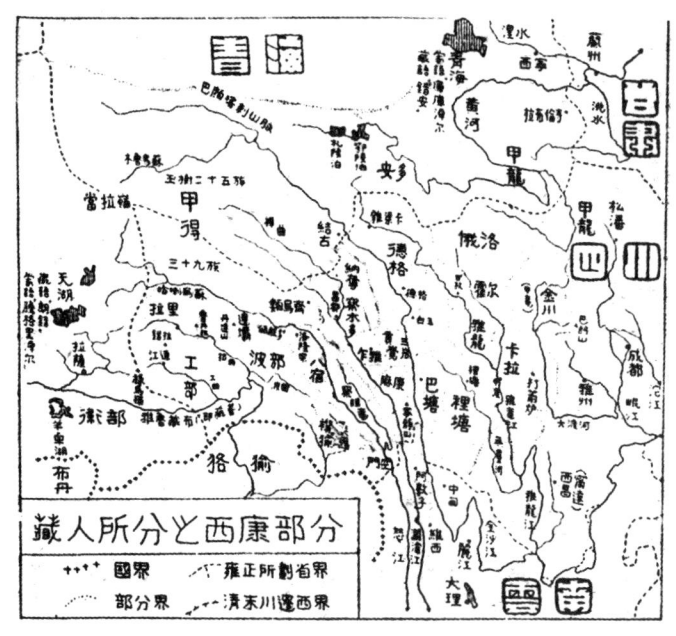

藏人所分之西康部分

---

① 野番：旧时对未纳入行政建置的少数民族之称呼。

四、清代之川边土司

清雍正初年平定青海，招抚康地诸部。雍正四年（1726），立界碑于巴塘、麻康（今芒康）间之宁静山。山以东，巴、里、瞻、霍、德、纳诸土司地划归四川省雅州府管辖。山以西，四呼图克图辖区，与麻康、贡觉、杂瑜、察哇龙（今左贡）等部归划西藏，达赖喇嘛分设营官僧官管理。巴塘南部之维西、中甸、阿墩子，划归云南省，设二厅治之。乾隆《雅州府志》，曾将土司部分载入。计分木坪、大田、冷边、沈边、明正五部。而明正土司旧管土属有安抚司六、土千户一、土百户四十八；此外又有新附口外土司六十五员，共凡一百二十土司。即川边全部之地，皆附列于明正土司之下，殊非事实。嘉庆《四川通志》，将川边各土司、土目，依驻防各营、协分管部分，分划条理，依次胪列，其属于附庸之土司，即列于其所附土司之下，是即清代川边之部分状况也。兹依《四川通志》列川边部分如下：

清代川边土司部分表（嘉庆之世）

松茂道松潘镇辖：

松潘厅中营属：小土司7员，其地皆在松潘县南境。

拈右阿革寨土百户　45户。

热雾寨土百户　134户。

峨眉喜寨土千户　833户。

七布寨土千户　282户。

以上皆康熙四十二年（1703）投诚。

麦杂蛇湾寨土千户　289户。

毛革阿按寨土千户　347户。

以上2寨，雍正四年（1726）投诚。

包子寺寨土千户　56户。康熙四十二年（1703）投诚。

松潘厅左营属：土司2员，其地皆在松潘县东。

阿思峒寨土千户　197户。顺治十五年（1658）投诚。

羊峒寨土百户　234户。雍正二年（1724）投诚。

松潘厅右营属：小土司1员。

下泥巴寨土百户　50户。康熙四十二年（1703）投诚。

松潘厅漳腊营属：土司土目52员，其地在松潘县北境与西境。

寒盼寨土千户　160户。

商巴寨土千户　177户。

祈命寨土千户　172户。

羊峒踏藏寨土目　169户。

阿按寨土目　158户。

拖药寨土目　81户。

押顿寨土目　190户。

中岔寨土目　176户

郎寨土目　168户。

竹自寨土目　87户

臧咱寨土目　160户。

东拜王亚土目　87户。

达弄恶坝寨土目　212户。

香咱寨土目　537户。

咨马寨土目　324户。

八顿寨土目　285户。

以上16寨，皆在松潘县北方附近。

上包坐佘湾寨土千户　266户。

下包坐竹当寨土千户　187户。

川柘寨土千户　332户。

谷尔坝那浪寨土千户　256户。

双则红凹寨土千户　310户。

以上21寨，皆康熙四十二年（1703）投诚。

上撒路木路恶寨土百户　77户。

中撒路木路恶寨土百户　98户。

下撒路竹弄寨土百户　174户。

崇路谷漠寨土百户　423户。

作路生纳寨土百户　101户。

上纳凹贡按寨土百户　118户。

下纳凹卜顿寨土百户　150户。

以上 7 土百户，雍正二年（1724）投诚。

班右寨土千户　18 户。

巴细蛇住坝寨土百户　274 户。

阿细柘井弄寨土百户　168 户。

上作尔革寨土百户　57 户。

合坝夺杂寨土百户　66 户。

辖漫寨土百户　124 户。

下作革寨土百户　113 户。

物藏寨土百户　41 户。

热当寨土百户　72 户。

磨下寨土百户　21 户。

甲凹寨土百户　54 户。

阿革寨土百户　60 户。

鹊个寨土百户　261 户。

郎惰寨土百户　143 户。

以上 26 寨，皆松潘县西北境，通称"草地"。

上阿坝甲多寨土千户　1158 户。

中阿坝墨仓寨土千户　1749 户。

下阿坝阿强寨土千户　882 户。

以上 17 员，雍正元年（1723）投诚。

以下 7 员，皆康熙六十年（1721）投诚。

上郭罗克车木塘寨土百户　215 户。

中郭罗克插落寨土千户　485 户。

下郭罗克纳卡寨土百户　333 户。

上阿树银达寨土百户　257 户。

中阿树宗个寨土千户　488 户。

下阿树郎达寨土百户　240 户。

小阿树寨土百户　136 户。

以上 10 寨，皆在松潘西境，大渡河上游。

松潘平番营属：小土司 3 员，其地皆在松潘县东南境。

丢骨寨土千户　260 户。

云昌寺寨土千户　240户。

呷竹寺寨土千户　360户。

以上3司，皆康熙四十二年（1703）投诚。

松潘南平营属：寨首2员，其地皆松潘县南坪县境。

中羊峒隆康寨首　249户。

下羊峒黑角郎寨首　389户。

以上2部，皆雍正二年（1724）投诚。

茂州叠溪营属：小土司6员，其地皆在茂县西北境。

大姓寨土百户　602户。土司汉姓郁。

小姓寨土百户　300户。土司姓郁。

大定沙坝寨土千户　17户。土司姓苏。

大黑水寨土百户　217户。土司姓郁。

小黑水寨土百户　122户。土司姓郁。

松坪寨土百户　407户。土司姓韩。

以上皆顺治六年（1649）投诚。

龙安府营属：土官2员，其地皆在平武县西境，其人皆番俗，奉喇嘛教。

阳谷隘口长官司　222户。土司姓王。

土通判　150户。王姓自宋以来，世为土官。

以上皆顺治二年（1645）投诚。

杂谷厅维州协左营属：土司1员。

瓦寺宣慰司　800户。顺治九年（1652）投诚。其地为今汶川县西北境。

杂谷厅维州协右营属：土司4员。其地为今理番县西境。属大渡河上游。

梭磨宣慰使司　管19寨，1900余户。自唐时投诚。雍正元年（1723）授职。

卓克基长官司　凡10寨，1950余户。乾隆十五年（1750）授职。

松冈长官司　凡21寨，100余户。康熙二十三年（1684）授职。

党坝长官司　凡14寨，190余户。乾隆中授职。

茂州营属：土官8员，其地皆在今茂县中部与东南部。

静州长官司　248户。土司姓王，顺治初投诚。

陇木长官司　267户。土司姓何，顺治初投诚。

岳希长官司　150户。土司姓坤，康熙九年（1670）投诚。

沙坝安抚司　324户。土司姓苏。

水草坪巡检土司　　120 户。土司姓苏。

竹木坎副巡检司　　100 户。土司姓孙。

牟托巡检土司　　54 户。土司姓温。

以上皆顺治初投诚。

实大关副长官司　　71 户。土司姓官。康熙十年（1671）投诚。

懋功厅协属：土司 2 员，沃日在懋功县东南。绰斯甲在绥靖屯西北。

鄂克什安抚司　　即沃日土司也。凡 17 寨，304 户。顺治十五年（1658）投诚。

绰斯甲布宣抚司　　凡 29 寨，1130 户。康熙三十九年（1700）投诚。

建昌道建昌镇辖：

西昌县中营属：土司 4 员，皆姓安。其地今为西昌县境。

河东长官司　　所辖土百户 3 员，土目 11 员，猓猡①部落 6962 户。其地为西昌县西北境。

阿都正长官司　　所辖土目 4 员，苗夷共 5 万户。其地为西昌县东境。

阿都副长官司　　土目 11 员，苗夷 1.5 万户。其地为今西昌县东南境。

沙骂宣抚使　　土目 5 员，夷民 1462 户。今昭觉县境。

西昌县左营属：土司 3 员。其地皆在西昌县西南，安宁河与打冲河间。

昌州长官司　　土司姓卢，辖苗夷 271 户。

普济州长官司　　土司姓吉，管苗夷民 536 户。

威龙州长官司　　土司姓张，管苗夷民 215 户。

西昌县右营属：土司 1 员，其地在西昌县西。

河西土千总　　土司姓安，管辖土目 4 员，番夷 1503 户。

越嶲厅营属：土司 1 员，其地今为越嶲县境。

邛部宣抚司　　土司姓岭，管土目夷民 2916 户。其地为越嶲县东南境。

暖带密土千户　　土司姓岭，管土目 1 员，夷民 1250 户。其地为越嶲县东境。

暖带田坝土千户　　土司姓岭，夷民 1100，民 10 户。其地为越嶲县东北境。

松林地土千户　　土司姓王，管土目 6 员，夷民 1012 户。其地为越嶲县西北境。

盐源县会盐营属：土司 9 员，皆在今盐源、盐边县境。旧称"盐源九所"者是也。

木里安抚司　　土司姓项，历以喇嘛充任之。所管民 3283 户。其地在盐源西

---

① 今彝族。后文"罗罗"，亦同。

边，西康九龙理化稻成①三县之南。

  瓜别安抚司　1253 户。其地在盐源县北境。九龙县南。

  马喇副长官司　125 户。其地在今盐边县极西，三面交云南界。

  古柏树土千户　586 户，其地在盐源县西。

  中所土千户　485 户。其地在盐源县西南。

  左所土千户　525 户。在中所西北。

  右所土千户　595 户。在盐源县东南。

  前所土千户　65 户。在左所西北，永宁湖外，木里之南。

  后所土千户　74 户。在前所东北。

冕宁县宁山营属：土司 7 员。其地皆在冕宁县西北。

  酥州土千户　120 户。

  架州土百户　143 户。

  苗出土百户　432 户。

  大村土百户　106 户。

  糯白瓦土百户　106 户。

  大盐井土百户　220 户。

  热即哇土百户　700 户。

会理永定营属：土司 1 员，其地今为宁南县。

  披沙土千户　民国十九年（1930），以其地为宁南县。

打箭炉泰宁营属：土司 3 员，今泸定、宝兴两县。

  沈边长官司　今为泸定县地，土司姓余，尚存，住沈村。

  冷边长官司　今为泸定县地。土司姓周，今存，住冷碛。

  穆坪董卜韩胡宣慰使司　民国十九年（1930），土司故绝，以其地为宝兴县。

清溪县黎雅营属：土司 3 员，其地为今汉源县地。

  黎州土百户　亦称"大田土司"。原辖地属汉源县西境，今其土民全已汉化，土司尚存，住瓦窑坪。

  大田副土百户　原辖地为今汉源县东南境，其土民已汉化。

  松坪土千户　辖地在汉源极东，今分属汉源、峨边两县。

打箭炉阜和协属：清末所称之"川边"即此部也。凡辖大小土司 120 余员，年

---

① 稻成，今作稻城。——编者注

征贡赋银 7130 余两，各大土司俱有小土属，组织复杂，兴灭屡变，兹依原书列举，略为说明如下。

明正宣慰使司　印文称"长河西鱼通宁远军民宣慰使司"。土司姓甲，住牧（驻牧）打箭炉。其地纵横东西 400 里，南北 1500 里，所管土千百户 49 员，皆康熙四十年（1701）投诚。共有土民 6591 户，每年认纳夷赋银 161 两，为川边第一土部。

咱里土千户土司姓古，住牧咱里，辖民 108 户。今属泸定县。

木噶土百户　270 户。

瓦七土百户　230 户。

俄洛土百户　150 户。今为康定县之东俄洛。

白桑土百户　141 户。今为康定县之白桑村。

恶热土百户　143 户。今为康定县之厄日，在长坝村北。

下八义土百户　100 户。今为道孚县泰宁乡之八美村。

少误石土百户　50 户。今属道孚县泰宁乡。

作苏策土百户　110 户。

八哩笼土百户　90 户。

上渡噶喇住索土百户　42 户。今为雅江县噶拉村。

中渡哑出卡土百户　140 户。今为雅江县治。

他咳土百户　50 户。

索窝笼土百户　100 户。

恶拉土百户　766 户。

药壤土百户　120 户。

扒桑土白户　100 户。今为康定扒桑村。

木辘土百户　105 户。今为康定县之木洛村。

格瓦卡土百户　170 户。

呷那工弄土百户　200 户。

吉曾卡桑阿笼土百户　294 户。今为康定县之吉曾卡村。

沙卡土百户　194 户。

上八义土百户　150 户。今为道孚县之八美村。

拉里土百户　90 户。

八鸟笼　173 户。

姆朱　139 户。

以上 25 土百户地，通称"木雅"。今为康定县之上下木雅乡，与道孚泰宁乡，雅江河东区，暨九龙县全部之地。今昔地名不同，可考者附注于后，不可考者暂缺。

上渣坝恶叠土百户　100 户。

上渣坝卓泥土百户　150 户。

中渣坝热错土百户　130 户。

中渣坝沱土百户　100 户。

下渣坝瓦业石土百户　100 户。

下渣坝莫藏石土百户　180 户。

以上为渣坝 6 村，今为道孚县之渣坝乡。

鲁密东谷土百户　90 户。今为丹巴县东谷村。

鲁密普工碟土百户　150 户。今为丹巴县浦鹄顶村。

鲁密郭宗土百户　72 户。

鲁密结藏土百户　38 户。

普密祖卜柏哈土百户　105 户。

鲁密初把土百户　80 户。

鲁密昌拉土百户　119 户。

鲁密坚正土百户　50 户（井壁）。

鲁密达妈土百户　100 户（大马）。

鲁密格桑土百户　30 户（格宗）。

鲁密本滚土百户　126 户（边古）。

长结杵尖土百户　34 户。

长结松归土百户　38 户。

鲁密白隅土百户　170 户。

鲁密梭布土百户　155 户。今为丹巴县之梭波村。

鲁密达则土百户　199 户。今为丹巴县之大寨村。

鲁密卓笼土百户　250 户。今为丹巴县之中路村。

以上 17 土司地，称为"鲁密章谷"，糯米章谷同，清末年，增至 24 土百户，有一土千户领之，改流后，为丹巴县之明正 24 村。

革什咱安抚司　830 户。康熙三十九年（1700）投诚。其地为今丹巴县西北境。道孚县亦有属地。《雅州府志》称"单东革什咱安抚司",《建省记》作"单东土司"。

巴底宣慰司 亦名"布拉克底"。康熙四十一年(1702)投诚,未注户籍。其地在今丹巴县极北,跨大金川。

巴旺宣慰司 乾隆三十九年(1774),自巴底分置。土民850户。其地在巴底南,跨大金川。

喇滚安抚司 康熙四十年(1701)投诚。土民790户。其地在今瞻化县东南。

霍尔竹窝安抚司 雍正六年(1728)投诚。土民1666户。其地为今炉霍县与甘孜县之朱倭乡。土属2员:

 瓦述写达土千户 200户。

 瓦述更平东撒土百户 40户。

霍尔章谷安抚司 雍正六年(1728)投诚。土民3202户。其地为今炉霍县。甘孜县亦有其属地。土属4员:

 瓦述色他土百户 50户。

 瓦述更平东撒土百户 40户。凡重见皆一地两属或有数头人分辖之部。

 瓦述更平土百户 50户。

 瓦述墨科土百户 50户。今瞻化县河东区之麦科村。

护理纳林冲女长官司与章谷一家。嘉庆十二年(1807)分置。土民1002户。其地在章谷界内。清季为章谷所并。

瓦述色他长官司 雍正六年(1728)投诚。土民250户。查其界至,应在炉霍县东北境。盖牧部也。今亡。

瓦述更平长官司 雍正六年(1728)投诚。土民300户。查其界至,应在今瞻化县北境,道孚、炉霍南境,牧部也。今亡。

瓦述余科安抚司 雍正六年(1728)投诚。土民645户。其地为今道孚县之鱼科乡。亦牧地也。

霍尔孔撒安抚司 雍正六年(1728)投诚,土民923户。今甘孜县与道孚县之孔色乡。有土属2员:

 科则土百户 50户。

 圆根满碟土百户 71户。

霍尔甘孜麻书安抚司 雍正六年(1728)投诚。土民665户。其地为今甘孜县之麻书乡与道孚县之麻孜乡。土属3员:

革赍土百户　13 户。

东署土百户　32 户。

东署土百户　60 户。

德尔格忒宣慰司　雍正六年（1728）投诚。土民 7977 户。其地为今德格、邓科、白玉、同普、石渠 5 县。所属有土百户 8 员。（又长坦番民 222 户，阿斯霍番民 34 户，皆土司直辖。）

上革赍土百户　50 户。革赍地在今白玉、瞻化之间。

上革赍土百户　50 户。

上革赍土百户　15 户。

上革赍土百户　40 户。按：革赍系牧部故多同名土官也。

杂竹吗竹卡土百户 3 员　40 户。今石渠县地也。

笼坝土百户　40 户。

霍尔白利长官司　雍正六年（1728）投诚。土民 315 户。今甘孜县白利乡地是也。

霍尔咱安抚司　雍正六年（1728）投诚。土民 710 户。即今甘孜德格间之上下杂科地是也。清末为德格章谷瓜分。原载土属 2 员：

下革赍土百户　60 户。

下革赍土百户　20 户。

霍尔东科长官司　雍正六年（1728）投诚。土民 348 户。土司以喇嘛充当。其地今为甘孜县之东谷乡。

春科安抚司　雍正六年（1728）投诚，土民 588 户。其地为今邓科县西北境，接青海界。

护理春科副土司　雍正六年（1728）投诚。嘉庆八年（1803）并于春科安抚司。

春科高日长官司　雍正六年（1728）投诚。土民 82 户。在春科界内。

上瞻对茹长官司　雍正六年（1728）投诚。土民 428 户。其地今为瞻化县东北境。今为道孚之木茹村。

上瞻对峪纳土千户　雍正六年（1728）投诚。土民 206 户。其地即今瞻化谷日村。

蒙葛给长官司　雍正六年（1728）投诚。土民 304 户。其地在今石渠县东北。

林葱安抚司　雍正六年（1728）投诚。土民 1069 户。其地在今德格县北，邓科东境。

上纳夺安抚司　雍正六年（1728）投诚。土民 650 户。其地为今同普县西境，与察木多接，牧部。土属 4 员：

上纳夺土千户　150 户。

上纳夺黎窝土百户　80户。

上纳夺土百户　70户。

纳夺黎窝土百户　30户。

下瞻对安抚司　雍正六年（1728）投诚。土民340户。今瞻化县下瞻区地是也。土属2员：

云多土百户　23户。

仪盖土百户　16户。

上瞻对撒墩土千户　乾隆十年（1745）投诚。土民50户。为今瞻化县之撒墩村，在县极北。

中瞻对茹色长官司　乾隆十年（1745）投诚。土民200户。其地在今上下瞻之间，东连渣坝。嘉庆十九年（1814），因乱覆灭，分其地属上下瞻。

理塘粮务属：

理塘宣抚司　详下条。

理塘副土司　正副土司皆康熙五十七年（1718）投诚，住牧理塘，统管各处乡村大小头目39名，番民522户，年纳夷赋银3360余两。凡今理化、稻城二县，与雅江、定乡二县之一部，皆其地也。

瓦述毛丫长官司　康熙六十一年（1722）投诚，牧民300户，地在理塘之北。土司今存。

崇喜长官司　康熙六十一年（1722）投诚。土民300户。半耕半牧。其地在今雅江县东北。

瓦述曲登长官司　康熙六十一年（1722）投诚。牧民179户。其地在理化县西北，亦牧部也。

瓦述国陇长官司　嘉庆十二年（1807）投诚。牧民549户。其地失考，约今理化县西境。

瓦述毛茂丫土百户　康熙六十一年（1722）投诚。土民74户。其地失考，大约在今理化县南境。

瓦述麻里土百户　嘉庆十二年（1807）投诚。土民198户。其地即今瞻化县南之麻日村也。

巴塘粮务属：

巴塘宣抚司　详下条。

巴塘副土司　正副土司皆康熙五十八年（1719）投诚。住牧巴塘。所管土百户

7员，土民2063户。

上临卡石土百户　92户。雍正六年（1728）投诚。其地在巴安县东北，冷卡石。

下临卡石土百户　77户。雍正七年（1729）投诚。

冈里土百户　15户。雍正六年（1728）投诚。

桑隆土百户　70户。雍正六年（1728）投诚。

上苏阿土百户　14户。雍正六年（1728）投诚。

下苏阿土百户　28户，雍正八年（1730）投诚。

郭布土百户　90户。雍正六年（1728）投诚。

清代雅州、宁远二府皆属建昌道。而今之西藏部分地方，当时亦附属于四川省。其西康各土司户籍，则由雅州之打箭炉同知衙门掌管。各土司之贡赋征调，则分掌于泰宁营、阜和协与理塘、巴塘二粮务衙门。其部分系统，大体可由此表得之。此种分划，系招抚时略依各部地民之多少，随意分定，并未经过踏勘审查，故其部分混淆杂乱，反不如前节藏人习惯区分之为便于应用也。

又本表低格排列之土司，概为各大土司之附庸部落，等于头人，并无印信号纸。不过系单独投诚，认有夷赋，得载册籍而已。其高级排列之土司，虽皆系独立部落，亦不过就嘉庆时之存者言之。实则各土司间，常相兼并，时有兴灭。如瓦述长坦长官司，名见乾隆《雅州府志》，云："雍正七年（1729）投诚。辖民二百四十三户。贡马一匹，牛二头。住黑帐房，协里塘办差。"考其地，即今瞻化、白玉、理化间之昌泰也。嘉庆《通志》未予列名，则乾嘉间为德格所并也。又瓦述毛茂丫土司《雅州府志》、嘉庆《通志》并存之，而《西康建省记》不载。则清末为理塘所并也。他如霍尔咱为章谷、德格所瓜分。五瓦述为理塘所役属。蒙葛结沦为"野番"。五瞻对合为一部落。皆无志乘可稽，唯烂熟边地载籍者，能以会心得之。

五、《卫藏通志》所载之西康部分

《卫藏通志》，传为驻藏大臣和琳所辑。光绪中，户部郎中袁昶等校勘重刻，增入打箭炉至藏各部落名目。其部分系统，颇与《四川通志》不同，兹辑其纲领如下：

工部江达　即工部也。今属西藏。下同。

上下波密　详前。

拉哩　即拉里部也。

边坝

硕板多

洛隆宗

类伍齐

察木多

（以上各部位置俱详前节。）

察木多投诚番地：黑帐房、木噜巴墩，在察木多东；常川中，在察木多北；仓竹黑、巴上卡，在察木多北；巴树，在察木多西北；杂楮，在察木多东北，竹拉石，在察木多东北；楚林度图，在察木多正东；布喇乌，在察木多东北；龙布，在察木多东北；腊枯，在察木多东北；称多，在察木多东北；纳粗，在察木多西北；谷咱，在察木多东北；押结，在察木多西北；竹巴，在察木多东北；列玉，在察木多西北；当窝、赤色、拉济、般石四处近龙布，在察木多东北界。

乍丫　部位已详前节。

巴塘　按下文，似此所指为巴塘粮台，非指巴塘土司。其管辖地方如下：

安抚司 11：马塘、瓦述斜科（按即余科，斜字读余音，非误写也）、霍尔竹窝、霍尔章谷、霍尔甘孜孔萨（按即孔撒也）、霍尔甘孜玛舒（即麻书也）、霍尔咱、德尔格、春科、林葱、上纳多（即纳夺也）。

长官司 7：色塔（即色他也）、瓦述更平、霍尔白利、霍尔东科、春科高日、瞻对茹、蒙葛结。

理塘　下文不列理塘土司，则此又似指土司而非指粮台。其管辖地方如下：戎里马、烧骨中、安角中、擦马中（达赖喇嘛降生处）、拉聪中、擦竹溪、西俄洛、麻盖中、河口（打箭炉交界）。上俄洛、下俄洛、呀坝、叠杂、上牟纳、下牟纳、甲洼、中坝、藏木、沙布鲁、木落（宁远交界）。喇尔布、工噶哩（按即贡噶岭也）、岛巴（即稻坝也）、乡城、朔竹（今定乡县之火竹乡是也）、喇嘛丫、二郎湾、立登三坝（巴塘交界）。丫坝、普恩、噶吉土官中噶（黑帐房）、毛茂丫土官彻冷（黑帐房）、毛丫土官索诺木罗布（黑帐房）、曲登土官康珠（黑帐房）、奔拉山土官都纳台吉。

打箭炉　原注云："昔为南诏地……汉番商贾毕集，旧设盐督一员，以榷税课。今裁归同知管理。雅州府同知分驻其地，以理夷情，一如郡县之制。其户口自康熙四十年（1701）复设明正司，原额 460 户外，所辖各土司户口，总计 20424 户。二共户口 20884 户。其贡赋，自康熙四十三年（1704）招抚口外等处番民，认纳贡马杂粮，每岁折银征解，通共 4009 两 8 钱 5 分。原在化林营征收，今设同知，各番粮归明正司收，汇起解拨，充泰宁协兵饷。"据此，则口外诸土司，实皆附于打箭炉同知衙门（与《雅州府志》相合），而非分属于巴塘、理塘二粮台也。前文将德格、霍尔诸土司附属于巴塘，适与此注冲突。盖因德格、霍尔诸部于打箭炉厅成立后概拨归管辖，而雍乾时则分辖于粮台。又原文谓其管辖地方如下：

"明正宣慰使司：

安抚司6：绰斯甲、单东、革什咱、巴底、喇滚（拉滚）、瞻对。

土千户1：咱哩。

土百户48：姆朱、八乌龙、药囊、吉僧、木噶、作苏策、格互卡、八哩龙、拉里、沙卡、瓦齐、呷纳工弄、白桑、俄洛、怕桑、俄热、索窝龙巴、塔咳、俄拉、上渡噶拉住索、初巴、下札坝木藏石、中札坝热错、中札坝业瓦石、中札坝陀、中渡亚出卡、上札坝俄叠、上札坝卓泥、上八义、白隅、下八义、沙语石、梭布、长结松都、昌拉、坚正、祖布、鲁密东谷、长结杆坚、达妈、格桑、郭宗、本滚、卓龙、鲁密达则、普共谍、结藏、木辘。"

大抵此种分部，系误采某人某书之传说，非清代康区分部之真况。以其为清代官书，必有信者，故特举而正之。

六、清末改流时之川边部分

清末改流时之川边部分，傅华封《西康建省记》言之甚详。要可分为改流之土司，投诚之"野番"，与收回赏藏地方之三类。兹依其所记分类列表，并注明改流后之县份如下：

表1　改流之土司部分

土司名称	改流年月	今之县份
巴塘正副土司	光绪三十二年（1906）九月	巴安县全部，得荣县全部，盐井县全部
理塘正副土司	光绪三十三年（1907）八月	理化县全部，稻城县全部，定乡县全部，雅江县之河西区
德格土司	宣统元年（1909）六月	德格县全部，白玉县全部，同普县之一部，石渠县全部，邓科县之一部
春科土司	宣统元年（1909）九月	邓科县之一部

续表

土司名称	改流年月	今之县份
高日土司	同前	同前
林葱土司	同前	同前
纳夺土司	宣统元年（1909）十一月	同普县之一部
孔撒麻书土司	宣统三年（1911）五月	甘孜之孔色、麻书二乡，其时麻书为孔撒所并，故曰孔撒麻书土司
白利土司	同前	甘孜县之白利乡
东科土司	同前	甘孜县之东谷乡
倬倭土司	同前	炉霍县之朱倭乡。其时章谷土司已亡，其地为炉霍屯。又霍尔咱土司亦亡，其地方为德格所有。故《建省记》无二土司名也
单东土司	同前	丹巴县之单东、革什咱二区，道孚县之革西麻区
鱼科土司	宣统三年（1911）六月	道孚县之余科乡
明正土司	宣统三年（1911）五月	康定县全部，雅江县之河东区地，九龙县全部，丹巴县之鲁密章谷24村，道孚县之渣坝、木辘、泰宁等地
鱼通土司	同上	康定之鱼通区。其土司名称不见藩部载籍。盖明正土司推恩之附庸也
卓斯甲布土司	同上	其地原属金川懋功厅。赵尔丰收归道孚县。现复与道孚县脱离
咱里土司	同上	康定县之日地、柳杨、瓦斯沟等地，泸定县之烹坝、沙湾、咱里等处
冷边土司		泸定县境自冷碛至岚州皆是也
沈边土司		泸定县之摩西、沈村、咱威、得妥等地是也
崇喜土司	宣统三年（1911）七月	雅江县之崇喜村
毛丫土司	同上	理化县之毛丫牧场
曲登土司	同上	理化县之曲登牧场

表2 投诚之"野番"部分

土司名称	改流年月	今之县份
波密	宣统元年（1909）十月	拟设三县未成
三岩	宣统二年（1910）十月	武成县
俄洛	宣统二年（1910）	拟设县未成
色达	宣统二年（1910）	同前
上罗科马	宣统三年（1911）五月	炉霍县
下罗科马	同前	道孚县

表3 收回赏藏之部分

土司名称	改流年月	今之县份
察木多	宣统元年（1909）十一月	昌都县
三十九族土司	同上	拟设二县未成
八宿	同上	恩达县（设于八宿、类乌齐之间，境界未明）
类伍齐	同上	同前
硕般多	同上	硕督县（设县未成）
洛隆宗	同上	未设县
边坝	同上	未设县
江卡	宣统二年（1910）六月	宁静县
贡觉	同上	贡县
桑昂	宣统元年（1909）	科麦县（设县未竟，曾属盐井）
杂瑜	同上	察隅县（设县未竟，曾属盐井）
乍丫	宣统二年（1910）六月	察雅县
瞻对	宣统三年（1911）六月	瞻化县
拉里	民国元年（1912）	嘉黎县（设县未成）
江达	民国元年（1912）	太昭县（设县未成）

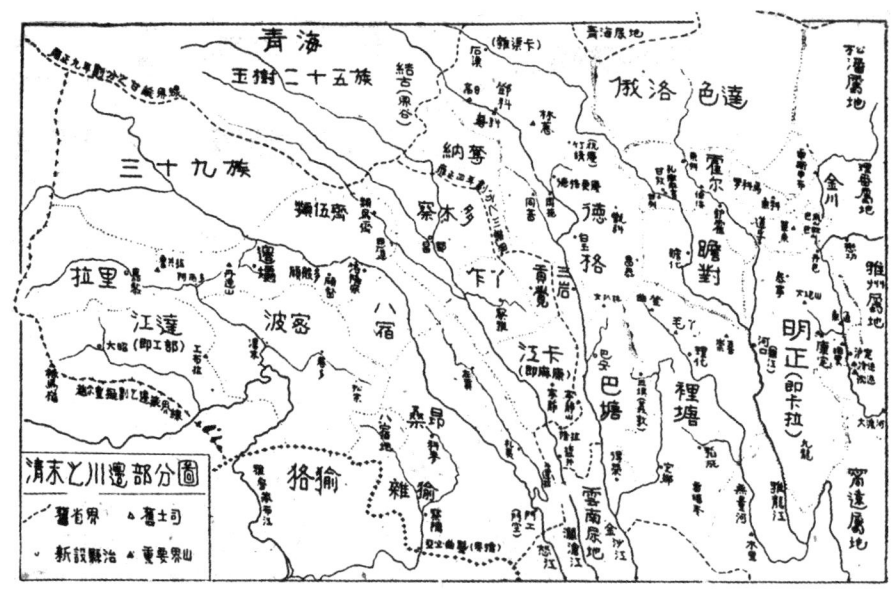

清末之川边部分图

七、西康县份

清末赵尔丰经营川边，陆续奏请于改流地方，设2道、3府、10厅、30县、8设治委员、2理事官，及旧属四川之炉霍屯与泸定桥巡检地，共为50县区。察木多以西地方，因驻藏大臣联豫反对划归川边，尚未进行改流。宣统三年（1911），清廷核准于川边建置2道5府21州县。代理边务大臣傅嵩炑，请建西康行省，拟设21县。民国元年（1912），康藏叛乱，四川都督尹昌衡西征，兵威再达昌都以西，复增设1府5县。民国二年（1913），废府厅州，一律为县。三年（1914），增设九龙委员，十五年（1926）改县。于是全康为34县。然安良、贡噶2县，实未建置。太昭、嘉黎、硕督、科麦、察隅5县，知事皆未莅任而陷。昌都、恩达、察雅、宁静、贡县、武成、德格、白玉、同普、邓科、石渠11县亦于民国七年（1918）陷失。义敦县旋亦废去。今日西康所存，15县而已。兹列赵尔丰以来，西康郡县沿革表于下：

西康郡县建置沿革表

赵尔丰建置之郡县	宣统三年核准之郡县	傅嵩炑拟设之县邑	尹昌衡时之郡县	民国之32县	现在之15县	备考
康定府	康定府	康定府	康定府	康定县	康定县	县治打箭炉
河口县	河口县	河口县	雅江县	雅江县	雅江县	县治为清之中渡汛
		营官寨	安良县			安良县治原拟设阿娘坝，竟未设治而废
		诺米章谷	丹巴县	丹巴县	丹巴县	诺米章谷即鲁蜜章谷也
		卓斯				原拟设县治于绰斯甲布土司官署，未成事实
		九龙		九龙县	九龙县	民国九年（1920）增设
泸定巡检	泸定巡检	泸定县	泸定县	泸定县	泸定县	县治泸定桥
理化厅	理化府	理化府	理化府	理化县	理化县	县治理塘
稻城县	稻城县	稻城县	稻城县	稻城县	稻城县	县治稻坝
贡噶岭县丞	贡噶岭县丞	贡县	贡噶县丞	并其地于稻城，未置县	贡噶岭县丞	贡噶岭县丞
巴安府	巴安府	巴安府	巴安府	巴安县	巴安县	
三坝厅	义敦县	义敦县	义敦县			今废，其地分属于巴、理两县
定乡县	定乡县	定乡县	定乡县	定乡县	定乡县	县治下乡城

续表1

赵尔丰建置之郡县	宣统三年核准之郡县	傅嵩炑拟设之县邑	尹昌衡时之郡县	民国之32县	现在之15县	备考
盐井县	盐井县	盐井县	盐井县	盐井县	盐井县	县治茶卡龙
得荣县	得荣县	得荣县	得荣县	得荣县	得荣县	县治得荣寺
		莽岭				原拟设县治于莽岭或空子顶，未实现
登科府	登科府	登科府	邓科府	邓科县		民国七年（1918）失陷，民国三十年（1941）收复
德化州	德化州	德化州	德化州	德格县		民国七年（1918）失陷，民国三十年（1941）收复
白玉州	白玉州	白玉州	白玉州	白玉县		民国七年（1918）失陷，民国三十（1941）年收复
同普县	同普县	同普县	同普县	同普县		民国七年（1918）失陷
石渠县	石渠县	石渠县	石渠县	石渠县		民国七年（1918）失陷，民国三十年（1941）收复
		林葱				未经设治
		赠科				未经设治
		葛察寺				未经设治
		俄洛				未经设治
		色达				未经设治
甘孜委员	甘孜州	甘孜州	甘孜县	甘孜县	甘孜县	县治甘孜，民国二十年（1931）失陷旋经收复
瞻对委员	怀柔县	怀柔县	怀柔县	瞻化县	瞻化县	县治雅龙，民国三十年（1941）失陷旋经收复
炉霍屯	炉霍县	炉霍县	炉霍县	炉霍县	炉霍县	县治霍尔章谷
道乌委员	道乌县	道乌县	道乌县	道孚县	道孚县	县治道乌
察木多理事官	昌都府	昌都府	昌都府	昌都县		民国七年（1918）失陷
乍丫理事官	察雅县	察雅县	察雅县	察雅县		民国七年（1918）失陷
贡觉委员	贡觉县	贡觉县	贡觉县	贡觉县		民国七年（1918）失陷
三岩委员	武成县	武成县	武成县	武成县		民国七年（1918）失陷
江卡委员	宁静县	宁静县	宁静县	宁静县		民国七年（1918）失陷
		察哇			未设治	
桑昂委员	科麦县	科麦县	科麦县	科麦县		民国元年（1912）失陷，今察隅
杂瑜委员	察隅县	察隅县	察隅县	察隅县		民国元年（1912）失陷

续表2

赵尔丰建置之郡县	宣统三年核准之郡县	傅嵩炑拟设之县邑	尹昌衡时之郡县	民国之32县	现在之15县	备考
		上波密				未经设治
		下波密				未经设治
		白马岗				未经设治
		甲得东部				未经设治
		甲得西部				未经设治
		八宿	恩达县	恩达县		民国七年（1918）失陷
		类乌齐				未经设治
		洛隆宗				未经设治
		硕般多	硕督县	硕督县		民国元年（1912）失陷
		边坝				未经设治
			嘉黎府	嘉黎县		县治拉里，民国元年（1912）失陷
			太昭县	太昭县		县治江达，民国元年（1912）失陷，今工布江达

八、傅华封①主张之西康郡县

从来经边官吏，最能明了西康整个情形者，唯一傅华封氏。傅从赵尔丰经略川边，转战数万里，所至博访周谘，巨细弗遗。鼎革时，以报知遇，率军回川救赵，为同志军所擒。幽禁中撰《西康建省记》三册，八万余言，凭诸腹笥，而叙记翔实，条理井然，为前此记载康事书籍最美备者。近世各书坊所出关于西康之著作，大都剽窃此书而成。即民元以来之西康建置，亦多受其影响。其《西康郡县记》，主张将折多山以东划归四川，丹达山以西划归西藏；中间地方，则于赵氏规设之二十六县外，增设二十一县，为西康省。其言曰：

"按西康所设郡县，及未定郡县者，共二十七处。以贡噶岭改为县，则二十八处矣。除打箭炉、泸定桥应划归四川，计只二十六处。如林葱土司之地，在登科、德

---

① 傅嵩炑（1869—1929），字华封，四川叙永秀才。随赵尔丰入康，任边务大臣总文案（秘书长）。宣统三年（1911）被赵保荐为代理边务大臣。

格之间，应设一县。毛丫土司之地，在里塘、德格之间，里塘距德格八九站，应于适中之赠科（原系德格属地）设一县。明正应于河口适中之营官寨设一县。又于南边之九龙设一县，北边之糯米章谷择适中之地设一县。卓斯土司改流，应设一县。色达'野番'地方，应设一县。俄洛'野番'地方设一县。又甘孜距石渠七八站，应于葛察寺设一县。又巴塘距盐井、江卡均六七站，应于空子顶或莽岭设一县。又江卡距桑昂、杂瑜约八九站，应于适中之处设一县。（按：傅氏盖欲指察哇龙地方而偶忘其名也。）八宿呼图克图之地，设一县。又于赏藏收回之硕般多设一县，洛隆宗设一县，边坝设一县，类伍齐设一县。又宣统三年（1911），边藏会师勘定之波密白马冈，曾经驻藏大臣奏明或由藏由康设官另议。查该处并非藏地，应由康设三县分管其地。又三十九族亦非藏地，距察木多近，应由康设两县。共计二十一县，急须早经营。其尤不可缓者，惟类、洛、硕、边及波密、白马冈、三十九族等处。至改流之巴底、巴旺两土司，应归四川设官也。现在西康地广人稀，设官之处，总期民足以养官。将来地辟民聚，再行推广。"

观傅氏结尾数语，似犹自嫌设县太稀。其后尹昌衡经略川边，仅增置丹巴、恩达、硕督、嘉黎、太昭5县。陈遐龄时，始增九龙县。凡所增置，才及傅氏所拟三分之一，已有民不足以养官之苦者，政治势力薄弱，官不足服民故也。

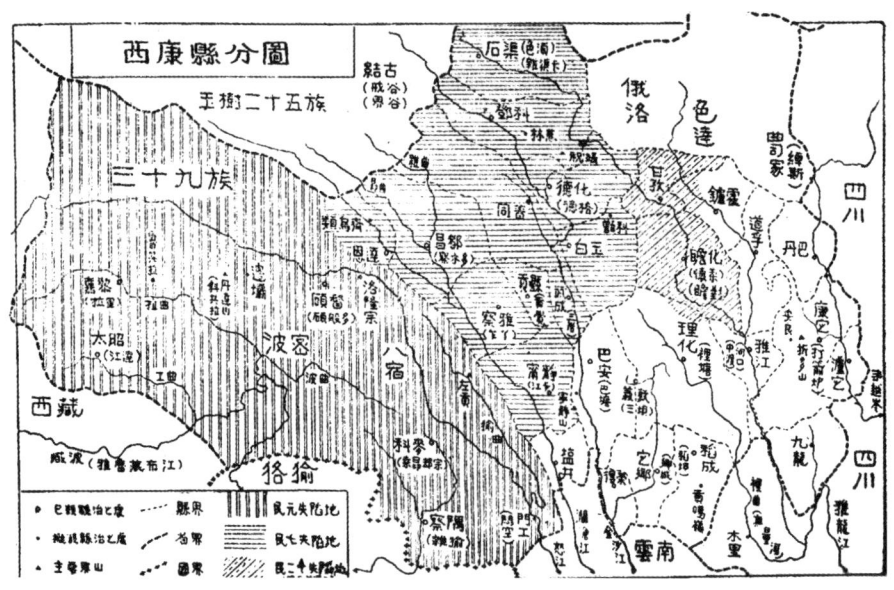

西康县分图

第二章 辨 名

一、最大之误译

通常译英法文之 Tibet 为西藏，此大误也。"西藏"二字，为我国之行政区域名称，始于康雍之世。其时所指，为宁静山以西，青海以南之康、卫、藏、阿里四部。清末，边务大臣赵尔丰收回赏藏之康地，请于江达与西藏（地方）划界。旋由代理边务大臣傅嵩炑请以丹达以东之地建西康省。民初，以其地为川边特别区域。是今之"西藏"二字，又只能包括卫、藏、阿里三部也。至 Tibet 一字，乃土伯特之转译。土伯特为亚欧各民族加于藏族之称呼，同时施于其所分布之地。故凡今卫、藏、青海及西康之地，西人皆称曰 Tibet 或 Tibetan，犹之称我国新疆省与俄属中亚细亚为 Turke 或 Turkestan 也。今若译 Turkestan 为新疆，俄人必怒目斥之。乃我国人竟自译土伯特为西藏，是不啻自认西藏（地方）政府之当占有西康与青海矣，非大误欤？

英人查理·贝尔，侵略西藏之最猛进者也。所著《土伯特之过去与现在》（*Tibet Past and Prestent*，今译《西藏今昔》）一书，附有土伯特地图二幅，用重线圈出土伯特境界，包有西藏、青海、西康之全部。近世绘西藏地图者，竞翻译之，勾绘境界，亦仿原图。张其昀氏所著《高中地理教科书》之西藏地图，乃亦如此摹绘。《新时代史地丛书》之《西藏问题》一册，所冠之西藏地位图，亦如此勾绘。谓非中国学术界之奇误乎？究其致误之由，只在译义未明，相沿日久，耳熟口滑，出之不觉耳。

当森姆拉会议①时，查理·贝尔教西藏（地方）代表尽力预备争界之书证。西藏从其教，大肆收集，捆载赴会。开议日，直指藏境东至雅州，提出书证甚多。中国代表陈贻范瞠目不能驳一语，但摇头否认而已。我国人素昧边事，不知先占地步，

---

① 森姆拉会议，今作西姆拉会议。西姆拉会议英国代表麦克马洪所提议案，中国政府代表陈贻范奉命拒绝签字。——编者注

临事拮据，甘于失败，固不独陈氏为然也。

余以为 Tbiet 一字应直译为"土伯特"。"西藏"二字，亦应先自介绍于西人，译为 His-Tsang。或依西人现有译名为 Gtsang Po（藏普），愿国人亟采纳之！

二、藏族名称沿革

中国史籍，对于藏族称呼，屡有更易。周秦曰"戎"。汉魏曰"羌"。唐宋曰"吐蕃"。元明称其地曰"乌斯藏"，其人曰"番"。清初，称其地其人皆曰"土伯特"或"图伯特"。雍乾后，称其地曰"西藏"，其人曰"唐古特"。清末，分其地为康、藏、青海三部，称其人曰"藏番"。民国肇建，正其称曰"藏族"。其人自称曰"白巴"，亦曰"白冈"（意即"藏人"）。蒙古、土耳其、波斯、印度、缅甸人皆称之"图伯特"（Tubot）。亚拉伯人曰"第伯特"（Tebot）。欧美人曰"底伯特"（Tibet）。皆吐蕃之转音也。

三、戎氐羌解

《王制》："西方曰'戎'。"谓陇西荷戈行猎之民族也。戎外之地，称之为"羌"。《说文》："西方牧羊人也。"当时所知羌、戎地界，要不出今甘肃、青海之间。其著名部落曰"畎夷"，即犬戎也；曰余无之戎、六济之戎、邽冀之戎、义渠之戎、犬荔之戎、杨拒、泉皋之戎、蛮氏之戎、骊戎、阴戎，多以地称。戎地最近中国，故于三代之书，屡有记载。秦灭戎，置陇西、北地诸郡，戎人化为中夏，其名始废。羌地距中原远，古称"鬼方"。《汉书音义》曰："鬼方，远方也。"武丁征鬼方，三年克之，故其诗曰："自彼氐、羌莫敢不来享，莫敢不来王。"《竹书纪年》："武乙三十五年，周王季伐西落鬼戎，俘二十翟王。"所谓鬼戎即鬼方也，为今青海省地。翟，古狄字，时有北狄，月氏种，羼居羌地，故曰"氐羌"故"俘翟王"。其后月氏西徙葱岭之西，即大月氏也。遗留之种，为小月氏。汉以后，氐羌融合。其徙居陇蜀之间者，为白马氐，亦曰"白马羌"。自仇池杨氏亡后，氐皆汉化。故唐以来，氐名消灭。唯羌种转渐强盛，屡犯西边，疲劳中国，为两汉二大边患之一。下历魏、晋、周、隋，强酋迭起，势未稍衰。唐初，吐蕃起于逻些，并吞诸羌部，为一大帝国，复为唐代四大边患之一。自是以后，华人皆称羌地曰"吐蕃"。羌字亦复废矣。

古时华人，只称青海湖近之牧民为羌。其后渐知柴达木低地之游牧部落，亦称为羌。后汉时，渐知西康高原之游牧部落，亦称为羌。隋时，又渐知西藏高原之游牧部落，亦称为羌。即吐蕃，亦认为羌种。俱详史料篇。

今藏人称西藏北方大高原曰"羌塘"（byang-thang）。依藏文解释：北方曰"羌"，平旷荒寒之野曰"塘"，似与汉文羌字无关。故有译作"张塘"或"绛塘"者。然余终以为译作"羌塘"为是。因此带地方牧部，在未有藏文以前，即呼为"羌"。藏文系唐初时赞普松赞干布取印度文参合西藏土语所创制。其称北方为"羌"，或系取羌人在其北方之义也。

四、土伯特解

土伯特者，吐蕃之异译也。查蕃字，通常读附袁切，音"烦"。亦作蒲縻切，音"皮"。见《集韵》。古皷伯相近，俱似"不"音。古译国名，通常只截首二音。是吐蕃二字，当读"土伯"，为土伯特之省译，宋以来失古音，始作土番也。吐蕃极盛时，南并印度、缅甸之一部，东破唐都，据有陇西之地。西北奄有天山南北路，与阿拉伯国即天方国接壤。征骑屡出，邻国震惧，故凡亚洲各国，莫不知之。阿拉伯人爱斯特里（Istakhri）于6世纪末叶著书称之为妥巴特（Tobat），其后转译为第伯特（Tebot）。阿拉伯人之书流行欧洲，辗转翻译，字画屡变，音亦微异，至于近世，作底伯特（Tibet）。亦犹国人之写读吐蕃为"土番"也。

汉人称藏族为"土伯特"，始于清初，清室未入关前，已先绥抚蒙古。时蒙古笃信喇嘛教，奉拉萨之达赖喇嘛为活佛，屡请清帝迎致之，谓能降福。太宗，崇德四年（1639），遣使聘于拉萨，从蒙古语，称其曰"土伯特"。由是，使节往还，聘报不绝。清既入关，曾延达赖来京说法。其时官书，称为"土伯特主来朝"是也。

顾土伯特之名，藏人殊不自知。康熙以后，西藏用兵，交接频繁，有人数询藏人以土伯特命名之义，藏人皆不自承。时人觉此名称为不当，始有西藏、西招、唐古特等异称蜂起。雍乾以后，土伯特之名，亦浸废矣。藏人所以自忘其土伯特之名称者，盖因吐蕃崩亡甚早（约在宋初），藏人又不习史（西藏地方政府禁人习史），现存史籍，多属关于宗教之事，不甚注重其政局变迁，对于前朝，每多忘去。比如中国未学人民，外人或呼为汉人、唐人、蒙古利亚人，则亦摇首非之，是也。

东西洋学者解释土伯特名义，颇多曲说。如英人爱第巴喀、日人寺本等，皆谓土伯特之"伯特"，为波得Bod之转音。梵语"波得"（今作"菩提"），为"觉"或"佛陀"之义。西藏人民信佛，常以"波得"自诩，故其古昔，号"土波得"，转译而成土伯特也。初聆之颇觉有理。细思：吐蕃为神圣赞普之国号，明载《唐书》。妥巴特为第6世纪末叶藏地之国名，见于爱斯特里之书。第6世纪之初，藏地尚无佛教，则土伯特一字，与"波得"何关乎？古今字音变革甚大，若辄妄相牵引，则谓吐蕃为舐毫吐子之侜所蕃衍可乎？

中国人对于译名，亦多曲解。如犬戎为犬之后裔，交趾人脚趾交合之类，不可胜举。《旧唐书》谓吐蕃为秃发之转音，赞普为赞府之义，殊可发笑。若果如此，则史臣何不直译为赞府，为秃发乎？若谓当时吐蕃文字，原如此写，则是吐蕃未忘汉文，又何不自称为秃发为赞府乎？大抵宋代去唐已远，修史者未知唐时读音为"吐波"，只疑其为秃发氏之后，遂有此曲解也。

五、唐古特解

唐古特，青海南方羌族部落名。亦作"唐兀惕"，见《元秘史》。明末世，以之称呼青海住牧之羌族全体。厄鲁特①侵入青海，唐古特尽受约束，仿佛满人之入主中土。厄鲁特无国号，故中土每以唐古特呼之。雍正二年（1724），年羹尧奏陈《青海善后十三条》谓："青海、巴尔喀木、藏、危为唐古特四大部落"是也。当时尚多称羌、番两族为"土伯特"，故此名不甚通用。乾嘉之世，土伯特名渐废，此称始大通行。《乾隆一统志》，尚并存图伯特（即土伯特）与唐古特二名，嘉庆初，驻藏大臣和琳，撰《西藏赋》遂曰："土伯特其旧名，唐古特其今号。"嘉庆以后，概称藏文为"唐古特文"，藏兵为"唐古特兵"矣。

六、乌斯藏解

元世祖至元六年（1269），置乌斯藏宣抚使，分其地为郡县，以帝师大宝法王八思巴领之。乌斯藏之名始于此。乌斯藏者，卫藏两部之合称。藏文卫部作"卫巴"（dbus-pa）省称曰"卫"（dbus），中央之义也。其字系二音拼合：曰"乌"（dbu），曰"斯"（s），故其促读为卫，缓读为乌斯。藏部为"藏巴"（Gtsang-pa），省称曰"藏"，清洁之义也。合二部而为一省，故曰"乌斯藏"，犹合洞庭湖附近与广东西地

---

① 厄鲁特，又称卫拉特。是清代对西部蒙古各部的总称，分为杜尔伯特、准噶尔、土尔扈特、和硕特四大部。

为一省曰"湖广",合甘州、肃州地为一省曰"甘肃",皆元制也。上海曹树翘著《乌斯藏》考,竟以乌斯藏为古之姑藏,獭祭耳食之考据家,其穿凿可笑如此。

七、西藏解

藏河即雅鲁藏布江,其名见《唐书·吐蕃传》。今藏人称曰臧波(Gtsang-po),清洁之义也。英译为"藏普"(Tsan-Po)。臧藏同音,故可称为"藏河"。卫藏两部,皆属藏河流域,在汉地西,故清代称旧乌斯藏地为西藏。其名初见于康熙《平定青海碑》,与果亲王之《西藏记》,皆不过偶加西字于藏,以喻其远,实则当时通称,仍为图伯特也。《平定西藏碑》,凡三称图伯特,只一称西藏。《西藏记》则曰"西藏一隅,……明曰'乌斯藏',今曰'图伯特'或'唐古特'"。足见"西藏"两字,尚不通用,不过既经帝王拟用,遂得通行官书。至乾隆时,正名派驻图伯特之大员曰"驻藏大臣",西藏之名,由是固定。其后《一统志》有《西藏篇》,魏源撰《抚绥西藏记》,龚柴著《西藏纪略》,西藏之称,不绝于简册矣。

当西藏名称尚未固定时,撰述之士,竞标异名,以炫世俗。要皆微有所本。兹集考附丽于此:

诏地　康熙五十九年(1720),噶尔弼《奏陈军事疏》,屡称拉萨为"诏地"。盖西藏原系政教分治,活佛所居为布达拉,藏王所居为"诏",其时准噶尔策旺阿那布坦遣其台吉策零敦多布攻据藏地,主持诏政。清军攻贼扶教,故不曰"图伯特"而曰"诏"也。

招地　康熙《平定西藏碑》文,云:"镌勒招地。"招地亦拉萨也。招诏同音,藏文当是一字,译写不同耳。康熙五十九年(1720)上谕,释"招"为"如来",系指大招寺言。

西竺　雍正时,毛振翱《西征记》云"西藏僻在荒徼,……古号西竺",未识何据。大约以其人奉佛,比之于天竺耳。

西招　嘉庆时,驻藏大臣松筠,撰《西招图略》一书,论西藏厄塞险要,盖取康熙"招地"之称,冠以西字,以为招藏音近,一字两译,而不知语源各异也。

西域　乾嘉时,有旗人七十一者,著《西域闻见录》,所言皆藏事也。嘉庆《四川通志》,亦称《西藏篇》为"西域"。

卫藏　乾隆五十七年(1792),大学士福康安奏折,有《筹议卫藏章程》一条,即改革西藏官制之嚆矢。其后盛绳祖辑《卫藏图识》,和琳撰《卫藏通志》,皆为记藏事者最佳之书。卫藏即乌斯藏之简译也。

推敲图伯特、唐古忒、乌斯藏、西藏、西招、西竺、西域、卫藏诸名称，"卫藏"二字最为妥当，既已指示西藏之范围，又能包举元明建置之成绩；比之"西藏"二字，似觉稍胜。惜已积重不返，难语夫今之世人矣。

八、西康之名未妥

西康之名，创于清末代理川滇边务大臣傅嵩炑。傅于宣统三年（1911），奏请改建川边为行省。其言曰："查边境乃古康地，其地在西，拟名曰西康省。"此奏未入时，清帝已经逊位，遂未议复。故鼎革后，仍称"川边"。民国三年（1914），正名为"川边特别区域"，民国十五年（1926），改称"西康"，重议建省。

康为厄鲁特固始汗时之政治区域名称，一作"坎麻"（《平定西藏碑》），一作"喀木"（《圣武纪》），一作"巴尔喀木"（年羹尧疏）。藏文作（khams），英文译为 Kam 或 Kham。凡藏语，尾字具 m 音者，皆甚微细，直如无声，故译康，或喀木、坎麻皆合。

藏文 khams，大地之义也。昔拉萨人自称其地为卫，谓居中也。札什伦布附近为藏，谓圣洁也。鲁共拉以东为康，谓广远也。是故康之西界有定，东南界无定。西界为鲁共拉，世讹为丹达山。东南界划，则随政治势力之移转而异。青海厄鲁特固始汗时，势力及于打箭炉，故卡拉诸部皆属于康。康熙平定西炉，青海势力退至河口以西，故康之东界止于雅龙江。雍正征服青海，划宁静山以东之地分属四川、云南，故雍乾以来，宁静山为康之东界。赵尔丰经略川边，既收昌都、乍丫之地，请改打箭炉为康定府。不过矜其新定康地之功，非谓炉城为康地也。傅嵩炑请划丹达山与折多山中间之地方为西康省，仍依古昔废界取义，实嫌未当。近世西文地图，概从雍正所划界址，称察木多、三十九族地方为康。1926 年，英国参谋部所制《中国地图》，亦尚依此界划，称巴塘以东为四川。我国民安可先自乱其名界乎？

最近川康边防军总指挥刘文辉氏，请以宁远 18 县，与云南中甸、维西等地，一并划入西康。此议实行，则康之一字，更不能包括新省之大部。余以为宜废西康名称，改称康宁省，援江苏、安徽、福建、甘肃、乌斯藏皆括二地名以为省名之义也。纵不能将宁远划归西康省，亦宜称为炉康省，因西炉、西康，固是两部地方也。

九、西炉与西康

自康熙三十九年（1700）平定打箭炉番乱，收抚上下木雅、鲁密章谷、渣坝、喇滚、单东、巴底等部分，与土伯特划雅龙江为界。以后官书，概称此等地方为西炉，以与青海、西藏分别。藏人则呼此带地方为"卡拉"，犹言中国领土也。故《大清一统志》，指中渡河口为喀木东界。盖河口以东为西炉，行政区划属打箭炉厅；河口以西为喀木，行政区划入西藏也。雍正四年（1726），立宁静山界碑，凡山以东巴塘、理塘、德格、霍尔、瞻对诸部，划隶四川，而纳贡赋于打箭炉。当时地书，指此诸部为打箭炉厅属地。则广义之西炉，又包此等部分言之也。（川督锡良称此诸部为"炉边"）清人王师我，著《藏炉总记》《藏炉述异记》，皆以炉、藏二字对称。《雅州府志》《四川通志》亦屡称打箭炉辖地为"西炉"，而称察木多附近地方为"喀木"。喀木即西康也。康与藏又自有别。故西炉与西康、西藏，自系三地。世以西炉、西康皆藏俗，遂混构为西藏。赵尔丰、傅华封并西炉、西康地方改流建省，拟名西康，今人遂复以西炉包混于西康之内耳。

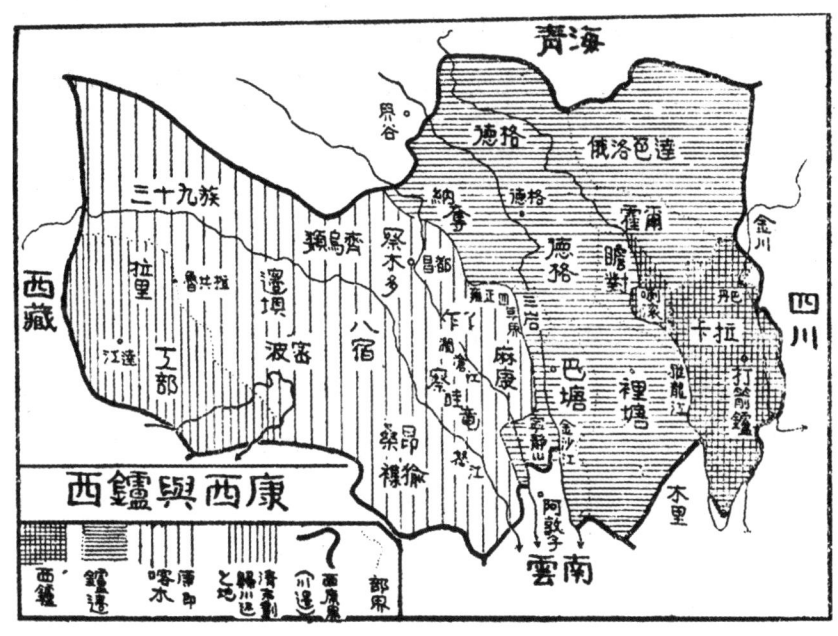

西炉与西康

第三章 疆 域

一、喀木部分之退缩

藏人所谓"喀木",大地之义也。实包华夏以西,卫、藏两部以东,吐蕃曾经管治之一切地方。明之末年,固始汗据有西域,分析巴颜喀喇山脉以北为青海,山脉以南为喀木,鲁共拉以西为卫、藏。于是所谓喀木,退缩至巴颜喀喇之南。然金沙江、澜沧江、怒江上游之七十九族地方,仍称喀木也。雍正二年(1724),讨平青海,喀木诸部亦相继投诚。雍正十年(1732),川、陕、藏三方派员勘界,划玉树等四十族归青海。喀剌乌苏①地方之三十九族归西藏,仍为喀木区。于是金沙江上游地方,亦不属喀木也。

此就其北界言也。若其南界,则本包有摩些、怒夷之地。凡今四川之木里,云南之永宁、中甸、维西、阿墩子等喇嘛教流行之地,皆曾称为喀木。元世祖南征大理,兵威所届,诸部皆降,以次敷设郡县,简放流官。迄吴三桂据云南,又割中甸、维西以赂青海。清师虽平三藩,竟未收复其地。雍正初,征服青海,云南提督郝玉麟,自大理进驻察木多,为大军声援;同时招抚中、维、察龙诸地。雍正三年(1725),划中甸、维西、阿墩子地方属云南,设中、维二厅以治之。于是奔子栏以南之地,又非喀木也。

若其东界,则原抵雅州。松、理、茂、懋诸县地方,亦皆属之。西拉姆会议时,藏人据其古籍,指藏界东抵雅州是也。清顺治九年(1652),达赖喇嘛入朝京师。喀木东部之天全六番,穆平、董卜、韩胡、黎州、长河西、鱼通、宁远、泥溪、沈村、宁戎等土司,各缴前朝敕印归顺(《东华录》)。于是喀木东边,退至大渡河西。其后雍正初,以天全六番地置天全州,黎州土司地方为清溪县,沈村、冷边土司地置化

---

① 喀剌乌苏,蒙古语,意为黑河,今译"那曲"。

林营，松潘诸土司地为直隶厅。又乾隆十七年（1752），平杂谷番乱，以其地为直隶厅。乾隆四十一年（1776），平定金川，置二厅。则大渡河东，全为郡县矣。

康熙三十九年（1700），平定西炉番乱，卡拉诸部落完全受抚。于是喀木东境，退至雅龙江西岸。

雍正四年（1726），立界碑于巴塘西之宁静山，以山之东地属四川省。于是喀木东境迄邦拉而止（汉人呼"宁静山"，藏人呼"邦拉"）。近世西文地图所注之喀木（Khams）皆指察木多与三十九族等地言之。

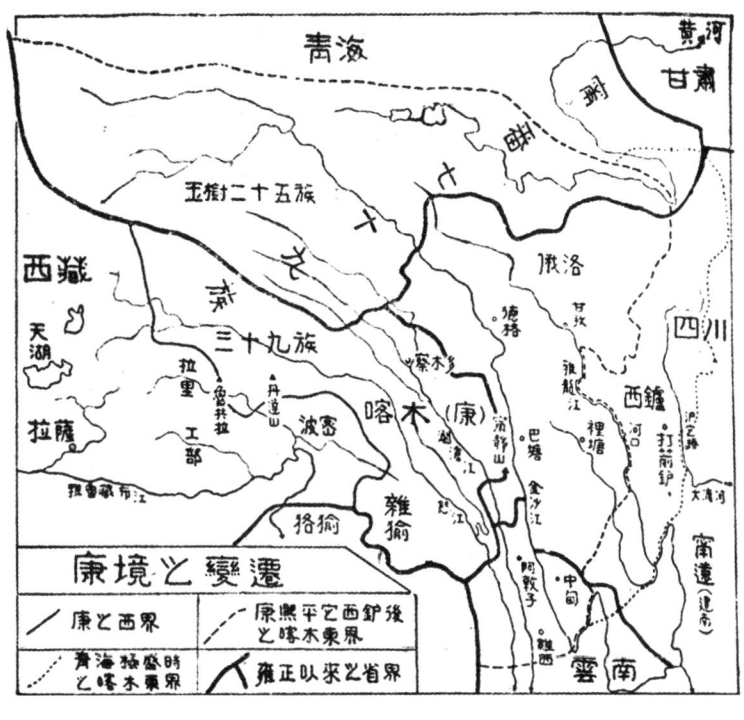

康境之变迁

二、西康境土之退缩

本条所称之西康系指西康特别行政区域，即昔之川边特别区域，亦即赵尔丰拟建设行省之部分。

西康境土，草创于赵尔丰之世。赵于宣统二年（1910），奏请与藏人于江达（今工布江达）划界。又于宣统三年（1911），将冷边、沈边、鱼通、明正、巴底、巴旺诸土司缴印改流。新省境域，略已暗定为江达以东，飞越岭以西之地。其后傅嵩炑请建西康行省，指定省境，系"东自打箭炉起，西至丹达山顶止，计三千余里。南抵维西、中甸，北至甘肃、西宁，计四千余里"。则所谓甲龙（嘉绒）地方，亦暗包一部在内也。民元，藏番作乱，四川都督尹昌衡西征，增设硕督、嘉黎、太昭、泸定、丹巴等县，称为"川边"。其东西界址，较傅氏主张之界为扩。而俄洛、色达以北之地，置未经营，则较傅氏主张退缩二千余里。

尹昌衡虽置太昭、嘉黎、硕督等县，实未将赵氏规划之局面完全肃清，不过微有肃清之志而已。元年秋，袁世凯受英人恫吓，饬令停战，于是恩达以西，八宿以南地方，完全失守。自是以后，汉军驻守类乌齐、恩达、浪荡沟、俄洛桥、昌都、烟袋塘、察雅、黎树、宁静、古树、南墩、中岩、盐井等处。瓦合山以西地方，不复属于西康矣。

民国六年（1917），屯驻类乌齐之汉、藏两军开衅，藏军内犯，攻陷昌都。恩达、察雅、贡觉、宁静、同普、白玉、德格、邓科、石渠等县，亦相继为藏军所据。七年（1918）八月，川边镇守使陈遐龄与藏方议和休战，失陷各县，一律委弃。于是西康所存，仅甘孜、瞻化、巴安、盐井、得荣、定乡、稻城、理化、雅江、炉霍、道孚、丹巴、康定、泸定、九龙15县而已。

民国八、九、十3年，因边地吏治不良，夷乱蜂起，巴、理诸县，并罹大劫，仅得免于覆亡。其南之定乡、稻城、得荣、盐井四县，并为叛夷所据，虽示附藏，实亦陷失。即雅江、道孚、理化、巴安四县之南部，亦均成独立状态。刘成勋时代，知事能到任者，二县而已。24军接防以后，曾经整顿，盐井、稻城两县，先后投诚，知事已能到任而实毫无权力。

民国十九年（1930），甘孜白利、大金寺之争，引起汉、藏两军冲突。甘孜、瞻化两县，与炉霍县之朱倭乡，理化县之穿坝、霞坝两区，复为藏军占领。于是西康所存，实只9县而已。现在川康边防总指挥部，用兵收复甘、瞻，战事尚未解决。兹将西康所有各县现况，分析如下［民国二十一年（1932）五月］：

（一）全属汉人，无喇嘛教，实非番地者1县——泸定。

（二）汉番杂居，喇嘛教势力薄弱，汉官职权尚能行使者3县——康定、丹巴、九龙。

（三）汉官权力仅及县治附近各乡，遥远地方，多呈"独立状态"者4县——道孚、雅江、理化、巴安。

（四）汉藏两军相持于境内，战事尚未解决者3县——炉霍、甘孜、瞻化。

（五）汉官仅能到任而无治权者2县——盐井、稻城。

（六）未为藏方所据，汉官亦未入境者1县——得荣。

（七）久已独立，现正办理投诚者1县——定乡。

（八）失陷藏方，尚未收回者11县——德格、白玉、邓科、石渠、同普、昌都、恩达、察雅、贡觉、宁静、武成。

（九）设县未竟，即已失陷者5县——科麦、察隅、硕督、嘉黎、太昭。

嗟夫！国人阅此表者，能不痛心已乎？

［补注：德、白、邓、石4县，已于民国二十一年（1932）六月收回。］

三、西康之阿米巴①运动

西康即川边之化身，亦即喀木之变名也。喀木中心，原系昌都。其境域，则雅龙江与鲁共拉间之地也。赵、傅经营西康，建设省会于巴塘，西康中心，东移1400里，而境域犹未变也。民国三年（1914），川边镇守使移驻康定，巴塘省治遂废。西康中心，又东徙1200里。其西境，则亦退缩1000余里，至仅能包有旧喀木中心之昌都而止。

民国六年（1917），陈遐龄由驻防雅州之旅长，计驱川边镇守使殷承瓛，兼并其地。于是川边疆域，东展至雅安、名山，包有天全、芦山、荥经、汉源之地。然而昌都、德格等11县，亦同时失守。故陈遐龄时之西康，已与雍正以来之喀木，完全不相沾接。譬如体径1500里之变形虫，已向东移动至2600余里之远矣。然此可憎之变形虫，尚向东猛进不已。民国七年（1918）方收缩西北之肉脚于德格以内，民国八年（1919）又伸张其东南之肉脚于建南地方。同时，将其中心之细胞核，向雅州推移。而西南之肉脚，亦将退出定乡、得荣、盐井、稻城以外矣。

陈遐龄在位13年，居康定者十之三四，居雅州者十之六七。垂涎百尺于四川之地盘，而弃关外各县如敝屣。终于石板滩一战，为张冲所破，狼狈向西宁逃去。西康政权，旋为刘成勋所得。刘成勋之地盘，东抵新津，虽受命为西康屯垦使，实未尝出雅州一步。雅州距康定又500余里。于是乡、稻4县，完全脱离西康政府之管束。此时之"西康变形虫"，除一微细之肉脚尚附于300年前之喀木故壤外，余部已全在四川境矣。

民国十五年（1926），24军讨灭刘成勋。民国十六年（1927），组织西康特区政务委员会于康定，仍以飞越岭为川康疆界。并依次招抚乡、稻4县。西康之阿米巴

---

① 阿米巴，即变形虫，拉丁文Amoeba的译音。

运动，始有复西之倾向。

民国十九年（1930），康藏开衅，甘孜、瞻化复为藏方占领。中央政府迭电停战议和，特派员唐柯三至康，迭电请以甘孜、瞻化赏藏。噫！此西康之阿米巴，其竟不能复回原地已欤［民国二十年（1931）十二月撰］。

四、新西康省之疆域问题

民国十七年（1928），中央政府明令建设热河、察哈尔、绥远、西康、青海、宁夏新6省。于时则西康仅11县而已。唯国人一般脑海中，尚信有33县，未遑计及省境之不足。知其不足者，多主张以宁远7属[①]与云南之维西、阿墩子、中甸等县补充之。倡其说者为川康边防总指挥刘自乾氏。刘致蒙藏委员会建议《西康建省办法书》云：

"查西康辖区，旧为33县。道路崎岖，人口稀旷，财赋枯窘，气候荒寒。以之建立省区，本嫌过于毂薄。加以民元而后，边事叠纷，原有辖区，已大半沦为化外。故欲重整故基，别建新宇，除及时设法收复失地而外，增益辖境，实为要图。按：建南7属，即西昌、冕宁、盐源、昭觉、会理、盐边、越嶲[②]，外加汉源，计凡8县。言其地域，则均在大相岭以西，与西康区紧相邻接。言其民俗，则苗蛮杂处，生活颇与康藏相似；除附城市者外，类皆部落而居。言其文化，则视内地为弱，而较西康为高，足当边地提挈领导之任。言其政习，则事实上向由川边镇守使统治，日积月累，已成故常。言其交通，则由汉源可直达甘孜、昌都，由冕宁可通行稻成、贡噶。揆诸界划上、政治上、经济上之便利，均以并入西康为宜。至云南之中甸、维西、阿墩子三地，……（按：原文叙此段理由不甚充实，略之。）……又青海之界谷县（玉树），为西康北境之唯一商场。查在民国元年，曾经尹前经略使请归入川边有案，继因放任，复隶西宁。应仍划入西康，以符旧案。惟界谷附近之隆庆土司辖境，距西宁20余站，似宜一并划入西康，较为完密。总上45县，东起四川汉源县属大相岭之东，西抵丹达，南与云南丽江接壤，北与西宁交界，西南隅与英属之阿萨密、西藏之工布土司相联（按：工布无土司，只有江达营官所辖之地，即太昭县

[①] 宁远，又称建南地区，即四川省原西昌地区（现并入凉山州）。因历史上该地为建昌道和宁远府之地，故民国时以此称呼。
[②] 1959年，改为"越西"。——编者注

境也。此语有误），西北隅包三十九族与青海相接，东南隅与四川雷、马、屏、峨连境，东北隅与四川松潘、懋功为邻。如是，则四维完密，百脉贯通，以之施政则和同，以之裕生则充实，以之施教则不杂，以之御乱则无猜。非必广地为贤，实缘事势当尔。否则回翔无所，安能日起有功。此应请详审明决者一也。"

（《致蒙藏委员会建议西康建省办法建议书》，全文载《边政》第二期。）

民国二十年（1931），西康党务指导委员巴塘人王天杰（革桑泽仁）于《新亚细亚》发表之《西康改省计划》，亦作出此主张。其言曰：

"西康辖县，除原有之33县外，为经济上行政上便利起见，应仍依清末计划，而微加变更：归并四川之建南7县，云南之中甸、维西、阿墩子3县，及青海界谷县，共44县，兹将应并之理由，分述于下（按：原文引据理由，多有误处，余随于其文下附注纠正之）：

（一）四川建南七县，即会理、宁远（应是西昌县）、冕宁、盐源、盐边、越巂、汉源。（汉源原属雅州非属建南。建南即宁远之别称。宁远府原只五属——西昌、会理、冕宁、盐源、越巂——民国增昭觉、盐边两县为7属，近复增宁南县，为8属矣。）此7县在象岭山以西（当作"相岭"），与西康紧接。由冕宁可以直达稻成与贡噶，现尚未修大路。其与西康经济上、行政上，均有密切之关系。向由川边镇守使统辖。且建南苗蛮杂处，尚多部落而居，此类虽非藏族，然其生活习俗，颇多与藏人相似。

（二）云南之中甸、维西、阿墩子三县，紧接西康，经济上行政上之便利，自不待言。尤以中甸、阿墩子及维西的一部分，皆系西藏民族（此部住民，以摩些①为多，栗粟、怒子②次之，番族甚少。唯喇嘛教颇通行）。清季亦土司自治，迨至光绪末年，同时与西康各县改土归流（非也。中、维改流，远在雍正之世）。民国以来，边疆多故，三县人民，莫知所从。滇政府仅施羁縻而已。

（三）青海之界谷③，为青、康与西宁通商要道，亦西康北部唯一之商场，住民皆康人，向由青海护军使派兵驻守，路远不易。今为商业便利，行政划一起见，仍应划归西康。"（《新亚细亚康藏专号》）

---

① 摩些，即纳西族。
② 怒子，即怒族。
③ 界谷，又作结古，即玉树。

大抵此等主张，非在统一完成，中央政权能透达中国全境时，不能实现。目前只可认为是一种正当之主张而已。

五、余主张之新西康省域

余亦赞成将宁远诸属与汉源县及中甸、维西、阿墩子、界谷划归西康省，并主张增入四川之金川四屯，与云南之永宁一县，使新省境域，包括下列各部：

（一）西康特区现存之15县（甘、瞻2县在内）。

（二）金川之懋、抚、绥、崇4县屯，与理番县西部之梭木、松冈、卓克基、党坝4土司地。

（三）宁远8属与汉源县。

（四）滇边之中甸、维西、阿墩、永宁4县。

（五）民国六年（1917）失陷尚未收回之11县。

（六）界谷与其附近之地。

（七）民元失陷地方。

以上各地方，合建为省，其优点如下：

（一）邛崃山脉，为康、川之天然界线。大渡河、雅龙江、金沙江、澜沧江、怒江诸河流域，完全属于西康。按之自然地理，甚为恰当。

（二）使奉行喇嘛教之民族，分隶于西康、青海二省与西藏、蒙古二区庶易"崇其教，不易其俗，因其俗以治其民"。

（三）归并倮倮、摩些、西番三族于一省，使其融和协进，同倾汉化，而摆脱藏方之羁縻。

（四）以滇北、川边之粮食，供给西康高原，高原之皮毛乳肉，供给二边；俾其人衣食足给，生活改良，金融流通，商业发达。

（五）整齐滇、川、甘、青与西康之边界，俾其互通之道，完全开发，能有多途直达内地，渐灭汉、番政俗扞格之弊。

（六）使农林畜矿备于一省，庶几工商易兴，交通易理，地足以养民，民足以养官，确立建省基础。

上述各理由，包举复杂，非数言所能解。阅余全书者，自能解之。

六、熊禹治之主张与其批评

民国二十年（1931）四月，诺那呼图克图驻蓉代表熊禹治君，刊印《解决康藏问题建议书》，主张改建西康为康定、昌都两省；划丹达山以西地归前藏，并改建西藏为前藏、后藏两省；任诺那呼图克图为昌都省主席。其言曰：

"康定省川康边防总指挥刘自乾，前曾主张将四川大相岭以西之地，如汉源、越嶲、冕宁、西昌、盐源、盐边、会理、昭觉等8县划入西康省境；再将雍正初年划归云南之中甸仍归康辖。合大金沙江以东之21县，适合30县为一省之中央草案。故应以大相岭为东界，大金沙江为西界，改建成省。即以康定县为省会，省名亦如之。其便有三：康定东至大相岭凡400里，西至巴安、大金沙江1200里，东南至会理1500里，西北至邓科约1800里，地居全境之中，有控制自如之效。其便一。大金沙江以东，为各土司分辖地，与江西之四呼图克图分辖者性质迥殊。江东土司之地，宿隶四川，故称'川边'，实非康也。清光绪三十四年（1908），赵尔丰奏改打箭炉为康定府，遂沿用迄今。盖康省因以此地为根据地而始定也。将来定康，亦必如是。其便二。现在西康政务委员会，设治于此，已为事实上之省会。仍如旧制，以免多所更张，其便三。

昌都省　大金沙江以西，丹达山以东，由察雅、昌都、八宿、类乌齐四呼图克图分辖，古喀木康地也。所谓康坝娃者，即指此。如川康边防刘总指挥之主张，将雍正划归云南之阿敦子、维西，青海南边之界谷与隆庆土司辖境，及康南之波密、白马冈，西北之三十九族悉行划入，合之宁静、盐井、同普、硕督、昌都、恩达、察雅、贡觉、科麦、察隅、武成等11县，虽不足30县之数，但已改县者尚未及半。故东以大金沙江为界，西以丹达山为界，改建成省，最为适宜。即以昌都县为省会，省名亦如之。其便亦有三：昌都东至邓科500余里，西至丹达山1060里，东南至巴安金沙江1300里，西北至当拉岭约2000里，地当全境之东北，有高屋建瓴之势。其便一。昌都为康境重镇，气候温和，可攻可守。惟地面狭小，不能容多量居民，是所短耳。第达赖在康之最高军政机关，胥设于此，已具有省会之粗形，其便二。西康南北两道，俱以此为交会点，又为北出青海西宁之孔道，将来川、藏及甘、藏铁道必经过之，其便三。

丹达山以西，原为前藏辖地。宣统元年（1909），达赖抗命称兵，阻止汉兵戍藏。明年（即1910），赵尔丰护送汉军至江达，并收嘉黎隶康，为防患未然计也。民元以后，康、藏开衅之原因虽复杂，要以达赖欲收复失地为唯一目的。今仍将丹达以西之地划隶前藏，可减少将来无谓之争执。……"

熊君虽未尝至康，但搜集关于康藏之图籍颇多，亦今世有心人也。兹所主张，虽有未尽合时势之处，要其大旨，甚有价值。忆森姆拉闭会之后，英人调停康、藏划界者，曾有以冈拖属川之说。其意盖即欲以金沙江（熊文作大金沙江，大字衍）为康、藏界水也。当时国人，未肯承认，自属正当，不幸汉军无能，节节退缩，民国六年（1917）以来，已由怒江流域，退出雅龙江以东，今欲完守最近之雅龙江全域，尚不可得，遑论金沙江以东之地乎？故划金沙江以东之地，先建一省，此事实上最佳之希望也。若金沙江以西、丹达山以东之地，目前实无收回之可能，毋宁宣言另划为省，以畀诺那呼图克图，资以器械，俾其回康，招集故众，建设政府，以阻英藏东侵之势。其成，则西陲之保障也；其败，无损于旧日之西康也。不亦善乎。

假使邀天之佑，中国富强，竟有大英雄者出，力征经营，完成赵尔丰之遗志，使彼全康，悉为中华巩固之领土，则以康炉四五千里之地经营得当，分建两省，亦未为蹙。余故曰：熊君之说，规划西康建省诸说之最有价值者也。非余愤激之言已。又，熊君主张之康定省，即清季之西炉部分与宁远府地。其昌都省，即清季之西康部分与滇边地。参看前面第二章第九节自明。

第四章 省 会

一、巴安建设省会问题

赵尔丰经营川边，自巴塘始。其后四出力征，皆以巴塘为大本营。一切建设，亦皆集中于巴。故赵去后，傅嵩炑请建行省，即以此为省治，曾建巡抚衙门。傅于所著《西康建省记》，论列宜建省会诸地点，与选定巴塘之理由云：

"宅省之义，与宅都同：应择适中之地，相其阴阳，观其流泉，而经营城郭。查康地之同普县，东距打箭炉不及二十程，西距丹达山亦十数程，南北相距尚均，乃西康之中央，于此而择平原宽广、材木便利之处，建设省城。省者察也，居中而察视四方，无过无不及，不亦善乎。不然，取建邦设都必凭险阻之义。城池者，人设之险阻，山川者，天设之险阻。察木多地方，左右有河流，至前面而合，后面崇山屹立，天然险阻，免修城郭，且为入藏扼要之墟地，虽稍偏西北，不过数日程，相距不甚远，亦可为省邑。否则贡觉地方，平坦亦多，水虽浅而土甚厚，宅省亦可。边务大臣曰：同普中则中矣，而可牧之地多，可耕之地少，官也兵也商也贾也农也工也，聚处于斯，无以为食，四远购运，移粟养人，非长久计。察木多险则险矣，而可为城邑之地过于狭隘，仅可容人千户，仍须远购粮食；地虽扼要，遇有变乱，粮不能购，则要亦难扼，何可为省邑乎。贡觉虽有宽平之区，而与同普、察木多地皆高寒，产青稞而不产麦，秋成亦晚，常受霜灾，受灾之粮，不能卫生；况平原水浅，不能流恶，积污久而水化其味，饮之易致疾疠，亦不可为省邑。康地数千里，惟巴安一区，气温和暖，产粮亦丰，建城之所，可容数千户，左右两小河，绕城急流，西有金沙江，东有大朔山，南北亦层峦叠嶂，可称天险。以地偏南，微有不足人意耳。而卜宅于此，招商开埠，一年成聚，二年成邑，三年成都，可以预卜。纵人众食多，巴塘之粮不敷，则得荣、盐井、乡城、江卡、三坝、白玉，皆可接济。

若将金沙江疏导，则登科、德格、三岩之粮，载运而下，一水之便。为永久计，仍非巴塘宅省不可。"

又云："西康平原，非高寒不产百谷，即偏于一隅。如里塘，平原而高寒也；甘孜，平原而偏于东也；稻坝、江卡，偏于南；登科、石渠，偏于北，均不可宅省。而贡觉、察木多、巴塘三处，以扼要论，则察木多为宜；以平原论，则贡觉为宜；以足食论，则巴塘为宜。"（《西康省会记》）

胡吉庐《西康疆域溯古录》衍其义云：

"宜设省者，厥为巴安。盖其地气候和煦，是曰得天时。千里沃野，是为得地利。建治之所，可容数万户以上，是谓得人和。粮产，则宜稻，宜麦，宜粟，宜玉蜀黍，宜荍，宜豌豆、蚕豆诸种，而青稞尚不与焉。左右两河，垣城而流，东倚大朔山，西接金沙江，南北两方则层峦叠岫，可以设险而守。地微偏南，是稍缺处。然有上数者之利以弥之，于此建设省治，洵无以易也。"

按：巴塘当赵、傅时代，恰居康区中心（划入滇北三县，则亦并不偏南），而其地，恰又温暖平旷，宜住汉人，诚是最佳之省治也。但自民国七年（1918）以来，相邻之宁静、武成、白玉等县，悉为藏方所据。盐井、定乡、理化等县，亦皆已呈半独立状态。巴塘孤悬绝地，县官势力不能出城十里，况设省治乎。而近人王天杰，尚力主省治建于巴塘，其言曰：

"前内政部拟以康定为西康省治。查康定为四川、西康之交界地，乃西康极东之一县，虽商业辐辏，然位置偏于一方。向来川边镇守使驻此者，系图进窥四川，退守康东，直接炉关收入。坐守一隅，不求治理全康，是以西部数千里地，竟陷于无政府状态。今既改省，乃系谋全康政治之发展，自不能守此一隅而忽其全部。故宜依清末计划，以适中之巴塘为省会。其地昔已修巡抚衙门及工厂学校多所，地点适中为川滇藏交通枢纽，气候温和，物产丰富，美法侨民，亦多住此。惟巴塘二字，原系土语译音。无所取义。民国成立，改称巴安，亦系将就更改。今我政府既改西康为行省，扫旧布新，使三民主义渐次实现于三藏土地，西陲国防永久平静，而民族平等亦以此为嚆矢，爰拟改巴塘为西平，以新耳目。"

王盖徒徇乡土之私，未尝念及全康现势。所持理由，固甚薄弱。即就其改易名称以新耳目一层言之，亦全是汉人无聊之主张。决非番区施政之所宜。傅华封有言："改流后地名，间与原称不同。应将巴安仍名巴塘，理化仍名里塘，定乡仍名乡城，稻成仍名稻坝，康定仍名打箭炉，德化仍名德格，使汉夷均知，交通乃便。"此乃老成名论，非率尔操觚者所能知也。

二、祝庆建设省治之奇论

川康边防刘总指挥（文辉）致蒙藏委员会论西康建省办法书，辞旨典美，议论周详，中有数章，深值传诵。独于省治一条，发一奇论云：

"前闻内政部于西康建省，拟以康定为省会。度其用意，必因该县商业辐辏而然。然位置偏于极东，以之统治全康，殊非适当处所。或谓当依清末计划，设省会于巴安，审其地势气候，固无不宜；特地居金沙河之东，大巴山之麓，规模偏小，区宇狭隘，诚恐数十年后，人物殷繁，不能容纳。更求完善之地，则莫如甘孜、德格间之祝庆矣。盖其地平原旷野，山川媚明，景物之佳，甲于全境。置为省会，允为最宜。……"

查祝庆在德格之北，邓科县东境。民国六年（1917），为西藏所据。其地当濯拉雪山之北，为西康高原之脊干部分，高于海面 3900 余米，已入麦类不能生产之界限。虽纵横平旷，实与理塘平原无异，除牧畜外，别无资生之业。喇嘛寺与牛厂之粮食，皆仰给于杂科。又为西康改流各县极北之地。不识何人发此奇想，蒙请于刘总指挥，致其铸此笑柄也。

三、具有西康省治资格之地

省治应在全省中心，此当然也。唯所谓中心者，非必地图之中心。为交通中心，文化中心，产业中心，即宜为政治中心也。查西康之交通中心有四：曰打箭炉，曰巴塘，曰昌都，曰甘孜。文化中心有五：打箭炉，汉化输入之总汇也；巴塘，其次也；昌都，藏化输入之总汇也；甘孜其次也；德格则西康佛教文化之中心也。若产业中心，则因西康各种产业尚未开发，颇难评定确切。就商业言之，自以打箭炉为第一,甘孜、昌都次之,巴塘、理塘、阿墩子又次之。其他农牧工矿,皆散漫无萃集之地,亦随处可以人力造成之为中心者也。

由是以言,康定、巴安、昌都、甘孜,皆有建设省会之资格。言其地位:则康定偏东,若划入宁远,则未为偏矣。巴安偏南,若划入维西、中甸,则亦未为偏矣。昌都偏西,若果奄有工布江达,则亦未为偏矣。甘孜偏北,若能收抚俄洛野番为省境,则亦未为偏矣。言其地势:则康定与昌都最为狭隘。且伏在谷中,四围山嶂,适为强敌俯攻之资,并无形胜可道。巴塘附近平旷不过60里,此外皆绝峡荒原。甘孜平原东连道炉,虽温暖不及巴塘,而开阔过之。且四方皆生产地带,实又胜于巴塘。目前昌都失陷,巴塘孤绝,甘孜逼近藏境。建设省治舍康定外,别无可求。

窃以为西康建省,当与恢复失地相提并论。其省会,亦当因应时宜,分期迁徙,如下所云:

第一期 建省之初,划定省域为现有13县,与建南8县,金川4屯之地。省治当设康定,以便开发川、康交通,输入汉地文化。

第二期 省基既固,先行收复金沙江以东之失地,新增甘孜、瞻化、德格、白玉、邓科、石渠等县。于时迁省治于甘孜,以便建筑炉—甘车路、甘—巴车路,推进教化于新抚各地。

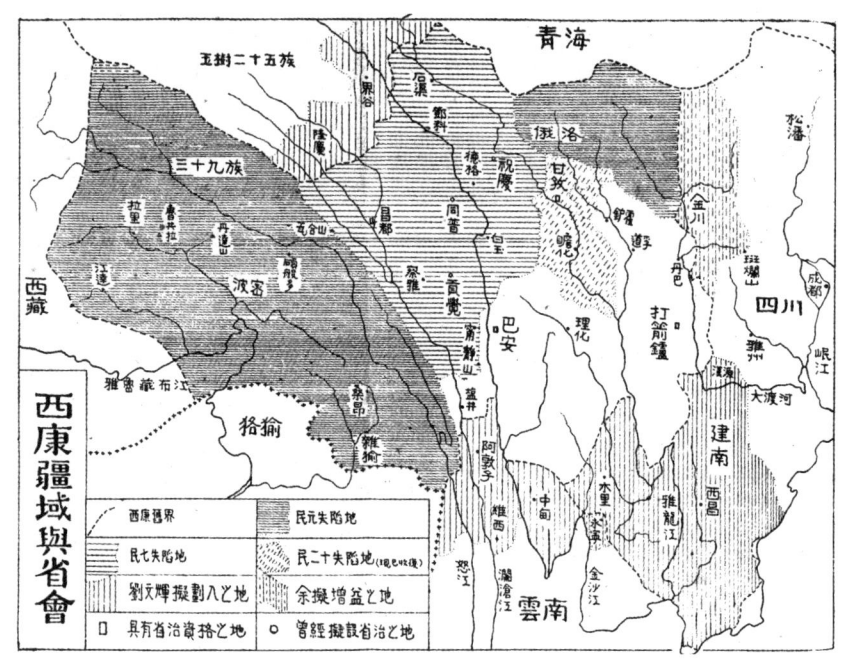

西康疆域与省会

第三期　前期建设已完，基础已固，则迁省治于巴塘，以便经营巴—炉车路（此路建筑固难，要当进行，以舒脉络），规复民国六年（1917）以前川边故地，与门空、察隅等温暖产谷之地方。

第四期　前期目的既达，划川、滇、青边与故康、炉地为二省：曰："康巴，设省会于昌都，经营丹达山以东之地，以为西陲保障。"曰："炉宁，设省会于康定以为康巴之后援。甘孜属炉，巴安属康，二省境界，大体依沙鲁理（沙鲁里）山脉划定之。果然，则炉、康二省，即中华之新云贵也。"（熊禹治所分之康定、昌都二省，恰与此意投合。唯命名则必宜改从此。盖西康、西炉，系我旧称，康巴、炉宁，又各包举二地，而名亦圆熟可用也。）

四、打箭炉

西康第一都会为打箭炉，省称"炉城"。其地在大渡河支流雅拉沟与折多水汇流处，东去大渡河岸60里，全为深峡，水流漂激，飞瀑相嬗，60里间，水面高差1200余米，俗名瓦斯沟，《四川通志》称为炉水者是也。从古川康交通，皆循此峡以达炉城，他无通道。炉城以西，河谷开敞，大道四歧：北循雅拉沟通金川、泰宁、道孚、炉霍、甘孜、瞻化、德格与甘肃、青海各地。西循折多水通理塘、巴塘、察雅、昌都与西藏各部。南循榆林宫河通九龙、木里与云南各部。西南自折多塘循毛家沟通吉曾、义待诸村。故凡番商，皆集于此。其地本非市场，自宋元以来，随茶马交易，日趋繁盛；由架设帐幕之临时市场，而为建筑碉房之锅庄交易。元时，设长河西鱼通宁远土司于此，即所谓"明正土司"也。红教喇嘛寺，亦元时建立。至明时，尚仅有住民10余家。清初始建黄寺，住民增至30余家。康熙平定西炉，置阜和协与粮务衙门于此，增大明正土司权力，使新抚近边50余土司悉附属之。雍正七年（1729），置打箭炉厅，汉人来此经商领垦者渐众，市场勃兴，由三四十户增至百余户；乾隆时，增至数百户。清末改流，置康定府，民国以来，为川边特区首府，住民益增。现据中国西部科学院标本采集团民国十九年（1930）八月所调查，共有汉夷1108户，长期居住之男女4256人。据西人估计，则谓全市有2万人矣。

炉城市街，跨折多水，为街二道，长各一二里，南岸为蜂窝街、大石包街、马市街；北岸为营盘街、诸葛街、老陕街。木桥四道，通连南北：曰将军桥、上桥、中桥、下桥。中桥左右，最为繁盛。将军桥则陈遐龄时所新建也。市肆之后，直抵山岩。南为跑马山，尽峭壁。北为子耳坡，稍平夷，亦无通路。唯横当折多水、雅

打箭炉市区图

拉沟流入处，有城截之，曰"南北关"。东当泸水去处，有城曰"东关"。城不相连，以山为障，周145丈，雍正八年（1730）所筑也。自蜂窝街出东关为入川大道。马市街出南关为赴巴、里大道，世称"南路"。诸葛街出北关，为赴道、炉、甘、瞻大道，世称"北路"。其他，则唯登子耳坡，有小路可通上下牛厂而已。

旧军粮户衙门，在市西，子耳坡下。清末为康定府署，民国初为县署，现为西康政务委员会与财务统筹处衙门。县署移北关内，清之营房也。故明正土司衙门，在府署东，为一小城，现设团务局图书馆与西康农事试验场于此。土司遗族亦居其中。故阜和协驻南关内，民国初为川边镇守使署，现为驻防旅部；西康团务学校，师范学校，俱在南关外，现为造币厂。康定女子两等学校，在图书馆对面。男子两等学校，在政务委员会侧关岳庙内。此国家政务中枢也。天主教堂，与其附设之拉丁学校、修道院、医院、孤儿院、农场等，在南关外，市之极端。又有康化两等学校、大礼拜堂等，在图书馆东。规模之雄伟，组织之缜密，内容之整饬，潜力之硕大，隐足以与政府抗衡。外有英人之福音堂，在康化学校之西。美人之安息会，在诸葛街北，亦各有学校医院。此外人潜布之势力中心也。昔明正土司盛时，炉城俨如国都。各方土酋纳贡之使，应差之役，与部落茶商，四时辐辏，骡马络绎，珍瑰荟萃。凡其大臣所居，即为骡商集息之所，称为"锅庄"，共有48家；最大者8家，称为"八大锅庄"。现明正覆亡，丁男死绝，唯有寡妇数人，守其私产，毫无号召能力。唯各锅庄，拥其财赀，操纵商业，虽无故国相臣之淫威，犹具推荡社会之潜力，从来县尹，对于地方事务，多所迁就。然其势力，远逊关外之土司。有瓦斯碉者，锅庄之巨擘也。碉在二水汇流之处，建筑之丽，积蓄之富，并推炉城第一。康藏巨商，咸集于此。此则番夷团结之中心也。全城有喇嘛寺七所：盎雀寺在城中，南无寺在南较场，皆黄寺，寺僧各七八十人。杜查寺在大较场，多结寺在子耳坡，皆红寺，僧侣较少。嘉咸时，全市喇嘛数千人，册给编单银者千余人（见《康輏纪行》）。今共不及千人，盖汉官势力日增，则僧侣势力日减，其众亦日少也。然番民深信喇嘛，疾病祈禳，随时延致，布施甚厚，诚敬不衰。汉民奉喇嘛教者少，而乩坛甚多。东关内关帝庙，有金玉坛，最称灵应。是则市民之迷信中心也。全市基础，建于商业，市民十分之八九为商贾。南、北、东三关，设有税关，年征税款约30万元。东关收入最旺。由藏输川者，药材为大宗，皮毛次之。由川输藏者，茶为大宗，布帛次之。骡马驮包，出入三关者，日恒数十百头。街市之间，粪秽狼藉。

其地海拔2540米，而高寒如在3000米以上。盖由南依高山，北方开敞，东方之瓦斯沟虽通大渡河谷，而绝峡深狭，又东西向，不易接受南来之温暖气流。四围雪山，又多高出5000米以外，雪气围侵，亦为致寒之故；故虽高于泸定不过1000余米，而气候物产相差悬殊。近人邓蟠村竹枝词，有"雪满山头粪满街"之句，盖纪实也。

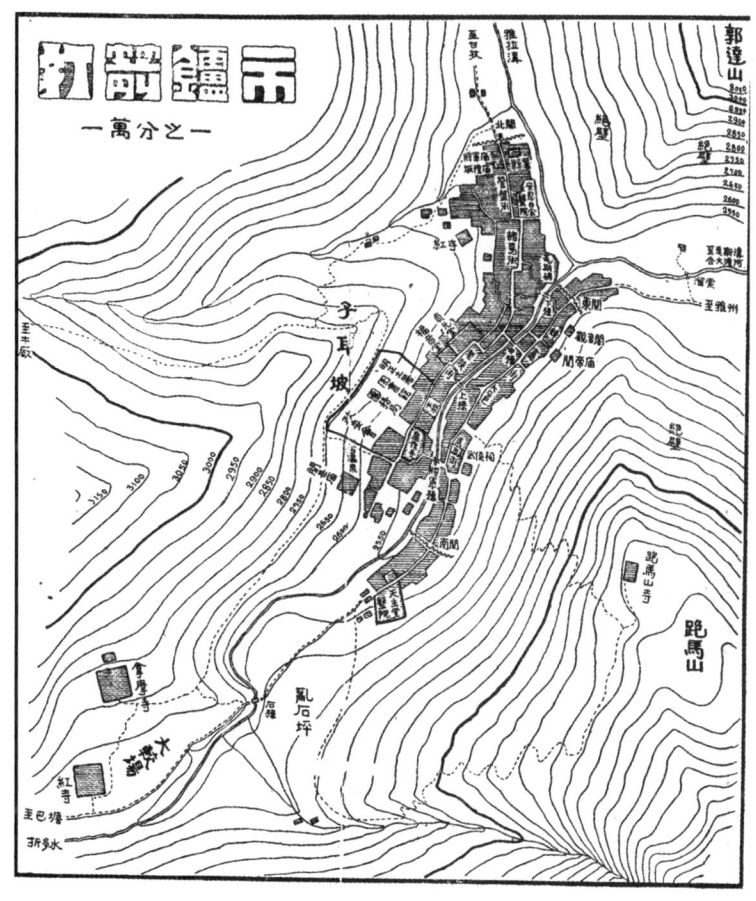

打箭炉市

全市居民，汉番相埒。番民礼俗汉化者犹多。汉语番语，并全通行。盖其地不仅为汉番交易之中枢，实亦汉番文化融合之吉地，历届川边政府之乐宅都于此，非无故也。

五、打箭炉户口

打箭炉市户口，据建省筹备员某所访问，为700户。民国十七年（1928）冬，团练局所调查，为900户。政务委员会旧案所载，为1.6万—1.7万人，以平均10人1户计，亦为1600—1700户，据西人估计，为2万人（张其昀《中国地理教科书》同），是合2000户矣。民国十九年（1930）九月，中国西部科学院标本采集团，曾在炉城详细调查，历时月余，结果如下：

全城共计1108户，4256人。

汉籍男丁 2361人 ⎫
　　　　　　　　　⎬ 共计3740人
汉籍妇女 1379人 ⎭

夷籍男丁 230人 ⎫
　　　　　　　　 ⎬ 共计1516人
夷籍妇女 1286人 ⎭

上表户数，系以长住此地者为限。居住在6个月以下者，概未列入。又汉夷联婚之户，均以汉户计算。又汉夷结婚所生子女，均以汉人计算。其家纯系番夷，或与汉人佣仆者，列入夷人。此项统计，比较可靠。计再加入暂住民户，客居官商，约可增加4000余人，大约全市人口，估为1万，实无大差。至若汉夷之分，因番人之与汉人略有姻缘者，皆喜自称汉人，以致统计结果，汉超于夷7倍。其实汉夷略相当耳。

六、甘　孜

甘孜县治，番名亦曰"甘孜"，即明之朵甘思也。在雅龙江北岸。雅龙江全流皆峡谷，唯出杂科后，入瞻对前，百余里间，扩为一大河原，平畴广阔，麦陇连云，成为北道富庶之区。甘孜位此平原正中，当雅龙渡口，为北道锁钥。有大喇嘛寺，崇宏富裕，冠于全康。孔撒、麻书两土司，亦住牧于此。同治时，瞻对土酋工布朗结作乱，北犯甘孜。麻书土司赴川告变，乱平回部，因请招汉兴商，于是置麻书汛，建设市场。汉人日集，商业渐盛。自炉城入藏，原分南北两道，皆会于昌都。南道须经理塘、巴塘、乍丫等处，道路崎岖，民风强悍，途迂而多劫匪。北道则德格以东，皆属平原，民风淳谨，水草肥茂。故清末以来，虽官吏入藏，皆从南道，而商贾贩运，则以北道为多。甘孜适位北道中央，又旁通界谷、西宁、洮州诸处。食盐羊毛药材之属，皆自此输入，销行全康。自开埠后，商贾云集，炉城各大商号，争设分店于此。改流以后，辟成官道，于是南路渐废，北道日兴，甘孜市场，益增兴盛，现已成为西康第二商埠矣。

其市，当雅龙支流绒岔沟之东岸，距雅龙渡口二里，有住民百余家，僧俗五六千人。喇嘛寺占全市之半，依山建筑，金顶碧栏，辉耀百里。寺南为商肆，巷街参差，粪秽狼藉，商人各就所居，以行交易，无所谓市场也。又南为麻书土司官寨，坚碉突起，俨如小城。土司已亡，充作为县署，20年来，未经培修，业已倾圮过半。又南稍下，为孔撒土司官寨，崇宏坚固，过于县署，女土司现存，大有势力，

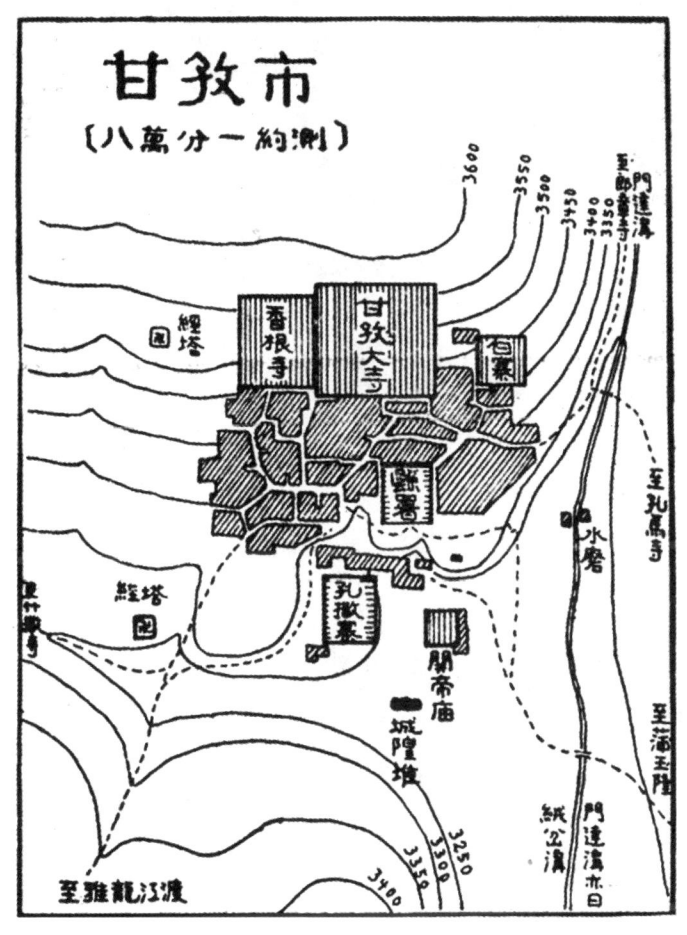

甘孜市

孔、麻两部番民，皆役属焉。

甘孜共有汉商15家，资本皆在千两以上。小商汉民约50家。此外有番商4家，喇嘛商7家，土司商2家，资本自10万两至千两。因开埠未久，汉商皆用番语交易，汉语不甚通行，然番众僧俗，并与汉人亲和，历清至今未滋事乱。民国七年（1918）以后，德格以西之地失陷于藏方，此市变为北道门户，汉藏互市之所。故其商业，蒸然日盛。不幸民国十九年（1930），汉藏开衅，为藏所据。中央特派员唐柯三，有划贻藏方之议。委此重镇以资盗粮，良可惜矣。现川康边防总指挥部已出兵取回，军事尚未解决。

甘孜大寺

七、巴　塘

今巴安县，清为巴塘粮台。其地在金沙江东，巴曲平原上，重山四合，绿野中开。平原30余里，土质肥沃，气候温和，青稞小麦，弥望葱秀，全康区中温暖平坦之河谷平原，未有更大于此者。历为康区大酋长住牧地。有喇嘛寺，容僧数千人。清设正副宣抚司于此，以抚番众。自康雍至同光间，未尝叛乱。光绪三十年（1904），驻藏大臣凤全过此，兴办垦政，喇嘛寺激番民作乱，攻杀凤全。乱定后，边务大臣赵尔丰，毁喇嘛寺，诛二土司，改土归流，设巴安府，招民领垦，兴学通商，拟辟为川边省会。一时汉番蚁集，市肆喧阗，由数百户增至一千余户，几成西康第一都会。民国二年（1913），川边首府移治炉城，汉藏商业，趋赴北道。民国七年（1918），宁静以西诸县陷于藏方，巴安市场，偏在一隅，遂有一落千丈之势。民国九年（1920）更遭大乱。兵燹之后，番民叛离，县官政令，已不能出城10里。政治商业，相俱堕落。现已成为一寻常之市镇矣。

巴安土城、营房、官署、学校，皆清末边务大臣所建。方其盛时，一切足与炉城媲美。外国教堂，随之扩充经营，并有成绩。现在政府之施政已息，唯诸教堂，未失旧观。

据陈重生所记巴安人口、市况、气候如下：

"土城一座，东西直径二里，南北直径二里半，周围可八里强。巴楚河自其东向西南流。城外有街市二，城内有街六、巷五。居民共1260户，35780余人。内计边军步兵一团，官佐士兵夫1389人；炮兵一连，92人；喇嘛541人；政治机关共152人。汉人占总人数十分之三五，本地番种占十分之六，其他各族占十分之零五。城区内外之人数，占全县总人口十分之二强。东街、南街之商业较为兴盛。北街多汉人流寓之所。西街为政治机关所占据。……福音堂在东街、南街，天主堂在北街，商会在东街药王庙内。全城之庙宇，有药王庙、五显庙、东岳庙、三官庙、观音庙、李公祠、凤公祠、财神殿、太乙宫、斗姆宫（以上均汉人供奉者）；锡禄寺、孟季拉达回诺囊寺（皆红教喇嘛）；普阿布灵寺（黄教喇嘛）……

巴安城在一约可六百方里之小平原中。每年最高温度为华氏之九十二三度，最低为十七八度……

从雪牧师处得知此地之雨量当五六月时为111厘米。其高度为1000米。此地之风暴，多由西南来，其速率在冬季为一小时25英里，在夏季仅20英里；以历日计其次数，以下各月阿拉伯数字，表示风速：英里/小时。约为一月15，二月13，三月20，四月22，五月28，六月26，七月22，八月20，九月15，十月9，十一月5，十二月12。"（《西行艳异记》）

陈君之书，多浮夸不实之处，唯此记较实，录此以备参考。

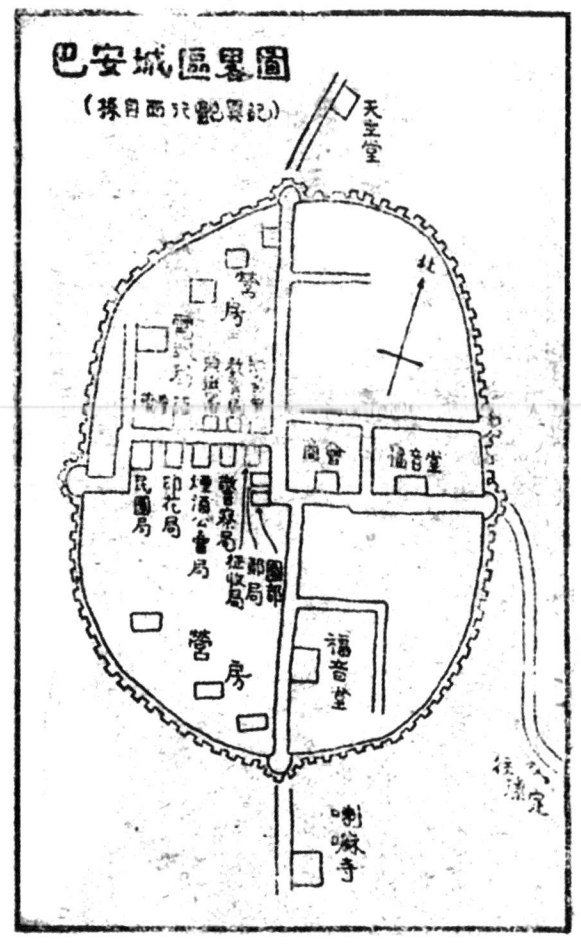

巴安城区略图

八、昌 都

昌都，察木多之异译也。番语原是一字，缓读为"察木多"，促读为"昌都"。地当澜沧江上游，昂曲、杂曲二河汇流处，为两河夹洿所余之一山角。两河之外，尽属高岭，唯此一角，作丘陵形。约可分为高低二级：高陵为昌都大喇嘛寺，藏名江巴林寺，殿宇壮丽，广阔数里，石楼参差，光彩耀目，有呼图克图居之，即为一部首领。民国元年（1912）毁，现已重建。低陵为兵营市肆，约有住民四五百户。夙为康区中心，清设粮台驻防于此。民国初，为昌都府，寻改为县，屯驻重兵，与巴安同为西陲门户。民国六年（1917）为藏军攻陷。现为藏人经营西康之枢府，英国设有领事府与商店于此。

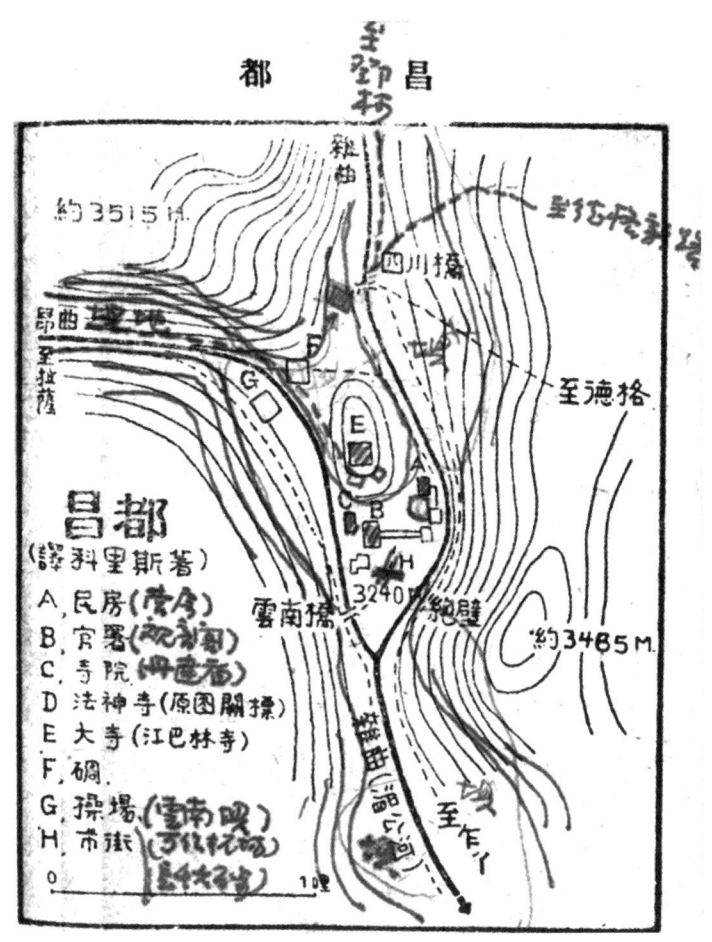

昌都地形图

跨杂曲有桥，番名"杂曲桑巴"，汉名"四川桥"。度桥而东，循山岩而出，分为二道：南道经乍丫、巴塘至炉城，为清代朝贡使节必由之路。北道经同普、德格、甘孜至炉城，为近世茶商往来大路。跨昂曲有桥，番名"昂曲桑巴"，汉名"云南桥"。度桥南行，经察哇龙、阿敦子至云南大理，旁通桑昂、杂瑜。更西北有俄洛桥，度桥而西，经恩达、硕督，为入藏大道。其北通界谷、石渠、西宁、洮州。西北通类乌齐、三十九族，亦达拉萨，盖康藏交通之中心，川、康、滇、藏、青、陇绾毂之地也。政治经济之建设，自当亦随交通而日进。唯其地势狭逼，市场发展，殊易达于极限耳。

陈重生《西行艳异记》谓昌都"有居民5.6万人"，殊夸张失实。谓有"英商三家，营进出口业及火柴米布绸绉纱绢五金茶油等物。寓此间之英人，常有20—30人，皆从事商运及考查地方者"，则诚然也。

第五章 界 务（上）
——清代之康藏界划

一、傅华封之西康疆域记

傅华封《西康建省记》中，《疆域记》一篇，虽不免尚有微误，然实最先点悟国人误康为藏之名论也。兹故录其全文，并签出其误点，愿国人察之：

"西康古康、卫、藏三区之一也。东自打箭炉起，西至丹达山止。计三千余里。南与云南之维西、中甸两厅接壤；北逾俄洛、色达'野番'，与甘肃交界，亦四千余里。其西南隅通杂瑜外，经'野番'境，数日程，即为英国属。——（宣统三年春，英人逾'野番'境，在压壁曲陇树旗，是年夏，英国游击贝尔立，由杂瑜取道'野番'境回国，均经边务大臣赵尔丰电政府与英交涉在案。）——西北隅毗连西宁，番人常购俄国军火。西南隅抵四川宁远所属各州县之境。东北隅乃四川、甘肃之交。幅员辽阔，倍于川，等于藏。清时，为西藏、廓尔喀朝贡之大道，驻藏大臣出入之通衢。历代不知经营，将地畀于酋长，官为土司而自治者十之五，畀于呼图克图者十之一，流为'野番'者十之三，自清而赏给西藏者十之一。光绪三十二年（1906）秋，设边务大臣，渐将土司、呼图克图之地改土归流。'野番'之地征讨投诚。赏给西藏之地，如江卡、贡觉、桑昂、杂瑜、瞻对，次第收回，均奏明设官。类乌齐、硕般多、洛隆宗、边坝四部落，亦以兵力收回之，应由康设官，仍旧以丹达岭为康、藏分界，则西康之疆域全矣。"

"按：康、藏、卫三区，四川之打箭炉以西，丹达山以东，为康。丹达山以西，如拉萨等处，凡达赖喇嘛所属者，为前藏。班禅所属者为后藏。藏即唐古忒也。藏之外乃为卫。今者，卫已亡矣（按：此误解矣，详谬说之三）。藏已与英人立有条约矣。完全者仅一康耳。譬之藏为川、滇之毛，康为川、滇之皮；藏为川、滇之唇，康为川、滇之齿，且为康（川）、滇之咽喉也。岂第藏为藩篱而康为门户已哉。政府及川、滇人士，于藏固不可忽，于康尤应念念不忘。乃何以竟不知有康一出炉关，即谓之进藏。殆以其语文风俗相同即视康为藏耶？抑以清时只设驻藏大臣而无驻康大臣，即统名为藏耶？以风俗论，西宁、金川，亦与藏同，而不得谓西宁、金川为藏。以设官论，西康毗连川省，大小部落，或有土司，或有呼图克图，自治其地，归四川统辖。'野番'亦能安静，无须另设专官。乌得以无驻康大臣而即谓康为藏。光绪三十二年秋，政府知番地之不可不经营也，创设边务大臣，择驻适中之巴塘，即驻康也。康地在川、滇之边，故名曰'督办川滇边务大臣'，而未以驻康名者，政府之误也。然亦误于光绪三十一年（1905）川督锡良奏派赵尔丰往办巴塘军务，不曰西康军务而曰炉边军务（按：炉边二字不误，详17节）。一误再误，无识者更称康为藏。恐数千里之康地，将于无形中消灭焉。地名之讹，大有关系。夫藏人受外人煽惑，正欲借此而兼并康地久矣。光绪三十四年（1908）秋，藏人呈请驻藏大臣联豫代奏，妄称藏地直抵四川邛州，经联豫会同边务大臣赵尔丰，四川总督赵尔巽，将原呈咨送政府，声明藏人心怀携贰情形。故赵尔丰出关，极力经营康地。凡有赏给藏人部落，渐次设法收回，为建省计。盖以英、藏立有条约（中国历届政府未承认），英人竟不以藏为中国属土，而以藏为一国，唆使藏人夜郎自大。向之政令由驻藏大臣主持，今之政令大半藏人独行独断。若达赖喇嘛得复政权，则藏危矣。藏危，康与藏不分，康亦将不利。恐继《英藏条约》而起者，不得立《英康条约》也。康、藏界限，乌得不亟早分之。况今之番人，凡居丹达山以东者自称为康坝娃，居丹达山以西者自称为藏坝娃，出洋大臣胡维德，将外人测绘《西藏舆图》翻译刻印，图中亦以丹达山为康、藏交界。是番人与外国人皆能知康、藏之畛域，而中国人不知；且有曾往游历康、藏者，亦漫不加察，尚以宁静山为界，夫岂知宁静山乃巴塘、江卡之界。清以江卡一部落赏藏人，江卡之外，如乍丫、察木多、八宿等处，尚非藏地，宁静山乌得为藏界。如瞻对亦曾赏给藏人者，瞻对之东，与单东连界。瞻对之西，尚有德格、察木多等处，岂得以与单东连界之处，指为藏界。此理易明，而愚者不察，往往谬谈。然清之以地赏藏，盖由前代办藏务之员，信从佛教，将中国疆土，奏请赏给达赖喇嘛，但徒市恩一时，而不知遗患后世。今读康雍乾年间奏章谕旨，令人太息。幸近年已陆续收回。康之土宇完全。故凡炉关以西，只能谓之西康，丹达山以西，乃可谓之西藏，以定名称，而正疆域。"

余案：傅文有误点三：（一）误鲁共拉为丹达山，详下节。（二）误谓为印度，详谬说之三。（三）误西炉为西康。锡良称巴塘等地为炉边，系沿西炉旧名，并无可讥，参看第二章第九节自明。

二、康藏古界非丹达山

傅华封信一经商喇嘛之言，谓丹达山为康、藏界山（参看第二篇纠谬章），并谓胡维德所译西图，亦以丹达山为康、卫界线，实属错误。查康、藏古界，系鲁共拉山，在丹达山西305里。中间尚有郎吉宗、阿南多、甲贡、多洞等村。鲁共拉山势虽较丹达山低，古昔划界实在此处。《大清一统志》所分喀木（即康）、卫、藏、阿里四部界至，系据藏人习惯，便可引为铁证。其言曰：

"喀木在卫东南832里。东自雅龙江西岸，西至努卜公拉岭，卫界1400里。"

努卜公拉岭即鲁共拉山之异译也。丹达山系汉人称呼，因丹达塘而名，因大王庙而著名。藏人呼之为"斜贡（共）拉"。斜共拉与鲁共拉，虽相距300余里而地名只异一音，耳食之流，最易误译。獭祭辈，不知其误，辗转迁就，竟有称丹达山为鲁共拉者，如盛绳祖之《入藏程站》是。又有谓大王庙在鲁共拉者，如陈重生之《艳异记》是。又有以鲁共拉、斜共拉与丹达山并列者，如《四川通志》与《西藏图考》是。傅氏足迹未至丹达，未亲聆番人称呼，其《建省记》，又系回川后追忆之作，盖误以喇嘛所称之鲁共拉为斜共拉，而自易以丹达山之译名也欤。再就康、藏部分言之：丹达山东之边坝部属于喀木（康），鲁共拉西之拉里部属于藏普（卫）。则两山中间之地，属边属拉，即为属康属藏之明证，查王世睿《进藏纪程》云：

"按大河、阿兰多等处，系札仙、空撒营官管辖地方，荒草蒙茸，牛羊千百成群，为黑帐房住牧之地。泾泾者遍野，货酪酥者沿途，殆杳无蛮寨居室焉。"

所云大河、阿兰多等处，即鲁共拉与斜共拉间之地，为一大牧场，农地甚少。再查《藩部要略》《卫藏通志》等书，西藏营官缺，无札仙、空撒之名，疑此是边坝营官人名，非地名也。嘉庆《四川通志》记边坝云："所辖地方，自喇子（在边坝东50里）起，至鲁工喇大山根拉里止，四至辽阔，差徭繁剧。"又记拉里（即今嘉黎）

界云"其疆域东至夹贡塘界270里,西至常多塘界420里"。查拉里东行140里逾鲁共拉至多洞。又80里甲贡。今云277里,已超过甲贡,不得云交界。疑200为100之误。拉里东行170里,恰是鲁共拉山根也。现在边、拉二区,为西藏地方政府统治,汉人莫由查其界至。但据此推测,可信鲁共拉以东之地属于边坝无疑。属于边坝,即是属于康区。丹达山包在边坝境内,其非康、藏界山可知矣。

三、关于丹达山与鲁共拉之记载

兹更汇列关于丹达山与鲁共拉之记载,以便参证。

王世睿《进藏纪程》云:

"冰坝(即边坝)……40里为甲喇。又40里为丹达。皆坦途也。又20里至土国宗。雪山叠嶂,高耸云霄,登山脊,险峻异常,上下崎岖,约40里,至山脚,入沟行,50里而至郎吉宗……60里而至大河。又60里而至阿兰多。……80里而至甲工(即甲贡)。又60里而至多洞。又40里而至鲁工纳(即鲁共拉)。按鲁工纳,系西域险要雪山也。历两峰,至绝处。行雪上,路不及尺,左右临雪窖。深数十丈,右倚山根,巉削而壁立,舍马而徒,扶杖以登,步不数武,喘息不能行。将及顶,泥滑不能着足。顶狭只容五六人。速奔而下,山陡雪滑,急不留行。不数刻,已20余里,抵平池焉。又40里而至擦竹卡。行雪地,过雪山,60里而至拉里。"

盛绳祖《入藏程站》云:

"边坝60里至丹达。……丹达之麓有庙;相传云南某参军,解饷过此,殁于王事,屡著灵异,土人祀焉,过山者必祷之。15里上鲁共拉山(斜贡拉之误也。藏语谓东曰"斜",西曰"鲁"。雪山曰"贡",山曰"拉"。)峭壁摩空,中一小沟,俄焉上下,夏则泥滑,冬则成冰雪糟,行人拄杖鱼贯而行。不能并进,此赴藏一险阻也。30里下山,5里至察罗松多。50里至郎吉宗。……40里至大窝(即大河)。……55里至阿兰多。……30里至破寨子。又名阿兰卡。40里至甲贡,属拉里。……40里至大板桥。40里至多洞。……20里上大山。山峰峭立。雪凌险滑,视丹达无异(即鲁贡拉也)。60里至察竹卡。……60里抵拉里。"

林《由藏归程记》云：系自西东行，故先过鲁共拉。

"过鲁共拉，为西藏第一名山。路径绵长，砂石纵横，与瓦子相等。至半山，则巨石巉岩，乱流奔溢，人马均无着足之处；有雕大如鹤，啄食倒毙人马，见人亦不惊。数十为群。行百里，至多洞。……至郎吉宗。晓起趱行，皆砂石。过插拉松（即察罗松多），即系上坡。行23里，遥望丹达，雪峰并峙，中路影一条，盘旋而上，陡险异常。有雪城数仞，壁立如墙。或遇风狂雪化，往往被其倾压。山下丹达神庙，最称灵应。"

徐瀛《西征日记》云：瀛于道光甲申（1824）十一月初六日过丹达山。十一日过鲁共拉。

"初六日，甲午，晴。卯初起程，15里上鲁贡拉山（"鲁"字为"斜"字之误），摩空石径，雪厚冰坚，人马行岩隙中，颇嗟况瘁。中所谓阎王碥者，更险恶。凡50里始至顶。冰天雪窖中，马不能行，即徒步，数里始陟其巅。下坡则绝壁万丈，心魂震荡，跬步皆危。赖左右扶披，蛇行而下，意邓艾裹毡偷渡阴平，亦未必尔尔。下山方能乘骑。10里过察罗松多，天日已曛黑。尖毕，策马循行冰雪中，虽有微月，皆为高峰所蔽，岚气迷茫，颇有夜半深池之警。平生奔走万里，乘危履险，无逾此夕。50里抵郎吉宗，塘房，已交三鼓。……

初七日……行50里抵大窝住。

初八日……行55里至阿兰多塘住。

初九日……40里抵阿兰卡，一名破寨子。尖毕，又行50里至甲贡，塘房，喜已入拉里境矣（其意似云甲贡属拉里，容有错误）。

初十日……40里大板桥，尖。又40里抵多洞塘，住。

十一日……己亥，晴。辰发多洞，上鲁共拉山，雪深数尺。上山幸不甚徒峻。下坡约二里许，形势极险削，几与丹达相埒。又行15里，至察竹卡塘户，住。……"

《四川通志》云：

"沙工喇山，（旧通志）在达隆宗（即边坝）西。崇山峻岭，上下约80余里。

鲁工喇山，（旧通志）与沙工喇山相连（按其脉固相连，山则相去300里矣）。

山势平行，80余里。二山冬春，每积雪难逾。(《卫藏图识》作鲁贡拉山)……

丹达山，路径奇险。上有雪城，山神屡著灵异，奏列祀典。"

陈重生《西行艳异记》按，此书多凿空语，可作参考资料，不可信其为实然也。云：

"达尔宗。即达隆宗，二山横跨（雪山脉之葛拉岭及努布冈里岭），四水环萦（宗楚河之四支流），有喇嘛寺院，一名边坝，徒众5500人（夸言也）。……发达尔宗城10里，驻巴溪。又5里噶布克，有人家4户。又10里渡罗穆措池，渡口阔60尺，石桥横泄而过。又15里越噶必达喇山，山平坦而小，上下凡10里，风景至佳，虽木落石露，而仍不失其秀美也。又30里番巴寨，即丹达也。又30里黄合，其南为昂吉里大山（高1.3万尺）。此一段之道路极陡峻，沿途遇载运货物之牛群，而马群特少。押运之商人，短衣紧裤，长筒皮靴，皮帽，负火药枪，腰悬火药盒及小刀之属，一手执牛尾，一手持鞭，口嘘嘘作声，驱其牲畜前进。彼等之行程极缓慢，日行30里至40里。行则大帮，歇亦群歇。夜晚至宿地，则以绳网为大幕，驱牲畜其中，解装于一隅，支毛布幔为帐，人居帐中，牲畜立帐外，分班轮流守护以防盗贼及野兽之侵袭。间有防守犬三四头。此一带地方旅行中最感困难者，即为携带饮食物及钱币，负重累累，又须防护，殊可厌也。又西行30里，抵吉隆拉山。又西行10里。折而西北行，20里抵萨伦，有居民6户，止宿焉。是日，凡行160里。"

按：所记达尔宗，即边坝。萨伦即察罗松多。则此段道路，须逾丹达山，为西行第一险径，乃文中闲叙驮脚娃之起居状况，毫未言及山之险阻。地名亦多无据。而后文以近拉里之大山为丹达山，丹达大王庙亦移记彼处。前后错乱，恰似向壁虚构，此陈君之书，所以不为识者所齿也。

"三日晨八时，发萨伦。10里郎吉宗，旷野也。又20里原坝子。又10里来亭，又20里大窝。又20里林噶珊，有居民8户。……又北行30里，至阿兰多。20里发克雅。又10里破寨子。又20里泽布河。又15里渡由阿塘里庄发源西来之河；河阔可40尺，有木桥横贯之。又10里甲贡。又15里抵玛尼定噶珊，已黄昏矣。此间居民58家，喇嘛寺院一，为自硕督西来最大之市镇。（准其地望，当是多洞。但多洞无若多人户。边坝、拉里间，任何地方，亦无若多人户也。）本日所经之地，多属不毛。其森林或草地，约在三五十里以外。地方辽阔，人烟稀少，土匪藏匿，恣意行劫，商旅畏之。"（查此带皆牧场，无森林，农户甚少，多有劫盗，此结语乃实录也。）

"四日晨八时半，自玛尼定噶珊发。12里三乍子，其西即多冬达克萨山。又10里吉舒卡。有藏兵一排戍守于此，余等经过，检查行李殆遍，始纵行。有居民7户，支土墙而居。又15里丹达塘，再西15里，即川边边藏大道中著名之丹达大山也。山高18485尺。其最高之峰名鲁工喇山，源出外喜马拉雅山。山势平衍，长百余里，其西接沙工喇山，高17500尺。二山接连，横贯大路，冬春积雪不消，崇山峻岭，路径奇险，夏则泥滑，冬则冰城，刺肌夺目，少有微风，即有雹至，人马即须避匿，否必无幸也。余等在山下午餐，餐后结队持杖鱼贯而上，同行者凡60余人，马则后随。马在他处时闻嘶声怒吼声，至此亦噤若寒蝉。念（20）里上堂窝，在左右皆有极大之雪窖。又15里小海子，路渐陡，两旁有铁环，备行人攀援，以防漏滑者。又上10里，人马皆汗出如渖。回视一片白茫茫中，人马蠕动。令人忆及拿破仑征非洲，大兵行沙漠中状态。思虑稍涉，足滑几堕，骇甚，仍屏息敛气而进。

又20里环山而下。又5里，小堂子。又5里，破神祠。又10里大王庙。大王庙有三：一在山东，一在山中，一在山西，此处为在山中之大王庙也。——传大王为康熙中之解粮官，因过此误堕雪窖中，殁为山神。著灵异，土人奉祀惟谨，来往必拜之，否则必有冰雹立至。计由成都至拉萨，有大王庙38处。余等初由丹达山之麓升至山腰，路循山腰转至西麓，与沙工喇山之东麓相接，中夹一沟，深至五六百尺，雪窖排列道旁，偶一顾及，毛发亦为凛然。西望则亦峭壁摩空，遮蔽天日。自大王庙又互相牵挽行，15里，始由沙工喇山之东麓转至西麓。又5里至布巴，有居民8户，商旅支帐10余群，集此作休息计。余等借宿土人家，一楼一帐，共阔二丈八尺，余等住楼上，干教住帐中。晚餐草草了事即卧。气温极低，至华氏32度，终夜足如冰。是日行163里，骑行52里。五日九时，发布巴，步行冰滑甚，马行虽安稳，但仍不敢冒险尝试也。10里尼尼措。又10里甲必丹。又12里布玛威噶斯，有人家3户。又7里沙本。至此，冰山始告完毕。目犹作眩，心犹有余悸也。沙本以西，路折而西南行。在万山伏起中，已由1.5万尺之高地降至11380余尺，气候亦由华氏39度升至43度弱，同行者皆有喜色。又18里回头看，路较宽而陡，不能骑行。又15里黄柏垭。又10里越布里拉山，山高2万尺，路绕山之东至山之西，以产雪兰及羚羊、山羊、金貂著名。貂性甚灵，人若捕之，彼尝预早迁徙。彼于夏秋之际，至二三百里外窃取食物，贮之山洞中，足五月之食，必俟至次年三月雪解，始出洞，为其蓄旨御冬之预备。人于冬令大雪封山时往捕，十可获七八，因彼不欲弃其所藏，运负过重，逃避之奔驰迟缓，易为人及也。又20里渡楚公河。河口仅阔50余尺，薄藏布江之上源也，又西南行28里，抵嘉黎城。"

此外各家所记，多系辗转抄袭之辞，概略不录。

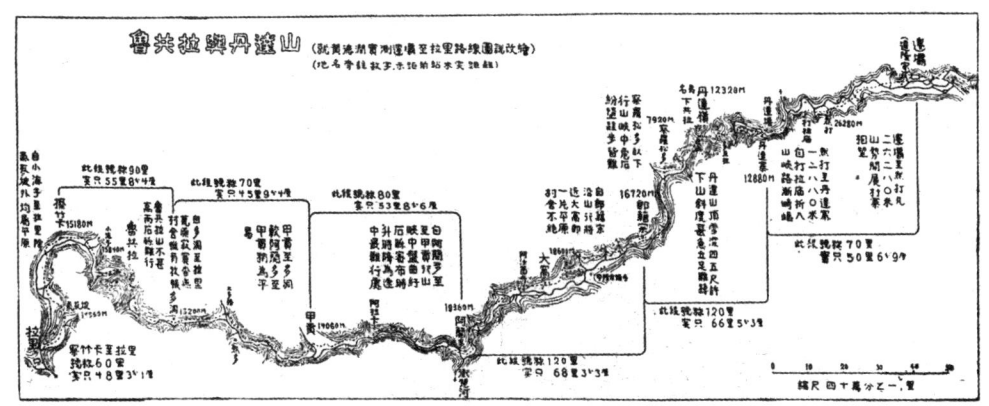

鲁共拉与丹达山

四、丹达大王

丹达，塘铺地名也。系藏语译字，塘在边坝之西，斜共拉山东麓。丹达大王庙在其附近。相传云南某参军，解饷过山，冻死风雪中，屡著灵异，土人奉祀于此，失其姓名，因以丹达大王呼之。丹达山亦由是著。乾隆中，福康安征廓尔喀，过此山，往返无苦，以为神佑。奏请锡之封号。诏封为"昭灵助顺山神"，载入祀典，并颁御书"教阐遐柔"匾额。其后入藏大臣和琳、松筠等，俱书有匾额悬挂。自是以后，诸家著述，莫不夸张此事。但皆谓神甚灵，而不能证其灵迹。唯海宁徐氏《西征记》云：

"神为前明云南叶参军某，监饷晋乌斯藏，过此，堕雪窖中，迨春夏雪消，犹僵立鞘上，土人惊异，因奉其尸而崇祀焉。今过山者，必祷之。忠荩成神，亦固其所。楹间有陈二梅留题一律云：'十万乌斯饷，滇南岁月深，金银森夜气，冰雪铸臣心，大隐逃名姓，参军重古今，西方真极乐，我佛在檀林。'时彤云欲合，余默祷于神，天即晴霁，星月灿然，神之为灵昭昭矣。"

即此便为神灵之验,殊属可笑。大抵康藏土人,于大山皆神之。盖因山高气薄,罡风寒冽,冰雹不以时至。逾者饥渴疲至,每多道死。愚人以畏葸之情,在无可奈何之际,不免侥幸神佑,发为祈祷。幸而顺利,则归功于神;不幸而困逆,则归过于己。以此之故,山神乃多,而亦殆无不灵。丹达之有神,固亦犹一切雪岭之有山神也。顾丹达神独为死于王事之汉官,如世所传,颇多可疑。边地奇寒,尸皆不腐,况在雪窖中,其僵立鞘上,本甚寻常,土人必不至于奇而神之。意盖福康安等鼓励将士之权术耳。

又诸家记载丹达大王,皆佚姓名,不记死事年代。徐氏独云姓叶,谓为明时。姚莹《康輶纪行》,又云康熙时。皆不知何据。

姚氏谓"成都府城,及入藏一路,多丹达王庙"。今查自成都至昌都,皆无此庙,唯有汉人寺甚多。《卫藏图识》云:"相传为吴三桂所建。"俗传其神为尉迟敬达,谓送唐公主入藏,为神也。所谓丹达王庙者,此其庙之变局耶?

陈重生记大王庙于鲁共拉山,并谓山有三庙,一在山东,一在山中,一在山西。又谓"由成都至拉萨有大王庙38处"。似系窃《康輶纪行》之意而附会之者。

五、杨揆咏丹达山与鲁共拉诗

杨揆,字问叔,号荔裳,江苏金匮人,乾隆五十六年(1791),以内阁中书从福康安军征廓尔喀。军还,授四川川北道,著有《卫藏纪闻》《卫藏诗》各一卷。其诗《丹达山》云:

"昔闻兹山奇,绝险今始遘。玉龙作之面,势欲与天斗。连峰排岝崿,寒色逼金宿;突凡穷荒中,阳和不能透。想当鸿蒙辟,巨手出极构。石棱闲缺啮,嵌空琢冰甃;一片玻璃光,千斛琼屑糅;阴风中怒号,虚响沸岩窦。行旆惨不前,十步九颠复;勇上未盈尺,陡落千丈溜,踯躅马脱蹄,毰鳃鸟缩咮。有时朝日开,如慰绡縠皱,晴光相激射,到眼骨眩瞀。我寻西荒经,险阻亦既觏。信知九州遥,岂为五岳囿。何图归程急,到此空引胻。人言山之神,灵爽兹妥侑;阴霾变倏忽,窈冥失旦昼;来从万玉妃,旋转飘缟袖;筑雪如作城,森寒巨灵守。时虞长围压,谁敢孤军逗;狂飙一倒吹,万牛尽回首;往往昏黑中,不复辨崖岫;俟见神灯迎,出险相引救。我行日亭午,千洞鸣玉漱;幸值气暄和,谓为神所佑。心怯卦习坎,事喜象遇逅。整衣拜丛祠,兼以村酒酎,视秩少桓圭,升香无玉豆。作诗志兹行,用当神弦奏。"

揆又有诗《鲁工喇①》云：

"棱棱牟石角，设险抵剑门。雪霰零其岭，草木不肯蕃，径仄复斜注，仅有屐迹存，冰柱森槎丫，袖手莫敢扪。愿借九火辀，界以一炬焚，度使穷谷底，飞灰转春温。此志宁一遂，徒与愚公论。拄杖三叹息，谁为收惊魂。"

此亦鲁共拉非丹达山之证也。

六、宁静山划界记

金沙江与澜沧江之分水，世称宁静山脉。主山在巴安县邦木塘之西，去巴塘200里。山势平衍，作高原形。非若丹达、瓦合之峻险也。自巴塘西行赴江卡者，必过此山。藏语呼为"邦拉"，因邦水塘得名。宁静二字，系汉人所命，番人未尝作是称也。

清雍正元年（1723），青海罗卜藏丹津作乱。时则西康之大部附属于青海。川陕总督抚远大将军年羹尧，檄四川兵进驻巴、理塘，云南军进驻察木多，原驻察木多之松藩镇将周瑛进驻拉萨，以备青海兵南窜。云南提督郝玉麟与周瑛等，遂收抚西康及青海南鄙各部。二年（1724）五月，年羹尧奏陈善后事宜，请将新抚各部，添设卫所及土司千百户土巡检等官，划归川滇，以资管理。次年同时，檄驻藏周瑛率师回川，会同驻察木多之云南提督郝玉麟查勘地界，归川归滇，各从所近。三年（1725）十一月，川陕总督岳钟琪，奏将中甸、理塘、巴塘、德格、瓦述、霍尔诸地方俱归内地，委任土司管辖；察木多外之洛隆宗、察哇岗、左贡、波密等部落，赏给达赖喇嘛管理。次年四月四日，又奏将原隶巴塘之中甸、维西、祈宗、喇普、阿敦子等处改归滇省管辖。俱从之。其时周瑛与提督郝玉麟，都统鄂齐等，会勘界址，于雍正四年（1726）七月，奏请于邦木与南登两地中之宁静山顶，定立界石：南登以西，至硕般多止，大小地方23处，营官碟巴头人共35，番众11802户，赏给达赖喇嘛。邦木以东，自巴塘、理塘起，至德格、纳夺、林葱、霍耳、东署止，总计大小地方38处，土官30名，土目18名，户口33267户，收入内地管辖。并分析汇册，咨送督臣查核具题，请授大小土司职衔，钤束地方。其阿敦子以南，亦于另案

---

① 鲁工喇即鲁共拉，藏文为 nub-gangs-la。

划归云南，设中甸、维西二厅治之。此宁静山划界之原委也。

宁静山界碑宁静之名，似即划界时所新赐，以祝西陲宁谧之意。此界碑高二尺余，在山顶平坦处。因冰雪侵蚀，棱角剥尽，镌字则久已漫灭。昔时原在大道附近，其后道路移徙，碑不近人。从前载籍，多未详其名状。据西人所传，碑为四方柱石，东面勘"四川界"。西面勘"西藏界"，南北无字。陈重生《西行艳异记》则谓"上镌'巴塘、云南、西藏分界'八字，但已为风吹剥，模糊不可识。所寓康堡中（按：实即南登）之主人"，"七年前曾一至顶上打猎，获睹此碑"云云。查云南界在盐井、得荣之南，奔子栏、欧曲卡两处，去此山各五六百里。此山非云南界甚明。中甸划隶云南，虽与竖此界石同时，但系另案办理，不与界石相涉。则陈君此记又不实矣。

七、《康輶纪行》所记之界碑

姚莹《康輶纪行》记其五月初八日过宁静山云：

"初八日，空子顶启行，山路颇宽。40里至荞岭，势益平远。遥望岚气不断，地亦坦旷，河流清浅，绿草黄花，如铺如衬，马蹄轻软，如行沙堤。沿途杨柳相望，景物暄丽，牒巴热傲（土官名）迎于道周。停舆眺览，几忘身在夷地矣。《图识》言：空子顶山，夹坝夷匪出没。荞里、龙新，山多积雪。余所见殊不尔。惟山外数峰，残雪而已。西行十余里，过邦木，设蛮塘汛于此。巴塘土司所属。麻木（营官名）之弟昂郎，率蛮兵枪马来迎，年十七八，剪发覆额，红呢大帽，绿袍，圆领窄袖，佩刀束金带，仪容甚都，跪献茶果，却之。过此则山形耸峻矣。数里跻其岭，复宽衍，峰峦秀复，即所谓宁静山也。迤逦久之，见雍正五年（1727）所立界碑，山以东为川辖，山以西为藏辖。碑裁二尺，字已漫灭。巴塘有巡兵数名于此。山大而长，东向一山如屏，南北各起一峰翼之，势如龙虎朝拱内地。自打箭炉至此，未有若此山者，宜以宁静得名也，下山迤南十余里，即南墩，达赖喇嘛设台吉于江卡，南墩其边界也。台吉三年更替，现为五品番营官俄楮班角署台吉事。自江卡来迎……"

按：南墩以西，地属江卡。江卡多蒙古人，故其头人有台吉等封号。

八、喜松工山

《卫藏通志》云："喜松工山，在巴塘西，势甚高峻，上下约 40 余里，亦巴塘、西藏交界。"查巴塘至昌都，计有两道：其一为宁静大路，其一为贡觉小路，皆岳大将军西征时所开。小路较捷，而须野宿多日，不宜安设台站，故以宁静大路为官道。然须经过乍丫。乍丫民风犷悍，多劫匪，故官商往来，由小道者亦不少。所谓小道，系自距巴塘 40 里之牛古渡分路，渡金沙江，上山行，30 里至喜松工，为一小村。自此逾妥拉山，80 里至热喜松多，为一牧场。再逾祖拉山，270 里，经江卡境，而至贡觉。江卡与巴塘，系以祖拉为界（见科里斯《东部土伯特地图》）。清代既以巴塘属川，江卡赏藏，则川藏应以祖拉为界，非喜松工山也。大抵喜松工之名，为汉人所命。汉人认祖拉、妥拉间之高旷牧场为一山，以其近喜松工村，遂以村名名之。此地原无界碑，官商过此者，约略知此带为川藏界山，又轻其间之无人户，遂漫然谓喜松工山为界。此亦国人忽视疆土之一例也。

祖拉（Dru La）高于海面 4708 米，妥拉（To La）高于海面 4742 米，宁静山高于海面 4180 米，山形相似，实出一脉。

九、宁静山以外之界标

雍正四年（1726）划界之役，除宁静山树立界碑外，山南北数百千里间，又以何地分界，周瑛等尚未详细勘定，载籍亦未明白指出，此实民元以来英人助争藏界之最好借口处。其实，当时奏议明谓将巴塘、德格、纳夺等地收入四川，察木多、洛隆宗、察哇龙等地赏与达赖。则察木多、纳夺、德格、巴塘与察哇龙等部之界线，即川藏当然之界线也。

唯此诸部落之界线，亦不甚明晰。其可知者，仅属商路沿线之部。大抵以过道山脊为界标。兹举清代川藏间显明之界标如下：

那惹拉（Lathi la）　藏语谓大道山脊曰"拉"，那惹拉在同普至昌都大道间，当觉雍（Chorzhung）之西，白里（Beri）之东，西距昌都 200 里，高于海面 4416 米，纵横数十里内皆黑帐房，无民户，为纳夺与昌都之界山。那惹拉西北之纳夺境界，实包澜沧江干流之一部，直抵青海境，唯无精确记载可据，未能指实。

勒宗拉（Nadzong La）　在贡觉之北 400 里，高 4800 米，为德格土司与贡觉营官属地之界山。

祖拉　详前节。

邦拉　即宁静山，详前条。

隆拉（Hlong La）　在邦木西南盐井县西北大道间，高4200米，为盐井县与江卡之界山，亦即喜曲（Hichu自江卡经中岩入金沙江）与澜沧江之分水岭。

达拉（Di La）　在盐井县西南百余里，高约4500米，为盐井与察哇之界山。亦即澜沧江与怒江之分水岭。《卫藏通志》谓周瑛等请于宁静山立碑界外，喜松工与达拉山顶亦立界石。查周瑛奏疏无此语，世亦未传此二山有界石也。

喀革颇（Kakarpo）　又作喀哇革颇，藏语义为"雪老人"，汉人呼为"大雪山"，为滇北最高之雪岭。即达拉山脉之南迤而突起于澜、怒之间者也。为云南阿墩子与西藏门空之天然界线。门空在西藏，为桑昂曲宗营管辖地。

梭罗山（Solo La）　在云南维西县属地菖蒲桶之西北，潞江（怒江）东岸，当维西赴门空道间，高4000米，为维西与门空之界山。山侧之潞江（怒江），成为绝峡。峡之上游属门空，下游属维西也。

自梭罗山以西，直至杂瑜南境，滇、藏、缅疆界，从未分清。因其地潮湿多瘴，为"野人"窟宅，汉人不能至故也。

十、岳钟琪与周瑛抛弃之地域

查康、雍之世，西藏正际微弱；其达赖喇嘛与藏王贝子，俱清廷所立，凭依中央，恭顺备至；青海、喀木各部，又皆青海蒙古所辖，原非藏属；雍正平定青海后，收复喀木，本应将其全部设官改流，抚为内地。其时青海、察木多、巴塘、理塘、打箭炉等处，重兵未撤，决然处置，断无可虞。年羹尧之初意，本欲将喀木全部划属川、滇两省，已奏派周瑛、郝玉麟勘界。讵年被杀，岳钟琪继任川陕总督，深虞西陲鸾远，管治困难，无以见功，易于得罪，遂请划中甸、维西属云南，洛隆宗、察哇龙以西属西藏，此实专制时代封疆大吏避事诿责之狡计，深为后世痛息者也。

然，岳钟琪之意，尚只欲以怒江为界；怒江以西之洛隆宗、察哇龙等部，始赏达赖；怒江以东之察木多、乍丫、江卡、贡觉、类乌齐、三十九族等部，未请赏藏，则当划入内地明也。乃周瑛、郝玉麟等，竟请立界碑于宁静山，又划割此诸部纵横千余里地于藏，此又更当为后世所痛息者也。当时所以如此划割者，有下列各原因：

（一）乍丫民风犷悍，迭次大军西征时，皆只羁縻，未施惩创；威名籍籍之岳钟琪，亦系绕道避之（《岳钟琪传》未言绕避乍丫，兹据《康輶纪行》）。附近之江卡、贡觉诸部，又皆连附乍丫，与之同恶。周瑛出入康藏，具知其地难治之状；时方受任四川提督，职在征剿，故乐于随势划出川外，以轻职责。

（二）其时西藏达赖、班禅二活佛（管僧），与贝子康济鼐、阿尔布巴（管民），皆清廷所扶植，恭顺不渝，直如内地之部属；划与地方，无论广狭，在当时眼光视之，与国家主权无关。

（三）周瑛驻藏日久，与达赖、康济鼐等交厚；及奉命回川勘界，不免私徇藏人请托，多划地方以酬私交。

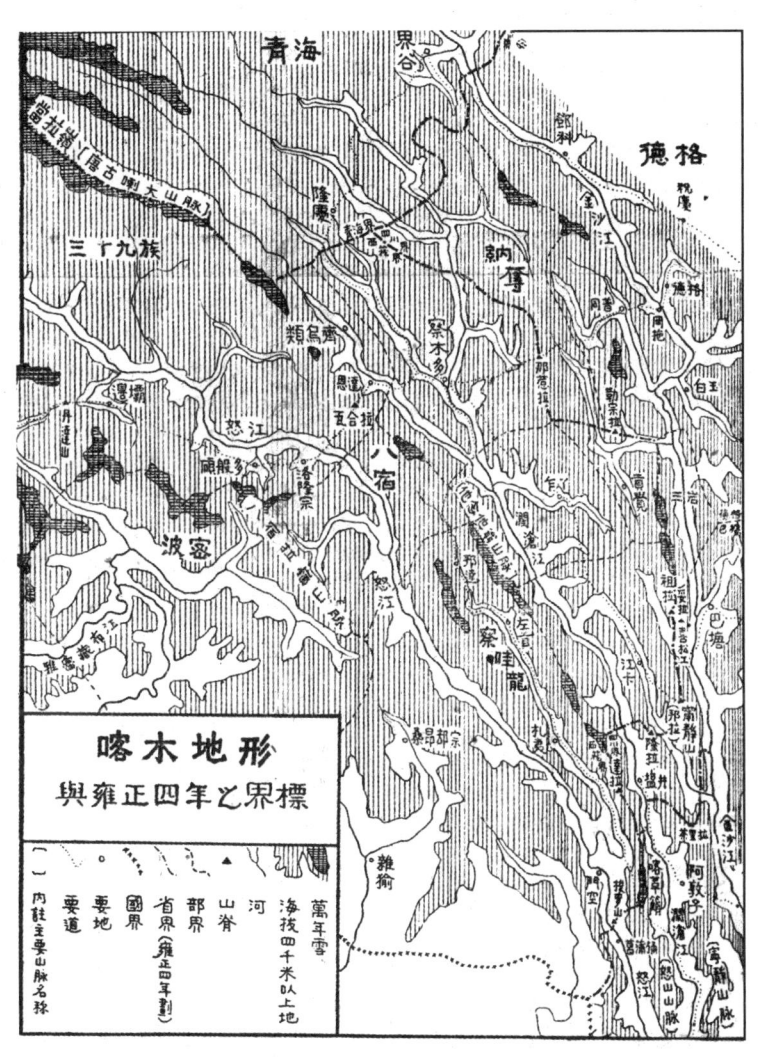

喀木地形

详案西康形势，洛隆宗东之瓦合山（属类乌齐，改流时隶恩达县）为丹达以东第一险阻：雪岭连绵，北接当拉岭，南接达拉山与喀革颇大雪山，为澜沧江与怒江之分水岭，即坊间地书所称之怒山山脉或唐古喇大山脉者是也。昔人以此山脉为"世界之脊"，谓天设之以界线华夷者。周瑛等当时若指此山脉为四川西界，实较宁静山为合于自然地理情形，亦不失岳钟琪之意旨，而能副古人之遗教。惜其不学无术，未见及此矣。

十一、"世界之脊"

近世地理学家，称帕米尔高原为"世界之脊"。我国人，昔称怒山山脉为"世界之脊"。怒山山脉者，澜沧江与怒江侵蚀高原所遗之巨埂；发自羌塘之东，连峰叠嶂，东南斜出，绵亘八九千里，通过云南西部，入缅甸境；平均高度4000余米。藏人对此，未有定称。在青海西南者曰当拉，近人地书称为唐古喇大山脉者是也。在察木多之西者，为瓦合拉，盐井之西者为达拉。阿墩子之西者，为喀革颇，近人地书称为他念他翁山脉者是也。喀革颇，四时积雪，汉人不识番语，漫以雪山呼之。山脉自此而南，经怒江境，故近人书，称之为怒山山脉也。世所谓横断山脉者，实为金沙、澜沧、怒江诸水并行侵蚀西康高原之遗埂。而澜沧江与怒江平行距离最近，故其遗埂之山势亦最峻峭。又横当云南进藏之大路，故尤知名。我国昔人未有计算海拔之智，量山高度，皆以自河谷至山顶之高距言之，故谓此山脉为"世界之脊"。实其山顶之高，不过与理塘相当耳。

清雍正中，青浦杜昌丁送蒋陈锡自滇入藏，于六月底，由阿敦子西进，横越此山脉，称之为"葱岭"，又称"雪山"，其《藏行纪程》云（括弧内为著者注语）：

"二十七日，蒋公祭雪山，然后迤逦上山。巉岩怪石，崚嶒崒岉，无一步可以循阶历级者。用爬山虎（器名）攀藤附葛而上，马四蹄不能并立，毙者不计其数，臭气触鼻，不可向迩。无草无人烟，水声彻夜如雷（距澜沧江甚近也），树木参天者，皆太古物也。行50里，稍平处下营。帐房仅下数顶（言其地，狭不能多设帐幕）。

"二十八日，又上40里，至山顶平处，宿。险处较前更甚，不独中原未有，即塞外亦未之见也。

"二十九日，又上20里，至最高处。万山皆在足下。土人云：自木鲁乌苏而南，绵亘数千里，至缅甸插入南海，高莫可比，乃天地间之脊也。……元人有《冈脊黑水辨》，以此为脊，东澜沧，西怒江，皆汇诸小水南流，至缅甸出海者。《禹贡》雍州黑水之下流也。……其地山岭，晴时盖少，遥峰积雪，冬夏无异。四月至八月，仅消大路之雪。九月以后，即封山矣。下60里，至坡脚河边宿。"、

按：《冈脊黑水辨》，明史秉信著，其说以澜沧江为《禹贡》之"黑水"，谓怒山山脉为"冈脊"，为夷夏之天然界线。

十二、西炉西界

康熙平定西炉，以雅龙江之中渡为其西界，见《大清一统志》。所谓"中渡"，即今雅江县治是也。中渡以下，概以江水为界；西岸属理塘土司，东岸为西炉之木雅诸部，直至今九龙、盐源两县境尚如此。唯雅龙江套内之墨地龙，曾被明正土司割让于木里，独自西炉转为宁远属地也。

中渡以北，亦以雅龙江为界水。此种界线，直至霍尔甘孜之南，始别雅龙江，再折而东，自道孚附近，转入金川。《卫藏通志》记雅龙江云：

"又南流至玛拉木冈岭东北，又东南流，折西南，得济渡处，番曰'巴拉玛珠苏多昏'，亦曰'必尔麻珠苏木渡'，此喀木番部东往打箭炉贩茶路也。渡在打箭炉西徼外二百余里。江水又西南，曰'雅龙江'，南入四川界，为占对地方。自此而南，其东为四川地，其西为番地。"

所谓"玛拉木冈岭"，即今甘孜南境之大雪山。其济渡，即今甘孜县之雅龙江渡。占对即瞻对，藏语称为"雅龙"，故江水至此始称为雅龙江也。雍正初年以前之西炉，直属四川，故云入四川界。自雍正四年（1726）以后，四川西界始包有巴、理塘与霍耳、德格、纳夺诸部。《卫藏通志》为乾隆之世所编，西陲僻远，采访未及，盖犹凭康熙中采访之图籍以为记也。

十三、青康藏划界经过

青海与西康，清初统归青海厄鲁特蒙古族管辖。康熙五十九年（1720），大军分由青、康入藏，虽沿途招降部酋，而未抚为内属。雍正初，平定青海厄鲁特罗卜藏丹津之乱，青海、西康诸部，再度归顺，始建土司土目，分统其众，而内隶于川、

甘二省之行政官署。其青海与康区之界，自厄鲁特统治时，即未划清。雍正四年（1726），即立界碑于宁静山，划清川、藏行政区界。九年（1731），复由川、甘、藏三方派员，勘定界址，划清三省界线。除巴颜喀喇山脉以北，柴达木地方之蒙古各旗，西宁附近之熟番八大族，甲龙地方之熟番二十九族，固属青海外；其当拉岭以北，木鲁乌苏（即长江上源，汉名通天河）流域，与澜沧、怒江、黄河上源地方之四十族划归青海；当拉山东南，怒江上游，直抵类乌齐界地之三十九族，划属西藏。结古（亦作界谷，今玉树）东南杂曲卡（即石渠县）、上纳夺，划归四川。如此七十九族地方，皆游牧小部落，分合无常，屡有兴灭，故部落名称，古今记载，互有异同。雍正时称为"七十九族"，盖就招抚投诚之数言也。乾隆时称为"三十九族"，就西藏所属者言也。西藏书籍，并称此诸部为"甲得宜阿"（Rgya-sde-nyer-lnga），意即汉人地方二十五族。盖藏人认羌族为汉人，二十五族，似为其最古之部族数目也。民国初年，甘省派员往此带调查，制有图表，称青海管辖诸部为"玉树二十五族"，玉树为诸部之一族，以当青、藏大道，故以之为诸族代表。于时其地已由四十族并为二十五族矣。乾隆《卫藏通志》，记雍正分界事颇详，兹录附于此。

"雍正九年（1731），新抚南称、巴彦等处蕃民七十九族。查其地为吐番地，居四川、西藏、西宁之间。昔为青海蒙古奴隶。自罗卜藏丹津变乱之后，渐次招抚。雍正九年，西宁总理夷情散秩大臣达鼐，奏请川、陕派员勘定界址，分定管辖。十年夏，西宁派出员外郎武世齐，笔帖式齐明，侍卫济尔哈郎，游击来守华，都司周秉元；四川派出雅州府知府张植，游击李文秀；西藏派出主事纳逊额尔赫图，守备和尚，会同勘定：近西宁者归宁管辖；近西藏者，暂隶西藏。其族内人户千户以上设千户一员，百户以上设百户一员，不及百户者设百长一员，俱由兵部颁发号纸准其世袭。千百户之下，设散百长数名，由西宁夷情衙门发给委牌。每一百户，贡马一匹，折银八两，每年每户摊征银八分；归西宁者交西宁道库，隶西藏者，交西藏粮务处。其西宁所管四十族之内，惟巴拉、喇布二族，一司木鲁乌苏济渡，一司会盟递文之差，免其贡赋。雍正十二年（1734），颁给唐古忒字律例，系西宁夷情衙门，从蒙古例内摘出翻译者。原议一年会盟一次，三年后，间年会盟一次。乾隆二年（1737），西宁总理夷情副都统保祝，以四十族番民渐知礼法，奏改间二年差章京一员、守备一员，带绿旗兵二十名，蒙古兵五十名，前往会盟一次。

一、西宁管辖四十族住牧地界（各族四至地界略）：

阿里克族，共十一族，属下番人九百一十九户。蒙古尔津族、雍希叶布族，二

第六章 界 务（中）
——近世康藏争界交涉

一、赵尔丰所定之边藏界线

赵尔丰于宣统二年（1910），奏请与藏人于江达[①]划界。英人台克满之《东部土伯特旅行记》，遂指江达为赵氏所定之西界，非也。查江达为工部区域之首邑，清时由藏方设六品中缺营官一员于此，治工部拉以西，禄马岭以东，瓦子山以南，廉曲流域之地，支应往来差马，比于洛隆宗、硕般多诸部。其地当廉曲流域之中心（廉曲，或译尼洋楚，或称江达卡楮河），为康、藏间一都会，非划界地也。赵请与藏人于江达划界者，盖谓将江达一区划归川边，或划归西藏之意。清代通称工部区域为"江达"，故赵未称工部而称江达也。

当时川边军队，已据江达。赵请划界之意，实即请以江达全部划归川边。然则即以禄马岭为川边西界也。其所以不直请划禄马岭为界者，盖因驻藏大臣联豫，颇与川边争地，赵不欲开罪于彼，故为此模棱之请，以期内断于朝廷耳。夫工部一区，北逾瓦子山为拉里界，东逾工布拉为波密界，西逾禄马岭为前藏卫部界。拉里在清世设有粮台，驻有戍军，故藏方虽有喇嘛营官驻节于此，而军民财政实操于汉官。况当赵尔丰之军队护送入藏川军经拉里而抵江达时，沿途番民悉已受抚。则拉里应划入川边范围，自已不成问题。波密一部，向未附属西藏，其时又赴边务大臣行辕投诚，则其应划入川边范围，似亦不成问题。唯江达与卫藏之界山禄马岭，地势平坦，不足为天然界线；而其首邑，又已为川边军队所占有。故其属藏属边，乃成问题，而有请示清廷之必要也。

尹昌衡经略川边时，以江达为太昭县，已委知事。则自禄马岭以东，应为太昭

[①] 此指今拉萨市属工布江达，非今昌都专署所辖江达县。赵尔丰时，江达称"同普"。

县境明矣。唯尹之军力，实未达于太昭，知事亦未克到任而陷。近世国人所绘之《西康地图》，仍以太昭属康，而不知其确界，漫于当拉岭至喜马拉雅间画一直线以为界，亦可笑矣。

二、瓦子山与禄马岭

自拉里西南行，逾拉里大山，60里窝咱，又90里经窝咱海子侧至山湾，瓦子山之阴也。自此逾山，60里至常多，又60里宁多，又80里江达。窝咱海子长20里，为康边最大之湖。藏语称湖为"濯"（或译"错"，或译"磋"），山为"拉"，瓦子山在其西南附近，故曰"濯拉"，汉人呼为"瓦子山"也。徐瀛《晋藏小志》译为"卓喇"。其言曰：

"山湾起程，5里即上瓦子山，又名'卓喇山'，较拉里山为坦易，冰凌亦少。四五十里至常多塘，气候极和暖，然五谷尚不能种植。此后又行50里至凝多塘。"

《西藏志》云："工布江达至宁多、濯拉、阿杂一带，土民皆称工固。"考工布江达即江达。濯拉即瓦子山，阿杂即窝咱，工固即工部。其意似以拉里大山为拉里与工部之界，故窝咱、濯拉皆属工部也。然《卫藏图识》云："宁多顺沟而下，40里至拉松多，过桥，桥以东属江达。"是江达境界，至拉松多桥而止，宁多、常多与瓦子山，皆属拉里也。二者出入甚大。余以天然地势揆之，疑瓦子山为二部真界。又查徐瀛任拉里粮员时，曾记拉里四至界线，则暗将工布江达全境包入。似该粮台原可节制江达等处之塘汛兵夫；藏中所委营官喇嘛，全在粮官役属之下，因无治民实力，故其境界亦不分明矣。

自江达西行，60里顺达塘，90里禄马岭塘，逾禄马岭山，90里堆达塘，又60里乌拉江，又50里仁进里，又70里墨竹工卡，又120里得庆，又60里拉萨。禄马岭原塘站土名，或作鹿马岭，六马岭，并译音，非山岭之义。其山藏名"工补巴拉"，汉人援塘名呼之为禄马岭也。山势平缓，上下70里，微作坡陀，无险阻，而海拔颇高，杳无人户，正月间积雪厚尺许。山以东属工部，以西属藏。山上有小湖，为廉曲之源。

三、民国初年之康藏防堵线

民国元年（1912），驻藏汉军扰乱，达赖喇嘛自印度回藏，宣言独立，嗾使康藏人民驱逐汉官。四川都督尹昌衡率师西征，云南都督蔡锷亦以滇军助之。连战克复西康全部。时中央任命尹昌衡为征藏总司令。大军既克昌都、类乌齐，势且西进，英人突以"中国不得干涉西藏内政"为言，阻止中国军队西进。要求"中英两国，另立新约，解决西藏问题"。且以不承认民国政府相要挟。大总统袁世凯，改任尹为川边镇抚使，令其停止进兵。滇军亦令撤回。于是川、藏军队，划瓦合山脉而守。川军驻防下列各地：

类乌齐、恩达、昌都、烟袋塘（即麻贡）、察雅（乍丫）、梨树塘、宁静（江卡）、南敦、中岩、盐井、巴安（昌都、巴安以东驻防地名从略）。

恩达以西，如洛隆宗、硕班多、边坝、八宿、察哇龙、门空、桑昂、杂瑜各部，皆为藏军驻守。唯类乌齐西北之三十九族，仍附汉官。故此时期之康藏实际界线，即瓦合山脉也（参看第五章第十一节）。

四、森姆拉会议中康藏所争之地界（略）

五、森姆拉会议后康藏所争之地界线（略）

六、刘赞廷、陈遐龄盗卖之地界

民国六年（1917）九月，驻类乌齐汉藏两军，因细故开衅。英人接济西藏快枪5000支，子弹500万发，嗾使内犯。于时边军统领彭日升驻昌都，分统刘赞廷驻巴塘。川军旅长陈遐龄，新受川边镇守使职，驻打箭炉，素嫉边军，欲借藏军消灭之，饬川军不许进援。藏军遂得攻陷类乌齐、恩达诸部。七年（1918）二月，围昌都。四月十九日，彭日升力尽降藏。藏军乘势攻陷察雅、宁静、贡觉、武成、同普、德格、邓科、石渠诸县，进窥甘孜、瞻化。盖从英人之教，以武力占领森姆拉会议要求之地域也。森姆拉原议，未将巴塘划入内外藏。故此次藏军东犯，南路至宁静而止；北路则力向甘、瞻进攻。时陈遐龄直辖之川军团长朱宪文，驻防甘孜，告急于陈。陈集所部九营军力拒守绒坝岔。藏军不能东进，且虑川军反攻，得地复失，始以台克满调停为由，利诱巴塘边军分统刘赞廷往昌都议和。刘素无赖，又利巴塘之苟安也，遂于是年八月，由宁静赴昌都，与台克满及西藏噶布伦降巴邓打订立和约13条。其第2、3条云：

"第二条　本约为暂时条约，他日当另开中、英、藏三方政府代表正式会议，缔结永远遵守之正约。但正约对于本约，不得有所更改。如必欲更改时，须经三国政府之同意。

第三条　本约订立以后，中藏驻兵地方，暂定如左：

巴安、盐井、义敦、得荣、理化、甘孜、瞻化、炉霍、道孚、雅江、康定（以上汉军）类乌齐、恩达、昌都、同普、邓科、石渠、德格（以上藏军）。"

英人诱立此约之作用，即在暂以半正式条约，牢系其素所主张以瞻对、德格地方划为藏地之旧议，而为将来胁迫中国政府正式承认之地步。盖此约虽尚未曾将瞻对划属藏方，将来自可以德格5县划为内藏区域作交换条件也。

刘赞廷签此约时，川、藏两军，尚在绒坝岔激战。陈遐龄初意，本欲战胜藏军，再图议和，已派代表韩光钧出使西藏，劝谕达赖退军，并否认刘赞廷所订之私约。讵自六月至十月，集9营兵力，未能战退藏军，因而气馁。复援台克满之请，命韩光钧与台克满及西藏噶布伦派来之委员康曲洛桑等，立一年休战条约四条。其附条云：

"汉军退甘孜，兼守百利要隘。停战期间，不得过百利上前一步。"

盖已默认刘赞廷私订之约矣。自是以后，汉军退守甘孜、瞻化、巴安、盐井4县。4县以西，德格、邓科、石渠、同普、白玉、武成、贡觉、宁静、察雅、昌都、恩达、类乌齐、三十九族13县区，长沦藏番。中、英政府7年所争之中藏划界问题，陈贻范所不敢轻许，袁世凯所不敢擅弃者，竟由此边疆小吏数人，轻轻断送，而国人亦莫之责也。嗟乎！

刘赞廷以边疆小吏，竟敢擅与英、藏两方，立割让12县之休战条约，其为盗卖，固不待言。陈遐龄受命中央，职在守土，亦无与外国直接订约之权，而竟敢追认此割让12县之条约，亦可谓盗约也。虽云此是一时之休战条约，然衡情度理，已与订立永久之割地条约无异。夫新丧土地11县，守土之吏，不能即时规复，乃更以约弃之，其欲以规复之任诿于谁耶。如不订约，尚为悬案；一与订约，便成定案；况许英人加入约中，便资英、藏永远之口实，使后来者纵有如何实力，亦不敢轻于启衅，牵动外交。又况当时纵不与之订约，彼军亦不能东进一步，即川边无更重之祸；与之订约，未曾收回尺寸失地，即川边无些微之利。然则何必多此自加束缚之条约乎。不必为而为之，故可谓卖约也。尝闻老于边事者云：当时刘赞廷之志，在保存自己地盘，以便将来与陈遐龄争西康政权，故先与藏方议和保境。其后刘被撤废，遂自云南袭劫巴安，意图窃据，即其验也。陈遐龄之志，在满足藏方希望，以绝后患，而便进取川地。其后电请恢复，既自中央骗得枪弹后，即以之进攻四川，即其验也。二人之用心如此，谓非盗卖此11县者耶。

七、战败后之划界交涉

欧战告终，有议将西藏问题，提请巴黎和会公平解决者。或恐因民族自决主义，而丧失西藏之统治权，遂置其议。民国八年（1919）五月，英国驻康领事台克满，忽到北京，敦促驻京英使朱尔典，向我政府催议藏案。盖虑边、藏停战期满，如不续开会议，坚定前约，则前约将至失效，川军仍可西进规复失地也。乃我国政府心理，又与英人不同，正恐停战期满，藏军东侵，再失领土。于是根据民国四年（1915）袁世凯最后让步之条件，更筹四项办法，提付阁议通过，作成公文，于五月三十日，致送英使核办。内容如下：

"一、拟将打箭炉、巴塘、里塘三土司完全归川省治理。

二、拟将察木多、八宿、类乌齐各呼图克图，以及三十九族土司所属地，划归外藏。

三、中政府为重视英专员拟将昆仑山以北之青海、新疆所属地仍划归中国完全治理之意，中国政府，愿将瞻对、德格地方，及昆仑山以南，当拉岭、三十九族、察木多、德格土司以北，青海南部之地，划归内藏。

四、云南、新疆省界，仍宜保存旧制。"

上项提议，不但完全承认民国七年（1918）刘赞廷盗卖私约所定划归西藏之12县为内外藏地。且于此盗卖地界之外，更增入瞻化一县，与玉树二十五族之地。其所换得者，只将藏军现在占有之德格地方（德格、邓科、石渠、同普、白玉5县）划为内藏耳。此与英人在森姆拉会议中所提最后修正案所指定之内外藏地界，完全相同，英公使与台克满等对此当然满意。曾以此意电告英京。讵英政府此时，已不愿实践森会最后修正案，而使德格地方由藏军退还中国。曾以下列两项办法，电复英使。英使于八月十三日递送中国政府。

"甲、取消内外藏之名称，将《森姆拉草约》原议划属内外藏地方，区分为二：巴塘、里塘、打箭炉、道孚、炉霍、瞻对、甘孜诸地划归中国。德格以西划属西藏。

乙、照原议用'内外藏'名称，将巴塘、里塘、打箭炉、瞻对、甘孜等地划为中国内地。昆仑山以南，当拉岭以北之地划为内藏，中国不设官，不驻兵。德格划归外藏。"

此两项办法紧要之点，只在将德格地方划归外藏一域。换言之：即藏军已经占据之地，无论其是否中国统治数百千年之领土，无论《森姆拉草约》曾否承认划归中国之地方，皆不能令藏军退出也。嗟夫！国人对此，将恨英人之食约耶？抑恨陈遐龄之弃地耶？

我国当局，素不赞成划分内外藏之举。至是，私幸英人自动取消内外藏名称，唯尚欲争回德格等已失之地。遂以"甲案原则可予赞同，内容万难承认"答复英使。英人见我态度强硬，虑界案不结，则中国恢复失地有辞，遂允依甲条原则，将冈拖地方划属"中国内地"。但英使于口头对我政府宣言：昆仑山以南，当拉岭以北（即玉树二十五族）之地，距拉萨甚近，中国不能驻军，以免发生冲突。英使并以游说态度劝告中国政府云：瞻化为产金名地，冈拖乃西宁通前藏要道，二地皆当属藏，而与中国有极大关系，今已划归中国，较之德格以西，当拉岭以北，荒僻不毛之区（指玉树二十五族），利益轻重，殊不可以道里计云。中国政府拟予承认，虑国人反对，曾以歌电征求各省同意。经各省长官复电反对而罢。

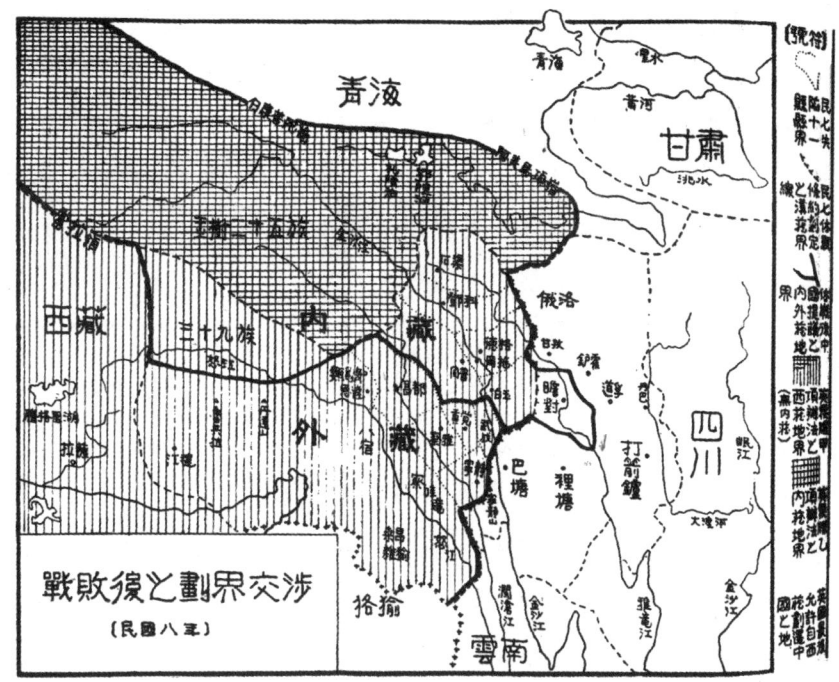

战败后之划界交涉

八、歌电原文（略）

九、歌电最有价值之反声（略）

十、四川省议会之谬电（略）

十一、贤者之失

民国八年（1919）十月，北京政府以川藏休战期满，而中央交涉困难，由国务院电咨甘督张广建，特派专员，轻骑赴藏，与达赖联络感情，以为釜底抽薪之计。甘省派朱绣、李仲莲与红教喇嘛古浪仓等前往。十一月二十四日，朱绣等抵拉萨，与达赖、班禅晤谈，感情尚洽。由达赖召集别蚌、色拉、噶尔丹三大寺，与四噶布伦，各派代表于拉萨大众公所，与绣等会议川藏划界办法。讨论结果：

"依民国七年暂行停战条约，略加修改，取消停战期间。并声明川、藏两军赓续停止战事，暂以雅龙江——藏名札曲——为界。嗣后川藏两军，非奉大总统及达赖喇嘛之命令，不得前进。所有各事，静候中、英、藏三方面特派全权代表，在拉萨或察木多会议解决。"（朱绣《西藏六十年大事记》原文）

其年四月，朱绣等回甘，具呈报告，并达赖、班禅等之正式文件，由张广建转呈中央。适逢直、皖战后，政潮未息，凡诸文件，悉置未理。绣撰《西藏六十年大事记》一书，颇为时人称道。其与藏方所订此约，则罪有浮于刘赞廷与陈遐龄者三点：

（一）民国七年（1918）昌都与绒坝岔条约，割地12县于藏方，原系暂时休战条约。中国于约满后，进军规复失地，振振有词。绣乃取消期限，赓续停战。停战可因此延长至无穷远，即割地之约永远保持有效。不啻对前约加以追认，而更延长其时效也。

（二）休战原约，甘孜、瞻化、巴安、盐井等县，俱属汉方。朱绣此次赘入"暂以雅龙江为界"一语。雅龙江贯穿甘孜、瞻化、雅江三县，入四川宁远境。果如此约，则甘孜县之绒坝岔、林葱、白利、孔撒等乡，与瞻化、雅江之河西半县以及里化、巴安、稻城、定乡、得荣、盐井诸县，皆须划归藏方管理；较刘、陈原约，丧失之地，又加一倍矣。若谓单就甘孜县境之雅龙江言之，亦属荒谬。夫甘孜雅龙江以西，为绒坝岔、林葱、白利、孔撒等乡，本为藏军未曾占领，前约未曾放弃之地。岂能于英人正允归还冈拖（在金沙江岸）以东之德格、白玉地方于我之时，而我反以雅龙江以西之地让之耶？

（三）川藏两方，信使既通，本可直接交涉。而绣轻许英人加入。又其会议地点，不订于汉官治理之地，而订于拉萨及昌都，皆失国体。

余尝读绣书，知其为有心人，非贿和卖国者，唯其人似只于甘、藏史地具有研究，川、藏间之情形则颇隔膜；故此次奉使，只注意青海境界不动，而未知西康损失之巨也，亦可谓贤者之失矣。其约虽未经中央议准，然与最近藏军之侵占甘、瞻不无关系。

十二、民国七年以来西康鱼烂之地

自民国七年（1918）藏军东侵胜利，汉官汉军，在川边之声威一落千丈。狡黠番民，乘时凝结，渐与官府为难。民国十三年（1924），陈遐龄调戍边各军，从事内讧，为熊克武部击溃。陈自甘肃逃去，所遗残部孙涵、羊清全等，互争近川美地（即好地）驻防，委弃偏远各县不顾。定乡、稻城、贡噶、得荣、盐井诸县，纷起逐官排汉。巴安、理化、雅江、道孚4县部民，亦多有抗粮抗差，形同独立者。边地所存康定、泸定、丹巴、九龙、炉霍、甘孜、瞻化7县，与道孚、雅江、理化、巴安4县县治附近之地而已。

民国十六年（1927），川康边防总指挥刘文辉接防川边，整饬吏治，移调戍军，边事渐有起色。盐井、稻城、得荣、定乡4县，先后受抚，请委知事。十七年（1928），盐井知事到任，十八年（1929），稻城知事到任，巴安驻军征服六玉等村。十九年（1930），委得荣知事。其他各县携贰番夷，亦多渐就约束。未几，因甘孜大金喇嘛寺与白利土司开衅，不受汉官调处，驻军旅长马骕，下令剿办大金寺，川藏冲突复起。

十三、唐柯三、刘赞廷拟订之割地赔款和约

方马军之攻大金寺也，曾函商德格藏军代本，允不干涉。大金寺僧众，初料必败，已迁其重器于德格，拟战败，即逃矣。殊马军窳弱，并二营兵力，进攻半载，毫无进展。藏方见汉军无能，遂决意助大金寺反攻。民国二十年（1931）春，汉军大溃，白利、甘孜相继失陷。汉军直奔炉霍，朱倭等部亦不守。瞻化知事张楷，初调民军助战，至是，婴城固守；延至六月，援军不至，城陷被俘。藏军遂占甘孜、瞻化两县，与炉霍之朱倭乡，理化之穹坝、霞坝二村。其时马福祥任蒙藏委员会委员长，恃与达赖有旧，欲以政治手腕，解决汉、藏历年纠纷。屡电双方停止战争，听候中央处决。并由中央政府，派蒙藏委员会科长唐柯三，偕其兄穆生，与前边军分统刘赞廷，前往调处。刘即民国七年（1918）盗订割让12县之休战条约者也。唐于边事更属茫然，一切唯刘是听。行抵成都，逗留多日，始赴康定。当时西康官民，咸望唐、刘能于此役解决汉、藏纠纷，收回民七失地。讵唐柯三高踞炉霍，仅派刘赞廷与藏人密议。往还久之，毫无端绪。延至十月，辽宁事件发生（指九一八日军侵占我东三省事件），国人视线，移注东北。中央翌日有电："国难方殷，对藏亟宜

亲善，甘事从速和解。"刘赞廷遂乘时与藏方代表琼让，议定条件，竟将甘、瞻两县，割让于藏，且赔偿俘虏口食费洋2万元，又馈送琼让等手枪绸缎约值数千元。经唐同意，电知中央蒙藏委员会云：

"会密，现与琼让议定条件：（一）甘瞻暂由藏军驻守，候另案办理。（二）大金白利事，由琼让秉公处理。（三）双方前防，各驻兵二百。（四）穹、霞、朱倭，均退还。（五）大金寺欠汉商债款，速还。（六）被掳川军，放回。（七）马骕、琼让，互派员致谢。（八）恢复商业交通。谨闻，柯三叩虞。"[民国二十年（1931）十一月十日，康藏通讯社讯]

又致四川省主席兼川康边防总指挥刘文辉电云：

"中密，刘委员与琼让提议停战条件，双方同意，兹列举如次。（一）甘、瞻暂由藏军驻守，俟将来另案办理。（二）大、白事件，由琼让秉公处理。（三）道、炉、甘、瞻等处，双方各驻军二百名，其余撤退。（四）穹、霞仍归理化，朱倭退还炉霍。（五）大金所欠炉城商款，由琼让饬令该寺迅速归还。（六）被所掳川军，一概放回；所收藏方优待费，由川政府拨藏洋二万元归还。（七）马旅长与琼让互派委员前往致谢。（八）恢复交通，双方互相保护商业。以上八条，彼已飞马请示达赖。再，琼让托买川造手枪八支，每支配弹百发；欲在炉城从速拨付。又拟买上等黄缎拾匹，花样要团龙、万字两种。此二物拟请作为赠送琼让之物，务希分别拨购，连同二万元，速送来炉，并电马旅长遵照，以便速结。鹄候覆示。唐柯三叩，虞印。"（同前讯）

阅者试比较两电条文不同之处，与后电尾段文字，无须一一指点，已可知唐、刘贿和卖国情形矣。刘文辉得此电后，异常愤慨，当复《元电》云：

"顷奉《虞电》，知刘委员与琼让提议停战条件，不胜骇愕。兄负中央特派之重，自可全权处理。惟查此案要点，全在藏军退出甘、瞻，乃有交涉可言。今承示各条件，如第一条之甘、瞻暂由藏军驻扎，第三条之道、炉、甘、瞻等处双方各驻军二百名，第七条之派员致谢，第八条之馈送礼物，鄙意均期期以为不可。事关国防，并为中央威信所系，窃谓有详慎考虑之必要。似此撤尽藩篱，甚至道、炉两县亦须共同驻兵，不特亏伤体制，且预伏无穷纠纷。又从而致谢馈物，尤失情理之平。思维再四，未敢苟同。特电布达，惟兄实图利之。"

唐柯三接电惭沮，复以《筱电》声辩云：

"刘军长勋鉴。奉读《元电》，莫名悚惶。柯三对于甘案，始终请武力讨伐，继请留作悬案，甚至以去就力争。凡此情形，均邀洞鉴。中央以东北变作，无暇西顾，因有《艳电》之命。奉公《马电》，亦令遵照《艳电》办理，迅谋一暂告结束之法，以免战祸重开。并未坚主撤兵也。柯三忍辱负重，委曲求全，无非仰体中央意旨。查《艳电》仅令调解大、白，其他问题，另案办理。则撤兵问题，依就归于另案之中。尊电谓非藏军撤退，无交涉可言，既与《艳电》之旨不合，且与《马电》之旨亦似有未符，至第三条，乃指甘、瞻各驻藏兵二百名，道、炉各驻我军二百，非道、炉亦驻藏军也。被俘川军，共百三十名，住彼方一年，彼要求优待费藏洋二万元。尚非过多，故尔允许。琼让托购手枪黄缎，原请由二万元内付价，柯三以为数无多，故请作为馈赠，以示优待。康、藏两军，素无接洽，易生误会；此次双方致谢，意在借此把晤，联络感情，免除后来隔阂，并无不合。柯三智薄能鲜，既不能贯彻初衷，复不能善体尊旨，国防重要，何敢一误再误，此案幸尚未签字，犹及挽回，但势难久延，应请迅电中央，另决大计"云云。［二十年（1931）十二月三日《川报晚刊》］

经此一度争执，唐柯三乃将前订条文，加以修改，电商刘文辉，其条文如下：

"一、现遵奉中央命令，谋汉、藏和好，甘孜、瞻化暂由藏军驻守，将来俟中央另案办理。

二、道、炉各驻汉军二百名，甘、瞻驻藏军二百名，不得互相侵犯。如有何方生事，由府会制止。

三、达给（即大金）原属甘孜喇嘛寺，所有与白利争执，归琼让秉公处理。并不得虐待。

四、穹、霞二村仍归理化。朱倭退还炉霍。

五、达给欠炉商之款，由琼让饬该寺从速归结。恢复康、藏交通。所有汉、藏往来商人，一律平等待遇。

六、被掳官兵，一概送回，所有优待口粮，拨还归垫。

七、马旅与琼让派员互表川、藏从新亲善之意。

八、以上各条，系暂订停战和好条件。将来中央藏事大会议决之案，与此无涉。"（十二月四日《川报》）

刘文辉得此两电后，认为此事系中央主持，不复过问。国人又皆亟于对付东北事件，已置康事于脑后，无对此项割地赔款追逐民七覆辙之条约加以议论者。蒙藏委员会，亦曾批准此约。旋因中央政府改组，石青阳任蒙藏委员会委员长，电唐暂缓签字。唐无颜留康，托病离职。此约仍成悬案，既而川康边防总指挥部出兵驱走藏军恢复甘、瞻，时则二十一年（1932）五月也。

十四、最近康青藏军警戒形势

民国二十一年（1932）二月，西康驻防旅长马骕部兵作乱，杀骕溃逸。川康边防刘总指挥饬余如海旅填防西康。余主进取，建议规复失地。于时康柯三已罢和离康，对藏势非用兵不可。而巴塘复有变乱，边民纷请讨伐。刘总指挥因调建南防军赴康，会同西征。五月初，先后攻克瞻化、甘孜。藏军退扼白利，纷调民军拒守。川军亦暂未进逼。一面电请中央接济饷械，一面咨请玉防司令部出师夹击，订于六月十八日，双方并举。期于最短期内，克复昌都，再行休战布防，保持民初现状，以待中央处决云。

先是，瞻化失陷时，佐治委员李策勋，与知事张楷俱被俘，解赴昌都，昌都噶伦阿丕，藏中宿将也，对汉官素崇敬，不以俘虏而为礼貌。当张知事行抵昌都，噶伦犹着清代冠服出迎，治馆馈粮，待遇颇优。李素习藏语，因得随时刺探藏方情实。和议粗就时，藏方释张、李等回康，适于二月中行抵炉城。李将藏军分布情形，绘具图说，条陈余旅，请出师讨伐，规复失地。余以为然，转呈总指挥部，请缨讨伐。故克复甘、瞻，李君与有力焉。

李君著有《西康详图》，不佳。又有《藏军组织表》抄附如下，以资参考。

按：代本，亦作"戴琫"，犹营长也。热本，亦作"如本"或"如琫"，犹连长也。却让，即琼让，民七绒坝岔之役，亦是此人。足鸦即龚垭，在德格更庆之南，约半日程。武城应作武成已陷县名，即三岩也。

查最近前方战报：德明色代本自瞻化战败后，率其全部退至大金寺驻守。克敏色代本亦自德格调集民丁5000余人前来大白助战。现在大白藏军，共有1万余人。

甘孜川军，亦有5营，与藏军正相持中。青海方面：则藏军前曾扑至界谷附近。六月初旬，西宁驻军师长马步芳饬马良臣旅开赴界谷助战。藏番退守苏芒（即苏尔莽族，在隆庆东北澜沧江上游）囊谦（即隆庆）一带云。〔此文为民国二十年（1931）四月所记，最新形势补记篇末。〕

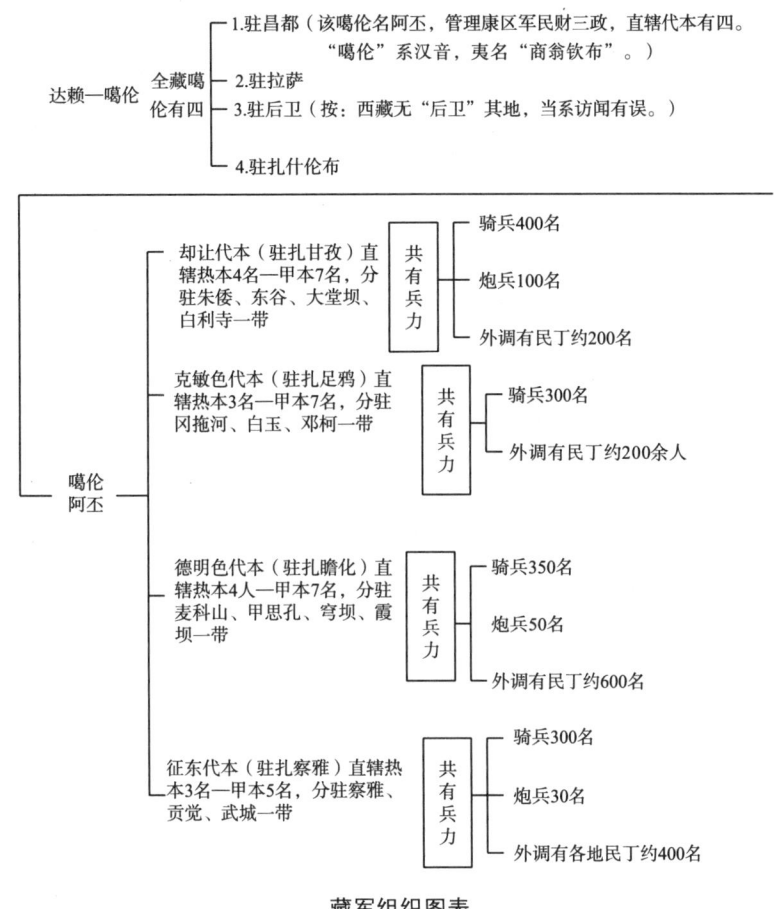

藏军组织图表

第七章 界 务（下）
——新省划界问题

一、康境西南界标

宣统元年（1909）冬，川滇边务大臣赵尔丰既定德格，进驻察木多，拟建川边为行省。闻杂瑜产稻，年可再熟，饬后营管带程凤翔率军由左贡、工巴进取杂瑜、桑昂。二年（1910）春，程军至桑昂，驱逐番官，抚循人民，筹划改流设治，拟于桑昂、上下杂瑜、俄巴、叶巴（亦作业巴）、札夷（属察哇龙）、门空（亦作门工）等处，建置四县两厅。至杂瑜西南之珞瑜，于时传已投英。程凤翔得土人札噶，能珞语，使入珞境招降，珞人未即来降。赵尔丰虑珞或已投英，招珞反滋外衅，檄程审慎办理。程遂遣回札噶，未招珞瑜；并于杂珞交界之亚必曲聋溪竖立龙旗，以为界标。是为康西南境标界之始。

当是时，赵尔丰复派州判段鹏瑞入桑，协同程凤翔办理建置事宜。段曾亲往杂瑜、桑昂、叶巴、俄巴、门空等处测绘地图，具说存案。图中志明亚必曲聋为跨绰多穆楚河之一石峡，西岸有小溪，疑即亚必曲聋溪也。溪南为三台山，绘国旗二面，注云："木里岔珞瑜交界。"即竖界标处也。

英人台克满《东部土伯特旅行记》，指里马（Rima）为缅甸与杂瑜交界地。查里马即绒密，为杂瑜中心，程凤翔军入杂，即驻此地，并非杂瑜边境。亚必曲聋，乃杂珞界。珞瑜之南始为缅甸。台氏之故为此说，适以见英人侵略野心之一斑耳。

二、桑昂杂瑜形势

宣统二年（1910），程凤翔拟设之4县3厅，不知何故，经清廷核准者，仅桑昂、杂瑜2县，即民国二年（1913）内务部颁布之科麦、察隅2县也。此2县民元

失陷,迄未收复,县治何地,县境何所,历无人知。兹检炉边旧档,查得其境域形势如下:

桑昂、杂瑜,为一大峡谷区域,在怒江西南,伯舒拉岭之外,属绰多穆楚流域。绰多穆楚,亦曰"穆曲",俗称"杂瑜河"为雅鲁藏布江最东之支流。凡二源:东源出自桑昂曲宗城北大雪山中,名"桑曲"。竹瓦寺以下名"恩曲",亦作"们楚"。鸡贡稍南,穿一石峡,峡以北属桑昂,其南为杂瑜境。流至绒密附近,与西源会。西源曰"聋曲",出波密东南境之巴哈里山,经八宿属地之渣西奢宗与安仁二村地,入杂瑜境,至绒密附近,与东源会。汇流以下,称"下杂瑜"。二水既合,奔放向南,穿亚必曲聋峡,入珞瑜境。自珞瑜南境折向西流,至萨地亚附近,入雅鲁藏布江。

杂瑜河发源地方,海拔皆在4000米以上,出珞境后,降至500米以下。中间七八百里内,高差至3000米。水势奔激,破坏力极强,致使本支各流,并成峡江。重要农村,悉在沿河两岩海拔千米以上之肩原或腹原上。较低之地,溽热瘴疠,虽有沃土,亦无人居。境内因沟狭水急之故,交通困难。杂境除绒密、直巴、墨古三地架有溜索外,别无津渡。气候湿热,产稻米。桑境地势较高,谷岸较缓,桥梁较多,

桑昂杂瑜波密与珞瑜

气候亦较温和。桑昂曲宗尤高寒，只产青稞。藏人恶热，故选定此区之政治中心于桑昂曲宗也。程凤翔军入杂瑜时，驻于绒密。初拟于桑昂、绒密、墨姑各置一县。段鹏瑞主张上下杂瑜共置一县。县治设于绒密上方之竹阴，取其平坦清凉也。桑昂亦置一县，仍以鸡贡石峡为界。赵尔丰委桑昂、杂瑜二委员。筹备设治，布置尚未就绪，即于民国元年（1912）为藏军所据。

三、珞　瑜

珞瑜为中、英间之一秘密地。其地东连云南西境之怒夷，西连西藏南境之布丹，西北为西藏之卫部，北为波密白马冈，东北为杂瑜，南与英属缅甸阿萨密相接。面积约八九万方里。山岭盘错，河流深狭，低地稻可再熟，高地插入雪界。獠狔如有不习珞语之人，误入其境者，鲜得生还，故其内情无详知者。藏人呼之为"洛巴"，亦曰"老卡止"。汉人称为"珞瑜"，杂瑜人呼之为"珞㑩"。（赵尔丰、程凤翔等直译为"倮倮"，非也。）

汉人记珞瑜者，始于盛绳祖之《卫藏图识》，其言曰：

"珞瑜野人国，在藏地之南数千里，其人名'老卡止'，荒野蠢顽，不知佛教，嘴割数缺，涂以五色，性喜食盐，不耕不织，穴处巢居，冬衣兽皮，夏衣木叶，猎牲并捕诸毒虫以食。卫藏凡犯罪至死者，解送赴怒江，群老卡止分而啖之。"（余按：藏人有流放珞巴之刑，但驱罪人于雅鲁藏布江之下游，即入珞境。此部江水激怒奔腾，盖当横断喜马拉雅之深峡也。盛氏误因水势，记为怒江，其实怒江在珞东境外，与卫藏无干。自有此记，后人遂将怒江与珞瑜境域，混淆不清。兹特为辨析于此。）

其后《四川通志》《西藏图考》等书，所记珞瑜，皆撮《图识》成文，增益"古名罗喀布占国"数字。老喀止即罗喀布占之异译也。

清之季年，英人据有印缅。渐派人学习珞语，借贩盐布入珞瑜境，利诱土酋，招使归附。珞人与英，渐次发生关系。清光绪初，川督丁葆桢，派江西贡生黄懋材往西南徼外探险，黄自西康入滇，西游缅甸、印度，回川后，撰有《西辕日记》《印度札记》等书，在成都刊行。其记亚山部有云：

"亚山部，一曰'阿赛密'，在孟加拉之东北。四境多山，长一千五百里，广三四百里不等。惟浦兰达江（按：即雅鲁藏布江下游也）两岩平行沃饶，居民由中国迁来者，皆老挝摆夷之族，性行朴实，勤力耕作，崇信佛教。英人开辟其地，种茶栽桑，日臻富庶。首城曰'若尔合得'，商货云集，轮舶往来。其南有路可通缅甸、孟拱、孟养，而达于腾越徼外，约二十日程，然崇冈叠巇，崎岖难行（按：今阿赛密全境与缅甸孟拱等地已通行火车矣）。又东北有一路，历怒夷、俅夷至江卡而达于四川徼外之巴塘，尤为险阻，人迹罕到，其道里无可考。盖东北二面，皆珞瑜野人，《卫藏图志》所谓'戳保乌鲁尔兔族'是也，又名'老卡止'，唇割数缺，涂以五色，穴居巢处，生啖蛇虫。英人以利诱之，亦渐驯服。"

此则光绪时英人已着手诱致珞瑜之据也。宣统初，珞瑜诸部土酋，受英笼络，英人遂得派遣测量队，往测地图，又其使节通过珞境，珞人为之支应差马焉。

"宣统元年（1909），曾有英人数名，用珞人为向导翻译，深入珞瑜边境，与桑昂、杂瑜土司各有赠送。"〔见宣统二年（1910）正月十三日程凤翔禀〕又据派往招抚珞瑜之土人札噶称"外人已四次至珞（即珞瑜）。曾派珞人修路，支乌拉等差，给予工资，每人一天可得洋钱一元，乌拉一匹亦得一元。珞人多贫，贪其利而为之驱使，若无工资，即潜逃不与之当差。据珞民称，实不愿投外人，惟阿子纳（即亚山）向来投外人。珞属并未投过外人。若投中国，固甚甘心。但现在该头人等尚未议妥。"〔见宣统二年（1910）三月初三日程凤翔禀〕又"宣统三年春，英人逾野番境，在亚必曲葺树旗。是年夏，英国游击贝尔立，由杂瑜取道番境回国，均经边务大臣赵尔丰电政府与英交涉在案。"（见《西康建省记》）所云"野番"，即指珞瑜。据此，则珞人虽未明白投降英国，但已为所利用，唯心归附中国西藏矣。赵尔丰虑起外交，遂未招降珞瑜。旋将桑昂、杂瑜改流设治，移程凤翔军征讨波密。波密甫平，边事遽坏。桑昂、杂瑜为藏方所陷，珞瑜更无消息。然珞瑜之于西康，亦犹尼泊尔、布丹之于西藏，缓则为我之屏藩，急则为中、英缓冲之地。是故研究西康者，不可不知珞瑜。

四、英人所记之珞瑜

英国西藏问题研究专家查理贝尔氏，所撰《土伯特今昔》一书，谓收抚珞瑜为保障印、缅东北之安全。曾以一章专论珞瑜之地理与收抚之经过。摘译于此，以见英国侵略我边境之深心：

"吾国（英）既与布丹（不丹，下同）订约，获得其主权矣。然余总嫌有所未足。缘布丹之东，西藏东南部，与阿萨密（即亚山）缅甸之间，有多数野蛮部落，以亚波尔（Abors）、密西米（Mishmis）为最著。其地纵横七八十哩至一百哩。藏人称曰珞巴（Lopas），分为卡珞（Kha Lo）与顶珞（Ting Lo）两部，即"门口珞夷"与"洞底珞夷"之义。前者沿西藏之工部（Kong Po）与波密（Po）而居，经商西藏。后者居印、缅边界，与康藏无往来，惟以土产橡皮，至印度平原交易食盐。

赵尔丰经营川边，西康一区，全在中国官吏治管之下，移民兴垦，不遗余力。川边西南，即西藏之东南部，本为土伯特最低部分，亦最温暖肥沃。夫以巴塘高寒之区，中国尚锐意垦殖，其必推行殖民于此部分，更属无疑。其时达赖出亡已久，西藏政局混乱，无人能抵抗中国殖民。吾知中国势将渐次侵占及于此等野蛮民族之地方。此等地方，与印、缅边境相连者，凡七百里，比自伦敦至奥克里群岛距离更长一百余里。其时余为印度政府之藏事顾问，觉此等地方，虽不在吾职守——西藏、布丹、锡金——之内，亦不可不说明其危机。曾于1909年7月，向印度外交署提议，派人考查此等部落之内容，其地方可以开辟达于何地，其山谷能否作为印、缅之藩篱，其宗主权究竟属于中国或西藏。政府未曾采纳余议。然其次年，即已证实中国侵略此等地方之动机。余在大吉岭得一消息，谓中国军队已抵印度东北隅之康地（Hkamti）民族境内（按：当时边军实未入康地龙，不过驻门空边军曾使人招抚康地人而已）。当此消息公布两月之后，中国势力已抵西藏属地接近密西米之绒密（Rima）疆界，且命密西米酋，横开一路，以通西藏于印度。（按：此英人催促政府注意边防之谣言也。边军下杂瑜后，虽曾使人招抚珞人，但旋即撤回。）

于是印度政府矍然而起，1910年8月，有某要人主张收集关于此等民族之报告，计划收抚，并力言关系重大，不可再缓（可见以前已有多人前往考查，只未急进招抚耳）。同时，余觉向所派与此等民族交涉之官吏人员，无论多少，皆附属于各地县知事公署之非是；不如划归印度外交署或阿萨密政府直辖，庶能得专门研究边事之人才，且专一于其职守。后果采用此议。

于是此四五万方里之大面积地方，为吾人探除殆遍，渐次收抚其人而钳制之。吾国诸探险家，不惜万死一生，奔走于荆棘没途之山林，瘴疠流行之恶地，以与素相仇视之种族相周旋，卒能完成伟业，使我东北边境臻于安全，其功诚不可没也。

自是以后，印度之北东两面，皆有险障自保，西北自克什米尔起，东南至缅甸止，其距离在两千里以上，为伦敦至爱丁堡距离之五倍云。"（《土伯特今昔》第十二章全文）

贝尔之书，并载有珞瑜、密什米土酋及儿童之照片，一并转录，以资映证。（照片不清楚，本书未载。——编者注）

五、程凤翔呈报杂瑜情势文

英人探测珞瑜之际，亦曾进窥杂瑜。经赵尔丰派后营管带程凤翔①率兵三哨，先往占领，彼始避去。程自察赴杂，沿途考察地理人情政治交通，随时具报，旧档尚存，计凡二十余禀，多有精彩。兹录其宣统二年（1910）二月十七日一长禀，则英人觊觎杂瑜之情形，赵尔丰遣兵入杂之用意，程凤翔受命经营之状况，与夫杂瑜之山川险要民情物产，一览无余矣。

"恩帅大人阁前，敬禀者：窃沐恩于二月初十日，由波罗途间，肃上一禀，略呈开拔情形，上邀钧鉴在案。十四日午后，始抵杂瑜，应即将程站之远近，道路之险夷，山川之形势，疆域之广狭，为我帅缕晰陈之。沐恩于二月初九日午前，由桑昂率队启行，宿30里之俄京村。初十日，宿波罗村。由桑至此，原系两站，于中道野宿一宵；沐恩由俄京径抵罗波（应为波罗），计程约120里，两日共计程途约150里，而路尚平坦，尽可作为一站。十一日，兼程宿竹洼寺，计程约140里。十二日宿鸡公村（亦作鸡贡），计程约75里。两日所行，共计约215里，路途多有险处，夷民自愿分为三站。由波至竹，中有露宿一站。沐恩伏查波罗、竹洼之中，有甲惹同地方，上距波罗约110里，下距鸡公约101里，其地平坦膏腴，材木富有，拟于此处添设台站一所，化三为两，站口亦匀，接连上下皆有平坝，将来垦政崇兴，庶富不难立致。沐恩当集竹洼头人百姓，语以添设台站实足以利商便民，各皆欣然乐从。自订十日可以告成。沐恩给予川茶六瓶，以资奖励。该墨色（头人称号）即于十二日率民前往鸠工伐材，大约不日即可落成矣。十三日宿恍觉村，约120里。十四日至杂瑜，约140里，路亦甚险，中有最长偏桥两道。夷民原作两站，春夏之交，昼暑较长，一站尚须趱行，若冬日，则兼程亦不能至。偏桥上际悬岩，下临深潭，空中数十丈，水声喧豗，徒手而行，尚且趑趄，运载辎重牛马，白昼尚且难行，而况黑夜。将来仍宜添设台站，以免露宿风雨，商民两便，于财政不无裨益。合计由

---

① 程凤翔，字梧刚，湖南人，原为赵尔丰之厨师，勇猛善战颇受赵之青睐，升为管带。1910年率军深入察隅地区，及时阻止了英帝对这一地区的侵略。

桑至杂，程途625里，夷民旧为八大站，沐恩分为五站——惟起止两处较远，中间二站匀宜适中——以便发给乌拉脚力。惟沿途居民无多，除竹洼一村百姓四十一家比屋而居外，其余之村，多则四五家，少则一二家。凡有村落之处，皆在接连一二十里之中，不能沿途皆有人户。合计六百余里，大小仅十有五村，居民七十余家，且户口多居幽僻，鲜通大道，所以多野宿而少站口也。兹就所经之地而论，其土壤之膏腴，水道之便利，林木之蕃盛，地势之平衍，随处皆是。由桑昂下行五日抵杂，丛林深树，未尝间断，取材之富，莫此为甚。至于大小平坝二三十处，有十余里为一坝者，有四五里为一坝者，广狭不齐，等差则大小参半，肥硗不等，黑坟之上壤实多。俄京以下，或多乱石；竹洼以下，半属净土。而且山势崇高，泉源溥博，不费疏凿之功，足资灌溉之用。间有本坝乏水之处，引而导之，皆可遍及，水利之便，莫此为甚。恍觉以下宜稻，当道间有谷田，长林丰草之间，不少平畴之地，壤土既沃，石确亦稀。一百四十里中，平坝共有七八处。若于此地就势开垦，用力少而成功必多，即内地上腴，恐不敌此处之收获也。至于水利，较上流尤便。百余里之沃壤，沦为旷土而不耕，岂夷民尚农而不辨地土之肥硗乎。良田地广民稀人力弗能遍及也。若得人招徕垦夫，提倡农政，则六百余里之旷野，可置良田数万顷，并可添富民数千家，变穷谷为隩区，转移即是耳。若杂瑜上下两村，沿聋曲东西两岸，萃族而居，户口不可谓不多矣。然地大物博，旷土尚三分之二。而四面野山，悉产黄连、虫草、贝母、知母等药，与熊、豹、狐狸等皮；又产獐子，可取麝香。杂民于耕耨之暇，或锄药，或猎兽，以取余赀。惜故步自封，不能与汉商交涉。草地风俗，重交易，不重售卖。杂瑜土产，以黄连为大宗，闷空之民多巨贾，常赴滇边，购办铜铁器什，来易黄连、麝香等物。杂民多往往先取器什，后上黄连，故往返一次，多则七八月，少亦五六月，始能取齐黄连。然以有易无，远货贵而土产必贱，利厚常过于三倍。若以现银购现货，则到地之价，尚昂于出口之价。华商远来，谁能旷日持久，以待易货？夷民之专利，不间于华商。此杂瑜交易之大概情形也。查黄连质分优劣：以杂瑜坝产为上等，以杂瑜山产为中等，以倮倮（指珞隅）所产为下等。连分三等，以下等为多。倮产亦运杂而易货，故远近知杂瑜产连，而不知倮倮产连尤多，惟因销场在杂，盛名亦归于杂。蕴利生孽，所以动外人之觊觎也。今据杂瑜墨色（头人称号）、耆老等称：'杂瑜在极边，分上下两村，上村在聋曲西岸，下村在聋曲东岸。沿江而下，七站为倮倮，又三站为阿子纳（按：即亚山），又三站为英国地。倮、阿、英各处居民，皆在沿江两岸，相距之远，不过十余站，而蛮语不通，文字不同，老死不相往来。惟倮之北界，即杂之南界，两地相近之民，亦能互通言语,故倮产之连,胥入杂瑜交易,倮民男女皆裸体,但以牛羊皮围诸臀胯。一切交涉,惟恃言语,并无文字。其风俗以有势力者为尊。恃势以挟制百姓;官长自立,不由人委。阿、倮交界,有地名康梯龚拉,土官一员,霸据百姓三百余户。其官能通阿、倮、英三处言语,故人皆拱服,亦不在奉委为官之例。去年英人委入杂瑜者,即此土官也。阿子纳毗连英界,语言文字,惟英是从。英知杂瑜物产丰饶,旷地辽阔,欲逞蚕食,而无途阶。突于去岁八月,遣倮、阿交界之土官入杂,调查何地可筑房屋,何地可设市镇。并谓投诚英国,有许多便宜之处。嗣后又三次接踵而来。腊杪初,其土官尚在杂瑜,因闻大兵来桑,始去不复至。不知其意何居'等语。沐恩窃思英之与杂,相距虽十余站,其间倮、阿两种言语文字,各不相同,诚风马牛不相及之地。而英乃越境以谋,以识英语之阿而联倮,以识阿语之倮而联杂,化两不相通之地而为一气相联之势,并吞之机,已兆于此。然来杂未久,民心固结未深,幸我帅烛照先知,饬沐恩早日入杂瑜,英之奸谋不能遽逞,杂民之趋附得所依归,俾今日西南半壁,已晏无惊者,实赖我帅之福庇,得以高枕无忧也。倘再迟延岁月,英、杂既联为一气,遣一旅以扼重关,则主客势殊,又谁敢轻骑而探虎穴。夫桑昂为东南第一重镇,而杂瑜实昂第一关键。沿江六百余里,重关叠险,天堑实多,诚有得之则可以自固,失之则不能自守之势。由桑入杂,山势皆高插云表,除沿江通衢外,更无歧途可以绕越。间有岩峻路绝之处,夷民沿岩架板,作栈以渡,土人呼为偏桥,长或二十余丈,短亦数丈。更有岩壁光溜,窝蹬全无,上下无根,偏桥无靠之处,夷民则沿岩凿孔,以栽铁桩,并曲铁为钩,倒挂木杆作领,相因架条,横覆木板,距江甚高,奔涛怒吼,人马咸惊。此等险处,共计七处。至于恩曲江上,木桥亦有九道,势险可畏。缘水暴岸广,中无石墩,其桥之长者,皆用两条作领,横覆木板,以取轻便,然摇荡之势,甚于铁索,亦险之又险者也。倘或设官抗拒,则一夫足以当万师;折桥断路,舍此更无他途,虽有百万雄师,恐不能飞而渡也。幸托威福,土司早已诱回,番官各自远飏,无人调兵以抗战。英人入杂未久,民心悦服未深,无人夺隘以争先。区区两小弁,迳探虎穴,沿途并无梗阻,诚始念所不及之事。查杂瑜在二水交通之中:恩曲一支,由桑昂流入,其正江之源,发于后藏,绕波密之背而入杂瑜,杂民言之甚确,名其水曰聋曲(按:此土人传闻之误也。聋曲发源,在波密南境,未达藏地)。是否雅鲁藏布江,卑营未有图志,无从稽考。其下流入于何域,汇于何水,更不敢以臆断。但据其方位,绘具草图。呈阅。又据夷民称:'沂流上行,皆荒山石岩,无路可通,人迹罕到。江北山间,虽有小道,雪重冰坚,五六月时,间有人行,然绕越十余站始至桑昂背山之阴,山中并无人家,故人皆不肯由此道。沿江而下，倮、阿诸族在焉。然言语风俗各殊，亦无人肯到此地。若杂瑜、倮倮交界之处，在东南三站之亚必曲章，以小溪为界。而英界尚在阿子纳之外，不知是何地名'等语。又有杂瑜边民札噶，自称'住近倮倮地界，能识倮语，前闻倮倮言，欲越桑昂投诚，如果不虚，即能招之使来'各等语。沐恩窃思，欲查英界，必先借倮之力，查之始能详。然英人欲图藏、卫，必先图杂瑜，渐入西北，而窥堂奥。今奉谕饬查桑境，建设州县地方，不得不严守杂瑜，以安大局。然欲固杂瑜之门户，必先借倮倮为藩篱。札噶如能招倮来投，则英人之窥伺庶可杜绝。惟不知倮倮投英与否，俟来见时，详加查讯，绝不敢轻举妄动，开边衅以启殷忧。如尚未投英，异日来见，可否准其投诚之处，伏候训示遵行。再者：前陈筹设州县治所地方，其时桑昂以下，尚未亲历，今既到杂，应即详拟具报。查桑昂距昌易四站，地面宽平，取材富有，居民众多，应设治所一处。杂瑜距桑五站，距昌易七站，以道途而论，似乎距离太远，惟其绝少人民，实属不便，今暂拟设县于杂瑜。将来垦务大开，人烟辐辏，再添设分司于甲惹同，兼收百货厘金，昌易即升分司为州县矣。现在桑昂两土司，各委管家于恍觉途间，截收入杂之货，每驮征银三钱，岁包缴课银四十八两。该土司税规：或有番官路票者豁免不征，杂瑜出口之货，一概不收，但收外商入杂货厘，故每年取银无多。若无论官商出入百货一律取厘，当不止加增数倍也。今英人既欲图杂，将来杂瑜官司，必有外交之事，杂瑜虽在极边，可预卜其为关外第一繁缺也。再者：桑昂大二土司，前经诱回锁押在营，禀报在案，沐恩遵谕开赴杂瑜，若留该土司在桑，沐恩实不放心，又恐百姓滋疑，而带押随行，一则沿途便于照料，一则借以代探消息。今又查出番官达拉大本谢德巴等，饬下杂瑜百姓，股集战粮谷子二百二十二克（番斗曰'克'），玉麦一百四十二克，存储官仓，交下杂瑜墨色阿登经管，该墨色业经承认，应即禀报备案。杂瑜地方，旧有行台，为番官来杂下榻之处，桑昂土司每年来杂，即借行台为治所。卑营两哨，今即驻扎于中。合并陈明。杂瑜田赋上下，土司议有租科：每民一家，无论田地广狭，年收水谷十克，旱粮十克。上下两村，共计户口一百四十五家，年收水旱租二千九百克，桑昂土司均分自用，并不输入藏中。此有定之数也。有柴草酥油金银铜铁及乌拉差使帮费各杂差，百姓折银上纳，或按户征收，或合村摊派，取多取寡，并无成例，由土司随时酌议。至于药材皮织，各有土税，随其所得之物，而议所取之数。杂差银两，例应转缴入藏，而土税则土司自取，并无转缴之例。此无定之数也（番官暴敛情形，别有详禀，载在土司编）。杂瑜雨多晴少，而壤黄沙细，土性最宜漉水，雨虽多而不害稼。且温和无殊内地，沿途多野产香椿芭蕉香柙小竹藤竹等物，又有兰草海棠等花。是盖天地中和之气酝酿而成，此其地之所以宜稻也。

至土壤沃美，气候之和平，不特巴塘、乡城不能及，即置之内地，亦上上之区焉。理合据实上陈，为此具禀，恭叩崇安，伏乞垂察。沐恩程凤翔谨奉。二月十七日。"

禀中"倮"字，即指珞瑜。阿子纳即亚山，亦作"阿萨密"者是也。

六、波密问题

波密在西康西南，东与八宿、桑昂、杂瑜境壤相错，北逾春多山为硕般多，西北越玉龙峡为边坝、拉里境，西以工布拉与工部属之鲁郎交界，南越白马冈（墨脱）为珞瑜境。全部属波曲流域，一皱襞甚剧之峡谷区域也。昔曾隶属卫、藏，因恶藏官苛虐，清末叛之，藏军往讨，大败还。于是时赵尔丰经营川边，官声甚美。波密人于宣统元年（1909）赴察木多投诚，赵疑，未受。时驻藏大臣联豫经营西藏，亦拟建省，屡与川边争地，虑波密为川边所得，奏请讨之。令新军统领钟颖，率川军三营进剿，大败于冬九。豫惧，奏请川边派兵协剿。赵令统领凤山，督率边军三营，分由硕般多、洛隆宗、桑昂三面进攻。联豫亦撤钟颖，令左参赞罗长裿接统其军，整顿军容，自西路攻入。宣统三年（1911）闰六月，诸军会于噶郎，波酋白玛逃入白马冈（白马冈人缚之来降）。波密全境肃清，边军之力为多。联豫拟将波密让归川边，罗长裿坚持不可，谓宜改建两府一道，移民屯垦，以为西藏建省之粗基。豫乃商请川军回防，留罗长裿驻波，经营设治。未几，革命事起，钟颖据有藏地。逐去联豫，刺杀罗长裿。驻波汉军哗溃回藏，不复为中枢有矣。

傅华封之《西康建省记》，力主波密划归川边，建置三县，以其地原非藏有，而其人则甚愿属康也。无如民元以来，驻康汉军，节节失败，波密以内之拉里、边坝、硕般多、洛隆宗、八宿、察哇、桑昂、杂瑜等部，早已失陷，汉人绝迹；波人虽欲内附，亦无由达。今则昌都、德格、乍丫、江卡亦皆失陷未复，更不能言波密矣。民国中西藏地方政府屡征波密，迄未臣服。民国二十年（1931），波藏开衅，波军大败。波酋拟自缅甸逃赴中央乞救，道中为藏人所得，被殛。波境复为藏有（据班禅代表阿汪敬巴言）。嗟乎！

七、康藏印缅间之暗沟

中国西藏与印度之交通，古昔取道于拉达克与克什米尔。近世由尼泊尔境，最近世英人探险喜马拉雅，始开大吉岭新道。凡此，皆须逾越喜马拉雅之躯干，盘旋于悬崖绝坂之间，踯躅于冰天雪海之道，累月而后能至，绝难建设捷便和适之大道。此英藏铁路，仅达大吉岭而已，迟迟不能前进也。喜马拉雅之东端，曾经开一绝峡，以放雅鲁藏布江之水于印度平原。峡壁虽急，不少辟路余地，川流纤折之部，多有农田村舍，或小都邑，成为贯珠形之生产地带，实亦即印、藏间之暗沟。不过此暗沟昔为波密、白马冈、珞瑜野人与亚山部民所据，不容他人涉足。故印、藏间之交通，不能不逾冰河雪岭之喜马拉雅。今则亚山已成印度之一省，轮船火车通行之区矣。珞瑜又已为英人所笼络利用矣。波密、白马冈已为西藏所役属矣。所谓暗沟，已成明渠，为英人所熟知矣。波密适在此暗沟之北端，不啻为洞口之闸板。在昔虽为汉方所掷弃，尚不为藏方所执持。故英人探险，未曾达于此部。今则波密既为藏方所征服，即可为英方所利用，委此猱狉无识之民，于其垂涎百尺，利诱威胁之下，其能免乎？

至于康、缅交通，从来只有云南大理、腾越一路，不知更有他途。近世经英人探测结果，始知杂瑜之绰穆楚河自亚必曲聋南流折西，至亚山平原之萨地亚附近，汇于雅鲁藏布江。虽上流部河谷深峡，而岸山之海拔颇低，沿江多有民户，亦饶物产，交通建设甚易施行，不过为珞瑜、亚山分据，外人无从知悉，是亦康、缅之暗沟也。现在英人既已臣属亚山，收抚珞瑜，沿江秘密，发见罄尽，其铁路已达萨地亚。使其有意经营西康，则沿江凿路，数月可成。路成之后，一日可达杂瑜。杂瑜去巴塘才十日程，则曩之暗沟，即将来之祸水矣。可不惧哉。余故于康藏界务问题之后，列论杂瑜、波密、珞瑜之形势边界，俾国人于大门之外，亦知尚有外户在也。

八、门空春迁

杂瑜之东，当怒江中流，有一部分名"门空"（一作"门工"或"闷空"），为西康南部冲繁富庶之区。清时属藏，设一协廠治之，归桑昂营官管辖。首邑即曰"门空"，在怒江西岸，当盐井入杂瑜要道，有溜索桥，为西康名溜之一。自门空渡溜，为察纳村（《段图》，即段鹏瑞所著《门空图说》作"柴览"）。自此北行，逾达拉山至盐井巴塘。南行，循怒江东岸，经札许、札恩、宋达（《段图》作"松他"），逾梭罗山入云南菖蒲桶土司地界。又自札恩西南行，逾独牛拉、尼色拉诸山，入春迁境。春迁为一峡谷区域，有居民140余户，归门空协廒管辖。其地有二河南流：东为"日东河"，西为"阿空达康河"，下流汇合，入菖蒲桶土司辖境，称为"俅江"，亦作曲子江，即俅夷分布地也。春迁之西，即杂瑜境，重山扼阻，无有道路。

宣统二年（1910），赵尔丰命州判段鹏瑞赴门空、桑昂、杂瑜、察哇龙等处，考察地理，测绘地图，筹划设治。段驻门空甚久，曾往春迁调查，及境而止，未经深入。据云：

"春迁虽距札恩三站，然三站仅就至春迁境内言之，若其居阿空达康河下流南岸之民，已直连界滇边木王属地。故该处民户一百五十余家，有平顶土房住坐，著高不及半，余皆支搭窝棚，即庄稼亦无一定地亩，火种刀耕，一年一易。现在仍由札恩墨色照管。该处当差应役之事，因从前门空协廒常运盐以济之，故得略收杂粮；然为数无多且无籽种之额也。"（《门空图说》）

春迁南境，究竟与何部接界，属滇属缅，段鹏瑞因未深入，无由探悉，但据光绪三十四年（1908）《云南调查图》，为注于图中"日东河"下云：

"下流入滇边，名'曲子江'，归菖蒲桶土司辖。"

又注于"阿空达康河"下云：

"下流入滇边木王地，名木里江。自杂瑜至木王虏困住所14站。以上日东河、阿空达康河、绰多穆楚河下流，均据光绪三十四年《云南调查图》内水道互参。"

日阿两江下流异地，此光绪《云南调查图》之误也。查此二河合流，即世称之俅江。曲俅一字之异书，为沿江所住民族之名称，江即以之得名。其下流为伊拉瓦底江，自缅甸入海。春迁以南，本俅夷、怒夷、栗栗夷混居之地，归菖蒲桶土司管辖。其西南当杂瑜、珞瑜，东南为康地龙，属木里江流域，旧时亦隶云南省，现似为中国所放弃。俅江与木里江汇始称伊拉瓦底江。菖珞地界，历未分明（近世地图标云中缅未定界是也）。其间山川形势，未经汉人窥践，从来派往调查者，皆录土人转译之语塞责。因菖蒲桶土司，昔曾为木天王土属，故土人有阿空达康河下入木王地界之语，其实即入菖蒲桶界也。又据法教士华郎廷言：云南省近已设有菖蒲桶知事，驻怒江西岸之茨肯（Sekim）。确否待查。

九、滇康旧界

滇、康旧界，系雍正四年（1726）划定。其明确界标，自宋达南方怒江东岸之梭罗山起，东向直上，循怒、澜分水脊，至喀革颇之北端，折东，下抵澜沧江岸，当梅李树之南。梅李树为盐井县南一巨镇，滇商入藏要道也。自此以北，江以东属云南阿敦县，江以西属西康盐井县。自阿敦毕用工（英文作 Pa-yungko 法文作 Pon-yong-gong）之北，盐井县治之南，地名"梓龙"分界。东出过茶里大山，折北，经得拉山，转东，下达金沙江岸，以北属盐井、巴安二县地，以南为阿敦县地。自此循金沙江而南，至奔子栏以南35里之耿中桥头，以东为西康德荣县境，西为云南阿敦县境。自桥头别金沙江至瓮水关，向东南斜行，至木里达隆之西南，再交金沙江岸，其北为西康定乡、稻城县境，南为云南中甸县境。隆达以东，则属四川矣。

从来记康、滇界线者，或曰"欧曲卡"，或曰"奔子栏"，或谓"塔成关"，皆任取界中之一地以示限。而诸地名，多不为通常地图所载，研究边事者，不免迷惘。兹故考论各地之形势，附列如下：

欧曲卡为盐井南部之一区，法文地图作 Ng ulkhiokha。凡达拉山脉以东，澜沧江以西之地，自木须龙至梅李树，中间各村皆属之。阿敦子至盐井之要道也。自阿敦子向西北行，100里为澜沧江渡，渡江而西，60里至梅李树，为欧曲卡南境重镇。自此循江北行，至盐井。逾山西行，至察哇龙。滇人赴康者，入欧曲卡为出省，故其记康、滇界，以欧曲卡为断也。

奔子栏（亦作"崩子栏"或"奔子浦"或"卜自立"）在金沙江西岸。黄懋材《西辀日记》云："奔子浦有渡船。南岸碉房散布，颇有繁盛之象，设汛防把总一员。西距阿墩子三站，东距塔城关二站。北岸仅蛮民一家，为巴塘所辖。"余庆远《维西志》云："奔子栏在金沙江岸，地隘山高，夏炎而暑，峰头多雪，冬令殊寒。"杜昌丁《藏行纪程》云："颇产米麦，滇中进藏必由之路也。"查其地原属巴塘。明末为丽江木天王所据。清初收抚木氏，而未改流。吴三桂开藩云南，割维西、中甸等地以赠达赖，仍被拨归巴塘营官管辖。雍正平定青海，滇军由此进收喀木之地，一时成为滇、藏要道。故川、滇、藏划界时，以之划属滇省。江水以北，则仍依习惯划属巴塘，今属得荣县。得荣原巴塘土司辖地也。

塔城关在巨甸北之金沙江岸，即其宗城也。为维西、丽江之分界地。吴三桂时，自此以北，为达赖辖境，以南始为云南，故有塔城关为康、滇分界之说。自雍正划维西属云南，其地已在滇内。后人不辨划界原委，又不知塔城所在，每据土人讹传，纷为异说。如黄懋材之书，即曾三言塔城关，而各异所在。其《西辎日记》云："奔子滩东距塔城关二站。"则塔城关应在奔子滩之东，中甸北境，理塘界也。又《澜沧江源流考》云："入云南界，始名澜沧江。又东南经阿敦子，为滇人进藏之大道，设有税卡。又东南流300余里，经塔城关。折南流200余里，经维西厅西境。"是塔城关在云南境阿敦子、维西间，澜沧江岸也。又其《金沙源流考》云："入云南维西厅

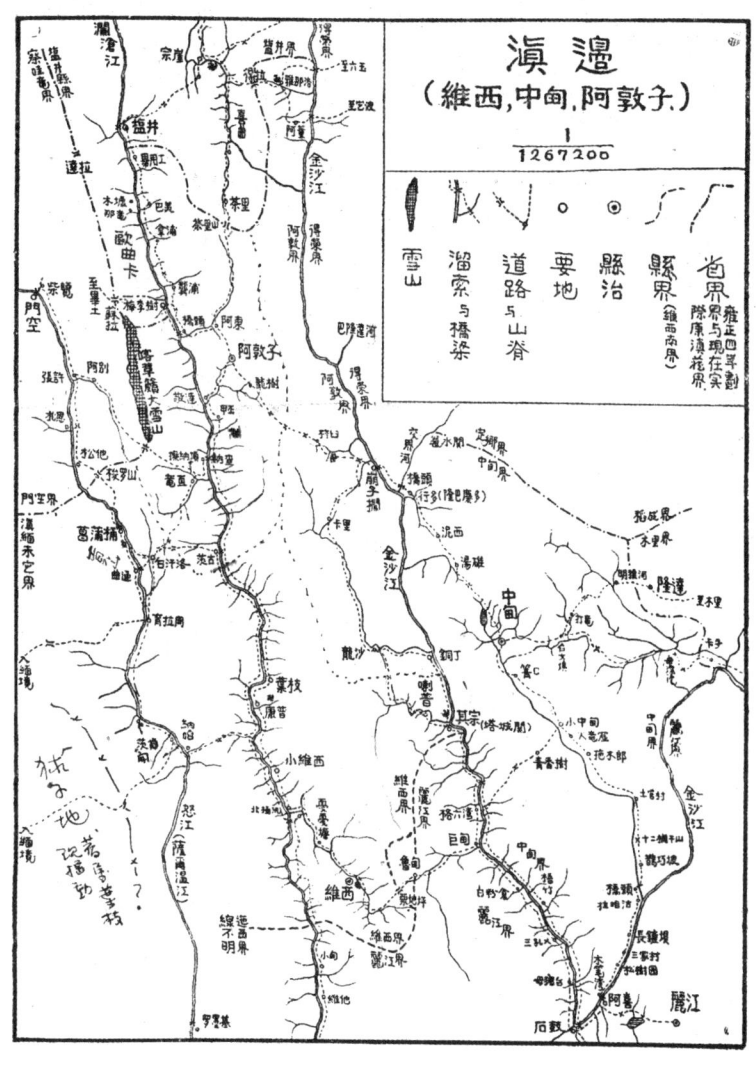

滇边

界，乃名金沙江。又东南 200 里至奔子滽汛，有渡船，为滇人入藏之大道，或指为古之兰津，非也。又东流 50 里，有交界河东北来汇。折南百余里，经塔城关之东，沿江两岸土人多穴地取沙以淘金，又东南百余里，至巨甸。"是塔城关又在奔子栏以南，巨甸以北之金沙江岸也。详准地望，唯第三说为合，其余皆讹传耳。

十、中甸、维西、阿敦子隶属问题

云南西北，维西、中甸、阿敦子三县地方，清代为维西厅暨中甸州辖境。其地横跨金沙、澜沧、怒江三大峡谷，于云南诸县中，建置最晚。其住民以摩些①为主，西番、栗粟、怒子②次之，那马人③与汉人较少，大体信奉喇嘛教而甚重师巫。风俗则汉番相杂。维西东南，则为汉人与名家④。倮㑩之世界，喇嘛教不复流行矣。其沿革：唐、宋以前不见传记，大抵如今世之珞瑜怒夷，虽附边鄙而未曾内属。宋世为大理国属土。元平大理，曾置州县。相传忽必烈遣军自此北征江卡，今日少数之巴苴⑤人，即其遗种也。明太祖平云南，以其南部属丽江土府，北部弃于吐番部落。万历间，土知府木氏渐强，率摩些兵，攻下其宗、喇普、康普、叶枝、奔子栏、阿敦子等地，屠其民而戍摩些。巴塘、理塘、卡拉南部（今九龙、木里、贡噶岭、乡城、稻坝、定波、六玉、宗崖、盐井等地）之吐蕃，及白汗洛、菖蒲桶之怒㑩诸夷，皆受役属。即世称之木天王，盖摩些之黄金时代也。明末，木氏渐衰，降于吴三桂。吴氏佞佛，割其地以遗达贵，于是黄教始盛。清平三藩，未曾收回此地。雍正元年（1723），丽江改土归流，此部仍为巴塘营官管辖，在青海势力之下。二年（1724）因征青海，云南提督郝玉麟等，取道中甸、阿敦子、察哇龙进兵察木多，因收抚沿途部落。三年（1725），郝奉敕旋军，会同四川提督周瑛，勘划川、滇、藏地界。郝奏称："中甸贴近云南，而阿敦子为中甸之门户，其宗、喇普、维西、奔子栏等处，又皆与中甸相通，应俱归云南。"报可。五年（1727），设维西通判、中甸州判，隶丽江府，划定界址。民国增置阿敦，并改州厅为县。

清代之划中、维属云南，亦犹划西炉属四川，不过以其为川、滇入藏要道，便于两省布设台站，运输军实，以防西域意外之变。实则其地语言习俗，皆与本省互

---

① 今纳西族。
② 今怒族。
③ 今白族，"那马"是纳西族对白族的称谓。
④ 今白族。
⑤ 今普米族。

异，固难以少数流官治理之也。中、维与康、藏，风俗多有同点。故后来记康、藏风物者，多兼记维西之事，如王师我之《炉藏述异记》是也。清末，命赵尔丰为川滇边务大臣。其经营范围，实包川边、滇边二部。顾赵为避免川、滇之误会起见，竟未过问中、维事务，只用全力于乃兄主权下之川边。其后傅嵩炑请建西康行省，亦未将维西地界列入。民国以来，遂正名其地为川边特别区域，义与滇边无涉。民国十五年（1926），川康边防刘总指挥议以中、维三县划入西康行省，未经中央采行；然就历史、地理、社会、经济各方面反复推究，此部终以划归西康为有利也。

边疆地方，国人所未发现之事，西人多已先我发现；国人所未设施之事，西人多已先我设施。如开垦兴学，中国政府尚未办到，而法教堂已先我办理，且有异常成绩。分划境界，亦犹是也。法人之天主堂教区，大体与我国省道区界符合，独其西康区，乃包有云南之中甸、维西、阿敦三县，此可谓先我改正康滇之界划矣。

十一、木里永宁应划属西康

木里土司，为四川盐源县9所土司之一。然其辖境，实大于其他8所之总和，西抵金沙江套，与中甸连界。东包雅龙江套与明正土司连界。南屈泸沽湖与永宁连界。北包隆达沟、贡噶河、理塘河之下游，与理塘土司连界。面积3万余方里，足当一大县。其住民以西番为主。宗教为纯粹之喇嘛黄教。木里以外之盐源地界，则为㑩㑩，为巫教。故木里之政治区划虽属宁远之盐源县，其自然地理则西康也。

木里土司，历代皆以项氏之喇嘛承袭，拥护黄教甚力，故世称之曰"黄喇嘛"。今土司强武好兵，割地自雄，俨如独立国，早非盐源汉官所能制。其地当云南赴打箭炉要道，商货出入颇多。西康政府，设税卡于九龙县之八阿龙，木里土司亦于其境科以重税，致八阿龙货不流行，税收减少。川康政府，俱无法可以制止之。又乡城、贡噶夷匪，常由木里窜入西康之九龙县境行劫。木里土司受赇假道，既导之来，复庇之去，川、康政府，无可如何。致九龙与康定南境，民不安居，相率逃徙。康政府虽屡次用兵防堵，终属无济。为谋康南商运之利便，政治之安谧，亦当以木里划属西康也。

自西康东首之打箭炉，至西首之昌都或巴塘，共有三道。道河口、理化为中线，旧日呼为"南路"是也。道泰宁、道孚、炉霍、甘孜、德格为北线，旧呼为"北路"是也。道九龙、木里、隆达、中甸、阿敦子为南线，旧未列为官道，而实是一捷径。将来中甸、维西划入西康，为谋中、维与打箭炉之联络起见，此道必须开辟。则为西康南部交通计，木里亦应划属西康也。

木里西南，为云南之永宁县，亦喇嘛教流行之地。自然地理与木里正同，应与木里一并划属西康，庶易治理。

十二、建南隶属问题

清制，四川建昌道辖雅州、嘉定、宁远三府与邛、眉二州。宁远府地位最南，故亦称为"建南"。凡辖西昌、冕宁、盐源三县，与会理州、越嶲厅，共为5属。民国初，废府，析盐源南境置盐边县，西昌东境置昭觉县，称为"建南七属"［民国十九年（1930），又析会理之披砂置宁南县，今称"建南八属"矣］。其地跨雅龙江下游，包有安宁河与盐源河全部流域。东南以金沙江与云南为界。东北以大凉山与四川之雷波、马边、峨边为界。北以大渡河与四川汉源县为界。西北以罗罗野山，与西康之泸定、九龙为界。正西包有木里，与西康之稻城、定乡，云南之中甸、永宁为界。西南与云南之华坪、滾藁两县界线，尚不分明。面积约26万方里，约占四川五分之一。沿安宁河为一狭长之冲积平原，气候温暖，农产丰盛，历为此区政治产业之中心地。此外沿大渡河、盐源河与金沙江之各小支流，亦多产稻之区。此外皆为大山。大山中地，多可耕种，历为罗罗所据。罗罗无文化，不知治生，以劫掠为常业。农田牧地，概弃勿用。纯粹罗罗，称为"黑彝"，常掠附近汉村粮食牛羊财货，以资衣食；又掠汉人入山，虐为奴隶，或任耕牧，或助劫杀，是为"白彝"。昔汉开越嶲，此部内属。其时彝民颇慕礼教，非如今日之犷野。齐、梁以降，政教梗塞，彝焰始张。历隋、唐迄宋，其地皆为中国所弃，黑彝势焰，于是养成。元代重建郡县，明、清因之。每当国家盛时，皆有重兵驻防。时则汉人迁居者多，垦务发达，市集勃兴。或值中原多故，汉官势弱，罗罗辄大出劫掠；边吏讳盗，莫能讨之；时则垦地沦陷，汉户迁避。如此消长乘除，数百千年，迄无长治之日。清道光中，曾痛剿罗罗，置建昌镇，屯戍于此，彝患稍戢者数十年。民国初年，建南安静。洪宪之役，张武南据宁远应滇，寻以好货败亡。自是以后，暴军蜂起，政象混乱。彝人乘隙蠢动，渐驱汉户至城市附近，结堡自固。垦地沦陷者十之六七。于是昭觉县为罗罗所据，木里独立，共余20余土司，皆失统驭。汉官更无力治彝，唯恃钻皮歃血，以羁縻之而已。

建南位川、滇、康间，四面险绝，自成一区。汉世以来，政治区划，隶川、隶滇，迭有更异。民国八年（1919），川边镇守使陈遐龄，兼并其地。自是以后，名义上隶属康区（川边）。故民国十七年（1928），川康边防总指挥刘文辉氏，请将建南划入西康为省。

查建南地域辽阔，物产丰饶，苟能肃清夷患，厉行拓殖，则除近年新增之宁南县外，越巂之紫打地可设一县，西昌之德昌司可设一县，会理之三磊子可设一县。通安可设一县，盐源之瓜别土司地方可设一县。除木里应设一县划属西康外，尚存13县。益以四川之汉源、峨边、马边、雷波4县，云南之策箕、永北、华坪、东川、巧家、鲁甸、昭通、永善、大关、彝良、绥江等县，共为28县。依民国二十年（1931）中央缩小省区草案，已可自为一省。且如此建省，有下列优点：

（一）西昌为此区政治中心，各县与西昌间，距离最远不过10站，俱有适当通路以资联络，将来省政容易旅行。

（二）全区住民，汉、彝参半（外有少数之摩些与苗）；将来省府，可专力于剿抚罗罗与拓殖同化之政，速收变夷为夏之效。

（三）区内农田、矿山、森林、牧地，分配匀适，新省之经济建设，易臻美备。

（四）全区位金沙江下游，气候地势民俗，各县一致，实为川康滇黔间另一之自然区域。

唯目前中央政府，尚难实行缩小省区计划，亦尚无力经营剿抚罗罗事务。则如荆棘未斩，草莱未披之建南8县者，自不能不附属于他省。究竟宜属川耶？属康耶？抑属滇耶？查川、滇两省，地域已自广大，无须有此建南之地。而成都、昆明，距西昌皆14站，各有重山巨流，道极艰阻。无论划归何省，皆将因其险远，为该省政府所忽视，而陷于吏治阘茸，民俗凋敝之状态。唯与西康地势切近，民族宗教虽异，政俗固多同点。现在西康建省声浪甚高，而境土则存者甚狭。甘、瞻未收复前，仅余康定、泸定、丹巴、道孚、炉霍、雅江、九龙、理化、巴安、盐井、德荣、定乡、稻城13县，且皆荒寒贫瘠，粮食缺乏，材用不备。必将建南并入，始有足以建省之面积人口，亦始有足备建省之财赋器用。将来新省，视建南如府库，自必锐意经营，百废俱举。或能以同省之故，导喇嘛黄教，行于罗罗部落，化其野蛮残酷之性，而为循谨易治之民，则其效更宏伟矣。是故附建南于川滇，则无益于川滇而有损于建南。附建南于西康，则有益于西康无损于建南或且因而利之。他日西康省政修举，失地恢复，省会由打箭炉迁至巴塘时，建南亦可合并川滇各县自建为省矣。

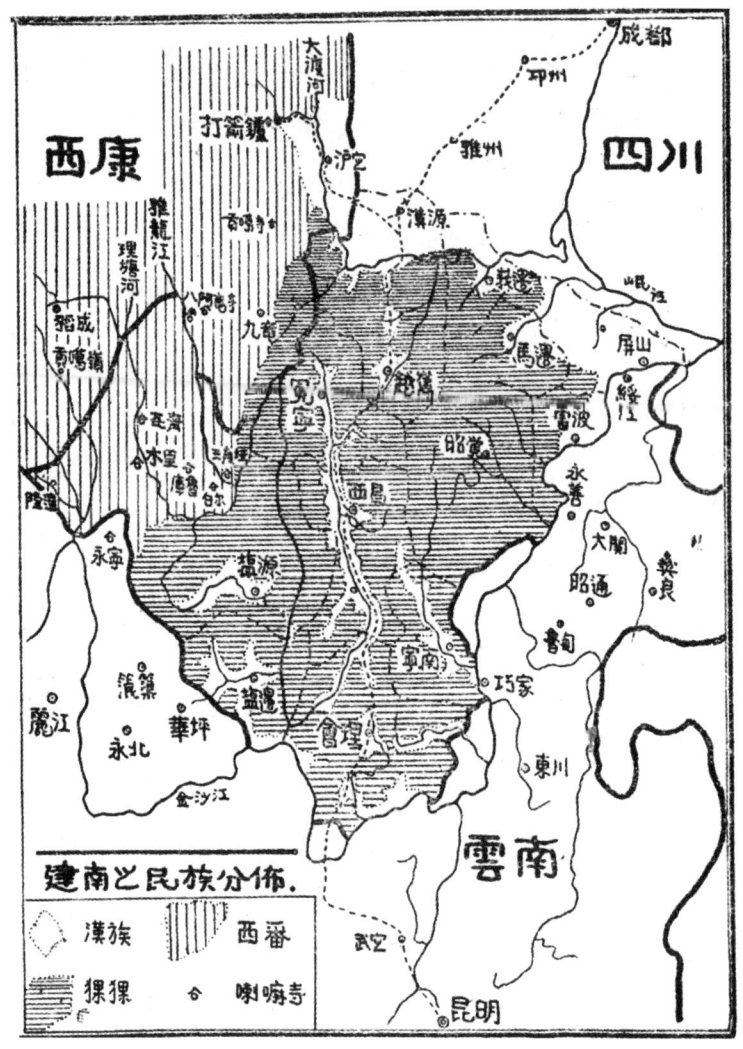

建南之民族分布

十三、汉源划属西康议

汉源县即古黎州,清代曰"清溪县"。民国改称"汉源"。县治在大相岭下。县境南西二面,皆以大渡河与建南之越嶲县为界。西以飞越岭与西康之泸定县为界。东北以大相岭山脉,与四川之荥经、峨边等县为界。唯大相岭北麓之黄泥堡一区,划入县境,盖为相岭防务便利故也。县内富庶之区,悉在 Y 字形之大道沿线。此 Y 字形之大道,以汉源街为中心:自此北经县治,逾大相岭入雅州,通成都;南经富林,渡大渡河,入宁远,通云南,为汉代以来川、滇交通孔道,传为诸葛武侯所开。

又自汉源街西经富庄、泥头，逾飞越岭入泸定，通西康，为清代以来康、藏及廓尔喀朝贡大道，康熙朝西征时所开也。西康与宁远，数千年来，未曾发生政治上之联属。故虽壤地错接，而无直通之路。民国八年（1919）以来，宁远各县，隶属西康，宁、康往来，皆由汉源通过，故汉源为联络康、宁之枢纽。此川康边防总指挥刘文辉氏所以有以汉源并宁远7县划隶西康行省之说也。

查汉源县在清世原为番倮混居之地，与西康同俗。有松坪、大田、黎州三土司辖之。迄清末世，夷皆汉化，土司消灭，今乃成为纯粹之汉县。因其绾毂康宁，商业颇盛。治城富林、泥头、汉源街等处，皆有宏大之市场。居留康地诸汉人之日用物品，由汉源供给者最多。大渡河沿岸产米，足资康区军食，而汉源与越嶲各据其一岸，故汉源对于康省经济，关系颇大。以地势论，汉源距成都7大站，距炉城5小站。故以汉源县划属西康，实无损于川而有益于康甚大也。

十四、川康之天然界线——邛崃山脉

邛崃山脉，为四川盆地之西极，亦即川、康间之天然界线也。此山脉北起岷山之羊膊岭，南止大渡河岸，为大渡河与岷江之分水界。海拔最高处5000余米，最低处2700—2780米。气势磅礴，岩石坚硬。最高部雪峰重叠，人迹不至，遗与野牛雪羊栖息之所，群峰列嶂，未有名称。其较低凹之山脊，为往来川、康人所取径者，反称为山：在理番、懋功之间者曰"洪峤山"；灌县、懋功之间曰"斑斓山"（亦作"巴朗山"）；懋功、穆坪（今为宝兴县）之间者曰"夹金山"；穆坪、鱼通之间曰"鱼通梁子"；天全、岚州之间曰"岚山""大山"；天全、泸定之间曰"马鞍山"，曰"二郎山"；荥经、泸定间曰"香泸山"，曰"蒲麦地"。自蒲麦地南，分为二支：一支直南抵雨洒坪，有山凹曰"飞越岭"，为汉源入康大道。一支折东，抵大渡河峡有山凹曰"大相岭"，为汉源入川大道。当大渡河峡处，有山突起如屋，曰"瓦屋山"，世称"东瓦山"（洪雅县境亦有一瓦屋山，属相岭分支，世称"西瓦山"），东瓦山逾绝峡，入建南，即大凉山脉也。

大相岭，汉代称"邛徕山"。其时建南为邛国地。邛人入蜀，只此一路，故蜀人呼此山为"邛徕"。后作"邛崃"。其绝险处曰"二十四盘"，即王阳返辔、王遵叱驭之处。自武侯南征逾此，始称"相公岭"。对建南之"小相公岭"言，称"大相公岭"，省为"大相岭"。数千年来，西南入蜀，唯此一途。邛崃山脉之得名，以此山也。若今邛崃县，清为邛州。秦、汉曰"临邛县"，属蜀郡，县在郡西南，原包相岭，接壤邛国，故曰"临邛"。其后即置青衣、严道，遂与邛崃山隔绝。而纪地理者，推原名义，妄谓其境有邛崃山。数千年来，郡县区划，屡有变更，地书辗转延误，犹谓山在境内，或更指某山以实之。今坊间图书。多谓邛崃县之伏牛山为邛崃山，以为邛崃山脉主峰，其实非也。

邛崃山脉，横梗川、康之间，2000余里，势如长墙。其两侧有无数小水，与山脉成直角而东西流，急转直下，放于千米以下之河谷。川、康通路，概沿此诸小水开辟，以求升降之徐缓。就中唯相岭一路，经历代修治，最称完美；然而行于二十四盘，犹顶踵相接，艰险万状。其他如斑烂山、马鞍山、蒲麦地等小路，皆清代所开，至今尚难通行。故此山脉为川、康之天然界线。属于西康之金川（下详）、鱼通（前附康定县，近有设治之说）、泸定，与四川省境之界线，即为此山脉之正脊。至飞越岭与大相岭间之汉源县，则犹川、康关节间之跗骨也。在昔山脉东方之天全、穆坪、理番、松、茂诸地，曾为西番民族所盘踞。雍正以来，天全、穆坪番皆汉化，唯夹金山以东北之理番、松、茂诸番族，因奉行喇嘛教故，至今保存原俗。而山脉西北之金川地方，政治上属于川省。是故谓邛崃山脉为川、康界线，系就夹金山以南言之。夹金山之北，则川、康民族界线在岷江之东，川、康政治界线在大金川之西也。

十五、金川划属西康议

大渡河上游一段。别称"金川"。正流曰"大金川"，发源于羊膊岭南。羊膊岭非峻岭，特高原之顶部耳。其南方斜面，为上中下三阿树、上中下三阿坝与上中下三鄂罗克土司牧场，属松潘县。牧场之水，汇为大金川，入理番县（旧为杂谷厅）境，为松冈、梭磨、卓克基、党坝四土司地。又南为绰斯甲土司地。又南为绥靖、崇化二屯地。又南为巴底、巴旺二土司地。又南为丹巴县，即古章谷屯也。丹巴为四水汇流之处：正北即大金川。西北为单东河，其流域属单东土司。西南为牦牛河，属明正土司。正东为小金川，发源于斑烂山，全流属懋功县。其支流曰"抚边河"，发源于洪峤山，全流属抚边屯。四水汇流，南穿明正土司境，入鱼通泸定，是为大渡河。

此带地方，隋、唐为金川夷部，曾置金川县。《新唐书·南蛮传》云："雅州西五百余里外，有诺祁、三恭、曙川、金川等十三部落，皆羁縻州。"《寰宇记》云："隋开皇六年（586），以汶江县石门地近白狗生羌，于金川镇置金川县……属汶川郡。"又云，"武德元年（618），置维州，领金川县。……垂拱初，没于吐蕃"是也。明代有金川寺僧哈衣拉木，封演化禅师，主持金川地方事务。其后土酋势盛，僧官失权，其地分为大小金川二部。清初，相继归诚。大金川土酋居勒乌围，在今绥靖屯内，已毁。小金川土酋居美诺，即今懋功县也。乾隆十三年（1748），金川夷乱，经略傅恒讨平之。已而复乱。三十六年（1771），再用大兵，迄于三十九年（1774），始克小金川。四十一年（1776），克大金川。乃于小金川设美诺厅，大金川设阿尔古厅。四十四年（1779），裁阿尔古，并入美诺，为懋功厅，辖懋功、抚边、绥靖、崇化、章谷五屯。乾隆之征金川也，攻战五年，杀人盈野。乱定后，金川土著存者不及十一，村落残破，耕地尽荒。屯军招民领垦，生聚复盛，于是化为汉人村落。迄清末世，未再叛乱。赵尔丰经营川边，改流明正、单东、巴底、巴旺各土司，收为边属，而未涉及屯部，以屯部原系流官也。民国元年（1912），尹昌衡西征，以巴底、巴旺、单东三土司，及明正之鲁密二十四村，地面广大，合并章谷屯部，为丹巴县，划属川边。二年（1913），内政部亦改懋功厅为县，仍领抚边、崇化、绥靖三屯。改杂谷厅为理番县，仍领党坝、松冈、梭磨、卓克基四土司，俱属四川。至卓斯甲土司地，曾经赵尔丰收印改流，划属道孚县。然其地距道孚远，民元以来，历任知事，皆放弃不理。其民仍附土司，土司附于绥靖，遂潜移为四川属地。川边亦未尝过问也。现在丹巴属于西康，为第二十四军防地。懋功与理番、松潘、茂县、汶川五县地方为二十八军防地，军长邓锡侯，划此五县为屯垦区域，称为松、理、茂、懋、汶，示与四川盆地内各县有别。

查松、理、懋、茂、汶五县，皆番、汉杂居，喇嘛教流行之地。就人文言，实与西康有不可分析之处。然历代行政，皆以此部属川，与西康之弃为"野番"者不同。故以沿革论，则此部未可并于西康也。若就自然地理言之：则此五县，实由邛崃山脉划为岷江、金川两大峡谷区域。岷江流域，为汶川、茂、松潘三县，与理番之东部。三千年前，即已内属中国。为神禹产生之地。秦、汉之世，已置郡县。虽非纯粹之汉族住地，而羌、番之汉化颇深，交往颇繁，与川省之经济关系尤密切不可分离。故无论省区如何缩小，此部亦非附属于川省不可。金川流域，为懋、抚、绥、崇四屯，与理番西部四土司及丹巴县地，内附中国之历史甚浅，乾隆以来，始有汉人移殖，始与四川发生政治经济之关系，终因邛崃山脉鹧鸪、洪峤、斑烂诸山之梗阻，成为川省瓯脱，使康藏宗教习俗之侵入，战胜川省官府之政化。现在西康即将建省，川、康无分内外，则金川属康，甚为自然。且丹巴县为金川交通中心，现既已属康矣。独彼懋、抚、绥、崇犹属川省。丹巴有乱，辄牵四屯。四屯有乱，亦牵丹巴。而省界判然，权限各异，两省官吏，不能越疱弭乱，适可推诿卸责。此民元以来金川所以多难也。果其西康建省，最好将两金川地，建置四县——拟丹巴县如故，懋功、抚边为一县，治懋功。绥靖、崇化与党坝为一县，治绥靖。梭磨、卓克基、松冈及松潘属之阿坝等土司为一县，治卓克基。——划属西康，即以邛崃山脉之鹧鸪、洪峤、斑斓诸山为界。若阿树、阿坝、鄂罗克六土司牧场，地旷人稀，尚无设治价值，暂使仍附松潘亦可也。

十六、西康北界（俄洛"野番"附）

西康北方之天然界线，为巴颜喀喇大山脉。此山脉西接昆仑，东连岷山，斜梗青海中部，屏障西康北方，为江、河二源之大分水岭，平均高度5400米，全长2000余里，高入雪线者千余里。当西康正北，为山脉之最高部。其北为黄河上游之深峡。急斜直下，200里内，深陷3000余米；又突起为大积石山脉，升高至7000米以上，地表升降曲折，达于极度。数千年来，甘、青番夷，无能越此部入于西康者。此其所以为康、青间之天然界线也。其南即西康高原，倾斜至缓，约五六百里至雅龙江近岸，始达海拔4000米以下。此部为一荒原，即俄洛、色达18部落游牧之地。

俄洛、色达地方，西为石渠县境，东为绰斯甲与松潘县地，南界甘孜、炉霍二县，纵横各600里。高寒无谷木，唯有水草，堪供牧用。亦产大黄、秦艽等药材。牧民属西番族，"野蛮"好劫，从未投诚四川，亦未归附西藏，部落独立，号为"野番"。唯奉喇嘛教颇虔，时往拉萨朝佛。赵尔丰平定德格，遣人往招，不报。欲以兵临之，谏者谓其人居无庐舍，迁徙鸟举，难得而制，且地无粮谷柴炭，辇粟输薪，在在不易。适有近边"野番"头目上禀，愿遵约束，不劫掠。赵遂置之。宣统二年（1910），全康底定，再遣德格葛察寺喇嘛往说投诚。明年（即1911年），渐有来投石渠、甘孜两县纳税者。赵临入川，檄令全体投诚。该番旋即承认，但请免于境内驻军，免认乌拉税，每年只认牧畜税2000元。代理边务大臣傅嵩炑，批令仍与改流各土司一律待遇。时汉军声威极盛，"野番"不敢抗。遵批请发章程。傅曾派队前往清查丁口牲畜，造有册籍，拟设2县。旋因革命事起，边军回川，西康政乱，番复叛离。自尹昌衡以下，历任主边事者，皆放弃之，遂为"野番"如故。是故西康天然之北界，虽为巴颜喀拉山脉，而民元以来之实际界线，只是道孚、炉霍、甘孜、德格之北界而已。如果西康建省，应以兵力征服俄洛、色达，完成傅嵩炑前绩，建置两县，使巴颜喀拉山脉仍为西康北界也。

第八章 县界问题

一、西康县界尚待改正

西康数千年来,只有土司,无郡县。清末改流时,所置府厅州县,大都以原有土司部落地界为标准,其划分法约可区分四类:

(一)部落境域完整,适可建置一县者,仍其原界。如瞻对、察雅、贡觉、江卡(宁静)各县是也。

(二)土司领域过大者,斟酌地势,裂为数县。如巴塘土司地分为巴安、得荣、盐井;理塘土司地分为理化、定乡、稻城;德格土司地分为德化、白玉、同普、邓科、石渠是也。

(三)土司壤地破碎,错而悬辖者,则量为截割而分划之。如霍尔6土司举单东土司地方,分为甘孜、霍炉、道孚等县是也。

(四)两部境界间有要地宜建县者,则割两部落地之一部以合为县。如巴塘、理塘间之三坝厅(即义敦县),理塘、明正间之河口县(即今雅江县)是也。

赵氏经边,驻巴塘、德格、昌都之日最久,故其于西康中段之建置配布,甚为得当。昌都以西,因兵力未及,理化以东,因匆匆经过,建置规模,皆未完备。民元尹昌衡西征时,始将康定、丹巴、道孚等县界略为划定;然其不合之点尚多,固有待于来日之修正也。讵尹去后,主川边者,皆无大志,不解经营,有一缺即放一官,失一县则裁一缺,未尝考虑原来建置之是否适当也。如果西康建省,必须大为增损县区,厘定经界,始便施政,而利交通。

二、理想之西康县区

西康地势，不适于建置大县，因其交通不便，道远则夷难制驭，政化难施行也。亦不得建置小县，因其旷土太多，县小则民不足以养官也。故其分县，当与内地不同。余之见解，谓宜依下列标准：

（一）各县辖地，最远以距县治二日马程为限。

（二）县治须在大道沿线，或大喇嘛寺附近，或为全县之商业中心。

（三）县境须为一自然区域，一平原，或一峡谷区域。

（四）县境须农牧兼备，不能为纯粹之牧场。

（五）县界能与部落旧界符合者，宜迁就旧界。

假使西康失地完全恢复，中甸、维西、木里、永宁与金川划归西康，则可依上列标准，拟定新西康省之县份如下：

鱼通县　辖打箭炉地方及鱼通、孔玉，即原有康定县之东部。治打箭炉。康定名称未妥，拟更此名。

泸定县　仍旧。

木雅县　辖折多山以西之上下木雅、上下牛厂与泰宁地方。治营官寨。昔内务部曾拟以此带置安良县，治安良坝。查安良坝非设治地，故为修正之如此。

九龙县　仍旧境。

木里县　辖木里土司部。治木里。自四川划入。

永宁县　仍旧境。自云南划入。

雅江县　仍旧。南部划入木讷。

丹巴县　仍旧。

懋功县　辖懋功、抚边2屯，治懋功。由四川划入。详第七章14小节。

崇化县　辖崇化、绥靖2屯，治崇化。由四川划入。详第七章14小节。

卓克县　辖松冈、梭磨、卓克基、松潘西境之阿树、阿坝、鄂罗克等土司部，治卓克基。由四川划入。详第七章14小节。

道孚县　仍旧（析泰宁入木雅，查坝入曲羽县）。

炉霍县　仍旧。

泥马县　辖泥马沟以北色达诸番部。治泥马沟。此县农地较少，县治偏南，殊为憾事。

东谷县　辖东谷河上游俄洛、色达诸番部。治东谷寺。此县县治偏南为憾。

甘孜县　仍旧（析东谷县）。

杂科县　辖杂科、玉龙与俄洛野番。治上杂科。

祝庆县　辖邓科东部之祝庆与石渠东部地方，治祝庆寺。

石渠县　仍旧（析东部入祝庆县）。

邓柯县　仍旧（析东部为祝庆县）。

德格县　仍旧（析东北为杂科县）。

同普县　仍旧（析纳夺县）。

白玉县　仍旧（析甑科县）。

甑科县　辖白玉东境甑科及昌泰、阿色等牛厂。治甑科。

武成县　仍旧。宜还名为三崖县。

巴安县　仍旧（析绿玉县）。

绿玉县　辖巴安南境六玉、人波、定波等村。治中咱。

盐井县　仍旧。

得荣县　仍旧。

定乡县　仍旧。

瞻化县　仍旧（析曲羽县）。

曲羽县　析瞻化之下瞻区及理化之穹霞、噶坝、道孚之查坝置。治噶坝。

理化县　仍旧（析木讷县）。

木讷县　析理化之上中下木拉石，德窝、墨哇等村，及雅江之钟宗堂置。治下莫拉石。

稻城县　仍旧。析贡噶县。

贡噶县　析稻城西南境置。治贡噶岭。

中甸县　仍旧。析东境入隆达县。

隆达县　析木里、中甸置。治隆达。

其宗县　析中甸、维西置。治其宗。

维西县　仍旧（析苍浦、其宗二县）。

阿敦县　仍旧。

苍浦县　析维西西境置。治菖蒲桶。

门空县　析旧门空协敖辖地置。治门空。

札夷县　划察哇龙南部札夷、毕土，及怒江北岸数村置。治札夷寺。

左贡县　划察哇龙北段，左贡、吞多、邦达，与怒江沿岸之工巴、业巴、瓦雪等地置。治左贡。

科麦县　仍旧。治桑昂曲宗。宜改名"桑昂县"。

察隅县　仍旧。治绒密。

宁静县　仍旧。宜改名"麻康县"。

贡县　仍旧。宜仍旧称贡觉县。

察雅县　仍旧。

昌都县　仍旧。析置班鲁县。

纳夺县　析昌都东北境与纳夺地方置。治榛猛寺（在杂曲上游）。

车多县　析昌都西北境置。治车多（在昂曲上游）。

类齐县　划类乌齐呼图克图辖地置。治类乌齐寺。旧恩达县裁并。

八宿县　划八宿呼图克图辖地置。治八宿寺。

硕督县　划洛隆宗、硕般多二区置。治硕般多。

边坝县　划边坝区置。治达隆宗。

嘉黎县　划拉里区置。治拉里或仍称"拉里县"。

太昭县　划工部西部置。治江达，宜改称"江达县"。

错谷县　划工部东南部置。治错谷。

汤木县　划波密西部置。治汤木。

春多县　划波密中部置。治春多寺或噶郎。

松宗县　划波密东部置。治松宗寺。

喀浦县　划波密南部之白马冈地方置，治喀浦。

甲得县　划三十九族地方置。治所待查。

以上共计66县。属于现在之西康辖境者18县（鱼通、泸定、木雅、九龙、雅江、丹巴、道孚、炉霍、巴安、绿玉、盐井、得荣、定乡、义敦、理化、木讷、稻城、贡噶）。属于现在之四川辖境者5县（木里、隆达、懋功、崇化、卓克）。属于现在之云南辖者6县（永宁、中甸、其宗、维西、阿敦、苍浦）。现在军事尚未解决者5县（甘孜、东谷、泥马、瞻化、曲羽）。属于现在之西藏辖境者32县（杂科、祝庆、石渠、邓柯、德格、同普、白玉、甑科、武成、门空、札夷、左贡、科麦、察隅、宁静、贡觉、察雅、昌都、纳夺、车多、类齐、八宿、硕督、边坝、嘉黎、太昭、错谷、汤木、春多、松宗、喀浦、甲得）。若再将玉树东部之札武、称多、囊谦、苏尔莽、拉休诸族划入，则又可增界谷、囊谦二县（刘总指挥有此主张，参看

第三章第五节）。再将四川之建南各县与汉源县划入，则又增13县（详下节），共为81县，新省区制，已可建设3省矣。

理想各县之县界，若必一一叙述，未免琐碎无谓。兹以地图绘出，用备考订。其详细说明，将另撰《分县图志》论之。

三、康定县境分析

康定县境，系民国初年划定，在西康各县中，最为广漠。当时内政部，原有分设安良县之议，嗣因县城支差繁数，非辖有多量户口无法供应，遂未分设安良。于时遥远之区，有须半月始能行达县城者。民国三年（1914），分设九龙委员；十五年（1926），析城子山以南之地为九龙县。现在康定县境，犹占原明正土司旧境之大部分，共分8区，如下：

第一区——打箭炉地方　原明正土司直辖"八大锅庄"之地。自大炮山以南，折多山以东，玉龙石及雅加埂以北，包有申冘、雅拉沟、折多塘、榆林宫等处，为一小盆地区域。

第二区——木雅上乡　辖折多山以西，塔弓寺以南，高日寺山以东，安良坝、瓦泽、东俄洛、长坝春、甲桑卡、白哈、自龙、白桑、耙桑、达然、他喀等11村，包有比曲上游之全部，为一高原农业区域。

第三区——下牛厂　前区内之高起部分，不能农作者，概为牧场。有游牧番民百余家放牧其间，亦分村落，有区长、村长管理之。

第四区——上牛厂　泰宁、八美河谷地方，为一高原农业区域。原属明正土司。雍正中，迎达赖坐床惠远寺（即泰宁寺），划此带为该寺常业。现属道孚县。其四周各约七八十里内，皆高原牧场，有牧户约100家，亦分村落，有村长、区长管理，原称"革西麻"，现属康定县，称"上牛厂"。

第五区——木雅下乡　在第二区南，包有比曲下游之全部，为一峡谷农业区域，凡分阿泰、格洼卡、色乌绒、木居城子、捉龙、吉曾、义待等8村。吉曾、义待2村，在雅龙江东岸，现拟析为第九区。

第六区——瓦斯沟　辖打箭炉东，柳杨、日地、瓦斯沟、达冈4村，为一峡谷农业区域。原隶咱里土司，民元划属康定。

第七区——下鱼通　辖瓦斯沟以北之大渡河谷，及鱼通河下游之谷查、佘奈、黑日、威功、墨笨、江嘴、初咱、日脚、明羌、斑笨、哪加等11村，为一河谷农业区域。昔隶明正土司，清朝末年，明正分封同姓于此，是为鱼通土司。清末改流，民元划入康定。鱼通河之上游，为一峡谷森林区域，隶属穆坪土司，今为宝兴县境。民国十九年（1930），建昌道尹黄昌煦请以上下鱼通地置"金城县"，现有设治委员驻此。

第八区——孔玉 在鱼通北之大渡河谷，为一峡谷农业区域，有农民9寨。昔隶明正土司，设一土百户治之。民元划属康定。

凡此8区，依据自然地理，恰可分为纵列三带，如下：

（一）大渡河流域——折多山脉以东之地。又因郭达山脉之纵梗，分为二部：

1. 东方峡谷区域 孔玉、鱼通、瓦斯沟3区，皆属大渡河本支流之峡谷区域，地势险峭，海拔甚低，农矿业并盛。其人则夷、汉杂处，习俗与泸定、丹巴相近。

2. 中央盆地区域 即第一区地方，四围雪山，中间低陷，为一分歧之盆地，海拔较高，农业未盛。打箭炉市为全康商业总汇，夷皆汉化。市外地方，则夷汉杂居，习俗去丹巴、泸定不远。

（二）雅龙江流域——折多山脉以西之地。

为西方高原区域 即上下木雅与上下牛厂之地，系农牧混杂之高原区域。地产以青稞、小麦与牛为主。住民为纯粹之番夷，汉化较浅，但颇驯扰。

如此3区以面积论，似可分为3县。以民户论，则据粮册所载，全县才2400余户（系以上粮当差人户计算），东方峡谷区得873户，中央盆地区得144户（未将打箭炉商民算入），西方高原区得1394户。故如以大渡河流域为一县，雅龙江流域为一县，则民户适均，自然地势亦合。

查泰宁一区，地势与上下木雅连合而一致，其粮民258户，现附道孚，实乃包围于康定县境之内。如果分康定折多山以西为一县，则宜将泰宁划入，始便统治。如此新县，共有纳粮当差之民1652家（实际约有2000家），与甘孜、炉霍相当，而大于雅江、九龙、得荣等县矣。新县境域，土人呼为"木雅"（或译"明雅"），拟即称为"木雅县"。营官寨为木雅之交通中心，可为县治。旧拟设县于安良坝，不唯偏东且荒寒太甚，非设治地也。

东部峡谷区，与中央盆地区，虽为郭达山脉所纵断，幸有瓦斯沟峡谷横相通联，合建一县，交通尚非甚艰。当差纳粮之民，虽只1017户，合以炉城商民，则为2000余户，与泸定、丹巴相等。至于差徭太繁，不胜供应，乃系政治未善所致。将来吏治上轨，自有适当分配乌拉之法，不足为建置虑也。唯此县县治，不能不设于偏西之打箭炉，是为缺点。此部地方，古昔通称"鱼通"，清代称"西炉"，清末置打箭炉厅，后改康定府，系祝全康安定之意。民国废府，仍称"康定县"，于义实有未洽。如果分置，应改称此为"鱼通县"，既切今地，且存古名。

四、丹巴县境分析

西康各县中，包含部分最复杂者，唯丹巴县。计凡由 5 土司与 1 屯地而成。其 1 屯中，又分 3 营 6 屯 13 街 2 土。有如下表：

明正土司属地——鲁密章谷 24 村，1076 户。

单东土司属地——单东、边耳等处 400 户。

革什咱土司属地——革什咱、大桑、瓦角等处 558 户。

巴旺土司属地——大小巴旺等处 533 户。

巴底土司属地——林卡、郡桑等处 638 户半。

章古屯属地辖 3 街 6 屯 3 营 2 土属地共 705.5 户
- 3 街
  - 约咱街——在约咱河坝之南，有汉民 1 团。夷人有一头人，汉民有一保长
  - 翁古街——亦名半扇门，在石家沟口，有汉民 1 团
  - 喇嘛寺街——在火龙沟口外，有汉民 1 团
- 6 屯
  - 上甲屯——辖约咱、卡垭等处，汉民 2 团
  - 阿娘屯——辖斑古、阿娘沟等处，汉民 2 团
  - 墨龙沟屯——辖墨龙沟汉户 1 团
  - 核桃坪屯——辖勒衣、核桃坪等处汉户 4 团
  - 黑风顶屯——辖黑风顶、火龙沟汉户 1 团
  - 下甲屯——辖太平桥、三岔沟汉户 1 团
- 3 营
  - 上孟营——丹札山下营籍 30 户
  - 下孟营——牧厂沟左右营籍 30 户
  - 九子营——丹敢山下营籍 30 户
- 2 土
  - 宅龙土守备——辖下宅龙沟夷民 4 寨，约 200 户
  - 宅龙土千总——辖上宅龙沟夷民 2 寨半，约 100 户

丹巴县境，由 5 大河谷凑合而成，恰似平分五指星鱼而仰卧之。治城为 5 大河谷凑集之处，现划为第一区。自此东出者为小金川河谷，即章谷屯地也，现划为第四区。北出者为大金川河谷，即巴旺巴底 2 土司地也，现划为第五区。西北出者为单东河谷，即革什咱、单东 2 土司地，现划为第六区。西南出者为牦牛河谷，为鲁

密 24 村之一部，现划为第二区。东南出者为大渡河谷，即以上 4 大河谷汇流后之总去处。为鲁密 24 村之一部，现划为第三区。此 5 河谷之长度与户口，约略相等，相互间各有雪山隔绝之，其互通之路甚难，而通于县治之道甚便。故丹巴县境的历史组织虽甚复杂，而自然地理则甚佳美，为西康各县中最匀适之县区云。

五、霍尔县份

今甘孜、炉霍、道孚 3 县地，为西康高原北方海拔 3000 米高之一大河谷平原地带。西康河谷农作面积之广阔，当以此为首屈。此 3 县之大部地方，藏名"霍尔"（Hor），有数土司分治，清雍正中，先后投诚授职者，有：

霍尔竹窝安抚司　今称"朱倭土司"。土制尚存。

霍尔章谷安抚司　清光绪中，改为炉霍屯。

霍尔甘孜孔撒安抚司　今称"孔撒土司"，或"孔色土司"。土制尚存。

霍尔甘孜麻书安抚司　今并于孔撒。

霍尔咱安抚司　清末为章谷、德格所瓜分。合称"杂柯"。

霍尔白利长官司　今称"白利土司"。土制尚存。

霍尔东科长官司　今称"东谷土司"。土制尚存。

此 7 土司，境土错落如棋子，各不团结。清末改流时，除章谷土司旧境已置炉霍屯外，又新增甘孜、道孚 2 县。民国并改炉霍屯为县。其 3 县区划如下：

甘孜县　分为 9 乡：

麻书乡　即麻书土司故地。

孔色乡　即孔撒土司故地。

白利乡　即白利土司辖地。在孔色乡与林葱乡之间，又蒲永隆乡之南，平原中有喀沙郎达一村，原悬属于白利土司，现亦悬辖于白利乡。

林葱乡　原遥属于章谷土司。章谷亡，属炉霍屯。改流后，属甘孜县。大金寺即在区内。

朱倭贡陇乡　原遥隶于炉霍县境之朱倭土司，分为朱倭、阁老龙二部，设土百户治之。改流后，划为甘孜一乡。现其头人对朱倭土司仍甚崇敬。

蒲永隆乡　原章谷土司遥辖地，设一土百户领之。章谷亡，属炉霍屯。改流后，属甘孜县，为一乡。现又暗附孔色土司。

东谷乡　昔为东谷土司属地，近世为东谷土司与东谷喇嘛寺分领。改流后划为一乡，属甘孜。土司与喇嘛寺仍有势力。

杂科乡　原霍尔咱土司地。清末为德格、章谷两土司瓜分。德格得上杂科，改流后隶德格县。章谷得下杂科，改流后隶甘孜县。

阿都乡　原德格土司属地，设一土百户理之。有差民百余户，在绒坝岔，与朱倭民户混居。改流时，划属甘孜县，为一乡。

炉霍县　凡分7乡如下：

本城乡　即县治附近之地，原章谷土署所在地也。

斯木乡　原章谷土司属地之一土百户辖地。

宜木乡　同前。

雅德乡　同前。

宜拜乡　同前。

朱倭乡　即朱倭土司属地。土署在焉。

罗科马　上下罗科马，为两大游牧部落，不在霍尔之列。清末改流，上罗科划隶炉霍，下罗科隶道孚。现俱属炉霍。

道孚县　凡分6区3乡又3村，如下：

城区　即县治附近之地。原隶明正土司。

明正区　在城区北，原明正土司悬辖之地。不在霍尔之列。

孔色区　在城区西北，原霍尔孔撒土司悬辖地。

麻孜区　在城区西南，原霍尔麻书土司悬辖地。

革西区　在城区东，接丹巴县之单东境。原单东土司属地。不在霍尔之列。

瓦日区　在城区南，原明正、单东、麻书3土司错辖之地。改流后并为1区，划属道孚。

查坝乡　在瓦日区南，原明正土司属地，设6土百户治之。民元划隶道孚，仍纳乌拉费于康定县（以下6区，俱非霍尔地）。

泰宁乡　在道孚极东，康定县上下牛厂之间。原明正土司辖地，后为泰宁惠远寺差民。改流后，划属道孚。

鱼科乡　原鱼科土司属地，系一大牧原。在道孚北境。改流之役，诛其土司，划为道孚一乡。现其牧民，归鱼科喇嘛寺管辖。名义上仍附道孚。

竹窝汤龙村　原为明正土司属革西麻牛厂之2村。革西麻凡分10村，改流后，东8村划属康定，即上牛厂；西2村划属道孚，直接县府，不附属任何乡区。

木茹村　原明正一土百户辖理，即木辘也。改流后划属道孚，原隶于明正区。现几同于独立。

固衣村　为下罗科马之中心，亦已形同独立。

又卓斯甲土司。清末改流时，与鱼科同隶道孚。现则已附于四川懋功县属之绥靖屯矣。

以上3县境域分划，大体能与自然地势符合。其不合者，唯甘孜县之东谷乡。东谷乡凡18村，17村在鲜曲（She Chir）流域，唯泥马沟一村在泥曲（Nyi Chir）流域。泥曲与鲜曲之间，隔有乃龙大雪山脉。故泥马沟虽属于东谷，而与东谷之交通甚非便利。即鲜曲流域东谷17村之于甘孜，亦隔有罗锅梁子，天然地势殊不相属。故甘孜、东谷之人，历世相仇，虽隶一县，势如胡越，官斯土者，常有左右为难之憾。查东谷之北，为俄洛、色达野番牧场。"野番"人民，常以牧场之皮肉酥酪药材，来东谷寺兑换粮食，故东谷寺有操纵牧场经济之力。俄洛、色达地域广阔，昔代理边务大臣傅嵩炑拟收其地建置两县，然其地尽牧场，无庄房与农地，非可设县也。若欲设县，必使附属于附近农业地区。若然，则其西部落，可附杂科为县；其中央部落，可附东谷为县；其东方部落，无适当之附丽地，则附泥马沟为县亦可也。此余《理想之西康县区》中所以有泥马、东谷、杂科3县也。

六、瞻化沿革

今瞻化县，昔称"瞻对"，藏语曰"雅龙"（nyag-rong）在甘孜县南，理化之北，东界道孚，西与曾陷藏番之白玉县接境，跨雅龙江中流，纵横各四五百里。农业村皆在河谷，牧场皆在山顶。山谷纵横，犬牙错列，地势华离，部落复杂。元、明之际，有多数小酋据之。雍正七年（1729），先后来投诚授印者，计有：

上瞻对茹长官司　有民428户，认赋银16两。今上瞻区河西之地皆是也。

上瞻对峪纳土千户　有民206户，认赋银8两。今上瞻区河东之地皆是也。

下瞻对安抚司　有民346户，无赋。今下瞻区地方是也。

雍正八年（1730），瞻对土司不法，纵民行劫，为邻封所控，四川提督黄廷桂剿之，乞降。乾隆十年（1745），再剿瞻对，至十一年（1746）始平定。（查理《西域行》序云"蜀之西南，土司百余种，均袭长官司职。而瞻对一部，与西北路之三果罗克迹时出为盗。乾隆乙丑，策果毅公等奉命剿伏，未裂其土。于后盗复炽。今年五月，乃至理塘，宣抚土司16部落土兵万余，以威西域之行"。所言"三果罗克迹"，即上中下三俄洛野番，犷悍与瞻对齐名也。）战时赴军前投诚者，计有：

上瞻对撒墩土千户 有民50户，无赋。今上瞻区砂堆村。

中瞻对茹色长官司 有民200户，无赋。今河东区全境。

合前三瞻，共5土司。名义分为上中下，故世称"三瞻"。

清咸丰时，五瞻为工布朗结一人所并。工布朗结住波惹，世称"雅龙瞎子"，或称"雅龙傻子"，俗称"布鲁曼"，意即"瞎小子"。为人狠骛，有并西康东部，内抗清廷，外抗西藏之志；尝出兵北征霍尔，南侵瓦述，东灭喇滚，西并长垣（即昌太）。西康各土司，或割地，或贡赋，莫不俯首帖耳听其约束。同治初年，藏人由打箭炉运茶回藏，道经康地，为工布朗结所劫。藏人求驻藏大臣具奏，请由川、藏派兵会剿，有旨允行。其时川省有石达开之乱，川督骆秉章不暇兼顾，而藏军已抵瞻对。各土司群起助藏，骆恐瞻对败而投藏，飞檄止藏军，藏军不听。骆又派道员史某率师徂西会攻。史至打箭炉，畏葸不前，俟藏军克瞻，诛工布朗结父子，乃往收地。藏军索赔兵费20万，骆督未允；藏人索地，骆请与之。瞻对遂为西藏属地。藏王派僧民官各一率兵镇抚之。藏官筑2寨于吴日麻河岸，建17碉守之，即今之瞻化县治是也。藏官暴敛横征，且亦如工布朗结侵占各土司地，索供驻瞻兵费，垂30余年。瞻民苦，于光绪二十年（1894）间，逐杀藏官而独立。旋经川督鹿传霖派兵攻克之，议与霍尔、德格一并改流。驻藏大臣文海及成都将军恭寿与鹿有隙，妒其功，密疏劾鹿。将瞻仍旧给藏。德格改流亦同消灭。鹿所派驻屯军，移赴炉霍屯驻。鹿有《筹瞻疏》二册，论瞻事甚详。为群小所挠，谈者惜之。

光绪三十四年（1908），赵尔丰剿德格，沿途土司百姓纷纷呈诉，谓瞻对藏官占夺其地，且年索兵费，所带藏兵千余，四路贸易，驮马络绎，概令百姓支差，不给差费，复索供给，并诬损坏货物勒令赔偿，受害难堪，恳求保护。赵檄饬藏官不得骚扰各土司百姓。藏官回语不逊，且欲以兵袭赵。赵以兵驻甄科拒之。并电请驱逐藏官，收回瞻对，清廷未允。宣统元年（1909）春，赵又请收瞻。清廷议以10余万银两赎之，令驻藏大臣联豫告藏人。藏人不遵，反借外人恫吓。宣统二年（1910）春，赵再电请收瞻，清廷议不决。宣统三年（1911）夏，边地改流已竟，赵调署川督，赴任之时，便与代理边务大臣傅嵩炑率兵入瞻，逐藏官，收其地，召百姓公议，改良赋税，置"怀柔县"。赵莅川督任，始将收瞻事入告，联豫犹疏争之，而清廷亦已覆矣。

民国二年（1913），改怀柔县为"瞻化县"，分全县为上瞻、下瞻、河东、河西区，设总保4人分理之。二十年（1931）为藏军所陷。翌年（1932）春，川康边防总指挥部再以兵力收复之。

七、理化疆域图说

西康各县疆域，曾经政府派员履勘有案者，唯理化、巴安2县，皆赵尔丰时委两台粮员所办也。理塘粮务李克谦，呈报尤详。兹录原禀如下：

"委管理塘粮务、试用通判李克谦谨禀钦帅钧鉴。敬禀者，宣统元年（1909）六月十二日，奉宪台札饬划界。除原文有案，邀免全录外，后开'区分疆界，总以设官之处为适中，其四方之地，近何府何厅何县，即就近划归管辖，以便呼应灵通。而交界处所，或以山，或以河，须立石碑为界。务宜履勘，逐处详细订明，分别东南西北四至界址，造具清册，绘图贴说，详报来案，以凭咨部查考。并饬于奉文之日，即便定期会勘，上紧赶办，限半月内详处，以便本年租粮，各归各收，免致混淆。计粘单一纸'等因奉此。遵即分别四至界址，电约河口（今之雅江县）、三坝、稻城各委员，定期会勘。六月二十三、四五六七八等日，勘迤东。会同李令竟成，于西俄洛、咱马拉洞居中之地，名'马头山'即蛮名当古纳，以此山顶中心电杆2504号，为理化、河口分界之处。距理155里山之西属理，山之东属河，议定镌碑为界。东之北，至崇西土司（即崇喜土司）官寨地方俄洛得，以通西俄洛之小河为界。东之南，至下渡之马岩，以村后河沟为界。惟莫拉石一村，在马岩之上，距里塘80里。距河口200余里，李令竟成拟以该村划归河口管辖，以便收粮。设将此地划分，则是犬牙相错，似与宪台居中划界之意未能符合。究应如何划分之处，应请钧裁，以便遵循（赵批割归理化）。七月初一、二三四五六七八等日，勘迤西。会同邓委员乐材，于喇嘛垭、麦甘多居中之地名'益拉山'，以此山顶中心为理化、三坝分界之处。距理165里。议定镌碑为界。山南徙楚卡场河，河西属三，河东属理。十六、七八九等日，又同邓委员前往理塘之西北隅会勘，以洛里贡、洛里洞两山居中之地为理化、三坝分界之处。洛里贡属理，洛里洞属三，议定镌碑为界。二十一、二三四五六七八九等日，勘迤南。会同稻坝张委员中亮，择拉波、泻波居中之地名'洗擦耶纳'山，以此山顶为理化、稻城分界之处，距理376里。山之北属理，山之南中心属稻，议定镌碑为界。惟正北直接瞻对，是处无会勘之员。通判于八月初三日，亲履查看，均系荒地草地，既无村落，亦不出种。行至牙火中，始有人民数十户，该村寨首即住于此。前往五哈即'噶坝'又名'阿坝'，距理170里，有前已革正土司分庄，去年曾在本台纳粮84克，造入土司分庄租粮册内，不日申送。再由阿坝至雄纳山，即昔日瞻、理立碑为界之处。由理至此350里。嗣因瞻番肇衅，毁碑。附近之穷坝、霞坝及噶坝三村，因归瞻属，并不由理塘管辖。此路既无会勘之员，自应审度地势，区分界址。或由距理较近之阿坝分庄地方，抑由雄纳山瞻、理旧日分界之处划界管辖，均请示遵。然两地现均瞻属，无论分界何地，应恩札饬瞻官遵办，庶免另生镠辖。此勘划四至界址大略情形也。伏思疆界既分，则方域不紊。而幅员辽阔，则调查宜周。通判更于会勘之日，每到一处，必详查户口之多寡，道路之远近，气候之寒暖，土地之肥沃，何处宜种，何处未垦，何处尽属民地，何地系属充公，以及境内之山林荒野，土司之插帐住牧，均一一列表另呈。以致奔走羁时，逾限实多。上紧赶办，始于八月初八日勘毕回台。纳手扪心，万分惶悚。然总览理塘之大势，则划分以后，东路忧其无粮，北路虑其空虚，西路尤虞垦地太少。所恃以有粮征收而地土膏腴、天时和暖者，惟南路而已。南路广袤，可垦之地尚多，次第经营，必有可观。惟现在既经分界，则本年租粮，自应遵谕照办，各归各收。赶将划分之粮，查明数目若干，在何属界内，即为造册移送，庶后此无混淆之弊，而

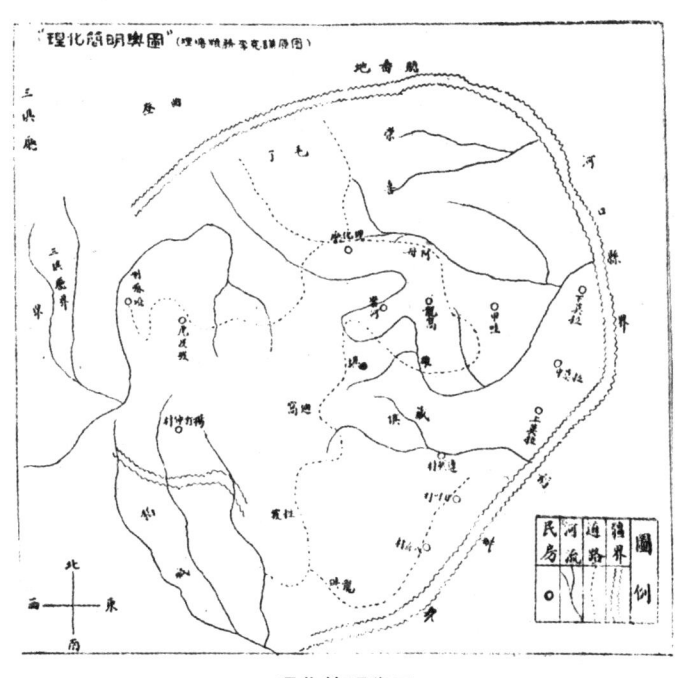

理化简明舆图

各有专辖之权。此又履勘地势及拨粮之大略情形也。……（中间论种桑事。略。）……除备具图表清册呈请察核外，所有遵奉会勘划界线由，理合禀请宪台俯赐察核批示是遵。为此至禀。须至禀者。计呈简明舆图，村落图各一纸。四至界址一张。"

《理化厅四至界址道路气候土宜表》

"中路　气候酷冷，霜雪不时。不出青稞豆麦之类。近有种菜蔬者。考查土宜，并能种桑（此谬说也。参看垦政章）。正街铺共户105家，均系汉人贸易，亦有出关多年为理化土著者。喇嘛寺共622所，内有18家孔村，6家喜索（即番僧公会之地），汉名之曰'公所'。统计汉夷居民男女共1328口。正东30里么卡子，为进关之路。正西30里大桥，为进藏之路，正南30里札呷寺，为赴稻城之路。正北30里打色桑古马，为接瞻对之路。

东路　正东行30里么卡子。30里火竹卡。30里千把顶。40里咱马拉洞。20里马头山。此山之顶，即理化、河口分界之处，由理至此150里，沿途村落亦无庄稼，其气候与理化相等。由东北行10里至拖落纳卡。30里至区绕卡。40里至汤冈吗，此即崇喜土司秋天住牧之地。50里崇喜官寨，地名'俄洛得'，即理化、河口分界处。崇喜区域，地气多寒，不出庄稼；计头目土民等共110户，男女大小约230余口，四时择地住牧，迁徙无定。由东南行40里吉日西。40里莫拉石。该村有上中下之别，气候温暖，适出庄稼。此外尚有那歌村、哈目村、东伍村、姑喜村，皆莫拉石之小地名，沿村一带可垦之地尚多。

南路　正南30里，札呷寺，山林微冷，不出庄稼。30里甲哇，即亚里，温暖出种，地可开垦。30里雄坝，温暖出种，地可开垦。30里藏坝，温暖出种，地可开垦。80里迪窝，温暖出种，地可开垦。此村之内，更有白中村、当仲村、日哇村、紫纳村、八给村、打然村，皆属可垦之地。140里拉波，地面宽裹，温暖出种。附近曾哈村、日或村、歇中村，可垦之地亦多。30里洗擦耶纳山，此山之顶，即理化、稻城分界处，由理至此370里。此外更有墨哇村，亦出庄稼。即附近之茶哇村、达仲村、那八村，均多可垦之地。又有龚坝村，地亦温暖，适出庄稼。自经此次划分，理塘地土膏腴，天时和暖者，惟此南路而已。

西路　正西行30里大桥。30里头塘。35里甘海子。均奇冷无庄稼。35里拉耳塘，微暖。20里喇嘛丫，天暖出种。附近之地，虽已尽辟，而山腰沟口一带，可垦之地尚多。15里益拉山。此山之顶，即理化、三坝分界处。由理至此165里。益拉山之南,即徒楚卡场河,河西4村属三,河东4村属理。益拉山之北50里,即洛里贡、洛里洞,以两山居中,为理化、三坝分界之处。是处毛丫与曲登相距甚近。现曲登划为三坝管辖。惟毛丫尚有十之六七属理。该土司并无土寨,所辖区域不出庄稼,其头目土民等共计250户,男女大小约计500余口,四时择地住牧,迁徙无定。

北路　正北行由理塘过后山,30里打色桑古马。30里爵咯。均毛丫土司春天住牧之地,一片荒山,不出庄稼。40里卡纳拉噶,尽系山林,地气高寒。50里牙火中,有瞻番寨首住此,人户数十家,地气温暖,能出庄稼。25里五哈,即噶坝,又名'阿坝',有已革正土司分庄一处,地系瞻属,距理170里。又过不拉纳山,100里子午汤,穷坝、霞坝俱相距不远。又80里雄纳山,此山之顶即昔日瞻、理立碑为界之处(按:自五哈以下概与实在情形不合,当系履迹未至所致)。"

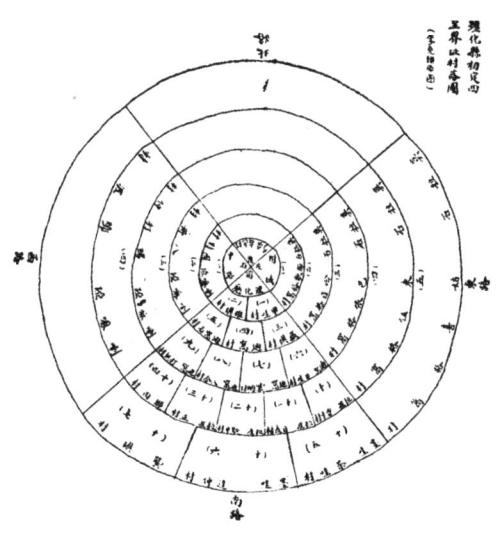

理化县初定四至界址村落图

李倅制有地图2幅,简陋可笑,兹并钞附,以存全真。

查木拉石3村,与墨哇、茶哇、达仲诸村,皆在距理塘300里以外,道远难理,适为乱阶。又有雅江县之钟宗堂一区,因距县太远,俨如独立。是宜合建一县,以资整理。此余理想中之木讷县也。

八、瞻理界务纠纷与其解决方法

理塘与瞻对之间,当雅龙江南岸,有三小农业区域:曰"霞坝""穷坝""噶坝",分为3村,各有差民二三百户。原系独立三小部落,其酋未经投诚受封,瞻对、理塘皆欲收为己属，各派亲信游说诱致之。三部夷民，亦与双方要结，因以为利。骆秉章以瞻对赏藏，未曾划明三区界理。自咸丰至于光绪之世，瞻、理争持三区，纠结不解。光绪十年（1884），川督丁葆桢派员查勘办理，划清界址，镌碑树石，绘图存案。兹将丁督奏稿抄录如下：

"奏为瞻对、理塘界址不清，迭滋事故，现已遵旨划明界限，刊碑立案，瞻、理地方，一律静谧，恭折具陈，仰祈圣鉴事。窃查光绪七年（1881）臣与前成都将军宗室臣恒片奏，请旨划清瞻、理界址一折。准军机大臣字寄，钦奉上谕'恒、丁奏请饬勘明内地与瞻对地方界址分立界碑等语，此次中瞻对地方番官索康色，胆敢称兵犯境，围攻台寨，焚杀百姓，现经恒等派令官兵办理完竣，惟瞻对地方，紧接内地，必须划清界线，以遏乱萌。着色维严行商上，将番官索康色撤回后，饬令接成番官，约期会同该处地方官暨各土司等，前往勘明内地与瞻对地面，划清界址，分立界碑。以后土司所辖部落，番官不得越境逼勒滋扰，瞻对所管地方，土司亦不得蒙混侵占。如有彼此越境滋事，即惟各所辖之番官土司是问，以息纷争'。等因奉此。谨即恭录分咨在案。一面会派候补知府杨福萃前往查办，尚未办有端倪，该府旋即丁忧，回籍守制。随委候补知府耆善接办，亦未办结，因事调省，另有差委。随查有卸署巴塘粮务候补知县嵇志文，上年办理岩番劫杀司铎梅玉林之案，尚属妥速，当即专檄饬办。并以该处系建昌道所辖，该道宝森，熟悉该处夷情，并饬与该员指授机宜，俾有把握。嗣见日久未经办结。臣等恐又另生枝节，复专委前川东道候补道丁士彬驰赴理塘督办。去后。兹据丁士彬转据嵇志文等禀称：缘瞻对与理塘界址，本属分明，并无紊乱。瞻对在大道之南，系西藏所辖，理塘在大道之北，系川省所辖。（原禀方位误）理塘旧有三坝（穷坝、霞坝、噶坝）、查录、木拉石地方三处，向来由该土司收纳夷赋。咸丰年间，瞻对叛番工布朗结滋事，将三坝地方概行占去。后将该叛番剿戮，遂将瞻对地方一并赏给唐古忒经营，而三坝仍为瞻对所有。理塘土司，未免心怀怨恨。迨后查录头目格桑汪清，因慕瞻对势强，又背叛理塘，私投瞻对，恃为护符，于理塘反戈相向。由是理塘土司于查录已痛心疾首。乃理塘土目洛宗策登、中泽阿雍东尼、麦色丹珍彭错（土目、中泽、麦色皆职衔名）三人，又狼狈为奸，凌虐木拉石百姓。格桑汪清唆使木拉石百姓背叛理塘，往投瞻对。于是理塘恨查录入骨，带领土兵问罪，并赴台员处具控。该台员等，以查录本系理塘所属，始则背叛，继则唆使木拉石百姓私投瞻对，大属不合，即督饬土兵，严拿查录格桑汪清治罪。讵该番勾结瞻对，派兵相助，围攻台寨。经杨福萃督饬官兵奋勇击退，并将查录三寨平毁。由是查番退伏，瞻番亦因之夺气。杨福萃办理善后，以为必将界址划清，日后方冀久安。因丁忧未得办竣。嵇志文奉檄饬办后，当将瞻对番官戴本丹巴明足尔传到理塘，传集毛丫、崇喜、曲登、瓦述各土司到来，三面环质，听候剖断。随查查录三村地方，本系理塘土司所辖，而查录之勾结瞻番围台，实由理土司之先攻查录起衅。理土司之攻查录，实由于查录之唆使木拉石百姓私投瞻对所致。木拉石百姓之私投瞻对，又因洛宗策登之凌虐百姓使然。就事论事，瞻对与理塘，两造均有不是。此时若不持平办理，使两造平其心而摄其气，纵勉强将碑竖立，日后难免不滋他事。讵该两造到理以来，在理番欲将三坝、查录划还，并欲将查录头目全行绝灭，始觉称心。藏中又不欲退还三坝，犹欲夺回查录。又以理土司称兵肇衅，罪与查录相等，坚请一并治罪，为抵饰之具。各执一词，两不相下。经嵇志文多方开导，晓以利害，两造始渐就我范围。正等办间，格桑汪清因见各番麇集理台，思欲乘势作乱，潜行来理，与其旧日党羽，私相聚议，行踪极为诡秘。嵇志文访闻，知会地方文武，随带弁兵，在理塘寺院围拿。该犯胆敢放枪拒捕，及伤土兵四名，经汉番兵练，奋力兜拿，始将该犯格伤垂毙。即枭首传示查录三村，俾昭炯戒。又探得理塘土目洛宗策登等三犯，逃赴明正地方潜匿。嵇志文又檄饬明正土司，按名拿获，解赴理塘。经嵇志文讯明该三犯狼狈为奸实据，与理塘土司无涉，将三犯解赴打箭炉厅监禁，以示惩儆。并将历年理塘交涉各案，逐件剖断清楚。理番之心始平，瞻番之气亦慑。两造俱各输服，甘愿具结遵断。嵇志文始于本年三月二十八日，眼同三面，在理塘之噶坝穷坝阿坝三坝之北，雄辣山竖立川藏界碑一座。又三坝之南，理塘之北，立碑一座，以示区别。三坝仍系川疆，归理塘管理。其大道差事，近年久已不支，仍饬令查照向章，分别应差。三坝应上夷赋，按年上纳。查录、木拉石地方，仍归川属，由理塘管理。其一切未尽事宜，均明晰刊入碑中，以资遵守。从此西藏不得预闻查录之事，取有番官土司遵依了案，分划清楚各夷结，连印刷碑文，绘图贴说，一并赉禀。由丁士彬转恳，分别奏咨前来。臣等伏查瞻对地方，从前奏请赏给唐古忒之时，未将界址分别清楚，本属蒙混。但南北大致了然，岂容稍有混淆。只因历年既久，强者因便乘利，弱者积不能平。前办各员，又未秉公速断。以致瞻、理两番，积忿成仇，构衅称兵，几至扰乱大道，实属不成事体。兹该员等遵旨奉委查办，先究肇衅之理番，以释藏番之疑；复殄首祸之查番，以平理番之恨。两造均以折服，各番悉就范围。从此理塘所辖部落，番官不得越境逼勒滋扰；瞻对所管地方，土司亦不得蒙混侵占。川、藏相安，边民永资乐利，堪以上慰宸廑。所有在事出力各员之候补道丁士彬，督率有方，不负委任；

现任建昌道宝森，尽心指授，悉合机宜；候补班前先补用知县嵇志文，往来于瘴雨蛮烟之地，出入于冰天雪窖之中，历有年余，力顾大局，不避艰险，均属著有微劳。可否仰恳天恩，将丁士彬赏给随带加三级，宝森赏给二品顶戴，嵇志文归候补本班尽先补用；尽先千总阎凤仪，以尽先守备留川补用。以示鼓励之处，出自逾格鸿施。其余出力各员弁，由臣等查明，给予外奖，以励勤劳。所有瞻对、理塘界址不清，迭滋事故，现已遵旨划明界线，刊碑立案，瞻、理地方，一律静谧缘由，除分别咨部，并将各夷结碑文图说附卷存案外，谨会成都将军臣等宗室歧，合词具奏，伏乞皇太后皇上圣鉴训示。谨奏。"

其后瞻对番官，叛约毁碑，仍复役属穷、霞、噶坝三村。理塘土司势弱，不敢问也。理塘改流时，粮务通判李克谦，履勘界至，瞻对无人会勘。李曾以此情形，禀报边务大臣赵尔丰，请示办法（文详前节）。赵含糊批云："穷、霞、噶三坝，拨归瞻对，在光绪年间，立有界碑，自难强归理属。只雄纳（前文作'辣'）山，瞻、理旧日分界之处，该粮务署有案可稽，有碑可证，俾即照案办理。前已札饬瞻番遵照，毋庸再行重复也。"赵盖误以雄纳山在三坝之南。且当时瞻对藏官仇赵甚力，在未用兵以前，争界亦属无用，故暂以含糊语了之也。

宣统三年（1911），赵尔丰以兵力收抚瞻对，仍将穷、霞、噶三坝划归理塘，恢复光绪十年（1884）树碑旧界。其噶坝一村，共有15小村。内有绷娃3村，与河口（今雅江县）接壤，旧曾与崇喜土司相结。改流时，崇喜划隶河口。河口乔令，遂欲并收绷娃3村为其县属，曾于宣统三年（1911）七月，移请瞻化米委员划界。米委员复称："穷、霞、噶三坝，已于闰六月遵上宪札拨归理塘管属。户口粮税底册，早经移送。绷娃三村，在噶坝内，希即另向理塘交涉。"乔复移请理塘李粮员划拨。李以噶坝甫经拨归理属；绷娃三村，距河距理均各一天半，详请代理边务大臣傅嵩炑，免予划拨。尚未判结，值革命军兴，傅率军回川，康疆大乱。民国元年（1912），康疆平静，三坝仍由理化管理。民国八年（1919），瞻化知事米小阳，使河东总保穸穸工布诱招噶坝附瞻。噶坝头人工布汪青率部来附，隶河东区，经川边镇守使陈遐龄批准有案。至穷、霞两坝，则仍隶属理化，为北区。

理化当南路中枢，差徭繁重。其差系各区分担。穷、霞人民，负担大于瞻化10倍，屡请理化知事争回噶坝，分任差徭，知事制于定案，屡争不得。民国十六年（1927），刘文辉接防西康，理化再请拨回噶坝，而雅江之崇喜土司阿缺，亦呈称："噶坝于民国五年（1916），以乡匪滋扰，请求该土司保护即归管辖。请以噶坝一村，仍归管理。"瞻化知事张绰，呈请饬令雅江知事，严束崇喜土司，毋再越界滋扰；并令理化知事，不得再争噶坝。经川康边防总指挥部核定，噶坝仍归瞻化。民国十八年（1929），工布汪青因案被收，其徒劫瞻化狱，出之，逃回噶坝。虑不复为瞻化所容，欲复附理化。理塘喇嘛寺传号，为其至好，说理化知事刘九如收回噶坝。而瞻化河东区总保穹穹工布，利噶坝隶己，亦请瞻化知事张楷争之。一面游说工布汪青，保其无事，俾无附理。噶坝人亦利瞻属差徭轻，遂仍附瞻。既而汉、藏开衅，藏军攻陷瞻化，欲恢复赵尔丰以前现状，遂以军力强迫三坝人民附瞻。穷、霞二坝，竟被夺去。中央特派员唐柯三，与藏方议和，订立条约，仍将穷、霞划归理化。其约未经签字（第六章第十三节），现穷、霞、噶三坝与瞻化，已为我军克复。

如上所述，瞻、理两县争管穷、霞、噶三区，各是其是，纠结不解，已近百年。历世有力军政长官，所为剖断，皆属无效。反因相持不下，致雅江崇喜，亦加入争地。余昔过霞坝时，护行瞻对土兵，皆怒目切齿，声言此瞻属地，为理化强争以去者也。在理化日，理番亦哓哓以划回噶坝，始胜差徭为言。过雅江日，雅人又谓噶拉之北，木吉、西梭、底宗等处（即绷娃3村地），皆雅江旧属，为噶坝争去，理宜划回，以均差徭。似此纠纷，非另寻途径解决，不足以永断葛藤。其道为何？即另置新县是也。

查噶坝附瞻属河东区，其实与河东区间，尚隔有下瞻区之曲羽6村地面。曲羽6村，原系喇衮土司故地。该土司于康熙时投诚，拨归明正土司管辖。其地在查坝之西，西北两面皆以雪山与瞻对相隔。咸丰间，为瞻对工布朗结所并。其后清廷以瞻对赏藏，并未划留喇衮故地。清末收回瞻对，改置一县，分为上瞻、下瞻、河东、河西4区。甲斯弓与曲羽6村，及其西之朱倭、甲溪、洛古等村，为下瞻区。拉日麻以北为河东区。噶坝划归瞻化后亦悬属于河东区。噶坝与曲羽6村，隔江相对。与穷坝、霞坝、洛古、甲溪，一谷相通，距离最远不过200里。其与崇喜土境，则有巨岭梗之，不相连属。今若于噶坝置县，将曲羽6村，拉日麻、甲斯弓，与穷坝、霞坝、洛古、甲溪各村划入，面积纵横各200余里，人口约1200余户。如嫌不足，可再以道孚之查坝6村益之。瞻化、理化、道孚皆面积广阔之县，去此各村，并不嫌小；而争地纠纷，永远斩断；施政行令，亦便于昔。将来更可辟一驿道，由雅江循雅龙江，经新县达于瞻化，较自道孚、甘孜通瞻，更为便捷。自瞻化经噶坝、穷坝以达理化之路，亦可因新县而大通利。其利益又不仅斩断纠纷而已。至于差徭问题，当另以政治方法适当分配之，原与地域区划问题无关。如理化、雅江果属支差困难，即饬新县，帮差过境，当亦无不可也。

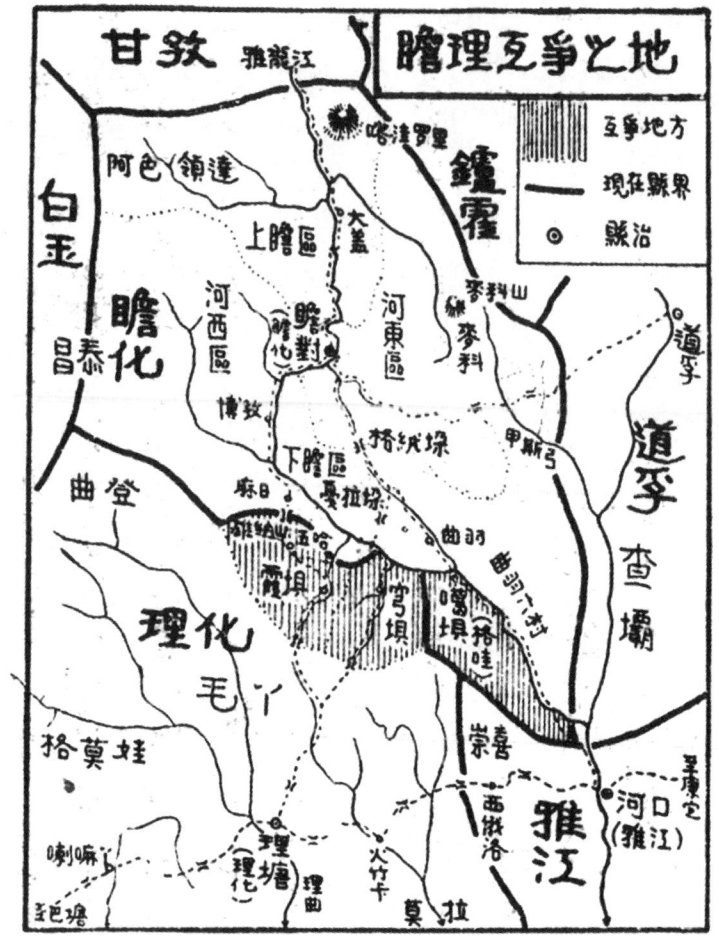

瞻理互争之地

九、巴安疆域图说

宣统元年（1909）六月，赵尔丰饬巴、理粮员履勘巴安、理化界至，绘图呈报。理化李粮员禀复，已详前节。兹从旧档中，抄录巴塘粮务详呈如下：

"管理巴塘粮务补用知县，为遵札勘拟巴安府界，造具表册，绘图贴说，详请鉴核事。窃查宣统元年六月十六日，奉到宪台札饬，会勘巴安府四至界址。遵即于二十七日出勘东界，曾经电禀在案。嗣会同邓倅梁材，履勘巴安与三坝界限，遵宪谕于大朔山口，以山顶划分：东归三坝，西归巴安。随于七月初五日回台。初十又前往西路勘西界及西南界。旋与盐井委员王令会同拟划巴盐界址。勘定邦木塘、甲义

(音yì)顶两山中间之壬子坳以沟水为界。沟以南属盐井，沟以北属巴安。十五日回台。又于十八日南赴忍波，会同定乡委员丁成信，从定乡属仲多村交界之拉垅贡格，又名"即朗卡山"，划巴定界。凭中分划，西为巴土，东为定属。二十六日返台。复于二十八日，出勘北界，并验路工。

查巴安北界，旧与德格属萨马之女扒拿山划分。现在路工亦至此止。勒石于此，以示不渝。兹于初二日差竣。所有交界之处，均经粮员会同会勘委员，审度地势，考查情形，详细商榷。并传集该处夷民头目，回环演说分界理由，该夷民等无不欢欣鼓舞，仰体国家设官治民之意。惟所属村落，以及各地名目，言人人殊，彼此翻译，不无互异，应俟宪台核定后，再行一律更易，以便永远遵行。所有遵札勘拟巴安府界情形，理合造具表册，绘图贴说，详请宪台俯赐察核，批示是遵。为此备由呈乞照详施行。须至详者。赍呈表册一本，图说二张。右详川滇边务大臣赵。宣统元年八月初八日。"

附《巴安府治图说》：

"巴安府东界三坝厅，南界云南中甸厅，及诺苴寺'野番'属。西界江卡。北界德格之萨马，东南界定乡县。东北界瓦述土司及瞻对属。西南界盐井县。西北界三岩'野番'属。东至三坝厅以大朔山口之山顶为界，计程一百一十五里。东为三坝境，西为巴安境。南至云南中甸厅，以耿中桥为界，计程约六百六十里。由河之中流划分，南岸为中甸境，北岸为巴安境。（查诺苴寺'野番'属境数百里，与巴安境犬牙相错，土地肥沃，物产饶富，现未服从。）西至江卡属之南墩，以宁静山为界，计程三百五十里。由山顶划分，山以西归江卡番官属，山以东为巴属。北至德格所属之萨马，以女扒拿山为界，计程约二百五十里。交界勒石为记。东南至定乡属，以忍波村之拉垅贡格又名'即朗卡'为界，计程约三百五十里。由山顶划分，山之西北属巴安，山之东南属定乡。东北至瓦述土司及瞻对属，以宁卡石（今作'冷卡石'）为界，计程276里（查宁卡石旧属巴塘。同治初为瞻对占去。故无确界）。西南至盐井县，由甲义顶壬子坳中间之沟水划分，沟以南属盐井，沟以北属巴安，计程300里。西北至三岩，以色尔巴为界，计程一百五十里。以金沙江为界（查由巴塘经三岩'野番'属土赴察木多，计程不过四百余里，土地平衍，人民犷悍，夹坝抢劫，多出其中）。本图开方以五十里计。所有四至八界路程，均系约数。确数待量。图中所列村名，均就大村填注。其余零星村落，限于方面，暂时从略。村落名目，言人人殊，匆促译写，诸多失确，俟核定后即行更正。本图系简便测量，拟绘初稿。所有流域山脉，以及西北三岩'野番'属土，东南诺苴寺属土，尚未有经步测者。容俟补测，俾归完善。宣统元年（1909）八月初八日。"

所云巴安府界即今之巴安县界。盖改流时之巴安府，无属县也。耿中桥，即奔子栏东南交界河上之矼头。于时未析得荣县，故巴安南界至此。诺苴寺，即定乡南境之东阿龙"野番"。宁卡石即巴安北境之冷卡石，亦作"临卡石"土司，向为巴塘附庸。合并注明。又其附图已佚。兹依中西各探险者实测图稿，补绘《巴塘疆域图》一幅，以便印证。

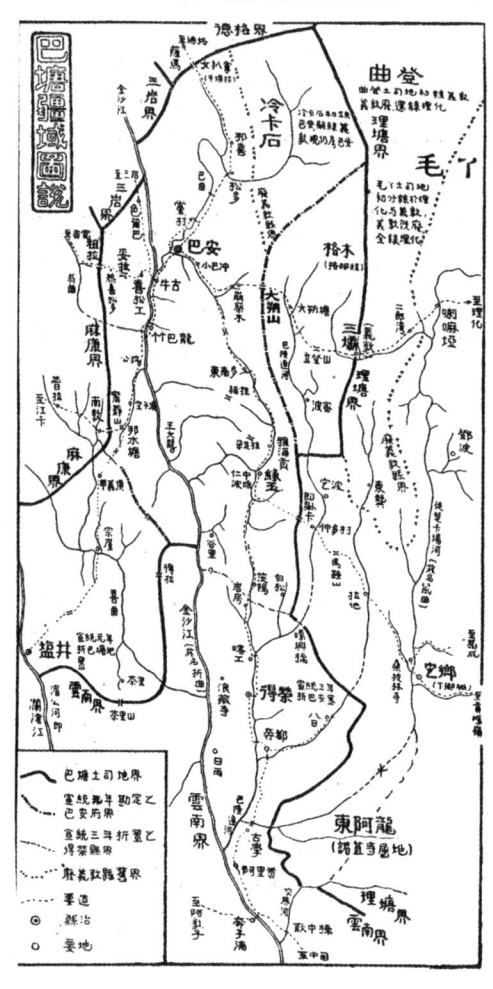

巴塘疆域图说

十、义敦县故事

理塘至巴塘间,清代驿道,凡分6站。第1站头塘,50里。第2站喇嘛垭,105里。《进藏纪程》作75里。自喇嘛垭上山,15里益拉山,亦作"月拉山"。又40里二郎湾。又55里立登三坝,为第3站。大草原中之一台站也。旧为巴塘、理塘土司分界处。藏语桥曰"三坝"(Zam-pa 或作"桑巴",立登三坝,即"立登桥"),立登其地名也。自立登西行,渐上雪山,藏语曰"勒日拉"(Ri-vdzag),犹言"立登山"也(藏语 Ri-vdzag 义为"登山")。《康輶纪行》《卫藏图识》皆称"巴山"。《进藏纪程》称之为"大朔山"。皆误。凡65里至大朔塘,为第4站。自大朔塘逾大雪山,藏语曰"大朔拉"(Tag-su-la),汉译为"大朔山"者是也。下山行,凡130里至小巴冲,为第5站。小巴冲50里至巴塘,为第6站。光绪三十四年(1908),赵尔丰奏将巴、理改流,设三坝厅,划定益拉山顶以西,大朔山顶以东,北包冷卡石与曲登土司,及毛丫牧场一部之地。宣统三年(1911),改称"义敦县"分为5村:

二郎湾　仅民1户。

毛丫村　330户。毛丫土司辖境,为一大牧场,无农业。

东龚村　45户。在县南,理塘故地也。

格木村　94户。在县西北,属巴隆达河流域。农户少,牧户多。

冷卡石　257户。在县西北,属巴塘河上游。农牧参半。

全县共计727户,额征粮120余石,牲税藏洋210元。其民犷横,地复散漫,设治以来,夙称难理。县治原在立登台站。其地荒旷,无农田材木房舍,唯冬季有格木牧民集帐于此。相传义敦知事无官署,居于帐中,召四乡头人设帐其侧办事,借以点缀治所。知事尝忤头人,头人乘其公出,撤帐尽去。知事归,一望荒原,无坐息处,派人驰与头人接洽,携一帐归,始得宿所。自是以后,移治于其西70里之大朔塘。民国七年(1918)汉军战败后,夷人益轻汉官,抗粮抗差,日甚一日,义敦粮税几至全无收入。陈遐龄废义敦县仍以冷卡石、格木还巴安县。曲登、毛丫、二郎湾、东龚还理化县。立登三坝仍为巴、理界标云。

十一、昌都、乍丫、江卡、贡觉四县建置始末

雍正四年（1726），周瑛、郝玉麟会勘划界，将宁静山以西之江卡、贡觉、乍丫、察木多、类乌齐、八宿等部赏藏。其实察木多、乍丫、类乌齐、八宿为四大呼图克图辖地，除宗教上与达赖喇嘛发生关系外，殆完全独立。即有重大不了事件，亦直请清政府判理，实非藏属也。唯其东之江卡、贡觉二部，乃为藏地。周瑛等此种分划与自然地理、政治形势皆不切合。假使当时能以瓦合山为界，将四呼图克图地与江卡、贡觉划归四川，于藏只少江、贡二区，未觉其啬；于川则多纵横千里之地，裨益良多；且察、乍二台之粮运，与乍丫、三岩之刁风，皆可易于办理矣。既划界后，清廷虽未过问诸部民刑事件，但曾于江卡至察木多大路沿线，安置戍兵；又设乍丫、察木多两粮台，办理川、藏间饷运邮递事项。其官吏兵丁，皆由四川政府派遣管治。故宁静以西地方，名虽属藏，而驿道沿线之交通事务，则属川省也。

光绪三十一年（1905），巴塘番戕害驻藏帮办大臣凤全。川军剿平巴塘，赵尔丰办理善后，并将巴、理二塘改流。三十四年（1908），简放赵为驻藏办事大臣兼边务大臣。藏人畏赵刚猛，群起反对，迭请收回成命。赵亦志在川边，自请专办边务。清廷因饬其暂留川边办事。驻藏大臣联豫，见藏官嚣张难制，力请由川派兵入藏，以资震慑。于时达赖由京回藏，在青海道中，暗嗾江卡、乍丫、硕般多、桑昂、左贡、瞻对等地番官，集众抗阻川军前进。檄到察木多，察木多不应。联豫奏请将察台拨归边务管理，借便卫护川军入藏。宣统元年（1909），赵尔丰率军入德格，办理改流，意在增辟州县，将川边建省。遂请并将察台以东之乍丫、江卡二台，及乍丫地面，与察木多地面一并划归边务管辖。其奏折云：

"再臣迭准四川督臣赵尔巽电开'宣统元年正月二十七日，承准军机大臣电开：赵大臣尔丰即作为边务大臣驻扎边境，仍可为藏中声援。遵旨电达。枢，宥，等因。又于闰二月十六日，承准军机大臣电开：奉旨赵尔丰即着驻扎巴塘，将察木多拨归管辖，借为藏援等因钦此。枢十五日'各等因。臣当即钦遵查照，专办边务，一面暂就现有兵力，拨驻察台以资控制；一面飞咨驻藏大臣联豫等，将察木多部落界址管辖事宜及卷宗等项，查明咨送，以便通筹布置。再，察木多既拨归边务，在察台以内之乍丫、江卡两台粮员营汛文武，应并归边务节制，以资联络。至乍丫一部落，

其正副呼图克图均受圣朝封号，向不归达赖管辖，与察木多事同一律。可否一并拨归边务管辖，由臣经营保护，以免暗被藏中侵占。倘蒙俞允，即由臣分咨照办，以固边围。所有臣遵旨专办边务，遥为藏援，添筹划拨，以固边围缘由谨附片密陈，伏乞圣鉴训示。谨呈。宣统元年四月。"

联豫初意，只在将察、乍两台员弁兵马拨归边务办理，未有划地之意。及是，曾以奏折争之云：

"查察木多虽久隶川属，仍由该处之呼图克图自行管理。台事亦然。此次赵尔丰只宜添兵驻扎，善为开导，谕以朝廷此举，系为保护地方，绝不侵其权利，一切财赋仍听该呼图克图管理。一二年后，我所驻之兵，彼亦视为固然，始可逐渐整顿。若今日猝然改革，恐隶于黄教不能为我用，且阴为达赖所使矣。且察木多一带，并未与唐古忒合为一气，我若忽收其权利，势必至合谋以拒我。其中关系甚大。可否请旨饬下赵尔丰：察木多虽归管辖，并非改土归流。不动声色添驻弁兵则可。其余仍照旧章，不必汲汲。事机既顺，然后酌量办理。潜移默化，自可收效于无形。奴才等已将详细情形函商边务大臣四川督臣矣。"

联豫对于江卡、乍丫之拨归边务，亦有文电争执。嗣因川军入藏，道为藏民所阻。赵尔丰既定德格，西赴察台，饬边军驱剿梗路诸番，卫送川军入藏，直抵江达而回。时边军声威极盛，藏军瓦解，三十九族、波密、江卡、贡觉、桑昂、杂瑜、察哇龙等番，纷纷谒赵投诚。赵奏请将喀木全部收回，与藏人于江达划界。朝旨饬驻藏大臣联豫查复。联力争其不可，请仍以江卡等处属藏。赵乃于宣统二年（1910）六月，率军巡阅乍丫等地，传集头人百姓，询问愿归何处。诸番争请设官理事。乍丫宿称横悍，此时亦恭顺无异。赵遂奏设察木多与乍丫理事官，整顿粮税，抚顺番民。九月，率兵赴贡觉，讨三岩，驱剿江卡乱番，进军定桑昂、杂瑜。又设贡觉、三岩、江卡、桑昂、杂瑜委员，乃回巴安。三年（1911）四月，赵奉旨署理川督，奏以傅嵩炑代理边务大臣。仍同傅将瞻对、霍尔、明正、单东诸部一体改流，始赴川任。傅嵩炑继续布置建省。经民政部核准，设昌都府与察雅、宁静、贡觉等县，建置尚未就绪，值革命军起，边地大乱。原设州县，大都陷没。宁静以西。仍为藏军占领。民国元年（1912），尹昌衡西征，重将江卡、贡觉、乍丫、察木多、类乌齐等地收回。又分昌都西境置恩达县。而桑昂、杂瑜不复为用矣。

民国六年（1917），边藏两军开战，恩达、昌都、察雅、贡觉、宁静等县概为西藏地方军所据。迄今未克恢复。

十二、德格五县

德格、白玉、邓科、同普、石渠5县，皆德格土司故壤，故称"德格5县"。其地在甘孜、瞻对之西，跨金沙江及雅龙江之上游，与青海界谷接壤。德格土司住牧更庆（Dgon-chen），汉人称"德格更庆"，或只称为"德格"。藏人与西人则称德格全境为德格（英文De Ge法文Degue），则称更庆为"德格工青"（Dega Gorehen）。此土司开国远在明初，《明史》称为"朵甘"即林葱土司。霍尔诸部亦包在内。今之甘孜明世为朵甘思，其后土司衰弱，所辖头人渐有脱离自立者（如春科、高日、麻书、白利等是）。明末清初，德格与其附近诸部，皆为青海所役属。雍正讨平青海，德格与其附近诸部，同受周瑛招抚投诚，授职为土司。于时德格自报百姓7721户，年认纳贡马12匹，青稞150石，狐皮12张，共折征银252两；又有所属革赍、笼坝等土百户6员，共235户，赋银59两；皆由土司派人解赴打箭炉同知衙门上纳，拨充阜和协军饷。其后又并霍尔咱土司（今之杂科），与瓦述长坦土司（今之昌泰）之地。又其境内包有之林葱、春科、高日三小土司（皆雍正初投诚受封者，详第一章第四节）亦受约束。故有"天德格，地德格"之称。咸丰中，瞻对工布朗结僭乱，德格与霍尔诸部畏其强，并与通款。其后藏军攻杀工布朗结，清廷以瞻对赏藏。驻瞻藏官，以德格与霍尔诸部，曾附瞻对，阴令诸部照常对瞻对官署支应差徭。诸部或有纠纷，瞻官辄出排解，四川政府，以其地险远难理，反不过问。唯诸部土司，则仍自认为四川土属，未尝愿附藏方也。

光绪二十年（1894），瞻对人民因苦藏官苛虐，纷起作乱。川督鹿传霖遣军平定之。因请收回其地，改土归流，设"抚夷府"，戍之以兵。同时章谷土司故绝，改其地为炉霍屯。麻书土司请置戍卫商，于其地设麻书汛。而德格土司亦以内乱闻。先是：土司罗追彭错娶藏女为妻，名"玉米遮登仁甲"，生子名多吉僧格。罗追通其部民之女疏玉米。玉米亦通其头人某，生子降白仁青。于是夫妻反目，玉米与瞻对藏官有姻谊，藏官助之抗其夫，使其夫妇各携一子分居焉。鹿传霖攻克瞻对，倡议改流。军官张继，思启封疆，廉知德格夫妻异居之事，使人说土司罗追愿为逐去其妻及降白仁青。罗追迎之。张军入德格，遂擒土司夫妇并其二子，一并押解成都，准备改流设治。适驻藏大臣文海及成都将军恭寿与鹿有隙，嫉其事，连名劾鹿，请仍以瞻对赏藏，德格还土司。时罗追夫妇俱病故，廷旨遣其二子回籍，以多吉僧格暂管地方，数年后承袭土职。降白仁青回籍，业已为僧；继而受头人怂恿，争为土司。多吉仁懦，不敢与争，奔亡入藏，娶妻妾，置产，将终老焉。而德格多数头人百姓，以降白仁青非土司子，且残暴，不愿戴之，赴藏迎多吉僧格回，拥为土司。降白仁青见百姓不服，受瞻对藏官调停，退还土职。相处数年，乃有头人正巴阿登等，树党营私，复怂恿争位，并诱占多吉僧格之妾以辱之。多吉夫妇复奔藏地，控于驻藏大臣有泰、张荫棠，德格百姓亦复往迎之。藏中亦以军吏卫送之回德格，并擒降白仁青，锢之黑室。已而适降白仁青越狱逃脱，聚党为乱。多吉不能禁，挈眷避匿，财货被劫一空，百姓死乱者甚众。适赵尔丰率军出关，多吉遣头人至打箭炉呈控。经赵奏明，率兵往办。光绪三十四年（1908）十一月，赵军抵更庆。十二月，攻乱党于甄科。贼窜杂渠卡（即石渠县）。其时雪深草枯，官兵不能穷追，贼势复盛，肆掠百姓，招之不降。宣统元年（1909）四月，赵自督军往剿，战于麻木。贼败，遁去千里，至卡纳之沙漠地方，官兵追及，降之。降白仁青逃入藏境，德格肃清。多吉僧格夫妇请于赵，自愿改流设治。赵曰："汝恳改流久矣，我不允者，以乘人之危，仁者不为。今德格敉平矣，汝何虑乎？"土司泣曰："敉平者内乱耳。德格地虽不毛，窥伺者多。且地广人稀，恐难守土。愿得改流兴垦，广招汉人，使地辟民聚乃有图强。土司不才，与其不保于将来，曷若早图于今日。其意已决，恳乞转奏。"赵乃许之，疏请将宣慰司职改为世袭花翎二品顶戴都司，年给赡养银三千两。将其地分为五区。中区曰"德化州"（后为德格县），南区曰"白玉州"，北区曰"登科府"，极北一区曰"石渠县"，西区曰"同普县"。东区之绒坝岔，暂附中区（其后划归甘孜县）。并于登科府设边北道一缺，以为俄洛、色达改流准备。西康建省基础，定于此役。

春科、高日、林葱，德格境内之三小土司也。古时原为德格之一部。雍正六年（1728），自向清廷投诚，得单独受封，遂与德格脱离。春科地位极北，高日在金沙江沿岸，各只百余户。赵尔丰征德格时，春科、高日两土司印信，已被藏中所派堪布夺去，其地即为该堪布管辖。赵尔丰自石渠还军，过邓柯，闻知其事，乃饬堪布将印缴出，驱逐回藏。疏将其地改流。以春科划归石渠县，高日划归邓柯府管理。

林葱土司地方，在德格东北，祝庆、邓柯之间。原有一千余户，年赋银六十四两。有郎吉岭一村，在其西境，昔经施与德格巴邦寺喇嘛。至清末年，土司欲收回其地，与喇嘛寺相攻。宣统元年（1909），赵尔丰于邓柯行辕提讯，判将该村改流。又至宣统三年（1911），民政部奏准改流各省土司咨行到边，始檄林葱土司缴印改流。将其地与郎吉岭并归邓柯府管理。

德格之西，有牧部曰"纳夺"，原非德格属土，自有酋长多人分辖之。雍正六年（1728），与德格土司同时投诚授职。历归四川政府管辖，纳赋银于打箭炉同知衙门。赵尔丰既改流德格，行赴昌都，经纳夺境，遂并将纳夺改流，划属同普县。然其地广漠，沿澜沧江亦多农地，实可另置一县。澜沧江岸之榛猛寺，为其适当治所。

狭义之德格，单指德格更庆一地，此汉人所习呼者也。广义之德格，系指清末德格土司管辖之地域，此西人所习呼者也。德格五县云者，即德格、林葱、春科、高日、纳夺五土司旧辖地方之全部，此予为分析部分之便利而拟之新名称也。此五县，同于民国七年（1918）为藏人攻陷，驻军防守。拒绝汉人入境者已十三年。

森姆拉会议后，英人屡助西藏争德格地方治权（实即争德格五县地）。藏人所恃作理由者，为德格曾经纳款于瞻对，德格多吉土司又曾自拉萨复位。乃不顾四川应管辖德格理由之充分，更千百万倍于此，一味横争。政府与国民，亦竟不明德格究为何物？莫能援引史证，据理直争者。甚至一言德格，便谓系指德化（即德格更庆）。英人仅要求德格以西属藏，政府便允许将德化以西，即德格之大部划与之。种种谬误，深堪叹息。兹故考其沿革境域之变局，与建土改流诸史事，以备经边者之考鉴云。

境域篇后记

顷者,川康边防总指挥部与玉防司令部军,约于本年(1932)六月十八日,会攻藏番。期于此役,收回民国六年(1917)失地,固守澜沧江岸,以待中央解决。是康藏划界问题,又将于最短期内发生矣。予书《境域篇》适于是时缮正。回顾过去历史,国人对于康、藏部分界划之沿革变迁,迄未明了,每有康、藏交涉,发论争持,辄遗笑柄。此篇80余条,3万余言,与地图29幅之所反复叮咛婉转以剖析者,不外康、藏划界之种种线纹与其理据。国人持此一篇,讨论界务,必能要领在握,进退有据,不复如昔日之盲人瞎马矣。因先刊行单册,以广流传,庶为国民外交之一助云耳。

境域篇补记

此篇自民国二十年（1931）十月着手编撰，至二十一年（1932）二月完成，绘制地图，又阅两月，中间正值川、藏休战，唐柯三在康议和之际。甘孜、瞻化两县，尚为藏军（西藏地方军）占领，文中所记汉藏境界，概以二十一年（1932）一月汉、藏两军分布地域为断，制图完时，川康边防军业已克复甘、瞻两县，进与藏军相持于德格玉龙之间。然本篇甘、瞻属藏之图表，业已制定，未易改作，仅于文间加注"刻已收复"四字而已。既寄沪，康局大变，缘是年六月，川康边防军与青海玉树防军马步芳部，联合进攻，直逐藏军至金沙江以西，收复民国七年（1918）失陷之德格、白玉、邓柯、石渠4县，与藏军互扼冈拖而守。玉树境内，则青、藏两军，相持于隆庆（亦作"谦囊"、一作"郎青"）境上。直至今日，尚无变化。时则康、滇之间，亦有变局，缘中央党务特派员格桑泽仁自云南阿敦子率军由盐井县入巴安，于打箭炉驻军哗变枪杀旅长马骕之后，提取巴塘驻军枪械，成立西康省政府于巴塘，派人招抚盐井、得荣、定乡、稻城、理化诸县，拟与川康边防军分治康地。盐井驻军王营长与戴知事，皆弃地自云南逃走。唯盐井、得荣、乡、稻诸县土民，皆不受抚。理化仍为川康军城守。得荣杀格所委知事。盐井宗岩之贡噶喇嘛，据县自雄，且暗召藏军攻巴塘。巴塘汉团200余户，皆拥格，与格改编之戍边军队，联合以抗藏军。力战却之。川康军既克德格、白玉等县，将攻巴塘，格桑泽仁轻装自云南回京，仍以巴塘属川康军，而盐井遂不复为西康有矣。是年九月，川战行将爆发，川康军尚与藏军相持于金沙江沿岸，藏方求和，刘文辉为减后顾忧，饬由驻军旅长邓骧与藏方订休战约于冈拖，即以当时汉藏两军驻防线为暂时境界。于是西康属于汉军之地为康定、泸定、丹巴、九龙、道孚、炉霍、甘孜、德格、邓柯、石渠、白玉、瞻化、雅江、理化、巴安、稻城（以上16县知事能到任）、定乡、得荣（二县知事尚不能到任）18县。藏军所占据者为同普、武成、贡觉、宁静、盐井、察雅、昌都、恩达、硕督、嘉黎、太昭、科麦、察隅13县。盐井县为康、滇、藏交通之枢纽，亦为乡、稻、得荣之障壁，形势重要，过于巴塘、德格，而与冈拖、隆庆相当。所望川、滇当局，亟图设法收回，西陲国防，庶有豸耳。

民国二十二年（1933）五月九日作者记于南京

任乃强全集·第一卷

第二篇 民俗篇

原　序

　　任君筱庄，南充人，与余居相去百里，夙知其逸旷多才艺，然皆外游，鲜居县邑，不数数过从也。戊辰、己巳间，余僦居果城北，时时徒步出西郭门外，沿西溪访甘露、云台、飞仙石、隐者洞诸胜，必至任君所清谈，樵苏不爨，指画山川。时任君方主县苗圃事，植林数万，荷锄携筐，身亲耕耨，发种种蒙泥沙，肤色黔黎如壮健农。余固心异之矣。既而出所为巴蜀史志，具述蚕丛及蜀碧以来治乱。识深慨远，予行箧中尝载其书，以为《华阳国志》不过也。嗣予南来首都，任君赴西康边徼，居康数载，穷览山川风土人物之奥，政教谣俗，世所诡异神秘而不可解者，一一笔之于书，分别部居，成《西康图经》若干卷，都数十万言。自来言康者，此为最矣。孝园先生见而韪之，嘱亚细亚学会梓行，其第一篇境域篇已问世，不胫而走，第二篇民俗篇，行将出版，筱庄以余有雅故，自渝州寓书嘱予为之序。予足不履康土，目不识康情，心知蚕丛旧族，此为遗子，他日复兴中夏必有起而保卫吾邦圉者。即河湟有事，康当为两川安危。当此四郊多垒之日，乃眷西顾，悠悠我心。嗟乎，任君之为虑深矣。君居康时，娶彼中望族女，长文学，教以汉字，期年而能作缄，予尝见其寄书，颇娟秀云。

民国二十三年（1934）十月伍非百序

上篇　番族

第一章 人 种

一、西康民族之由来

西康土著，非汉族，亦非藏族也，盖羌之遗裔。羌之源出于三苗，"三苗之国，左洞庭，右彭蠡"。即今两湖、江西间地。舜窜三苗于三危，特徙其豪族耳（三苗国大人众，安能尽徙。徙豪之制，周秦间犹盛行之。盖我国古代削弱强邦之唯一办法）。其迁徙未尽者，走匿南岭山箐间，化为若干部落；历世愈久，窜蔓愈远，分化亦愈繁，渐至语言习俗亦生差异，变为若干小族：曰蛮，曰苗，曰瑶，曰黎，曰猓，曰僰，曰爨，曰仲家，曰民家，曰摩些，曰栗粟，我国古人不能细别之，统称曰西南夷；实皆三苗之遗于南方者，是为南苗。

三危，古国名也，在今青海西北。禹迹所至，当有人类，唯其地高寒无农业。民族知识低，不能图强，不为中夏所知。舜窜三苗豪族于此。其时苗之知识齐于华夏。既至其地，不免教以农牧兵刑之政；且与土人杂婚混血，造成草地之强族，是为羌族。《前汉书》云："西羌之本，出自三苗。"是也。其后羌族寖强，奄有青海全部；以其余力循金沙、雅龙诸河谷，蔓延西康，以觅暖地。蔓延既广，部落崩离，曰烧当，曰白马，曰丁零，曰党项，曰白兰，曰多弥，曰白狗，种名庞杂，不可胜记。以其游牧不居，分合屡变，故无固定种号；我国古人，统称曰羌。其实皆三苗之遗于北方者，是为北苗。

南苗西窜，北苗南徙，约当周秦之世，两族借西南诸大纵谷之引导，已会晤于西康高原之内。同源之族，言语易通，意志相感，风俗杂糅，新族于以生焉。其族历为邛崃、大雪诸山脉所阻，未通中原，国人耳中无其名号，未列载籍。近世学者，呼之为西番。其实羌、苗混合之新种，西康高原之老主人也。

西番民族，往昔亦曾建设邦国，唯限于地势，率皆渺小。其在大渡河谷者，曰三河槃于，曰汗浒，曰旄牛，曰莋，曰邛，皆于汉世化为郡县。在雅龙江、金沙江、澜沧江流域者，曰白狼槃木、白狼楼薄，皆于后汉入贡中国。其后绝不复通。隋世，曰附国，曰嘉良，曰东女，俱颇强盛，有文化。于时吐蕃兴于藏地，北并羌部，东逼诸部。诸部欲引外援以自助，始通于隋。隋大业中，缘西南边置诸道总管以遥领之。唐之初世，诸部竟为吐蕃所灭。吐蕃役使其民，攻掠威、戎、茂、汶、黎、雅之地，又用羌族以攻取河西、陇右者，垂 200 年。自是以后，人以之与吐蕃同认为藏族国民，统称为番（播），或土伯特。其实藏族自是藏族，羌族自是羌族，西番自是西番，族源原异也。

唐之末世，吐蕃崩裂，西康民族，复自独立为若干部：曰朵甘，曰鱼通，曰巴，皆于元之盛世，内附中国。元置朵甘思与鱼通等处宣抚司治之，隶脱思麻路，属陕西行省。此时期中，能使西康民族与西藏发生关系者，唯喇嘛教。盖吐蕃盛时，定喇嘛教为国教，有强迫人民信奉之政；历 300 年，西康民族，已成喇嘛教信徒。喇嘛教中心在于西藏，故吐蕃虽已崩裂，而康、藏民族已有难于分裂之势。此藏番或土伯特之名称，所以能成立不倒也。

昔人划分种族畛域者，未尝一定以血统为根据：随地理环境而变异之体格，随社会环境而变异之习俗语言，皆为重要之参考资料。西康民族与西藏民族，血系体格虽各不同，而习俗语言已融化甚深，故国人统称之为番（蕃），西人统称之为 Tibet，由未深入考究故也。近世西人游康者，觉其有异，始有分西番（Hsifan）与土伯特（Tibtean）为两族之说；究尚未将康、藏两族源流分划清楚。至于国人，则不仅不知西番非藏族，并多误呼西康为西藏，亦可叹矣！

西藏载籍，绝无言及吐蕃建国以前与西康民族发生任何关系者。即至喇嘛教通行康地，康藏习俗语言已经融化之后，尚严分畛域，以别康、藏：呼丹达山以西之民族为"藏巴"（汉人增一娃字，曰藏坝娃）；以东之民族为"康巴"（汉人译为康坝娃）。康巴，即西番，羌苗混合之新种，西康高原之旧主人翁也。

二、西藏民族之由来

我国古籍论西藏民族由来者，仅新旧"唐书"二种。《旧唐书·吐蕃传》云：

"吐蕃在长安之西 8000 里，本汉西羌之地也。其种落莫知所由出也。或云：南凉秃发利鹿孤之后也。利鹿孤有子曰樊尼，及利鹿孤卒，樊尼尚幼，弟傉檀嗣位，以樊尼为安西将军。后魏神瑞元年（414），檀为西秦乞佛炽盘所灭。樊尼招集余众，以投沮渠蒙逊，蒙逊以为临松太守。及蒙逊灭，樊尼乃率众西奔，济黄河，逾积石，于羌中建国，开地千里。樊尼威惠夙著，为群羌所怀，皆抚以恩信，归之如市；遂改姓为窣勃野，以秃发为国号，语讹谓之吐蕃。"

《新唐书·吐蕃传》云：

"吐蕃本西羌属。盖百有五十种，散处河、湟、江、岷间。有发羌、唐旄等，然未始与中国通。居析支水西。祖曰鹘提勃悉野，健武多智，稍并诸羌据其地，蕃发声近，故其子孙曰吐蕃，而姓勃窣野。或曰南凉秃发利鹿孤之后。"① （以下略同《旧唐书》）

二说虽微不同，要皆认为羌族之遗，自宋以来，言西藏源流者，莫不遵之。然二书作者之生，去吐蕃之兴已300年矣；语言既异，音读已变，凡所附会，多可訾议；未可据为信史。唯吐蕃与羌族有关系，则无疑耳。

英人爱第巴喀著《西藏民族源流考》一文，直谓华夏所称之羌族为藏族，征引中国史籍中汉、羌战争事迹，指为汉、藏两族之争，直叙至吐蕃兴国时止。其说盖全受《唐书》影响。非能独具只眼者也。

英人贝尔《土伯特今昔》云："西洋学者，列西藏族于蒙古种中，与土尔其族相连。何时始住于极高之亚细亚，已不能确记。大抵相信西藏人有一部来自东北，一部来自东南之阿萨密与缅甸。"贝尔更述其作此判断之凭证云："西藏人语言上与缅甸同属一语系，相貌上与蒙古人甚难分别，于其发语时方能辨之。古时藏族，原以游牧为生，与蒙古人同，今日其牧民中，尚可发见此族之原始格式也。"

大抵中西人士之研究西藏民族源流者，皆不信藏族为西藏高原固有之土著。然据西藏人所自传，则神猴苗裔之诞衍于藏河流域者也。贝尔之书又曾译述藏文史籍云：

"西藏人自传其为猴之苗裔。其猴为菩萨化身，遇一魔女，与之言曰：'余前世多恶，降生为魔；情欲之神，逼余爱汝。'菩萨心口相商，踌躇再四，竟娶为妇，诞育六孩。其父菩萨，养以神谷，其毛渐脱，其尾渐灭。此西藏编年史之言也。又一

---

① 勃窣野，应系窣勃野之误。即藏语悉补野之异译。

编年史，益之曰：'子女似父者，忠信勤勉，孝友温良，优于辞令。其似母者，作孽好辩，猜狠贪婪，顽劣嬉戏，然其身体率皆坚强，猛勇精悍。'……"

贝尔之书，固尝云西藏人不善治史，今所传史，皆僧侣缘饰宗教故事之文也。上列记载，当然不可深信。唯此神话，可以证明藏人历世相传其为藏河流域内自生自发之民族，并非自他处迁徙来者；与中西文典籍所传大相径庭也。

又有萨迦僧侣所传经典谓："释迦牟尼佛转生第37辈，名聂赤赞普，系印度甲噶尔霞巴王子，由印度甲噶尔迁居西藏簪汤棍地方，随有材士12人，迎立为藏王。"（《宗教源流考》）此说原不可信。即使属真，亦不过为印人入藏之始，非谓藏族为印度民族之裔也。

余之判断：西藏高原中，雅鲁藏布江（即藏河）河谷温暖宜农之地，3000年前当已有人类聚居。但其人文弱浑沌，缺乏武备。经东北屡与汉族争战之羌族窜入后，始建强武国家，即吐蕃也。吐蕃固有文化，原仿中华。及其既盛，南并有北印度与北缅甸之地，感受印、缅文化影响，始自创立土伯特文字、宗教、法律与其他一切特有之风俗，今之藏族，由是形成。质而言之：西藏民族者，羌与藏地土著之混血种，而融合中华与印缅两方文化之民族也。西康民族者，羌与苗之混血种，而感受西藏文化之民族也。兹为记述便利，称西藏民族为藏番，西康民族为康番。

三、康番之细分

居住西康之人，除少数之汉人、摩些、栗粟、倮倮及极少数之白色种人外，似可统称为西康民族，省曰康番，以其具有大略相同之语言礼教与习俗也。然其实在称呼，固不如此。康人自分畛域颇繁，据余调查，有下各种：

卡拉米　指打箭炉附近与九龙县境之西番。米亦作闵。①

木雅娃　指折多山以西，雅龙江以东一带百姓。

以上二族，敬奉喇嘛教之心理，较他处为淡。颇染汉俗，崇敬汉官。

霍尔巴　指住居霍尔地方之番民。番语称某地居住之人曰某巴，或某娃，或某坝（读伯娃切），番文同是一字，各地读音微异耳。

---

① 卡拉，又译作甲拉、嘉拉。本为明正土司家族名，引申为明正土司所辖之区。米（me），藏语"人"之义。

霍尔巴悉奉黄教，善经商，性多恂谨。英人 Sarat Chandra Dass 之藏文辞典，谓霍尔为蒙古准噶尔部之后裔，恐未必然也。①

俄洛娃　指俄洛、色达游牧之"野番"②，为康地最粗犷之民族。语言习俗，多与一般康人不同。

雅龙娃　汉人呼为瞻对娃，即今瞻化县（新龙）百姓，亦著名之犷悍部族也。其人奉红教及黑、白教，语言亦与他处微异。

理塘娃　指理塘与其附近之住民。复以地域分为若干小部：如毛丫娃、崇喜娃、曲登娃、格木娃、莫拉石娃、拉波娃是也。毛丫、曲登、格木皆牧民，亦呼"绒擦娃"。番语，纯粹牧场为"绒擦"，汉人通呼为牛厂娃是也。

乡城娃　指定乡县境之土民。亦康地著名之悍族也。其人习于劫掠。远近畏之。附近乡城之贡噶岭、稻坝等地方，与之同俗，远人亦每以乡城娃呼之。

巴巴　亦作巴塘娃，即巴塘土司故部土民也。与理塘娃同奉黄教。因其地当孔道，有粮台，历受中央军威之震炫，官吏之钤束，其人颇知亲华。

三岩娃　指三岩土民。亦康地著名悍族。藏语"三岩"。犹言"野番"也。"三岩"，藏语义为"恶地"。其地包括四川白玉县的盖玉区和西藏贡觉县的雄松区。

麻康娃　指住居麻康江卡（芒康）之土民，相传为蒙古族，成吉思汗征大理时，别军北伐至此，闭留未回者也。今其首长仍用蒙古官号，曰台吉，民间礼俗存蒙古制者尚多，通人并识蒙古文字。

乍丫娃　指乍丫部内土民。亦著名强悍部族也。

昌都娃　指察木多部内土民。

纳夺娃　指纳夺部牧民。

德格娃　凡德格五县土民皆是。复分小部甚繁：如更庆娃、祝庆娃、林葱娃、杂科娃、甑科娃、白玉娃、同普娃、麻陇娃、昌泰娃，其尤著者也。

察龙娃　指察哇龙土民。

杂巴　指桑昂、杂瑜土民。亦作杂瑜巴，瑜字音甚微。

珞巴　指珞瑜土民。

波巴　波密土民。

边巴　达隆宗、硕般多、洛隆宗三部百姓之统称。汉语达隆宗为边坝，即由此

---

① "霍尔"，藏语义为"胡"，是藏族对北方民族的一种泛称。包括蒙古族等。此处的霍尔巴指康区甘孜炉霍一带的霍尔五土司地区之人。
② 野番，旧时对未纳入行政管理的少数民族之歧视性称呼。

音之转也。

八宿娃　指八宿部土民。

甲得娃　指三十九族及玉树二十五族土民。

色须娃　指德格北部杂渠卡土民而言。杂渠卡，即民国之石渠县，番语曰色须也。

古宗　后详。

以上区分并非十分严密，不过康藏人民习惯有此称呼，并能举其大概畛界而已。西人分别西康民族者，大都只分二族：土伯特（Tibetan）、西番（Hsifan）。两族分布地域，或指雅龙江为界（大卫氏之《云南地图》）；或以雍正四年（1726）所划之川藏界线为界（威尔生之《中国西部采集记》）。要皆未有精确分划，约以接近四川省为西番，接近藏方者为土伯特而已。

我国旧籍，对于西康民族，原只称一番字。云南著作，则有西番、巴苴、古宗、鼠罗、小古宗、臭古宗等称，俱见《云南通志》。其实皆西番也。现在住康汉人，多不学者，概随康藏土民，称番为某娃某巴，亦统称之曰"蛮子"，无解西番、古宗等名号者焉。

四、西番体格

康藏土人体格，与内地汉人相差绝大：

（一）皮肤厚且致密，毛孔汗孔并甚稀少，皮下脂肪层发达，任何瘠番，无露骨节者，劳动中难于出汗，但分泌脂肪甚多，以是故能耐寒耐燥，不皴不冻。番民移住川省，每多病死者，其皮肤构造不适于发散水分，故不宜于潴湿地方居住也。

（二）发粗且短，番人似自嫌其发不美，每以牛尾毛编巨辫盘于头上为饰。

（三）须甚浅软，几等于无；老翁老妪，面貌上殆难区别。此事对于高寒地住民不为无益，盖可免去须上结冰之苦也。

（四）手脚肘骨之关节不甚膨大，几无俗所谓螺蛳拐之突起。

（五）女子乳房不发达。

（六）性虽和善，面目具锐光。眼眶较汉人为小，圆形者多。

（七）额上易生皱纹，故俗谓"番不经老"。

以上诸点，有为人种历史演化之征者，有为适应寒冷干燥气候所致者。若能细心研究，亦饶趣味。

五、西康之种族分野

前节所述之康番，占领西康高原之全部，与之混居者，唯少数之汉人与蒙古人。若就理想之西康省境言，则其南部尚有摩些、猓猡、栗粟、怒子、珞瑜等种；西部复有藏番居之。兹作《西康民族分布图》，并为之说明如下：

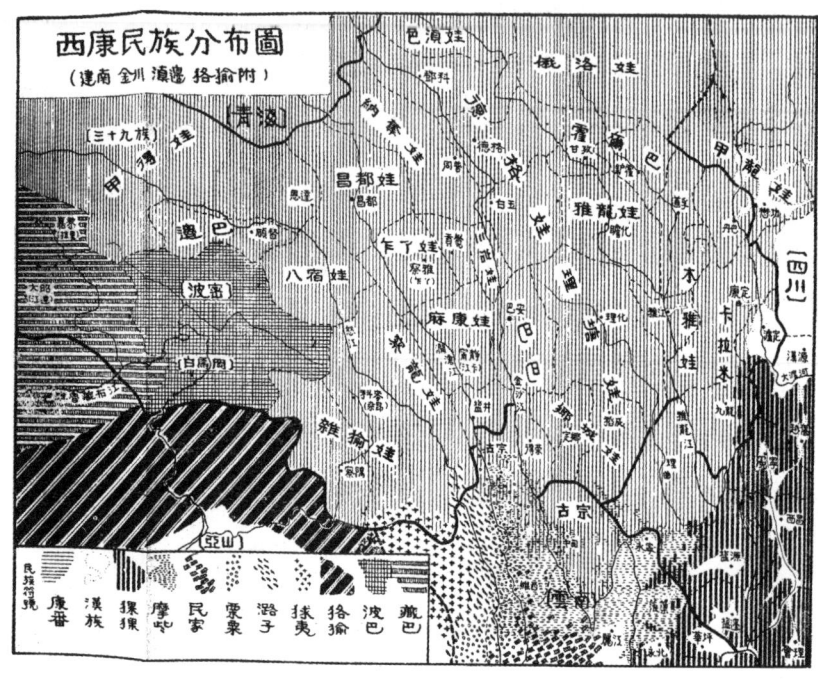

西康民族分布图

康番 即前节所述之西康民族，包括西番①、古宗②在内。分布地域最广，约占西康全面积98%。

汉族 内地汉人之移居西康者，唯南北两路各要地有之。

猓猡③ 为宁远（西昌地区）各县土著。西康之泸定县南部，九龙县东南亦有之。

摩些④ 为云南北境之一大民族。分布地以丽江为中心，北至阿敦子，西至维

---

① 元、明时指藏族，清代以后一般指四川西部、西康东境一带的藏族与氐羌系的一些民族、部族。本书称西康藏族为"番"（音播）。
② 今普米族。
③ 今彝族。
④ 今纳西族。

西、康普、叶枝，东至永北、箐篗皆是。西康之盐井、得荣等县，亦每有之。

栗粟①　为维西附近之土著。现分布于澜沧、潞江间山谷中，有生熟二种。生栗粟伏居山中，以猎为业。熟栗粟有至滇边康边各地经商者。

潞子②　为云南西北，潞江沿岸之土著。其分布地，北抵察哇龙，南与栗粟相接。性驯怯。

民家③　为云南西部一大民族，汉化颇深，性驯，维西之那马人属之。

俅夷④　怒江之西，大山中另有俅夷，性强悍，俗呼野人，亦作怒夷。与潞子有别。

珞瑜⑤　为杂瑜域外之野番。详见《境域篇》。

波巴　波密白马岗（墨脱）土人皆属之。

藏巴　即西藏民族也。拉里以西土人皆属之。

以上各族之迁徙源流，生活状况，风俗语言，另于编末各节详之。兹下各节，单就康番而言。

六、西康户口

西康人口，向无统计。唯支差民户，旧由土目造册，轮派差徭。赵尔丰改流之役，曾收集此类册籍，编录各县户口。其有土目叛逃，册籍遗失者，饬各县设治委员另查造报。各委员或召新委土目自行填写或借发放种粮，诱各村番民造册领粮，即以为据，并未周历考查之也。如此所造册籍，多有浮漏。其后按户征粮，漏者遂为头人所隐匿，浮者则捏报逃亡，纷纷请免。迨陈遐龄当政时，注销各县民户，约为赵使时十之一二。中间因中央催办选举，曾令各县知事调查户口一次。于时政治窳败，番夷多不用命。各县知事，守印候俸而已；既无实心办事之精神，亦无切实调查之能力，大都就粮册所载，意为增减，填报塞责。民国七年（1918）以后，德格以西11县陷于藏番，乡、稻、德、盐诸县俨如独立，其户口并难稽考。而民国十年（1921）镇署代表陈启图在北平刊印之《川边各县调查表》，仍列失陷各县户籍，大约是办选举时所得之各县报告，故其丁口数目，或缺或详，参差不齐也。民国十

---

① 今傈僳族。
② 今怒族，亦作怒子。
③ 今白族。
④ 今独龙族。
⑤ 今珞巴族。

九年（1930），诺那呼图克图曾派冯云仙女士赴康考查①。冯实未入康，仅由诺那驻蓉代表熊禹治君规划表式，印发西康各县县署，托其知事署员，按表填复；即民国二十年（1931）八月新亚细亚发表之西康各县实际调查一文也。表中各栏，固甚惝恍；所载户口，亦系概数；因其出于各县署员估计，尚较其他机关团体所估计者较为可靠。兹故比列二表，各县户口数目，参以本人考查后估计之数，作西康各县户口表如下：

县名	民国十年（1921）印川边各县调查表		民国十九年（1930）冯云仙调查表		著者考查后之估计	
	户数	丁口	户数	丁口	户数	丁口（僧侣在内）
康定	2312	原缺	汉 1700 土 2200	7000 9400	汉 1800 番 3000	20000 28200
泸定	6124	丁 12488 口 11284	汉 6280	男 10600 女 9800	汉 7000 倮 100	70000 1000
丹巴	原缺	8200	汉 土 3909	汉 2540 土 21250	汉 800 番 4000	5000 20000
九龙	805	丁 2303 口 2182	汉 土 1942	2650	汉 130 倮 100 番 2000	650 1000 10000
道孚	2635	丁 2786 口 4612	汉 土 1600	8000 （汉什一土十九）	汉 200 番 4000	2000 25000
炉霍	原缺	原缺	汉 275 土 1758	579 2879	汉 100 番 3000	1200 10000
甘孜	3809	丁 6641 口 7541	汉 土 3215	男 4061 女 5706	汉 80 番 4000	1000 30000
瞻化（新龙）	4881	丁 11812 口 10038	汉 30 土 4548	27000	汉 30 番 4584	200 30000
雅江	1507	4188	汉 土 1070	4000	汉 300 番 1800	3000 10000
理化（理塘）	1507	4118	汉 土 3700	12000	汉 100 番 4600	1500 30000
义敦	727	原缺			民八废县分其地属巴理	
巴安（巴塘）	3416	丁 45779 口 6957	汉 土 4516	28000	汉 400 番 5000	4500 32000

---

① 诺那，西藏类乌齐一红教小寺佛活。清末曾为赵尔丰招抚波密，民初助边军抗击西藏地方军，被俘，后逃脱至南京，被国民政府委为西陲宣慰使，率武装赴康活动，与刘文辉争夺康地，后阻击红军被俘，受红军礼待，不久病死。

续表1

县名	民国十年（1921）印川边各县调查表		民国十九年（1930）冯云仙调查表		著者考查后之估计	
	户数	丁口	户数	丁口	户数	丁口（僧侣在内）
盐井	913	3557	汉土 913	男 2108 女 2225	汉 100 番 1500	600 8000
德荣	1212	原缺	汉土 1212	7270	汉 50 番 1300	400 10000
定乡（乡城）	1545	丁 2138 口 3833			汉 10 番 3000	50 16000
稻城	1323	原缺	汉土 1487	男 2659 女 3635	汉 20 番 4002	100 20000
德格	4132	丁 5816 口 6816			汉 30 番 5000	2300 30000
白玉	2296	丁 2945 口 3700			汉 5 番 3000	1000 20000
邓柯	2500	原缺			汉 20 番 3000	1000 25000
石渠	2796	丁 4104 口 5500			汉 10 番 3000	80 15000
同普（江达）	3374	丁 6210 口 6300			汉 10 番 4000	30 20000
武城（三岩）	2006	丁 3687 口 3114			汉 0 番 2100	0 14000
贡觉	1554	2217 2122			汉 0 番 1600	0 8000
宁静（芒康）	2386	丁 5792 口 4908			汉 20 番 4000	50 26000
察雅	5076	19719			汉 10 番 5800	50 30000
昌都	2400	8100			汉 20 番 4000	100 30000
恩达（注）	114	丁 210 口 170			汉 10 番 4000	50 15000
硕督	民元置硕督县，疆域未明，大抵以西藏之硕达洛松区三县划置①				汉 6 番 2000	20 10000
嘉黎	疆域未明，大抵以清代拉里粮台属地置				汉 4 番 1500	10 6000

① "硕达洛松"为藏语"硕般多、达隆宗、洛隆宗三地"之义。"松"即藏语数词之"三"。

续表2

县名	民国十年（1921）印川边各县调查表		民国十九年（1930）冯云仙调查表		著者考查后之估计	
	户数	丁口	户数	丁口	户数	丁口（僧侣在内）
太昭	疆域未明，大抵以西藏工布区改置				汉 5 番 5000	10 45000
科麦	疆域未明，大抵桑昂曲宗所辖冷卡门空察哇龙皆属之①				汉 35 番 7000	180 44000
察隅	疆域未明，大抵只辖上下杂瑜之地②				汉 5 番 3000	20 15000
其他	八宿、波密、俄洛等未经建置之地				番 6000	40000
合计					汉 11500 番 107980	115000 682200

［注］恩达县疆域，未经划明，大抵民国七年（1918）以前，类乌齐、三十九族③等内附而未设官之地皆属之。

以上合计西康全域32县，共有汉民115000人（固住者约仅60000余人），番族682000余人。其他倮倮、摩些、怒子、栗粟等共约1000余人。实以番族人口占最多数。此680000余番族中，农人约占十分之四，牧民约占十分之三，僧侣约占十分之二，官吏商人兵士游民约占十分之一。其大较也。

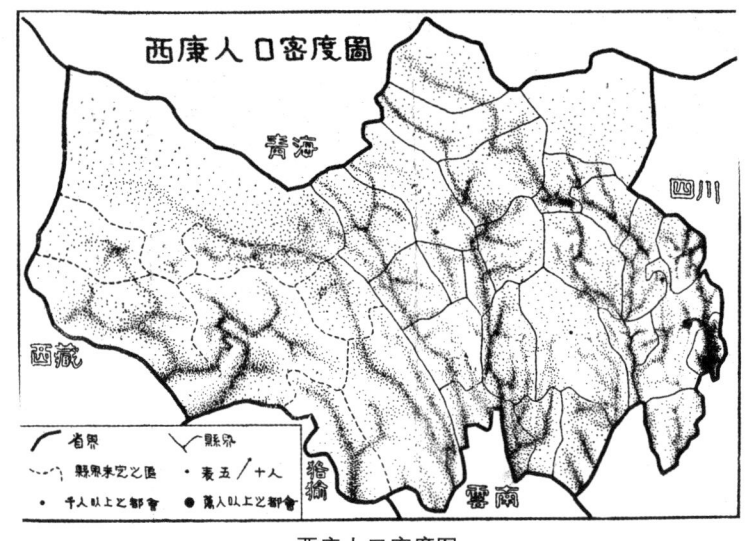

西康人口密度图

---

① 桑昂曲宗，原西藏地方政府所辖的一宗（县），现为察隅县。
② 包括现察隅县的一部分地区和被印非法占据的中印边界东段部分地方。
③ 三十九族指今西藏索县、巴青、比如等地。

第二章 职 业

一、牛厂娃

牧业为西康之原始生业，直至今日，牧业尤重于农。缘西康民族资以生存之酥油皮毛，唯牧场能产生也。牧场所在，属高原顶部海拔3400米以上，夏短冬长，寒燥多雹，不能栽培谷蔬，亦不生长木类，唯于冰消雪融时，发生茂草一季，适于放牧而已。牧场住民，番语曰"绒擦娃"，汉语曰"牛厂娃（牛场娃）"。所居地曰牛厂。无房舍，亦无定处：春暖草长，则率其牛羊群向高山放牧；秋风起，又渐驱向河谷饲养；所至撑牛毛帐而居，故呼曰"帐房娃"。其人男子皆戴毡帽；穿羊皮袄，褶束腰部，使褊长及膝，背襟即为腰囊，可收藏其全副日用物品；裸足着番靴。四时如一，贵贱亦如一。女子穿长袍，头戴银饰甚繁；腰与项绕系珠贝银饰，累累如璎珞；虽在牛羊厮混中不废。自生迄死，不剃头，少洗脸，不加减衣服。其语言另是一种，称为牛厂语，与普通藏语微异。

二、驮脚娃

牧民之饶于资财，富有牲畜者，多兼营运输业：包运各商家、喇嘛寺茶驮货物，或包揽官府乌拉。其料理牲畜运行者曰驮脚娃。大道沿线各牧场，适于此种营业；多有连合数家，各以过剩牛马，集为驮群，以营此业者。

驮运路线，为南北二道。通常自打箭炉驮茶至理塘、巴塘、乍丫、昌都、道孚、炉霍、甘孜、德格、界谷（玉树）、拉萨等处，复自各处驮运药材藏货回打箭炉。每日只行三四十里，得水草便利处即息。卸货于野，熬茶作食。放散牛马，以人守之。待天既暮，牲畜已饱，始呼哨集合，聚以过夜。翌晨，仍放畜吃草，饱而后行。故虽转运万里，牲畜不疲。盖亦游牧之变相也。

驮脚娃习惯露宿，不携帐幕，能卧积雪中，须发冰凝，视如无事。高原多北风，能推动沙石；驮脚娃临息，叠其货驮如长墙以御之，便可无苦。唯独畏雨，然边地只五六月为雨季，雨季即息业。故关外驮运，以冬为盛。夏季殆绝迹也。

三、庄房娃

西康农民，称"庄房娃"，谓有庄稼可种，有房屋可住也。庄房所在，全属海拔3400米以下之河谷地方，气候温暖，能种麦黍。惜平地太少，峻急岩壁，满布森林。稍平坦处，皆已开垦。庄房即建于农地边缘，大都集合数家或数十家为一村落，碉房幢幢。颇有欧西风致。

庄房娃以农为主业，牧为副业，狩猎采药为不常事业。其牧场率远在十数里外，河谷上方，高山顶部，分派家人管理之，收取乳油、毛皮以供家用。其人起居饮食一切物质享用，皆较牛厂娃优。社会组织，风俗礼仪，亦较繁杂。盖牛厂娃为接近原始时代之康人，庄房娃为其已进化者也。

庄房娃之家庭

依于父者为长女、次子；依于母者为长子、次子、三子；幼子立石阶上竹筐之侧，小儿着无面羊皮衣，成人着氆衫、布衫，缠辫，穿番靴，一望可知其为木雅娃，背景为番宅之墙壁，可见其门窗之构造。

四、吃庄房

西康为特殊之均田制。其地田业，分为不甚平匀之若干份，每份由一家人承耕，是为一差粮单位；耕此业者即为差民一户，称为吃庄房，意谓吃皇上土地，应与皇上效力也。此种田业，不当认为百姓私产，直可认为差粮之代价。差粮重轻之权，操于地方头人。苟某户差粮有绌，头人即可驱逐此户，另畀他人承耕。吃庄房者，亦不能以此田业，分给诸子；通常只能以一子承继，余子皆须自谋生活：或学喇嘛，或入赘他家，或以苦力自给，或充头人奴仆，或以他家庄房无主而承领之。如承继庄房之子死，始以余子依次递补。无子，以女招赘婿承业。儿女俱绝，则由头人另觅亲族补吃。

庄房非易吃者，多数番民，百般规避，不肯承领庄房。父母于其钟爱之子，亦多使学喇嘛，不愿以之承业。因康地差徭，异常繁重，每有罄土地所出，不能应土酋诛求，一家勤苦终岁，仍当啼饥号寒者。例如上粮①，每年官粮虽不过二斗，或且不足二升，但实际每户所出，恒在五升以上，或且至于石余；盖官粮之外，尚有头人粮、土司粮、喇嘛粮以及其他一切收粮人额外苛索中饱之粮也。上粮犹可，支差最难：举凡官吏往来，土司兴建，以及其他一切属于公事之建筑与运输。所需人力物力，口粮器具，皆系差民分担，并无代价；即有，亦为头人所匿。官差或有赏钱，私差则赏品亦无之，饮食物料，皆由支差者自备。作工偶懈，辄遭鞭扑，无分农忙农暇，征发令至，莫敢或违。每值军兴，其苦百倍。是故西康南北两大道沿线，差徭繁数之地，与地势稍高，庄田瘠薄，农产不丰之处，吃庄房者，大都弃业远逃，无人承耕。西康荒地之多，民户之稀，职是故也。

五、商人之地位

西康商人，属于尊贵阶级，地位在土司、喇嘛之下，农牧百姓之上。商人不当差，不纳税，改流以前，亦无关卡厘金之制。商队所至，随地可以放牧牲畜。番语称官曰："本"，汉官曰"甲本"，番官曰"密本"，有地位之商人曰"充本"。充本犹商官也。

充本为经理款项，主持买卖之人，并非直接与人贸易者，大都以喇嘛或头人充

---

① "上粮"：四川土语，指交纳粮税。

之。其与民间直接贸易者，称曰"坝充"，犹云地方商人也。其地位较充本低，比于齐民。但能受低级社会之尊礼。大都以小娃子充之。

康藏尊重商人之原因，与宗教颇有关系。盖僧侣为坐食阶级，日用物品，不能自致，固不得不仰给于商贾；点缀寺院，当求华美，以动平民羡慕，势需绢绸等物，须转运于千里之外，亦不能不仰给于商贾。土司、头人家装饰，其尊贵亦然。是故各喇嘛寺与土司头人家，皆委派充本，经理贸易之事。因喇嘛头人经商而商人之地位遂高。宋代以前，番、汉交易，以西宁、洮州与黎、雅、阿敦子为界，汉不入番，番不入汉。元代西征后，始有陕商入康。清季西征后，始有川商入康。川、陕商人入康，皆在中央武力张扬之后，番敬汉人，故敬汉商。康藏商人，大都为喇嘛、头人与汉人，此其所以尊贵也。

六、农牧的偏嗜

汉族祖先，只知有农，不知有牧；虽曾养牺牲以充庖厨，不过圈饲少数家畜，聊资肉食而已。此种性能，遗传于4000年后，凡汉人分布之地，皆只有农场，无牧场。西康高寒旷邈，最良之牧场也，汉人移植于彼者，除经商外，只垦河谷狭隘之地，从事于农。其不能耕艺之牧地，概弃不顾，可谓偏嗜农业者也。反之，西康之番族，受数千年逐水草、张天幕之遗传与训练，遂以游牧为乐，以谷量马牛为富，虽有沃壤，亦弃不用；徒因交通不便，粮食供给无由之故，不能不分一部贱民，从事耕作而已。观其良田荒弃之多，农作受限制之严，农民差徭之重，与农人子女规避吃庄房而乐为僧侣之状，可以知其贱农矣。若牧民则甚自由，差徭亦轻。游牧与商队，关系甚密，草地尊商，亦即所以重牧也。不但如此，番民虽住庄房，亦必兼营畜牧；岁时行乐，必张幕旷野中，徙家居焉；婚聘庆吊，概以牛马投赠；凡所以点缀尊荣郑重之事，皆具牧场精神，是可称为偏嗜牧业者也。

以是二故，西康今日之产业分布，殆能与民族分布符合。语言文化，亦与一致：汉人概居河谷区域，从事农业，行汉语，守汉俗，有学校教堂，不奉喇嘛教；番人之纯粹者皆住高原，事牧畜，行藏语，守番俗，奉喇嘛教红教者多，无学堂教堂。其汉番杂配者之子孙，则处高原与河谷之间，兼营农牧业，每能兼通番汉语，奉喇嘛教黄教者多，虽从番俗，而亲汉官，多喜自称汉人，即称番民，亦慕汉化，为现在政府统治下之社会中坚。故欲调剂西康之产业，当从调和血液做起。欲使西康政治稳固，亦须从调和血液做起。

七、西番工人

西康金工，以金银匠而兼铁匠、铜匠之业，概居市场，设烬冶。所能造者，为首饰、佩刀之类，工作甚粗。近此业为汉人所压倒，番人操之者稀矣。

铜锅、铜瓢之类，番人自造者少，大都自云南运入。铜佛及其他法器，德格能制造之，但仍以云南制出者为多。

西康石工，只有镌刻经文佛像于石块、岩壁之人。康人视为贱业，摈不得居家室之内。操此业者，常于高寒无人户之沟谷间，用乱石叠砌石窟，屈处其中。镌刻石片石砾为经文、佛像或陀罗尼，持向附近民家献之，借易食粮为代价。亦有村民发愿建麻柳（嘛呢）堆者，出资雇其镌石。要未有敬重之者。民国十八年（1929），余赴道孚，在塔尼坝野宿，遥望前方溪边有矮屋连椽，约十余家，以为村落，迫而观之，皆此辈也。

余尝见番人镌刻经文佛像，其工甚巧，不涂墨底，但以意随手镌之，自能行列整齐，笔画端秀，与经书无异。经典又为番民极崇敬之物。不识因何贱视刻经之石工也。

除镌经文佛像外，亦能治磨。若造石桥、石城、石墓、石碾之类，皆无其人，亦无其石。

琢磨宝石之工，闻德格有之。

茶包至康地后，番人泡牛皮使软，扎之成包，然后运销各地。作此工者，曰"甲作娃"，亦贱业也。康定操此业者最多。民国四年（1915）陈步三之变，镇守使张毅曾编之为民兵以拒敌，其为数不少可知。关外殊少见。

西康过去的工业，似只上列各种。余如织毪子、制酥油、染色等，皆农牧民之副业也。新兴工业，若木工、制革、造枪等，皆汉人所操持，番人殆未尝过问。

八、小娃子为特种职业

小娃子，西康之特殊职业也。凡僧官、土司、头人家皆有之。位愈高资产愈大者，娃子愈多。男曰"役部"，女曰"役姆"，与我国古时奴婢之义相同。旅边人士，概以小娃子呼之，兹从俗称。

小娃子之职务，为伺候主人饮食起居，与任奔走捍卫之役。巨室或多至百余人，则择忠勤有功者，派往耕种其庄田，或管理其牧场。此种庄田，为主人之私产，对官府不支差粮者居多；每田一份，规定纳粮若干，多余之粮，为娃子自有，颇似内地之佃户，又似古代汤沐邑之邑宰。派管牧场者，与管庄房微异。大都规定每乳牛一头，纳乳酪、酥油若干。乳牛之生死增减，按年具报主人查核。又有以牲畜垫付娃子，若干年后仍只收回前数，增生之畜，由娃子得，死亡之畜，由娃子赔，每年只按畜数上纳生产品者，称为"不生不死"。

小娃子之婚配，由主人主之。所育子女，仍为小娃子。其派出管理庄房或牧场者，得携其妻子同往。或即使之世袭其业。

小娃子亦有才干便给，声望隆盛，权倾主人者。亦有因主家男丁死绝，通其寡妇，取代土职者。亦有主人清静好佛，不预外事，官府差徭，民间争讼，一概委之办理，权位比于主人者。总之，娃子生活较平民优。故凡农民之不克承产者，多投豪户为娃子。

九、西康娼妓（略）

十、西康乞丐

西康虽地旷人稀，生活容易，亦有乞丐，只甚少见耳。其丐用杂布缝成经幢一具，为状似内地南伞，形则甚小。每至人家门外，踞地而坐，左手转伞，右手持摇经转之，口念一种有韵之经，为其家祝福。得糌粑一撮即去。番人呼之为"捉"，男为"捉部"，女为"捉妈"。其音颇似"折妈"，折妈女神名也。

汉人流落草地，亦有为乞丐者，南路沿线较多，皆惰民也。番人恶之，呼为"甲捉"（音似甲猪）。故番人詈骂汉人，每曰"甲捉"。

十一、杀牲渔猎为最贱之业

佛教戒杀，康人皆崇佛教，以杀一虫蚁为恶业，故杀牲、捕鱼、猎兽诸事，贤者不为。然其地多牧场，兽肉为主要粮食，又不能不有杀牲之人。于是喇嘛为之解曰："大小皆是生命，杀一生命而能救多数生命之饥寒者，其罪应小。故杀牛之罪小于杀羊，杀羊之罪小于杀鸡，杀鸡之罪小于杀鱼，杀鱼之罪小于虫蚁。"是故西康土人，无捕鱼者。鸡老死，煮以饲马，莫能杀之。唯牛羊须杀以养人。常人皆不肯杀，另有屠民专操此业。

屠户之杀牛羊也，皆先操刀对牛羊喃喃诵咒，祝其往生极乐，然后杀之。其心固甚慈善，康人犹甚贱之，视其业在艺妓、乞丐之下。

渔猎尤非喇嘛所许。故西康虽兽溢于山，鱼腾于水，而莫肯弋之。山禽野兽，见人不畏。唯鹿茸麝香价极珍贵者，始有贱民猎之。其人遭社会之轻视，又甚于杀牛矣。

近世汉人与西人之移住西康者，多喜渔猎。喇嘛甚恶之，而不能禁阻，多指某处为神山神水，禁人弋猎，以资限制焉。

十二、抢劫为英雄事业[①]

西康民族在佛化未入以前，原以劫杀为英雄事业。虽在今日，此风犹有存者。如三岩、乡城、瞻对、俄洛等处之壮男，皆常外出行劫，且常将其劫杀快意事，夸耀邻里。邻里不以为恶，反颂其勇，他日遇劫杀事，则拥为首领，以奖励之。番语称劫匪为"夹坝"。其受佛化教深之地，亦知以作夹坝为戒。然其戒劫杀，反不如戒偷窃之严。亦异俗也。

[①] 现崇尚法纪，此风已不存在。——编者注

第三章 居 住

一、番民住宅定式

西康多猛兽与劫匪，番民概住高碉内，汉人称之为"蛮寨子"。率方形，墙壁厚数尺，用土筑成，或乱石叠砌，通常高五六丈，内装楼房三层或四五层，每层有窗

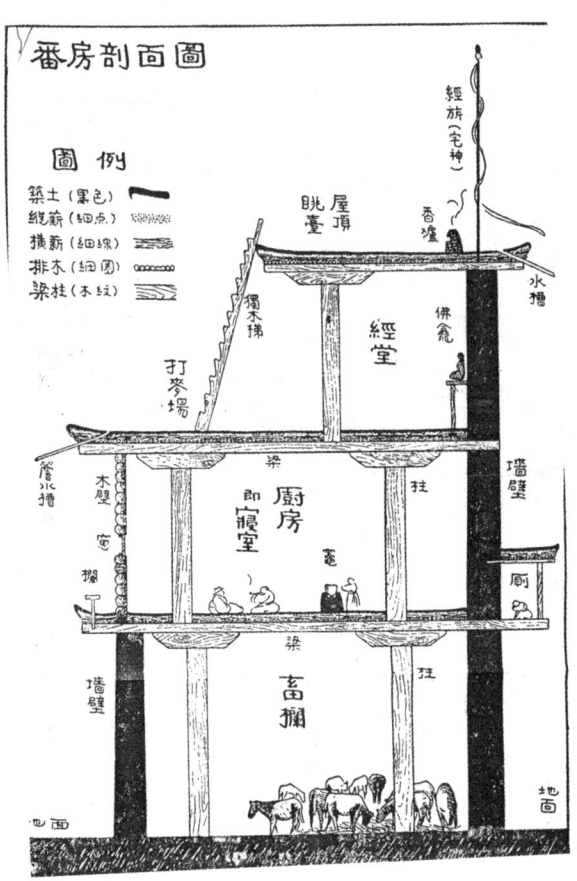

番房剖面图

数眼，外观酷似一西式洋楼。全寨只辟一门。门外每有短墙或木栅护之。门内即最下层屋，为牛马牲畜栖息处，不住人，亦不除畜粪，屎尿与残刍败藁堆积甚厚，人行其间，如履败絮。自此登一木梯，入第二层，为灶屋，亦即寝室，衣服饮食日用之物皆放此层。自此再登一木梯，入第三层，通常作为经堂，番家最庄严最整洁最华美之屋也，非长官与喇嘛不得入住此室。由此再上一层，即为屋顶；常建有偏小厂屋，为屯积刍藁饲养鸡犬之用。屋顶四角竖木杆，悬经旗，即番家岁时祈祷之家神也。

以上就中产番民住居言之。若土司与大头人所住之碉寨，称为"官寨子"，则常合并数幢"蛮寨子"而成；占地之广，房屋之多，高度之大，皆四五倍于常寨。各屋用途亦不拘前式，大都于高墙之内建有围房，为娃子守卫之室。又贫困番民之寨子，每无经堂一层。

二、番房修造法

西康建筑房舍，虽高楼七级，广厦千间，木匠无须如何设计，但只自下而上，一间一间依次垒砌之，随意增减，并无限制。恰如幼稚生为积木戏然。其各间修法，颇似内地装仓：用巨木作架，较小之木骈列装壁，另以木骈列盖顶后，再从上方如式修之。上下木柱，并不衔接。任随横拓若干间，上砌若干层皆然。故一经震荡，即全倒塌。炉霍民国八年（1919）地震，全县官民房屋塌尽，以此故也。所谓官寨子坚碉房者，亦不过于房舍之外，筑坚厚土石墙壁包围之。墙壁坚牢不倒，借以支持木屋，故能耐久。

康地木材，端正硕大，番屋各间皆矮，故其柱粗短，立地如础，不易偏倒。纵使偏倒，拆卸重修。亦牵不动他间房屋。吾人视之，觉其建筑方法特殊；番民视之，以为极智也。

番房屋顶部，皆于骈列木条上，纵横架搁小木条或柴薪，再于其上铺垫泥沙，人力捶平。可以打草晒麦，亦供游眺。家神为一木杆，上悬印经之布，称为经旗，竖于屋顶最上部，每晨焚柏枝祷之。屋内地面，亦如前法，填土捶平，富家或更于土面铺木板一层，以资清洁；中产之家，皆只薄土，人住楼上，如住地面，可不用火盆而燃薪御寒。昔炉霍官寨，建筑甚美，某年官兵驻扎寨内，因衣薄畏寒，昼夜燃薪于屋内，熟透泥土，下达垫薪，而兵不觉，由是起火，将全寨烧毁。

三、独木梯

独木梯

番人升楼之梯，为独木梯，俗呼曰楼梯，用整条木柱造成。番中多大木，取直如矢、径2尺许者归，截去两端，留中段，又斫去一方为平底，于反对方就原木斧成锯齿状，每齿约距1尺。用时以平面上靠楼唇，下抵地面，齿向外方；番人手攀背缘，足践齿口，上下甚速，毫无不便。汉人初习之，则如临深履薄，兢兢若将倾坠矣。

康地规矩，唯有官爵者之住室，如土司官寨、汉官衙门，与台站等，始得用汉楼梯（即内地通常之木板楼梯）。无官位者，虽富拟王侯，不得擅用。恰如清代之黄缘瓦，朱漆槽门，乌龟碑础等然。番中无官位而富者，仅能于其独木梯平底之右侧，留木棱一条，俾上下人等便于攀扶而已。唯汉人，则无论有无官位，皆得装置汉楼梯。近年关外法度已坏，通都大邑所住之番，多有越制使用汉梯者。唯穷乡僻壤，仍守旧制。

四、叠石奇技

康番各种工业，皆无足观。唯砌乱石墙之工作独巧。"蛮寨子"高数丈，厚数尺之碉墙，十九皆用乱石砌成（无石地方，乃用土筑）。此等乱石，即通常山坡之破石乱砾，大小方圆，并无定式。有专门砌墙之番，不用斧凿锤钻，但凭双手一筐，将此等乱石，集取一处，随意砌叠，大小长短，各得其宜；其缝隙用土泥调水填糊，太空处支以小石；不引绳墨，能使圆如规，方如矩，直如矢，垂直地表，不稍倾畸。并能装饰种种花纹，如褐色砂岩所砌之墙，嵌雪白之石英石一圈，或于平墙上突起浅檐一轮等是。砂岩所成之砾，大都为不规则之方形，尚易砌叠。若花岗岩所成之砾，尽作圆形卵形，亦能砌叠数仞高碉，则虽泰西砖工，巧不敌此。

九龙之八角碉

在九龙县大浦子村,番名"塔炉",筑于村道要隘处,相传数百年前明正土司所建,以御摩些军者也,现已圮败无用。(骆克 摄)

此种乱石高墙,且能耐久不坏。曾经兵燹之处,每有被焚之寨,片椽无存,而墙壁巍然未圮者。甚有树木自墙隙长出,已可盈把,而墙不倒塌者。

余于丹巴林卡南街,见一供守望用之碉塔,塔基才方丈许,愈上愈细,最高约方4尺许,中空,可容持枪番兵上下,凡18层,每层高约丈余,各有窗眼4口。此碉亦用乱石叠成,据土人云,已百余年,历经地震未圮,前年丹巴大地震,仅损其上端一角,诚奇技也。

此种砌墙工人,产于茂州者为多。包砌工价,每方丈约为银4两。

五、八角碉

番俗无城而多碉。最坚之碉为八棱，如两四方柱相嵌合，亦乱石所砌，俗呼八角楼。康定、雅江道中之八角楼，即以此碉得名。九龙县对岸之大浦子，亦有二座，皆昔明正土司建，以备西来、南来之寇者也。

凡矗立建筑物，棱愈多则愈难倒塌。八角碉虽仍为乱石所砌，其寿命常达千年以外。西番建筑物之极品，当属此物。

六、康藏之城

世称前藏31城，后藏17城，实皆无城，不过多数碉房集合之巨镇而已。如此诸镇，并无墙垣绕之，亦无街衢巷弄之制；诸碉各因地势，错落建筑，每值兵役，凭碉而守，坚于乘城；汉人不得恰当称呼，遂呼为城也。

唯各大喇嘛寺，皆有坚墙围绕。其制如城，但垣内除佛殿外，尽属僧舍，无俗人居，应称为寺，不得曰城也。

西康真正之城，概系汉人所筑，清代曾置戍军，兴市廛之地，多有之，皆甚卑小，或以乱石叠成，或以土凿，或就番碉之壁连缀之。举例如下：

打箭炉城[①]　《雅州府志》云："雍正八年，安设阜和营，倚山修砌石城145丈，为门五。"今炉城只东南北三门，门连有城，及山而止，共长不过40丈。不知是何时改修。此城虽仅数段，然雉堞雄伟，有内地坚城仪表。

泰宁城[②]　在泰宁喇嘛寺外，雍正三年（1725），置泰宁营于此，筑城以资卫守。时年羹尧为川陕总督，奏修此城。故俗呼年羹尧城，其地番名噶达，故又曰噶达城。城用土筑，长方形，辟门四，中筑市街，为营兵及商民住所。今已圮败，市况衰落，半成农地。演武厅与关帝庙犹存。

理塘城　雍正三年（1725）建，以卫粮台者。在今理塘市外，已圮，仅存短埂。今之理塘市，依喇嘛寺建，另有一城，不知何时所修。

巴塘城　亦雍正三年（1725）建以卫粮台者。仅以土垣连缀番房墙壁而成，制

---

① 打箭炉即今康定。
② 泰宁：又名乾宁。原为县，1978年撤后分属于康定、道孚二县。

甚陋，出入者多忘其为城。

道孚城 道孚市旧有土城绕之。大约亦雍正时筑，现已倾圮。

此外如乍丫，如类乌齐，旧籍俱称有土城若干丈，其实皆喇嘛寺之寺垣耳。

七、屋顶用途

番人住宅，无论大小华朴，屋顶皆坦平如坻，铺土筑紧，似一网球场，故汉人呼为平房也。平房屋顶，为适当之场圃。农家割麦，堆于其上，以穗向外，砌成墙式垒式，借风干燥，秋末农闲，取下铺平，打落子实，击破穗秆，子实入囷，不必复晒，穗秆仍令堆叠屋顶，以作冬季牲畜之刍秣。中原北方农民，届收获期，必特筑场圃，以备此诸工作用途；番人则以屋顶为之，可谓善用其屋顶也。

打箭炉城之北关

城垣乱石砌成，橹楼壮伟，城外碛坝堆叠茶包甚多，番商张帐守之，驮茶马牛休息其侧，左方瓦屋即北关查验处也。炉城市街隐于关内，左侧为郭达山，右侧为跑马山，中间山峡即通四川之路。（采自美国《国民地学杂志》）

屋顶又为佳美之游眺地方。以其高出众室之上，又平洁可资坐卧也。余在边地，每息民家，必登其屋顶，测绘附近地图。有时夏暮日落，凉风渐起，负手闲步其上，俯眺村民晚归，牛马款段之状，肌肤清爽，心境超脱，飘飘然有凌云羽化之慨焉。

番人养鸡，多在屋顶，即以穗藁为其产卵之巢。狗亦多系于屋顶，因番碉皆坚墙，仅一穴出入，夜闭碉门，贼不能犯，唯能以长钩挂窗，援之而升，系犬于屋顶，则能四面瞭望。贼至狂吠，使不得近。

屋顶建造法，为木梁上铺劈柴，劈柴上铺细枝，细枝上筑黄土。边地初夏为雨季，冬月为雪季，雨雪二季，皆能破坏屋顶，致于浸漏；故初秋农闲，番民必修理屋顶一次，凹者填之，松者筑之，不使积水，不使生草。

八、甘孜县署

甘孜县署，即故麻书官寨，改流时，麻书已绝，因以为县行政公署。其正寨为一方碉，凡楼屋四层，崇墙围绕，方各10丈，屋缘墙建，中留天井。建筑纯番式，无贯柱，层层叠砌，凡屋50余间，有经堂宝顶与佛像。回廊互通，长梯陡降，颇宏伟。正寨之外，绕廊厩10余间，与后方副寨相续。副寨凡3层，屋20余间，较卑小，屋顶与正寨相连。现正寨下层仅存一屋，充监狱用，余尽圮废。中层住士兵与其眷属，县署大堂亦设于此，圮败之屋，居什三四。上层屋较完好，住知事及衙内员司与其眷属，两等小学亦附于此，仍有坏屋三四间。最上层全空。四围廊厩，尽已拆毁。副寨各屋，圮者尤多，仅数间可以住人，现作保正候差房。

此寨未圮败时，宏伟崇丽，为北道第一。自作县署后，历任官吏，传舍视之，听其圮坏，不肯修理。十余年来，由污秽而破败，而罅漏，而倾圮，而拆卸。至今日，唯大唯与知事住屋不漏而已。其余各屋，雨漏贯三四层，木料霉败，廊壁倾斜，居者或值雨夜，衾褥尽湿。尤可笑者，碉内本有甚精美之厕，而居者恶其偏远，率粪尿于窗外或空屋中；以致院内室内，屎尿狼藉，臭秽熏蒸，俨同公厕。尿水从屋板浸下，挟其土泥，滴楼下屋中，浸行缓慢，随时蒸发，土附楼板，垒垂如钟乳。甘孜柴价昂，土兵家眷住寨中者，每每折屋为薪；始而地板，继而窗棂，既而全屋坍坏，则用其梁柱。以致大好官寨，夷为乞居，良可惜矣。余在甘孜日，韩知事迎住寨中，连夜大雨，室无燥地。数嘱韩稍修葺之。韩调乌拉娃捶屋数百工，而漏如故也。盖番俗，官署土木，概由民夫当差，不给钱粮，以故民夫做工甚惰，随手敷衍，等于儿戏。番寨皆平顶铺土而成，无瓦；土不平，水潴或潦则漏，漏则屋败。

故番人概一年平土一回。官寨数十年不修，屋顶草满，水概不行，故漏也。修理之道，应重新填土，而差民工作苟且，但以木条拍之，故无益也。再促韩君修理之，乃复调民夫，铲土更新，屋始不漏。而随地便尿之习，竟不能革。

服官甘孜者，每羡孔撒官寨之华丽，而自惭县署秽恶，颇有倡为另建县署于关帝庙之议。不知麻书官寨，昔固华美数倍于孔撒，服官自不修治，致此颓败；纵年修一新署，宁有益乎！果县官皆有十年之志，一度薄拨公款，培修此寨，使复麻书初亡时状，则碉房百余间，驻兵一二连以卫县署亦可，尚患无卧寝处而必另建新署耶！

九、孔撒官寨与朱倭官寨

西康建筑之华丽，除喇嘛寺外，当推土司官寨。改流之役，土署多被焚毁。现存土署之崇宏华美者，唯朱倭、孔撒二寨。孔撒寨在甘孜县署对面，余未曾入。但知其屋凡二幢：北幢曰孔撒碉，孔撒旧署也；南幢曰瞻对碉，瞻对北侵时，孔撒降之，筑此以驻其使节也。二幢之间，缀以坚墙。墙下围房。围房之内，为大空地。朱倭官寨，余曾驻宿二日夜。

朱倭官寨

朱倭官寨，在鲜曲北岸一小丘上，其地即名朱倭。前方为朱倭村，村后高处为土署。有高屋两幢：左为土司住室；右幢空，为往来官吏行台。两幢之后，矮屋连椽，为小娃子住室，与头人候差之处。坚墙围绕，如一小城。余住行台一幢，凡三级，室尽高广，铺以文木，饰以绫锦，前有眺栏，可瞰村市全部，与对河大道往来行人，虽无其他器物装点，居之亦已舒适矣。土司所住尤精洁华美，柱间壁上，满布绮罗绢卉与宗教法物。余游其间，几忘室外之为蛮荒瘠壤矣。

十、瞻化县署

现在之瞻化（新龙）县署，为藏官管理瞻对时所建。当时所建，原系两座，相距数十步。一座为僧官所居，今旷无居人。一座为营官所居，今为县署。其建筑形式，与朱倭、麻书二寨并异。正房偏北，凡四层：下层为土兵住室，二层为大经堂，三层为司吏住室，最上层一部为屋，即县官住室与大堂；一部为大平屋顶，可集五六十人跳歌，外有木栏，凭之俯瞰全市。东南西三面，矮屋二层，为围房，今并废。东南角有水牢，为闭囚之所。中央空大面积地，特建五层高碉一座，方形矗立，不与余屋相连。有巨仓，粮食从楼上倾下，可容数百石。

关外土司官寨，为式种种，兹所举麻书、孔撒、朱倭、瞻对四寨，为异式之各一种，若夫近边各土司官署，若明正，若巴旺、巴底，则颇参酌汉式衙门矣。

十一、番　厕

西康不用粪尿为肥料，率皆遗弃于地，听其分化泯灭。寻常人家皆无厕，或排泄于室外，或入牛羊栏内排泄。牛羊栏即在碉之下层，为出入者所必经；故宿番民住室，入门之顷，未有不掩鼻者。兹录日记一则，以资一笑。

"内地人都认猪为最腥醒地面的家畜，许多人不准猪下圈来。不想理塘、河口一带居民，竟以猪为清洁污秽之具。这带的猪，毛色苍褐，去野猪不远；性喜吃屎，嗅觉最发达，一嗅屎气，便赶拢抢吃，驱打不走。他们把猪和牛羊一股脑儿养在碉房的最下层。不另修毛厕①，男女都到牛羊圈内去解手②。粪才落地，猪便吃了。从理塘回康定一路，临睡要解手，房主人回说没有茅厕，到牛栏内去解。我不肯，连夜都是跑到山坡上去解。今天宿东俄洛保正家。这保正曾任过木雅乡总保，很有势

---

① 毛厕，今作茅厕。——编者注
② 解手：四川方言，上厕所。

力,房子修得也很华美,我想他一定有茅厕了;临睡问他,仍须要到牛羊群里去屙。那时风大非常,出门不得,只好遵从。走下楼去,择块比较干燥的柴堆旁边蹲下。少顷,便有五六头猪,从黑暗处奔出,抢步扑来;急忙取柴一条,四方招架,才打住了。勉强草草了事,站起身来,群猪已拼命抢到足下,让开一看,方知它们是来抢屎吃的。同时,董委员亦因初见此事,退步避猪,渐渐退到柱下,恰值楼上人倾猪食下来,淋了他一身滫水。"

但凡官寨,皆建有厕。在高墙外方,突出小楼一只,恰容一人,楼板开穴为粪孔,离地恒二三丈,粪落地面,须数秒钟。既无溅粪之苦,亦不嗅及秽气。厕之卫生,或莫及此。

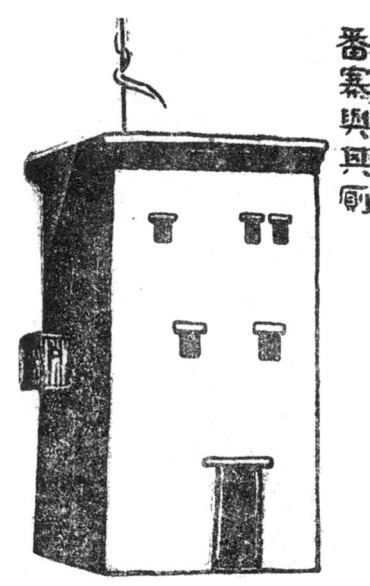

番寨与其厕

十二、板 房

川康间森林河谷住民,多建板房。其梁柱结构甚陋,一切仿内地茅舍,唯不盖茅而盖瓦板。瓦板者,切杉木为长五尺许之短段,去皮,以大刀劈之,顺其纹理,成

板房

翻摄于威尔逊《中国西部采集记》

为薄板，板上自有凸凹骈列所成之细渠。以之覆屋，水随渠走，可以不漏。纵有雨水溢出板缘，灌入屋内，只需以指顺纹引之，水即附板流去，不湿器物。以可代瓦，故曰瓦板。

板房宜于多雨之地。其法似为汉人所教，至今劈板之业，仍为汉人所擅也。

十三、番人坐寝之具

番人无桌椅之属，横盘脚坐于地板。贵者借一毡毹。尤贵者前方置一矮几，供放茶碗食物之用。土司、贵官与大喇嘛，得设一座台，似一木柜，上铺毡垫；座愈高者，品级愈尊。

番人寝无床榻，张长垫于地板而卧。贵家妇女，始可具床。其床无脚，为一长方形木盒，修阔与汉床相似，盒底贴地，四围木板高一尺，中铺羊毛毡一只。寝时，即以昼所衣之羊皮袄为被。可数女子同卧，婴儿亦育其中。尝于上瞻总保家见之。

十四、灯　烛

番人无烛，呼灯为"拍比"。通常为圆杯形，有长柄连座。富者以铜为之，贫者以土。杯底中央有孔，插羊毛数茎，灌入酥油燃之。敬神之灯亦如此。

西康南部森林中，产一种油松，材质含脂甚富，土人析为木条，燃之代烛，呼为"松光"。光亦颇强，唯烟炱甚重。汉人用之者多，尝于卧龙石见之。徐霞客《滇游日记》亦曾屡称此物。大抵此烛盛行于近滇一带，尚未普及于西康全境也。

十五、牛毛帐房

牛厂娃寝息之大幕，用牛毛织成，厚如银币，能经暴雨不漏，受重雪不裂。通常形如覆筐，长圆形，方广二丈，用丈长木柱二条撑起，再以牛毛绳数十条系于帐顶周围，分向四方牵引，钉着土内，帐即鼓张如屋。绳有软弱下垂者，又以木柱自外撑之，使极张紧。帐之一方辟门通出入，中央砌灶一座。灶周围睡人，较远处堆器物，最后端拴小牛嫩驹。牛群迁徙，则拔帐卷叠于牛背，驮至水草较佳处，择一近水而稍平坦之地，重行撑起为屋。其灶终日燃火。帐顶有一长隙，放散灶烟，隙外有护皮一副，夜深火熄，引盖隙口，以拒霜露。门亦有护幕，皆牛毛布为之。故虽处积雪中，帐内温暖，无异室内。

普通之牛毛帐房，不能甚高。因撑帐之二木柱，非草原所产，置备不易。且柱若太长，殊不便于驮运移徙也。若土司头人之帐房，则常以数段木柱，用铁箍衔接，为长柱以撑之，故特能高大，一帐内可以围坐百人。其仆从住室与灶房，皆各自为帐于大帐旁，加以所辖部民之帐，每每连续数里，成为暂时之村落。

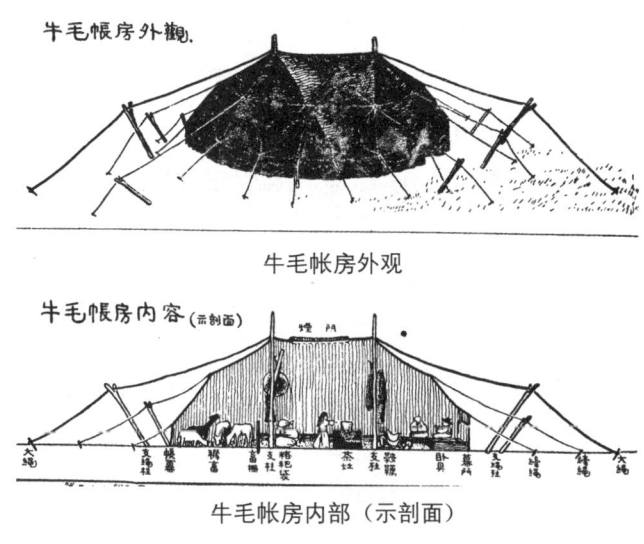

牛毛帐房外观

牛毛帐房内部（示剖面）

十六、三十牛驮之巨帐

瞻化高君言：俄洛"野番"① 大土司之帐房，凡分数十间屋，大堂、花厅、寝室、经堂、牛栏、马厩、卫兵室、小娃子住室、灶房、厕所皆备；仍用牛毛布缝成，分为百数十幅，各配铁环铁钩，以便拼合解离。撑帐时可以随意配搭为种种式样，只不能成楼阁耳。全帐及木柱铁环铁桩，共须三十头牛驮运。此非余所亲见。查高君谈边地风物，每多夸妄。或不真须用三十牛驮，唯其帐甚大则可信。因此等土司极豪富，颇思穷奢极欲，而为物质文明所限，计唯如此方能极豪华奢靡之致也。

十七、混　帐

牛厂娃父子翁媳，寝处共一帐房，无分别，无虑乱伦之事，牧番之俗，亦不以此为怪。成年男子，兄弟共妻有之，唯不与生母及亲女乱耳。忆满洲先世，亦帐居

---

① 俄洛分上中下三俄洛。此指俄洛色达，即今色达县地，清至民国此地未设治，故称"野番"。

之游牧民族，同有此风；入关后，犹翁媳母子兄妹同炕。后染汉习，颇以此事为耻，深讳之。

十八、牛厂产妇

牛厂娃体质强健，妇女产俗殊异。汉人产妇，须忌风雨冷水。牛厂娃无盆桶诸器，妇人产子后，即自抱向附近溪水洗之，儿亦不病；即病，遍体涂以酥油牛屎，抱向火边烤之，亦即自愈。儿恒裸置地上，无褓褥摇篮之属也。帐房无马桶，无论晴雨，屎尿必向帐外排泄，产妇一月中，必与风雪雷雨接触数次，亦无伤。

十九、烧牛屎

西康高原之顶部，系一大草原，多数地方无木本植物，少数较低地方与阴山坡下，长有矮桧、杜松、油渣子等尺许高之小灌木而已。故牛厂娃无柴草可供燃烧，只烧牛屎。其地干燥非常，屎自牛体排出，一日即干，三日干透，分解细菌甚少，故无臭气。牛厂娃每迁一地，撑帐后，即督妻子持筐分向附近捡牛屎。平日牧暇，亦捡屎。每家积牛屎一大堆，便觉温饱有余，傲然自得矣。

甘孜、理塘等市，附近无森林，缺柴草，市民及其附近庄房，亦烧牛屎。平时将所拾牛屎，和水与麦糠，抟成圆饼，掷附于墙壁上，干而揭之，以为燃料，不似牛厂娃之直以屎块入灶也。其人中元日野祭，亦以粪饼加糌粑燃之，代楮帛焉。

二十、皮火筒

番人有一机器，番名"克么"，即皮火筒。制法：用整羊皮一，颈端缚于一铁筒上，四脚扎紧不使漏气，尾端截成一大圆口。用时以铁筒之嘴入灶，两手捉大圆皮口，一提一张，一合一压，空气便从皮囊通过铁筒，射入灶矣。铁筒之口，约径四五分、鼓风入灶，霍霍如吼；任是湿材，亦皆火啸。法与西洋手风箱相似。番人使用此物甚巧，我等虽知其原理，取以鼓气，终不成风，学至数日后，方得灌进些许。

二十一、天然砖瓦

西康高原之顶部，多大平原。其中无寸木寸石，一望沃壤，厚数十尺，密生一种野草，属莎草科，叶长寸许，疏而偃地，根淡黑色，亦长寸许；纷而不直，错乱交互于土中，与土壤相抱，成为坚而绵韧之土层，厚约一寸，甚为整齐。土人用利铲自地面切下，随意割为方块，使成天然土砖。掷之击之，不崩不散。土人利用此物，砌为住宅之墙壁，或覆屋上以代瓦。其草耐寒燥，能历久不死，故为砖瓦，亦历久不坏。理塘、泰宁等无石之地皆用之，亦造化之妙用也。

二十二、牛厂娃之建筑

牛厂娃逐水草，张天幕而居，行止靡常，固无须于建筑。有之，唯灶与短墙耳。牛厂之灶，筑于帐幕正中，用石块与泥，砌作炉形，凡三口相连，中燃牛屎，可热三锅。其牛毛帐幕之四周常用碎石或草砖叠成短垣，以免寒风从幕脚吹入。迁徙之后，留墙与灶不拆，以志鸿爪。他日复归，得辨其故处而息焉。冬季宿处，有为某族固定之地，他人不得侵占者，则年年增高其垣，极乱石所能胜。

吾人旅行于草原中，最好踪迹牛厂曾经设帐驻牧之地而息。其便利之点有四：有墙垣避风；有现成茶灶；遗有剩余牛屎，无须拾柴；附近必有清流可汲，美草可牧。

牧场无树木石块与草砖之处，有用牛角砌成房屋与墙垣者。其人砌角之技甚巧，不藉斤斧，但以大小不同之牛角，相互钩持而砌之。余曾得见此种建筑之照片，未曾见其实物。

二十三、野游之幕

康俗，以张帐游山为乐事，每值秋成之后，各家相与张帐于野，携取食物，寝息其间，做诸游戏消遣，称为坝会。其有贵族富商，兴会偶至邀其密友，或所狎昵之人，张帐于溪边林下，宴饮寻乐者，称为游柳林（西康无柳，俗呼白杨林为柳林也）。凡坝会与游柳林所用之帐幕，多白布制，蓝布为饰。纵属牛毛布制，亦皆小巧精美。土司、喇嘛之帐，有能坐百余人。支帐之柱，有镌镂龙纹，垩以金箔者。此种帐幕，不任风雨雪雹，徒美观耳。番语：帐幕曰"日"，布幕曰"故日"，牛毛帐幕曰"坝日"。

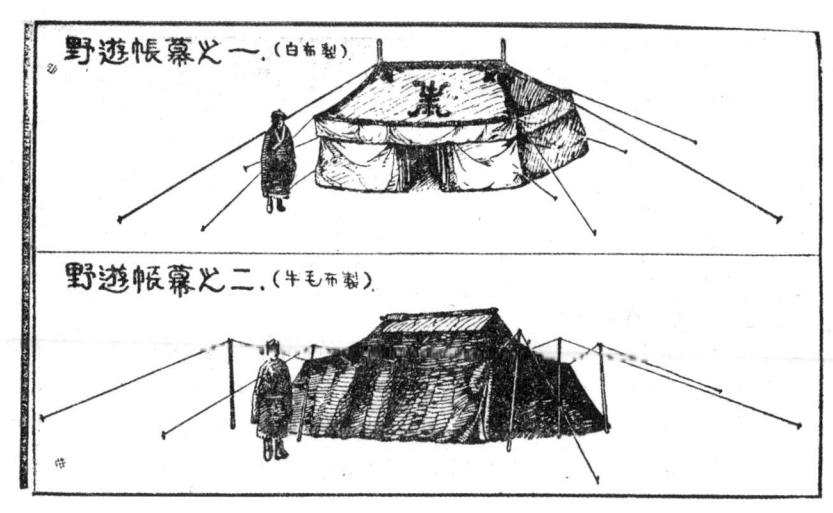

野游之帐

二十四、雪中露宿记

西康高原中，每每数百里内无人户帐房，旅行者常须露宿，俗呼"打野"。打野之地，能得杉林最佳。雪杉大逾抱者，侧出之枝，层层覆压，雨雪不能湿根，林内亦无风，故宿树下，无异屋内。其次为岩窝，草原之内，寸木皆无，风狂雪重，霜落如霰，得一土穴或石穴以避其锋，便如内地之有暖阁重幕矣。因二者皆不易得，故旅行康地者，宜携帐幕以行。唯番人习于露宿，能远行不需帐幕，遇庄房可宿，杉林岩穴可宿。皆无，则露坐地上，寒风为帐，霜雪为被，若无事耳。

余于民国十九年（1930）一月过理塘麻日大山，西康高原之中心也。以极寒之季，过最冷之地，适须打野。觅得一岩穴，已先有一喇嘛在；且一行20余人，穴亦不能尽容。因张帐于附近平原中，俾卫送诸番得投穴中宿也。于时寒甚，土为坚冰冻彻，铁锥不能入，帐不得张，余命拾牛屎燃火，烧铁锥热，再锤入地，冰解锤入，须臾冻合，锥与地连，以之引帐，牢于柱石。帐既张，乃于其中燃炭一炉，同行各员，张行床环之。俱铺皮褥毛毡数重，覆丝被皮褥三重加以昼所衣裳，缠毛巾于头，压马鞍于足，而后寝。乌拉娃与卫行土兵，则另于数步外熬茶围坐，谈故事遣夜，竟无投山穴中宿者。通事一人，为汉番混血种，呼之帐宿，彼不肯，投彼熬茶群中，坐以过夜。番人善笑，不知所谈何事，深夜哗哗，若有余乐。

余于帐中，望见诸番筹备露宿之状：拾石块三四，支成一灶，放牛屎其中，发火烧燃，铜锅盛水，置于火上，碎茶砖一角，投水内，加盐少许，群番环之地坐。待茶沸腾，各取佩囊内木碗与糌粑，和茶汁捏食。于时番语杂作，欢笑腾起。夜色如幕，笼罩四山，熊熊灶火，射映诸人，时见抚肩拍掌，与加柴加水之状。

夜色已深，灶火渐熄，欢笑之声，随与俱衰。诸番互抄其手，危坐就睡，头脑幌漾，各不自持。久之肩背互倚，同归静止，万籁俱寂矣。

先是，余帐烧炭，预计能彻夜不灭。为筹翌晨盥浴，煨水一壶。其水蒸发，悉附帐布成霜。余辈睡梦中，口鼻出气，入被成冰，被缘硬如胶固，偶触颐颊，冷不可言，至于辗转反侧，不能成寐。天明起床，幕内附霜厚二分，被缘结冰横尺许。张帐铁锥，为地胶固，浇以沸水，而后拔之。回顾露坐诸番，肩背眉发，坚冰皑然，余心甚不安，彼辈则手揉双眼，抖衣而起，纷唤牛马，欢然就道，无丝毫怨望之色。有如此气候之地，即有能耐此气候之人，造化之妙，亦可惊矣。

第四章 饮 食

一、四大食品一种调和

糌粑、酥油、牛肉与茶，为番民四大食品。盐，为唯一调和①。古代番族，似只有此五种食品。其后渐增，直至今日，普通番人食物亦不过十余品耳。就余所知，约举如下：

谷之属：

糌粑　炒大麦磨粉为之。调茶或水，捏成块食。"糌粑"系番语，汉籍有称之为炒面者。

小麦粑　生磨小麦，连麸作饼，锅内烘干，为番人精美食品，常充馈赠礼物。番语曰"角䏱②"，汉人呼之为"连麸面馍馍"。

扒孤　为连麸面馍馍之包牛肉者，亦名"猪洛可"，另有记。

油果子　为小麦做成之绞面，用酥油煎炸成者。番语曰"捉鸡"，贵客佳会，以充点心。大抵仿汉人麻花制，而味殊异。曾于上瞻总保家食之。

乳之属：

酥油　即牛乳中提出之脂肪，西餐所用之黄油是也。番语曰"骂"。制法另记。

奶渣　提炼酥油后之奶渣，入釜久煮，使蛋白质凝固成块，晒干。番语曰"区热"。为牛厂娃之主要食粮，亦有售入城市中者。

酸奶子　牛奶经发酵后，味渐酸，质凉爽，宜解渴。番语曰"霍"。原质未取酥油者为上品，有甜味。既取酥油者所制，但酸凉，为下品也。

---

① 调和：四川方言，即佐料。
② 䏱：音 lēng。

肉之属：

生肉　康地寒燥，生肉不腐，悬之数日，反干如腊，番人以刀割而生食之。牛羊肉皆然。番语呼肉曰"哈"。牛肉曰"郎哈"。羊肉曰"路哈"（毛牛[①]、黄牛、山羊、绵羊尚有细别名称，不备录）。猪肉曰"爬哈"。多数番人不食猪肉。

肉松　肉松者，极寒之地，或极寒之季，切牛羊肉为长条，悬当风处，数日干脆，轻松能捏成粉。亦生食之。

肉汤　切肉成块，投釜中煮半熟食之。番语曰"哈苦"。

鸡卵　番人皆生食之。鸡肉曰"下哈"，番人不食，通常以之喂马，谓其有骍马之健康。

茶之属：

酥油茶　熬茶既熟，投以食盐，搅和酥油，使成乳白色之浆汁，为番人最重要之食品，称曰"珠甲"。番语茶曰"甲"，搅和曰"珠"也。

咸茶　茶水加盐而不加酥油者曰"甲拉"，为平民之常食品。余以其味咸，称为咸茶。

清茶　茶质不加盐与酥油者，专为招待汉客用之，呼为"清茶"。此种称呼，明为汉语，但番人多能言之。

此外如蔬类、果类、糖类、诸食品，大抵皆汉、藏商人自域外输入，非康地所固有，亦非康人所惯食，不过豪贵之家，沾染汉习之人，偶一用之而已。

二、青稞与汉文"来"字

作糌粑之大麦，汉人呼为青稞，番语曰"来"（Nas）。《周诗》"贻我来牟"。郑康成解"来"为小麦，"牟"为大麦。余意康成汉末人，解千年前方言，未必不误。汉文麦字从"来"，可见古人呼麦类原种当为"来"也。大麦、小麦虽为两种，但大麦耐寒，小麦不耐寒，汉族原从昆仑寒地迁来陇西，再后播散于中原各部，其最初携来之麦种，必属大麦而非小麦。余因疑"来"字不当解作小麦。若解作大麦，则与藏语恰合。藏人亦系昆仑发源（藏源于羌，羌源于三危，三危即昆仑也）。既与汉族远祖来自同地，原始名物，当必相同也。不但如此，欧洲较寒农地不产小麦者，盛产一种黑麦，与青稞多有同点，欧人亦呼为"来"（Rye），黑麦与青稞，皆大麦

[①]　毛牛，即牦牛。——编者注

之属。似原始农民，皆曾呼大麦为"来"，我国岂遂独异。余故疑古"来"字当解为大麦。

三、水 磨

西康遍地激流飞瀑，水力最易利用。任何村落，皆有水磨坊数家，专供磨糌粑面用。其装置与内地水磨略同。唯内地水磨，系上扇固悬，下扇转动，康地水磨，系将下扇固着于楼板上，中心凿一圆孔，贯穿长木，下连车轮，上嵌于上扇磨盘中，使上扇转动。其法一望而知为汉人所教。且料水磨传入西康，必在内地水磨改良以前。因原始之磨，固只上扇动也。

查我国古时，称磨为硙，音岂，《正字通》云："硙，碎物之器，公输班作硙，晋王戎有水硙，今俗谓之磨。"唐高宗永徽元年（650）吐蕃遣使入贡，因请蚕种及造酒、碾、硙、纸、墨之匠，并许之。是为磨具入番之始。西康水磨当亦唐时传入。今其人尚呼水磨为"岂"也。

四、边 茶

番人嗜茶如命，无贫富贵贱僧俗，食必熬茶。其茶产于四川之雅安（雅州）、荥经、天全等县。茶树生于山间砾地，每年采叶三次，初采芽尖，为上品。次采嫩叶为中品。最后采者为丛枝老叶，与修剪之蘖条，为下品。由农家自行焙制后，售入各大茶庄。茶庄取诸茶叶，装木甑内蒸之，使结成长方砖形，专销康藏。榷者称为"边茶"。学者称为"砖茶"。俗人称为"马茶"。亦有取嫩尖嫩叶制为雨前、毛尖等品。销于腹地者，皆属散茶。

大抵荥经茶商，专办上中品茶。天全，专办下品茶（古称乌茶者是也）。雅州，各品皆备，其名目殊繁，雅茶最上者曰"毛子"，其次曰"芽子"，专销西藏贵族；其次为"金尖"，销康藏各大寺院与土司家；其次为"金昌"，叶少梗多，销康藏平民。

俗称边茶一砖为一甑。每四甑相续排列，护以粗篾编成之长簿篓，是为一包。每四包为一引。民国初年，自打箭炉出关之茶为14万引，最盛时至18万引，现为10万引。

边茶粗劣，难以言语形容。其下品者，每有椔木叶与树枝等混入，全无香味，只苦涩如咽单宁酸液而已。顾番人甚珍惜之,芥末不肯轻弃。每食,掬茶叶一把投釜中,反复煮之,使水变浓褐色,尽溶茶质,投以食盐,始饮,或调糌粑。

至番人嗜茶之故,清《续文献通考》曾解之云:"自唐世回纥入贡,以马易茶。盖西北人嗜茶,有自来矣。西北多嗜乳酪,乳酪滞膈,而茶性通利,能荡涤之;故虽不用于三代而用于唐。不独中国用之,而外国亦莫不用焉。宋人所以始置茶马司也。"

五、茶与槚及荼

番语呼茶为"甲"(ja),与汉文"槚"字同音。《尔雅》:"槚,苦荼。"陆羽《茶经》:"其名一曰茶,二曰槚,三曰蔎①,四曰茗,五曰荈②。"盖我国古昔,固称茶为槚,番人所呼之"甲",实系槚之译音也。汉文读法无定,辗转口传,随地而异,亦随时而异。今存古音之字,千不得一。或且今古读音悬绝,至于不可想拟。又有因读音异而新造一字以实之者。故至今日,同一名物,每有若干文字表之。番文有一定拼法,故能保存古音不变,茶之一物,即其著例。融而通之,亦有趣事也。

查我国远古,称茶为荼。《正字通》引《魏了翁集》云:"茶之始,其字为荼。如《春秋》齐荼,《汉志》荼陵之类,陆颜诸人,虽以转入茶音,未尝辄改字文;惟陆羽、卢仝以后,则遂易荼为茶。"《尔雅·释草》"荼,苦菜",《释木》"槚,苦荼"。似荼、槚二物,形实相似,只草本、木本不同。唯古人区别草木,多仅就形体之高卑坚软分之。所称为草,多有木本植物在内(如菊与牡丹是),果使荼为草本,必不能与槚酷似;以意揣之,弱者为荼,劲者为槚,实皆茶科植物之可采叶为饮料者也。

郭璞《尔雅注》云:"槚树小似栀子,冬生叶,可煮羹饮,今呼早取为荼,晚取为茗,或一曰荈,蜀人名曰苦荼。"所云槚树,即今之茶树。是茶树古原呼槚。其叶作羹始呼为荼。槚与荼,盖一物而异体也。

昔人制茶饮茶之法,皆与今人不同。《广雅》云:"荆巴间采叶作饼,叶老者,饼成以米膏出之。欲煮茗饮,先炙令成赤色,捣末置瓷中,以汤浇覆之,用葱姜橘子芼之。其饮醒酒,令人不眠。"是古制茶,原为饼状;煮饮之际,亦加调和;与今康藏饮法,多有相似之处。

据《尔雅注》,荼与茗,为槚之产品。茗与荈及苦荼,为荼之异名。扬雄《方

---

① 蔎,音"社"(shè)。
② 荈,音"喘"(chuǎn)。

言》"蜀西南人谓茶曰蔎"。《三国志·韦曜传》"密赐茶荈以代酒"。解者谓南人呼茶为荈。则各地方言,又多异称可知矣。陆羽《茶经》汇列茶、槚、茗、蔎、荈诸名,而无荼字者,汉以后之茶字,即汉以前之荼字也。荼、茶既系一字,应为一音。后世读荼如涂,而读茶直加切者,但知茶采自槚,不知为荼,遂从槚音也。

余疑陆羽虽书荼为茶,实仍读茶为荼(譬如爲与为字,笔画虽省,音读不异)。而当时市肆出售之茶,则呼为槚。羽以荼字见于"五经",较《尔雅》早出,故不曰槚经而曰《茶经》。又以魏晋以来省书荼字为茶,遂亦从俗书为《茶经》。后人乃并其音亦易之。当时砖茶已经输入西番、回纥。西番不辨汉文典义,但从市场俗称曰"槚"今音微讹为"甲"也。

英文呼茶为Tea,解者谓系茶之译音。查华茶输入欧洲,在宋以后。宋人已不读茶为荼,前引之《魏了翁集》文可证。意者:闽粤之人,尚有保此荼音,以播于欧洲者欤?总之:藏语之呼茶为"ja"与英语之呼茶为Tea,皆有足为我国古时呼茶为槚为荼之旁证,则可必也。

六、支那新解

藏语称茶为甲(ja),华人为甲米(rgya-mi)。米,人也。中华为甲拉(jala)。拉,地也。藏文藏语,创于唐世。茶之入藏,亦始于唐世。藏人以茶为命,于域外物,唯知有茶。茶为中华特产,故藏人以茶代表华人华地,亦犹欧人之以瓷器代表中国,中国人以佛教代表印度也。其书ja与rgya字形不同者,藏文系拼音字,后世因所表名物不同而异其书法也。

藏人称中华为甲拉,远自唐世。于时吐蕃境域,西极葱岭,与阿拉伯接壤。阿拉伯感受藏语,亦呼中华为甲拉。又复传此称呼于欧洲。辗转传语,其音微讹为China,为Chine。或以为秦之译音,或以为瓷器之谓。夫中华极盛之世,为汉为唐,非秦也。秦祚最短,亦未通外域,何独能超越汉唐,震烁欧人,俾至今不能忘耶?至于瓷器输入欧洲时,欧人早已熟呼中国为支那,是瓷器(China)因中国而得名,非中国因瓷器而著名也。

亚洲各国之国名与国情,大都由阿拉伯书转告于欧洲。元明之世,欧人东来者,归还其名于东亚各国,各国多不自解。西藏之为"土伯特",中国之为"支那",缅甸之为"伯马",皆此类也。

七、三种锅

番人锅有多种，用途与来源亦各不同。分述如下：

铜锅　专为熬茶之锅。圆底皤腹促口，微似无脚无耳之鼎，概为云南与建南①所造，打箭炉与德格，巴、理塘为其发散中心。形体率小，取便于携带。牛厂娃与旅行者多用之。

铁锅　熬茶兼能烘饼。系生铁铸成，圆底巨口，腹壁微斜作碗形，而有二耳。大都为四川荥经所铸，大者三四人始能举。大都为庄房娃购用。各大喇嘛寺熬茶之锅，有径四五尺者，系自招工融杂铁特铸；锅之口缘加一木围，使能容数石水。熬茶一锅，可供数千僧侣饮用。

炒锅　专为炒青稞用。铁铸，平底浅舷，似熬盐锅。一侧有穴，可嵌木柄，炒青稞熟，即插入木柄，举而倾之筐中，以磨糌粑。亦四川所铸。

八、铜　瓢

番人所用之瓢，熟铜打成，半球形，薄腹厚唇，连长柄。柄与口面垂直，柄端具反钩，便于挂置。概为云南或建南所造，铜质甚佳，黄亮有金光。各杂货店多有售者。其瓢只合舀茶，不便他用，唯销番地。

西康无木瓢。近川各河谷森林中，多有剜瓢为业者。其瓢皆销川省，不销康地。康地亦无剜瓢之业。近有假名翁遂者，著《西康之实况》一书，竟以剜瓢与割漆、挖煤、织麻等并列于十大专门工业之内，殊觉可笑。走遍全康，无人能得一木瓢，亦未见有漆树、煤矿与麻类也。

九、两种食具——木碗与吊刀

番人概用木碗，为形与内地饭碗相似，唯口沿微反向外。番人各有一具，藏于怀中。食时取出，盛茶一碗，微呷后，取糌粑一握置其上，初浮如山，以右手食指入碗，沿口缘搅之，糌粑渐陷入茶，至于尽，吸茶汁，成为湿面，则更加干面，反

---

① 建南，指四川西昌一带地区。

复捏之，使全碗皆成微润糌粑，乃以手捏成小块，始入口内咀嚼咽之。食尽，用舌舐碗内外使净，仍入怀内藏之。不用匕箸。亦不洗涤。

西康木碗，大半自云南阿敦子输入。阿敦子喇嘛寺，为德格属庙；自此入康之货，皆系德格喇嘛寺经营，故德格反成木碗发散中心。木碗之最佳者，用黑檀、紫檀之虫瘿剜成，康人呼为葡萄根碗是也；价值甚昂，唯贵家有之，多用赤金包贴碗之内方，或且将外方包贴大部，仅露小部木纹，以示其为珍贵木质而已。如此一碗，

番人食具

价值有达四五千元者。其次为他种坚质木料所制，各大喇嘛与土司头人家有之。再次为普通温带木材所剜，皆自云南输入，西康无此类木材也。西康所有，唯松柏科植物与白桦，所剜木碗最不值钱，仅平民用之。

近世汉人入康藏者多，率自带有瓷碗、瓷杯之属。番人富者，亦多采用瓷器。遂有商人，自江西、湖南定制番式饭碗运入售卖。近年又多有洋瓷碗、镍碗输入。然一般番人，仍只用其木碗。

番人食具，只木碗与吊刀二种。吊刀为食生肉用具，多番人自制。有鞘，常佩腰带间。得生肉，则拔而削食之。削时，以指拊刀背，得一片，借刀送入口内。

十、糌粑袋

西康无论何人，皆有一糌粑袋，出即佩之。中藏糌粑，或并藏酥油数小块于糌粑间。糌粑袋，普通以皮制，皮未去毛，故糌粑中常有牛羊毛混杂之。汉人每谓番人"身上一层毡，腹内一层毡"，讥其食毛之多也。贵族之糌粑袋为毡子、氆氇或白布制，每袋能容糌粑一升。若旅行之大袋，有能容五六斗者，则恒以牛畜驮之。

十一、酥油制法与用途

牛厂当夏季奶旺时，每户每日挤奶约三四木桶，则牧妇开始提制酥油。其法于薄暮收牛挤奶，汇奶入釜中煮之，至沸后，静置冷处。翌晨早饭后，倾之入大牛皮袋，缚袋口，吹气入袋，使极膨胀，更紧缚之，置地下毯上，乃以一二人或三四人尽力揉搓之。揉搓时间，夏短秋长，牧妇自能辨识。约至适当时间，以一手紧握袋

口，解缚，一手持木箸插入探之，验箸上附有酥油，知其已熟，解袋倾入釜中，则酥油结团浮起。乃以双手揽油，拍成圆饼，放木桶水中，使其冷凝结固。积至木桶不能容时，再行取出，以有力者竭力揉压，悉去水分，用湿生牛皮缝成大包，输售市场。

揽油既尽之奶渣子，系多量凝固蛋白质与少量杂质而成。初尚有多量水液淹之，牧妇挹去水液，取出晒干，以为食品。其水液味酸无用，通常皆倾弃。

酥油新鲜者白色，无臭。搁置稍久，变黄色，微臭。过久历夏，变暗褐色，多腐败，臭不可近，唯番人仍食之。大喇嘛寺油库，每有十余年之陈油，保藏得法，亦可以食。其腐败至黑褐色者，则以点灯。

酥油在康地应用最广。拌糌粑，搅酥油茶，煎炸食物，涂抹身体防皱瘆，点灯，塑宗教法物，摆花，鞣革，……殆难悉举。任何好洁番人，衣物体肤，皆有酥油之气。

《康熙字典》酥字注，引《臞仙神隐书》云："造法以乳入釜，煎二三沸，倾入盆内，冷定，待面结皮，取皮再煎，油出，去滓，入锅内，即成酥油。北方名'马思哥'。"此蒙古制造酥油法也。其与西康不同之处，在于取去乳皮而不揉搓。余按，乳为数种蛋白质与脂肪、乳酸、乳糖及水分混合组成。煎之者，使蛋白质凝固，俾与脂肪分离也。吹气而揉之者，俾脂肪易自其他各汁液中分离也。搓揉之法，实较久煮为佳，然此皆土法，油质不洁。不如西洋新法，可得纯净脂肪。此亦西北牧畜副业极当改良之处。

十二、酥油茶桶

茶汁加盐，与酥油搅拌，使成乳浆，称酥油茶，为番人最上饮料。搅拌酥油茶，有特制之器，曰酥油茶桶，番名"酪摩"。为一长圆木桶，径约二寸，空口，另一木柄，端嵌圆盘，盘具四孔，其大恰能装入桶内，番名"梭咯"。桶底外侧，附有皮带二条，以便足踏，制其移动。用时，倾茶汁入桶中，加盐与酥油若干，足踏皮带，手纳梭咯入桶，尽力抽送，至数十百度，水乳交融矣。

平民之酥油茶桶，仅为一粗陋木桶。贵家用者，每以铜或金银包皮，嵌饰种种花纹。亦有以纯铜制者。闻近年巴塘发现一种铅制之酥茶桶，下方踏足处与打气枪之踏镫同式，梭咯之圆板穿孔较多，制作轻巧，使用便利，教堂有用之者。此物明为英法工商家专制以销行康藏之具，果其能为守固之康藏人采用，亦西陲未来之绝大漏卮也。

十三、负水奇技

番女负水

番人运物，不担不抬不提，专用背负。于水亦然。负水为妇女之职，除贵族女子有小娃子代劳外，无论贫富家女，皆需习此工作。其负水方法甚奇：用一长圆木桶，高与胸齐，一桦皮瓢，挹溪河泉池之水入内，抱置高处；用一牛皮带圈，一面套于桶腰，一方自套于胸喉之间两肩之外，左手持一小草圈，垫于臀上腰脊，右手扪桶底缘，引身近之，使桶底缘靠草圈正中，挺身矗立，桶已立于背上，稍向后倾；番女微俯其首，袅袅前行，两手或垂，或抄藏袖中，并不扶持水桶与皮圈，桶亦不倾畸。负近水缸，将身微侧。桶既横斜，倾水入缸中。而底不离臀，倾尽，再负向溪泉汲水。

十四、西康食盐之给源

西康高原少产盐。盐之输入有五道，品色亦各不同，分述如下。

（一）四川盐巴　为四川乐山牛华溪、犍为五通桥所产。制法与自流井同。盐暗黑色，呈砂岩状，故曰盐巴。销川西各县，与邛崃山脉以西之汉源、越嶲、泸定、鱼通、金川等处，至打箭炉而止。

（二）盐源白盐　为建南盐源县黑盐井、白盐井所产。盐作圆锥形，而空如臼。销盐源、盐边、木里、九龙与云南之华坪、滇藁等县。

（三）盐井晒盐　为西康盐井县所产，井在澜沧江岸。东岸24口，西岸31口，并去江水不远。土民汲卤倾屋顶晒之，以散粒运售。东岸产者粒大而色白，汉人视为上品，番人反不喜之。西岸产者粒细而色红，番人乐购，谓其熬茶色气佳也。两岸每年出盐一万余驮。销行地面，东至雅江，北至江卡，西至左贡、桑昂，南至中甸、维西，中间巴、理、德、荣、乡、稻诸县，与察哇龙、门空、杂瑜、阿敦子与珞瑜之地皆是。

（四）垛零夺池盐　垛零夺在石渠之北，距德格7站。有盐泉在缓斜山麓，涌水为池,土人引池入田晒,田干,扫之成盐,亦散盐也。其盐田纵广一里,横阔里余,凡426口。每年产盐9000余驮,运销德格五县、霍尔三县①与瞻化等处,东至丹巴绥靖,东南至打箭炉,南至理化,西至隆庆而止。产盐地无布帛,乏青稞,北道番商,驮布与粮食前往易盐,每青稞一驮,换盐五驮。运至瞻、理、白玉等处,则又每盐一驮换青稞五六驮矣。

(五)类乌齐池盐　亦晒盐也,状如红泥,质味殊劣,而番人喜用之。销行喀木地方,南至桑昂,东至江卡、贡觉、同普,北至隆庆,西至丹达。以察木多为发散中心,故称察盐。丹达以西,皆销西藏池盐矣。

十五、番　酒

康人以青稞酿酒。其酒曲购自汉人。酿法:先煮青稞熟,晾干放凉,和以曲末,入釜中,以青稞藁秆覆之。数日酿成,渗水入釜煮之,便得多量之酒。其味甚薄。番语为"呛",汉人呼之为"蛮冲",即冲酒也。此为筹备宴集用酒之制法。若平时供自用者,则和曲末后,装大木桶中,渗多量水,以泥封口,听其发酵。桶下有孔,木锥塞之,随时拔锥接汁饮。初直如水,数日后,薄具酒味。饮数月未尽,则得真酒矣。

番人饮酒之法亦奇。切大麦秆插壶中,衔而吸之。亲朋会集,依次传送,不用杯盏。嗜酒者,亦常至醉。

近世汉酒输入番地颇多。住康汉人,亦多以酿酒为业。汉酒力猛,番人饮之辄醉,尝戏以汉酒饮友人之番妇,彼不识其强烈,饮至常所饮番酒量,遂至烂醉。番语称汉酒曰"甲酿"。

十六、碗儿糖

西康土产甜味,唯蜂蜜一种,产量极微,通常只作妇女涂抹皮肤之用。民间食用之蔗糖曰"碗儿糖",产于四川之建南与云南省,系榨蔗汁熬干,不行提炼,混合糖中良莠各质,倾入杯或碗内,使之凝结者。

---

① "德格五县"指德格土司辖之德格、石渠、白玉、邓柯、江达5县。"霍尔三县"指霍尔章谷等五土司所在的甘孜、炉霍、道孚3县。

云南所产之碗儿糖，作半球形，两块对合，以蒲草缚之，大如皮球，其色暗褐，无晶粒，味甚劣。自阿敦子与稻坝（稻城）等处输入，销行康地最广。

建南产者，曾经滤去糖渣，质味甚佳。系用凸底小杯凝成，亦两块对合，以稻草缚之。自汉源输入打箭炉，行销雅龙江以东之地。凡逾大山，坡急气薄之处，行人易致烦渴，而山无水泉，唯含碗儿糖可以减苦。建南碗糖，最适此用。自炉出关者，多购之。

四川内江、富顺所产之冰糖、白糖、红糖，亦有小贩运销西康，但唯汉人所在地有之。

十七、猪洛可

余曾于雅江麻盖宗与驮脚娃同息一草原上，适值彼辈正制一种食物名"猪洛可"，因留心窥其始终，记其委琐如下：

此处共有驮队两组，皆为理塘寺运茶者。每组七人。已经卸下茶包，放牧牛马。各以三人看守牲畜在林，四人就堆茶包处支石为灶，一人拾柴（此处有茂林），一人烧火，一人和面，一人切肉，工作步骤，非常整齐。灶用乱石砌成，无锅，以较平石片数块代之。面为连麸小麦面，生牛皮上渗水和之。肉为新鲜生牛肉，切成指头大方块，亦生牛皮上为之。面既和成，肉亦切毕，二人各将其面与肉，分成七份。其分划手续，似极慎重，反复再四，务求均匀，虽无秤量，犹匀于曾经秤量者也。既匀，复捏成拳大之球体各七枚。再又将面球各分为两半，每半拍成圆饼，约径五寸，厚四五分。饼成，取一饼摊放左掌上，右手食指蘸水，将饼缘抹湿，约三四分宽。随取一肉球，堆放饼上，恰占未经抹湿之部。先握肉球甚紧，不至崩散。于时另一人已用水将另一饼同样抹湿，付于此人，覆于肉上。将上下二饼，四周捏合，成为一肉馅之球形馍。其必抹湿饼缘者，为便黏合也。其捏合处，突出于球形四周，成一星云球式之赤道。此时灶上平石片，也已烧热。将星球式之大馍，以两极正对石板放下。依重力作用，赤道渐向下方降落，结果使南半球成为平面，唯赤道突起带仍未贴附石片，距石片分许而止。如是置之，听其烘炙，重新着手制造第二之球馍。直至完成七枚，次第烘于各石片上。

其人善辨火候，约到底面烘黄可以离开石片时，即取之起，如法再烘彼面。如认火候未准，先时揭取，则四周有面黏石不脱，至于发生裂口，漏出肉汁，须以新面补之再烘。两面烘黄，再放灶灰内烤炙。

如此制成之肉饼，为番人无上美味，非庄严节日，不举此餐；故其制作手续，分配材料，皆甚庄严。余守候约一点钟久，欲观其分食之状。通译云："行耳。彼辈须待牛马已回，人众齐集，行某种仪式后，始能人手一枚，一齐动口，已是夜分，不可待矣。"因舍去，赴麻盖宗宿。同行番妇，谓余垂涎此物，拟为余特制一枚以厌馋吻，竟未果行。

十八、油马即芜菁

西康高寒农地，产一种根菜，状似萝卜，根形扁圆，色白或暗赤，质颇致密，富于淀粉，味似薯蓣，微具药气，番名"油马"，汉人以其形圆，呼为圆根，亦作芜根，其实即芜菁也。相传芜菁又名诸葛菜，诸葛武侯征南乏食，令军中种之为粮，遂传其种于番地（内地低暖，不宜种芜菁，多数地方，不解芜菁为何物，遂有以大头菜或萝卜当之者，误也）。

番民八月收芜菁入室，叶饲家畜，根切成方形小块，堆置屋顶，听其风干。取以煮羹，乃曰"油马"，为康番唯一之蔬菜。

十九、活　吃

在康定日，曾见摩西①猎夫，猎得岩驴（实系反刍类，位置在牛与鹿之间，土人作如此呼）趁未气绝时肢解之，各攫肉一块，大肆咀嚼，鲜血模糊，染手及口缘皆遍。据云如此鲜肉，味最脆爽；见火或搁放稍久，便无味矣。

又猎夫得野兽，迅取其肠，勒去屎渣，切肉装填其中，连血嚼食，似极为味佳。然此为西康南部之猓猓如此，番民尚未见。

---

① 即磨西，为泸定县一区，其地接近康定，居民为彝族。

第五章 衣　服

一、四季一皮裘

古时番人之衣，唯一羊裘。昼夜一羊裘，四季一羊裘，毕生一羊裘，男女老少通用一羊皮裘而已。今之牧民尚且如此，其裘用老绵羊皮制，圆领大袖，不开岔，长三四尺，袖长过之脚，裾周六七尺，无纽扣。昼以为衣，夜以为被。着衣时，抄合前后襟，以带束腰际。男子则提高腰襟而束之，使裾及膝而止。腰以上衣，绉褶成一腰囊，可以装放日用一切物品。放物过多时，便背臃如负鼓。余尝以行李物品垫付乌拉娃，骑马前行。既抵站，驮马毕至，卸验行李，缺一面盆一罗锅，不能盥沐作食。遍觅无有。查一乌拉娃尚未至。门外望见其人踯躅跟来，亦未持有二物。既至地，徐探腰褶，先出一糌粑袋，一木碗，一饲马豌豆袋，最后出罗锅与面盆，恰似魔术家演空手取物然，同行皆大笑。盖彼以对面来，初不知其背之累然如鼓也。女子束腰不褶叠，裾垂及踝，故腰囊不大，襟内仅可安放小物。育儿者亦以襟为襁褓。

番人羊裘。通常不挂布面，但连缀羊皮为之。牛厂牧民与贫贱农家，大都如此。生活较优者，以獐皮为面。獐皮天然柔软，匀薄似鞣制羊皮。番地獐贱布昂，故其人以獐皮代布。或且以之镶嵌成种种花纹。或于獐皮面之四周镶蓝布一掌宽以为饰，牛厂头人大都如此。更上者，以蓝布为面。边地布匹价昂，如此之裘，所值甚大，各土司大头人始能置备。最上者以织金红摩本缎为面，更于领缘襟缘脚裾缘载獭皮一掌宽为饰。其缎大都由四川输入，獭皮为土产，番人不知拔健，又不善配搭，缘饰并不美观，不过表示其质料珍贵而已。如此一衣，值藏洋二百余元，唯大土司家始能置备。中产番户或亦有，必其为世家零落，且唯佳节盛会衣之而已。

如此羊裘，为番人礼服，见尊长赴宴会必衣之。衣袖概须反卷六七寸。常裸其右臂，以袖扎腰际。如谒尊长，则以右袖搭肩上，以为礼。

扎腰之带，下焉者为皮带，较优者用毡带，再上者，用氆氇，最上者用红绿绫带，各与其衣相称。

二、番人之单衫

番人唯庄房娃有单衫，且或无羊裘只有单衫度岁。盖凡庄房所在，气候多暖，且距牧场远，得羊皮不易也。其单衫，有三种：毪子制者为毪衫，为平民衣。氆氇制者曰氆氇衫，为贵族衣。绸缎与布制成之布衫、绸衫、缎衫，则唯大贵之家有之，非易见者。无论毪衫、氆氇衫、绸衫、布衫皆与其羊裘同式。为番民之礼服，见尊长与赴盛会必衣之。

三、毪子与氆氇（附扒量）

番人自织之毛布曰"郎薄"，汉人呼之为毪子。法以洗净羊毛，手捻成线而织。织机较内地木机简单。织梭为一木片，中空，椭圆，两端内方有二孔，以线缠软木竿上为纺锤，插于孔间，以供抛织。其布宽四五寸，厚分许，长十二三扒。扒者，番人量布之单位，张两臂，引布自胸前过，两手所持之长为一扒。缝衣之先，截毪为数段，以线联合为一宽幅，而后裁之。十二三扒，恰足制一毪衫。

织毪子为番人妇女之职。其羊毛大都自青海界谷输入。工有粗细。细毪子外观似呢，以昌都产为上品，瞻对产者次之。粗毪仿佛麻布，打箭炉市售者最多，专销汉人。毪子漂洗佳者纯白色。漂洗不良者暗黑色，多含油垢，衣之不暖。亦有番人用茜根牛血染成红或褐色而售者。

又有用牛毛织布者，汉人呼为牛毛毪子。大都只作帐幕与垫褥用。

西藏人纺羊毛为细线，织成薄毪，曰"丑"，汉人呼为氆氇或普罗。通常染成红色或酱色出售，为番人上等衣料。又有以线结氆氇，染成花点纹，或以指涂染为不规则之红绿色条纹者，称为花氆氇，供制各种装饰物与小儿衣用。氆氇质仍粗糙，不美观；但番人嗜之，珍于绸缎，每衣一袭，值藏洋七八十元。

四、裤　史

番人古时无裤，今日之喇嘛与妇女亦不着裤；唯平民男子，衣长及膝，骑马时，每虞露见下体，缚胫着裤者。骑士赛马时，则必有裤。其裤宽博而无裆，多以藏绸为之。或竟为两副裙形，各以一副围腿股上以当裤。近世沾染汉俗之番，亦有着汉式布裤者，唯不过番人万分之一耳。

查我国古人，亦有裙无裤。汉以后，裤始通行，西康土人之不着裤，并无足怪。余曾于他节言之：今日西康之社会程度，仅如我国周秦间耳。又我国汉魏时，裤原有裙而无裆，有裆者称为穷袴，后称为裈。《释名》："袴，跨也，两股各跨别也。""裈，贯也，贯两脚上系腰中也。"袴字早见于《礼记》，裈字初见于《说文》，可见汉以前之袴，确与今西康骑士之裤同式。我国古制不存于今者，往往于西康社会中发见之，固不仅裤为然也。"诸夏失礼，求之四夷"，其此之谓乎。

五、便溺异俗（略）

六、番人汗衣[①]

番人大多无汗衣，传其古代原无汗衣之制，近数百年始法汉人为之耳。土司、富民、僧侣之汗衣，用藏绸制，而于领缘饰金丝缎一围。平民男子，白布制，妇女用红布制。其布纱粗质厚，向采川产土机布，近多采用英国之斜纹布。衣为偏襟，布纽，与汉人旧式汗衣相同但较短，而裾为毛剪口不缝，为其异点。

番人穿汗衣法亦奇。彼先穿羊裘，束腰后，再褪去上身而穿汗衣。穿就，再举羊裘套之。故番人汗衣之裾缘，常游离于其羊裘腰囊内。番俗，右臂不贯袖，有时工作剧烈，则并两袖褪下扎腰际，只以汗衣遮胸腹两臂。汗衣既短，又不扎裾，俯仰之间，胸腹毕露。虽妇女亦然。尝于友人家见其番妇浣衣，腰肉半裸，其夫虑客见，以杖戮之，俾其自觉。妇以为戏之，反顾微笑，操作如故。

或解番人着衣必先羊裘而后汗衣者，为其无裤，以裘代裙故也。然余之番妇，既已有裤，亦尚如此着衣。谕以先内后外之义，终不肯听，历半年而后革焉。

番人汗衣多不浣洗，汗垢积领缘间，腻然发光，每至破烂而止。

---

① 汗衣，川语。即贴身内衣。

七、番人衣料表

近有打箭炉人杨仲华君，撰《西康概况》一文，在《新亚细亚》发表。此君生于川边，又曾于甘孜等处教学，对于西康情形，大体明了，文亦忠实可读。其康人衣服一章，列有"西康人民衣服原料一览表"，照抄如下（中有数处，曾经著者修正）。

西康人民衣服原料一览表

种类	名称	产地	输入地	色尚	用途	备考
布匹类	毪布	西康本境		本色、红、黄、青、绛各色	制衣作裙及鞋靴袈裟等	
	洋布	国内及外洋	四川、云南、甘肃、西藏	青、蓝、红、白各色	制衣	洋布有蛮庄汉庄之分，蛮庄货粗，汉庄货细，唯富者用之
	棉布	四川、两湖、甘肃等地	四川、云南、甘肃、西藏	青、蓝、红、白各色	制衣	
	棉花	四川、两湖、甘肃等地	四川、云南、甘肃等地		制棉服及酥油灯芯	
呢绒	抓绒	甘孜		本色、红黄二色	制衣用本色，喇嘛作袈裟用黄色并作靴鞋	
	氆氇	西藏	西藏	紫绛、红、青各色	制衣、作靴及袈裟	亦有青白提花各色，唯只用于坐垫马鞯等
	藏片	印度	西藏	紫绛、红、青各色	制衣、作靴、镶褥边	即大呢也，宽三四尺
	夹子呢	印度	西藏	紫绛、红、青各色	制衣、作靴、镶褥边	
	桂子呢	印度	西藏	紫绛、红、青各色	制衣、作靴、镶褥边	
	灯草绒	印度	西藏	紫绛、红、青各色	制衣、作靴、镶褥边	
	栽绒	天津与西宁	西藏	各种花纹	坐垫、床褥及马鞯等	北平称为毡毺者是也
绸缎类	金丝缎	印度	西藏	金丝织花	作衣领，喇嘛作帔单、嵌肩等	
	银丝缎	印度	西藏	金丝织花	作衣领，喇嘛作帔单、嵌肩等	

续表

种类	名称	产地	输入地	色尚	用途	备考
绸缎类	宁绸	江苏、四川	四川、云南、甘肃	枣红、青蓝各色，尤以绛色为多	制衣	
	摹本缎	四川、江浙	四川、云南、甘肃	同上而织有方圆金寿字者	制衣	
	辅绸	山东	西藏	牙色	制汗衣、褶裤	
	大绸	山东	西藏	红黄、白蓝各色	制汗衣	
	毛绸	未详	西藏	红白、条花各色	同上，男子亦用作裤，甚大，带束于膝篷臁而下	
	茧绸	四川、山东	四川、云南、甘肃	红色	制汗衣，作头巾	
皮张类	老羊皮	西康本境			制裘	
	羔羊皮	甘肃	青海		制裘	
	狐皮	西康本境			制帽	康人以狐皮作衣者甚少，其帽以全张戴头上
	獭皮	西康本境			镶衣边	
	豹皮	西康本境			镶衣边，作床褥坐垫	
	虎皮	云南	云南		镶衣边，作床褥坐垫	
	狼皮	西康本境			作床褥	
	猞猁	西康本境			作裘	
线类	棉线	四川			缝衣	
	丝线	四川			缝衣	
	线	四川			缝衣	

［注］原表载《新亚细亚》第1卷第3期，第37—39页。

八、番裁缝（附针线）

番人业成衣者曰"弱"，汉人呼之为"蛮裁缝"。平民僧侣皆有业此者。其人无熨斗，无裁尺，无绳墨，仅有剪与针线。不用毡案，席地而坐，任何珍料，皆按地上裁之，缝之。番人衣服，对于大小尺寸，不须计较；业此者张两臂扒量衣料，估其丰啬，而定大小宽窄之度，俾无赢绌。其艺之高下，即以估量之准否定之。其针与线，皆自四川运入。针为四川土法制造。川省近年，完全购用外国造针（广针）。而土法造针之工业并未消灭者，其销场仍在此处。其线为四川土纱所纺，由雅输出。输出之先，染成红绿黄黑等色，纽作麻花形，长二寸许，称为"蛮线"。线粗如索，针大如锥，番人用之，以为称手。二物皆非康地所有，贩运千里，价值殊昂，"蛮裁缝"居为奇货，恃以饱暖焉。是故旅行边地者，携针线赠人，常获厚报。

汉人旅康者，不惯用土针"蛮线"，多先自携带广针与洋棉线以行。今则凡有汉人居住之地，皆有广针洋棉线出售，番人渐知采用，汉裁缝亦大行于时。预料三十年后，输入西康之土针"蛮线"与西康土产之"蛮裁缝"，将同时绝迹。

九、番　靴

番人无鞋，称靴曰"脱"。汉人呼之为"靿"，或"蛮靿"。靿读如憨，《康輶纪行》作"康"者是也。其制与汉靴最大不同处，在于靴底。汉靴靴底坚厚，与全靴生命相终始，番靴底为薄皮一层，破辄易之，一靴可易底数十次。又汉靴为平底。番靴前端尖而反翘，似中古时航海沙船之尾。番俗以靴尖高翘反卷为美。靴旧则尖颓，易底至数次后，不复有翘尖，其靴便无价值矣。

靴身用红毡子为之，饰以氆氇，内贴毡里一层。番人赤脚着之，以带缚靴口于胫上。靴底既软，脚趾能紧握地面，故行冰凌不滑。汉人每笑番靴拙，番人则自诩其便于用也。靴着既久，秽臭难近，番亦不洗。每脱靴，即反卷其口而置之，其意似在使靴内臭气易于发散。

余自旄牛赴东谷。旄牛支差马者，有少妇二人，着长袍，赤脚而行，手不持物，而背负二靴；沿途与土兵、乌拉娃谐笑，态度浪漫，惹人注意。时初到康地，不解其胡为负靴行也。既抵东谷，交代乌拉，午膳于客店中，见适来二妇，身首满戴银饰，着靴过市，袅袅婷婷，顿然改观。不禁大笑。盖旄牛人以东谷为大市，二妇借支差之便，来赴市集；银饰先藏于怀中，负靴而行者，爱护其新靴之尖翘也。

另有一种，完全用皮制造之靿，曰"割脱"。番语呼皮曰"割"也。又有仿汉靴制成之靴，曰"甲脱"，其义为"汉靴"。男子着者，靴底厚数寸；女子用者，底薄而有云头花边，似戏装之软靴，盖皆我国古制也。

番中无草屦①，偶有着者，皆远自四川西陲各县输入。番人亦称之为"甲脱"。又汉人布鞋，番亦呼之为"甲脱"。

十、芾②之再见

番人妇女腰前系方裙一副，上齐腰，下与袍齐，作正方形，称为"薄克"。有用牛毛布制者，有布制者，有氆氇制者，亦有皮制者。盛装必有之，工作时亦或着之。若喇嘛跳神时，所扮菩萨，皆必系此，特以绸缎为之耳。姚莹《康𬨎纪行》，谓此即我国古时之芾。查《诗·小雅》，"朱芾斯皇"。《曹风》"三百赤芾"。芾皆读佛，古祭服，所以蔽膝者也。本作巿，从一从巾，与市字不同。说文，"巿，韠也，上古衣蔽前而已，巿以象之。天子朱巿，诸侯赤巿，大夫葱衡。从巾，象连带之形"。《说文》解"韠"字较为详确，其言曰："韠，韨也，所以蔽前，以韦，下广二尺，上广一尺，其颈五寸。"《小雅·采菽笺》："冕服谓之芾，其他服谓之韠。"可见芾与韠原是一物，布帛制者为芾，即巿，皮革制者为韠，汉以后改称为韨。今番人跳神所着之缎薄克，即我国古时之芾或巿也。民妇所着之牛毛薄克、皮薄克，即我国古时之韠或韨也。我国芾韠之制，唐宋以后，似不复存，番人乃能保存至今。余尝谓考古制者，不可不入西康，于此可信。

十一、发辫种种

番人男子皆辫发，盘于头上，以帕裹之，辫小如锥，自憾不美，则以牛毛编粗如臂长丈许之大辫盘其外，其发固与牛毛同色相似，远望俨然盛髦也。康境西部之牛厂娃与藏坝娃，多有此种装饰。

女子发辫，种类繁赜。康定境者，女人用红鹅羽松软头绳一大把，搭编辫端，盘于头上。有服者用白绳或绿绳，绳多于发数倍，借掩发少之丑。或以牛毛为假发编辫内，闺女多照内地扎毛辫。道孚女子扎单辫，嫁后扎双辫。炉霍、朱倭至甘孜妇女，皆以头发丝丝分开，扎为小辫无数，披于头脑周围。唯嫁汉人，则照康定辫发，称为汉头。瞻化（新龙）更于小辫之外，添编"擦呷"二条。擦呷者，挑起左

---

① 屦，音"聚"（jù）。单底鞋，多以麻、葛、皮制成。后亦泛指鞋。草屦即草鞋。
② 芾，音"佛"（fú）。同韨、韠。皮制蔽膝，古代朝觐或祭祀用以遮蔽在衣服前。

右角之额发，根根细为分开，以一根为一股，编成人字纹之带形长辫，宽约三指，分自头左右侧抄合于脑后，与小辫混合。番发本少，既分小辫数十条，又编擦呷二枚，其工作之细，甚于织丝。每梳一头，皆倩巧者为之，三日始能完成，每头亦可保数月不乱。理化（理塘）与瞻化发辫略同，但于发辫上再加布带三条，合于头顶，分披三方，称为"折哈"。上载银质有花钝圆锥体三枚，称为"涅坡"。无论贫富，四时不废。东谷①妇女亦披小辫，嫁人者头顶嵌饰珊瑚之钝锥体，称为"意鼓"，处女与寡妇无之，巴塘则又多辫汉头矣。

十二、耳珰

番人男女皆戴耳坠。女子双耳俱戴，男子只戴左耳。亦有虑小儿难养，穿右耳饰为女子，以求厌胜者。耳坠有两种：一种圆形，称耳环，用金或银粗镂成龙凤形体，嵌珊瑚及松耳石于外侧。一种长形，称为耳珰，质皆金，上方为贯耳之环，下方嵌长形绿玉（指绿松石）。或珊瑚二段，长达二寸。番人耳坠甚粗重，贯耳之环粗如烛心，且不平滑，贯耳之际，轧轧有声，金质耳坠，每只重一两许，耳肉不能胜，常以皮带附系于顶上，仍有坠破耳垂者。番民乐此，耳孔或裂，仍新穿一孔于上方承之，虽中年人不废。

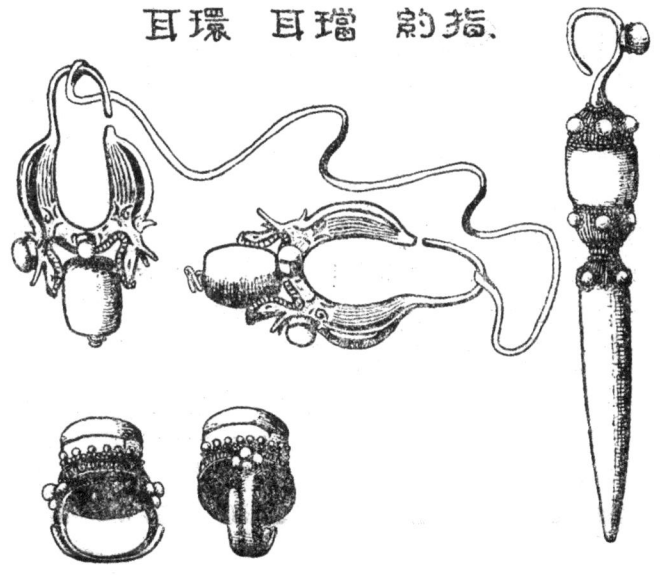

耳环、耳珰、约指（即戒指）

---

① 现甘孜县东谷区，原为东谷土司辖地。

十三、戒指与手镯

番民男女皆戴戒指。富家金质，嵌蜜蜡、砗磲、琥珀、珊瑚、绿玉及红蓝等宝石。贫家银质，嵌假珊瑚，镂花不工。劳作时亦可除下，宴会歌跳则非御不可。

番镯用金银制，粗犷非常，不嵌珠玉，多雕成双头龙状之空玦，粗如指。又有以美丽数珠缠绕臂腕以代镯者。

十四、领扣与项珠

番女皆戴领扣。银质，雕镂三个联球式之公母二扣，载于金丝缎之两端，御时，围扣于汗衣领外，仿佛西洋之领带。男子不御此物，而以珠宝贯一项圈戴于颈上。各种珠宝皆可有可无，唯砗磲为必备之品。

十五、告乌

番族人人皆佩"告乌"。通常为银质空盒，亦有金质者，或圭形，或方形，或圆形，或壶形，种类不一。内装佛像及护身符篆，或经大喇嘛诅咒过、服御过之法物。以带系之，上挂于项，下垂于腰。谓佩此物能祛鬼魅，祛病健身；灵者枪炮不能伤。常见路上行人，佩斗大告乌，呶呶暗诵经咒不绝。彼辈行旅中，若恃"告乌"为最良之侣伴，与最有力之保护者也。

十六、念珠二用

番人无论男妇，随时随地皆携念球一串。其用有二：一为记所诵经咒遍数。番人随时随处皆诵六字真言咒与其他经文，以祈福也。二为会计银钱，番中无算盘与算筹，例以此物记数也。其珠通常以黄杨木琢成，产于四川，或染黑色，或否。少数为紫檀黑檀琢成，产于云南。极少数为菩提子，产于印度。最珍贵者，以珊瑚宝石为之，殊不多见。近年有西人制造之假珊瑚或玻璃念珠输入，青年男女多喜用之，僧侣贵族及老成之士，尚无购用者。念珠大如豌豆，有圆孔，以生丝绳或獐皮制索贯之，成一圆圈，每圈108颗，顶端结珊瑚、蜜蜡制者各一颗，又于贯索之间，系獐皮条二支，甚粗，上贯小铜环各十枚；顶端装两小"告乌"及其他玩饰。铜环贯獐带上甚涩，勉强可以移动。每念经咒一遍，或记一数，则手掐念珠一颗；依次移前，抵一周，得108记，则掐移獐皮带上铜环一枚。尽一带上之环，即识其已千八十，遍作为1000记，呼为"东察儿"。两带铜环俱尽，识为2000。番民以千为盈数，每度诵经，亦不过2000遍，故其念珠至能记2000而止。2000以上之数，则另以一线系附近蜜蜡之珠一至若干，以志千数。

十七、杂　佩

番人除佩上述各珍贵装饰品外，腰带间尚有杂佩甚多。约举如下：

吊刀　吃牛肉用之。

火链　取石敲火用。番地火柴尚不通行，人恒以石取火也。

鼻烟壶　为牛羊角制，装草烟粉末。用时，以左手大指甲抵食指端，右手倾烟末于指甲上，移向鼻孔，猛力吸之。此习自满洲传入，现已通行全康。许多番男，鼻烟瘾甚大，每隔十分钟许吸烟一次，烟皆用上品。我等同行人，曾有试吸鼻烟者，才吸些许，便流泪不止，谓其苦甚吃芥末百倍，不识番人何以独嗜之也。

鼻巾　通常为花氆氇一方，褶为数叠，以线系腰带间，藏入怀内，供泻鼻涕用。番俗鼻涕不排于地，排此巾中，颇似西俗。但其巾不洗浣，涕甲重叠，张之臭气炙人，则非西俗也。

旱烟竿　吸旱烟之习，不似鼻烟普遍，仅有少数头人佩此物。

腰刀　此为番人出门必御之物，长二尺余，木鞘包生牛皮，铜丝缠柄，嵌以珠宝，插带腰间，为防身器。番中多凶杀案，由人人佩刀故也。

十八、叉子枪

番人武器，常较中原落后。当岳钟琪西征时，其人尚用刀矛与竹箭。后乃仿中原制角弓木箭，甫成功，值乾隆朝西征，已用火枪。其后仿中原造火枪，甫成功，值赵尔丰西征，又用快枪。现在番人虽多购快枪，而大炮与机关枪仍未得见。（仅西藏地方政府曾向英国购入大炮机关枪，但为数不多。此次川康军收复德格，即持有大炮也。）恰似中国之于欧美列强无论如何，总属落后也。但番人武器虽拙，使用之法甚精巧。昔用明火枪时，恐火发手颤，有误准头，特在枪端装木叉子一具，用时，将叉子抵地，架枪轰击，每能命中。现在买入快枪，亦概装配叉子。叉子用极坚致之黄木两条做成，尖端装配羚羊角，中央包镶铜皮，上端装有可以转动之轴，工作颇精。名贵之枪，更用金银装饰，枪托上亦嵌珠贝；每枪值藏洋七八百元，装嵌亦值四五百元矣。

番人用枪，不轻发，发必杀人。度敌人距离尚远，中不必死，不发也。目前明火枪犹居半数，快枪则中外各厂所造者皆有，大多数由边军出卖，少数自西宁、西藏、云南等处买来。唯其得适当子弹，更难于枪。故番人对枪弹并甚珍惜，非能命中不妄发也。

十九、帽式种种

西番帽之种类甚繁。且各有专名，非土人不能悉举。兹举目所见者，知其概要。

土司帽　为土司礼帽，平时不着，值盛会乃着之。其形微似清代之暖帽，为钝圆锥形，周围缘以厚大之黑色绒圈，顶端有木制之长顶，附以饰物。番戏演土司皆戴之。沿途所见之土司，无戴此帽者。闻清代土司谒汉官，皆遵受封品级着翎顶袍褂，疑此帽系古代遗制。

藏瓜皮　为富商贵绅之便帽。似内地瓜皮帽，下圈为织金缎所制，下方有具毛裹之耳四枚，前方一枚甚小，以护额，后枚次之，以护后脑，左右二枚最大，以护耳。藏中来康贸易之商人，率戴之。

番博士帽　为平民帽。毡质，形与内地流行之呢博士帽相同，只呢质较粗，式样较拙耳。闻概自西宁输入。土兵与牛厂娃戴者较多。近年亦有西洋细呢帽输入，则唯贵族及汉人购用之。

（以上各帽唯男子用。）

全狐帽　为富人之帽，女子尤喜戴之。其实非帽，仅为一全狐皮，围于顶，以线结之耳。藏狐毛质甚佳，行销北平、关东一带。番人来打箭炉贸易者，若戴此帽，炉城牙人必强为揭去，诱使卖之，每皮值藏洋二三十枚。

羔皮帽　为另一种平民帽，男女通用。布质，圆顶，深桶形，下方载羔皮里一掌宽，后方开裂，裂口有细绳。戴时，反羔皮向外，结绳于裂口，使之固着。瞻对、理塘一带，此帽流行。

豹皮帽　为武士帽。式与前者略同，所戴为豹皮，取其雄武，非取其暖。

（以上为俗人用帽。）

宗喀巴帽　为宗喀巴所创。黄色，缎质，或用呢与布，形似内地风帽，而后尾甚促，两则有长耳结于项下。唯佛像、呼图克图得着之。俗人之婴儿亦得着之。

佛都督帽　为呼图克图出行必戴之礼帽。国籍之呼图克图，康人呼之为"佛都督"，发音缓促之异也。其帽纸质，铙形，具下垂之浅缘，满贴金箔。普通僧侣与俗人，不能戴此帽也。

僧礼帽　为普通僧侣做法事时之礼帽。黄色，呢质，帽孔甚小而窄仅能顶于头上，帽脊甚长，自额端作耳壳形，曲达后颈。脊上厚集绒线一列，骤观之，酷似内地戏装之狮儿盔。

朝山帽　为僧侣旅行朝山时所用之帽。为形酷似内地之撮箕。木骨，布质。戴时，箕口向前，取能遮阳护目。

（以上为僧侣用帽。）

此外若毡帽、氆氇帽、帕子缠头与毡荷叶等，不可胜举。

第六章　性　格

一、家庭教育与民族道德

番人之社会教育，为喇嘛寺所包办。平民欲学，当以喇嘛为师。其不得接近喇嘛者，仅受家庭教育与训练，亦能保存其民族之美德。西番民族美德，为诚实、恭逊、节俭、慈悲等。训练之法，除父母尊长随时以身作则外，尤赖有许多格言。格言大都为经典中言简意赅之短句。流行康地之格言甚多，略举数则于下：

"父母之教，绝不害汝。"

"作恶之人，壮年甚适，及其既老，追悔无及。其子若孙，不为人群所齿，尚将怨之。"

"'爱可'① 不肖，祸至绝嗣。"（"爱可"，劣犊也，因不产乳，初生即为牧人所杀。）

"鄙夫骄傲，达人谦逊。小儿喧嚣，大海沉静。"（番人常称湖泊为海以为圣洁之神。）

"人之善言，可以为师。其人饕餮，不可学之。"

"嬉笑进食，黑脸做工，则是牛马不如矣。"

"施与乞丐，是一功德。呵叱乞丐，是一罪孽。"

"美如菩萨，乃可笑人貌丑；衣皆珍贝，乃可讥人袍陋；马为骐骥，乃可訾人劣骞。"

---

① "爱可"，今译"阿哥"，为公牦牛与母犏牛杂交所生。牧民为不影响母牛产奶量，一般情况下生下不久即将其宰杀。

大抵番人施教，善于譬喻，其诟骂人，亦多不直言，而以譬喻出之。例如：

"养狼不可守夜。"谓仆人不可恃也。

"奶牛下山，爱可上山。"讥人不守规矩也。

"教祖母吸食鸡卵。"喻后学不自量也。

"狐学虎跃。"嘲人躐等①学人也。

番中罕闻有训练武勇强梁之格言，但有多数部落，犷悍好斗，以劫杀为男儿应做之事。此种风气，乃由祖先遗传与社会环境陶冶之所致，非经典格言与家庭教育有以致之也。

二、神圣赞普之遗教

唐之初世，吐蕃弃宗弄赞，一曰赞普苏隆赞，兼并西藏、西康、青海各部族，征服上缅甸与北印度，宏佛法，创文字，制法律，定礼教，为藏族首一圣智才武之君主，后世称为神圣赞普是也。曾颁16条德行标准，殆为陶铸土伯特民族性之源泉，历世佛教徒奉若金科玉律，莫敢违之。西番民族之性格与品行，自不能逸出此项范围。兹故列其原文，以资印证：

（一）崇拜三宝②。

（二）奉行宗教规则，并了解其意义。

（三）显扬父母。

（四）尊敬有德者。

（五）尊敬耆老与贵族。

（六）爱护亲友。

（七）忠于国家。

（八）诚实。

（九）研究食料与货品之适当用途。

（十）学习贤者言动。

（十一）受人恩惠，必须感激思报。

---

① 躐等：音 liè děng，超越等级，不按次序。
② "三宝"即佛、法、僧。

（十二）采用规定之度量衡制。

（十三）与人同心合德共事。勿存妒念。

（十四）勿听妇人之言。

（十五）语言温婉而宏辩。

（十六）坚忍。

三、四大美德

西番有四种美德，为内地汉人所不能及，即仁爱、节俭、从容、有礼是也。

仁爱　番人受佛教影响，深戒杀业。偶误杀一虫蚁，常为之数刻不安。珍禽异兽，布满山林，千百队游，侧人而过，无伤之者；战争抢劫，不尚杀人；待遇俘虏，亦甚宽厚。汉人流落番地，随处可得食宿；虽其深恶洋人，而教士在康被杀者，除叛乱大变之特殊期间外，竟无所闻。民元之役，番人奉达赖檄，驱剿汉人；然在康汉人，除抗战者或被杀外，其余无论官吏商人垦夫，以及被俘战士，莫不沿途受人资给，平安生还。此其仁爱慈悲之性，不唯非任何民族之所无，即汉人亦深愧之。

节俭　凡社会经济在尚幼稚时期之民族，莫不具有俭德。番人之能撙节俭用，若无足多。然其所积，不以遗之子孙，而能布施于佛事与贫民，则非他民族所能及矣。平日节俭所蓄，随时散去，不为盖藏。

从容　番人社会交际，活泼可喜。心有不悦，绝无疾言厉色、怒目切齿等表现。遇任何艰难困阻之事，在他族所必废寝忘食、绕室而走者，番人皆宴如无事，徐为应付，载言载笑，丝毫不觉烦恼。至于哭泣哀号，跳踯奔突等着急表现，竟未曾于番中见之。余觉其泱泱大风，超于人群。

有礼　番人应对进退，恭逊非常，决无倨傲粗率之举（参见仪注节）。仇怨之家，偶然聚首，在拔刀相砍以前，几难识其有仇怨也。至于骂人之语，番中甚少；有之，语气亦甚轻微，不似汉人之尖酸刻毒也。

四、余之番妇

为欲具体描写一番人之性情，特以余之番妇为例。余之番妇，娶自西康中心，未染汉俗之瞻对地方。为上瞻土司夺吉郎加之甥，得雍头人甲屋村披之女。生于牛厂，长于土司家，土司以为养女，盖平民而贵族，牛厂娃而亦庄房娃也。其生世恰足以代表康番之一般生活，其性情亦足以代表康番之一般性情，余尝戏呼之为"番人之标本"。

妇之婚姻，完全由土司代主，事前未曾与余蒙面，土司亦未与之商议。嫁余后，一切顺从；意见纵偶不合，亦未尝强争。先是，喇嘛卜婚，谓其不宜入川，余漫允于打箭炉安顿。既抵炉，托多人劝诱入川，妇初哭泣不允，继而意渐移，赴天主堂种痘后，竟允偕行。

妇之贵族气息颇重。离瞻时，土司派娃子十余人护行，妇在途中，屡召此辈至前，侃侃言事。所言悉属留心卫护，检点行李，与整饬德行之类；其意似在使余知其为尊贵阶级与才干之主妇也。抵成都后，颇慕汉俗，余又时时以平民风度感之，而其贵族气息，终不能改。每日起床，较余尤晏，除经管银钱衣物外，全不操作，动辄呼奴役婢，颐指气使，男女仆皆患之。余屡切责，终不能易。

妇不好洁。初嫁余时，仍从番俗，以指食牛肉、酥油、糌粑，附指垢腻，即抹于衣襟袂间，绸绫新衣，三四日成衲褛。余屡痛戒之，当时若猛醒，旋复忘去。服物着体，一日半日，辄易置之；又不洗濯，即堆叠于箱柜内。迨新易之衣已着一日半日，又取易之。

余以上列二事，屡与番妇勃谿。初时言语扞隔，余复性暴，辄以拳足达意。妇手足便捷，拳将着体，恒为所持，不得拔脱。幸不还殴，否则鸡肋不胜任矣。妇受责，辄哭呼父母姊妹，意示其孤身从余不当受虐也。其哭泣时，若闻窗外有足声，哭即顿止，虑客来也。如客请见新妇，则立以欢颜出见，深以夫妇勃谿为讳。一夜，同街有妇与家人口角，奔投天井外，号啕跳暴，声震屋瓦。妇谓余曰："汉人乃如此耶！"翌日，余又与有违言。妇曰："设再欺侮我，我亦效昨夜妇人，奔赴邻宅号跳"。言已大笑。盖深鄙此种行为也。

妇初不识汉语，离瞻时，余购一婢春秀，解汉语，为其舌人，抵成都前，妇赖此婢与余通意。抵成都后，与同侪女眷往还，始感自习汉语之必要，常向婢与女友学之。才半年，便能通意。一年后，官话纯熟，俨如汉人。今年夏，余导使谒班禅代表阿旺敬巴。对谈时，彼竟时杂汉语，番语反不能完全上口，亦异矣。又尝欲学汉文，余虑其难，不肯授。妇无事，辄取汉文书籍临写；不知搭笔，常先写字之右下角，或自右向左书之。然其笔画遒劲有力，似秦汉碑。余试教以搭笔，渐能领会。已临书数册，犹不识一字，始请人教之读。其年夏，余因公出省，寄信告行程，教书人持函示之，而改念字句，谓余索兑款，骗得一百四十元逃去，余归，妇始知受骗。余尚坦然，妇则痛心疾首。于是发愤读书。性亦颖悟，迄今二年，已能解信札，记账目，写收据矣。

妇性仁慈。蝇蚋扑身，合掌捕得，捧向门外释之。猫犬之属，钟爱备至。见贫苦人，乐于施与。遇老疾残废者，叮咛询所苦，为之拳拳然若不胜其戚者。驭下苛烦，诟谇频加，独未尝施鞭扑，仆婢疾病，必速为医治，爱之若儿女焉。春秀性戆，每与口角甚烈。余性暴而恶嚣，喝之不止，即施鞭扑；挞妇则婢来阻止，挞婢则妇来阻止，未尝因反目而有怨毒之意。刻婢已嫁人，妇念之不置，时时询问，唯恐其身世陷于不幸也。

妇性活泼，多言善笑，思想诙奇，情感亲切，凡与交接之妇女，莫不喜其性格，赞其聪敏。川俗，妇人对于伯兄，应避嫌不通言语，妇深以为不然。诸兄来寓，服侍殷勤，能尽手足之谊，余以此嘉之。

妇极爱小孩，初入川，尚不解汉语，见他人孩，即抱弄不忍释。一年后，诞一女，难产；产医手术不佳，抱钳坏儿头，产三日而夭。妇号极哀，后每言及之，辄泫然流涕。其后一年，复产一子，甚顺。妇前好读书写字，自是，日孜孜于小孩之事，书写俱废矣。

妇持家甚俭。初来省时，每日买菜，常不过二千。室内燃菜油灯，发火甚迟，而灭灯甚早。其在室中，常衣旧衣。盐柴米面之购置，唯恐仆役中饱，必躬亲监督之，银钱收支，检点保存，极其精细，廉介清寒之士，得如此妇，足为深幸。然以不通汉俗，有时失于过吝。如来客消费纸烟洋烛之属过多时，彼常不快，每每滞抑不与。又其性俭而偏好修饰，服御排场，常欲追逐富室妇女。私制新衣甚多。出门必涂粉画眉，着高跟鞋，务为时髦。

妇初来川时，悉不自胜，言及家乡亲眷，即泣。余导往观电影、戏，一见大悦，其后常以观剧遣愁，虽不解剧，乐其装饰与乐歌之美而已。汉语既通，熟人已多，且学会抹牌，乡思遂亦渐没。迄今三年，竟不复思乡土。

余娶此妇，非为色也。当时决心研究边事，欲借此妇力，详知番中风俗语言，及其他一切实况。又当余在瞻对时，曾重惩劣绅土豪数人，虑其途中报复，故结婚上瞻土司家，借以自卫。初不料此妇能于满足此二目的外，更能助余持家育子，深资内助也。三年以来，固有劣性，如不洁自大等，已渐次革去；固有美德，如仁爱节俭等，则培植益厚，合夫事宜；而生活技能之汉化，亦已完成。使放此妇回康，至少能改革瞻化一部分之风俗习惯，与增益其向汉之心。使携此妇赴京，亦可宣泄西康民众之真实心愿于国民矣。余甚幸余之娶有此妇也。

五、贞淫问题

兹记一事,足当番妇贞淫之测验。瞻化佐治员陈重文君,娶番女名登贞把姆,活泼婉美,解汉语,县署同事,常与调笑为乐。一日,陈赴甘孜,署中人商为恶剧,推素无诳语之彭军需往说之曰:"视察员嫌新妇不解汉语,入川不便,已商得佐治员同意,易妻而行。佐治员得资若干元,故意避往甘孜,俾视察员夜来合欢。我与知事为双方媒证,特先来说明,以免误会。"云云。妇掉头不理。彭反报曰:"有不欢之色,而强笑若不介意,可以深入矣。"于是相率潜往,知事与余三人入室,色皆甚庄,谓之曰:"今晨告尔父母,渠于易内事甚赞成,唯不愿女远嫁,余又赂之若干元,亦已首肯矣。"妇聆此,突然变脸大哭,曰:"尔等何欺我之甚也"。彭喝曰:"钱已用矣,不能不从。"妇亦厉声喝曰:"钱可退尔,我必不从!"于是窗外诸人哗然大笑,恶剧始毕。据此,则番族有夫之妇,未尝可以非礼干也。所有一切淫乱现象,皆无适当婚姻之男女,或已经堕落不能自反者所为耳。

六、贞淫问题之反证

贞淫问题之相对方面,为妒的问题。盖贞妇殆无不妒,淫妇则绝不能妒也。是故觇民族妇女妒性之程度,亦可以侧证该民族贞淫之性格。余觉西番妇女,妒性甚强,而于礼法所许之妻妾,则又丝毫不妒,此亦胜于汉妇之德行也。兹举数事以实此言。

前述之登贞把姆,曾演一凶猛热烈之吃醋趣剧,为余所亲见。先是,陈重文悦河东村番画师之女充拉贞。充貌美白皙,大有艳名,已嫁某商人为妻,商离瞻数年,未尝寄银赡养,充渐不安于室,已阅多人。既得陈,誓以嫁娶。既而陈虑其夫归滋事,另与登贞把姆订婚约,登贞色不及充,而风致胜之。临嫁前,二女争夫,几至斗殴。陈左右其间,不能决绝。适充偶夜出,坠坎伤胫,困卧月余,陈遂娶登贞为妇,住县署中。充病愈,不能忘情,遣人责陈,陈遂复往,但不娶耳。登贞闻之,大怒,宣言必挞辱充。同事之好事者,又故施挑拨以为笑。一日,瞻化妇女入县署跳歌装[①],或挽充来,且故使陈近之。登贞于稠人中,遽出补充,经人拉劝始解。

---

① 歌装,今作锅庄。——编者注

于是每值陈出，必登楼侦察；又多布腹心查充行动，常怀刀剪，将得实据而甘心之。一日，万委员戏拉陈过桥，入充门求画。妇望见，匆匆入室持械，率腹心二仆妇，奔赴河东。万等在充宅，望见其奔来状，恐酿祸，急下楼嘱守桥人闭栅。妇至，力扑栅，势如乳虎，栅辄辄响欲裂。桥妇开栅放妇。妇奔充宅，被旁人拦阻不得入，跳跟大骂，抛械掷石，冲突数次。陈亦大怒，下楼，厉色呵叱，宣言离婚，妇始敛归。时则充拉贞已逃飏远匿矣。其后充不敢入署，陈亦不复近充。另一佐治员李策勋至瞻，复与充识。民国十九年（1930），李娶某番女，好事者于其行婚礼时，装充作新娘，羼乱其间，李竟两娶之。亦能相安。登贞与之同署居住，亦不复相仇。

余之番妇初嫁余，妇女来望新妇者，偶与余谐笑，妇即饬人拒其复来，若甚防闲者。又曾因余与登贞把姆戏谑，发生误会，至与登贞相骂。人皆虑其太妒，难与大妇同处。然到川后，屡请余接大妇来同住，以节费用。又数询女友：设大妇来，应如何承侍。细察其情，不唯毫无妒意，且能辨名分识尊卑云。

七、战争与劫掠混为一事

番人对于战争与劫掠，常混为一事，不加分别。此种武装队伍之组合，常以村为单位，由村长或喇嘛寺住持纠合之。全村每家一人，或只邀少数有力人户之壮丁组织之。重大战役，乃编录全部之壮丁。队伍集合，并无行列进退等训练，勇者当先，怯者随后，同向目的地出发，向目的物进攻。其枪弹粮秣各人自备。虽人自为战，而其团体凝结，天然坚固。进退和战，皆以会议行之，无任个人意志行动者。其作战，不重杀人而重抢劫。劫人亦然，非对方足以阻碍其掠取财物，则不杀之。所得财物，由主者分配：先提一部抵偿伤亡消耗之值，然后均分。番俗以强武勇敢为荣，青年男子，欲在社会中取得较高地位，必于其参与之军队或匪队中，鼓勇先登，多劫财货，杀敌人，以示其勇。于是全群尊之。下届出发，唯其马首是瞻矣。

番族受黄教感化最深者，不肯杀人越货。然其战争能力，亦甚薄弱。凡能战之区，亦即著名劫匪区域也。西康唯卡拉及道孚、甘孜、德格、理塘、巴塘、昌都各大喇嘛寺附近各村之民循谨，其余部分皆甚犷武，尤以乡城、乍丫、瞻对、俄洛、查坝、朱倭、杂曲卡（石渠）等处，为著名匪区，亦即著名勇敢善战之部落也。故西藏战士多自西康募之。当英、藏开战时，达赖曾远征乍丫、麻康、乡城、瞻对、俄洛等处之兵，入卫拉萨云。

乡城娃在西康各区中，足当首屈。常由各村首领，编成马队，驰赴数百千里外，攻入村堡或寺院，杀人劫货而归，视如一种商业。其远道劫人也，必曰有仇，或云某年有乡人经彼，为土人所杀；或云某次马队经彼被其阻拦；或云彼曾禀请官府捕杀某乡城娃；甚或栽诬以任何不相干之事，即可劫之。民国六年（1917），乡城娃曾组织三百余骑之大队，往劫甘孜大金寺（即去年酿成康藏战争之达结寺，夙以富有著名），攻三日不下，劫其附近村落而去。甘孜与乡城，路隔千里，疑其绝无仇隙。据乡城娃言，则谓若干年前，该寺僧人曾以石击路过之乡城娃也。在乡城娃自视，此役仍为报仇战争，非行劫也。

八、仇杀规矩

番人仇杀之事甚多。其规矩亦极有趣。凡同村中，有一人为他村所杀，则全村人皆须为之报仇；遇他村人即杀之，不问其是否仇家，及与凶手有无关系也。如此辗转仇杀，若非有人和解，则历数百年不止。和解之法，由第三村头人有体面者数人出首，邀集两方头人，择一适当地方，设帐理论。结果令凶家赔命价银若干秤。双方已遵，再议此命价用几成现金，几成牛马，几成器物，称为红、白、黄三色。成数定后，再议马一匹抵若干，牛一匹抵若干，枪一具抵若干，刀一把抵若干，锅一件抵若干。马牛又有公母、老幼、优劣之分，争高论低，动辄数月始结。如双方皆强横而调人面小者，多半中道决裂。决裂之后，仇杀益烈。经若干时后，再请人说和。一经和息以后，仇杀遂止。甚重然诺，从无已受调解犹相仇杀者。此种命价，大抵亦系全村分担，全村分受，不必只由凶家出之，尸家受之也。唯无论如何，从无论抵之事。汉官宰西康者，每依内地法，论凶手抵命；此事大与康民习俗违反，故番民有仇杀案，不愿赴诉有司，而乐求头人和解。此西康官署讼案之所以稀少，而头人势力之所以未易铲除也。命价分上、中、下三等：通常上等人七十秤，中等五十秤，下等三十秤。特等人物，由尸家肆索。如尸亲皆弱者，则所赔甚寡。抵折物品：快枪为上品，牛马次之，叉子枪、蛮刀与器物为下。交货：以马为首，祝速了结也；叉子枪居中，像搭桥，颂调人也；蛮刀在后，谓一刀断绝，永无纠纷也。

最奇者，设番人为官府所杀，纵即冤枉，亦不仇官。其俗重官与喇嘛及父母，皆在不仇之列。故康地纵当极乱，无杀官者。唯官府所杀之人，设非官役直接捕得，而为某番人所擒送者，则虽罪极该死，亦得仇缚送之人。例如瞻对娃昔在甘孜行劫，被朱倭百姓捕送县署枪决，已历10年，瞻对尚得向朱倭索取命价是也。兹举番家仇杀事件二则，以证异俗。

(一) 降巴札喜惨死事件：25 年前，道孚瓦日区百姓高宗情培，偷跑至绰斯家纵柯地界，入赘。后与人合伙贸易，送麝香回道孚，便道往瓦日看娘，被怨家挡获。谓其曾为匪人做眼线，劫去瓦日村商民骡马 45 匹。往诉于孔撒乡亚拖村土百户降巴札喜。掠拷久之，不承认。降巴札喜谓此逃民，留之终当为害，拟抛河淹毙。尚未执行，高宗情培破镣逃走，直奔纵柯，率纵柯番民 24 骑来亚拖村报仇，杀降巴札喜全家，掠其财物而去。于是孔撒村民皆仇纵柯娃。徒以地隔余科，未得前往报复。纵柯尽牛厂，其人须赴道孚卖牛、马、酥油、麝香、鹿茸之属，买茶、布以归；以此事故，皆不敢来道孚。相持 20 余年，至民国十八年（1929），降巴札喜之子倾遮喇嘛，托汉商丁保之等，出为和解。丁经商草地，信望夙著，人称为"丁蛮王"。受托后，于 7 月 14 日，邀纵柯头人江让等至余科说理。议论数日，决赔命价银 28 秤。掠去财物，据倾遮喇嘛报，值 2400 元。此时高宗情培已死，遗二子，家赤贫；其余凶手，已死 12 人，逃亡者数人，仅得 3 人到场。故物散失已尽，无从清偿，议以 1200 元价值折货赔偿，由纵柯全村百姓分担。命价以器物赔偿：即时缴到马 11 匹，准银八秤；又 3 劣马，准 1 秤半；铜锅 1 口，准 1 秤；叉子枪 8 支，准 4 秤；雅牛（肉用牦牛）1 头，准 40 元。合命价之 28 秤，尚欠 9 秤零 40 元（每秤 50 两，准藏洋 160 元），限期以牛交付：耕牛每头准 80 元，雅牛半之，多少照算。掠去财物亦以器物赔偿：即时交过耕牛 3 头，准 180 元；铜铙 1 副，铜瓢 2 枚，共准 160 元；余 860 元，限期以耕牛雅牛照前价折缴。双方承认缴收，丁得脱归，为时已半月矣。丁以调人功，受双方牛马各 1 匹。说理之初，纵柯人谓高宗情培非盗，而瓦日人捕之，衣佩皆被劫去，降巴札喜不察是非，妄判死刑，故杀降巴札喜。此举诚属过当，应对孔撒家赔偿命价损失。唯于瓦日，仍不甘心，誓将报复云。

(二) 大寨与阿色麻仇杀事件：道孚孔撒乡大寨村后呷热山，当道、炉大道，时出劫贼。民国十七年（1928）冬，道孚知事饬孔撒百姓清山。事属大寨百姓。大寨娃清山，见 3 人可疑，呵之不去，诘之不语，遂开枪，击杀 1 人，余 2 人投奔阿色麻牛厂。阿色麻为上罗科马一村，隶炉霍县，全属牧民，以劫为业。至是，派人向大寨索命价。云："渠辈不曾劫孔撒百姓，孔撒百姓乃妄杀之，其命价非九换不可。"九换者，银重为尸重之 9 倍，特殊贵人之命价也。大寨以奉命缉匪，不认赔。民国十八年（1929）七月初，大寨有撑帐于呷热山上牧牛者，阿色麻娃探知，袭杀之于帐内。大寨百姓闻讯，邀孔撒各村协追。至阿色麻界之独科，不见敌。息一日，降法神卜进止，云不宜深追，遂舍之回。自是，阿色麻避仇北徙，孔撒百姓莫由报复。七月末，阿色麻娃有恋南部水草，潜来放牧者，被孔撒娃侦知，追往击杀 1 人，夺马2匹。余人逃去,诉于炉霍县署,请赔命。炉霍行文道孚。孔撒娃亦诉于道孚县署请赔命。两县知事,并曾行文制止双方行动,皆置不理。余离道孚时,尚未和息。

（三）瞻对、朱倭事件：朱倭土司,驻牧炉霍县之朱倭乡,悬辖甘孜县朱倭、贡陇乡百姓300余户。民国五六年时,有瞻对娃5人,在甘孜行劫,被朱倭贡陇百姓擒送甘孜县署,枪毙。民国十七年（1928）,炉霍寿宁寺与朱倭土司修怨,使人说瞻对娃共同出兵报仇。甘孜东谷各村头人,出为调解,在罗锅梁子议和两月。议朱倭赔瞻对娃5人命价共70秤。朱倭不服,撤帐径归,遂开战。寿宁寺联瞻对与俄洛野番等五路攻朱倭。瞻对攻觉黎寺一路,焚劫最甚。已而西康政府以军力促和,朱倭竟赔瞻对命价银80秤始解。

第七章　礼　俗

一、参与番人宴会记

余于民国十八年（1929）九月，自瞻化县署娶上瞻总保家女，一切礼节，俱从汉俗。半月后，总保家大会六亲，举行秋赛，遣人来请余夫妇。该总保管辖番民800余户，有庄田500余亩。每年秋收后，例延喇嘛来家诵经酬神，其亲友百姓，分日前来致贺；本年因与余婚，更张大其事，延僧至70余人之多，诵经4日。余于第一日往，六亲已会，奴仆毕集，官寨上下四层大楼中，住人皆满。余住第三层楼小经堂，其外为一天井，走廊环绕，男女携手跳歌装（锅庄）其上，彻昼夜。第二层楼有大厨房，熬茶两大锅，蓄浑酒数筒，酥油糌粑，皆以木橱贮之，空余地板可坐50人，为其宴客之处。第四层有大经堂，僧辈席地诵经。其外廊有僧数人，以五色酥油糌粑塑诸魔鬼凶神形象，及其他法物，供送祟用。经堂外有眺台，曲通于内室，总保内眷住焉。最上一层即屋顶，为亲友休息游眺之所。最下一层，则牛马栏也。主人知余不惯食酥油糌粑，特自瞻化购得米与小菜，召一汉厨来为余治食。无猪肉、猪油，小菜以酥油烹之，腻不可咽，余但令熬粥、炒豆佐膳而已。

当日之夜，主人宴客于大厨房，邀余往观。见诸客排为二列，盘脚坐地面，前各酒一盏，糌粑一碗，加酥油一块，连麸面馍一枚；有主人之小娃子，持茶酒、糌粑、酥油轮流巡视以增益之；气象亦颇整齐。食竟，分男女二列，挽手跳歌装。余命通事译歌装辞，通事或解或不解，聆之毫无趣味，渐昏昏坐寐。通事扶余归寝，半夜，复为狂笑之声惊醒。盖主人厮养，与村中邻人，说笑取乐于室外走廊间，有学牛鸣犬吠者，有模仿妇人谈话者，每毕一技，则群笑声应之而起，震撼屋壁，使人不能成寐。

翌日，余以饮食不惯，欲回瞻化。通事助主人强留曰："本日百姓来贺，人山人海，跑马较技，喇嘛降福，最为热闹之日，必须留此。"余好奇心动，遂未行。问百姓何时至，曰尚早。遂入内室，与主人摸番牌消遣。闻楼下跳歌声，时起时辍。若干时后，望见室外广场中有人驰马。问是何人，答云：贺客将归者也。急抛牌下楼觇之，则第一批贺客已去，第二批贺客方来。其来也，每村为一组，俱盛服，骑马，人佩一大牛角壶，内贮浑酒，或负枪，或无之，襟内怀连麸面馍二枚。入室后，即跳歌庄，歌词率庆祝语。待他队续到时，即罢歌入大厨房，纳所携来之酒与馍，主人娃子受之，分别放入橱筒。请客就地坐，各给酒一碗，馍一枚，客又自出其怀中木碗，主人分散茶汁、糌粑、酥油，如昨夜宴客之状。宴罢，再就室内跳歌一二阕。辞出，上马驰赴广原，竞赛一度而去。番人以赛马为乐，观者如堵。客有马劣技拙者，相与嘲笑，其人赧颜遁去。技佳者，得众人赞扬，必往复驰骋，献诸奇技，往往亦有可观。

当夜，主人之女以藏文宣卷①来室娱客，村中妇女围听者数十人，余命通事逐段转译为汉语，觉亦有趣。已而传喇嘛降福，众人奔散。主人来，请余同往大经堂。甫入门，则适间听宣卷者皆已入座。僧侣共70余人，各有所执，或经卷，或铃，或金刚杵，或法刀，或喇叭，或鼓，或号，或铙，以类骈坐，占室之大半。主客男妇坐门内余地。正中留二垫，为余与董委员客座。坐定，僧侣作法。法事甚繁。余座侧适有一大鼓，隆隆震耳欲聋，炭气亦不可耐，切盼其法早毕。约一小时许，法毕，出室，如解倒悬矣。

翌日，余决回瞻化。通事复为主人竭力挽留，曰"本日远道各村百姓来贺，马术更可观。喇嘛送祟跳鬼，放炮打鬼，热闹非常"。余坚不听，竟驰归。

二、官场盛筵

官场盛筵，与民间宴会自属不同。余所经行各县，全属汉官，官吏应酬，皆用汉席。藏军占领地域，则为藏席。藏席余未领略，兹节译台克满《西康游记》所记藏席排场，以见一斑：

"七月二十一日，记于昌都。
……

---

① 宣卷，曲艺之一种，类似弹词。原为元明时内地寺庙中由僧人向信众宣讲佛经宝卷的一种形式。此处指讲说格萨尔故事。

"十九及二十两日，噶伦喇嘛设宴招待刘统领（名赞廷，时因藏军东犯，刘自巴安来此，向噶伦乞和。）及余与同来人员，餐筵继续两日。此种盛筵，遵拉萨习惯，适用于极尊贵之宾客。自早晨九点钟开宴，以后，继续供上茶点，聚坐欢谈，直至傍晚，再开筵席，终筵而散。次日，又复如前款待，礼仪实为隆重，微嫌不洁耳。其食物，率为藏产之珍馐，盛于最佳之汉瓷碟盘内。藏酒有二种：曰阿拉，——含酒精成分甚高；曰呛，——大麦所酿，含酒精成分轻，似啤酒。噶伦喇嘛为宗教规律所限，除用糌粑与茶而外，他物概不沾唇，珍馐罗列，仅以供客人之尽量享受而已。"

此记实嫌大略。因其席中究竟有何肴馔，仍未说明。兹录贝尔所记其在江孜参与一贵族家庭筵宴情形，以资参证：

"我等移入另一室内，围坐圆桌下之栽绒垫上，作一盛餐。其肴共有四十二簋，排列六行。自一时差一刻入座，至三时尚未终宴。每上菜一簋，先置圆桌中央，由帕勒西（女客之一）奉菜，因主妇短视也。簋皆银质，有盖。帕勒西以匙自其中把取少许，放入各人面前碟内，于是各人尽量取食；惟须阖座奉菜已毕，方可入口，不能先食也。筵宴正菜之外，继以果盘及茶点。未上果盘茶点之先，又照例各奉糌粑一碗。兹依其上菜秩序，写出菜单如下：

中国面　韭菜　羊肾　瑶柱①　醋汁鱼　芥浆　羌比（一种中国菜）豆豉　圆根　胡萝卜　牛舌　烘羊肉　羊肝　羊肘　虾　一种中国蔬菜　中国果　结晶糖　葡萄　藏柿子　杏仁　鱼翅　中国豌豆　一种印度蔬菜　烘肉与海螺　春卷　豌豆　莴苣　煎羊肉　鱼　糖豌豆　笋　梨　甜豌豆尖　酥饼　海带　鱼肝　中国豆芽。长菜单最后之一碗——糌粑。

藏人于上列各菜，多能举其特殊之功能。如海蜗增加体力，海带能消灭粗鄙，鱼肝能防治肠痛病，结晶糖与葡萄去冷及咳嗽，竹笋有益于嗓。至鱼肝一种，因其富于胶质，彼辈以为不但可治肠痛，且于误吞兽毛有益，因其能将毛裹下也。"

按：此宴系西藏贵族招待显客之便宴，非正式大宴会也。

---

① 瑶柱：干贝的一种。

三、哈达与赘敬

番人敬神，见官，谒尊长，皆必须用一种见面礼物，名为哈达，哈达为一种丝织之疏纱带状物。宽二掌，长三四尺，纱疏如竹筛，傅以细粉，白色性黏，为四川成都、邛崃所造。此物全无用处，而番人异常重视。谒尊长不上哈达，为大不敬。我等初出关时，每日收到哈达甚多，认为无用，随手抛弃，或揩抹桌凳。后有汉人见而乞之，给三四条，喜溢眉宇，问所值，则市上每条卖洋半元，得三四条，所值已多故也。

番人有一哈达，辗转使用，至于千百万回，直至败如乱丝，尚不肯舍。贫家或不忍整条送人，常剪成掌小方块用之。又有一种哈达，织编致密，仿佛劣种绢绸，一端印有佛像，称为"佛头哈达"。唯豪阔之喇嘛与土司能用之，亦唯用于尊神与尊官之前。相传远古哈达原作此状，近世民贫礼薄，商人投机，制造渐窳，遂作今状。

凡谒土司与汉官，除哈达外，又须有一种赘敬，或酥油一饼，或牛肉一腿，或为奶渣子，或为鸡蛋，或即用藏洋放哈达上，称为"压哈达"。盖即古人"束帛加璧"之遗意。

土司受赘不反报。汉官则照例赏以茶烟等物。赏赐若丰，则尊敬备至，事事听从指挥；赏赐不抵所值，虽亦默然，退去背辄骂为"甲猪"。甲猪者，"汉丐"之谓也。

四、西康婚礼

西康婚俗，各地微异，只大体不甚悬殊。正则之婚姻，亦遣媒妁，但必先取决于喇嘛。喇嘛卜曰可婚，则男家以哈达一条，配以相当礼物，聘于女家。女家受其哈达，是为已允。婚之日，男家召请亲友，组成马队，携酒与茶包，前往迎亲；不达女家也，休于半途之某村（先期约定）。女家届期，延喇嘛入室作法，装饰新妇，以骑队送之。将行，喇嘛以青稞撒女身，女对其父母呼云："歹运出门，幸运涌入。"遂骑马随众行。必有兄嫂姊妹或其他女眷随之。沿途村民，见新妇来，争于门外置水一桶，上搭哈达一条，旁铺地毯一块，侍立于侧，说吉语数句，表示欢送；妇家掷与藏洋一元半元，或报哈达，或否。既达迎亲地，由男家雇来之喜娘，为新妇易装。迎亲之人，赠送亲者牛肉一二筒，番酒一二桶，哈达一条。送亲人抽刀割肉佐酒。饮讫，互合跳歌装一回。男家迎新娘去，送亲人皆返，唯一二亲眷同新娘行。沿途复有布水桶地毡致欢迎者，由男家酬之。男宅外，先烧柏枝一堆（此为番俗敬神之礼），新妇既至，下马，环绕三匝。及门，门前置水桶，新妇以第三指蘸水（番人以第三指为洁指）三洒，复为近口。于是登楼，入厨房（番人食宿为一室，即二层楼之大厨房也）。坐预布之地毡上。座前有一矮几。男宅亲人捧糌粑三盘至前，新娘以指撮之三洒，复为舐之。又有人捧牛奶进，新妇亦微舐之。三洒，为番人敬神礼民。舐之意，犹食之也。于是礼成，开宴，跳歌。新郎俟新妇将至即匿，当日不与新娘见面，亦不同宿。翌日，新郎新妇往附近祭山神归，贺者仍在，复跳歌大宴，尽诸欢乐。当夜，夫妇仍不同宿，须待至数月后；至少亦须月余，迟有至数年者；必两人互恋不能自已，而后得共寝焉。亦有回门之俗，唯新郎不必往。生子后，女家始以嫁奁送之。

以上，为瞻对俗。若打箭炉一带之婚俗，杨仲华《西康概况》记之甚详，转录于次：

"康人婚嫁，西康各地大略相同。无论何级，亦尚媒妁。一有成议，即卜之于喇嘛。喇嘛亦以为可，则男家出聘礼于女家，其数视家之丰俭，少则数十元，多则数十秤（每秤五十两）；女家即以其银制备奁妆，或更益以牛马地土。诸事既毕，两家同往卜期于喇嘛，其婚嫁之期，大约总在秋冬农事告竣之时。届期，各延喇嘛在家诵经，男家召请亲友，持神幛（按：所云神幛，番名雍科，为一黄布袋，中盛经喇嘛咒过之绫缘，云能招财，可称招财袋，神幛义不妥。）往迎于半途（婚者不亲往）。其亲迎之人，横刀跨马，有至百余骑者。以二人前往女家通款，其余即在中途饮酒食肉以待。通款二人驰至女家，敬递哈达，表明迎女之意。女家延入，款以酒食。随即装束其女（女之装束亦若平时，惟于头上满缀珊瑚大枝，槎丫歧出，宛如鹿头）。通款者见其装束完毕，即于怀中取青稞一掬，向女洒去。女家之人预备帏幔遮隔。不令稞粮抛于其身。而女子出门之时，女母更将吹火之风袋，紧接怀中。盖康人迷信，谓风袋不按，稞粮撒于女身，则家内财喜必随女子以去云。

女子既出，来迎之二人，即携面饼糖果之类（物类不拘）乘马前驰，见沿途若有参观之人，即随意掷与。参观之人亦以衣幅承接。如遇负水之人，则给糖果面饼之外，更于水桶之上搭以哈达。驰至男家之后，侍者以盆贮青稞奉之，遍撒男之室内。女家送女至中途，与男家迎亲之人会，互饮以酒。女家送亲之人，将女奉与迎亲者，即多旋去。仅留至亲数人，为男家之人持神幛启行。

将至男家，即于门外燃火一堆，新妇至，绕火三匝，扶掖入门。康人多系楼居，楼口置水一桶，桶之边缘贴立酥油多片，并置经书一帙于桶上，新妇登楼，就桶前以柏枝蘸水，向空三洒，三拜经卷，然后至灶屋内。新妇之室即设于此，盖即妇主中馈之遗意也。惟不与新郎见面，灶屋内亦只设新妇之座。座前设小桌，亲人捧糌粑三盘，平列其上，糌粑上面各有酥油数片，植立如塔。新妇立席上，以匙舀盘中糌粑少许，向空洒之。三盘毕洒，复略舐于口中，然后就座。亲者又奉牛乳一碗，请新妇饮之。男主人即享迎送亲友于中庭。享法甚简，初仅长寿果（即草根，康名'卓马'，关外各处均有，尤以牛厂为多）和饭一掬，或因各地习俗，更享以肉粥肉团者。惟饮酒之量，则甚属可惊，无馔无肴，饮皆巨碗。毕享，乃于院中跳歌装，大小男女分队环立，温舞凝歌。欢声雷动，主人复于场中酌酒助兴，愈跳愈盛，几不知日之晚也。

翌日清晨，新郎新妇先后至附近喇嘛寺礼神而归，复跳歌装，亲戚邻朋，始各馈送礼物。其礼物有送牛肉一肩者，有送金银首饰者，俭丰不同，随地而异。主人收受，享之一如第一日。每人给牛肉一大团，歌舞饮酒，流连终日。至第三日，新妇回母家，母家亦召亲友跳歌装，欢娱竟日。有知好者，亦各送礼致贺。惟妇归宁，新郎不来。且妇归后，须于母家住十余日，或二三月，尚有住至一年半载，始重返夫家，行合卺礼者。"

巴安婚俗，有刘剑秋所记，并转录如下。

"普通婚姻，不择贤淑，只求门户富贵，亲戚势力，是以低弱之家，虽有贤淑娇女，难望高攀，沿成一种贵不亲贱之俗。至于嫁娶之仪，各地不同。有自由结婚者，有待父母媒妁之聘者，有卜卦定婚者。总之，说成后，须用茶叶蛮冲哈达为质聘，以杜翻悔情事。凡纳聘后，请星术家择期完婚。男家将屋内特别扫除洁净，壁上悬挂各样佛像，并设矮桌一行，上列酥油奶饼果物食品，两面铺皮垫为矮座，惟上首设新人座位，铺白毡一面，中心用小麦布成卐字花纹。新妇进门之时，迎者大吼一声，随撒五谷一把，使新妇惊愕，土人谓之吓魔。然后进屋，祭拜家神父母。送亲者随献哒哈一根于柱，演说吉庆词句，然后喜娘扶新妇坐于卐字花纹上。喜娘及父兄亲戚，按行列坐，并不拜堂。坐定后，先食油渍长寿果一杯，次进麦粥一碗（取其吉庆之意），随用酒席。未几，女家亲友均携赔查哈达而至。又将女家履历门户何等高贵，本不屑联姻，但天缘难逃，今后汝家产业，全归新妇掌管，并劝勉女婿。

或者表述该处地理历史，及世界大势。男家亲友，酬答一番，醉后几至口角抽刀，但因习俗所致，并未闻有认真砍死者。次日，男家亲戚请新人至各家，款以酒食，唱舞志庆。三朝后，女家复引新妇回屋。俟数月，择吉再来。"

（李蔚苍云：所言皆巴塘汉人之俗，稍杂番礼。）

余在瞻化娶妇，未遵番俗。唯女家遵之。妇至，未烧柏枝，未置水桶，未献糌粑牛奶，当夜同宿。女家谓系汉制，亦无不安。然余并未入堂，亦未行新式结婚礼也。有教妇作揖者，妇入室即向余一揖，余几失口大笑。汉番来贺者甚众，男妇分团跳歌装，共十余团，每团犒茶叶8甑，及其他赏需，其费至藏洋300余元，超过结婚费全额之半数。或觑新妇跳舞，妇竟不拒，汉官眷属皆窃笑之。余因瞻化多贫民，拒却贺礼，贺客遂买多量爆竹燃之，噼啪之声，历一小时久，女家故以为乐。余又以汉席款客，女家来宾，食而美之，赞不绝口，对此婚礼，极为满意。明日，女家尚有多人来跳歌装，缘番俗此日当贺也。

五、赘　婿

番俗，男女平等操作，并无轩轾，社会待遇，亦绝对平等。无子有女者，得赘婿承嗣，俗呼"上门"。凡土司家，每无子嗣，以女招赘者甚多；所赘皆土司之子，不用汉人。平民之无子者，始多赘汉人。因番中男子缺乏，庄房又须人承做，故番酋能宽此禁也。汉人住草地久，多染番俗，亦有招婿上门者；但只招汉人，不招番男，俗谣云："汉不入夷。"

赘婿或有赔奁，或赤身空手借人衣服入赘。其婚礼与娶媳同，不过娶为女嫁男子，赘为男嫁女子耳。赘婿入室，即由喇嘛改易名字，以妻父母为父母。言行有不如意时，妻得随意殴辱之，亦如专制家庭之丈夫可以殴辱妻妾也。选婿之法，不重智巧，唯重气力：壮男子能负重致远，任耕作如牛马者，即为佳婿。孱弱者赘人，受鞭扑殆无虚时，多逃逸或磨折死。番女不能节制性欲，即是壮男子，昼役于风露中，夜劳于枕席上，从无息养机会，故亦多早死。死后妇即另赘。逃而被获者，挫辱之亦如汉俗之治奔妇。汉人赘婿者，待之较宽。土司家赘婿，因须婿办理一切外交事项，故不若贫民之薄待，然其政权则全操于女子。

六、一妻多夫

番家兄弟数人共娶一妻者甚多，谓如此可增进弟兄之友谊，消灭家庭之祸乱。嫁女者亦不以多夫为耻。婚礼成后，妇住一室，弟兄皆寝他所；有欲敦伦者，入妇室，以其帽或靴带挂门上，后来者望见，即自避去。妇得子女，呼诸人皆为父，不究所出。番妇职主中馈，司锁钥，为一家主母，有左右男子之力；故事数夫，驾驭之若有余裕，其关系颇似汉人之多妻妾者也。

兄弟共妻，尚不足称为乱伦。叔侄共妻，生子呼叔与侄皆曰父，是真乱伦也。兄弟共娶之风最盛地方，皆有叔侄共妻之事。举例如下。

瞻化谷日村之老代本，忘其名，生四子：长雄鸠，次呷宗罗布，三四龙八吉，季充撒家。呷宗罗布早死。雄鸠与四龙八吉共娶一妻。时充撒家尚幼，未预婚礼。雄鸠妇生一子，名齐墨汪青，只小充撒家数岁。老土妇（雄鸠之母）死前，虑其叔侄不睦，命充撒家与齐墨汪清叔侄共娶一妇。果同娶下瞻甲溪代本家女。此女冶荡，入门后，独爱齐墨汪清。充撒家与其侄争风，酿成家庭之变。齐墨汪清初与妇偕赴牛厂，后同逃归甲溪，甲溪娃憎充撒家，竟于民国十七年（1928）三月二十五日，资齐墨汪清以人枪，潜来谷日，杀充撒与雄鸠，掳其家枪二支与一人去，瞻对衙门有案。此案因齐墨汪清抗不到庭，至今尚无办法。

七、一夫多妻

前条所记之弟兄、叔侄共娶，即世传之一妻多夫制也。又有姊妹姑侄共赘一夫者，即世传之一夫多妻制也。西康与藏，虽并行此二制，综其意义，实为一制：即一家多数人共娶一男或一女也。若一男子娶有数妇者唯贵族有之，平民绝无。

番中男子多为喇嘛，妇人得婿甚难，每有赘一男婿，阖家妇女皆与之奸通者。如此秽事，竟可公开告人，不唯本妇不妒，旁人亦不得而议之。是亦一夫多妻制之变体也。下举一例以证其事。

民国十八年（1929），甘孜出一疑案，在孔色乡俄绒村。姓名未记，有名山木匠某，数年前，入赘俄绒番家，赘家男丁皆已为僧，更无男子，妻之姊妹生母，并与木匠奸通。年前，木匠因事使气，逃往德格，行艺不归。赘家多方觅得之，托人劝回。是年7月，木匠与赘家妇女，同在麦田割麦，忽称病回家。岳母爱婿，责匠妻回家服侍。木匠有弟，亦在德格行艺。另有同乡木匠住甘孜带有小儿一人，随学于木匠，常住赘家。当日之夜，小儿已寝，因人声喧腾惊起；灯光下，见其岳母与数男子按持木匠，从木匠手夺取小刀递于匠妻，木匠与其妻皆有刀伤，举家号哭扰乱，不知何故。有番甲长亦在众中，喝小儿云："无事，去睡。"小儿返睡。翌晨，木匠死矣。小儿报于同乡。同乡与儿渡河往视，尚未葬，确有刺伤数处，因阻其葬，使小儿赴县控之。韩知事传问诸番，供称"其人疯魔，杀妻未遂，因而自杀。小儿来时，我等正夺其刀，阻其自杀也"。验尸，刀伤外，又有跌打伤数处。诸木匠控为争风杀人。韩知事鞭掠番妇，具软板凳诸酷刑，番妇称冤不招。其岳母供词最有趣云："我一家皆与之私，爱如活宝，去年逃去，百计始求得之，岂肯杀害。"与其三女皆受刑，其一背烂指脱，称冤不已，狱由是缓。判赔命价百元。木匠帮虑其弟回甘翻讼，不敢领。韩亦竟放番妇回家。木匠帮颇称知事受贿，函告匠弟于德格，未知其弟竟再讼否。

八、赵尔丰为番人所窘

赵尔丰治边，军威政惠，皆可前无古人，后无来者。独有一蔽，即亟于用夏变夷是也。渠每到一地，必集众演说，劝番人勿学喇嘛，勿共娶一妻，恒举中国礼教为准则。曾在德格演说共妻事，为黠番所窘，结舌不能答。《西康建省记》曾记其事云：

"宣统元年己酉七月（1909年8月），德格土司献地改流，边务大臣赵尔丰于石渠召集番人而告之曰：'今者德格改流，汝等归汉官管理，粮税已为汝等减征，差徭已为汝等裁革，甚望汝等发达。惟汝等户口太少，究厥由来，半由好为喇嘛，半由弟兄共娶一妻之故。以后须学汉人，无论弟兄多寡，一人各娶一妻。'番人曰：'弟兄各娶一妻，生人众多，衣食难谋，不将流为乞丐，而不能求饱暖乎？'赵曰：'有地可耕，有山可牧，何患乎无衣食。'番人曰：'闻内地汉人极多，难谋衣食，所以当兵，远来番地，寻羊皮以衣，寻糌粑而食，人多亦太苦矣。宁取其少，无取其多。'赵曰：'汝等之言谬矣。番地苦寒，所衣者羊皮，所食者糌粑而已。内地无所不有，谁愿远来番地乎？其当兵者，因食粮饷，国家立有军法，官长强迫之，不得已而远来。来衣羊皮，是以布帛为美也。非无衣而来寻羊皮。所食糌粑，是因运米不及也，非无食而来寻糌粑。汝等衣食，皆为汉人所不取，汉人方笑汝等恶衣恶食，汝等谓汉人无衣无食。汉人则嫌汝等人少，汝等乃嫌汉人人多。情之相反，由于理之未明。汝等何不思：衣食由人而生，多一人可以多牧，可以多耕，衣食即由耕牧而出也。汝等以人多为嫌，如石渠、俄洛争斗，当其打仗之时，愿人多乎？愿人少乎？人多者胜乎？人少者胜乎？'番人曰：'多者胜。'赵曰：'然则人少，牛羊被人夺，财物被人劫。地土被人占，生命亦时虞不保；为害之大，汝等已明之，何得尚为人少计，必欲弟兄同妻哉？况人所以异于禽兽者，以其知礼义也。礼义者何？如汝等尊官长，孝父母，此即礼义也。至于弟兄长幼有序，长者为长，幼者为幼，不乱其秩序也。兄之妻即如兄，弟之妻即如弟，若弟兄同妻，则长幼之序乱也。长幼之序乱，则不知礼义也。不知礼义，则与禽兽无异矣，与禽兽无异则鸡犬矣。夫鸡犬，其生命至贱，为人宰杀之物。故汉人有弟烝兄嫂，兄奸弟妇，皆治以死罪。'番人惊而言曰：'蛮人愚蠢，不知此礼。弟兄同妻，世世相传，以为弟兄和睦，生产亦少，免致穷饿。兹闻此言，汉官之刑罚过严矣。今归汉官管理，百姓之弟兄同妻者甚多，有年老者，有中年者，有少年者，若汉官治之死罪，不亦惨乎？'赵曰：'从前之事，一概免究。以后，弟兄各娶一妻可也。'番人曰：'弟兄不可共一妻，两女可共一婿乎？'赵曰：'两女一婿，汉人间有之，然皆不平之事。仍以一夫一妻为合。'番人曰：'汉人两女一婿，治死罪否？'赵答之曰：'不治。'番人曰：'番地之俗，弟兄共一妻者多，两女共一婿者少，人犹以为不平。汉人弟兄共妻而治罪，两女共婿而无罪，平乎？不平。'赵曰：'我先已谓为不平矣。汉人近年亦渐改良。汝等弟兄共妻之事宜除，两女共婿之事亦宜改。现在汉人来番地结婚者多，我曾出示晓谕，无论军民，须家无妻室，取保具结，向地方官购领婚书，始准娶番女为妻。若其回籍，仍令偕行，不准弃而违之。此即禁汉人之两女一婿也。'番人曰：'告示已见矣。必如是而后可以为平。'赵曰：'汝等既知其平，以后宜切实行之。使汉夷同风，我之深愿也。'"

九、《西行艳异记》捏造之番民婚俗

谈边地风俗者，每喜故为邪说，耸人听闻。近世性学公开，青年男女，好聆秽事。遂有投机者流，捏造事实，欺世骗钱，厚诬边民，殊可恨也。有陈重生者，剽窃西人游记，道路传说，铺张附会，捏造《西行艳异记》一书，在《时报》发表，其文十九皆记男女性欲之事，言之凿凿，若可征信，其实皆虚构也。兹抉其有关西番婚俗者数则，加以驳正如下：

184页:"彼为红教徒,兼祀虎神,能召神为人祈福禳病,有子五人,女二人,长女已嫁,其夫则其兄也。且女之五兄皆为其夫。妹尚未赘人,名玕札,引女及余入其卧室小坐。玕札敬余茶,加红枣一枚。……余戏探手玕札之怀,……渐抚其腹下,及其私,不愠亦不怒,惟脉脉微报而已。"

查所记地,为雅江县治。余曾住雅江7日,所见景物,与此记全不相符。西番姑舅之子女且不联婚,断无兄妹能作夫妇之理。数女共赘一夫者有之,数男共娶一妇者有之,断无一女赘数夫之事。红枣一物,雅江所无,贫寒之家,何得便以敬客。即使有之,亦无入茶之理。番茶甚苦,不容有甜味也。至于萍水相逢,当人探其私处,不愠不怒,余识放浪番女多,未见有能如此无耻者。况番女腰间皆紧束一带,何能自其怀抚其腹下及其私处乎?

又214页:"雅各溪,距稻城县城八十里。……麦年熟三次,每麦种一升,可获新麦一石八斗,或一石五斗。……女少于男约七分之二,以致多夫制极盛行,而尤欢迎同胞兄妹姊弟之婚姻,谓可不致受女拒或男逃之结果也。……主人告余:彼自从十八岁牧畜,至三十九岁始学得耕种法,在此种麦,今日山地之垦辟,皆彼之所授。……"

稻城余未曾至,有无此种婚俗,不敢臆断。然有可疑者二点:一、西康因奉佛教,多"僧侣",故到处皆成男荒之象。稻城亦佛教盛行之地,何以独能女少于男。二、若果其人尤欢迎兄妹婚姻,则家有子女者,皆不必外求配偶。人类生育,尽属男子或女子者,百不二三,是一带番民,须向室外订婚者百不二三,甚易养成以兄妹结婚为原则之异俗。余过理塘,距稻城不远,何以未闻此异俗也。再就其上下文观之,亦可证其全文为杜撰。上文谓麦可一岁三获,夫麦类生长期最长,任何暖地亦难再获,况稻城全境甚高寒,安能致此天惠乎。果有如此温暖腴美之农地,在耕地奇乏之西康,当早已开垦,乃下文又谓主人三十九岁始学耕种,为此带农业之开山始祖,不亦异乎?

又295页:"科麦人为西番之另一种。察隅除西番外,尚有野西番,瑜人、倈人三四种。此种西番……女衣套头衣。袖短露两肘,毛褐细带束腰。男女相悦,男吮女乳,女如同意,则自袖出其乳,男吮之,则相偕至无人处野合。归语父母,以羊一头，酒一瓶，遣人至女家求婚。如得允诺，男以夕至女家，女家预备多人，要于门，阻婿入。婿必乘机突入，抱女而卧，则婚礼即告完成。"

此文之不可信，只阅开首二句便知。查科麦、察隅二词，仅一度见于内务部公布改正县名之令文，未尝成为实际名称。无论康人、藏人、西人、汉人，皆只称之为桑昂、杂瑜，无称科麦、察隅者。陈自云只自盐井赴巴塘，未至桑杂，则此页所记，应系盐井土人告知。盐井土人，决不至呼为科麦、察隅也。其次破绽，在"自袖出其乳"一句。西番之袖长而窄，乳峰甚浅，纵曾育数子者，亦不可使乳头过胁，况未嫁之女，可自袖引出乎？

又 327 页："……新娘为人扶下马入屋，新郎向之一揖。新娘着蓝白色衣裤及红绣履，注视来客。新郎戴烟毡帽，着清朝时代之靴，黑缎马褂灰白衫，白裤白袜，面有笑容。交拜之礼成，赞礼者导新郎引新娘入房，二人入房。赞礼者挥来客出。盖新郎新娘，须随习惯立试其性交之礼也。二时后礼成，新郎出房，宣布其经过于来宾，众皆向其道贺，盖新娘犹处子身也。……"

原书记此事，绘色绘声，接连数页，似若确有所据，然即此数语，已有破绽数点。所记地点，云在竹巴龙对岸距金沙江二里之小板岩（查此带并无此地名），则应是巴安属地，为纯正番人住域。此带番人，男女皆着靴不解鞋为何物，更何来有红绣履。新郎既已着靴，又何从知其曾着白袜。且袜之为物，亦为康地所无也。此地距巴安 92 里，大道畅通，其与巴塘，在地旷人稀之康区，直如同一村耳。巴安婚俗，据刘剑秋所记，与近边诸番并无大异。近边诸番，婚日不能同宿，巴塘虽有当日同宿之俗，亦何至于宾客盛集之际，白昼宣淫乎？且番人婚礼，必有喇嘛主持。此记始终未言有喇嘛在，可知其为杜撰也。

又 426 页记昌都婚俗云："一般人之婚姻制度，与边东竟完全相反。盖公妻盛行，几无人不同妻，以无完全之经济力故也。有弟兄叔侄共一妻者，有朋友乡邻共一妻者。与妻第一次结婚之夫之感情及待遇，皆较以下者为特别浓厚。盖土俗，凡女子在二十岁以上者必出嫁，不以媒妁，由男女自择之。择既定，男以羊三或五头，酒一瓶至女家。女如允，即饮酒受羊。越五日，亲迎女返家。男之父母，预集亲友饮于家，并以布帛缀二花座于堂中，新郎新妇马至门，众共抬之入，置之上坐。新郎之父母，以花圈加新夫妇之首，示百年偕老之意。新夫妇于座共餐后，即告礼成。十日后，新妇偕夫返母家。又十日，返夫家。满一年，则预定之夫即与女又举行结婚礼一次。以次叠举，至预定之夫完毕为止。妻有绝大权力，支配其夫为之奔走，以供给其生活，凡不当值之夫，皆另居他处。违者，妻即取消其同居权。当值与否，恒由妻决定之。所生之子，呼第一夫为父，其余皆为叔。"

　　余亦未曾至昌都，自不能判断此说之不实。以理度之："朋友乡邻共一妻"，与西康土地制度，决不相容。西康与藏，皆为类似均田之庄房制。兄弟叔侄共娶，与庄房继承问题无碍。若果异姓共妻，设此妻所生子女不敷各庄房承继者，则将如何乎？康藏妇女，主一家内政。此妇能否化身分主各夫家政？今日如在甲家，则乙、丙、丁家之家政付托谁乎？且番人之兄弟叔侄共妻，为图家庭和睦，非为妇女缺乏也。朋友乡邻共妻，又何谓乎？余询昌都来往人，皆云未闻异姓共妻之事。以此知其仍为杜撰也。

　　此书最荒唐处，在宣传番女伴宿一事。第一册所举实例最多，使阅者不能不信。盐井以下。始不复举此例，似西康东部，以及松、理、茂、汶等地，此风极盛。然余旅行此带，并未闻此异事。同行青年，颇有垂涎番女，百方诱之，竟不获一真个销魂者。往岁有丹巴知事杨某者，青年白皙，因案宿宗龙番家，诱逼其女同寝，竟不肯从，传为笑柄。番女甚尊汉官，以能偶汉官为荣；萍水相逢，尚不肯就，能对于行路之人辄往伴宿耶？（关于此书，另有批评在最末一篇，兹特举其关于婚俗者耳。）

十、婚礼恶剧

　　西藏婚礼，与西康大致相同，而繁文缛节多于康。据后藏某酋长所记：新娘出嫁之日，其女性亲眷，常以有刺之篱阻其去路，并挥荆棘拒亲迎者，谓如此可使新娘生子英勇强武。被阻既久，亲迎之新郎，可以出而议和。新郎献五卢比于此诸人，恶剧遂止。有一人出而除去刺篱与荆棘，新娘父母酬之一卢比。然后大宴亲友，遣嫁其女焉。新娘既至男宅，未入门，男宅亲友递予糌粑一碗，上有酥油与箭旗。证婚之喇嘛，于时念经作法，驱走魔鬼，属托男宅家神以后保护此女。随时所持经卷（藏经卷为一长柱体，木板夹之），轻击新娘之头，意为降福。男宅新眷若为不平者，各以所杖报之，以为笑乐。（以上事实据贝尔之《土伯特今昔》）

余在西康，闻土人传说，某某牛厂娃，当婚礼完成后，新郎须与新妇角力，互相推按，至新郎角胜，始能同宿，否则新娘逃回，须重致聘礼。又新娘到门，男家亲友争以水泼之，使其遍体淋漓，乃罢。又亲迎成礼后，妇仍逃归，本夫潜往女家附近诱之。须私合有子，始能娶妇回家。嗣查此说，皆川滇倮苗诸族之婚俗，非西康所有也。

十一、恋爱与逃婚

康藏民族，亦如他种民族，于正当婚姻以外，常有儿女私恋之事。私恋既深，则互换其扎靴之带。亦有至于苟合者。于是互相要盟，矢以偕老，各托人告其父母。父母或怒而不允，则相约偕逃。大抵逃往森林或牧场张帐同居。康区荒旷，父母难于踪迹。数日后，食物且罄，复托人劝其父母。父母必允，然后同归，举婚礼焉。若父母固执不允，则投他处领庄房耕之。亦有入寺为"僧尼"者。若仅一方之父母允许，则相携还其家为夫妇，不行正式婚礼。

十二、番烈女

番中无贞操说，故无烈女，唯亦有固志于一人，百折不转者，其情之强毅，有似烈女。余在甘孜，闻孔撒香资家女事，为作番烈女小传如下。

女名佚，生甘孜香资家。香资美丰仪，幼以面首见幸于孔撒土妇，为孔撒土司家司账者二三十年，以是致富，拟大头人。现已40余岁，卸职家居，为巨商，与官绅贵势通财相结。然性顽固，视汉夷畛域甚严，子女五六人，不与汉人婚配。其女俏丽白皙，婉媚似汉人，汉人旅甘者多慕之。长即烈女，亦颇慕汉。朱宪文镇甘孜时，有侄名某，从在官署。青年美秀，通番语。以官家子故得时至香资家，与女相悦，私通，情好甚笃，誓为偕老。朱驭侄严，女已孕，侄不敢告，女请香资求婚于朱。香资痛责女，使与朱绝，并为订婚于头人家子。女不从，曰："汉人讵不贵于番乎。嫁番家，仍食糌粑酥油牛肉耳。嫁汉人，食珍馐，衣绫罗。誓死从朱公子。"香资忿甚，赴诉于朱，斥其侄诱惑己女。朱怒，遣侄回川。女既产子，为香资扑杀。女遂剃发入觉母寺为尼，迄今10余年无悔意。

此女前岁曾盛装来甘孜赴坝会，看番戏2日始去。会场中人，咸啧啧称前事，深致倾慕。余见其目灼灼周视汉人，知其犹深冀朱某之复来也。

十三、男女工作

西番无烹调，无缝纫。即有，亦由男子任之。妇女工作，以负水为第一要务。除极尊贵之女有奴仆服侍外，任何妇女，皆须学习负水，男子则绝无为之者。其次为耕地，种植，收获，打麦，炒青稞，磨糌粑，捡柴（牛屎属之），牧畜，挤奶，制酥油，搓毛线，织毪子等耕织之事。间有极少数男子为之助工，但非普遍。康俗认此皆为妇职，男子除赘婿、奴仆等地位约同于女子者，不肯近之也。又其次为经理商店。亦有远道做小贸者。又其次为支应差徭。大抵西康官差，如牛差、马差（搬运）、打役差（牧马），皆男子应之。汤役差（柴水），箧穿差（负物），耕田收麦打麦差（土司家有之），皆妇女应差。妇女除上述业务外，又须管理一家银钱财产器物出纳保管等琐屑之事，实为一家之主。男子职务，以撑门面理外交为第一要务。凡属接洽官府寺院，分配差徭，编连保甲，邻里庆吊，皆须男子为之，妇人不得参与。纵属女土司，亦系指挥其男头人办理之。其次为担任战役或行劫，番人认战争与劫掠为一事，施于其有嫌隙之部落与人家，抵抗则为战争，不及抵抗则成劫掠，此种军队，由一村或一部落之男丁合组之，决不容有妇女参杂。其次为远道经商，亦有就地经理商店者。极少数经理牧畜与支差。此外唯闲游嬉戏而已。总之，西番除奴隶外，男子闲于女子百倍。任何地方，可见男子佩刀袖手，闲踱村市，或念经消遣，或觅人闲谈，或相聚赌博，或调笑妇女。若女子，则自幼及老，无一刻停手足，罢操作者。

十四、女权发达耶

西番妇女掌理财产，为一家之主。女子可以承继产业与职位，可娶男子。各地酋长土司，女性常较男性为多。世人遂谓康藏女权发达，其实误也。康藏政教权力，集于喇嘛；各级人民之命运与地位，均随喇嘛之轩轾抑扬而转变。女权真实发达与否，即可由妇女对于佛教之地位而知之。乃喇嘛教徒，非常轻贱妇女，多数喇嘛寺禁止妇女入门（如理塘大寺），甚有划定寺垣若干距离以内，禁止妇女行走者（如西藏达龙寺）。喇嘛之言曰："妇女无论如何修持，总须转身男子，始得成佛。"康藏尼庵虽多，除多尔吉拔姆（西藏桑丁寺女活佛）外，更无第二女呼图克图。妇女被喇嘛轻视如此，能有女权可言乎。查《隋书》东女国，即西康之古国也。书称其"代以女为王。……其俗，贵妇人轻丈夫"云云。是古代西康女权，诚重于男子。顾自黄教兴盛以来，女子地位即随之坠落，今日西藏，已无妇女当政者；唯受佛化较迟之西康，尚有女酋，凡事亦假男头人办理，未尝公然参与政治会集。足证女子地位，亦有下降之势。女子地位降落，即女权替坠之征象也。其一般妇女之得主持家事者，佛教徒厌闻琐细事务，故以属之妇女，此正所以轻蔑妇女也。

十五、生育奇俗

西番亦认产子为秽浊之事，不能在二楼以上行之；因二楼以上，为家神所居也。临产，为孕妇设床于最下层之畜栏内。相传傍牛者难产，傍马者易产。蓐草铺马粪上，即以为床。产前，先备一小木板，二割皮刀，黑白羊毛索二条。产时，妇俯身向前，引两掌据地，如马之立，其母或嫂自后抱持之，以免疲乏。儿出产门，随以手引木板承之，落蓐上，用刀割脐带。若为男子，则以白毛线系儿体脐带之端，黑毛线系母体脐带之端。若为女子，则以黑线系儿，白线系母，其意为祝下次生男也。包衣坠落后，用羔皮包儿，扶产妇登独木梯，上二楼灶房（即寝室）息。上楼时，须引水洗产妇足；因是从畜粪中来，足不洁也。如逢难产，则本夫疾取妇之金饰或私蓄，疾驰赴喇嘛寺，献于大喇嘛，乞为妇诵经。番妇率强健，诵经既久，儿无不下。果竟不下，亦听其死耳。产妇或儿有病，亦如此法请喇嘛念经，献洋三四元、五六元、十余元不等，喇嘛视其丰啬，损益其经卷焉。如无钱，则牵牛一只入寺，云抵若干元，他日得钱，再来赎取。

牛厂娃如系白昼产子，则于帐幕内部最后系驹犊处行之。如系昏夜，则行赴帐外系马处行之。余与庄房娃略同。

儿初生，概置其母怀襟中哺育之。满三日，延大喇嘛来家洗儿，降福赐名。喇嘛来，从者恒数人，居中堂。携来法物，有喇嘛破衣绺，喇嘛之发，诅咒过之柏枝圣水等多种，及其他法器。妇抚儿怀内，入经堂。俯首喇嘛前。喇嘛为之作法诵经，以经击妇额，驱魔降福。焚各法物，以烟熏儿，并使食其残灰，以圣水淋儿头，随为儿取一名，受酬去。

十六、命 名

西番亦如汉人，各有若干名字。小儿初生，父母随意呼男为"涅牛"，犹汉云："宝宝""幺儿"也。女为"穹穹马"，犹汉云："小妹妹""小乖乖"也。少长，呼男为"部"，犹汉云："我儿"也。呼女为"部姆"，或"细姆"，犹汉云："女儿"也。追10岁外，始以喇嘛所命之名呼之。喇嘛命名，通常可分两字：上一字含吉祥如意、富贵寿考、优美可爱等意，下一字为神名，或伟人简名，或代表所生年月节候，或完足上字之意义。例如"侧忍打哇"长命之月之意也。"白马侧忍"莲花长生之意也。"札喜登珠"福禄完成之义也。英人庆路易所娶番妇，名"仁钦拉姆"宝贝女神之意也。其女名"喜拉折妈"喜拉，聪明也。折妈为慈悲女神之名，职司救护，与汉文之观音菩萨相当。番中贵族女子被名为"折妈"者甚为普遍。余之番妇名"情错折妈"，其二姊名"曲媚折妈""本母折妈"。曲媚，修法者也。情错，大海也。本母，贵女也。如此二字联合之名，通常只呼前一字。如"曲媚折妈"，人皆呼为"曲媚"是也。

番人每剧病一次，必延喇嘛诵经治病。喇嘛常更易其名字，以示死去重生之意。以是而名益多。如余妇，除"情错折妈"一名之外，又名"罗吉情错""大阿折妈"等名。"罗吉"智慧也。"大阿"阿音甚微，月光之谓也。罗吉情错一名，最为后得，故临嫁时，人皆呼为"罗吉"。余呼之为"罗者"。

正名之外，亦有诨名，通常为市民欢笑时所赠，呼之既熟，本人亦顺口应之。瞻化昔有美女，擅交际，能使市民颠倒，人咸呼之曰"阿呷"。阿呷，犹"可人"也。其后面部为恶人所毁，今已衰老，人犹呼之为"阿呷"。背之谈论，则呼为"阿呷麻"。凡番语曰"麻"，曰"吗"，曰"马"，曰"姆"，虽有数音，实是一字，唯或多一变音符，或并无之，各人发音不同耳。此字均以代表女性。如父曰"爸爸"，母曰"妈妈"；儿曰"部"。女曰"部姆"；僧曰"喇嘛"，尼曰"觉姆"；侄男曰"搽窝"，侄女曰"搽姆"；新郎曰"骂巴"，新娘曰"那妈"等是也。若以此字加于人名之下，亦表其为女性。除上述之林清拉姆、曲媚折妈、阿呷麻等外。甘孜有孔撒总保曰德钦汪母，有荡妇曰泽芝麻，瞻化陈委员番妇曰登真把姆，有仆妇曰大斗麻等是也。

十七、对于天花之处置

康藏高原之顶部，空气干燥寒冷清洁，病菌不易滋蔓，故其人鲜疾疫，亦无天花。各河谷低部，则潮湿温暖。时有天花流行。有黑痘、白痘二种。黑痘尤危险。番人积千百年经验，知其为传染恶病；对于发天花者，例舁向深山岩穴中置之。听其死去，至亲密友，莫敢探视。如一家染病，则全村避之。一村有病，阖部避之。

番人认痘疮为恶鬼作祟，天花死之尸体必须深埋地下，不能施行水、火、天葬。火葬恐污神，水葬恐随水传染，天葬恐害鸟雀也。

昔日番人未知种痘。旅居内地者多染天花而死，是为番人不肯观光中原之唯一原因，亦即唐宋番军不能深入内地腹地之唯一原因。乾隆四十五年（1780），第六世班禅喇嘛来京庆祝万寿节，随患痘疮而死。此事印入番人脑筋甚深。彼以为法力大如班禅，尚为痘魔所杀，平民无法术者，固不能免也。

在昔番民，亦知引已死痘菌入体，可以免疫之法，但不知种痘。有遇患痘较轻，未死而愈者，争取其痘痂食之，确亦可以免疫。清末，经营西康边务大臣赵尔丰，始劝民种痘，并自内地输入痘医。番人初尚疑虑，后竟风从。当时种牛痘尚不盛行，痘医皆用痘疮痂末吹入好人鼻孔之法。自是以后，西康传有痘医，唯法术不精，仅能防止轻微之天花而已。最近各大都市，已有牛痘苗输入，专其业者为耶教各教堂之教士云。

十八、卫生事项

番人住宅，外观甚佳，内容多不洁，尤以初入门之下层屋为甚。其衣率垢秽狼藉，终身不浣。食酥油糌粑牛肉，皆以手指。洗手之法，以口吮之。或顺手揩抹衣襟。其特别好洁者，乃引苎裙揩之。

无脸盆。偶有盥者，用茶杯盛水，以指蘸而揩之，俾面皮沾水而止。汗垢之属，堆积过厚，得水黏润，则以指力搓去其一部。妇人为保其面部光润，常以蜂蜜或碗儿糖涂于两颧及额颊间；初涂甚光亮，隔日而晦。或对此事作可笑之解释云："昔有西藏王，恶僧侣多犯淫业，欲使妇女毁容，俾僧侣厌憎，乃下令使妇人涂抹垢腻于面，违者重罚。其法行之既久，遂不可废。"或谓"某喇嘛之妇甚美，喇嘛远行，惧其妻有外遇，乃令涂垢腻于脸以防之。妇女羡其美者，转相效尤，遂成风气"。然西番妇女之解释，则为防罡风皱面而已。

番人发甚短，但多有辫，如清制。其辫不轻易梳洗，必至痒不可耐，始沐一次。沐发编发，皆其妻任之。辫外浅发一圈，亦随时剃去。无剃发匠，通常由亲友朋辈互剃。剃发之刀为腰刀，或打破铜碗而用其新棱。亦有来打箭炉买汉剃刀者，但无磨石，不知用法，剃三五头，便钝如菜刀。近年各县皆有汉人剃头肆，取价甚昂，番人惜钱，罕就之者。尝见番人剃发痛苦可怜之状，劝令觅汉剃师，笑而摇首。至于修面，绝无番人举行。

番中亦有医，其法甚单纯，而不尽合理。其诊唯验视病者之尿，间有观察眼舌诸部与体温者。药皆土产，大黄、麝香、贝母、荨麻等常用，不过十余品，遗弃珍药甚多。大多数之疾病，不求医而求喇嘛。喇嘛闻病状，先行占卜，判为某鬼作祟，须念经若干始有禳解。病家以财物贿请喇嘛念之。因极端崇拜喇嘛之精神关系，病或稍愈。如不稍愈，仍再求治于喇嘛。喇嘛亦多知医术，不专恃禳解。如甘孜札噶喇嘛，即名医也。其所制甘孜丸，治边地诸病多有效。余过理塘，一行全患寒泻，赖之得瘳。上瞻总保夺吉郎加患蛔痛数十年，每发延喇嘛以艾灸之，亦可止痛。彼曾示余，胸腹两侧灸痕皆满，然竟未能除根。余劝其服汉药，彼仍严拒。

十九、交际仪注

恭逊有礼，为西番第一美德。代表敬礼之物为哈达，前已言之。各种阶级之赠奉哈达与接受哈达，亦有一定方式，不能有误。误者即为不敬，或为人所窃笑。设如受者地位与赠者平等，则两手奉哈达搭受者腕上，受者须正立受之。还报哈达亦然。设受者地位较高，则奉哈达搭于其所乘之马上，或座前之几上，受者俯首颔之。设受者地位甚高，则只能搭于其脚上，受者安坐不动。设受者地位较赠者为低，则搭其颈上，受者须俯首承之。奉哈达于神像时，应于致礼后，付请侍立之僧侣转奉于神。番人自幼学习此等仪注，固能行之无失。汉官在康藏者，悉不谙此，对于僧俗各级人民之奉哈达者，一概傲然受之，或又谦卑过礼；对于各级僧侣，尤多此失。大凡讲究礼节之民族，对于失礼之施，深感不快，甚至因而憎恶之。康藏喇嘛，其自视甚高，对此礼节之误，每至情感恶劣；其难与汉官合作，此亦一因也。

贽品之收受，亦有当注意者。番人供献贽敬，有两种原因：一为稀晤之尊长偶然来过，必献贽以表尊敬之意。此种贽敬，受者例有回赏，或超过其值，或约抵所值，或仅与一哈达（俗人），或一护身符（僧侣），要视来者之意愿，与赏者之地位关系酌定之，以不使其失意而去为度。二为有所请求于官吏与活佛，必献贽敬而后发言，凡不当献贽而献者，多属此类。受者对于此种馈献，应即挥去。献者亦例应再行献上。如此推挽几度，献者诉其所求。如能允许，乃可受之，亦不必还报。如不能允，应彻底拒绝。每有汉官不解此故，对于贽敬，一例受之，而无以报人，此所以番人窃詛其为汉丐也。

番人交际，恂恂有礼。措辞尤委婉曲折，竭尽软美能事。虽怨家说理，两方对辩，辞锋暗袭，分寸不挠，而面无厉色，辞无诟谇，自外观之，不觉其为仇敌也。

若见尊长，措辞格外谦卑。如颂恩惠，每云："山岳无此隆重，海洋无此湛深。"致倾慕，每历叙其何时闻名，何时访得行将来此，如何恭候，如何得慰渴想。颂官长，必曰"德齐天地，恩逾父母"。信札亦然，正事之外，必于头尾赘以冗长之颂祝文字。

番人见尊长，例须正立，垂手，吐舌，注视。如有陈诉，跪而言之。聆尊长言，例须于每句应一是字。退，必退行出室，不得反身直行。右臂之袖，应搭于肩上。若平辈相见，则一鞠躬可了。对于较尊之人，于鞠躬时，须曲两臂，扬掌向前，作有所捧持之状。路遇大喇嘛，必下骑立道旁，垂手鞠躬立，或引首进前，俾喇嘛以手抚之，或以拂触之，意为降福。若遇同辈，当彼此欢呼相劳曰"伙阿噶得？"（你疲乏吗？）"嘛噶得。"（不疲乏。）

贵族拜访，亦须回拜。客愈尊贵，回拜愈速。卑微之客，可迟至三四日后回拜。客至，例献酥油茶一碗，客饮茶后，无论所饮多少，主人必增益之，使碗中常满，直至客退乃已。客将去，必请于主人曰："为时已晏，请许暂别。"主人必挽留之。客必力请退去。久之，主人送客。但系主人前行，及门，或梯口，或室外，主人曰："噶里丕。"（请慢走）客曰："吐盖岂，绣敦教。"（谢谢，请留步。）

如此烦琐礼节，实受清代官场陶冶之所致。故凡距汉官驻地较远之僻地，即无此风，顾虽礼尚简易，仍不离敬逊之旨。近年，汉人概不拘礼，番俗亦渐化焉。以上所言，不过西番旧俗之正规耳。

二十、村务会议

村为西康社会团体之单位。全村民众，祸福共之。任何强梁之劫匪，决不劫害本村。本村人为他村所劫害，则全村必共同为之报仇，不问其是否受害者之亲友也。报复之举，可施于仇村之任何人户，亦不问其是否受害者之仇家也。其视一村，犹汉人之视一家。

村务会议，随时举行，至少每月一次。选一广场，席地而坐，村长居中，前设一几，老成硕德名位较高者环之，余以年龄位望依次环坐。会议事项：

（一）结算差粮徭役及其他一切公账。每报一账，村人各出念珠，掐记其数额。报账已完，主席呼曰"共若干"。众应曰"符"。则已。否则重行会计。

（二）讨论防疫、祈祷、报赛、禳灾事项。大都由村长以命令出之，众人唯唯而已。

（三）讨论接受官府命令与其应付事项。村民有喜出风头者，常于此时发为长言，列举某时某官故事，主张反抗或吁恳。耆老或赞誉之，或劝慰之，每每议决准备遵从，但推代表先往吁恳。发言最多者，常被推为代表。自是以后，其人地位自然提高一级。故番人对于政务，喜饶舌也。

（四）讨论报仇劫杀事项。村民之壮年者，每于此会作为慷慨激昂之演说，以促其成，言时，并自举其杀人越货之成绩，炫示英武无畏之美。

二十一、死的解释

番人深信六道轮回、灵魂不灭之说，对于死之观念，殊为超然。其意以为生命如一串念珠，自生迄死，譬如造化诵经，随手将此串中之一珠抚拂而过，第二粒珠当即继续抚来，绝无已时。所患者，死后不能认清六道之门户，以致误堕卑贱苦恼之轮也。反之，其甚希望者，为升入尊贵超美之道中。如此堕落与升腾之动力，汉人解释，谓由生前作善作恶之程度而定；番人解释，又不尽然。彼以为人死神昏，不能分辨道路，以致误投。唯生时刻刻诵"唵嘛呢叭咪吽"6字，与摇转祈祷幢不绝，则不唯在生得福，死后亦头脑清醒，自然能寻较优之道而入。是故杀人越货之匪徒，亦随时转经诵咒，以冀来生之幸福。虽临死时，口喃喃诵咒不已。

人死亦须延僧诵经开路。其开路之解释，并非如汉俗所云开示赴阴曹投生之路。彼之解释，为开凿灵魂出窍之路。谓灵魂出窍以后，自能觅路往生。似无十殿阎罗之说。

二十二、水　葬

西康葬俗，与西藏略同。凡贫民，乞丐，患痘癞等恶疾，与犯罪刑死者，多行水葬，即投尸于水中也。在瞻化，中产之人亦有行之者。法以旧衣裹尸，绳索扎缚，请喇嘛开路，送至河边，诵经一回，投尸入水。康地水疾，瞬息即渺，于是就投尸处，树杉木条一枝，上悬经旗，子孙以时祭之。一度洪水，杉桩漂没，祭亦废矣。

凡河流平缓之地，水葬不甚通行，恐尸滞不行故也。闻拉萨附近之河，且禁人水葬，故贫乏不能举行他种葬礼者，皆碎尸潜投水中，以避查究。藏中禁渔业，河内鱼类甚多，尸入即为所食，故无碍于清洁。

二十三、火　葬

　　藏俗认火为圣洁之神，唯大喇嘛得享火葬，俗人虽贵为土司，亦不得以其尸体污火。传违者神必降罚于其部落，或为瘟疫，或为雹灾。火葬之法，先以乱石砌作塔形，中空，以尸纳之，填塞柴薪，放火。番人煮饭多烧牛屎，唯火葬必须用柴。牛厂地方，柴薪奇乏，则以酥油佐之。待尸焚化，扫灰纳匣中，或混黄土铸成泥佛，或铸成圆锥形体（代表佛身），堆叠道旁空室岩穴，或嘛呢堆内，供世人祈禳之用。或以灰贮匣内，建塔藏之。康地道侧寺旁，常有方塔，使行人绕之而过，即前世大喇嘛遗骸所在也。相传道行极高之喇嘛，尸体焚得多量之舍利云。

二十四、天　葬

　　割尸喂雕曰天葬，为番人最普通之葬法。佛教之说，宇宙由水、火、土、风四大原质构成，各有神掌之。尸休秽浊，埋于地则污土，投于水则污水，焚以火则污火，弃于野则污风，唯割饲鹰犬，则无损于四神，故以天葬为最合理之方法。其法，死者家属，先倩喇嘛来家念经开路。经事毕，舁尸赴天葬场。多在喇嘛寺附近山顶，或为一平石或一土台。长宽仅容一尸，其上竖一木桩，无他设备。喇嘛裸尸置地上，引发缚木桩，念经击铙，群雕自集。大喇嘛先持刀向尸背上划一口，于是亲友邻里送葬者，争抽腰间佩刀，割尸肉成块，抛掷空中，群雕以口承之。妻子家属，争前割尸。番俗，以割尸为敬。夏日尸腐臭，亦须割之。抛肉既尽，更取骨骼锤碎，拌酥油糌粑，再抛饲雕，不使有丝毫遗存。雕得骨时，渐各散去。如其雕少骨多，衔走不尽，则尸亲号哭极哀，谓死者不得升天；僧侣须再念经请雕，食尽而后已。饲雕毕，主客回尸家。主人烧柏枝于门外，置番酒一盂其侧，送葬者依次以酒浇刀及手，移向柏烟熏之，便云已洁。须臾，主人具食，仍用此刀切割牛肉，手持食之。

　　雕亦称鹫，康藏高原中遍地皆是。形体甚大，体毛黑褐色，颈与顶生白色茸毛，远望如秃，故曰秃鹫，为现世鸟类之最凶猛者。平时攫雪兔鼹鼠及其他小动物为食。栖息山岩间，天葬场附近尤多。食人既惯，闻铙钹声即至，直前扑尸；喇嘛以棒挥之，使退至一定距离以外，然后投食。数雕盘空，足使远处之雕望见，知有盛餐，咸飞来就，顷刻聚至数十百雕，故能骨肉俱尽，愚人以为喇嘛法力所召也。雕得食，辄暂时飞去。每有衔肠飞行，粪秽坠落如线者，食尽复归。至仅得骨，则衔回岩窝，喙其肉，弃其骨，人固不见，以为食尽矣。

二十五、地　葬

传闻西藏拉萨，有专以割尸为业者。且有阶级：最高级者曰"妥登"，专为士绅贵族办理天葬之事。低级者曰"拉噶巴"，专为平民办理天葬之事。最下者乞丐，专事搬运尸体，与贫民及罪死者葬埋之事。大都养有犬群，以备雕鸟之不足。凡人死，绳缚四肢，裹以白毯，授予此辈，而报以值。查盛绳祖《藏卫识略》亦记尸体喂犬之事，称为地葬。此似系拉萨特有，西康尚未见之。附录盛氏所记于下，以广异闻。

"凡人死后，均用绳缚，令膝嘴相连，两手交叉腿中，以平日所着衣裹之，盛以革袋，男女罗哭。复用绳系尸于梁，延喇嘛念经，量其贫富，以酥油送大小诏（拉萨二寺名）供佛前点灯之用。并将死者所有物，以半为布施布达拉（达赖所住之寺），以半为延请喇嘛念经，并熬茶及一应施舍之费。即父子夫妇，亦不私蓄一物。其尸，数日后负送剐人场，缚于柱，碎割其肉喂犬，为地葬。其骨，以石臼捣成粉末，和炒面搓团，亦喂犬。或饲诸鹰，谓之天葬，以为大幸。每剐一尸，须费银钱（指藏洋）数十枚。无钱，则水葬，弃尸于水，以为不幸。喇嘛死，其尸皆以火化，筑塔。"

二十六、土　葬

藏俗，凡小儿早夭与患天花恶疮死者，得将尸盛木匣，埋入地下。是为土葬。不封不树，与汉人之坟葬微异。此制在西番中尚不盛行。若居留康藏之汉人，则皆有坟墓，无行水火天地葬者。

二十七、祭祀仪节

番人祭祀之事。约可归纳为下列数种：

（一）祀家神。家神在屋顶上，为直立之杉木条，上悬经旗，其下有白石。或建有焚香之炉，或代以瓦罐，或并无之。祀家神为主妇之责，每日早起。焚矮桧杜松或柏枝一握，加糌粑一把，口诵经咒，或跪拜，或否。祀毕，然后熬茶。牛厂娃，则对幕外旷野焚香，并无代表神之物体。

（二）祀山神。番人各村聚间，皆有一山神，大抵选附近较低之奇峰，或较优美之地势为之，以杉树条数枝，悬经旗为号。每月初二、十六日，各户主妇，携柏枝、糌粑、酥油、羊毛四品来此，焚柏枝糌粑酥油于神前，张羊毛于神侧荆莽之枝上，对神礼拜。或聚跳锅庄一回而去。若逢年节，则男子亦结队朝之。

（三）祀路神。番地沿途皆有嘛呢堆、经塔等代表神佛之物。行路人过，不必一一礼拜，但须口诵嘛呢咒不绝，环绕之行。亦不必实行环绕一周，但来时须从左侧路走，归时由右侧路行（如系黑教之神，须与此方向相反），一来一去，即以代表绕行一周也。凡高山之脊，必有大嘛呢堆，为康地著名山神，职司保护与惩罚往来行旅之事。番人经此，必致敬礼，敬礼之最简单者，拾白石投于堆上，连呼"感谢神灵护佑"，数声即去。较繁重者，应预携经旗来，张于堆上之木桩，礼拜而后去。

（四）朝神山。康地有数处大雪山，如喀哇罗里、喀哇革颇、墨尔多、木雅贡噶与四川之峨眉山等，番人认为皆伟大神灵所居，每年夏月（朝峨眉以冬季），常有不远千里来朝者。如系雪峰，不能攀登绝顶，只就山麓寺院或嘛呢堆，望祭而去。

番人对死去之尊亲，有超荐，无祭祀。对神佛与嘛呢堆之祭祀目的，全在祈福。亦有许愿还愿者。祷福之方法极多，将于喇嘛篇详之。

第八章 岁 时

一、番 历

旧例四川建昌道，每年将汉文历书，颁发打箭炉、理塘、巴塘、昌都各地粮员，转发炉藏各土司头人领用，为康藏正朔。唯康人不识汉文，不适于用，领而置之，仍用藏历。藏历自西藏拉萨领来。拉萨历法，创于唐时，传为文成公主所教，依遵阴历编制，以月球盈亏1周为1月，12月为1年，仍有闰年。唯闰年常与汉历不同。例如：民国八年（1919），汉历无闰月，藏历有之。各月亦有大建、小建之分，唯常有缺日与复日。盖因康藏人迷信日期颇深，如认为凶日，不唯不肯婚嫁宴庆，即出行拜客亦多戒绝。大凶之日，造历书时即已削去，另于其日之前后日，选一较吉者，以为复日。如削去15日，则重复14日或16日是也。一般迷信：谓各月之1、3、15等日皆为不祥日，故番俗，此诸日不朝山敬神，历书中亦每每削去之也。闰月亦然，常加于吉祥月后，如7月、8月，为康藏最愉快之月，故其闰七八月之时较多。民国九年（1920），藏历闰八月。拉萨地方，每年8月初旬，例为雨季，甚有益于当地之农作；此年适值雨季延长至闰八月内，以致丰收，附近农人，因颂为闰月之功云。

月日虽与汉历互异，日月食期则能推验相符。又其纪年，虽不用汉历干支，而能与汉历干支吻合。彼以土金水木火五行，配搭于十二地支属相之上，亦恰为60年1周，与汉历"周甲"相同。如此加配之五行，皆连用二字，前一字为阳性，后一字为阴性，如金鼠、金牛、火虎、火兔等。查汉历亦以甲子乙丑为金，丙寅丁卯为火，子为鼠，丑为牛，寅为虎，卯为兔；如甲子年，亦可称为金鼠年，乙丑年，亦可称为金牛年；似其组织与藏历相同矣。唯查藏历又不如此。例如民国元年（1912），汉历为壬子年，应是木鼠，藏历则为水鼠年；民国五年（1916），汉历为丙辰年应是土龙。而藏历则为火龙年是也。兹作汉藏纪年对照表如下。

民国元年至二十年汉藏纪年对照表

汉历				藏历	西历（公元）
年号	干支	五行	属相		
民国元年	壬子	木	鼠	水鼠	1912
民国二年	癸丑	木	牛	水牛	1913
民国三年	甲寅	水	虎	木虎	1914
民国四年	乙卯	水	兔	木兔	1915
民国五年	丙辰	土	龙	火龙	1916
民国六年	丁巳	土	蛇	火蛇	1917
民国七年	戊午	火	马	土马	1918
民国八年	己未	火	羊	土羊	1919
民国九年	庚申	木	猴	金猴	1920
民国十年	辛酉	木	鸡	金鸡	1921
民国十一年	壬戌	水	狗	水狗	1922
民国十二年	癸亥	水	猪	水猪	1923
民国十三年	甲子	金	鼠	木鼠	1924
民国十四年	乙丑	金	牛	木牛	1925
民国十五年	丙寅	火	虎	火虎	1926
民国十六年	丁卯	火	兔	火兔	1927
民国十七年	戊辰	木	龙	土龙	1928
民国十八年	己巳	木	蛇	土蛇	1929
民国十九年	庚午	土	马	金马	1930
民国二十年	辛未	土	羊	金羊	1931

康藏亦有星家与日者，营占卜之业。男女订婚，卜于日者，日者问其所生年月，如男为水虎，女为火鸡，则判其断不能合。因水火绝不相容，虎鸡亦难共处也。如为木兔与土马，则认为美满。土木相生，兔与马不相犯也。西康日者较少，多恃喇嘛占卜。喇嘛不甚计较五行生克之义。

或谓藏族行佛历，以佛陀涅槃岁纪年，查非事实。民国元年（1912）十二月之蒙藏《协约》，西藏尚以水鼠年押尾。余游西康之年，番人皆称为民国十八年（1929），未云佛寂若干年也。

盛绳祖《卫藏识略》，记有西藏历法一段，足为本文参证，附录于此：

"番人不识天干，惟以地支属相纪年。亦以十二月为一岁。其支属纪年，如鼠年、牛年、兔年。纪月以寅为正月。亦有闰月，但不同时耳。如雍正十年壬子（1732），闰五月。其地闰正月。雍正十三年乙卯（1735），闰四月，其地先于甲寅年（指1734）闰七月。更有闰日之异。如闰初一，则无初二，即至初三日。或于月内摘去一二日。即不呼此一二日。如摘去二十七，次日即呼二十八矣。每月无小建，必有朔望晦日。称正月为端郭，余月仍依次数之。纪日惟以金木水火土五行配，与时宪书无异。惟日蚀月蚀，亦纤毫不爽云。推算占验，皆唐公主所流传。"

二、番人年节

大部分番人之年节，与汉历相同。少数地方，自成风气。例如三岩野番之正月，为汉藏历之五六月；瞻对、理化（理塘）间之元旦，为汉历腊月十三日也。

番人年节，因信初一为凶日。故元旦不出门，不食他家之物。初二，相邀往附近喇嘛寺礼佛，烧柏枝与酥油糌粑；喇嘛念经为来众祝福，来者酬与青稞一二升、三四升、半升不等，视家之有无。是日，亦不在家食物；礼佛既归，即赴邻家跳歌。第三日，全村聚资购牛，复各备柏香酥油糌粑等，往朝附近神山，椎牛礼拜，跳歌一日。第四日起，开始贺年。土司头人家，尤为热闹。其贺年也，无礼物，亦不拜，只集多数人围跳锅庄。主人备茶点酒饭。其茶点，称为摆果盘（汉语）。不过油果子、烘牛羊肉与少量野樱之果。边地无果树，唯野樱遍地，深秋果熟，小如山樱，圆形微长，味酸涩，而红艳可爱，土人采之，以充年节果盘。或富贵家招待显客，则有葡萄、苹果、橘、藏柿、藏杏之类，寻常人家不能有也。其酒皆蛮冲，饭则糌粑加酥油耳。锅庄一日，入夜各散归，明日另贺一家。如此贺村中富室戚谊已遍，乃分别集会，随意为乐。大都老年人为一团，壮男一团，妇女一团，小儿一团。各出资财，或牛肉、糌粑、酥油、冲酒之属，付团体中年长者收贮掌管，分配饮食。佣一贫妇人司烹饪之役。团员聚会，饮食游戏，尽乐极欢。其食物，或可供一二日，或三四日，或五、六、七日，食尽乃散。亦有兴会正浓，不忍遽散，相商重出食品，延长会期者。亦有私蓄已罄，无力再出食品，则相结至富户门外跳歌，取其赏金（或为青稞）购物延会者。壮男妇女，会期率长，大都延长至十四、五乃已，亦有至二十前后者。其游戏法：妇女以跳歌为主，老人喜谈故事，壮男除跳歌外，从事赌博者多，小儿多属不规则之嬉戏。

年节内，亦馈送食品于亲戚之家，所馈仅牛肉、酥油、糌粑、冲酒、野樱、油果子之类，率于初四日起致送。

番人除夕，亦如汉人粪除屋宇，以糌粑或小麦粉拍于墙壁，作诸花纹，云可辟魅纳福。精者用细帚拍成人物山水花鸟诸状。或搅白垩水浆，提向屋顶倾之，使四周墙壁皆沾白色以为美。

三、乌霞过年肇事记

瞻化（今新龙）、理化（理塘）两县间，穹、霞、噶坝、曲羽一带，土人因交通关系，鲜与汉官接触。其俗，以汉历腊月十三为元旦。民国十八年（1929），余由瞻对赴理塘，腊月十二日抵乌霞，属理塘霞坝村，应换乌拉。瞻对护送之头人土兵、乌拉娃等，共40余人，齐请住此一日，以便调雇牛马，许之，不知其为过年也。翌日白昼，诸番照常饮食，毫无异状。余等出游乡村一度，归而早寝。夜将半，忽闻歌声大作，床榻震动，则诸番方于下层楼上聚跳锅庄，狂讴剧舞，震撼楼屋，致将上层熟睡人惊醒也。翌晨将行，诸番来乞赏钱。始知昨夜系过年云。

先是，余队行抵乌霞时，选住一番寨。余先上楼，护送人役后至，忙乱抬行李入屋。土兵恐有小偷混窃，派枪二支值门，暂止闲人出入。恰有此室主人，与其同村数人，因年终到喇嘛寺算账，聚饮醉归。欲入室，值门土兵不识其为房主，阻之。其人亦不自言为房主倚醉强闯入，遂与土兵扭发凶殴，夺土兵快枪，呼啸入邻室。土兵着数伤，见其人多，不敢追。其余土兵并在远处搬行李，未觉而追之，诸番已入碉闭户矣。乌霞在万山中，距理塘、瞻化各四日程，传其人犷悍轻生，不知礼仪，瞻对娃亦微畏之。肇事后，土兵因失枪，不敢入报。余微闻之，心颇悸，佯为不晓，欲令两方自行交涉，待不能善了时，始出转圜。恐先自提说，则瞻对娃恃而逞气，决裂不可弥缝也。瞻对娃亦善处，当夜照常安寝；翌日，始由护送头人与瞻化土兵，邀余所带通事，觅乌霞头人质问。余等自屋顶微觇之，见彼此席地聚谈，约一小时久，突引肇事番民与该村头人来见，曰"昨某酒醉肇事，醒后悔惧，当已送还快枪。兹自甘献酒二斤，为土兵赔罪。并磕长头一百，乞汉官勿追究此事"。言讫，齐跪地磕头如数，不可遏止。慰之云"酒醉可恕"，则大喜过望而去。是日，即当地元旦也。夜间土兵辈跳歌所饮，即为此酒。此事初发生时，余觉该番凶悍可畏，及见其谢罪状，又觉怯懦可怜。究竟何者为番人本性耶？盖初之凶犷，酒使之也。后之驯柔，乃本性也。番民常有偶失本性之时，观者遂据以判其性格。此所以汉人多畏番人也。

翌日，余等前行，瞻化护送头人自此折回，仅土兵 24 骑护行。其人皆跃马欢歌，未尝以年节从役为苦。

四、八月节

番人亦有端午、中秋二节，但无如何热烈点缀。唯八月节，比年节更为盛大。八月在藏法为吉祥之月。其时青稞已刈，农事已闲，秋风初起，天气佳和，牧场则牛羊繁盛，乳酪山积，寻当屠牛坐食，过其安闲生活。故此一月，最属难得。番民当此月中，例须选择吉日，举行盛会，报赛神佛，借祝来岁继续丰收。其报赛方法，微各不同。都市附近，则为坝会。选一平坦广地，各家张设帐幕，作为临时住宅，携其珍馐，陈其宝玩，着其盛服，备诸游戏，朝夕行乐于此。各大喇嘛寺，亦皆参加。或演戏剧，或陈杂技，或仅由大喇嘛淋水降福。约十日左右，乃散。其在荒僻乡村，则各村人民醵资购牛，各备饮食帐幕，齐赴山神所在，椎牛致祭，亦跳歌赌博，欢乐数日而归。若牛厂娃，则遍祭所属各山神，相聚为欢一二日，其食物多为"把姑"之属，亦以极其丰盛也。闻西藏八月节，达赖喇嘛特开放其御用之花园，许拉萨贵族，入园游宴十余日之久。

五、打箭炉岁时记

打箭炉地介川、康，汉番杂处，其俗在汉藏之间。据土人言，每年有会期 6 次：三月十八日娘娘会，四月初八放生会，五月十三跑马会，六月二十八盎雀寺跳神，七月初十多吉札寺跳神，七月十三城隍会。皆空巷聚观之大集会也。余驻炉前后仅月余未能全知岁时行乐状况。有南溪赵一清者，民国三年（1914）任康定知事，逐日皆有日记甚佳。兹抽其日记中关于节令之文如下［民国三年（1914）起四年（1915）止，以阴历记］。

五月初五日：

炉城夷民通用阴历，与汉人同。本日为天中节，夷妇男女大小，相率游山，互相歌唱，漫应山谷间，亦自取乐。无聊中聆此，亦足消遣也。……

八月十五日：

中秋佳节。早起，天晴，署中幕友暨各色人等，犹循旧例叩节。……

八月十八日：

……南木寺喇嘛演藏戏，顺道往观。镇守使（时镇守使为张毅）同府中诸人员咸在，有顷，庆领事（英国驻康定领事庆路易）亦至，戏剧了无足欢。遂各散。回署。……

藏戏仍有彩衣，假面具，亦扮粉脸小丑。所唱皆番曲。即在喇嘛寺天井中跳舞。所演亦有事实。本日所演，相传为藏王因年老将传位于其太子，有两奸臣从中播弄云云。场中栽一花树，树下设一座。或坐或起，围树跳舞。话亦番语，不可辨。

九月初九日：

重阳佳节，边地无有登高胜会。……

十二月二十一日：

是日为立春前一日，仍沿旧俗预备彩仗迎春。早饭后，预备齐整，乘大轿出署，先到南门，次出东门迎芒神春牛，复入城，至北门，楚回，至署观百戏，受贺行赏别，退堂。……

迎春为历代大典，此为古礼，自来均不废也。然踵事增华，则各地风俗亦有不同。反正而后①，有行有不行者。即行之，亦多半敷衍了事，不若前此之郑重也。余官滇时，在任举行此礼，已历多次。地方人民遇此，则务争为华靡，唯恐不尽；乡民至城观者，以数万计，诚盛举也。自反正后，则不堪闻问。

炉城为川省边地，本日迎春，已较昔年为减色；因火灾后，（是年冬月21日，炉城陕西街大火，自早6时起，至午12时止，损失赀财以百万计。）铺民疮痍未复。且此典礼虽仍风行，已不如昔时之隆重，然犹百戏具陈，欢者塞巷，亦足见吾省之繁盛，为他省所不及也。（其时川边未建省，附属四川。）

乙卯年春正月元日［民国四年（1915）二月十四日］：

早起。天气晴阴。署中僚友仍循旧例相贺年节。早餐，仍具面食，循旧例而已。早饭后，坐肩舆到镇守府叩春节，未见。复到各科，半已外出。在少云与思汤处小坐谈片刻出，回署。城内各商号均至署叩节。民俗仍重阴历，通街皆悬旗贴春联喜钱门神，可知人民习惯未可骤与移易。……

初二日：

……循俗例，与各商号曾到署贺年节者谢。由河西绕至河东，并到打箭关（东

---

① 反正，指辛亥革命。

关）与张石丞兄拜节，均不及见。午后回署。

初十日：

……是晚，月明如昼，街市民有张龙灯戏者，有跳歌装者，尚有年节气象。

十三日：

……是晚，开办提灯会。商学两界合办，约集灯数百，尚形热闹。由街市转到署前，遂亦步出同行，兼弹压保护。至北门楚回，到警察厅稍坐茶话，旋回署，已二鼓矣。（按：此系官府偶然倡办，非炉城年节常例也。）

十五日：

……是晚，为元宵佳节，又益提灯会，商学两界毕集，颇觉热闹。该首领等又率领至署庆贺，延入稍坐谈云。（按：是时乡城叛军陈步三正攻破雅江，直扑炉城。支队长陈子猷率军扼折多山，大败还。城中一日数惊。二十一日，贼军围城，当夜城破。二十九日，贼由鱼通窜入川境，炉城始复。）

三月十六日：

是日，为炉城娘娘会期。土人舁偶像遍游街衢。今岁因乱后，商务停歇，街民寥寥，比较去年则相差远甚。时局变迁，风会亦与移易，抚今思昔，能无慨然。

四月初八日：

是日为浴佛日。炉俗，汉番人等，均出游大较场柳林。去年今日，县署幕友均往游观。光阴转瞬，又是一年。时局变迁，不堪回首。是日，刘统领、姜友三等均约往游。因天阴未往，午后天雨，游人咸扫兴归。

五月初五日：

是日天气晴明。炉城铺户均早闭肆。午饭以后，通城人士均出游玩，俗云游山。熙熙然怡怡然，颇有承平景象。陈逆乱后①，民生凋敝，不图今日复见太平。从此悉力推扬，以复元气，固炉城之幸也。

余在炉城，曾见5月13日跑马山赛马，6月15日将军庙赛神两大盛会。而赵君日记无之，当系其年偶未举行。兹以余之日记补之。

五月十三日（阳历6月19日）：

是日，炉城绅民于跑马山举行赛马，以敬山神。云自民元师废，今始重举。早

---

① 指陈步三乱。

膳后,偕象谷骑马。上山,山道壁立,不能骑,下马行步,直上一百五十米,得较平处,有喇嘛寺,充革西住此,其人能汉语,关内僧侣出关,多先就之学习。寺后有平原,广五六十亩,渐斜上山,作浅勺状。汉番男女数千人,坐立其间,略无隙地。有帐房十余具,皆市民昨日来此夜宿游乐欢宴者也。又有大帐一具,安设桌椅,为招待军政长官之用。小丘上,有嘛呢堆,市民焚香礼拜者甚众。喇嘛数人,诵经其侧,经文有韵,以铃节音,焚柏枝代香,酥油代烛,以为超荐山鬼。须臾,赛马开始。与赛者约二十人,各乘一马,无鞍鞯,骑裸背上,排立原之下方,主者牵长绳阻之。另有一人持标旗,立原之最高部。炮鸣绳落,乘者鞭马奔驰,呼喝之声响震山谷,其马初甚腾跃,数百步后渐次沮退;能达竖标处者,数马而已。军民长官与地方绅士,皆备有奖品,由团练局长分赐夺标诸番。其人昂然得意,贺者云从。实则马力与骑术,皆去关外诸番甚远也。闻往时赛马落后者,观众争抛糌粑以辱之,本日未行。此为炉城盛会,番商市民,多帐宿于此,博饮跳歌,三日乃散。余等回城后,微风拂至,犹闻歌声殷然。……

六月十五日(阳历7月21日):

相传六月十五日,为郭达将军生日,市民争扎旧例亭舆,牛鬼蛇神,仙童宫女,旗帜鼓乐,赴将军庙,迎郭将军木像,抬行各街。观者塞巷,亦炉城盛会也。已而送神复座,演剧数日。其神造像狞恶:土偶骑独角山羊,木偶坐椅上,皆着真袍。牌位曰"敕封某某大帝汉朝郭达将军之位"。《雅州府志》传其为诸葛丞相偏将。余考郭达并无其人,像与庙,皆清人附会所作耳。(另有考在第二篇。)

六、拉萨岁时记

拉萨为喇嘛教中心,故虽非康地,其岁时风俗足以代表康藏之一部。兹录《卫藏图识》所记拉萨岁时如下:

"行岁亦以建寅孟春为岁首。元旦为一岁之始。节令多与内地不同。如十二月大建,则以元日为年节;小建,则以初二为年节。每遇年节,凡商民停市者三日,各以茶酒果食物相馈为礼。其日,达赖喇嘛设宴于布达拉上,延汉番官会饮。有跳钺斧之戏。选幼童十余人,着彩衣,戴白布圈帽,足系小铃,手执斧钺;前列设鼓十余面,司鼓者亦装束如前;凡鈂筹交错时,相向而舞,听鼓声之渊渊,而缀兆疾徐咸中节，揆其义，盖古之万舞欤。越日，观飞神，乃后藏番民供此役，以皮索数十丈，系于布达拉山寺上下，人捷如猱，攀援而上，以木板护于胸，手足四舒而下，如矢离弦，如燕掠水，亦异观也。过此，择日大诏内，聚集各山寺喇嘛，拥达赖喇嘛下山谒佛，登台讲大乘经，谓之放朝（传召）。凡番民越数千里来者踵相接，以金珠宝玩陈列炫丽，举于首而跪献之。达赖喇嘛若受，即以尘尾指其首，或手摩其顶者三；出则必夸耀于人，以为活佛降福也。

上元日，悬灯于大诏内，矗木架数层，安设大灯约万余盏，缀以五色油面，为人物龙蛇鸟兽，穷极精巧，自夜达旦，视天之阴晴雨雪，及灯焰之晦明，占一岁丰歉。（按：西康各大寺院皆有此俗，称为'摆花节'。）

十八日扬兵。集唐古忒马步兵三千，戎装执械，绕诏三匝，至琉璃桥南，施巨炮以驱鬼魅。炮大小不一，中最大者铸自唐时，刊'咸剿除判逆'五字。演毕，于商上（公所）出金银缎布茶劳之，并布施僧众为诵经之资，岁凡支银三百六十余两。越二日或四日，噶布伦、戴绷（俱官名）及喇嘛，各出幼童疾驱角胜。先至者受上赏。复以幼童裸体跣足，自布达拉西至拉擦东约十余里，一时争道而趋，亦以先后至者较胜负；如力不胜，亲友旁观者遂以冷水灌顶为之助，此为一年夺标之戏也。

二十七日，迎色拉寺之飞来杵至拉擦诏。

三十日，诵经毕，送老工夹布，即《通志》所谓打牛魔王也。以喇嘛一人，伪为达赖喇嘛。于番民中择人一，面涂黑白色，作魔王，直诣其前，诋其五蕴未空，诸漏未净，'达赖'亦以理析。彼此矜尚法力，因各出骰一枚，如核桃大，'达赖'三掷皆卢。魔王三掷皆枭。盖六面一色也。魔王惊惧而逸。于是僧侣人执弓矢枪炮逐之。先是，于对河牛魔山列帐房，待魔王窜入，击以巨炮，迫以远飏而止。凡作魔王者，必以贿得之。盖先于魔王避居处，预储数月之用以待，食尽始归耳。

三月初二日，达赖喇嘛上山。仲春下旬，或暮春之初，将大诏寺中宝器珍玩陈设殆备，谓之亮宝。翌日，布达拉悬大佛像。其像五色锦缎堆成，自第五层楼垂至山麓，约长三十丈。又有喇嘛装束神鬼，及诸番人物，虎豹犀象等兽，绕诏三匝，至大佛前，拜舞歌唱。如此一月始散。

四月十五日，寺门洞开。亦燃灯达旦。（其灯以圆根盛酥油燃之。）任番人游玩。（按：西康亦有此俗，称为'燃灯节'。人家点灯一夜。其灯以圆根片承酥油，羊毛作心燃之。）

六月三十日，哲蚌、色拉二寺亦悬大佛像。有垂仲降神。番民男皆华服艳妆，歌唱或翻杆及相扑，诸戏无不咸备。亦二寺之大会也。

七月十五日。任碟巴一人，以司农事。其地之头目从之游。佩弓挟矢，旗幡前导，遍历郊圻，观田禾，射饮，以庆丰年。然后土民刈获，亦所以重农事也。（西康喇嘛寺之收获节为其变相。）

七八月间，各临河设凉棚帐房，男女同浴于河。即上巳祓禊之意。（按：即八月节也。）

十月十五日，唐公主诞辰。番民盛服至大诏顶礼。

二十五日，相传宗喀巴成圣日。或云即燃灯佛。皆于墙壁间燃灯相映，烂若列星。亦以灯卜其岁。（按：西康亦称为'燃灯节'。人家燃灯三夜。二十五日夜为正节，喇嘛寺点灯甚多，小儿有提灯游行者。）

除夕，木鹿寺跳神逐鬼，有方相氏司傩遗意。男女盛饰，群聚歌饮，带醉而归，以度岁节。"（按：西康各大喇嘛寺，亦于年终跳神一次，为岁除盛会。）

七、番人星期

七日安息之制，原系雅利安人所创，风行于奉太阳历之民族与耶教徒中。用太阴历之民族与佛教徒，固不如此。唯太阴历以角、亢、氐、房等28宿轮流配于各日，其"房""虚""昴""星"四日，恰与太阳历之安息日相合。《易经》又有"七日来复"之语。海通以来，我国主学务者，为求与西洋学制相符，遂亦采七日休息制，谓之星期。称七日曰："星期日，星期一，星期二……星期六。"星期，谓房、虚、昴、星日也。或称之为"礼拜一，礼拜二，……礼拜六"者，则用教会译称，于阴历为不通。又有以有日、月二曜，与火、水、木、金、土五行星，配于七日，而称之曰"日曜日，月曜日，火曜日，……土曜日"者，则是雅利安法，尤非太阴历所固有。

西藏民族，夙奉太阴历，原无星期之制。但近年亦采用雅利安法，而有七曜日。如日曜日为"悉尼马"，犹言太阳日也。月曜日为"悉达瓦"，犹言太阴日也。火曜日为"悉美马"，犹言火星日也。水曜日为"悉勒巴"，犹水星日也。木曜日为"悉浦马"，犹木星日也。金曜日为"悉耙桑"，犹金星日也。土曜日为"悉烹巴"，犹土星日也。今日昌都以西，多解此语。不知是西藏古昔即已采用雅利安之成法，抑是近时始新仿欧西而编定。〔欧美对于星期七日之名称，仍含日月五星之意义。如Sunday为太阳日（Sun-day）之缩写。Monday为月亮日（Moon-day）之缩写。Saturday为土星日（Saturn-day）之变写等是也。〕要其采用之意，不过为求与邻邦历法沟通，以便交往；非其本地历法之必要事项也。英人台克满，据此判断西藏采用雅利安历法较中国早，遂谓西藏历法与其他文化皆非受自中华，亦太妄矣。（参看台克满《东土伯特游记》149页）

第九章 娱 乐

一、跳歌装①

跳歌装为康藏最普通之游戏，番语称为"祝穷"，跳歌装系汉语，实只跳歌，并无特殊装束也。其法：广场中设小桌，上置番酒1壶，围桌歌跳，4人以上至于数10人皆可。例分人为两队：一唱一和，艺精者首列，初学随后模仿。有全由男子跳歌者，有全为妇女者，有男女各为1队者。歌词数10种，通常演唱者30余种。各种歌词，有一定唱法，一定舞法。其唱法，有长有促，有急有缓，有扬有抑，殊不单纯。其舞法，举手提足，或进或退，或就地踏歌，或旋转回翔，或豗②突奔肆，形式繁杂，不可深究。

余于歌装，甚注意其唱词，每令通事译之。通事虽能唱，亦不尽解词意。大抵番人随时随地皆跳歌，儿童随声附和，自然习得，并未研究其意义也。

歌装词约可分为三类：第一类为吉祥祝颂之词，及西藏有名诗歌。每逢歌装开场，与汉官召歌，或人家喜庆歌跳皆用之。词意不离珠宝仙佛等物之赞美。第二类为教人孝父母，敬喇嘛，畏长官之歌。大半为问答体，两队一问一答。第三类为男女调笑爱悦欢庆之歌。大都两队同唱一词。兹举数例，以觇一般。译不达意，得其仿佛而已。

其一：

"雪山之旁，海子之滨，神人所居，宝草生焉。（乙组原词和，下同。）

"太阳出来，照此宝草。宝草开花，金色灿然。

"月亮出来，照此宝草，宝草结实，银质如霜。

"星光出来，照此宝草，宝草之叶，碧玉斑斓。"

---

① 歌装：亦称锅庄。
② 豗，音"辉"（huī），指冲撞状。

其二：

甲队唱："你们可知喇嘛的贵重？"

乙队和："喇嘛能有如何贵重？"

甲队："喇嘛之冠，来于印度，其上宝石，出自海中，神人呵护，鬼魅辟易。"

乙队："果然喇嘛有如此贵重，我们应当尊敬。感谢你的告诉。"

甲队："你们可知汉官的贵重？"

甲队："汉官又有何贵重？"

甲队："汉官来自北京皇帝之处，皇帝尊严无上，汉官是皇帝派来，所以贵重。"

乙队："果然汉官有如此贵重，我们必须尊敬。谢你的告诉。"

甲队："你们可知父母的贵重？"

乙队："父母又有如何贵重？"

甲队："父母生我养我，劬劳备至，我们的生命，都是父母所授，岂可忘了父母。"

乙队："果然父母恩德甚大，应当受我们的尊敬。谢你告诉。"（完）

其三：

"同我进来，到楼上去！同我进来，到楼上去！那里有快乐之神向我微笑，美丽仙女向你招手。小女儿拜了！小女儿舞了！请坐罢！请坐罢！"

"同我进来，到楼上去！同我进来，到楼上去！那里有圆根汤可吃，渾酒可喝，打倒东邻的阿猫，笑煞西邻的阿虎，小女儿拜了！小女儿舞了！请坐罢！请坐罢！"（此歌两队对唱，每阕只易数句，可翻至若干阕。）

歌装或非西康土产，因其歌词无能代表西康人物之特殊性者。理论：西康文字宗教语言艺术，皆自西藏传来，歌装亦宜来自西藏。但余于藏戏中，屡见其表演西藏歌装，迥然与西康不同。西藏歌装，唱腔和婉，跳法亦较康地淡雅。尤重要之区别，为常摇马项铃一串，以醒音节；康地无此规矩矣。可见康藏歌装，各有来历，不必同一师承。不过大多数歌词，曾自西藏流行康地，如赞美喇嘛，赞美珠宝之类。

忆昔于某杂志，见有记载云、贵苗人跳月一文，所记情形，恰与康人跳歌装相似。且该文曾抽译一段歌意，云描写一狮，月夜出林，就溪泉饮水，仰望星月，所发若干感想，词意俱甚优美。此歌，余于西康恰亦聆之，系欢迎余等歌词之第二首；可见土人亦认此为优美歌曲，且颇流行。苗族跳月之历史甚长。或者西康歌装，乃自苗羌学来；西藏歌装，则从康地学去，而加以改造者耶？

尤可注意者歌装词内，每有汉语羼入。如"作揖"，"请安"，"请坐"等语，在数种通行歌词内，频频听见。译人皆谓之是汉语。又可见现在流行之歌装词，并非纯粹自古昔传来，而亦有近代方言加入也。

一次，康定榆林宫百姓跳歌，至兴高采烈时，一人倡跳云南式歌装。观其跳舞，果与康地歌装有别。不止云南歌装有别，即西康歌装，打箭炉所唱，与甘孜、瞻对所唱，同是一曲，音调亦俱有异。可见歌装为物，正与汉族之语言相似：组织虽同，土音土语之差仍甚大也。

由上各条，可以判定：歌装或自滇黔等省传入康藏。但所到各地，皆曾由土人加以修饰与改造。西藏之改造最著，新撰歌词尤多，此种歌词，随喇嘛与藏文，倒转流行康地。唱法与舞法，则并未随之倒流。

二、讴　歌

番人行役，常以讴歌自慰。曾见甘孜娃为县署修理房顶，男女两组，各持木杵拍土，且拍且歌，互相唱和。其歌词甚简单，大抵互劝努力敬事之意，重复百遍不厌。又每见乌拉娃于起卸驮物时，连唱"阿拉速各"一语不已。译其意，盖云谨慎行事也。牛厂男女，于薄暮系牛时，亦然。康定市中，时有番妇负柴负水，自市外来，且行且歌，其声漫长悠远，十数步始毕一句，街肆喧阗，人众熙攘中歌自若也。大抵番人之歌，不必一定有词，必有所感，随意歌咏，或成一句，或不成句，取能发抒胸臆而已。例如：当余单骑行过一村时，山上牧童见之，辄漫歌云："一个汉人。"对山又有一牧妇和之云："汉人何为者。"其词皆非夙构是也。此种歌癖，妇人最深，儿童次之。男子较为静默，唯默诵嘛呢咒不辍。

三、地方谣

番人亦如汉人，常就各地方住民特点，编成韵语，以资调笑。兹举瞻对热洛娃所制者为一例。

番谣	汉译	谣意
"热洛部姆多梗札，	"热洛女儿像丝线，	喻其美丽。
察乡部姆可南札，	察乡女儿百灵样，	喻其多言。
布日部姆曲夺札，	布日女儿乱石涧，	喻其丑恶。
仲巴部姆噢拉札，	仲巴女儿像沙罐，	喻其黧黑。
波惹部姆惬当札，	波惹女儿老鸦旋，	喻其疾速。
热格部姆沙格夺吉。"	热格女儿牙巴烂。"	沙格夺吉意为泥与石糁，像其缺齿也。

又汉人出关者，尝将南路各城景物，编为地方谣云：

"河口闲话听不得。（谓河口汉人，多喜播弄是非也。）

理塘糌粑吃不得。（谓理塘风大，糌粑多尘灰。）

巴塘丫头坐不得。（康地汉人，称娶为坐，番女为丫头。巴塘女子多染汉习。）

江卡门楞站不得。（江卡即宁静县，地高多风，门额甚低。）

乍丫蛮子惹不得。（乍丫民俗犷悍。）

昌都戥子称不得。"（昌都银秤粗劣，分两以藏秤计算，每两约合汉制2两余。）

四、恋 歌

番人男女相悦，常于山林原莽间，借讴歌以达爱慕之意。其歌词原无一定，要以缠绵悱恻备极婉恋为能。今世所传之西藏恋歌，大都出于深情男女假想之作，不必真为某男女对歌时偶然凑成，然亦可代表番族自由恋爱之精神，与其随意讴歌之朴俗也。兹译西藏著名恋歌一首，以见一斑：

女："嗟我爱人！设尔为树，植于软土，侬将溪叶，共彼霜露。"

男："云向前行，快马莫能及也；尔我相爱，父母不能折也。"

女："我心如乳，不染纤尘；贮以玉杯，奉我良人。"

男："幢幢华屋，容我驻足，我如雄鸡，昂冠驰入。"

女："危峰绝谷，与尔跋之。激瀑洪流，与尔涉之。"

男："尔衣荆布，美如宝珍，尔虽木立，能系我心。"

女："有犬狂吠，可阻行人；旁人窃议，无妨尔我之爱情。"

男："高山仰止，有径赴之；源泉混混，进无已时；尔我赴爱，乃亦如之。"

女："父母阻我，亲戚辱我，欲我绝汝，我决不可。猎犬获鹿，其何能脱。"

五、番人戏剧

土伯特民族亦有戏剧，或由僧侣扮演，或由俗人扮演。由僧侣扮演者，其剧场一切设备，皆喇嘛寺所固有。每年八月，在寺之附近，辟地演唱，任人观览，不取费。唯逐日来观剧之上宾，以茶包、哈达等奖品赏与演员。所演剧旨，重在教化。俗人演剧者，亦有团体，仿佛内地戏班，流行各处，受人雇请。戏场设备，由雇者任之。演戏用物，由戏班携来。所演多歌舞谐笑之剧，重在使人快乐。其演法，并与汉剧或任何西洋戏剧不同。将于下节详之。

此种用藏语表演之特殊戏剧，藏语称为"拉姆丑"，西人称之为"土伯特戏"，汉人呼之为"藏戏"。其所表演者，除故事外，又有多种杂耍，如下：

汉人点炮　此为戏剧开场必演之戏。场内置三铁炮，扮二汉人，持火把上场，做畏惧炮声，互相推诿之状。终由一人鼓勇往前，又复趑趄畏葸。既响，则惶恐奔逃，做种种丑态，博人欢笑，其扮汉人，皆开花脸，着袍褂，戴冬帽，赤足穿鞋，偶亦说汉话一二句，如"你去点"，"我害怕"之类。

舞狮　用羊毛皮缀成一大狮皮，下连四脚，戴彩绘狞猛之假首，项上戴铜铃一串；为形似内地雕绘之狮，颈毛脊毛尾毛皆甚长，殊不类真狮；二人藏皮内，以四足为四脚，其一举头，其一摇尾，挟音乐出场，徐徐驰走，酷肖一巨兽行动，不似内地舞狮者之挟有武技也。

舞牛　用黑牛毛缀成一野牛皮，亦具四脚，戴假首，角上扎挂彩绫甚多，二人如前法舞之，酷肖野牛出游之状。番人视野牛为神物，谓见者能增幸运，故演剧必舞之。

仙鹿上寿　绢绸夹纸褙成之鹿头，加以彩漆，双角峨然，酷肖鹿形，但仅有头。颈中空，可套人头上。有人衣黄色戏衣，套绿色缎褂，着番靴，戴此鹿头，出场跳舞，金鼓应之。其舞似有定法，其重要技艺，在将左角披挂之哈达舞挂于右角上。又须献花献酒，则皆以另一人递予之。

寿星献酒　扮一寿星，戴假头面登场。头形面貌，并与内地所雕绘之寿星相似。上场后，不甚舞蹈，但须对显客座行跪拜重礼。每跪，皆全身仆地，所谓磕长头也。起则献酒献果而退。

五族进贡　以小丑五人演之。扮一中原人，一廓尔喀人，一布丹人，一蒙古人，一西藏人或一回人，出场，做种种滑稽竞技，使人捧腹。最后对显客之座献宝，各赞其宝物以博一笑。大都以汉人为其中之最尊者与胜利者。（此剧又每每作为最后一幕。）

表演故事　所演故事，大体可分历史剧与说部剧二类。史剧之最普通者为"黑冠舞"。描写藏王兰达马被刺故事。相传第九世纪之末，藏王勒帕张①，推崇佛教备至。其弟兰达马，为辟佛派首领，弑兄篡国，辱僧侣，焚寺院，务灭佛法。喇嘛不还俗者，皆遭杀害。有一僧知王嗜舞，特创新舞一种，图得近王而弑之。此僧化装

---

① 即热巴金赞普之异译。兰达马，今通译作"朗达玛"。

为俗人，着白里黑袍，涂白马为黑色，乘入拉萨。值王出游，观石柱碑文，因炫舞其侧。王见而悦之，召前献技。僧乘王不备，出箭射杀之，驰马逃去。过河，洗马，翻袍而走，竟免于难。其事为经典所载，故得称为历史剧也。其余史剧，如演神圣赞普请娶文成公主事（此剧须扮大唐皇帝，与若干异国之使臣，设备费大，唯拉萨寺院能演之），莲花佛降伏巫鬼事等是也。说部剧剧本甚多，大都喇嘛所编，寓有劝善惩恶之意。其本事不出土司家庭，亦犹汉戏之不离王侯宰相皇帝状元也。

六、甘孜观剧记

民国十八年（1929）八月，余至甘孜，适逢汉番百姓，举行盛大之坝会，演戏报赛，以庆丰收。自八月初一日起，十五日止，市中僧俗各家，与附近番民，争以华美帐房，集张于市南河岸之草坝上，安设床榻锅灶，陈列珍玩，徙家于此，鲜衣美食，狂乐半月；即此地之八月节也。初一日，大喇嘛淋水，设帐者已众。此后渐增，初四日，已百余帐，开演番剧。

其戏由甘孜喇嘛寺表演。寺僧分阿巴、扯腻二家。阿巴家经商失败，甚贫，然演戏历史最久，表演最佳。扯腻演戏历史甚浅，而富有，设备华美。此会由阿巴家演前5日，扯腻家演后5日。

坝会期内，全市商贾歇业，农工闭户，官府休息，学校放假，恰似内地过年。余亦无所事事，徙帐入坝，朝夕看会。适得一土人能翻译戏词者，时时译告剧情，觉颇有趣，因并记排场演法如次：

戏场布置　番剧不用剧台，选平旷草坝，划一圆周，栏以绳柱。缺其一方为演员出入之路。场之正中，插白杨一株，下设短桌，供演剧之神，则李老君也。[①]　其余空地，为演剧之处。观者环立圆圈外，如马戏场。唯正北一方，张大帐房，可容百人，龙头金柱，白布蓝花，压氆氇纤带，庞如巨厦，中设高座五：正中座最高，为郎章喇嘛座；左右二座稍低寸许，为仙根（香根）与竹撒喇嘛座；最外二座又略低，左坐孔马喇嘛，为稚龄之佛都督；右坐德清汪母，为孔撒土司女，才11岁，其侧添一小座坐其未婚夫德格娃某。此帐为仙根喇嘛所设，故于甘孜各大佛都督外，得容孔撒土司家人侧坐其间。余如孔撒土司家头人，皆地坐。郎章喇嘛羞与此辈为伍，常虚其座不就，而自设矮帐于大帐右侧，独坐观之。汉官，则由头人撑布帐于

---

① 应为藏戏祖师唐东结布。

大帐之左侧安坐，不能入大帐也。演剧者表情唱歌，皆向大帐。吹打乐器者，坐剧场边际。装扮之所，另于远处设牛毛大帐，以路通于场口。

每日演剧二次，每次约三点钟。开演之先，由演剧之小沙弥，捧香案及其数种执事，吹喇叭，往郎章、仙根、竹撒、孔马各佛都督之私帐，迎入大帐观剧。午刻剧止，又如式送回各私帐。膳后续演，迎送如前。总之，全剧若为此数佛都督而演者也。

演剧时，演剧之喇嘛寺以干果点心数种，供献各佛都督与汉官座前，时复献酥油茶。演剧毕，各佛都督与汉官亦须犒以茶包，由演戏各喇嘛领分之。

戏场有一喇嘛，盘牛毛大辫，穿獭皮绿缎面皮袍，持大马鞭一条，循行场周，维持秩序；命观剧者第一轮地坐，第二轮坐凳，第三轮立；有闯入圈内者，以马鞭击之。

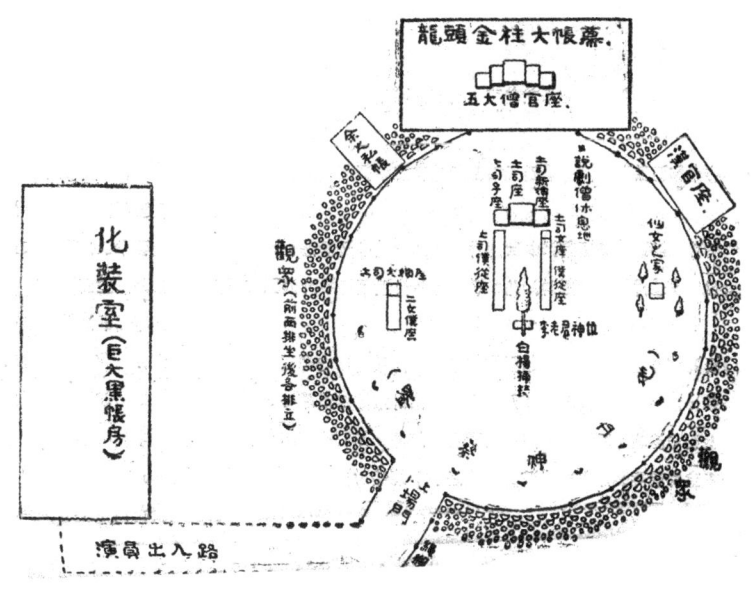

坝会剧场鸟瞰

番剧情节　番剧表演故事，须一二日至五六日，始能完结一部。绝无抽截数出表演之事。每戏开场，须演诸天菩萨大跳舞，演汉人放铁炮、跳狮、跳牛、跳鹿，费时一日。以后开始表演故事。忆阿巴家凡五日，共演二本。第一日杂耍。第二日《友于记》：演土司二子落难，遭遇种种困危涉死，不死，患难相顾，终得回乡为土司；一日演完，为番剧最智者。第三、四、五日演《妒鬼传》：叙一土司出猎，得仙女为偶，生子女各一，受宠专房。土司大妇妒恨，化为活鬼，将率其亲信诛杀情敌。仙女预知，升天而去。土司失女，成疯狂疾，部人囚之，迎大妇来主部政。大妇遭人刺杀二子，刺客不忍，舍之。二子逃入草地，道遇渔者、屠者、汉人、夷匪屡濒于死，幸能免祸。中途兄妹相失。女子走牛厂，依牛厂娃。男子入赘于另一土司家；老土司死，承继其位，兴兵复仇，道与妹遇，遂与牛厂合攻妒妇，杀之，救出其父，仍为土司。全剧穿插甚繁，各色人物皆备，有一小丑，善演各色人物，插科打诨，诙谐百出，最为全剧生色，每一出场，掌声雷动。连日所见，唯此剧最佳。

扯腻家开演第一日，亦跳狮鹿杂耍。第二日到第六日，演《鹦鹉王子》。叙一土司有美女，七土司来求婚，皆被拒绝。最后悦一土司，嫁之。生子一，承土司位，美女升天为神。小土司娶二妇。大妇失宠，通其小娃子，谋篡位。小娃子与土司出游，遇一黑教喇嘛，能念咒离魂附他体，仍自咒复魂。小娃子诱土司同习之。学成，偕去。适见道旁有二鹦鹉已死，姑试其咒，二人并死而鹦鹉活。小娃子既与土司同附魂于鹦鹉，乘土司歌唱飞翔时，窃奔投土司尸前，诵咒附魂，借尸复活，急毁自己之尸。于是奔回冒据土司位，部人不能觉。土司还尸所失尸，不得返，魂遂长为鹦鹉。其爱妻渐觉假土司有异，苦无术以破之，剃发为尼。土司既为鸟，在山林中，与群鸟友，能作人言，而不复能为人。曾被喇嘛寺迎入供养。又曾与其爱妻会谈。后伪土司虽被觉伏诛，而土司竟不复为人。全剧穿插仙佛神鬼，飞禽走兽，龙蛇犬豕，非常热闹。惜扯腻家演戏日浅，表演不工，未看终卷而去。

表演方法　番剧演法，最奇者二点：一、剧中人外，有一喇嘛，盛服立场中，持所演剧本，逐段说明。其剧本系以剧词与说明相间，说明由此喇嘛读之，剧词由表演者歌唱。有时演员忘词，喇嘛则以书示之，使其照唱。二、开演之初，例有八九戴平面具，穿跳神衣，围璎珞裙，持纸绒棍之人入场，跳舞一回，排立于场周。每当演员唱一句，则和一腔。演员不唱而舞时，此亦舞以和之。其面具作平三角状，蓝色，连黄色带状之冠。土人云：此是诸天菩萨，佛未生前已有之神。余疑是鉴察神也。此外特点尚多，兹举《妒鬼传》之一段，以见一斑：

场中布矮几一，左右铺长垫二列，为土司之家。其右方稍远，铺坐垫一，为土司大妇住所。左方稍远，插树枝数条，表示山林；插枝内铺二垫，为仙女之家。开戏时，先鉴察诸神上场，跳舞一回，退归场隅。次土司与其从者十余人上场，就土司坐。次土司大妇随二女仆上场，就位坐。次仙女与其父母上场，就插枝内坐。诸人上场时，皆以左右手摇摆，扭腰屈足而行，乐人敲铙及鼓应之。坐既定，担任说明之喇嘛，持书出场，对大帐朗读云：

"某地土司名某，一日出猎。"（译义。下同。）

说是扮土司者起立，唱云："我不得意于大妇，将往郊原射猎消遣，凡我从人，各携弓矢，随余出游。"其从者数人，各起持弓矢猎具，随土司行。行时摇摆如前，铙鼓应之，绕场半周，而止于插枝之外。喇嘛又读云：

"土司于林内民家，见一女儿，盖仙女也。土司委禽于其父母而归，约日迎娶。"

于是土司唱云："不想蓬门之内，有此淑女。真吾妇也，吾其娶之。"随奉哈达于女子。女子受之。（此番俗订婚仪式。）女子父母唱云："吾女得为土司之妻，固所愿也。"土司唱云："我三日之内，前来亲迎。"率其从者，走回故处。喇嘛读云：

"土司迎娶仙女回部，仙女美丽，部人爱戴，土司尤喜，宠之专房。"

于是土司向其从者唱云："余从此有妇，凡尔臣民，从余往迎。"从者各取旗伞执事，从土司行。至女住处，一人做负女状。女父母做哭泣不舍状。女子唱惜别之词甚长。（略）其父母挥涕送之。女随众人归，坐土司左侧。其父母退入内场，撤去插枝，示剧中无复用也。喇嘛又读云：

"一年后，产生一子。土司得子大喜，请一黑教喇嘛来家考卦，卜此子命运。喇嘛判为仙根，应有大福。"

有一童子，戴土司衣冠，入场，立场口唱云："我从此降生人间，为土司之子。"唱已，舞蹈走至土司右侧坐下。

此时，有二小丑，扮黑教喇嘛上场。乐人停止奏乐，俾小丑插科打诨，博人欢笑。一土司从者离位，迎接二丑，坐一垫上，求其作法考卦。小丑念经书符，做种种丑态，观者笑声如雷。历时甚久，始依说明书所言，判断小儿命运而退。退时始奏金鼓。金鼓声止，喇嘛续读其书云：

"一年后，又生一女。延一道士，考查婴儿命运，亦判云大佳。"

于时一童子扮一贵族女子上场，立场口唱云："我是仙女降生，为土司之女。"唱讫，走入土司新妇侧坐。

场口又上一人，戴羊毛扎成之面具，持一尘尾，跳跃来土司前，有土司侍者与语。此人做卜卦状，答云："此女根基甚厚，逢凶化吉，遇难为祥。"随即退出场去。喇嘛又读云：

"土司大妇久居别墅，不见土司临幸，访得其已另娶仙女，且已生育子女，妒恨难耐，化为活鬼。"

于是演大妇者诘其女仆云："土司数年不来，为我招请去。"女仆云："土司新娶美女，已生二子，不复念你矣。"妇立跃起，戟指大骂。几唱四句，声甚哀惨。其意云："可恨丫头，夺我夫婿，谓我失宠不能报复，我必化为厉鬼，食尔心肝。"唱已，暴跳下场去，改装鬼相。此时场中无事，由扮鉴察神者跳舞点缀，约20分钟久，活鬼登场矣。戴狞鬼面具，头披乱发，穿蓝布制之假皮，作裸体形，双乳长二尺，乳端缀红嘴，手脚有爪长寸许，腰遮布围，跳踉上场，状至可怖。回其原座，指土司高唱诅咒之语。唱已，作势欲扑。其女仆阻之。对跳许久，始就座。喇嘛又读其书云：

"仙女已知妒妇将不利于己，舍其二子，升天而去。"

于是仙女起立离位，登一小桌上。扮儿女者亦离位，至桌旁，牵其衣。仙女与二子互唱甚久。大抵惜别之词。仙女自桌上跳下，退入场内。二子倒地做昏仆状。喇嘛撒袖向大帐一鞠躬，表示上午所演至此而止。于是土司与其二子及从人，依次跳舞退下。妒鬼与二女仆跳舞退下。鉴察诸人跳舞退下。上午剧毕。

番剧考略　番剧起于何时，西康人不能晓。查其剧情，率多尊崇黄教，讥讪黑教，知其创于黄教徒。又演故事之先，必演跳狮子、寿星献酒等吉祥颂祝之戏，知其导源于内地。又开场时，必演汉人放铁炮：其扮汉人，戴冬帽，穿马褂与开衩袍，扎腿甲，赤脚穿鞋（番人无袜可装饰也），开花脸，（《妒鬼传》中曾扮男女汉人各二，男人亦皆开花脸。其扮汉妇人者，用脚跟走路，拟汉人之小脚，状甚可笑），则似清代始有此戏也。然其剧场布置，与表演方法，则与西洋古剧相似。今日希腊、罗马所发见之古代剧场遗址，亦皆圆形，观众坐四周：只环有座位若干层，为不同耳。番剧亦布景，似写实派。同场内可设数家庭，数山林，又是浪漫派。剧情逐段说明，恰似电影，又似宣卷弹词，是殆糅合中外各体游艺制成者欤。演剧之神为"李老君"：供养之法，恰似内地戏班之供太子神，则其采取汉戏规矩独多可知。又各剧中，凡跳歌装，皆西藏式；维持会场秩序者，亦饰为藏坝娃。以此推测，番剧应是清代西藏某黄教喇嘛所创，其人必曾游历中国与印度、中亚细亚各地，故能变通中西剧制，而以本地风光编演之也。

甘孜寺演戏毕后，附近之孔马寺又演三日，白利村之白日喇嘛寺又演八日，皆未暇往观。闻蒲玉隆寺、大金寺皆曾于八月演剧。台克满之书，亦曾记其八月八日在昌都观剧。赵一清日记，亦记其八月十五日在南木寺观剧。古纯仁之书，亦曾记其八月在巴塘观剧。大抵番中八月演剧之风最盛，凡属大市镇与大喇嘛寺，莫不择日开演也。

七、跳弦子

跳歌装为番中最高尚最普遍之游戏。演剧为最繁杂最快乐之游戏。跳弦子为最简单而比较普通比较快乐之游戏。有专执此业者，多属乞丐与娼妓，亦有组成小班随地卖唱者。余在西康曾见两次：一次为化缘喇嘛（行乞者之一种），一次为一流荡妇人，皆自拉琴，自唱自跳。其跳舞扭腰扭腿，四方旋转，偏头荡颈，挤眉凑眼，微似西洋恋舞；其琴有四弦，制作粗陋，发音沉浊，微似内地二胡。其唱率多恋歌艳词，声呜呜然，冶荡而哀。闻大规模之跳弦子，则以一人提琴奏曲，数十男女或小孩应节跳舞之大众性娱乐云。

八、跳财神

跳财神为尤近于乞丐之游戏。其人戴白色面具，持一棍，赶赴宴会场所，或村落市街，唱一种滑稽词曲，向人乞钱及食物。跳时且唱且舞其棍，有时推面具于头顶，有时戴于面上，有时停止歌舞而做滑稽表白为人祝福。如云："吾乃西方极乐世界财部总长，管领金山银海八千万座，将觅下界有福之人，分与使用。"或云："吾从印度经过，拜访佛祖，携来无量幸福，散与尔辈。"等云。以此博人笑乐，借以乞钱。如人吝钱不与，则以滑稽言辞咒之。如云："不与钱者，吾将掠去其幸运。"等云。番人迷信诅咒能剥去幸运，故无不给钱者。

九、说三国

罗贯中《三国演义》，风行各省，妇人孺子，皆能道之。出关时，屡闻草地有"蛮三国"。在甘孜看戏渴望其表演"蛮三国"一出，以证异同。问排戏诸喇嘛，则云：番地未尝有三国故事也。后赴瞻对，宿上瞻总保家，室中有番书一卷，黄昏时，主人托通事入室取书，云是"蛮三国"，主人有女识字，将讲说此书娱宾。窃往听之：时读散文，时而韵语讴唱，颇似内地弹词；因不解番语，未知内容果系叙述三国故事否。第二次再宿此家，已与此女子熟识，请其夜间来说书，命通事逐段翻译；乃所载尽仙佛故事，与《三国演义》无涉。始知草地称说故事为"蛮三国"，犹内地之称"说聊斋"，"摆龙门阵"，事实不必真说《聊斋》说《征东》也。《边政》第三期所译之《藏王松赞干布迎娶文成公主记》，第二期所载之《修行人贡青和黄鼠狼故事》，皆"蛮三国"之一种；不过二者皆无唱词，为高级之小说；民间流行之"蛮三国"，皆有唱词，正如汉文之宣卷耳。

兹据上瞻所听之"蛮三国"①，模拟其语调，用汉文译一小段如下：

……林王对他说：你纵苦修十七世，不茹荤酒，不伤虫蚁，功德究竟甚小。此处西去八百余里，有一妖魔巢穴。此魔不除，国人终身遭害；念经不能应节，跪拜不能合度，以此徒负苦修，不能超登佛境。但此魔住地，有五重险关，甚难通过，你愿去剿除否？居士顿首言道：情愿拼此微命，剿除妖孽，肝脑涂地，死而无悔。林王大喜道：善哉善哉！你能发此宏愿，便是功德。量你力薄，于事无济。我当躬亲剿魔，以靖一方，以偿尔愿。当时居士与堪布商上各大喇嘛，劝阻林王，情愿多带兵役，替王出征。林王笑道：妖魔神通广大，你等凡胎肉体，兵马虽多，无济于事；惟我法力，与我福德，可以胜魔；无须尔等徒往送死。各大喇嘛又请林王多带侍从，以防意外。林王不肯，只取常用服侍人员二名，收拾法宝，上马而去。

（唱）："我林王从大诏转入卧内，收拾起各法宝前去降妖。头上戴法皇冠珠光耀眼。身上穿……这宝马原本是天神转世，横身上宝光照魅不能伤。他就是林王的得力助手，况还有囊袋内宝物齐全。收拾毕跃上马扬长而去，一瞬时已来在第一关前。"

话说林王来到第一关前，不知关内是何情况，未敢轻进，先在距关十里大草原内住下。吩咐二从者道："你等在此看守行囊，我乘宝马前去侦察关内情形。倘若肚中饥饿，仍须忍着，待我回来同吃。"说罢去了。

这二从者，久待林王不回，腹中饥饿，实难忍耐。谗嘴对馋舌言道："你看大王此去，生死难知，囊中现成酥油糌粑，不许我们及时充饥，要待他回来同吃；万一他死了不回来，难道我们守着饮食饿死不成。"馋舌言道："大王必然回来，但已太难候了。这里溪涧有水，我们不妨先行熬茶；待茶熟时，他若回来，我们同吃；若还未回，我们偷吃一点，他必不知。"果然茶已熬熟，林王未回，二人各偷食糌粑一碗。收拾好了，并无形迹。不到一刻，二人肚痛起来，就地打滚，呻吟不绝。这时林王回来了，怒骂二人道："我已知你们偷我食物，并诅咒我。我并非要饿你们，实因此乃妖地，水草有毒，非经我念经后，吃必中毒毙命。今你们之罪，应中此毒而死。"二人磕头哀恳。求给活命。林王骂道："姑念跟我同来留你活命。"随取灵符与吞，立时痛止。林王将他二人遣回，以免拖累。

因这日未曾探得关内情形，心中忧闷，出游散心。路上遇见三个农人，在地耕种。林王要去访问关内情形，那马对林王言道："近前二人，乃是关内放来间谍。他

---

① 即藏族史诗《格萨尔王传》。

们已知王来,故派人刺王。"林王闻言,运开慧眼看去,果然是妖。轻施法力,已将二妖治死。剩一农人,全未觉着。林王问他道:"你可知关内情形,说与我听。"那农人说道:"(唱)说起那头一关真是凶险。守关将名叫作绛错情根。三道门都派有恶鬼把守,纵是那天神到也当被擒。门墙内又还有……我劝你早抽身虔诚念佛,又何必强出头惹火烧身。"

农夫说毕。有一小鸟,突然飞集马头套上。林王道是妖魔所变,正要开弓打鸟。宝马忙对林王睁眼示意说:"伤他不得,此乃我之亲兄,为妖魔所害。这次来助吾王扫荡妖魔,他能导引我们出入魔窟。……"①

此书全部叙述林王为民除妖,只身入穴,备历艰难,卒告成功。处处夸张林王之法力道力与福德智慧。所谓"蛮三国"者,多半是此体裁。

十、打骨牌

番中亦打牙牌。牌用黑牛角制,与内地骨牌形式全同。打法亦与内地之"摇金"丝毫无异。但用两副骨牌合打,每人得十六块,有八天儿,八地八,六条金后。亦用骰子二枚定庄,摇金。出牌尽时,亦摇骰分别正门点子,以定出牌种类。出家亦得用正门牌反仆作点子。并有"三四""二五"等牌名。只大多数名词仍为番语。由其赌法,可知系自汉地传入。现在汉地盛行之"麻将",藏商亦多有习之者。

番人赌筹甚小。即如打骨牌,通常以藏洋一元换筹60枚。每卖一金,只付二枚。一条金后,只付12枚,合大洋3分。六条金后,付72枚,才合大洋一角半而已。赌筹以贝壳为之。无贝壳代以胡豆。

十一、拌巴躰

拌巴躰为草地最通行之赌博。就地铺一皮褥,赌者围坐其上,用骰二枚,装木碗内,依次用右手持碗,扬之甚高,使碗口向下,急按之,合皮褥上有声,揭视骰点大小,进退赌筹。入局者先纳银钱若干于局主以易赌筹。赌筹亦以贝壳为之,夹以铜圆。其赌法不可解,但见其依次轮掷,每人前有一竹签在赌筹中,掷定后,或

---

① 此段系《格萨尔王传》之降伏妖魔部一节。

移进数位，或退后数位。或就原位而移动其赌筹。闻其法以红九，红七，红五，为大，掷得者前进最远。"斧头"（十一点）为最劣。掷得者须倒退若干步。又其法重碰，如前行者已至某位，后至者适赶到相碰，则先至者应退回。若各人手中筹尽，则先进至某一定地位之人为胜，全局赌筹皆归之。如散局时尚有人手中赌筹未尽，则视其人地位之优劣分别取筹。忆古代中国有双陆戏，传颇似此，但以掷得天牌为胜耳。巴躬是否即双陆戏之变相，未及详考。

十二、番人棋戏

藏族棋戏凡三种，皆二人戏弈之围棋也。

狼围棋 为最简单之围棋。狼方1子，羊方15子。如图排列，各循黑线行动，每步一格。羊离群孤立者，狼得食之。仅左右侧与群相接，而后侧无羊者，亦得食之。若两羊与狼在一直线上而相接时，则羊不死。狼每食羊一次，限于一头，以将羊食尽为胜。羊方以围狼至无地可走时为胜。通常逼狼入上方之狼栅，先封其口，用一闲子在外盲动，俾狼亦徘徊栅内（因羊方行一步后，狼亦当行一步），乘其偶失形胜要地时，拥子入栅，困狼于栅之一角。

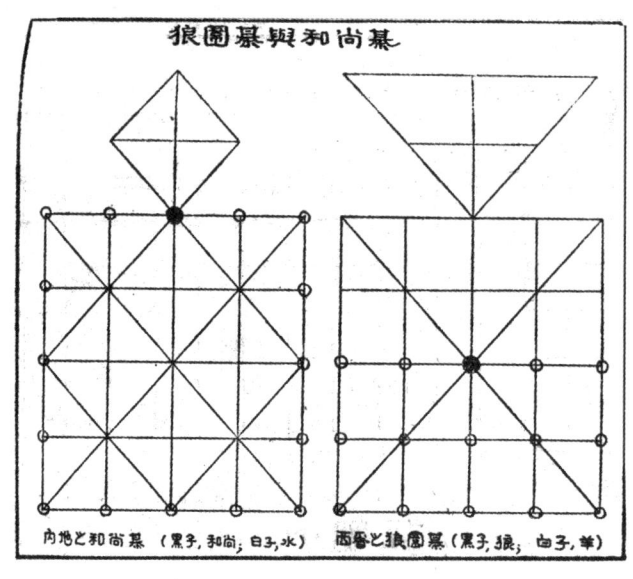

狼围棋与和尚棋

此戏与四川牧童所弈之"水淹和尚"棋相似。唯和尚棋多对角线四条。若两水之间有空着时，和尚行入，即消去两水子，称为"挑水"，以水尽为胜。其上方不为狼栅而称为寺，系斜方形，张十字对角线。水以逼和尚入寺，并逼至顶点使其不能活动为胜。川康相接，二棋皆牧猪奴戏，复相同若此，当必有同源之创制者也。

小围棋 为比较复杂之围棋，贵族室中游戏之一也。棋盘纵横各九格，排成正方形。黑白两方各有子32枚，并以16枚排于相邻之二边上（各占2角），叠互移动其子，每步一格，循线而进。如敌方之子在一直线上，为我方二子所截断，则将敌方被截之子取去，补入我方之子。以16子补定为胜。其法最忌排子为直线，最利排成空心。空心则不被人截断也。沿角排列之子，亦当认为连续。有时我方吃人，人又吃我，迭互消长，终日不决。

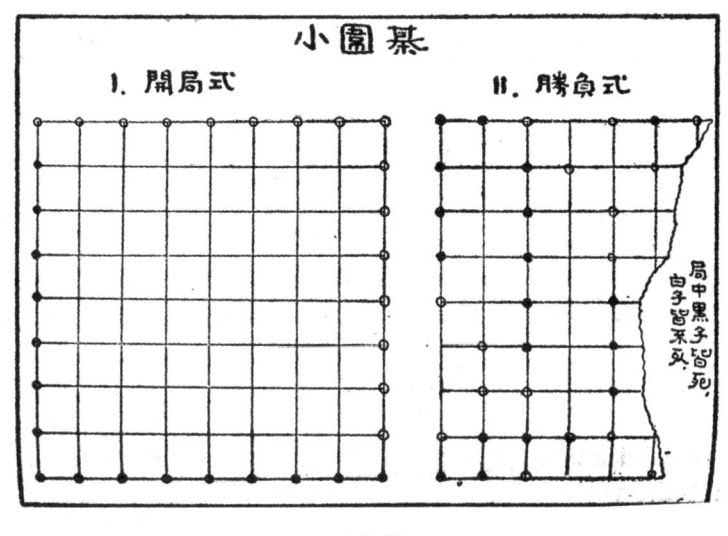

小围棋

大围棋 为最高深而少人对弈之棋。黑白两方各有子151枚，其六枚较大，为定子，余者为动子。其形状与弈法，并与内地围棋相同。传仅拉萨有之。此棋明系内地围棋之变体，亦西藏文化大半自内地传入之一证也。

十三、赛 马

赛马为西番男子最普遍之武术游戏，凡亲友宴集，岁时节令，祈神报赛，行军出猎，以及其他一切骑士会聚之事，殆无不举行赛马较技以为乐。马以青海所产为最佳。骑术则以壮男为最精，乡城、瞻对之骑士，其首屈也。余曾观瞻对娃赛马，有记，附录于此，以见一斑：

"瞻对娃剽悍强梁,驰名全康,邻县人闻其名,殆莫不怯避之也。其地崎岖瘠薄,生业凋敝。其人多为盗劫,杀人越货,轩然夸邻里,不自惭讳。善驰马:枭狡之徒,常自西宁、戎谷(玉树)等处,拣选优良稚马,特施训练,能日驰八九百里,觉人上背,即怒窜奔驰,跳崖越涧,视如无事,非善驭者不能勒止。其人能在奔马背上,放枪射箭,中的无遗;或自马背俯身及地拾取纤芥;或自马背跃下,又复腾上,至于数次,而马驰如故也。又能隐身马腹而驰,侧不见人;反以鞭力挞其马,使之加速。每年腊月,例开一赛马会,比赛以上诸技,各头人具茶包奖之。故其技精绝,其劫人亦不可测也。

民国十八年(1929)九月,余在瞻化,张赐培知事,与余共出茶包,命各区头人召一临时赛马会,使上瞻、下瞻、河东、河西四区,各选十人,分组比赛。先赛马上诸身段,次较箭,再较枪,最后掷哈达于地,诸番驰马,拾之百无一失。后闻各区与赛人,仍多雇自上瞻。上瞻娃尤擅此技也。上瞻总保赠余一小娃子,名潘根,当日亦与赛马,其技不得为超等,亦尚不劣;原拟携回内地,驰骋以示国人;行至麻日,忽发寸耳寒①,水浆不入口者二日,不得已,饬回上瞻去矣。"

十四、雪中游戏

西康奇寒,冻土数尺,随处皆成瑞士风景。但其关于冰雪上之游戏,远不如瑞士之多而精。盖其地干燥,少泡雪,冰与土石混杂,不宜做溜滑诸戏也。唯西南三大峡谷地区,空气较润,积雪常厚,其雪中游戏亦较多。如:

滚雪球　团雪成球,自山上推下,沿线雪皆附入,愈滚愈厚,堕溪而止。

坐冰船　溪湖结冰,平滑不裂,自他处移冰块来,斧削为平底,垫以木叶,凿上方为凹口,人坐其中,以木条撑之,冰上行滑,俨如行船。

叠冰塔　斧冰为砖,叠成塔形,人栖其中,恍如水晶宫殿。日光照射,冰泮复合,砖为冰胶,反能历久不坏。

堆雪人　以雪堆做人形狗形。年节有雪时多为之。

---

① 即腮腺炎。

十五、儿　戏

西番小儿，率纵令嬉戏，养成其活泼性情。儿戏之最普遍者，有以下各种：

掷石　拾石，尽力抛之。先求其远，次求中的，次求举重，以次练习。至成长，率能击石伤人。此为番人小儿最普习之游戏，亦必须练习之技艺也。

跳远　初平地纵跳，次踞高阜跳。技精者，支弹性木条于木石上，自其虚悬之端跃下。此亦康人认为有益之游戏也。

拿鼎　初以头向下，脚向上，手撑地，试立。既能立，试以手代脚而行。（汉人呼为"走煤山路。"）

射箭　以木枝为弓矢，皮条为弦，习射。渐长，则有合用之弓矢，乘马驰而习射。25年前，康人尚以弓矢为战争之利器也。

狼戏　一群小儿，后者牵前者之裾，连成一线，自认为羊；另一人自认为狼，盘旋飘突，以捉最后一羊；最前一羊，则盘旋拒狼，以护其群。

越虹　二人持草绳两端，弹成圆弧，一人跃入腾跳。有时三四人同跳。

草船　扎柴薪树条为圆船，一人坐之，数人挽之上坡，或自坡推下，观其颠踬，以为笑乐。

踢毽　与内地踢毽同。唯毽羽多以羊毛为之。

番人性多活泼，壮年而具童心者，亦为上列各戏，不必小儿也。

第十章 语 文

一、多言之族

番语重辞令，稠人广众之中，能以口辩折服四座者，则群起尊之；他日谒见官府，办理外交，评判纠纷，皆推为首领，听其指导。因此风尚，养成番人多言之习。凡值汉官过境，各村头人耆老，例必谒见；如许其言则争先致辞，滔滔不绝；此人语止，彼复继之，往往谈至日暮不去。查其所言，率多无关体要；大都胪陈过去史事，以衬现在某事之当兴革与否。又每于开口之初，多叙景仰倾服，与感恩图报等语；以致一言可达之事，絮絮炊许，尚不能毕其辞。继之言者，意复相同，仅措辞微异耳。大抵此辈之意，端在炫其辞令，以博同辈之倾服；事之能否要恳成功，反若无足轻重，是其蔽也。

番人部落与部落间，结仇不解者，其相邻各部头人，恒结成团体，出任调解。大都选一适中地点，召集两造，辩论是非；最后由调解团相其强弱，审其曲直，为一赔偿财物之判结。双方服，则遵判和息；不服，则卷帐而去，继续相仇。如此调解会议中，两造各推能言之士，出为辩论，叨叨絮絮，连日累月，历久难得结论。虽地方官吏在场评断，亦非十余日不能结。似此浪费时间，他种民族当之，必将暴跳不安；番族处之，不唯宴然容与，且复随时筹划搜讨其继续争论之无谓语料不息云。

二、番人语风

番人言语虽絮聒可厌，然其语风则圆融可爱。自发语自息语，无论长若干言，始终流利，绝无吃涩濡滞之病。每值段落关节，必为一小停顿以区别之。扼要点睛之语，必高声朗读，俾人听清。若属过渡词句，则低声迅语，俾人会意而已。言时身手不动，但以抑扬疾徐之音，助其语势，使人听之清晰，毫不含混。其意虽悍，其辞甚谦。誉官长，必曰"明如日月，恩逾父母"。称朋辈，必曰"夙仰山斗，欣聆教益"。称人头，辄曰"金光万丈之头"。称人足，辄曰"尊贵莲花之足"。虽在仇敌，不出慢言。其聆人言语，必于关节间歇处，应曰唯唯。如属拂意之语，报以一哂而已。

三、番语组织

康地无独立语言，通行西藏语。各地发音，微有差别。以打箭炉话通行最广，称为"官话"。各地土语方言，称"地脚话"。牛厂语音，与官话殆全不同，称为"牛厂话"。无论官话，地脚话，牛厂话，皆具同样组织：主词位于句首，受事词次之，动词又次之，介系词反在句尾。形容词放于所形容名词之后。助动词放于所属动词之后。如主词受事词属于小句仂语①，其位置亦同。例如云"乞丐是人"，番语为"只妈米惹"。逐字译之，为"只妈（乞丐，主词），米（人，受事词），惹（是，动词）。"如云"乞丐是没有饭吃的人"，番语则为"只妈拿撒马撒拘萌肯米惹"。此句较前句多"没有饭吃的"一子句，为受事"人"字之形容词。故以"撒马（饭，子句受事），撒拘（吃的，子句动词），萌肯（无，子句助动词）"冠于"米"字之前；故于其前冠一"拿"音，以示此子句属受事词性质也。又如云"你为何不怜恤他呢？"番语则为"却可拿凝己萌己岂惹"。逐字译之，为：

"却"（你，主词。）

"可拿"（他。受事词，拿音附于受事词后，表明其词性。）

"凝己"（怜悯。动词。）

"萌己"（不与。助动词。）

"岂惹"（此为番语之疑问词，与汉文"何"字相当，通常置于疑问句尾。）

又如云："你若不怜悯他，菩萨亦即不怜悯你。"番语为："却可拿凝己萌己拉；塔却拿样凝己萌己。"逐字译之，则为：

"你（却）于他（可拿）怜悯（凝己）不与（萌己）若是（拉）；菩萨（塔）即（略）于你（可拿）亦（样）怜悯（凝己）不与（萌己）。"

番人初习汉语，常以汉语名动各词，用番语法连缀之。如云"饭吃"，"板凳

---

① 仂：音lè，余数。仂语：词组。

坐","糌粑灰尘多多有"之类；外人初听，骤难了解。汉人初习番语亦然。忆余番婢曾与番妇口角，妇诉于余，余慰之云："春秀（婢名）厄（我）董凶阁（打）。"妇突大笑。盖余意欲云"我打春秀"而语气竟成"春秀打我"也。

四、番语易学难精

汉人移居康地者，一二月后，皆能解番语数句，且能道之。一二年后，便能与土人对谈通意。近世西康无数之通事，大都未尝学问之人，因与土人接触日久，遂能解其一切言语也。盖番文虽由拼音而成，但其名动各词，十之六七皆单音字，十之二三为双音字；具三音以上之字，殆无见矣。此与汉语最大相似之点，亦即汉番语言最易沟通之处。学番语者，只须识其重要名词，重要动词，与主词、动词、受事词排列之法，即可勉强达意。日常番语，如"呛统"（喝酒）、"槚统"（喝茶）、"曲统"（喝水）三语，只须知，酒为"呛"，茶为"槚"，水为"曲"，喝为"统"，即能道之。如不欲饮，则于动词前加一"萌"字，以示不愿。如"呛萌统"（不喝酒），"槚萌统"（不喝茶）是也。如作问语，则须加一"阿"音在动词前。例如说汉语为"甲（汉）喀（话）洗（说）"；问人能汉语否，为"甲喀阿洗"。对云："不能汉语，"则曰"甲喀萌洗"。同样"统"为喝，"阿统"为"喝否？""呛阿统"为"喝酒否？""惹"为"是"，"阿惹"为"是否？""颗阿惹"为"他是否？""着"为"走"，"阿着"为"走否？""却阿着"为"你走否？"又于句末加"岂惹"二音，亦成问语，其意与汉语"为何"相同，用于不知之事项。如问人名字，曰"却克（你的）名（名字）岂惹（为何？）"问人番名，曰"白喀（番语）名岂惹（为何名？）"等是也。

但如欲能与土人对话不至贻笑，是又大难。因番人考究辞令，一切矩范殊严。多数动词之运用，须随时间而异，颇似英语；又须因受语者之阶级而异。例如，"坐"之一字，番语为"得"，仅能对平辈言之。如对尊贵阶级，则须曰"雨"，（雨武切）或"黍"（雪武切），犹云"请坐"也。施于下辈，则当曰"独得"，犹云"坐下"也。若对尊长呼"得"，则为失礼。对卑下呼"得"，则为失体。如此之类甚多。又其名词，常有阴阳性之分；性别不同，语音亦异。精而习之，殊未易也。

又番文同音异义之字甚多，若不示文字，但聆语音，则非善体上下语意，即易误解，例如"折"之一音，可解为鬼，又可解为猴，为骡，为熊，为蛇，为米，为刀，为丐，为女神；字各不同，音实相似。今若有人，谓其手为"折"所伤，则焉知其为猴爪伤,为骡啮伤,为蛇咬伤,为刀砍伤,为熊扑伤,抑为丐与鬼所伤乎?故曰:番语易学难精。

五、骂人番语

番人性格优点,前已言之,尚遗一项,即无詈骂恶习是也。其诟谇詈骂之语,不过数句,多属诅咒之类,绝无汉人"狗养牛造"等恶凶语气。下举番人詈语:

"出马不许觉。"意为"吐红血",诅咒语也。

"撒拉辱己。"意为"吃够了的",犹言该死也。

"拉筒己。"意为"短命的"。

"喀吉己。"意为"砍头的"。

"假粑撒。"意为"吃屎"。

"姨撒马。"意为"寡妇",詈妇女语。

"甲猪。"意为"汉丐"。专用以詈汉人。番语,丐为"只妈",促读为"猪"。

六、"是"字用法(求人语附)

汉语一"是"字,应用甚泛。若衍此字为番语,则下列各音,皆可以是字解之。

"惹",肯定之意。否定则曰"麻惹"(不是)。

"拿梭",对尊长训语,应声曰是,则如此云。意犹"谨受教谨闻命"也。

"阿呀",平辈对谈,应声曰是,则如此云。犹言"然"也。或曰"呀呀","呷呷",义同。

"凝朵",犹言"对了"。

"应",犹言"的确是"也。

"姑扯惹",亦为受官长训话时之应声,含有感恩之意。

"哧",撮口吞气成声,恰似饱受番椒刺激之状,亦为听长官训话时之应声,含有敬畏之意。

"姑扯惹",又常用作求人语,其意仍属"感恩"。又有求人语曰"喀作",犹言"劳驾"也,"劳慰你"一语,为四川土话,用于谢人帮忙,及求人帮忙之时,番人近亦习之。

七、番人所说之汉语

西康地方，曾与汉人交接之番，大都能说"劳慰你"，"一丝丝"，"不是没得"，"清茶吃吗"等汉语数句。但其应用甚滥：求人帮忙，曰"劳慰你"；道谢赏赐，亦曰"劳慰你"；乞丐向人讨钱，亦曰"劳慰你"；甚至囚犯受刑哀嗥时，亦大呼"劳慰你"。"一丝丝"三字，应用更滥：劝人加餐，云"一丝丝吃嘛！"自诉贫乏，云"一丝丝没有"；甚至怂恿打人，谓"一丝丝打了好"；自陈痛楚，云"我一丝丝痛了"。又凡举数目之后，每续"不是没得"四字，如云："前面庄房一家有了，不是没得。"谓前面只有一家庄房也。"乌拉八匹有了，不是没得。"谓乌拉已到八匹也。番家熬茶，不投盐者，称为清茶；番、汉语皆同。汉人每入番家，主人必具清茶，献曰："清茶吃"，或"清茶统"。

八、藏　文

藏文为拼音文字，自左向右横行书之。凡子音（即辅音）字母三十种，变音符号七种，不变音符号一种。其三十子音，以四字为一列，共排八列，最后一列只二字。此三十子音，各有本音，曰"呷喀盖呃，贾卡甲哑，……"等云。变音符号（即母音、元音），亦自有音，常加于子音字母上下，与之反切，变其原音及意义。不变音符号，亦加于字母上下，但不变更原音，仅以指定意义而已。又有字母相重成文者，称为重字，共有三十八种；二字相切成音，亦得作一字母。又三十子音字母中，有十字母常加于其余各字及重字之后，使其字改变意义，是为后音。后音之中，又有五字，常加于字母与重字之前，亦使之变更意义，是为前音。藏文书法：各句中单字与单字间，须加一点划隔之。如有前后音，则加于前音之前，后音之后。

兹举一字，说明藏文反切之法。汉文乞丐，作ཟང་པོ།（章补），俱自二字组成。首字为重字，尾字为单字。其冠首重字，上字读"撒"，下字读"八"，切音为"把"，下方符号读"惹打"，与把切音，则为"咋"。后音为"呃"，复与咋音切，则读为"章"。其署尾单字，本音读"把"，加上方之变音符号则读为"补"。

兹并为之图解如下：

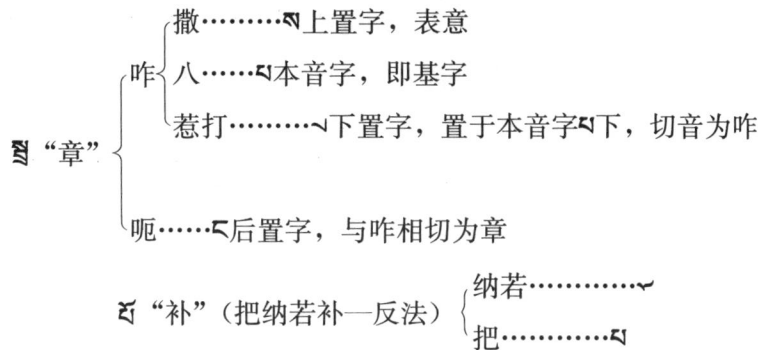

又附藏文字母表如下：

藏文字母表

九、藏文渊源

第七世纪初期，吐蕃神圣赞普（松赞干布）嗣位，请婚中国。唐太宗以文成公主嫁之。公主信佛，始传大乘佛教入蕃。赞普为媚公主，佞佛尤甚，特遣子弟赴印度学经。因求翻译便利，始取克什米尔所用之印度字母，创为藏文。于时国势强盛，政教普及于康、藏高原全部，藏文亦随之普及民间由是牢不可拔，流行至今。

于此有一疑问：即吐蕃当藏文尚未创制以前，究亦有文字乎？余尝考知：其时吐蕃固通行汉语与汉文也。下列各条，可以为证。

（一）新、旧"唐书"记吐蕃交涉数万言，使臣往还，未言通译。文成、金城两公主下嫁蕃王，夫妇之间，未尝有语言隔阂之说。

（二）《唐书》谓赞普娶文成公主后，"乃遣豪酋子弟，请入国学，以习诗书。又请中国人典其疏表"。夫国学非初学之所，设吐蕃子弟素昧汉文，则安能入国学乎。疏表关系国交，例以本国语言达之；其请中国文士为之典章，则其素为汉文可知。

（三）《唐书》载高宗咸亨元年（670），吐蕃遣大臣仲琮入觐。仲琮少游太学，颇知书义，与高宗问答，语皆典雅得体。

于此又当发一疑问：吐蕃创制藏文之时，为完全弃绝汉文乎？抑亦曾酌取其音义乎？余据下列各点推想，知其亦曾酌取汉文音义。

（一）吐蕃既因译经不便，始取印度字母而制藏文，固非完全抄袭印度文字之全部也。既非完全抄袭印度，则必用新文字音，拼合固有语言，以成文义无疑。其时吐蕃既用汉文，则其语言，必去汉语不远；因汉族古代语言原一致也。据此推测，藏文必有沿用汉文音义之处，特字形不同耳。

（二）今日藏语名词，多有与汉语音义俱同者。如父为"爸爸"，母为"妈妈"，名字为"名"，溪流间低浅山埂为"岗"，下人为"役"，柴为"薪"，三数为"三"，我为"厄"，南为"洛"，右为"叶"，死为"洗"，广原为"坦"，之类，音或全同，或极相近。若谓此为由同源关系所致，似无不可。盖汉族古代，原系语言一致，历史既久，读音屡变，今日汉文，存周以前之古音者百不得一，存唐以前之古音者十不得一。藏文系拼音文字，保存古音较易。若果其创制时曾参用汉文音义，则今日必有若干字与汉语相通者也。

（三）藏语呼茶为"槚"，我国自唐以前亦呼茶为槚，藏文称磨为"硙"，我国唐以前亦呼磨为"硙"。茶与硙皆自唐时输入吐蕃，足为藏文曾酌采汉文音义之确证，使有古学家通藏文者，细心译之，必可更得若干例证，决不止此二字而已。

（四）我国反切之法，今已失传。学者读字，但据字典中所载反切文字，拼合其音；何以曰反，何以曰切，则不能辨矣。藏文拼音之法，则明明有反切。例如前节所举之"固古"与"咋"，拼音为"只"，其拼诀曰"咋固古只"，必将下方之音反置上方而呼之，此即反也。"把"与"惹打"拼音为"咋"，其拼法曰"把惹打咋"，不将下方之音反置上方，此即切也。究竟汉文反切之制，与藏文反切之法，是否同出一源，固非音韵学者不能判定。若谓二者曾有关系，则余敢大胆信之。

据此，可知藏文字形虽取法于印度，音义则沿袭于中国古代之汉语文法组织，则似采其地方语之习惯为多也。

十、藏文书法

藏文书法，有真、行、草三体。真书用于镌刻，行书用于公文及其他较庄重之手书文字，草书用于普通记录及信札。若以汉字例之，真书如汉文宋字，行书如汉文楷字，草书如汉文行书字也。外有一种美术字体，似尼泊尔文，限于绘画中用之。兹举唵嘛呢叭咪吽六字真行草三体及美术字以见一斑。（真书分字以点，行书分字以直画，草书分字以曲画。）

番人甚重书法。名人高僧，皆以不善作书为耻。临池工作，常耗学时之半。闻今之达赖喇嘛，即不善书，凡属文约与教令之须署名者，皆请其秘书捉刀，以防被人轻蔑云。

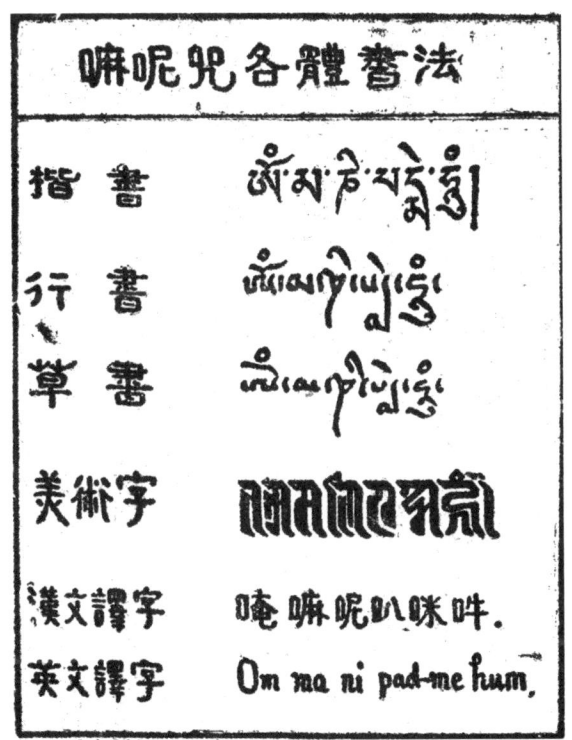

嘛呢咒各体书法

十一、竹笔与墨海

番人作书,不用几案,但席地坐,左手持纸,以指托之,右手执笔,就指托处书写,自右蟹行,节节移动。或捺纸于两膝之羊皮袄面书之,均若甚便。

其笔用竹签削成,形如薄筷,尖端似方头钢笔尖,凡能书之番皆能削之。尖头用窳,再向上削,竹签一枚,可削成新笔十余次,可谓经济。然自打箭炉以西,直抵西藏,北至青海、蒙古,即凡藏文流行之地,皆无竹;削笔材料,须远自中国与印度、缅甸、尼泊尔、布丹等处输入。番人获一竹片,珍如拱璧矣。盛绳祖《藏卫识略》云:"西藏不产竹,其识字头人番民,所用竹签,倍极珍惜。有自内地携竹箭至藏者,辄不惜多方购致之。"或问竹书之文,何以创于无竹之地?曰:竹书为印度古制,藏文书法仿于印度,故亦采用竹笔也。

竹笔写字,与钢笔同,并无不便;唯吸墨太少,手法拙者,未完一字而墨已罄。故书藏文者,例有一墨海,时时入笔蘸墨。其墨海完全系中国制法。此亦西藏文化与中原文化有关之处。

十二、番纸与汉纸

唐时,中国造纸法输入吐蕃。唯蕃地无竹,无稻。无滥布渔网,无制纸原料,故制纸工业竟未发达。近世西康书写藏文所用之纸,概自稻城县境输入,系一种构皮所制,厚如铜钱,恰似内地构皮纸十张粘合而成。其制时提取纤维不纯,杂有十分之六以上之非纤维组织在内,故质甚硬,只适于书写藏文。

现时凡有汉人居住地方,皆有汉纸,概自四川之夹江输入。红纸用为对联,白纸用写公文,消费最大。亦有信笺花纸之属,与裱成之对联。初只汉人用之;以汉纸薄,虑不胜竹笔,故番人不用也。嗣有汉官所发藏文公文,试以汉纸书之,汉纸绵韧,并不破裂,且质色较番纸精洁,于是渐为番民嗜用。现康定境内,番纸已不甚通行。

由康藏文具,亦可见吐蕃文化与中原及印度之关系。笔仿印度,字形之制作仿印度故也。纸墨仿中原,字形未改革前,原遵中华法也。

十三、藏文字典

西藏无字典，学者求知，专凭记忆。彼系拼音文字，而语言又差能一致，故无字典，亦无碍于学问也。唯外人知其文字，因无字书，倍极烦苦。清朝治理西藏二百余年，从无一人研究藏文，更无一人编纂字典，深可叹矣。赵尔丰经营川边，延四川文士井研吴树猷等，于巴塘开学务局，编有《汉藏合璧》一种，上列汉字，下注藏文，红墨印刷成书，即最初之汉藏字典也。唯其时主学务局者，皆不通藏文与番语，但将汉字编韵排列，请通事解释其义，令通藏文者注之。其文曰："天地人物，你我来去，日月星辰，雨云光明，吹打……"云云。叙字方法，杂乱无章，不唯番人无法应用，即汉人亦不便检查。且如"光明"等字，竟缺藏文未注。赵氏败后，其书即废。

于时英人达斯（Sarat Chandra Dass）已著有《藏文字典》，用藏文字母编次藏字，而以英文注之。又有查理贝尔（Charles Bell）者，当英军未入西藏以前即来西藏南方之大吉岭、喀林邦等处，研究西藏语言习俗，凡三年之久〔光绪二十六年至二十九年（1900—1903）〕，亦著有英藏字典，其后受印度政府委任，数度入藏，先后与班禅、达赖接洽，均极受优礼，以其熟习西藏语言情俗故也。英人之经营西藏，实耐渠为主要线索。与藏人接触既频，藏文程度愈高，复于民国七年（1918）四月，请假一载，退居大吉岭订正所著《藏文字典》，为第二版，并所著《西藏文法》一书，寄付伦敦印行。此书收字甚备，考订甚博，诠注甚精，虽西藏硕学高僧，不能及也。近世英人之入藏者，深有赖于此书。我国人士对此，为愧何如。若能购而译之，亦补过之道也。

民国十七年（1928），西康政务委员会（西康特区政务委员会）成立，秘书杜象谷，曾嘱仲译汪杰，将藏文名动各词，写于番纸册上，以汉文注之，意欲编为字典；已积两厚册，尚未编次，适署康定县，遂弃其功，亦可惜哉！

十四、藏文信札款式

藏文信札及呈文，例取长方形纸横书之。左方与上方留地颇宽。首行书具札者姓名。次行留空。三行写受札者名称，其下接写札文；但有第三行只能写正文一二字，不能更多，故受札人名称，常书第三行之后方。札文即竟，复接续写某某敬呈敬上及月日等字样；不另行，亦不空字。印章盖于月日字上。此种款式，与中原魏晋隋唐时之信札款式相同，亦足证西藏文明为吾华之所诞育也。

写成，将纸折叠为一函，即以上方空纸包于外方，以火漆胶固，加盖铁章，以防盗拆。或不加火漆，仅书字以代之，或于折纸外加信封纸一幅。殊无定式，唯信内必须封一哈达，不能用空函也。

寻常言事之信，上款之下，略叙寒暄，即可陈事。若对尊长问候陈请之件，则先具上款，其称谓非常烦冗，页末具下款。例如上书达赖喇嘛，常云：

"天生保护万物，荫蔽宇宙，至尊极贵，达赖喇嘛陛下黄金座前（此句必须抵纸尾）：伏维……敬祈自今以后，俯赐保护，并祈置此祈祷于广漠宏阔圣心之中。微末小民某某月日敬呈。"

若对平辈通殷勤之信札，则先具下款，次列上款，仍于上款繁冗称谓之下，加盖恭维之语。如云：

"恭维圣哲足下，康健愉乐，如月之恒，如山之固；盖仁者必寿，福缘善集；足下积德累行，如星在天，万众仰祝，岂惟下走。叨在教下，得蒙福庇。近来事务尚无乖戾。兹有请者……恭祝玉体清健，颐养得宜。所望不惜珠玉，时颁教命，俾立身行世，有所遵循，是为至祝。虔诚信足下之人某某年月日呈。"

大抵番人信札，亦如其言谈，多而无常，谦卑过礼，殊为其他民族所不取也。

第十一章 "同化"问题

一、西番为最易"同化"之民族

西康住民,番居十九。故西康省之能否建置,当视西番之是否易于治化而定。于此愿国人坚信毋忘于下列一语:

"西番为中华民国境内,最易统治与最易同化之民族。"

兹请以下列各条,证明此语:

(一)西康番民,性最顺。4000年来,从未与中华各民族发生战争,此为其他各民族所无。

(二)西康番民部落,原与西藏部落无交涉,亦无佛教。自吐蕃崛起,武力征服其地,提倡佛教,康番靡然从风,毫无扞格,虽云佛法伟大,亦康人不排斥域外文化之所致也。

(三)西康部落,限于地势,久与中原隔绝,不解中原政教。清代数次用兵,皆在西藏,西康仅供过道;而雍正划康属川,征其粮赋,历200年,无不服者。清末改土归流,除乡城、三岩曾经负隅外,余皆传檄而定。凡此,皆非武力所致,更非汉官政化所致;仅因康人和平能受,不斥异俗之所致耳。

(四)自唐历宋,番人以茶为命。运茶番商,受中央限制甚严:北不得过西宁、洮州,南不得越磞门、黎雅。汉人更无入番中者。元建康藏为郡县,暂属陕西行省,遂有陕商入番贸易,所至娶妻生子,安居乐业。至于清世,客民益多。未闻番人有仇视汉人,拒绝入境,欲暗行杀害之事。此非客民品德足以服之,只缘番人不嫉视异族耳。

(五)今四川西部之天全、汉源两县。元明之际,皆属番地,所谓"天全六番"是也。清雍正七八年(1729—1730)始改土归流。当清末世,遂已完全汉化。至今,两县境内,所有番民,皆已有汉姓,行汉语,冒汉人,无丝毫西番遗俗存在。距改流时，才 200 年耳。

（六）今西康丹巴县与四川懋功县（小金县），即大小金川之地，旧无汉人入境，乾隆平金川后，始设屯戍，移垦民，尚未设官兴教。至今才 120 余年，其地番民，汉化已深，语言习俗，存番制者十之四五耳。

（七）今西康泸定县，原天全六番之地，雍正时未予改流，而以冷边、沈边、咱里三土司治之。然因其接近改流两县之故，其人自然汉化。原有各喇嘛寺，并自消灭。至清末改流时，已成纯粹之汉县矣。

（八）打箭炉，原鱼通土司驻牧地。元明之际，始受朝廷封爵。清康熙朝，西藏用兵，始有汉军过境。康熙三十九年（1700），平定炉乱，地始内属。雍正七年（1729），始设同知管粮务。二百年来，虽设汉官，从未干涉地方政教事务；然其地番民，融洽汉俗，性情习尚，均与他处大异。

（九）清代设粮台于南路各镇，置戍守之。粮官戍卒，皆非行化之官，而沿途番民，则多已汉化。民国以来，关外多乱，巴塘、理塘等处，独能苦守，未尝陷失者，即由其人安于汉俗也。

（十）甘孜、炉霍二市，皆于同、光之世（1874 年前后），始有汉官汉商。迄今 50 余年，其市场已十之六七与内地相似矣。

自六至十条，皆属自然慕化之结果，并非有官师为之循循诱致也。果使西康建省，教化得宜，则十年之内，使番、汉同化，易如反掌耳。

汉族同化能力向称伟大。犷武强梁如东胡、鲜卑、氐、羌、苗、蛮、女贞诸族，一经接触，即归融合；况西番雍容和善之族乎。云南土民，号称一百余种，在昔汉族政教之下，一千年以来，率皆戢然向化，未有骚乱；况西康单纯一致之族乎。过去西番之所以未被同化者，特以道路梗塞，汉、番接触甚稀，文语隔阂，情感不通故也。

至于西番易受约束与同化之原因，亦可得而言之如下：

（一）从未建设统一国家，一般人心目中，未有独立自雄之偶像，故亦无其愿望。

（二）喇嘛教旨，和平融洽，民胞物与，不含褊狭之民族主义，与排外思想。

（三）地旷人稀，一般衣食有余，无生存竞争之激发。故其性宽和雍睦，虚怀能容。

（四）中原文化高于彼辈，又复富庶强大，随处皆足以启其艳羡倾慕之忱。

族属下番人五百一十一户。玉树族,属下番人五百零四户。噶尔布族、苏鲁克族,二族属下番人一百三十二户。尼雅木错族,属下番人二百八十八户。固察族,属下番人一百七十五户。称多族,属下番人三百七十四户。洞巴族,属下番人八十五户。多伦尼托克安图族、阿萨克族、克列玉族、克阿永族、克叶尔济族、克拉尔济族、克典巴族,七族下番人共四百零八户。隆布族、上隆布族,二族属下番人三百零一户。札武族、上札武族、下札武族、札武班右族,四族共属下番人六百二十一户。上阿拉克硕族,属下番人一百三十三户。上隆坝族、下隆坝族,二族属下番人三百零三户。苏尔莽族,属下番人三百五十户。白利族,属下番人五十五户。哈尔受族,属下番人三十户。登坡格尔吉族、下格尔吉族、格尔吉族,三族属下番人共八百一十三户。巴彦南称族、南称桑巴尔族、南称隆冬族、南称卓达尔族,四族共属下番人二千零二十户。吹冷多拉族,属下番人三十户。巴彦南称界内住牧喇嘛,属下番人五十户。布拉库克住牧喇嘛,属下番人二十四户。

以上四十族,共八千四百四十三户,计男妇三万二千三百九十名口。除巴彦南称拉、布库克二喇嘛所属番人七十四户,各应差,不输贡马外,止纳户番民八千三百六十九户,共征银六百六十九两五钱二分。乾隆三年(1738)地震伤亡案内,经总理西宁夷情衙门副都统巴灵阿,派员外郎高备、守备班第勘实,伤亡无存六十五户,奏准永行免赋外,止实在番民八千三百零四户,共征银六百六十四两三钱二分。

二、西藏管辖三十九族住牧地界(地界略):

纳书克贡巴族、毕鲁族、本盆族、达格鲁族、拉克族、色尔札族,六族属下番人一千零八十一户。札嘛尔族,属下番人八十一户。阿札克族,属下番人四十九户。下阿札克族,属下番人四十八户。夥尔川木桑族,属下番人四十户。夥尔札麻苏他尔族,属下番人十六户。夥尔札麻苏他尔只多族、瓦拉族,二族属下番人七十七户。夥尔族,属下番人一百一十二户。麻鲁族、实塔、尼札尔、参麻布玛,四族下番人二百一十三户。尼牙木札族、利松嘛巴族、勒达克族、多麻巴族、羊巴族,五族属下番人二百零六户。夥尔族,属下番人六十六户。住牧依戎地方夥尔族,属下番人一百三十九户。夥尔族、彭他麻族、夥尔拉赛族,三族属下番人五十三户。上刚噶鲁族、下刚噶鲁族,二族属下番人一百四十九户。琼布拉克鲁族,属下番人四百零七户。噶鲁族,属下番人一千零四户。色尔札族,属下番人六百八十七户。上多尔树族、下多尔树族,二族属下番人一百三十七户。三札族,属下番人三十二户。三纳拉巴族,属下番人五十户。朴族族,属下番人二十七户。

以上三十九族,计四千八百八十九户,男妇一万七千零六名口。征银三百九十一两一钱二分,归西藏粮务贮库。"

《四川通志》所载之西藏三十九族,与此略同。

十四、今世所存之玉树二十五族

民国四年(1915),川边与青海双方派员重行划清玉树二十五族与德格5县界址。同时青海曾派专员测勘玉树二十五族地方,制有地图。余在打箭炉陈东府家曾见之,并托人抄绘一纸,惜抄者未记测制者之姓名与其年月。其图虽非精确,然系实地调查之作。所记番部,共二十三族,新亚学会印行之《青海地图》,依此绘制,而多白力、歇武四族,其名称并与《卫藏通志》不同。兹依次列举之如下:

将赛族、雅拉族、戎模族、总举族,以上为玉树四族,皆在木鲁乌苏上游地方,当大道。

娘磋族,鄂陵、札陵二泊以南之地,即尼雅木错族也。

永夏族、蒙古尔津族、休马族、竹节族,以上均在雅龙江上源地方,巴颜喀喇之南,接石渠县界。

固察族、安冲族、称多族、札武三族,以上皆属木鲁乌苏下游流域。札武族地面最广,错入各族之间,而与邓科接壤。著名羊毛市场之结古(一作界谷)即在其境内。

格吉三族,在将赛族之南。

迭达族、拉休族、苏尔莽族,以上三族,在澜沧江支流昂曲(原图作"干曲")河谷左右,接同普县界。

班马族、得马族、囊谦族,三族属澜沧江上游巴曲流域。与纳夺接壤。囊谦,古作"南称",近人亦有作"郎青"者,青、康间著名大土司也。

中坝三族,当拉岭以东草原地。

麦马族、苏鲁喀族,二族属于澜沧江上流杂曲流域,与类乌齐接境。

白力二族,曰"白力麦马""白力得马",皆在竹节族与称多族之间,即前节之白利族也。

歇武二族,曰"上歇武""下歇武",皆在石渠县北。

二、"同化"番族之必要条件

余研究同化番族问题，阅二年余，微知其必要旨趣。条举于下：

（一）改良译政，沟通言语。

（二）对徙番汉，调正情感。

（三）提倡杂婚，融和血液。

（四）奖励佛学，驯扰性情。

（五）改良吏治，诱进慕化。

（六）开发产业，促成合作。

由此六条原则可以产生多种方法，阅余书者自能得之，毋庸更列于此。

三、过去沟通语言工作者之失败

赵尔丰既定乡城，决将川边改流建省，作为经营西藏基础。光绪三十二年（1906），回川筹备川边建设事宜，寻奉命代理川督，至三十四年（1908），始复出关。赵于代督期内，开办藏文学堂于成都，征调各县俊秀生员80余人，学习藏文。两年毕业。调赴巴塘，开学务局，以井研文士吴树猷主之。创办各县初级小学200余所，冲要之处皆派藏文学堂毕业生员为师，欲收"用夏变夷"速效。讵各藏文学堂毕业生，大都只能书写藏文字母，与简单语句；对于藏语及较高藏文，俱属茫然；徒尸师位，并不胜任沟通语言工作。赵欲使番童皆习汉文汉语；各教师即以汉文识字强迫注入番童脑中，苦教数年，番童茫然不解所谓，纷纷逃去。唯少数汉籍儿童在校受学而已。赵氏功令森严，责效甚切；各校率粉饰成绩，以蒙蔽之。赵常在军中，亦无从考核也。民元乱后，学校大半停闭，番人亦无解汉字者，唯巴塘一隅，教师较良，汉人亦较多，至今能为西康人文较高之区云。

民国元年（1912），尹昌衡以四川都督自动经略川边，复于成都开办殖边学校一所，招收四川俊秀之士，教以藏文与垦殖之学。一年后，尹受调入京，殖边学校亦即合并于农业专门学校。其时学生之藏文程度，仅能写读字母而已。

民国十七年（1928），刘文辉接防西康，锐意边事，复于成都开办边政训练所一班，八个月毕业，以藏文语为主课。毕业之后，分发川边各县为佐治委员，以资实习。原拟俟其熟习边情，谙练藏语后，即以西康行政人员补用。殊因为时太短，毕业各生，能粗解藏文语者，不及半数。即到边地，仍不能与土人直接通意，后皆无有发展，纷走他途去矣。

夫成都学习藏文语，无论无良教师，即有，亦属"一傅众咻"，不能有成，固必然之事也。诚欲消灭西康行政上之困难，与汉、番间之隔阂，固非使边区行政人员通解藏语不可。唯此种学校，必须设于打箭炉以西，番人萃集之地，始多有练习机会，能收事半功倍之效。若设于雅州以东，成都、重庆，甚至南京、北平等处，则徒耗金钱，误子弟，不能丝毫有益矣。

四、培植译材之必要

余拟西康建省计划（未发表），译政条云：

"西康住民，土著十分之九，汉民不及十一。土著能解汉语者，千不得一。汉官能解番语者，竟未之闻。官民土汉，情感不通，一语之微，必待翻译。而舌人又皆不通文字，每有条教号令，民刑词讼，皆须加雇通晓藏文之番，以助转译。习惯称舌人为"通事，"转写者为"仲衣"。如发一谕单，须官吏起稿后，以其意向通事解释，通事再致其意于仲衣，仲衣再写其意为藏文，而后封发；其濡迟多误，可以想见。况此辈多属亡命无赖，惟利是图，当面欺蒙，官莫能察。因其近官，能祸福人，人亦莫敢告发。以此，百弊丛生，政化俱阻，虽有贤守令，亦无所展其长矣。苟为七年蓄艾之计，应于新省省会，开办译材专门学校一所，招收内地中学毕业、淳谨敦厚子弟，特施训练，使通藏文番语，并培养其经边之道德与常识；三年学成，分发各县，见习吏事，助理译务，以资阅历。每年考核一次，成绩佳者，即以行政官吏补用。如此继续开班，以渐汰去旧日恶劣译人，期于地方官吏能与人民直接言语。庶几下情可以上达，上恩可以下沛，官民和辑，政化易行也。"

此计划曾条陈当局，因军事倥偬，搁置未用。然余甚盼国人注意于此，当局早日采行之也。

五、通译舞弊记事

相传：赵尔丰在康骂某番酋云："王八蛋"。番语"把娃"为狐皮，"顿"为七。通译因语番酋云："大帅叫你缴700张狐皮销案。"寻赵以事遣此通译他去，番缴狐皮来，他通事不解，直语赵，赵杖毙前通译。盖番人与汉官，对面不能达情，通译当面勒索，毫无障碍。番人见汉官只知要钱，故呼为"汉叫花子"。其实官吏亦有贤者不要钱，通事尽借官要钱耳。

余前次出关，在炉雇通事时，人皆以此为警。余谓视察非行政官可比，且监督严，不使有舞弊机会。雇得李国琳一名，住巴、理塘甚久，官话纯熟，唯有烟容，云"不吸烟，病耳"。月薪只要12元。出发日，恳云："母老子幼，祈发足三月薪赡家。上路后，饮食乌拉，皆仰于主人，不需钱。"与之。上路后，觉其烟瘾甚大，日费不少；虑其穷迫扰民，议日教藏语1小时，加月薪4元，责其安分。其后渐觉小有不法，辄严责之曰："此次出关查弊，事事须示人轨范，不能稍有劣迹。贻人话柄。"该通事唯唯，若甚明白。其后或受责，必先举此数语以对。又自述其亲老家贫，有财产在巴塘，道远不能自达，此次附载得往，唯恐沿途有过遭革云云。余以为情诚如此，防闲较疏，但日责其廉谨而已。行至炉霍，未觉有事。七月二十五日，订往泥坝乡考察。乌拉已集，忽接道孚来信，谓该通事在道时，妄云视察员有急差赴炉向候差房为开烟馆之耿少坤冒支乌拉一骑，因在长坝春与首人争闹逞凶发觉，请惩戒该通事。当将其移交炉霍县署，拘押待审，另调县署通事同赴泥坝。归已夜深，往县署假刑具，张知事云："此小事耳。渠近向五区番保正索马脚40余元，又向喇嘛勒索银若干秤，皆云系委员要，道孚有前例云云。两处不给，且日日向之催讨。"余闻说气极，当将该通事镣铐收监，拟集士绅讯明重办。甫归寓，又接道孚欧知事少君德舆来信，谓"该通事在道时，借案勒索喇嘛寺藏洋30元，致道孚物议沸腾云"。先是：道孚灵雀寺于辛亥年结五区番民叛变（已另有记）。尹经略招安后，未予深创。该寺喇嘛，由70人渐增至2000余人。仍受五区百姓敬戴。主僧奔龙佛都督，骄横不法，蓄意排汉。近年私自建团，强迫百姓购枪，隐有抵抗官府之势。寺外杨柳林河坝，经辛亥叛变，充为官产，招客民周兆熊等10余户领垦，已10余年。奔龙忽倡言收回，送各垦户哈达1条，茶1包，即为收回代价。各户畏该寺者，次第送地还寺，唯周兆熊等10余户不从，讼于官。历奉上宪批责喇嘛寺，该僧等悍然不顾，威逼日甚。知事欧弗杉，苦无兵力，但能婉转开导，劝垦户议价售卖，寺僧又只出时价百分之一二。垦民危甚。余至泰宁已闻之。抵道孚，周兆熊率先来讼，余假法神言，召全寺大喇嘛与当事僧侣至，反复说明地无收回之理，宣示军部治边好意，谓如敢再言收回垦地，即当移军1营驻此，保护垦务。最后谓该寺前次叛乱，尚在追究中，今日寺僧既自云非昔作乱旧侣，则故寺僧所管产业，现在寺僧不得指为己有。从晨至午，反复开导，群众颇知畏服。因商欧知事，会衔召集两造，与番、汉保正，于七月十八日讯结此案，盖欲严重宣示政府威德，折服其心，而俾知事判结也。届日寺僧托故不肯出庭，着县署通事催之再四，但请缓讯。余已定翌日赴炉霍，虑行后该寺仍不受县署判断，乃命其具结息争，静听讯结。县署通事羊马扎西云："乞与委员通事同往。"许之。旋结具来，遂未庭讯而去。及是，始知该僧等不来，实李通事教之也。

余初顾虑李通事翻话不忠，故凡对寺僧谈，皆用羊马扎西译，李通事无隙可入。临传前二日，寺僧尚来催请早结。已而李以予与知事商语告僧，教其勿出庭受辱。因谓送委员 30 元，可免出庭。僧辈与之，以为可无事矣。临审日晨，李通事译陈寺僧委曲，求缓期。余大怒骂出。后着羊马扎西传僧不至，羊盖已知不至之由，故求与李同往。同往而结至，不知该通事系如何措辞，及是闻知，深恨数日唇舌，坏于垂成，又疑有受他人银钱事，拷问之，具吐其实云：受周兆熊 6 元，姜保正 3 元，刘某 3 元云云。当夜，曹委员自道孚来云，"道孚人言：军部派出人员，亦受赃贿"。小人之坏事，竟至于此。可恨可谓！

翌日，借炉霍大堂，当众审讯。打穿两腿，托张知事押赴道孚；函托欧知事集众审讯，追还原赃，重笞 200，以谢番民，再押送康定县狱待余等视察回康时，查明在康、丹有无弊事，再行拟办。（先是，余往炉霍寺询朱倭赔款数目还，通事便往索贿。该寺一大喇嘛识汉语，知余等意甚清正，以告知事，李通事由失败。）余每至一地。必劝番民学汉语。以防胥吏勒索之弊；每举此事为证，番民皆感激。

六、陕商之藏语教本

汉人入番地者，三五月后，自能渐解番语，不必有人教之。若果有人教导，则一年之内，即能作一切语。教授番语之法，政府从未讲求，平民自无暇研究；唯陕西商人，为收买土货便利起见，曾编有汉番对译之韵书，使学徒念之。学徒熟读后，渐与番人言谈，纠正读音，练习语法，数月之后，便能勉强与土人对话，是诚最切实用之番语教科书也。余初至炉城，即闻有此书，遍觅不得。或传其为赵尔丰所编，巴塘始有售者。后得赵时学务局职员询之，则赵时所编，为汉藏合璧之字书，非教番语之书也。最后得边地老军人问之，始知此书为炉城陕商所编，并无印本，各商辗转抄写，以教学徒者也。并传其文云：

"天叫朗，地叫撒。驴叫孤日，马叫打。
酥油马（去声）盐巴擦（上声）大人胡子喀苏嗦（上声）。
却是你，可是他。喝茶榪统，饭嗦妈。
来叫火，去叫热（入声）番叫白米，汉叫甲。"

大抵其书每三四句一韵，随意杂凑，并无定叙。其用在帮助记忆，名动各词。盖汉字读音，随处不同，且皆难与藏音吻合。故汉字注音，断难正确。读此书者，以韵叶音，则能得其七八；再与土人谈话厘正，即可得其十九；于是名动各词，记忆大半，通辞达意，自无大难矣。

忆前清末年，国人初学英语者，以上海洋泾浜为最普遍；即因此处商人，用"来叫坎门，去叫果"等韵语授徒，能促英语之速成故也。其读音甚劣，常为教会中人所笑。"洋泾浜英语"一语，殆成发音丑劣之代名词。然上海商场英语之普及，洋泾浜实居首功。盖凡两种语言接触初期，借韵言以资会通而助记忆，实为最妙之法。假使有人将陕商此种韵言，集合整理，印书发行，余知其造功译政，亦将如上海之洋泾浜矣。

盛绳祖《藏卫识略》亦曾取藏语463字，分天文、地理、时令、人物、身体、宫室、器物、饮食、衣服、声色、释教、文史、方隅、花木、鸟兽、珍宝、香药、数目、人事19门，上列汉文，下以汉字注音，以飨世人；然数百年来，并无一人餐其实惠。盖其次字零乱，复无音韵，读者漫无把握，尤难记忆；此盛氏之书所以成为废纸，反不如陕商陋法能济实用也。

七、民族混居之效果

清末民初，藏人迭与四川争界，曾谓番地东抵邛州，此非无根之说也。唐宋中国衰乱之时，番族确曾占领松、茂、黎、雅之地。明末清初，四川遭流寇之乱，千里无烟火；番族东徙，确曾到达邛州。《崇庆州志》载西北某山寺，清初为番僧卓锡之所；故《志》中有大宝法王志传等文。天全六番，雍正始经改流。则四川西部，清初固皆番族也。今则大渡河以东，建昌道属地，已无番人遗俗。大渡河以西，折多山以东，北至松、理、茂、汶之地，虽有番族亦皆汉化；西人游历考察者，率皆认折多山为汉番界线。200年中，此部番民，同化如此之速者，汉番混居故也。天全六番之地，因茶运与工商业关系，汉、番混居最速，故其同化亦最完全。松、理、茂、汶之地，不当主要商道，汉人深入者少，故其同化亦较缓。黑水一部，为汉人从未入境之区，故至今强顽，俨如"野番"。大渡河流域大小金川、鱼通、孔玉、田湾一带，乾隆以后，始有汉人移住，故其同化程度又较黎、雅为浅。关外自乾、嘉时，于南路各城，设官置戍，渐有汉商，老兵、滞吏落业安居者亦渐多。故巴塘、理塘一带，饶有汉俗。民元以来，川、藏军（藏族地方军）商交通，倾注北路；南路各城，险远隔绝，殆为边府所弃；而巴、理一带，始终倾心内附，从未失陷者，番民多已汉化故也。

是故，同化番族之捷径，莫如移民实边。

八、番人观光之效果

汉族，东亚一大冶炉也。东胡、鲜卑、女贞、鞑靼、羌、氐、番、苗诸族，一经侵入，悉被融化。4000年来，事例重叠，不可胜引。常见西康土酋，有曾游历中华者，其慕化之心，即较他人浓厚十倍。即其亲近族属，亦有同感。故若能设法诱致番民中坚分子观光内地，亦为同化番族之良法。余视察西康回省，曾条陈招致番民观光办法三种，适因大白事起，搁置未行。兹附原文如下：

"康地闭塞，民如井蛙，力能团结数百千家人者，便自谓为亘天盖地之大势力，动辄跳梁抗官，发生扰乱。如德格土司所辖，不过差民一万余户，相当内地一县，地面则约当一府，其人便自谓'天德格，地德格'。他如盐井之贡噶，木里之项喇嘛，以及其他关外各县之村长头人，殆莫不具如此气概。尝有番民自京、沪归者，为言中国之大，汉民之众；彼辈皆捧腹大笑，斥为伪言。惟明正土司属地，接近川境，常有商人来蓉，归言汉地局面，故其人咸信；全康区中，惟此部最驯易治。又如孔撒女土司酉姐，幼时亦曾随贡使入川，后为土司，虽势力膨大，气焰飞扬，面对于汉官，则始终尊敬，不敢作乱。可见诱致番民入川观光，裨益政治，非常伟大。诚以汉、番语言隔阂，文野悬殊；若以口舌文告宣传威德，固莫若使番民自行宣传之为愈也。兹对此点，拟有办法三种：

（一）每年春季，于成都劝业会场，特辟康、藏商馆。先于冬季，通令西康各县，各派商人二家以上，运其土产，来会售卖。特准炉、雅各关，免税一次。抵成都日，仍设招待所，供给酥油糌粑及通事翻译之属，使勿感饮食起居之苦。会毕，购买绸缎洋货回康，仍予免税。川康奇货，因彼此不知而不流通者甚多；番商在康区社会地位甚高，如此办理，不但可使其人回康宣传威德，且使川、康货物借是畅通，裨益税收，尤非浅鲜。

（二）于军部创设惠来学校①，通令西康各县，保送头人子弟4名以上，来校读书，授以汉语汉规，科学常识，中国地理之属，全用藏语藏文教授。每日上课三四小时，余时导观军营官署工厂街市等伟大处所。秋季开学，及春而散，使无受溽热，不生厌畏，则下期更易招生。此等学生回县，即以头人叙用；原是番地贵族，民意不致龃龉；既为汉官学生，更能虔诚向化。数期之后，利不可言。

（三）边民有叛逆行为者，经平定后，无须尽诛。择其豪强，押解来蓉教管；以罪轻重，定时久暂。教管期内，仍施前条待遇。期满释归，必不复返。且可以其所遭，警告他人。"

行此三法，可使西康永久治范，无杌陧忧。唯番民皆信成都剧热，至者必死，是多裹足不来。实则西康气候，去成都亦不甚远；川人可至南洋，康人何不可以来川。其所以往昔番民来川多染疮疠至死者，只由未种痘故。如于炉城为入川番民设种痘所，更以政治势力强迫之，当无不来矣。

九、扯格娃

番语，汉父番娘所生子女曰"扯格娃"。汉族遗传力较番为强，故扯格娃之性情体格，恒七分似汉，三分似番；其学习汉文汉语，亦特容易。现在康藏担任通司翻译之人，十九皆扯格娃也。

西番视汉人甚高，扯格娃既属汉番混血种，自较纯粹番人高出一等。其对汉人谈话，每自介绍于人曰："我扯格娃也。"其能熟习汉语者，则竟直认为汉人。真正汉人又多轻视之，呼为"老扯"。

西人研究西康民族者，大都以扯格娃作为汉人计算。今世留学平、京之真正西

---

① 此时西康地区属国民革命军第24军川康边防指挥部管辖。

康学生，殆全属于汉、番混血种；吾人试与接触，必不能遽判其非汉人也。是故同化番民最妙之法，莫如提倡汉番通婚。

现在西康住民，十八九为番，十一为汉人，百分之五六为其他民族。汉人之中，十九为扯格娃，十一为纯粹汉人而已。

十、"同化"定律

牛顿之万有引力定律云："两物体间之引力，与其质量为正比例，与其距离为反比例。"两民族间之同化关系，亦正如此，余故模拟前语，创为同化定律云：

"两民族间之同化力，与其文明程度为正比例，与其距离为反比例。"

汉族同化能力，夙称伟大，附近民族，莫不受其陶熔；独彼西人东来，未被同化，汉族反有同化于彼之倾向；而欧西政府，卒亦不能同化我海外侨民者，似皆可以此定律解释之。其他例证殊多，毋庸悉举。然则汉族同化番族之难易，亦即可以此定律推而知之矣。

余查番族文明程度，适足与汉族周秦之际相当（参看下节）。换言之：即汉族较之番族，先进二千二三百年。此番族所以易受汉族同化之故耶。然而数千年来，番族竟未受同化者，交往断绝距离太远故也。（谓人的距离，非谓地的距离。）

十一、古　风

文人慕古者，常憾不见上古时人。诚欲见之，则莫如到边地去。今日康地之社会民风，除多一喇嘛教外，殆无不可以先秦旧俗况之也，兹试举其最著之点：

（一）人性质朴（已详前）。

（二）万国分理。《诗》《书》所载，动称万国。其实当时中国不过今鲁、豫、燕、赵、苏、皖、川、楚、陕、甘 10 省之地。分成万国，每国应只占地一县之十一而已。即如《春秋》可考者：亦 100 余国，邓、庸、邹、莒都只当今一县；其他不入记载之无名小国，小更可知。然而各国诸侯，无不妄自尊大，残虐其民。今日西康，正复如此。从前雅州府辖，共有 18 大土司，120 余小土司。即现汉官治管之 15 县内，亦尚有诸侯式之土司头人 100 余家。其贵踞残虐，正与殷、周世之诸侯相同。

（三）均田之制。均田之制，汉儒以后，穿凿附会，实未得《周官》真解。今日西康番民，其庄房田地，受于官司，不为私有，亦不准买卖分析；是真井田之遗法也。又土司头人，有汤役田、打役田、乌拉田，皆由其百姓当差耕种，即公田也。又有土司赏赐头人之私田，则汤沐邑之遗制也。

（四）阶级制度。西康番民，阶级之严，与周世正同。土司之子恒为土司，头领之子恒为头领，百姓之子恒为百姓，奴隶之子恒为奴隶。唯同阶级者始得聚餐，得通婚姻，异阶级者则断不能。例如土司，虽可以随意召幸下级妇女，土妇亦可置下级男子为面首；但正式婚姻，名义夫妇，则不能不求于土司家。番人赞美妇女，必先举其世族，颇有"齐侯之子……邢侯之姨"之概。

（五）嫔媵之制。土司娶妇，女家例有若干妇女陪嫁。或为其亲戚妇女，或为其小娃子。颇似周制之嫔媵。

（六）奴隶之制。康番贵族，收买下级百姓为小娃子。小娃子与其子女，皆为主人私产，生杀去留，婚配职业，皆由主人主持。即古代奴隶之制也。

（七）嫡子庶子。番以正配之长子为嫡子，袭爵位，承财产；余子并听其自谋生活，显然与古昔嫡庶之制符合。只女子赘婿，亦可承嫡子之乏，则非古矣。

（八）赋税徭役。康番有米粟之征，力役之征。部落战争或犯上作乱，皆征兵于民，军械马匹粮秣，皆百姓自备。全是《周官》遗制。

（九）衣服装饰。番人冬裘夏褐，圆领大袖，束带垂绅，蓄发簪髻，种种形饰，皆具古风。尤奇者：家有寝衣，长一身又半，昼可服御，夜以为衾。男女皆戴耳珰，挂匕剑，杂佩琅珰，行步锵然，无一非古制也。

（十）度地枕肱。我国古无桌几床榻，坐卧饮食，皆借地面。寝无枕褥，由肱而枕之。今日康番完全如此。

（十一）迷信巫觋。边民病不求医，求于巫觋，或于喇嘛。岁之凶丰，军行进退，皆请术者占卜祈禳之。我国古时，巫医并称，国君皆有大巫，正同此俗。

（十二）燔燎之祭。我国上古以燔燎为大祭。近世祀孔犹行之。今番人祀神，亦不用香帛纸烛，唯取矮桧枝焚之。大祭更有燔燎大火。又祀神不用鸡豚而用牛羊，亦太牢、少牢之制也。

（十三）男女之风。东周桑间濮上、狐绥、抱布之谣，孔子删诗，不能尽削。至如丘明所记，上烝下报，姊弟翁媳相通之事，多不胜举。今日西康社会中，男女相悦，不避父母；得通贵人，且必夸耀于众；报李投桃，携手唱和；则《东门》同车之风，宛然在也。

（十四）歌谣之风。行边地者，随处得闻唱歌。番人行路，目有所见则歌，心有所念则歌，情有所适则歌。歌无定词，随意长啸，虽街市稠人间亦为之。我国古诗数百章，实皆民间随意讴歌抒情之作耳。

（十五）板屋茨墙。康地无茅舍，亦无瓦屋；十一二用木板或石板盖屋，十七八于木上筑土为平房。又其农耕之圃，护宅之篱，皆砌石埂，而树茨薪。《诗》云："在其板屋。"又云："墙有茨，不可扫也。"其是之谓欤。

《康輶纪行》云："蕃人有合古者数事：女衣裳前著幅一也。（按：谓衣前围方裙，即古之芾也。）蕃僧见人，必以哈达；即古之束帛，二也。蕃人见官长，必偻背旁行，即古一命而伛，再命而偻，循墙而走之义，三也。长官有问，必掩口而对，四也。礼失而求诸野，不其信乎。"

十二、七笔钩

康定武侯祠有石碑，镌前清果亲王《七笔钩》词。果亲王雍正十二年（1734），奉诏送达赖喇嘛自泰宁回藏，以此过炉。其人好弄文，康定、泰宁与化林坪、小天都等处，皆有其遗墨。《七笔钩》系讥鄙番人，游戏之作。文虽鄙俚，亦可见当时中国官府厌薄边地，轻视番族心理之一般，亦即足见昔日官府之无心于同化工作也。其词云：

"万里遨游，西出炉关天尽头。山径雄而陡，水恶声似吼。四月柳条抽，花无锦绣，惟有狂风，不论昏合昼。因此把万紫千红一笔钩。"（咏景物）

"出入骅骝，惯做君家万户侯。世代承恩厚，顶戴儿孙有。凌阁表勋猷，荣华已够，何必执经，去向文场走。因此把金榜题名一笔钩。"（咏土司）

"蛮寨圈中，人住其间百尺楼。遍地丧家狗，满屋屎尿臭。乱石砌墙头，彩旗前后，经幢标杆，独立当门右。因此把雕梁画栋一笔钩。"（咏番屋）

"无面羊裘，四季常穿不肯丢。白雪堆山厚，盛夏凉风透。纱葛不须求，氆氇耐久，一口钟儿，哈达当胸扣。因此把锦绣绫罗一笔钩。"（咏番服）

"客到不留，奶子熬茶敬一瓯。蛮浑青稞酒，糌粑拌酥油。牛腿与羊肘，连毛入口，风卷残云，食尽方丢手。因此把山珍海味一笔钩。"（咏饮食）

"万恶光头，铙钵喧天不竟休。口念糊涂咒，心想鸳鸯偶。两眼黑油油，如禽似兽，偏袒肩头，黑漆钢叉手。因此三皈五戒一笔钩。"（咏喇嘛）

"大脚丫头，辫发蓬松似冕旒。细褶裙儿皱，半节衫无纽。褪裤不遮羞，春风透漏，方便门儿，尽管由人走。因此把礼义廉耻一笔钩。"（咏番女）

下篇 汉族及其他各民族

第十二章 客民来历

一、居留西康之汉人

西康人口，原无统计，各县粮册所载，亦不过就案定支差粮户言之，并非户口确数。即如康定县，粮册所载，炉城才20户，实则有1000余户之多是也。余估计全康32县共有番民682000余，汉民115000。除泸定全属汉人不计外，其余各县约有汉人45000人（扯格娃作汉人计算）。此45000人之职业分配，约如下：

行政官吏（非定住）600人。（川人最多，湘人次之。）

军人（非定住）8000人。（现在全属川人。）

胥役（半定住）1400人。（多属川籍。）

商贾（半定住）1000人。（陕西籍最多，川籍次之，滇籍又次之。）

垦民（定住）20000人。（多属川籍。）

木工（非定住）2000人。（殆全属四川名山人。）

其他：剃头，缝纫，金工，采木，赘婿，苦力等共3000人。

其地域之分配约如下：

打箭炉市：14000人。（商民约3800人，官吏胥役200人。）

康定县：5000人。（瓦斯沟最多，孔玉、鱼通次之。）

丹巴县：5000人。（章谷屯故地最多。）

南路三县之雅江、理化、巴安：8500人。（巴塘市最多，理化、雅江二城次之，沿大道各村又次之。）

北路三县之道孚、炉霍、甘孜：3000人。（道孚、泰宁、炉霍三市最多，甘孜与沿大道各村落次之。）

其他各县：1500人。（盐井最多，九龙次之，陷藏各县最少。）

军队：8000人。（现在德格、白玉、邓柯最多约4000人。）

其徙入时期之分配如下（生于西康之汉人，仍从其初徙之远祖计算。）：

元代（1260—1368年）：300人。（多属陕籍商人。）

明代（1368—1644年）：700人。（多属川籍商人，仅在大渡河流域活动。）

清之初世（顺康雍之世1644—1735年）：3000人。（多属川籍军人，仅在打箭炉及泰宁一带活动。）

清之中世（乾隆至咸丰1736—1861年）：16000人。（川籍军人、商人、矿夫，始在南路沿线及金川各地活动。）

清之末世（同、光、宣三世1862—1911年）：21000人。（巴塘、炉霍、甘孜、理化等处汉人激增。）

民国以来（1912— ）：4000人。（川籍商人增加，湘籍军人官吏，亦以此时为盛。）

其省籍之分配如下：

四川人：川北人最多，川南次之，川西为少，川东绝无。共34000人。（垦民最多，其次为军人与官吏，又次为商人、工人。）

陕西人：7000人。（商人最多。）

湖南人（多于陈遐龄①主政时徙入）：1000人。（军人与官吏为多。）

云南人：2500人。（商人为多。）

其他各省人：500人。（军人与官吏。）

此种估计，虽非精确，要其相关各项比率，必可保无大差矣。

参看《西康汉人分布地图》：

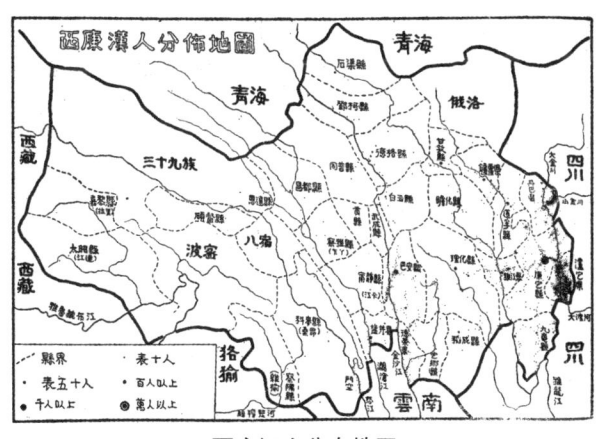

西康汉人分布地图

---

① 陈遐龄：字云皋，湖南人，清末武举，曾留学日本。民国初为川军营长，随尹昌衡西征入康。1917—1924年任川边镇守使，主持康区军政。

二、陕人入康小史

汉族入康，以陕西人为最早。大约始于元世。元以前，汉族未曾管理康地，虽白狼曾入贡于汉，附国曾内属于隋，实皆其使臣自来沿边请朝，中华未尝有使节往报也。元世祖绥抚吐蕃，置为郡县，于是西康之地，东包黎（今汉源县）、雅（今雅安县）、碉门（今天全县）、鱼通（今康定县），北至青海，俱属陕西行省。中央令教，土酋朝贡，皆由陕西官府办理。遂有陕商因缘政治势力，入境贸易。番地商业，以茶布为主；商场原在黎、雅、碉门、鱼通一带，属四川西境。唐、宋之世，其业为川商所独擅。但其时互市之法甚严：番汉商人，皆不得出境；雅、黎、碉门三处，为规定市场，番不能逾此而东，汉不能逾此而西。故交易数百年，番不知有成都，汉亦不知有打箭炉也。元世既以黎、雅隶属陕西，内外之限由是打破。时则川省当局乱后，（宋元之间，川省大战连数十年，杀戮残酷，千里绝人迹，为四川三大浩劫之一。）人烟俱绝，百业凋废；陕籍商人，遂代川商而兴；番、汉互市之所，亦由碉门西移于打箭炉。80年中，炉城突由小村，成为巨市；商业霸权，全在陕人掌握。明玉珍据蜀，抚定雅、黎诸州，西及番地。洪武定蜀，复将此带划属川境，曾派汉官至炉，招抚近边诸番部。（明）永乐之世，锡诸土司名爵，受其朝贡。川人始渐知入康经商，然其进展甚缓，直至清初，商场地位，尚不敌陕人之百一也。

远道经商，为山、陕人民之特长。其在西康也，除元世以西康划属陕西，曾发生政治关系外，一切未蒙官府丝毫保护；而其资本数额，随年俱增。现在全康商业资本，十分之五为陕商所有，其四为番商所有，川商仅得十一而已。陕人营业获利后，辄于寄回子金之际，招其乡人。源源而来者，至今犹未止也。

（附）元代划西康与雅、黎、碉门属陕西行省之原因：

元世祖平大理，系自陕西河州进兵，经松、茂、雅、黎所属之地，南渡金沙江而至云南，便以军威略定沿途诸地。故其后以河州、松、茂、黎、雅属陕西省。若雅州以东之四川地区，则后十余年始为别军抚定也。

三、金川屯户为移民之佳例

大渡河上游，大小金川之地，历为番族聚居，曰金川部。隋唐宋之世，为羁縻州。明世曰金川寺，为喇嘛治区。明末，分为大、小金川二部，各有土酋。清初投诚，授职为大、小金川土司。乾隆十三年（1748）与三十九年（1774），两度用兵金川，番民顽抗，苦战数载，诛杀如麻。四十一年（1776），两金川平定，设阿尔古、美诺二厅治之。四十四年（1779），并为懋功厅，辖懋功（小金）、抚边（今小金境）、章谷（丹巴）、崇化（金川）、绥靖（亦属金川）五屯，以兵戍之。时则番民死亡殆尽，番寨空阒，沃野荒芜，军粮空乏，刍秣艰难。乃自内地招民领垦，建设市街，奖励工商。蜀西平民，相率而至者，次第占领河谷低处宜农之地，升科纳赋，娶妻生子，是为客户。屯戍之兵，久留无事，复渐娶妻领垦，化为粮民，是为屯户。其后逃亡诸番，渐次归诚回籍，则腴沃之地，已为客民占领，乃退于高山瘠土，重建村落，是为番户。初时客强主弱，汉、番相安。相处日久，番渐骄肆，社会不宁。时则屯区军卒，已无武备；乃复自保县（今理番地）分移上孟、下孟、九子三营营兵，加戍金川（大约在嘉庆时）以资震慑。迄于清末，三营戍兵，又循前例化为垦民，是为营户。因其后至，所占垦地，又较番户为劣。今西康丹巴县之六屯、三营地方，即昔日之章谷屯地也。兹列余民国十八年（1929）调查此区民户表如下：

族别	区划		辖地	团寨数	大概户数	来历	首领
汉户	六屯	上甲屯	卡垭山，卡垭桥，约咱街	2团	40	乾隆金川之役，蛮户逃亡。乱定，招民领垦，分地调练，以备夷，称为六屯，设屯官于章谷（即今丹巴治）治之。（当时共设懋、抚、绥、崇、章五屯官，各有辖地，即今之懋、抚、绥、崇、丹五县也。）	每屯设一保正，隶于区长，保正下分设团首
		阿娘屯	阿娘寨，阿娘沟，班古，关州	2团	40		
		墨龙沟屯	墨龙沟	1团	20		
		核桃坪屯	核桃坪，翁古街，喇嘛寺街，勒衣	4团	70		
		黑凤顶屯	黑凤顶，火龙沟	1团	30		
		下甲屯	三岔沟，一支碉，太平桥	1团	30		
	三街	约咱街	约咱街河谷之南	1团	10	乾隆置屯之时，复修三街，招商居住，以通有无，各街设一汛，有沿河沃土为兵地，佃人耕种，以租养兵，民国废汛，并入六屯	隶上甲屯，隶核桃坪屯
		翁古街	亦名半扇门，在石家沟口	1团	20		
		喇嘛寺街	在火龙沟大喇嘛寺对面	1团	10		

续表

族别	区划		辖地	团寨数	大概户数	来历	首领
汉户	三营	上孟营	丹札山下，卡尔金		30	乾隆末年，虑屯兵单弱，不通夷语，特调保县三营共六十名屯驻此地以通消息，其地瘠寒不能养，每年由保县给饷十四两济之，今夷化为民户	每营设团总一人属于区长
		下孟营	牧厂沟左右		30		
		九子营	丹敢山下部		30		
蛮户	二土司	宅龙土守备辖户	上勒丁，斯交，约咱，下宅龙，吉尔目，丹札山，丹敢山	四寨一十署	200	清中世，土司雍某从征以功荫二字世袭守备，千总准率其民，开垦六屯余地	土守备雍天顺
		宅龙土千户辖户	上宅龙，各乐寨，三木札，大石寨（半属懋功）	二寨半一土署	100	千总原无辖户，八角乱时守备附逆，千总及不附逆者，脱离守备，自为一司	土守备雍鹤龄

懋功、抚边、崇化、绥靖四屯，现属四川懋功县，设一县官与三屯员治之。其人民分布情形，与丹巴六屯相似。其地与丹巴县在同一之天然区域，具同一之历史沿革，应一并划属西康，始便统治，已详第一篇。

金川屯户，为兵垦最佳成例，亦为中央政府移民川边之最佳成例。其最佳之点，在于：（一）建设市街，奖励工商，以便利垦民。（二）安屯设戍，以保障垦民。（三）使屯兵娶妻生子，然后化之为农。其收效为：（一）垦务健全，产业发达。（二）边境充实，政治安定。（三）汉强夷弱，同化迅速。金川数千年来未蒙汉化，一度用兵之后，至今无复扰乱者，屯垦得宜之力也。

四、军台与移民

自打箭炉至拉萨，大路一带，城市村落，多有汉人。查其祖先，率皆军台吏丁之落业者也。

康藏军台，创于康熙之世。康熙五十八年（1719），大军西征，始设台站于南道，以利运输。凯旋后，遂留军戍，守护粮台，称阜和协，置副将一员，驻打箭炉以节制之。雍正五年（1727），再定西藏时，曾设台站于滇康之间，旋复撤废。雍正八年（1730），徙达赖于泰宁，筑城于惠远寺之北，调绿营兵3000戍之，称泰宁营。其后达赖回藏，移泰宁营驻泸定之化林坪焉。乾隆平廓尔喀，扩展台站于后藏之江孜、定日等处。又乾隆金川之役，设汛于道孚之角洛寺；嘉庆瞻对之役，设麻书汛于霍尔甘孜；则北道设防之始也。兹列乾隆、光绪间，康藏之粮台驻防表如下：

地名	粮台	驻防	岁支银	备考
打箭炉	粮务同知1员。（以郡丞充任，月俸60两）	原设副将1员及都司、千总、把总、外委等官，其后诸员多留驻雅州，炉城只有外委2名，兵46名	台费银500余两口粮米100余石糌粑100余石	打箭炉为台首
河口（中渡汛）		外委1员兵额未详		管渡船事
博浪工		外委1员兵额未详		防匪劫粮
火竹卡		外委1员兵额未详		同上
理塘	粮员1员（牧令充任，月俸60两，下同）	守备、把总、外委各1员，营兵90名、土兵300名	台粮费5000余两口粮米100余石糌粑200余石	川境第二台
巴塘	粮员1员（以上粮员归四川大宪考核）	都司守备把总外委各1员，营兵298名，土兵60名	台粮费9000余两口粮米200余石糌粑300余石	川境第三台
竹巴龙		外委1名		管渡船事
江卡（即宁静县）		守备、把总、外委各1员，兵额未详		震摄地方兼护粮道
乍丫（即察雅县）		守备、把总、外委各1员，兵额未详		同上
察木多（即昌都）	粮员1员（以下粮员归驻藏大臣考核）	游击、千总各1员，把总2员，外委及营兵共329名，土兵20名	台费银1万余两口粮折银在内	藏境第一台
硕般多（即硕督县）		千总、外委各1员，兵额未详		同上
边坝		同上		
拉里（即嘉黎县）	粮员1员	把总1员，外委及营兵共127名，土兵10名	台费银8000余两口粮折银在内	藏境第二台
拉萨	驻藏大臣驻地，粮员1员（以丞倅充任月俸70两）	游击、守备、千总、把总各1员，外委5员，营兵458名	台费银40000余两口粮折银在内，驻藏大臣公俸在外	拉萨为末台
扎什伦布	驻藏帮办大臣驻地未设粮台	都司、把总、外委各1员，营兵138名		
定日汛		守备、把总、外委各1员，营兵38名		乾隆中设以备廓夷
江孜汛		守备1员，营兵19名		同上
泰宁汛		把总等员额未详，营兵3000人		雍正十三年（1735）移住化林坪
角洛汛		把总1名，兵20名		咸同间裁
甘孜汛（麻书汛）		把总1名，兵额20名		嘉庆中设清末犹存

以上康藏全部，共驻文武员弁2000余名。台费，岁支73000余两。此项人员兵丁，除驻藏大臣与其属员外，概由四川省大宪委放；认为苦差，规定三年一换，以资调剂。承平之世，藏境宁谧，官弁员丁，静居无事，多娶番妇；营生业，或设商店，或垦荒土；渐次兴家立业，繁衍子孙。三年瓜代，乐此不归者甚多。大凡康藏大道沿线汉民，十分之九，皆军台丁吏之遗裔也。

此等汉民，造业于中华强盛之世，一切建置设施，皆遵汉地旧俗。其村聚中，率建有市街与关帝庙；门神、对联、花钱、香烛、桌椅、床帐、岁时行乐、婚嫁、丧葬之属，皆存汉制。又每有汉文私塾教育子弟，人行其间，几忘其在番中也。

五、名山木匠

番中古木工，乱石砌墙，横架木条，铺薪填土，以为居屋；拔取曲木，刀削成锋，以为耒耜；今之穷乡僻壤中，类可见其遗型。现在康地所有华美住宅，多为四川名山木匠所造。名山县地瘠人稠，山高林密，故贫民多习木工，伐木制器，以资其生。习之者多，本境不能容，则向境外发展。似因清初西征与建筑台站衙门之时，招征木匠入康，番人乐其技巧，争相延致。于是辗转招引，来者益众；直至今日，源源未绝。而康地木材众多，建筑事繁，尽能容受多人，不感充斥。估计现在全康木匠，约有2000余人，殆莫非自名山来也。

名山木匠初至，暂住于商业比较发达之市场，待人雇请。遇有大工程，则远向他市场搬请相好者合力任之。大工程有三种：一为建筑喇嘛寺，二为建筑头人之官寨，三为建筑大桥梁。此外如番家建筑房舍，汉人制器物桌椅等，皆为小工程。无论大小工程，每工每日工赀银二钱，伙食由主人供给。不给伙食者，每日工银藏洋一元至一元半。

木匠初入草地，只负斧凿数事，所至有人雇用，绝不向隅。番地无零用，每日净存银二钱。艺精运佳者，年积六七百金，或夹赀回里，或娶番妇就关外领垦落业，或为商贾。技拙无运者，偷惰吸烟者，或频寄银回家，身无余钱而遘疾病者，抑或沦为贱役，甚至客死。然大都投番家为赘婿，承其财产，拥其子女，不似在故乡时之困顿。赘婿本应受岳父母与妻子管束，易遭凌虐。唯名山木匠不然，稍不如意，辄逃往他处。他处仍易入赘，且其艺足以自存也。

六、河口船户

今之雅江县，昔称河口，亦曰中渡。跨雅龙江（雅砻江）为津，原系溜索，助以皮船。清康熙朝，大军西征，苦其不便，创制木船2只，自雅州调来水手20名，居此服役，每人每月给粮2斗，饷银5两，三年一换。其后中渡汛官，谓新到水手不谙水性，呈请改水手为世袭制，令其全家徙此，子孙承业；除给粮饷外，仍许就近领垦。其后船户子孙繁衍，户口增殖，水手俱有定额，饷糈不能遍及，于是垦地日多。凡今雅江附近麻子石、三道桥、呷拉、麻盖宗、河西村等处之客民，皆此20船户之子孙也。初移船户皆姓李，故今日雅江客户，李姓为多云。清末，赵尔丰建修河口钢桥，虑船户失业致困，指拨呷拉下游雅龙江西之脚泥邦为船户垦地；资以垦种垦具，俾营新业。民国三年（1914），陈步三之乱，过雅江，焚钢桥。乱定桥毁，重兴渡船，复船户饷糈。时则船户皆已筑室耕田于脚泥邦，户口众多，贪其饷糈，争补船户。遂分船户为两组，轮流掌渡，以均利益云。

七、开矿与移民

西康矿产尤富。大渡河流域有铜、铅等矿。折多山以西多有沙金。昔皆为喇嘛所禁，不能开采。清咸、同间，打箭炉厅奏请开禁，招民采冶，一时矿业甚盛。如丹巴之绒岔沟、铜炉房，康定之孔玉、鱼通等处，皆有矿夫数十百棚；四方商贾，搬运油盐粮食日用物品而至者，数亦相当。于是筑住宅，建市场，修会馆与关帝庙等，垦事亦随之而兴。边地矿苗薄弱，每一矿穴，开采一二年即罄。四五年后，附近数十里内皆尽。矿夫日常所获，耗于烟赌，迨矿尽业穷，腰无余蓄，遂多流落难归。时则番语已通，安于边土，领垦落业，竟不还乡者约居大半。是故废矿之区，常有汉人新村在焉。如丹巴之绒岔沟，有汉民五六十户，无一番宅，建有川主会馆与戏台。闻昔矿业未败时，每年且自内地招来剧团，演奏戏文累日，亦可想见其盛矣。

同、光之际，铜铅诸矿渐衰，采金事业继之而起。率先开采者，为康定之灯盏窝岩金、三道桥沙金。继开泰宁八美河垭沙金，炉霍雄鸡岭沙金，瞻对麦科沙金，理塘金厂沟、渡戈溪沙金。迄清末年，此等诸矿，先后告乏，近年多已停顿。然因矿事而留住边地之汉民，亦已数百家矣。

民国三四年时（1914—1915），二楷金厂甚旺；淘金矿夫，已达一千五六百棚，合2万余人；贩运饮食日用物品者，千里辐辏。一时道孚、泰宁、丹巴、崇化、绥靖，甚至懋功、炉城等处，商务顿臻繁盛。沿途汉人商店，新增100余家。二楷沟内，已有市场与垦地。惜才两年，因失政府保护，致为番民驱逐。矿夫仓卒四散，无克落业者。然而因此事业而新增于边地之汉户，亦已一二百家矣。

八、垦民小史

西康土旷人稀，地力未尽，若使荒地尽垦，殆可新增10万民户，尚不拮据。昔日喇嘛教禁人开垦，仅矿夫萃集与军台所在之地，恃有政治势力保护，能垦一部而已。官办垦拓事业，始于凤全①。凤全亦竟以此致死。赵尔丰既平巴塘之乱，经略全康，继续凤全遗志，办理垦务，曾拨大批的款，自四川、湖北等省，招集垦民，运送到康；辟垦场于巴塘之桃园子、茶里山、竹巴龙、空子顶，与稻成（稻城）、乡城、得荣、盐井等处，前后招到垦夫约1000余人。唯时官民两方，全无农垦常识，强欲以稻棉桑蔗之属，种于康地，以是全归失败。其有知机垦夫，改种麦类蔬菜，克成其业者，百分之一二而已。赵甫离康，中原鼎革，番乱四起，驱逐垦民，赵氏之业，瞬息毁尽。其后各届镇节，皆未议及垦务。虽如打箭炉附近，荒地弥望，海拔甚低，障碍甚少，亦未筹及；反赖外国教堂，为之提倡。康定天主教堂，曾以银3000两，自明正土司遗族，租得榆林宫河谷全部，招民领垦，教以种植蔬菜之法；又高价租入泸定冷边、沈边土司之地，开辟稻田，皆著成效。现在年收租谷2000余石，供给教堂费用尚有余裕。巴安岳公桥对山，清真寺一带丘陵，向以无水灌溉，废为荒野。美国史教士，用修建教堂名义，向政府租入，辟成麦田菜圃，自小巴冲河谷引水灌溉，遂成沃野。犹以余力，分灌桃园子。桃园垦户，因欲得水而奉教者三四十家人；因得水而增垦之地，亦百余亩矣。教堂既开垦得法，卓著成效，乃有流落汉民，于教堂未曾收买之地，试行垦种。日月积累，所垦颇庶，所获亦多。50年前，泸定水田不及今日五分之一，打箭炉附近尚无一片农地，巴塘平原与其四周丘陵，荒地约居半数，今则垦辟殆尽。举凡今日所有之成就，莫非教堂垦务间接所诱导，与勤苦汉人模仿之成功，汉官殆无毫厘功绩焉。西康垦民，以四川遂宁、安

---

① 凤全，光绪三十年（1904）任驻藏帮办大臣，赴任途经巴塘，奏请暂留巴屯垦、训练，经营川边。次年三月激起民变，被杀。清廷闻变，派提督马维骐、建昌道赵尔丰入康剿办，从而导致川边的改土归流。

岳、资中三县人最多，大都光、宣之世，来边地经营小贸者。当其初垦一地，拔草莱，斩荆棘，除石砾，导水泉，为事至苦。一年有半，无望收获，故必借市肆小业以资其生。二年以后，地产可靠，遂渐弃其旧业，专一开垦。垦地渐宽，收益渐裕，于是函招其乡邻戚党之贫者，来共此业。其地虽年收一季，然西康农产品价值甚高，土地又不购买，初垦三年无须上粮升科；饮食不足，则狩猎樵采皆足自给。故初到垦民，无不获利。获利以后，或徙家来住，世守其业，或推地与人，饱载还乡。由是辗转招引，民户日集。惜民国以来，政治势力顽固之地有限，汉民能安居之地不多，垦事日衰，来者亦渐少矣。

英人台克满《西康游记》云："汉官移民西康之企图，完全失败，而天主教之垦地政策，则有显著之成功。推原其故，盖由天主教所用之垦民，多属汉番混血种而非纯血统之汉人也。通常汉人尤以四川人，因不耐寒冷气候，殆不能生活于西康高原。不似体魄壮伟之河北、山西、山东人能陆续移住内蒙，逼使蒙人后退，而垦耕其牧场也。又番人能于高寒之地农牧并重，而蒙人则只能牧畜，不解农业；此所以蒙人易于退却，而番则否。亦即汉人易向蒙古膨胀不易向西康移殖之故也。"

此说解释汉人移垦西康之失败，虽不尽然，亦有理致。故附于此。

第十三章 客民小传

一、冯兆祥

以上各节，说明西康汉人之来路。以下，举西康客民兴业致富之实例数则，以见边地谋生立业之容易。愿西南国民，认定方向，开拓新境，携手西进，亦如闽粤同胞之赴南洋也。

冯兆祥，川北安岳人。安岳、遂宁一带固贫瘠，其人随制军来康者甚众。冯初至康定，以赶灯盏窝金厂，收购零金，售与炉城金店，博微利糊口。光绪三十年（1904），赴甘孜，为商人刘思成作坝充。刘死后，自营小贸。苦乏资本，旋买旋卖，逐百一之利，聊以自活。住甘既久，渐得富人信任。宣统三年（1911），克向孔撒土司家借银10秤，合藏洋1600元；向大金寺买氆氇，雇李正山经理，运售于金川之梭木、松冈诸土司地，购鸦片回甘。其时金川盛种鸦片，而云土尚未输入甘孜也。此种贸易，平时皆对本利，故冯敢大胆贷本为之。李正山一去数年无信，咸以其为死或逃矣。债账逼迫，冯几觅死。民国六年（1917），李忽自回甘孜，带转鸦片千余两。恰逢绒坝岔战事发生，川边军7营，会堵甘孜，士兵数千人，尽吸鸦片，烟价暴涨，至每两24元，有时至30元（原价每两仅3元一嘴而已）。获利至2000两左右。由是起家，佃河岸民屋开水磨坊积资巨万。民国九年（1920）回安岳一次，带回银2000余两。所遗磨坊与资本银三四千两，交番妇与侄冯成章经理。妇淫荡，与其侄并多外遇，争窃取家财贴人，息弛业务。三年耗去2000余金。民国十八年（1929）春，冯从安岳来甘，见其资产半耗，营业不振，已作息业回乡想矣。

二、甘正全

甘正全现为甘孜汉商之资本最大者。然在 15 年前，尚为一贫无立锥之流氓，虽彼自己，亦不曾梦想至有今日也。甘为四川秀山县人，随赵尔丰西军二营出关，充记名差遣。在甘孜娶一番妇，甚相爱悦，而贫不能自存。宣统元年（1909），随防军驻扎甘孜汉人寺，偷卖寺中铜铙被觉，统领张某惭怒，将杀之以谢番人；汉籍绅商跪恳免死，插耳箭逐出甘孜境。逃至朱倭，为丐。明年，张统领他调，防军未移。甘恋番妇，潜回甘孜。初匿不敢出，后渐求人关说新统领，得许出世为小贸，住甘孜汉商，悯其穷，捐集铜钱七八千文，俾作资本，卖凉粉自活。无磨，则假于汉商李德元家。时边地军饷十足，士民富裕；凉粉初见于市，军商争购食之，取利甚厚。渐以赢利添本，扩张营业，每日售钱二三十千文。其时藏洋每枚合钱 400，每日卖入四五十元至七八十元不等。由此起势，渐开杂货店，自打箭炉买针线糖果点心等物来甘孜，贩片皮藏盐虫草杂药下炉城；逐年获利，渐由小康而致巨富。现有资本银一万两，贸易额至八九万两，为川商首屈。番商虽有资本 10 万两者，皆合股商，不如甘之独拥巨资也。除已扩大杂货店外，又开硝房（鞣革）一所，硝染红牛皮，役工匠 8 人，有资本 8000 元。甘孜红牛皮驰名于草地，自甘正全创之也。

三、李德元

李德元，河南南阳府人，光绪中，随乔统领军出关，办瞻对善后，充任什长。光绪二十八年（1902），退伍为商。娶林葱番家女，开杂货店于甘孜，时仅有资本钱八九十千而已。至民国三年（1914），积资万余金。自河南招其兄与弟来此，助理生意。其兄与弟皆农人，不习商务。其弟年轻暴富，流于冶荡。德元留兄于此。以科麦赤金 150 两付弟，使携回家，竟在途中花费大半，音问皆绝。其兄质朴，惜钱如命；德元教以商情，使售货于打箭炉，以其虽不习商，犹较委托他人可靠也。于时麝香价甚高，德元使其兄携 500 余枚，至打箭炉出售。凡麝香，香价以分两计，过干则失秤；故奸商多于售前投沸水中浸之，约数呼吸顷取出，则香吸水膨胀，分两增加，而质已微败，非商之正也。李性悭吝，惜小费，经纪人恨之，诱以浸水可增分两。李不识其弊，泡水一夜久，又未塞脐孔；致麝香质坏，皆沉底。其时香价 20 换，每枚值银十五六两。及其晒干贱售，才七八两，共损失 3600 余两。同时，牛皮羊毛及他杂货，尽皆折本，一年之内，共损失一万七八千两。欠债一万余元，由是歇业；遣兄回家，自己勉强支持杂货门面待机会而已。民国七年（1918），绒坝岔战事初发生时，西路客贩烟土入藏者，被阻于甘孜。甘孜虫草价9元1角，西路卖16元（大小金川之地称为西路，谓出成都西门也）。西路客贪虫草运回之利，皆欲迅速售脱鸦片；常以鸦片1两4钱易虫草1斤。鸦片时价，每两已值14元矣。时李虽歇庄，尚有朋友凑借之虫草200余斤在号；尽数与西路客人调换鸦片。已而汉军来渐多，鸦片暴涨。李乘时售脱鸦片，复购虫草，待西路客来，即调换之。前后共调换虫草400余斤，足未出户，净赚4000余元。于是复业，经商于甘孜、炉城间，两年之内，悉偿旧欠。又新积一万余金。民国十年（1921），雇王济中经商于昌都。昌都风气淫恶，赌嫖吸烟为当然事；王自冶荡，加以偷窃，两年回甘，亏本5000余两。回想阿兄虽愚昧失败，确又较外人可靠也。现在李德元生意平常，约有实本3000余两，外债待收者2万余两。有一子，已20岁，常严施训练，俾为胜任愉快之草地商人云。

四、赵建侯

赵建侯，川北保宁（今阆中）人，气宇轩昂，好大言，行事不循常径。陈遐龄时，曾任炉城警察署官。后至甘孜、德格、邓柯等处经商。曾于大金寺附近神山采药，为僧侣所攻，几不免。民国十五年（1926），西康财务统筹处设专款局于甘孜，分局于东谷、绒坝岔、炉霍、道孚等处，专收屠宰酒税，委赵为东谷委员。其后专款局印发伪票事发，查办员至炉霍，赵趋前自首，并揭证伪票各据，以求减罪。初系甘孜狱，寻得保释。余犯俱解赴炉审办。已而余犯攀赵甚力，财务统筹处索赵会审；赵惧，逃入俄洛"野番"地，客住牛厂中。牛厂地产秦艽，赵时有资200藏洋，悉购此药。民国十八年（1929）案松，携药回东谷，适逢秦艽价涨，运炉城售之，得银700两，合藏洋2000余元，盖10倍利也。于是住东谷为商。民国十八年（1929），余至东谷，渠自言如此。

五、遂宁安岳之移民地

打箭炉当二水汇流处。其水流甚激，而冬夏无甚消长；故距水面一尺以上之岸地，皆可安全耕种。惜岸山挟束太急，河岸平原太狭，又多乱石巨砾粗沙，方尺之地无方寸之泥，历来弃为草原，归瓦斯碉之头人放牧。清朝末叶，招汉人开垦，有遂宁向姓者，领垦郭达山下河沿半方里地。初披草莱，汰石砾，种地一畦。渐增辟至数亩，架茅舍，种菜蔬，且艺且辟，尽其全部。初垦数年，例不纳租；至土已熟，始议租，租亦甚薄；而菜蔬之利甚大。向姓以此赤手兴家。遂宁、安岳人闻风而至者甚众，先后领垦其近旁之地。故打箭炉近世营菜圃业者，率安岳、遂宁人也。

向姓既小康，不复从事犁锄，委耕事于雇工。本人朝夕处城市，嫖赌浪荡，家资耗尽，负债日多，始将所垦之业推让同乡龚姓，得当价银240两。摊还积债，不敷。自亲友处告贷盘川，仍回遂宁本籍，为贫民如故。其追踪向姓而来各垦户，垦地不多，得利有限，莫由暴富，亦莫由荡产，至今乐其业焉。

龚姓，遂宁东禅寺人，民国初年，以苦力投灯盏窝金厂，积钱娶妻，借债承当向姓垦业。年卖小菜值千余钏，付当价240两外，年称佃钱50钏于瓦斯碉。民国十七年（1928），瓦斯碉火灾后，加各佃户押租，龚姓被加银80两。又自改建瓦房一座，费100余两，遂共负债200两。然所投资已值500余两矣，龚姓目不认丁，贫无寸土，孑身来此，才20年，积银320余两，建屋一所，娶妻生子，又招一堂弟来此，助理家务，与其子女，皆冠履整齐，仪容清暇，绰然有大家风。龚则出入城市，与官商往来，居然小绅。余以端午日步至其处，参观新屋，见壁上粘名片如麻，皆小吏与土商来访所遗。其人亦可谓能自立也。乃其所仗，仅一菜园，移垦之易，于此可知。

此河原现已垦尽，住有杨、刘等7家，皆遂宁人，龚姓其翘楚耳。坝作弓形，一面绝壁，三面激水，以一溜索桥与康定通。菜篮刍草，皆悬绳牵渡；虽逼巨市，绝少外人足迹。桥头建王爷庙，7家轮守，故无窃贼。垦熟之土，肥沃异常。引渠灌溉，水泉清洌。每年二月开种，十月毕耕；其余3月，闭户坐食。比邻雍睦，俨然古风。一度参观，至今不能忘；以为处兹末世，能有此地一，躬耕自给，超然世外，南面王不易矣。回想30年前，巨石丛莽，未受斤斧之时，孰知其有今日哉。向姓虽以嫖赌败，其功有足念也。

六、二道桥垦户张姓

余初至炉城，往二道桥温泉浴，见河岸山坡，斜达30余度，尚有耕地。欲穷其竟，登山视之。山腹遇二农夫耕地，一老一壮，方息牛午膳。饭具一砂罐，一瓦瓶。罐贮熟玉米粉饭，瓶贮热水，似系拾山薪就地所烹。壮者已罢食，老者健饭，方搜余粒。询之，云资州（今四川资阳）人，姓张，师长张邦本之族叔也。在资无立锥土，有外祖某在炉城，传说炉城谋生甚易，弟兄四人奉老父来此。其时每人路费才1600文。初到炉佃耕菜园，渐能糊口。娶本地女子为妻。老父死后，弟兄异居，来此佃耕杨家锅庄之地。其地自河岸至山顶，可耕即耕，不受限制。初垦3年不纳租。此后下种1斗，收租1斗2升，所谓照种加2，亦称二成租也。因地寒冷，每年只收一次。宜荞麦、青稞、洋芋、圆根。向年恰能糊口，近因子女日多，须于农暇采薪，出售城市，以助赡养。昔日近山皆老林，樵采甚易；近则近林斫败，须远赴白云深处求之。日一往返，可售钱3000文（合3角大洋）。指壮男曰：此长子也，家中尚有子女甚多，生活颇艰；然犹较优于在资州时也。

此带垦地，可为世业。地主不取押租，只收租粮，其土黑垆，松软如絮，坡度虽急，泥不流失，以无暴雨山洪也。家畜甚贱，农具简单。材薪满山，取之无禁。耕事以外，副业甚多，或樵薪，或挖药，或淘金，或任力役；勤可致富，惰可养身。国内赤贫同胞，宜以此为最安全之生路也。

七、张二姐

打箭炉北关外八里，二道桥河岸，温泉数处，皆在38℃左右，具硫矿气。城内官商百姓往浴者，日数十至数百人。桥头住民张、王、廖、马等约10家，皆可住宿。有张姓一家，在偏北处，系近年新建，屋较雅洁，贵官大贾来浴者，咸就宿焉。一宿或赏1元，或二三元，闻富商有赏至10余元者；1年所获，百倍他家。张老自云：雅州天全人，父为绿营兵士，驻防炉城。张年12，为营中余丁，后充协台[①]内管家者三任，娶本地人为妻。时工银每月7钱，仅堪养畜。废协署时，才有余钱1600文，在二道桥南，设凉粉摊，以石板支卖。渐蓄资，佃观音阁地营业，渐移今处建屋居住，垦地养家。共有5女1子，长次女已及笄，不言嫁，以伺客役，实同女闾。次女较有色，炉人呼为张二姐，其家客商麇集，殆为此故。前年，张以其资修新锅庄，值银1000余两。此虽移民之以赤手兴家者，操业殊贱，不可为训。因其分佃资州张姓垦地，故附及之。

---

① 清代于打箭炉设防军一协（相当于旅），名阜和协。协领（旅长）衙门被称"协台"。

八、丁蛮王

　　道孚团总丁培芝,即往岁西康公民驻京代表丁君之父,虽汉商,人称之为"丁蛮王",以其有威名,为番人所畏服也。原籍乐至。今已 50 余,貌甚精悍。习边情。草地汉商重哥老,丁以名袍,宿重于汉商。改流之役,傅华封对于北道夷务,多听其言。由是名更噪,隐然为北道客民首领。丁亦已经商致富,筑碉房于道孚市,有快枪 2 支,火枪 10 余支自卫矣。辛亥八月(1911 年 9 月),道孚喇嘛寺率群番作乱,破衙署,焚天主堂,掳去设治委员与法国司铎,窘辱万状;全市汉人皆投降喇嘛寺;丁自度不能见容,乘碉自保。时番民无快枪,不能破碉,自高山转石冲之,亦无功。丁得支持 15 日。至八月二十八日,汉军至道孚,攻杀又半月,丁助汉军,累有劳绩。既克叛番,破喇嘛寺,寺僧仓卒奔散,珍宝粮食,委弃寺内,官军旋即受调他去,善后之事概委于丁。丁由是致巨富。其时草地番乱蜂起,官军疲于奔命,汉官多半逃匿,地方事权,落于巨绅;此丁所以得任意处分,获蛮王之号也。民元以来,丁之权力,直与县官比肩。渠为道孚团总,令番民入团籍者不当差,但须于入籍时纳团款若干元。番民畏差徭者,争来入团;积团款至万余元,丁亦不甚公开,官民莫敢深究。民国十七年(1928),与阎姓商人互控于西康特区政府委员会,讼败,威望顿损。遂有番民,借鱼科乌拉费为名,蜂起与丁为难;丁竟赔款了息。团款亦已有人倡议责其交出。察其地位,似已大不如前。然番民纠葛,仍多请其调解处断,视之如一土司。北道汉商,尚无第二人有此种资格也。

九、姜保正①

　　汉人在西康者,喜得官位职名以撑门面。汉官对于体面商人,亦皆假以保正名义。如东谷杨保正、道孚阎保正、炉霍侯保正,皆汉商之翘楚,富厚比于土酋者也。(李德元、甘正泉、冯兆祥,亦皆受保正名义。)

　　道孚姜保正,忘其名,状貌魁伟,亦丁培芝之流也。然财势皆远不如丁。民国十八年(1929),余自泰宁赴道孚,当越松林口。松林口左右百里无人家,向称匪窟。泰宁无团可资调卫,与行李 10 余驮,冒险前行。路人注目,同行皆悚惕。行至

---

① 保正,即保长。民国时在西康推行保甲制,若干保之上设一"总保",即"总保长"。

官寨子附近，丛莽夹道，呼应俱绝，余虽有胆，亦凛然内危。恰逢姜保正自炉城回道孚，携有小娃子数骑，佩快枪4支，息于道旁，方拾柴烹茶，食牛肉麦饼。近与攀谈，希得偕行，借资保护。须臾，姜之另一小娃子自道孚驰来，与姜番语；姜作别曰："此娃来报小妾病危，我亟须回县，不能待君矣。"言罢，与其从者鞭马疾驰而去。余惘然如失保障。窃叹商人之乐，远非官吏所能望其项背也。

十、何耀如

丹巴何耀如，原西充县人。其父作小贩，流落边地，微获资，娶妇开店于丹巴。民国五六年顷，二楷金厂旺盛，何贩粮食油盐，大获利，遂成富商。时耀如尚幼。丹巴有学校，送之读书，粗识字义。以富商交通官吏，得为丹巴县教育局长兼实业局长，居绅士首座。边民信乩，打箭炉之金玉坛甚有名，耀如奉之，设分坛于丹巴，自为乩生；以是在地方中更有势力。历届知事，皆深与结纳，以求少事。款项解炉城者，皆托耀如汇兑。耀如气日嚣，不免有招摇多事之处。常为公民代表，许官留官，大有声名。民国十九年（1930），王知事钦若与征收课长戴中郢不和，耀如左袒王。迄王案勘破，牵涉耀如。逃赴成都，在川康边防总指挥部上控，为王洗刷。后闻其家被查抄，老父忧死，不敢回县奔丧，四面托人翻案，无效，竟被军部捕解回炉归案。后经省释，而家产损失已不赀矣。

十一、刘绍尧

刘绍尧，为南充乡绅刘集成之亲侄。本中产家，曾读书识字，性情笃实，状貌清秀，不知何故，流落西康之瞻对地方。余至瞻对，以同乡谊来见。见其态度安详，尤具大家风仪，意甚怜之，欲携回故土。刘殊不愿，自云：前随某宦来瞻，娶一番妇；其后宦去，被撤差，恋番妇不去，寄居岳家。有私蓄数十元，与退伍之某连排长等合组开采磨房沟金矿。磨房沟去瞻化（新龙）里许，余往观之，彼等6人，自备火食从工，自雅龙江砂岸层断壁，向磨房沟口山基，凿一小穴，已深五六丈，达于浸水处，正用木龙（龙骨水车）抽水，力向内掘。盖磨房沟口，昔日曾为金厂，遗留矿洞尚多，皆自平地直向下掘，以取金窝之沙。诸人中有一人，昔曾在此挖金，谓山基嘛呢堆下有金窝，昔曾有人打洞下掘，至金窝处，为浸水所阻；洞口过高，无法抽水，其矿遂废。故约彼等改自江岸凿洞横入，抽水取金。彼等亦深信嘛呢堆下必有宝藏，谓喇嘛必其地有宝物始能建塔镇之也。6人合力开掘，阅3月久，腰缠用尽，始达目的地。取沙淘之，竟未得金，相与失望而散。刘益贫困，求余荐充县署缉队。余欲将渠夫妇同携回乡，其妇似不愿，刘亦自信草地谋生甚易，有非致富不归故乡之意，竟未偕行。民国二十年（1931），瞻化（新龙）为藏番攻陷，刘与知事张楷等被俘至昌都。刘通番语，得潜逃回瞻，仍恋番妇不肯回里。刘常语人："视番地为地狱，余视之为天堂。若内地之土狭人稠，政乱民敝，斯真地狱也。"

十二、盐井垦夫吴姓

盐井垦夫吴姓，资中人。清末应赵尔丰募，夫妇同来巴塘领垦，分发于盐井县，垦江岸官荒。其地为一大平原，喇嘛指为神山，禁民耕种，故荒芜。其实温暖佳良之耕土也。赵使定制，垦夫占地，视其力所能及，不加限制；垦定，即为私有，3年后始升科纳粮。吴姓之妇善针纫。时盐井新设税卡，驻军1营，尚无缝匠，制衣者多资于妇。妇入颇丰，吴姓即恃此钱，雇人开垦。两年内，垦地200余亩，皆有收获。适值川边大乱，藏军攻盐井，番民应之，驱逐客民。吴姓夫妇，逃赴巴塘，前功尽弃。民元乱定后，重回盐井，时则番民势盛，汉官力弱，竟不得占领垦地。闻门空迤南，怒江沿岸，温暖多荒，夫妇步行贩盐赴之。其地无官府，土民为怒子（怒族），性驯怯，畏汉人。吴姓初至，以小贸缝纫自给，渐垦荒地。年余垦成，怒子皆畏而避之。于是拓地渐广，复成大农。犹时往来盐井，招致客民同往。闻其地现已有汉户数十家云。

十三、《西行艳异记》之闵景谦

陈重生《西行艳异记》，可谓近世之魔书。全文600余页，除一部抄袭《西康建省记》与坊间地书外，大都空中楼阁，似真似幻，令人颠倒迷惑，难判真伪。谓其为真实游记，则所记路线地名，完全与实在地位不合；所记景物民风，不合者十之六七。谓其为向壁虚构，则绘声绘色，多有似处，又非足迹未至该地者所能辨也。余曾反复推校，知此人足迹未尝至康，但集多数西人游记连缀编纂而成此书；故其所记人物皆有实影，并非全出捏造。不过其人未见西康真实风物，故多误译。未解之处，又辄以私意附会渲染之。故其惝恍迷离之中，仍含若干真实材料，未可全废也。

该书记稻城县南行50里大石桥之奇人闵景谦，恍如今世之箕子，令人深羡。稻城余未曾至，然余深信确有此人。原文云：

南行五十里，至大石桥，一泓贮绿，围绕一村。村中竹木林立，茅舍瓦屋，颇似故乡风景。桂花余香未尽，随风过溪，竹篱中有犬吠声。余等绕村之西而过，其大门在焉。门上红纸联，已为风褪，尽作白色矣。联曰：

"乞苍天鉴愚忱，免除水火刀兵，百万生灵齐乐岁。

扭红羊化昧革，从此休养生息，三千礼乐治蛮区。"

其字甚秀，似拟赵文敏者。余自康定西行，少遇文人，深感对地方风土调查之艰难，不图此间尚有半通之士可供我之采访也。下桥叩门而入，应者为一韶秀之童子。导余偕入一室，则私塾也。塾中生徒二十余人。一中年男子，方背窗行吟，闻客至，欣然出见，坐余厅室中，烟茶之敬如内地。问之，则"村中有四十余户，约五六百人，百分之五为汉人。初至者为闵景谦，落魄之秀才也。彼曾读顾炎武、黄梨洲、王船山、龚定庵、魏默深之书，及近代格致书院等出版物，以经世学说干谒内地官吏，不遇；走川边谒赵尔丰，又不得志，乃愤而走稻城，时宣统元年（1909）也。彼遂于此改进村之组织，设立保甲，教土人种植禾黍及桃李等果木，辟山溪为小沟，引水灌田。又设立私塾以教土人。数年之中，其乡人亦闻风来此。以耕以教，十年以来，遂成此村。其影响于稻城甚大：保甲制度、民团制度、礼仪改革、汉文普及、设立施药所等社会事业，皆为彼十余年中努力之成绩。大门上对联，即彼去年除夕所拟，联首暗藏今年干支乙丑二字。彼家在塾后"云云。

余浼彼绍介谒闵。闵之住室，为完全四川式之七柱四之房（七柱四者，房之载面有七长柱，四短柱，柱间之距离为二尺五，合计房之深度为二丈七尺五，则房之阔度例为三丈，正房七间，左右厢房各五间。环房之长度如正房。环房之外另为一天井，天井之左右即客室，天井之外即大门）。房之构造，全以杉木、柏木、楠木为之。上盖为瓦。瓦之长度约七寸，重约一磅之二。闵君言：一万瓦可盖房二间。此瓦为彼所特制者。此百里内当以彼之房为最大，完全四川式之瓦盖也。闵君年事已六十有二，壮健如四十许人，蓄有八字短须，谈吐时喜以白牙小梳梳其须。彼深明卜筮星相医药之学，无论何事，必取决于卜筮。彼对地方之治安，则悉仿效绿营制度，以勒署部曲。彼所任稻城县西南二乡之民团总防局长，有快枪一千余支，土枪二千支，刀矛之属约三倍有余，因之彼之势力极大。贡噶土番，以前尝结队来侵掠，自民国组团后，来则溃败而去。彼有奴仆三十余人，为之耕田畜牧及服杂务，皆彼所掳获之贡噶土番也。彼日常以解决乡人纠纷，审判诉讼曲直，诊病及卜筮为课业；来请者络绎而来，彼之毅力可于极短时间内予来者各以满意而去。彼谓土人之病，以伤寒病为最多，气候所致也；彼对此种病之唯一处治方，为桂枝、麻黄及干姜、附子、肉桂等品，而干姜、厚朴二味尤有万病皆春之神力。夏秋之际，摆子（疟疾）甚多，彼主治之药为常山厚朴等品，所治无不愈。秋冬痢疾，以干姜、附片、肉桂、茱萸为主，无不应手而得。若以寒凉之剂进，则病人必可于一二日之内即送终也。又谓"土人之性甚劣：贪鄙吝啬，无不具备，见利忘义，有利则彼可使其妻为人淫，子为人役。见人有物，则思取而有之。主者有力，则合伙劫取之。人有美满之事，则必设法破坏之。总之：野蛮人之嗜好行动，土人无不有之，盖祖若父秉赋之所遗留也"。彼对土人之侵暴行为，惟以忍耐对之。彼之教育土人之子弟，峻法束缚其野性，务期尽化其父母之野性，另灌入为人之正路之理论。幸彼努力之结果，尚可不失彼之希望。言已，大笑若甚得意者，余甚敬之。彼留余等午餐，复导往观其村落。此村之面积约有七方里。村中道路成一井字形，中央为店市，售卖日用品者；住户则排列道旁，望衡对宇，位置秩序甚佳。道路之转角处，即有大松树一株。村有六门，门外有水绕之。水上有桥以通来往。牛羊均系一处。村之周围，均有竹篱。六门之侧，有哨楼，晚间由村人轮流值宿瞭望，以防匪盗。黄昏以后，村口之桥悉被拽起。市货处之屋，多为闵君之产业。售药之室大而长，列竹篓七八十，皆盛有制成之药，如柴胡、羌活等类。仓廒皆置一处，有人守之。法至善也。游览毕，欲行。闵君固留，遂止宿此村。

二十七日，早餐于闵君家。君之三子，一业商，在村中主持商业；一读书，即昨日所见之塾师也；一在康定为米粮商。君之产业以千万计，但君之装束极古朴：大红结之瓜皮帽，白铜边水晶眼镜，青布长衫，已发黄之黑洋缎卧龙褂，蓝布棉裤，白布长统袜，青布窝子鞋。君之夫人已故，衣服之洗涤缝纫，均家媳任之。次媳有才智，辅君理家务，司账目。三媳任烹调，及养猪犬鸡鸭之责。君有余闲，则治花草于村左，以棕丝系花枝，或曲或折，尽蟠曲之能事。君实今之君子也哉。

十四、剃头匠小传

西康工价最高者莫如剃头。余至打箭炉，住县署，召人剃头，觉其艺太劣，给2000文，已值银2角矣。嫌少。其后召之，不来。另来一人，剃毕争价，予3000文，尚有不满之色而去。余初不解，使人问之。对云："工价亦无定，达官大贾皆给一元。番人赶乌拉来炉城者，或剃头，亦给酬半元。"始觉所酬过少。其后出关，每剃头，皆酬一元，匠师亦无悦色。剃头者少，则其身价高矣。下举剃头匠四人小传，以见西康此业之珍贵。

高老陕　瞻化一县无剃头匠。县署官吏，皆请一失业商人剃头。其人姓高，陕西籍，向以壮年经商来此，曾作鹿茸、麝香商人。娶番妇，生有子女。后因迭遭匪劫，资本耗尽，退为他商作"坝充"。嗜食鸦片，多有亏耗，为主商所弃，流落瞻对。当其经商时，苦草地无剃头者，自购剃刀一把，俾与侪辈互剃头发，其后业败，遂以剃头自给。又不受剃头匠名，有人雇彼，必婉言曰："闻你有剃刀，请往替某剃头。"虽县知事亦然。酬金，一二元不等。员司清苦贫窭者，或酬半元，必婉谢曰："高大爷，劳你手了，念我清苦，仅备茶资半元。"始能受也。高仅有一剃刀，无磨石及其他物件，刀钝技拙，为余剃头，剧痛难忍；高亦自惭，以陕语慰解余云："刀钝未磨，累委员受疼。但究较蛮剃头好，蛮子剃头更疼。"言时，以刀向其皮靴上摩擦不已。

张剃头　周其昌作甘孜知事时，自打箭炉携一剃头匠往，姓张，月给工资30元，仍听其暇时向外觅工，并资以火食。此人月入既丰，娶一番妇。周卸任，张迁住衙外，绊于妇，不能回炉。军政官吏驻甘者，嘉其艺，议由官仓月济麦粮2斗，俾得安居营剃头业。甘孜大市，汉官、汉商颇多，张行艺于此，月入仍丰。瞻化县官吏闻其艺佳，亦驰人召之。甘孜至瞻化400余里，马程5日始至。张允每月到瞻二次，每住三日，为汉人剃头，每头取费一元，由县署派乌拉接送。又欲兼往东谷与绒坝岔包剃。二地距甘孜并一日程，各有汉商数家故也。剃头小技，乃亦渐重于时如此。

李剃头　余过咱里，遇一汉人闲谈。其人自云姓李，业剃头。二楷金厂盛时，渠往，欲应募为淘工。嗣因剃头者甚缺，仍操旧业。此处钱少于金，剃头者例以金酬偿，每头给金一咀。渠在此剃头六月，存金粒八两，贪未能归。值八角寺乱起，番民纷起响应，结队扑厂。事出仓卒，厂众咸弃所有，轻身逃命，财产概为叛民所得。厂夫有迟走被杀者，有越涧岩跌死者。李剃头幸得脱归，钱则一文不存，如初来时。

王剃头　余在康定，召一剃头匠理发，与之闲谈。其人自言姓王，民国初年来炉城营剃头业，设店于某处，收入颇丰，娶一番妇。番俗，妇女得只身远出经营商业。王以所蓄数百元畀之，使往北道经商。曾返炉一次，微有利息。益资复往，竟与某番妍识，携款逃逸，损失藏洋1000元左右。赖其剃头业甚旺，寻即薪有所蓄，复娶一妻一妾，不复令其经商矣。

十五、周长发三富三穷记

民国十八年六月（1929年7月），余在丹巴，往绒坝沟看矿回，至宋达村，大河水涨没路，须往山岩绕行。命宋达村长着人负行李引路，徒步相从。赶回县城，已三更矣。负行李者名周长发，沿途自述其草地经商30年历史，甚有趣，亦极可笑。当曾撮要记录如下：

周长发，安岳县高桥人，数世单传，有田200余亩，每年收谷500石。其父负贩于茂、汶、松、理之间，年获厚利。长发14岁，即命随行，练习边地生理，深感兴趣。20岁时，其父客死于松潘，长发引丧归葬后，仍继父业，往西路经商。每年于插秧后，买土布锦缎之属，贩运入番调换贝母虫草各土产运回，恰届秋收。每年一次，春往秋归。冬季番地寒冷，留家休息。故人不甚劳，而获利甚丰；又能使家中农事不废。其时布一件换贝母一斤。布一件值银一二钱，加入运脚，才值三钱；贝母一斤，在成都值钱三两余。故所获利，常在4倍以上。如多欲买鹿茸、麝香、虫草等珍贵药品，本钱不足，尚可向药行预借，秋季以药偿之。经商日久，信用昭著，各药行皆乐于放贷。如此每年入番一次，赚银数十两百余两不等。光绪末年，儿子娶媳，已能支持家事，更敢放心深入。闻金川生意较松潘皮厚（商人称利厚为皮厚），渐贩布帛至新街子（即懋功县）、章谷（即丹巴县）、绥靖（属金川）、崇化（金川县）等处；每年回家一次，或数年回家一次；或回至灌县，将货脱售，又复折回。觉金川经商，趣味更厚。将本滚利，翻腾数次，渐成大资本家，亦不常将钱兑回。宣统末年，周才30余岁，恰有丹巴汉军开往草地，驻防康北道。闻说草地生意皮更厚，遂贩布匹烟草等物，随汉军行。至罗锅梁子，被土匪截劫罄尽。缘其时汉军初至草地，番人窃恨，故尾截其随行商旅以泄愤，非必是匪也。

周长发既被劫，转回金川，收集旧所放账，就近经营小贸，渐复起家，积银200余两。民国三四年时，二楷金厂开办，十分兴旺。裕华厂添招金夫，每棚10人，认一人承招，称为棚头。周招金夫一棚，前往淘金。凡8个月，除金课、金夫所费外，净得赤金28两。其时草地赤金40余换，值银1000余两，合藏洋六七千元。周遂舍金厂，与同业8人，携金赴打箭炉兑换。行至道孚松林口，遇劫匪16骑拦劫。有4人返奔，立即饮弹毙命。彼与其余3人，不敢逃，坐地待劫。此匪刚才劫去陕商赤金一驮，不屑取衣物，只将4人囊中金粒倾去。幸周之衣角中，预缝有大颗金子8粒，未被匪觉。至炉城售之，得银80余两。仍购杂货，贩往巴塘贸易。

其时巴塘汉军、汉人甚多，日用奢侈，嗜好各货，俱系由炉城运往，利市数倍。汉人经营此业者莫不致富。周在巴塘一年，净赚银600余两。心不能忘二楷。复由瞻对、炉霍、道孚向二楷行去。至二楷时，值八角之乱，绰斯家土司百姓，蜂起驱逐汉人。金厂由是解散，金夫多被劫掠丧命。周至二楷，一目荒凉，人兽俱绝。欲由绥靖转回章谷（今丹巴），重理旧业。行至绰斯甲，道遇乱兵，银钱衣物，被劫罄尽。既非存蓄，亦无账讨，乡音久绝，举目无亲，由是流落金川，佣力苟活。佣力非鸦片不可，偶有收入，亦为吸烟耗去。其年已满50，不存一钱，力不从心，谋生未易，乃投宋达村长充当娃子。

余问周，何不回安岳去？渠云："初到金川时，每年回家一次，前后携回生银600余两。走草地后，未曾回家。亦未带银回去，第三次被劫后，曾经回乡，行至成都大面铺，遇房族弟某等，谓'熊克武军队正在挨户搜劫，某家估派银若干，今已残腊，我等犹向外逃走，你乃回家何为？'我想家乡既已回去不得，莫如回转金川，暂且自谋生活。此次入康，盘缠用尽，事业无着，遂至落泊如此。"

余问：渠家尚有何人？渠云："有一妻一子一媳。最后离家时，已有一孙。现在不知又有几孙矣。"

问：何不写信回家，命子孙兑款迎接？渠云："昔年在绥靖，每年有乡人来此贸易，谈及家况，据云尚好。自落泊后，再不见有家乡人来，无从带信回乡。"余谓：邮政带信甚便，何必待家乡人？渠云："我不知邮政。"余见其人甚愚，可笑可怜，当将邮政寄信方法告之。渠若甚不注意。且云："我曾请人看相算命，都说我35岁败运，51岁上运。我第三次被劫，恰是35岁，忍耐15年，今已满50矣。应该明年上运。何必赤手回家，致受亲朋冷笑。我必熬到运来，挣钱后再回。"渠送余抵寓后，领赏径去。余自注其行，窃叹其志可嘉，其愚不可及矣。

十六、李占云生活曲线

民国十九年（1930），正月，余自打箭炉雇舆回川。至瓦斯沟，一舆夫病不能行，路旁饭店中适有一男子出，愿替换，直抬入省。一路谈话，知其人名李占云，眉州四合场人，往来川边小贸十年，忽富忽贫，千变万化，言之奇趣横生，令人捧腹。至富庄，阻雨半日，托言将往川边经商，嘱将其经历详细告我，随记于书，觉其一生事业，实为川民入康初期之完备模型。转录如下：

初试之成绩　李占云自言，曾读书五六年，粗识字义。昔充本街团防队长，故挣钱后，人皆尊称为李队长。有弟兄三人，占云行二，现年22岁，民国十一年（1922），弟兄尚未分居，家中田地不多，日食不足。有眉人曾云忠者，自眉州买土布，运往富林等处发卖，常获厚利；适又欲往，雇李占云为挑脚。李与家人商，筹银一锭，随曾往眉之万胜场买布。曾买布48件，李买18件，搭附曾布，担赴富林。此次替人挑担，因搭有布，工价甚薄，恰敷口食。直到汉源唐家坝卖去，布本每件八千，卖价11千文，计本银一锭，赚洋5元。本利共成银15两，复自富林买猪5只，贩回眉州。猪本去银11两，一路盘搅甚大，剩银不敷，在名山县卖猪一只。其余二对，赶回眉州新场售卖，得银40元。综计此次往返一月余，本银14元，净赚银26元。于是尽此40元买布自己挑担，再赴富林卖去。渡大渡河至大树堡买猪18只，留足盘川，赶猪回县，卖得70余元。又以全数买布，已是100余件，雇人挑担，自己徒步押走，居然大庄布客矣。此次沿途售卖，由富林循河道至紫打地（亦名安顺场，为河道大场，属越嶲县），始得卖尽。闻田湾猪价更贱，遂往田湾买猪46只，贩回眉州。

田湾之役 田湾距紫打地100里，中间经一市场，名黑老鸹。黑老鸹有大袍哥名杨玉山，原眉州韩家场人，其父杨三爷，旧在河道经商发财；眉州与黑老鸹二处，皆有住宅。玉山与其弟玉全，皆名袍哥，能通河道各场。李占云过黑老鸹，以同乡关系，拜谒杨玉山，求照拂。杨给名片一纸，谓任走何地，有此可以保险，李买猪回省，沿途关卡，每拦阻收税，李即出示杨玉山名片云："杨大爷命我为他赶猪回眉州去。"卡员皆改容称贺曰："是杨大伯猪耶，恭喜赚钱。"随即放行，不取一文。一直赶至雅州，始纳税契。每猪300文，凡46猪，连保商费，共去钱32千零。赶回眉州，卖得银110两。综计10两银本，贩猪与布三次，恰共净赚银100两。第三次虽得杨大爷照拂，但因运道太远，盘费太大，本银70余两，才赚30余两，反为利钱最薄之一次。其家历年欠债，共100两，此次生意，恰将旧债偿清。

第一次失败 李占云走富林一路既久，渐知建昌、云南鸦片贩至四川为利倍蓰。乃于民国十二年（1923）秋收后，筹集小本，先往中坝、赵渡等处小贸；奔走各乡，收买黑白附片、沙参、桔梗、甘草、川芎、瞿麦、甘石、杏仁、麦冬等药材，随买随卖，见利即丢；转回成都，则买荆芥、故纸；过邛州，买苏叶；沿途买卖，滚积资本。最后空囊买药，收拾成挑，贩往冕宁、西昌、会理等处卖去。购买鸦片，又买防风一挑遮饰，运回四川。同行有40余人。皆自建昌贩烟回省之小贸。不料被匪侦知，行至雅州狍子冈，突出匪徒30余人，将一行鸦片尽行劫去。李占云损失南土40余两，铜圆20余吊；只剩防风一挑未失，担回嘉定，卖银40余元。

二四营奇遇 嘉定水口镇曾经廷告诉李占云,谓从河道紫打地进山,为二四营、娃裤脚等处,贩盐和布入境,换花椒回乡,利大无比。占云遂未归家,从嘉定买盐卤(点豆腐用)二挑过富林。原本每斤80文,至富林售价1000文,为利百倍。更就富林买土布、盐巴各一挑,与其妹弟邹华封担赴二四营调卖,住黄姓店内。二四营在倮夷居处。倮夷之俗,遇汉人即劫之,没收其财物,将人捆卖与他部为奴,每人可卖银若干两。他部得人,又转卖于较深夷属,更得高价。每每掳人未久,已经转卖数千里,不可复还。传倮夷买得汉人,将两足涂油,用枫炭火烘烤,使皮厚能践瓦砾荆棘,作牛马之用,负重致远,动辄鞭打出血,惨无人道,永不复见天日。故汉人入内地经商者甚少。如欲前往,必辗转请人向夷酋取保。有保者倮夷不抢,如抢掳已经取保之人,则担保夷酋应与劫掠之夷结队相攻,称为打冤家,非到扑灭全部不止。李占云此次,由袍哥白少山介绍娃裤脚开药铺之李某取保,故能安抵二四营。(按:二四营即泸宁营,在雅龙江套内,属冕宁县。)

二四营规矩,客店即为牙行。客商入店,招待食宿,并不逐日取费,只于出店日结算。客初入店,店主先来问:"客货须卖现钱,或掉货物?"且云:"此地现金不多,难卖高价;货掉货最为合算。客既贩货回川,则掉货最宜。"李占云初至此,一切不知,唯从店主教。应云:"掉货。"第二日,即有夷人随店主来取货,说明待花椒成熟时,以椒偿价。其后愈来愈多,川流不息。或取盐巴,或取棉布,皆云将来摘椒偿还。占云恍惚迷离,听其取去。唯重托店主担保偿还。店主人殊不在意,淡然答云:"且登簿上,将来有我负责。"十余日内,布盐脱尽,共只买得现钱400余文。私心恐惧异常。邹华封怨之云:"二哥亦太疏虞,我等万里辛苦,搬来血本,乃听凭素不相识店主之一言,完全赊借与人。簿上所记,不过唧唧若干斤,咪咪若干斤,喀叽布几件,罗罗布几件;家住何所尚且不知,将来不摘花椒偿还,能向谁家理说。"占云闻言,愈觉懊悔。唯已无可如何,只好镇静待之。自三月待至五月,尚无一人来店偿货。问店主人,店主状甚厌烦,叱云:"你不耐候!频频作闹何为?"占云丧气回房,自疑误入匪窟,虑难生还,唯与邹华封抱头暗泣。不料五月中旬,诸夷次第来店,偿还花椒;十余日内,完全上齐,竟无一人躲赖,亦无分厘狡猾;应偿花椒若干,恒属有多无少,不必称量可以收纳。万想不到夷人交易,竟至忠实如此。于是二人心花怒发,喜出望外,厚酬店主而去。计棉布每件28方,每方掉花椒14两(旧秤以16两为1斤);盐每斤掉花椒1斤10两。原本布每方200文,盐每斤450文;所掉花椒,担至邛州,卖价每百斤95元;除口食盘川外,净赚130余元。前次狍子冈损失,赖此弥补。其年,弟兄分居,为家事所累,暂未出门。

造物所忌之鸦片贸易 李占云既分家，独立户门，费用甚大，种田有限，日用不敷，不得已，又筹借资本，往建昌贩烟，第一次民国十六年（1927）秋收后出发，贩布过富林、黑老鸹卖去。转进越嵩，买防风茯苓，夹带鸦片运回，赴资州、资阳卖去，赚钱不多。将本金寄兑回家，赡养妻子，余钱买龙眼、白矾、纸烟、陈皮等货，担进建昌。十七年（1928）二月，至雅州，闻前途有匪。适有大商人运货27驮进西康，请驻军二连保哨，小商贩随之而行者凡十余人，李占云亦混其中。讵至大相岭，有匪六七十人出劫，与保哨军队激战，飞弹如雨，哨兵败溃，商人皆委货逃走。匪去后，商人回看货物，只粗重不值钱者在道。李占云龙眼、纸烟被劫，约值八九十元，剩有陈皮30斤与白矾未要。依然担进建昌卖去，又往河道、会理等处小贸数次，渐有资本数十元，再买鸦片十余两，防风、黄芩一挑，夹带鸦片回川。是年十月，行至麻柳湾（狍子冈下方）有匪徒二三十人，潜出林中，截断两方路口，不动声色行劫：只许被劫者进，不准走出。拦断半日，共劫100余人。李占云所带鸦片现钱皆被劫去，留防风、黄芩一挑未要，担至嘉定卖去。心犹不死，又买布匹20余件，重进建昌，买鸦片，配防风一挑，担回。此次未曾遇匪，自雅回眉卖去。时建昌鸦片每两5200文，眉值一元，恰为对本利，共赚40余元，足抵从前损失。但其防风卖到邛州又被匪骗，至于行乞。

送财神起本 李占云于十七年（1928）冬自建昌出，在邛州保宁寺（场名）过年。新卖防风43元，藏贴腰带中。有邛州小贩王元兴，自富林出，与李同住一店，窥见其钱。除日之夜，邀李过床吸烟，李原不吸烟，因屡向建昌贩烟，渐知吸食，新才上瘾，贪图便宜，过床吸烟。烟醉，昏沉睡去，被王元兴用小剪剪破腰带，窃银逃走。烟醒扪钱，始知被骗。于是一钱不名，去家复远，兼以年节，无从告贷，唯有在房暗泣。新正初二日，店主人清算店账，该钱21千，无从筹措。店家亦代为设法，邛州风俗，新正用红纸印财神图，挨户送去，说吉利语四句，可得钱二百至四六百文。原丐业也。适同店住有送财神者一人，将财神印板寄店主人家，已出门去。店主替李赊来红纸十张，以印板付之，又送与松烟一握，教吉利语四句。便于初二上午赶印，薄暮出门，探其人尚未走过之处，飞奔跑送。当日得2800文，连夜赶印，明日又送。至上元日，得钱30余钏。偿还店账，买滑竿（简单肩舆）一副，邀一伙伴，上大路佣力。专走邛州、百丈、雅州三处，遇人即抬，不争价值。历时一月，除去烟饭店号，存钱70余千。又买花药走富林贸易。辗转翻腾，积资至二三十元。

赶烟会之结果 金川、穆坪（宝兴）等处，皆种鸦片，每年收割鸦片之季，四方商贾，负贩货物，赶场钻乡，掉换烟土，称为赶烟会。产烟之家，认为土内生产之物，与外客掉货，不甚计较分量；故赶烟会者皆获厚利。李占云在邛州被骗后，千万辛苦，挣得二三十元，计尚不够防风血本，无脸回家；恰值穆坪烟会期间，上川南一带小贩，纷纷前往赶会，李亦伙混同行。到穆坪后，果然一帆风顺，约略半月，将货掉尽，共掉得烟土180余两，计已值钱2000余铷，回想正月元旦一钱不名景况，如在梦中。有仁寿张松林者，亦恰将货掉尽，得烟400余两，相偕同返。四月十三日，至天全灵龙关，突遇劫匪13人，将2人烟土完全劫去，只留盘川数铷，勉强吃回家中。仍是空空妙手，与正月初一无异。回想四个月中，经过情形，真如一梦。有时不免怨天恨地，有时不觉扑哧一笑。

最后的挣扎　李占云自穆坪被劫后，自觉难与命运争衡，遂决意不再出门贸易。不料民国十八年（1929），眉州天旱，所耕田地，全无收成，完粮纳租，俱无出息，不得已，又将妇人纺棉所卖之30千钱取为商本，出外贸易。先至丹棱母店场买大豆，贩下眉州。凡走两次，微有利金。第三次径从母店买豆三斗，挑赴简州三岔坝售卖，共走9天，赚钱40千文。托熟人邓良臣带30千文回家俾妻子仍买棉花纺线。自己又从黄龙溪（距三岔坝3站）买地瓜，担过邛州平鹿坝、夹门关一带脱卖。就钱过百丈关买枥炭担赴成都卖去，又已有钱40余千。以之买大头菜80斤，赴打箭炉，沿途带吃带卖，抵打箭炉，剩50余斤；本钱每斤400余，至此每斤3000文，共卖钱百余串。从炉城买莲花白菜（甘蓝）担赴泸定，卖去。又往瓦窑坪（飞越岭下，属泥头管）买当归25斤（每斤1220文）至泥头驿，买核桃3000，担赴夹江卖去，寄大洋4元回家，剩钱50余千。时已腊月，从夹江买土版历书、门神、门钱等物，贩到炉城，共卖钱7元余。历书在夹江每本120文，沿途零卖作为盘费。雅州每本200文，荥经300文，清溪（汉源）800文。冷碛（在泸定县境）值1000文，则已卖尽。炉城每本可卖3000，惜已无有矣。在泸过年。正月初三，往泸定桥买小菜，贩卖泸城一次。初十卖完，转回瓦斯沟，尚未决定生意，恰逢轿夫换人，遂认抬回成都。

性格批评　余自炉城雇夫回成都，共12站。每名夫值12元，由袁夫头承揽。李占云从瓦斯沟接抬，只少一站，理应得11元；而李与袁夫头议，每站才8000文；夫头每站干赚4角半。余闻之，甚抱不平，李却无反悔意。渠谓"出门人然诺为重，此钱由他赚去。况我做生意亦须气力，未必一天能赚四五吊钱"。余觉其人言语举止，确是一纯粹良民，性格态度，俱非普通负贩可及。私心怜之。及闻其过去艰难奋斗历史，更觉可以佩服。窃念如此等人，亦至于饿饭，或流为匪，则是政治之罪，非社会之罪矣。

惜其人因贪做鸦片生意，吸烟上瘾，行走亦自携带烟具，刻不容离，未免可憎。其人能担能抬，能写能算，能交际应对，能忍耐劳苦；从不与人争唇斗口；除吃烟外，饥饱有度，故能健康无病。当为负贩小贸中之质地最佳者。

第十四章 移民问题

一、移民与国防

西康各县，汉民较多之地，即治权最固之地，亦即国防最坚之地。

就一县言，例如道孚县，凡分6区3乡，汉人最多之地为县治（中区）、泰宁（泰宁乡）、觉乐寺（革西区）。汉人绝迹之地，为鱼科乡与查坝乡。故中区与革西区，从未发生叛乱。泰宁虽悬属于东南200里外，反为该县最和顺之区。明正、孔色、麻孜、瓦日四区，虽曾于辛亥发生叛乱，至今差粮无缺，尚称易治。查坝、木茹，虽内属甚早〔康熙三十九年（1700）即投诚内属，隶打箭厅〕今反强梁不受羁勒。鱼科，改流之役曾经痛剿，受创最巨，然旋即潜离，至今不上差粮。其他各县类此者正多，不胜列举。

就各部言，例如理塘土司辖地，即今理化（理塘）、定乡（乡城）、稻成（稻城）、雅江四县。原为一番部，共戴理塘营官与理塘喇嘛寺，受其指挥，与同向背。清季设粮台于理塘，置戍卒于中渡、博浪工、火竹卡、喇嘛垭等处。于是大道沿线，多有汉人；大道以外，则无汉人足迹矣。改流以来，屡经变乱，北自毛丫、曲登，南至乡、稻、贡噶、莫拉石，皆已叛离，或仅受羁縻，唯此大道沿线，始终拥护中央政府，未尝叛逆。

就全区言汉人最多之地，为打箭炉附近，卡拉一部。其次，为南北两路大道沿线。民元以来，迭经丧乱，唯卡拉一部，始终完固。南北两路大道沿线，始终倾向中央，难于陷失。即近世仅存之15县言，仍以康（定）、泸（定）、丹（巴）、九（龙）为上缺，道（孚）、炉（霍）、甘（孜）、瞻（化）为中缺，雅（江）、理（化）、巴（安）、盐（井）为下缺，乡（城）、稻（城）、得（荣）为弃缺也。德格5县，虽历属四川，但因僻远，汉人移住者少，故民七之役，轻易失陷。昌都一区，虽历未隶属四川，但以清代曾设台置戍，兴市通商之故，有汉民数十家，故民元、民七诸役，独能死守。兵尽矢穷，乃为藏方所陷。桑昂、杂瑜，近在巴塘边外，清末复经赵尔丰派队经营二年，一切建置皆有头绪。然因未暇移民，民元之乱，忽焉丧失，至今无望规复。巴塘自民国八年（1919）以来，孤悬西陲，逼近藏军；历届汉官，视同弃地。赖有汉户300余家，遥奉正朔，虽四围境土皆已梗化，唯此一区，始终不渝。最近格桑泽仁之乱，藏兵渡江来攻，该地民团荷械抵御苦战连月击退藏番。北道军事，恃无后顾之忧，遂复德格全境。古云："有人此有土。"其是之谓欤。

若问何以少数汉民便能巩固边圉，维系治权？此理殊未易解。要其事实固彰彰著明，毫无反证者也。大抵因番族文化较汉族低，汉族同化力较番族强，故汉民表率番族向化甚易，而番族强迫汉族受治甚难故也。

二、移民与内乱

中国近世，内乱不息。原因似多，其实不过人口太稠，生产力弱，失业者众之所致耳。西康邻接之四川省，尤为最著之例。

四川为一大盆地，重山四塞，对外交通，非常不便。中间沃野千里，气候温和，物产饶富，人口增殖率甚大。而民性宽缓融和，不能振奋，安土重迁，乏于远略。故人口增殖，易达极限。既达极限，则大乱蜂起，自相残杀，必至人烟稀少，而后宁息。有时政治遽难上轨，则继续扰乱，酿成浩劫，每至人烟俱绝，乃获安宁。如此治乱相循，成为定例，4000年来小治小乱，不可胜记；大治大劫，各三四次。兹约举其著者：

秦（20余年） 小乱（秦并巴蜀初期，蜀土小乱20余年。）

西汉（200余年） 大治。

新汉（公孙述据蜀前后20年） 小乱。

后汉至晋初（200余年） 大治。（一时人才蔚盛，有"汉征八士，蜀有其四"之谚。）

西东晋间（李氏据蜀前后60年） 大乱。（李特之乱，蜀人流徙，东下荆湘，南入七郡，蜀中城邑皆空，野无烟火，李寿徙僚入蜀，乃有人烟。）

宋齐梁周（200余年） 迭有小乱。（僚人入蜀初期，客土不安，时起扰乱，直至全被同化乃已。）

隋至唐中叶（自隋定蜀乱，至唐玄宗幸蜀300余年） 大治。（玄宗幸蜀时，巴蜀富乐，比于扬州，时有"扬一益二"之谣。）

唐末叶（130余年）　迭有小乱。

前蜀（王氏据蜀20余年）　小治。（其时中原大乱，衣冠之族，多徙蜀中。）

前后蜀间（5年）　小乱。

后蜀（孟氏据蜀30余年）　小治。

宋初（数10年）　小乱。（王小波、李顺起义，由于"地狭民稠，耕种不足给"，见于《通鉴》。）

两宋（约200余年）　大治。（宋代蜀士之盛，亘古无两。著于《宋史》者，凡185人。其原因在于承平日久。）

宋元间（元宋争蜀期，凡51年）　大乱。（自宝庆以降，元骑入蜀数十次，宋人抗拒，大小数百战，杀戮之惨，为历代所无。直至蜀人尽绝，全局乃陷。）

元世（80余年）　小治。（元有蜀地79年，为移民填蜀时期。明氏据蜀14年，为休养生息时期。）

明初世（自太祖至孝宗之世，130余年）　大治。（明之初世，蜀士亦盛。）

明中世（武宗，初年）　小乱。（蓝廷瑞、鄢本恕之乱，9年而平。）

明末世（自世宗至崇祯，120年）　大治。

明清间（自流寇乱蜀，至清军定蜀，凡30年）　大乱。（前后30余年，群盗蜂起，专事劫杀，人不安业，食料奇艰，草木俱尽，杀人为粮，直至人烟尽绝，乃克宁静。）

清康雍乾三朝（100余年）　大治。

乾嘉间（10余年）　小乱。（教匪之乱）

嘉道咸同光宣六朝（100余年）　大治。（咸同间蓝李起义5年而定，骚扰地面亦狭。）

辛亥以来（21年）　大乱。

两晋间，宋元间，明清间，三次大乱，为四川三大浩劫，人民略无孑遗。查其前期，则皆治平甚久，生齿甚繁之大治时期也。据《蜀难叙略》《纪乱荒书》《蜀记》《蜀碧》诸书所载，自顺治元年（1644）张献忠二次入蜀，至康熙初20余年间，全蜀无寸土得免兵祸。人民舍弃百业，持戈自卫，田地荒芜，谷物食尽。其得免于献逆屠戮之民，下寨回家，种粮俱绝。初则采芹掘蕨，继食野草树皮。草木俱尽，劫人而食；至于掘啖死尸，父子不避。军营将弁，则发卒四出，觅人为粮。荏弱小民，则结伍拦路，袭人图饱。甚至有无人可食，入衙杀官；官民俱尽，自嚼其指者。人烟既稀，虎豹昼出，孑遗之民，莫能或免。成都夙号锦城，时则丛树合拱，豺狼队游。清军初至，皆营于城上以避之。世传献忠屠蜀，非献忠能杀尽蜀人，因献忠之乱而蜀人死绝也。清康熙初，渐招两湖、三江、闽广、陕甘贫民，入川领垦。历80余年，至乾隆元年（1736），编审户口，凡四川五道所辖141厅州县卫所土司（今之西康在内），共才612200户。以平均每户5人计算，亦才300余万人。是为川省人口最少时期。自乾隆至今，不足200年，虽经两次兵燹，微有杀戮，然其治时甚多，休养甚厚。据民国十二年（1923）海关调查，全川已有7293万人口。较200年前，增加20余倍。繁殖率之大，诚属可惊。然亦已人满为患矣。

现在成都平原人口密度，每方英里达1500人之多，为世界第一。合全川硗瘠山僻之地计，平均每方英里得58人，与江苏、山东、湖北三省伯仲。然生产事业之发达，与人口扩散之便利，则不逮三省百一。自民元以来，军匪骚扰，治道弊坏，土货滞塞，金融枯窘，工商凋敝，农产减缩。失业之人遍于城野，初赖扩张军队，增设机关，以收容之。现则全省军队已有30余万，殆已超过英美列强全国兵额。政学机关，亦已比立如林，无可再增。而农工商学失业之人，年增倍蓰，纵横播弄，各求出路。举凡过去一切政治设施、社会现象，无非收括现有，安置游民，以乱治乱，暂维现状之计。今则各军首长，俱呈术竭技穷，捉襟见肘之概。若非及早设法，移徙人民，新兴生业，则四川第四大浩劫，安能免乎？

夫西康隶属川省，已200年。政治关系，既甚密切，社会经济，相依为命。彼方正苦汉人缺乏，治权不固，利源不辟，亟须此方之移民填实。此方亦正苦人满为患，切须扩散边方，消弭祸源。二者相需，若是其巧，而乃两不相谋，漠如秦越者，则无人提倡之过也。

三、移民与开发实业

西康文化低浅，实业幼稚。其人顽固守旧，安于现状，不求进展。举凡农牧工矿，皆呈原始时期之处女状态。喇嘛教徒，唯知爱护地力，保持富源，动辄指为神山神谷，禁人扰动，利弃于地，自甘坐穷。欲其自动开发利源，以供世用，殆为绝不可能之事。是非输入非喇嘛教徒之汉人，以政治势力助之开发不可。各种实业，非以汉人导之，断难发展。例如金矿，明清以前，康地全未开采。自经汉人采掘后，番人亦习其事。今则折多山以西各金矿区，番族矿夫多于汉人矣。又如木作，当名山木匠未至以前，番中房屋之柱，不施斫削；桥梁叠木为之，不施穿逗；今则一切已大改良。虽其工作仍为汉人所擅，番人亦不无相当进步。此皆就小者言之。若夫西康最大富源，实唯畜牧。番族从事牧业，已数千年，至今毫无改进。若得汉人以科学方法大规模经营之，输入新种，改良牛羊；栽培牧草，以为冬刍；提倡制造，以厚收益；十年之内，可使西南经济顿然改观。他如改良农业，采伐森林，建设市场，修筑道路，创办水电，利用风力等伟大事业，殆无一不须移民为之主持焉。

四、移民之稳健办法

西康移民，已有前鉴。参上各节，自能了然。兹不必更为空论，但归纳其旨，条例如下：

（一）初期移民，不必贪多，要能予以生业安全之保障，使其乐于边居，不思乡里。借其乡信，招致戚党亲朋，源源出关，自图发展。

（二）移民初来，不必即垦。宜先使从事工商、负贩、采药、狩猎、开矿、伐木等务，俾其习于边土，微有积蓄，安置家室，自然趋向垦牧，以定世业。

（三）移民不必由政府以令教强制。但宜将边地景况，内地危机，广为宣传，使齐民觉悟，志愿徙边，则其开垦，乃成定业。昔赵尔丰划拨巨款，自湖北、四川招募垦夫。应募之人，中途闻边地苦寒，逃者十九。其到垦地者，遽使开垦，种种非法，一年无收，又俱惶恐逃去。巨款虚糜，徒为世戒，可为鉴矣。

（四）不必提倡兵垦。但宜使成边军队，久留勿归，使之渐娶番妇，立副业、工商、农牧，安于边地，化为住民。

（五）不必提倡官垦。但宜多设农事试验场，培育新种，考验风土，予垦民以种植正规，俾无失败。

（六）凡有叛乱曾经痛剿，或遭他种天灾人祸，遗下大量新荒熟地之处，宜即移军驻牧。俾因军队所在，商贾云集，市街兴盛，垦民随之。循乾隆经营金川成例，化为熟土。

以上所举，特就西康移民过去之事实推究，认为简而易行，稳健不败之要旨。若果有强固统一之政府，认移民实边为急切之图，决以巨款大力为之，辅以舆论界之鼓吹，科学家之领导，事业务规其大，移民务求其多，筹备精审，步骤厘然，则年徙百万人入康，似亦无所不可。惜中国近况，断难致此。回顾四千年来，华人外延历史，亦未曾经如此途径。故吾人对于政府诚实之希望，只有力行上列六条而已。

五、客民生活之容易

假使内地汉人，突到康地，举目无亲，腰囊空乏，生活是否困难？生命有无危险？此欲赴边地者必得考虑之问题也。余于此问，亦可凭据经验，忠实解答如下：

（一）关于居住方面 草地风俗，任何之庄房帐幕，皆可容留外人住宿。尤于汉人，视为当然之义务。翌晨去时，或酬糌粑一握，或竟不酬而去。若酬主人针线一二事，则将乐不可支矣。亦有官吏阔人，酬以银钱，则为异数；然其值已较内地客栈轻贱十百倍。譬如余等在康，一行二三十人，驮马二三十匹，每宿一处，酬藏洋1元，合银4角，即已足矣。此就行者言之，若夫住者，则番地材木甚贱，建一板房，不过费十余元；制一黑帐房，值二三十元、五六十元不等，可以用之终身。建筑碉房，所费较大。然番俗，有人造屋，邻里亲友，各以材木人力相助，不取资酬，故亦非甚费事。总之，任何人入西康，住字皆不成问题也。

（二）关于饮食方面 西康乳肉贱而易得，番人且喜施与。购买更属容易。唯谷物甚少，除糌粑外，难具兼味。米尤缺乏，此与汉人习惯最违反处。唯此系口味问题，并非营养问题。若能习食糌粑乳肉，亦是增进健康之道。又番地蔬菜果类太少，亦大缺憾。然遍地可种蔬菜果实，特土人不知耳。若客民能从事栽培，则不单可以满足自己需要，且可以为资生大利。若夫野味充斥，俯拾即是，余敢相信，苟非手足残废者，在康决无饿死之虞。

（三）关于衣服方面 西康甚寒，汉人至者，易罹寒疾，此诚然也。然寒冷之地，皮毛亦佳。除狐皮猞猁，价格太高，非一般移民所能制备外；若羊皮、羊毛、毛毡、毪子、杂皮之类，价较内地倍廉，当不难制。若仿番人，置无面羊裘一袭，不过值银数元；昼衣夜衾，四季可御，当不复患寒矣。且西康羊皮羊毛，皆自青海输入，价尚嫌高；若能就西康草地，自行畜养，则人制一裘，如拾薪耳。

（四）关于生业方面 移民之有资本者，初至西康，从事小贸，利厚而社会地位甚高，是为最佳之生业。无资本而挟技艺者，随处皆可获资，决不赋闲，为次佳之业。（大抵木作、成衣、剃头为上业，金工、泥工、鞣革、硝皮、雕刻、绘画等工次之。）无资本技艺而有气力者，可以垦荒、开矿、伐木、烧碱、打猎为又次之业。无资本技艺气力而能书算者，可供役于官署及商店，糊口甚易，成就甚难，反为落后之业。此皆就现在西康经济状况言。若其建设成功，实业发达，有多量大规模之工厂公司产生，则虽老弱妇孺，亦莫不有正当安插矣。

六、赴康者宜具之艺能

阅者亦欲到西康去乎？西康谋生诚易，如能具下列之艺能，则更易而无失败也。

（一）关于技艺者：

1. 能木工，具有木作诸器械。

2. 能缝工，携有刀尺与多量之针线。

3. 能金银工，或铁工，携有钳锤诸械。

4. 能鞣革硝皮。

5. 能剃头，并携有剃刀磨石耳具。

6. 能书算。

7. 能雕刻印刷绘画。

（二）关于性能者：

1. 年少聪明，易学番语。

2. 身体强健，能耐风寒饥渴。

3. 有气力，能担挑小贸。

4. 不吸烟、赌钱、淫荡、纵欲。

5. 不择事业，勤奋不怠。

6. 工于计算。

（三）关于才识者：

1. 略具有公民常识，明白边情。

2. 有教学、做官、做吏、经商之才能经验。

3. 通晓汉、番语言或文字。

4. 通晓佛学。

5. 能认识药物，解其效用。

6. 能认识金脉、矿苗。

上列各条，任有其一，到康地去，生活方面，绝无问题。苟能兼具数长，则立业致富，如反掌耳。

第十五章 倮 倮

一、中华民族之铁豆

倮倮①为南苗之一支，分布四川之建南8县，与云南东部高原中，即古代之爨蛮也。现在人口约15万，分生熟二种。熟倮，为已经投诚汉官，列于编氓者，性较顺，滇省倮民多是也。生倮，居深山老林中，有若干部落，各戴酋长，以耕牧狩猎抢劫为业，不受汉官约束，建南8县之倮倮多是也。无论生倮、熟倮，性皆守其自有习俗、服御、语文、宗教，数千年来，不为汉族所同化，余故呼为中华民族中之铁豆。

倮倮族之文化，大约创于唐时。其文为单音字，直书，右行，去苗文不远。其宗教为巫教，祀鬼神。其俗深闭固拒，外人莫窥其详。大抵阶级甚严，同阶级始能婚配，有乱级发生性交之事，则其父母立扑杀之，决不踌躇。以此之故，能维持其纯粹血统与习俗，历2000年，不为他族所同化。

生倮复分三级：

（一）贵族　酋长掌印之者为土司，大都唐、宋、元、明、清世羁縻倮人所颁之印信也。土司家族之不得掌印者为土目。皆坐食享乐，不操生业。多识倮文。

（二）黑彝　为倮族之平民，有生业，或耕或牧，或为巫师。贫富不等。富者亦有奴隶，贫者躬亲操作。战争劫掠，此级为中坚之指挥者。一土酋所属为一支，各支不必聚居一处，大支略地多者，或分散数百里外，混居于他支之中。

（三）白彝　倮倮常掳掠邻族，如汉族、番族、苗族等，役为奴隶，称曰娃子。娃子受役既久，忘其本性，一切唯倮是从，俨然倮化。汉民呼之为"白彝"，亦曰"白骨头"；纯倮为"黑彝"，亦曰"黑骨头"。

---

① 倮倮：彝族旧称。也作"卢鹿""倮""罗落""落落"等，都是同音的不同写法。"卢鹿"之称最早见于唐代史籍。元代在今四川西昌地区及大凉山一带设立"罗罗斯宣慰司"。"罗罗"等名为元明以来史籍所习用。有些地区的彝族认为这个称谓带有侮辱性，中华人民共和国成立后已不沿用。

二、官府治倮之法

倮族不善治生，日用之物，多持强劫。若劫同族，则两族成怨家，攻杀不可解，故恒远出以劫。每劫一家，器物粮食，悉取无遗，唯弃笨重木器而已。俗以能劫人为武，全族颂之；不劫者为怯懦无用，无与论婚交际者。

其地所产，为牛皮、羊皮、羊毛、鸦片、贝母、秦艽、黄芩、防风、南星、麝香、豹皮、杉板等品。所缺为盐、布；故亦须与汉人交易。汉商入倮贸易者，须觅倮人重重担保，而后敢至。故其物价甚昂。倮人好金而吝，得金即积藏之不忍用，不甘以之交易。日用物品，又不能自造，遂常外出行劫，养成风气也。每劫得大批物品归，则安坐享用，暂不劫人。使用既罄，又复出巢。劫物之外，兼掠人为娃子。汉人剿不胜剿，防不胜防，唯有远徙避之。每值汉军强盛，则倮人退回老巢。汉族垦民，拓展至于山麓之地，或值汉军势弱，倮人出巢，则汉民退处城堡附近，昼夜防守，仍不得安。如此张弛消长，永无宁时。汉官唯于施行痛剿后，复令投诚夷支，出一重要头人土目，来县坐质，保以后不复出劫，是为"质夷"。凡遣质夷，皆先有大头人来，与汉官钻皮歃血为誓。其法：椎一牛，滴血酒中，剥牛皮张于架上，官与土酋，各从皮下穿过，甫出皮外，即有一人持血酒一与之，立饮尽。有巫师在侧作法，咒曰"如渝盟也，有如此牛"。倮族畏誓，能确遵约。

质夷，囚夷卡中，禁锢甚严。某支地界出事，则提其质夷严鞫，使函致其酋，清退人赃。不承，则严刑拷掠，必承乃已。凡笞夷，皆缚其腿胫，屈膝跪地，锢一手于板凳上，一人紧抱其头，一人反屈其另一手向后方，使不得弹动，然后笞之。每打必至坟肿，状至残酷。如稍松缓，即每反抗伤人也。其人受创深时，大呼呜呜，终至承认办查原物，遣人走告其家，备述苦楚。如为其支所劫，其家必清还原物；如为他支所劫，亦必约其本支前往索取，不还即成怨家，互相报复，至于还而后已。

质夷在卡，平时皆上镣铐，防逸。其家每数月或一年，辄易一人坐质，以均苦乐。建南倮罗，经同、光间大剿后，各有坐质夷人在西昌狱。清末民初，建南安靖。民国六年（1917），各股倮罗忽合股袭入西昌，扑卡，劫质。质夷亡失大半。其时川军某部镇建南，驻西昌，事前未有防备，事后未曾追剿，建南人民俱传其受倮族30万两，卖放质夷云。自是以后，夷乱大作，宁属垦地，为之荒废大半。近年屡次征兵，又渐有质夷增加云。

三、倮罗与师巫

倮族建屋山中，多系茅舍。只屋一间，上方铺竹席，昼为尊位，夜为卧所。家神供于席后壁上，无偶像与牌位，仅折树条花草一小枝插于壁间。初入倮家，不知其为神也。席之右侧为火塘，右角为牛马牢。贵贱皆赤脚。脚皮坚厚，能践荆棘。布衫着裤，外披毡衫。毡衫用牛羊毛织之粗布，或羊毛毡为之，多黑色，长方形，而于一边贯绳，约而褶之，以为领，仿佛古时之披风。倮人出必披之，可以避雨，亦可恃为穿逾荆莽之助。夜以为衾，蒙首而卧，脚以下听其露出。女子无裤，着百褶之裙，多白色，褶层相覆五六级，式如覆瓦。黑彝之裙甚长，骑马亦不露脚；白彝盖臁胫而止，是为定制。头缠毡布，挽坚结于额，形如乳角。此为倮倮保育之神，尊崇甚笃，他人不得以手触之，触为慢神，其人必拔刀相仇。入室而对其树枝溲溺者，亦然。其饮食甚粗粝，以荞麦为主。亦嗜饮，不能自酿，常掠汉人入山为之酿造。醉后迷乱，每致因戏相杀。其地不产盐、布，赖汉商贩往；相禁不劫盐、布商人（但亦须有保者）。家畜必饲以盐。盐甚贵，平时人不忍食，年节乃肯尽量用之。其年节亦与汉俗同期，闲休三日。杀一猪，三日之内必将全猪食尽。若为奴隶，猪头必献于黑彝主。俗以其猪头为最敬也。杀猪用刀，杀羊用梃。猪用火炙，羊则剥皮而烹之。其烹肉，给盐而已，无他作料。无陶器，剜木为碗，手拈而食之。低湿之处，亦有稻田，知造米饭，且有水碾水磨之属；高山无稻之处，则食荞粑；或用甜荞米做饭。无大小麦及青稞，唯有燕麦，量甚少，仅充点心。安宁河以西之倮，乃有种青稞与玉蜀黍者。金沙江沿岸之倮，有种麦者。

倮族文书，唯师巫识之。师巫有二类：持铃者曰"笔母"，俗呼"蛮端公"；持鼓者曰"苏力"，俗呼"蛮道士"。传师巫有邪术，能禁鬼。凡倮倮病，咸认为鬼祟，延巫治之。巫削桃柳为弓矢刀剑，缚室中，以为神；自坐火塘侧，倮之家人娃子伴之围坐。巫一手持羊皮鼓，一手以弓击之，蓬蓬有声；口诵经咒。已而神降，巫身战栗，鼓乱鸣。神去体宁，始宰鸡羊作法禳解。又或以木叉一，付另一人持之，巫对其人念经，则神附于执叉者，跳跟室内，驱逐鬼邪，云可使病愈。亦往往有验。倮俗，凡憎怨于人而不能报，则延巫作法，咒一鸡或猪、羊，打而死之，以其头向门外，念经咒久之，谓此鸡羊猪之鬼，即将痛恨怨家而往祟之。他人病，亦每自疑为怨家所咒，则亦延巫作法，使其牲之鬼不至来祟，称为"短口嘴"。凡巫作法毕，以所削桃柳刀矢悬主家门上，谓鬼魅望见即避，不复能为害矣。倮有巫蛊术，取发或银物，封瓦罐中，施咒后，潜埋怨家宅近，则其家多不幸事。如其家已觉中人巫蛊，则亦延巫治之。巫能作法，识所埋处，发而破之。师巫无阶级，白彝习者，较黑彝多。建南汉人，或亦习之。汉户有病，亦多延巫逐魅。未识是汉巫传于倮中，抑汉人化于倮俗也。

倮死，皆行火葬。俗尚骑马，某家丧葬日，远近名马皆来会驰赛，以当吊唁。赛马外，亦喜打猎跳歌，其汉人亦称为"跳歌装"。跳法甚简单，或歌而不跳。其祀神，不焚香楮，亦献酒肉。每年六月二十四日，祀先祖于家（家神即壁间所插之树枝或花草）颇似汉人之中元节。其日，以蒿枝扎火把，家人各持一束燃之，鱼贯而出，绕宅一周，绕田一周，而归。

四、瓠笙与竹琴

我国古乐，分金、石、丝、竹、瓠、土、革、木八器，今则瓠器已无存者。倮夷之乐，尚存瓠制。用葫芦壳为之，穿八九孔，孔插一竹管，奏者口衔葫芦之嘴吹之，音亦悦耳。汉人呼为"葫芦笙"。

又有口琴一种，系一薄竹片，长四寸，阔三分，刳虚之，留一线之篾为弦，首尾横处皆存，持向口边吹之，亦具琴韵。或去中心篾弦，以丝代之。此物西番亦盛行，《维西志》亦载之，且系三枚合组，或其为滇边原产，偶然流行于番倮中耶。

五、倮倮婚俗

倮人婚俗甚奇。男子向女家求婚，女家恒索财礼甚奢，富者或数千元。嫁时，女子亦自携私蓄来，其父母复以娃子赔嫁，所值殆足相抵。婚日，亦杀牛羊宴客。搭棚于屋外，以居新夫妇，不使进本屋，意防煞邪入室也。凡婚，男宅命娃子丫头担酒牵马赴女宅迎亲，女家亦遣奴仆送之。新人骑马，来入棚内，与男同室，异席而宿，貌若路人。夜半，新郎潜赴女席，新娘拒之，互抓啮殴扑，至于力竭，仍不得交。每夜如此，新娘乘间逃回。男家须再致聘金，馈牛酒，使人牵马迎女。女亦再携陪嫁若干至，再如前同居。如不得交，女仍逃归。至于三次，聘金陪嫁皆尽，始得交媾。亦尚不得为夫妇，外貌疏淡，仍若路人也。迨有孕，始相亲接。既生子，则其父母另筑一室，分出居之。凡倮倮，每娶一子，见孙即分。子孙蕃衍，是为一小支。

猓女亦有秀美者，甚贞洁，绝无外遇；有则其父母立杀之。汉人在建南，有与猓女亲昵，诱以狎亵者；女婉转推拒，坚不肯从。自谓一度春风，即遭惨戮。

六、昭觉故事

昭觉，今世之侨县也。原县在大凉山之南，属西溪河流域，当雷波入建南大路，土名大田坝。丰原纵横十余里，产稻，四围皆猓户也。清道光中，大剿凉山猓猓，筑土城于此，曰交足汛。驻把总一员，以兵戍之。招民领垦，得汉人百余家，多以经营猓中盐、布商贩为业，故曰交足。清末时，汛兵势弱，猓猓复出行劫。宣统元年（1909），饬建昌镇督兵协剿。于是宁远府陈某与建昌镇田某，率军自西进；马边董统领率军自北进，两路军会于交足。诸官相度其地，距雷波、西昌、越嶲各3日程，距马边、峨边、披砂（昔为汛，今为宁南县）与云南之永善县，各4日程，地位适中。会请设县，辖投诚诸猓部，改称昭觉。于老城之北约四五里，另筑新城。砖石坚固，规制皆如内地。拆老城材木，建衙署市街祠庙，更徙西昌贫民实之。驻军3营备彝，自县东之乌坡厂（铜厂，距昭觉60里）至县西之玄参坝（距昭觉160里，距西昌60里，）皆汉军也。一时商贾云集，矿务兴盛。川商入建南者，多弃相岭大道，改趋此途。民国二年（1913），田剑秋任昭觉知事，令无论汉彝，一律按亩纳税。猓猓方畏汉民借垦强占，闻纳粮者得为永业，皆喜跃升科。时有西昌大兴场人被劫，传为昭觉四块坝马家猓猓所为。有四块猓至大兴场购物，场民拘之。四块马家，亦出猓队劫沿途汉商，以备交质。适有营长曾璧光，率军进驻昭觉，保有商货同行；其兵多以枪捎商驮上，徒步从之。马家彝见商驮，拟挡获；兵与之争，遂致冲突，互有杀伤。枪与商驮，为猓人所掳。曾惧上峰见责，委过知事，曰："田剑秋派粮逼反。"田被撤差，竟罢征粮。昭觉既无粮，不能养兵，渐渐抽调驻军外移。至民国五六年时，仅存一哨（100人）。民国七年（1918），刘成勋接防建南，派其将宿靖南入驻西昌，因剿礼州（属西昌）热水彝失利，滇人华凤歌自会理来袭，宿调此一哨自卫。于是昭觉无防军，猓渐滋事。县知事段某，惧赴西昌请兵。时建南大乱，无兵可拨，段遂辞不返治。民国八年（1919），陈遐龄抚有建南，委邛崃人宋诚门为昭觉知事，宋请派防军同行，自正月至六月不得请，遂留西昌不敢行。猓猓见官久不至，遂反。

先是昭觉设治，初招抚附近白彝。有白彝30余家，100余人，皆昔被猓猓掠卖为奴，已传二三世者，及是来归，安置城内，称为难民。附城猓猓八气家之奴最多。

八气，巨族也；冕宁甘相营与越嶲皆有其分支。民国八年（1919）六月十日晨，纠合倮众3000余，突来扑县。城中时有汉人百余家，难民30余家，共有壮丁约200人，无官无兵，又无宿备。及是，仓皇失措，被倮倮大掠，十室九空，器物掠尽，乃杀难民首领魏有甫，尽缚难民，将及汉户。有原在县署充当士兵之倮赶至，力阻诸倮勿犯汉人，恐汉军将复至也。于是邀集汉户首领李少璞等，出与倮酋议和。议定倮军不杀掳汉人，但将所已劫得之财物与难民携去；汉人呈报，官府须为倮军粉饰，谓系索取娃子，并非反叛，请勿派兵前来。汉户方在危险中，皆依之。倮众当退去。将退时，悉杀难民之壮丁与老者，只留妇孺，与所劫财物，按支摊分，捆载而去，凄惨之状，传者泣血。汉人遵约呈报西昌，时陈遐龄旅长孙涵驻防建南，掩耳盗铃，竟不派遣防军。虽委知事，无敢赴任者。昭觉汉户失望，渐渐徙去。现存数家，皆托士兵保护，佃倮地耕种；倮人利其磨面酿酒木石等艺，且资其贩入盐布诸物，故能苟存也。

民国九年（1920），西昌人罗仲鸣任昭觉知事，曾赴昭觉一次，驻数月而出。此后知事，皆侨驻西昌，坐领薪俸。民国十七年（1928），王树宣任知事。时建南为24军防地，责知事赴任，不赴任者停其俸给。王请倮民沿途保送，曾再至昭觉一次。至则城与衙署市街皆为倮民撤毁，无托足处，寄宿倮宅数日，闻倮人将害己，复请其酋保送出境。抵西昌后，粉饰呈报，颇受上峰嘉奖。自是以后，知事皆侨寓西昌。

昭觉为二等县缺，全衙每月开支五百元，至今由西昌县政府按月拨付云。

七、某军官卖白彝

建南黑彝甚少，白彝甚多。黑彝每户所辖之白彝，多者千余户，少亦数十人。白彝苦作如牛马，偶有积蓄，受主家剥削殆尽，终不能富。所生子女，不得自主婚嫁，婚嫁之权，操于主家。倮女出嫁时，提白彝女为丫头，赔嫁他支；他支主家，以自配其娃子；故白彝无亲戚。凡作战，白彝丁壮，概籍为前队，死伤甚众，绝不抚恤。战败纳款，或黑彝有其他馈赠，皆派敛于所属白彝；黑彝所蓄不能用也。

黑彝嗜积金，每得一文二文，即储勿用；积十余千，辄易1元藏之；积14元，易银一锭藏之；积再多，易一大锭藏之。其室无箱柜，大锭皆藏深山土中，使人勿觉。每值宴客，则窃自取回，陈列室内，夸耀于众。酒酣，忽独逸去，仍藏其银，虽子女不使知。多有黑彝暴亡，其银竟不复出于土者；故倮山中时得无主窖藏也。若白彝，稍有积蓄，即被主家攫去。故黑彝甚富，白彝甚贫。黑彝如遇白彝谋叛，不能制止之时，即出其私财，贿买官府为之制止。汉官爱财，助其压抑白彝。白彝皆贫，故不得官府保护也。相传从前川军某营长时，驻防冕宁。于时官势颇强，各支黑彝来县坐质者甚多。黑彝为供献官府货贿，重剥白彝，白彝不能堪，相结叛倮归汉，全境默契，约日待发。黑彝知其谋，惶恐无以为计，共集生银3000锭，贿某营长出为弹压。某受之，使人传语白彝："敢叛者剿。"白彝遂不敢动。黑彝得以计戮为首者，以次诛杀可疑丁壮，死数千人。自是以后，白彝无复敢叛倮者。

八、打怨家

相传倮族生子，则称与儿同量之铁铸刀，待儿满16周岁，聚族人，行授刀礼；历数各支怨家与结怨缘由，责儿报复。其平时家人聚谈，亦为怨家历史而已。儿既壮，时刻以报仇为念。每于农暇，纠合族人，及其娃子，攻入怨家村落，杀人劫货而归，是为报仇。每报一仇，则砍一痕于刀背志之。以刀背痕多为荣。

任何倮人皆有怨家。报怨之法，或暗袭，或明攻。胜者虽云报仇，败者复认之为怨家，更图报复。辗转相报，历十百世不能已。如杀一男子，唯其父族仇之。如杀一女子，女之父族母族皆为之怨家。故倮俗视女子甚尊贵。如两族争斗纠结不解时，他族出为和解必先以女子入阵大呼停战。双方见是女子，唯恐伤之，战事立止。各退半里，由调停人往来议和，双方不得面议，恐被劫挟持也。如双方或不允和，其女子声言"无面回家，行将自杀"，则莫敢不诺。盖如女子因此自杀，则更多怨家而至也。凡倮族解仇言和，必须设誓：小誓杀一鸡，掷其头于门外；如头向内，则云信誓可久；向外，则云易渝。大誓椎牛，钻皮歃血。

倮族女子受辱，即委其裙于地而去，必待族人复仇，始肯着裙。其裙在地，他人亦莫敢取，取则亦成怨家也。是故旅行倮中，能得女子保险向导，最为安全。

九、邓秀廷治彝

今川康边防军旅长邓秀廷，冕宁县二四营人，精倮语，有胆力，初以办团受抚。编为营长，后从羊仁安，渐升至团长，驻防冕宁甚久，长于治彝。冕宁自张英去后，倮人张肆，道路皆塞。经邓剿抚数年，现已收复八九。其治彝术，专在利用各支相仇。居常刺探各支仇怨，每晤见彝倮，辄以倮语挑拨之，俾其互斗。相杀日久，势力渐弱，并来乞助于邓，因得取人坐质，而羁勒之。其于倮之来归者，复能抚以恩信，得其欢心。纵若害之，其人不自觉矣。其部下收抚倮人甚多，用为仆役，奔走出入，未尝疑之。曾有怨彝七八支，恨之入骨，不能报，相集聚金，买邓贴身彝仆行刺，邓佯死获免。于是大戮诸支黑白彝至数千人。幸脱者皆远逃不敢归。威名著于建南。其后办越嶲彝务，西、昭彝务，德昌彝务，大都剿多于抚，并著成效。

十、倮番相同之点

倮倮与西番，虽为两族，然其风俗语言相似之点甚多。列举于下，足证两族具有同源之历史。

关于语言者　倮倮语言专家杨成志君谓："倮倮语言有六特点：（一）动词常在名词之后。（二）形容词常在名词之后。（三）主位与领位连接。（四）指件字在后。（五）前置词在后。（六）无所有格代名词"（《从西南民族说到独立罗罗》载《新亚细亚》第四卷第三期）。此种语法，恰与番族相同。例如：（一）喝茶，番语为"茶喝"。（二）大狗，番语为"狗大"。（三）大狗咬我，番语为"狗大我咬"。（四）一个人，番语为"人一个"。（五）我在此处，番语为"我此处在"。（六）你的儿子，番语为"你儿子"。（藏文有所有格代名词，为字甚繁。番语则每略之。）番倮并未曾建统一之政治与联合之文化，而语法吻合若此，可见其同一族源。

关于制度者　倮倮社会制度，阶级甚严，贵族有贵族之阶级，奴隶（娃子）有奴隶之阶级，层层役属，尊卑判然，异阶级者不通婚配。西番制度，恰亦如此。

关于风俗者　倮倮小部独立，彼此相仇；一人有事，全部护之；不问是否仇家，但属仇者部落，一概施以报复；非经议和，百代犹不解怨。西番风俗，恰亦如此。

关于性习者　倮倮重牧轻农，喜寒恶热；昼之所衣，夜以为被，屈脚蒙首，曲卷而卧；家人牛羊，共室栖处。西番性习，恰亦如此。

关于宗教者　倮倮迷信鬼神，崇奉巫觋，不奉喇嘛教；此虽与现在西番不同。然试考佛教未入康藏以前，番人所奉巫教，固亦如此也。

由此，可知番倮本属同源：特因西番地面，曾经吐蕃统一，推行佛教，民性驯优，文化较高；倮倮未受汉族同化，亦未受佛教训练，僻居深山，自创语言，遂与番族相异也。使能推进西康佛教，助其阐演于倮众之中，消其鸷性，似较以汉人武力勉强羁勒，为易收功。此亦治边者所当特予注意者也。

第十六章　滇边诸族

一、摩些木天王

　　摩些①为康、滇间最大民族，亦最优秀之民族也。些读如娑，英文作 Moso，法文作 Mosso，美人骆克称之为 Nashi，其族在汉为越巂诏，六朝时为笮国诏，唐时为摩娑蛮属南诏，宋时曰摩些诏，为大理属部。其酋麦琮，始制摩些文字。传子麦良，值元世祖征云南，麦良首先迎降，封丽江路军民总管，世袭。至明洪武十五年（1382），其酋阿得投诚，赐姓木氏，授丽江土知府。万历中，丽江木氏浸强，日率摩些兵攻藏番地，陷维西、其宗、喇普、康普、叶枝、奔子栏、阿敦子诸地，屠其民而徙摩些戍之。更出兵北伐，筑碉于九龙、木里等处。巴、理等番皆迎降。于是其地东抵雅龙江，西抵怒江，北至打箭炉、巴、理塘附近。划分部落，而以摩些治之，称为"木瓜"，犹云"官也"。命百姓称之为"那哈"，犹言"主也"。（骆克称摩些为 Nashi 即由此故。）而丽江巨酋称"木天王"。今泸定县南之摩西面，实称"摩些面"，谓摩些故境也。俗读些为西，故讹为摩西云。（俗传穆桂英杂剧，其父曰穆天王，其将曰木瓜，盖即隐写摩些故事也。）

　　木氏虽建大国于康滇间，称为天王，实未背明，亦未建有国号。其对中国，仍称土府，甚恭顺。屏蔽藏番，捍卫滇南，木氏镇滇，深倚畀之。土府子弟，皆弃其摩些文而习举业，有入泮者。崇祯时，徐霞客游滇，木氏慕其文迎至丽江，款洽十余日，并倩修《鸡脚山志》。风雅有足多焉。于《徐霞客游记》，足以窥见当时木氏文化之一般。兹节录之如下：

---

① 摩些：今纳西族。隋唐史籍称之为"摩沙"或"麽西"，其后多称"麽西"。其族多自称"纳"或"纳西"。

叶枝之摩些王遗迹

叶枝在云南维西县北澜沧江岸，明之中世，摩些木天王西征，降服栗粟、怒、俅①诸夷，版图展拓至伊洛瓦底江流域，筑碉于其宗、喇普、叶枝等处，以摩些兵戍之，相传最后之摩些王即位于叶枝云。澜沧江流域少雨，故此土碉能历五百余年不圮。（采自美国《国民地学杂志》）

"历象眠山之西南垂，居庐骈集，潆坡带谷，是为丽江郡所托矣。……俗又称为天生寨，木氏居此二千载，宫室之丽，拟于王者。盖大兵临，则俯首受绁，师返则夜郎自雄；故世代无大兵燹。且产矿程盛，宜其富冠诸郡云。

二十八日（崇祯己卯正月），通事言：木公命驾下午向解脱林——在北坞西山之半，木郡诸刹之冠也。……

二十九日，晨起，具饭甚早。通事备马候往解脱林。……寺南冈上有别墅一区，附近寺后，木公憩止其间。……木公出二门，迎入其内室，交揖而致殷勤焉。布席地板上，主人坐在平板下，其中极重礼也。叙谈久之，茶三易，余乃起。送出外厅事门，命通事引入解脱林。寓藏经阁之右厢。寺僧之住持者为滇人，颇能体主人意款客焉。

---

① 栗粟、怒、俅：今傈僳族、怒族、独龙族。

己卯二月初一日，木公命大把事以家集黑香白镪十两来馈。下午，设宴解脱林东堂下，借以松毛，以楚雄诸生许姓者陪宴。仍侑以杯缎——银杯二两，绿绉纱一匹。大肴八十品，罗列甚遥，不能辨其孰为异味也。抵暮乃散。

初二日，入其所栖林南净室。相迎设座如前。既别。仍归解脱林。昨陪宴许君来，以白镪易所侑绿绉纱去。下午，又命大把事来求作所辑《云薖淡墨》序。

初三日，余以序稿送进。复令大把事来谢。所馈酒果，有白葡萄、龙眼、荔枝诸贵品；酥饼、油线——细若发丝，中藏松子肉为片，甚松脆；发糖——白糖为丝，细过于发，千条万缕，和揉为一，以细面拌之，和而不腻——诸奇点。

初四日，有鸡足僧以省中录就《云薖淡墨》缴纳木公。木公即命大把事传示，求为校正。其所书洪武体，虽甚整，而讹字极多；既舛落无序，而重叠颠倒者亦甚。余略为标正，且言是书宜分门类编，庶无错出之病。晚，乃以其书缴入。

初五日，复令大把事来致谢。言明日有丁祭之举，不得留此盘桓，特令大把事一人听候，求再停数日，烦将《淡墨》分门标类，如余前所言。余从之。以书入谢。且求往忠甸（中甸）观所铸三丈六铜像。既午，木公去，以书答余，言忠甸皆古宗，路多盗，不可行。盖大把事从中沮之，恐觇其境也。是日，传致酥油面饼，甚巨而多，一日不能尽一枚也。

初六日，余留解脱林校书。木公虽去，犹时遣人馈酒果。有生鸡大如鹅，通体皆油，色黄而体圆，盖肥之极也。余爱之，命雇仆腌为腊鸡。

初八日……别而下山。……有把事一人，挈一人荷酒献胙，冲雨而至，以余尚未离解脱也。与之同过府治前，……仍税驾于通事小楼。……前缴册大把事至，以木公命致谢。且言古冈亦艰于行，万万毋以不赀蹈不测。盖亦其托辞也。然闻去冬亦曾用兵吐蕃，不利，伤头目数人，至今未复。鼠罗、古宗，皆其北境，相接，中途多恐，外铁桥亦为焚断。……

是方极畏出豆。每十二年逢寅，出豆一番，互相牵染，死者相继。……木公长子袭郡职者，与第三子，俱未出豆，以旧岁戊寅，尚各避山中，越岁未归。惟第二、第四——名宿，新入泮鹤庆——者俱出过。公令第四者启来候，求肄文木家院焉。

初九日，大把事复捧礼仪来致谢，酬校书之役也。皮褥一，黄金四两，再以书求修《鸡山志》，并恳明日为其四子校文木家院，然后出关。院有山茶甚巨，以此当折柳也。余许之。

其俗新正重祭天之礼，自元旦至元宵后二十日数举方止。每一处祭后，大把事设宴燕木公。每轮一番，其家好事者，费千余金。以有金壶八宝之献也。

其田亩，三年种禾一番。本年种禾，次年即种豆菜之类，第三年则停而不种，又次年乃复种禾。（按即轮栽闲休之法也。西番亦解之。）

其地土人皆为摩些。国初汉人之戍此者，今皆从其俗也。盖国初亦为军民府，而今则不复知有军也。止分官民二姓：官姓木——初俱姓麦，自汉至国初，太祖乃易为木。民姓和，无他姓者。其北即为古宗。古宗之北即为吐番，其习俗各异云。

初十日，晨餐后，大把事复来候往木家院。通事具骑，而大把事忽去；久待不至，乃行。……度板桥而南，则木家院在是也。先是，途中屡有飞骑南行，盖木公先使其子至院待余，而又屡令人来示其款接之礼也。途中，与通事者辄唧唧语，余不之省。比余至，而大把事已先至也。迎入门，其门南向，甚敞，前有大石狮，四面墙垣之外，俱巨木参霄。甫入，四君出迎。入门两重，厅事亦敞。从其右，又入内厅，乃拜座敬茶。即揖入西侧门，搭松棚于西庑之前，下借以松毛，盖行重礼也。大把事设二桌，坐定，即献纸笔。袖中出一小封曰：'家主以郎君新进诸生，虽事笔砚，而此中无名师，未窥中原文脉，求为赐教一篇，使知所法程，以为终身佩服。'余领之。拆其封，乃木公求余作文，并为其子斧正，书后写一题曰：'雅颂各得其所。'余与四君即就座拈毫，二把事退候阶下。下午，文各就。余阅其作，颇清亮。……四君年二十余，修皙清俊，不似边陲之产。而语言清辨可听，威仪动作，悉不失其节。……抵暮乃散。二把事领余文去，以四君文畀余，曰：'灯下乞细为删抹，明晨欲早呈主人也。'余领之。四君送余出大门，亦驰还郡治。……

十一日，昧爽，通事取所评文送木家院。就院中取饭至，已近午矣。觅负担者，久之得一人。遂南行。……"

唯时木氏武力已衰。永宁与奔子栏北诸番，大都隶属于青海蒙古。顺治十六年（1659），清军入滇，木氏投诚，仍授土知府世职。摩些族首先剃发，为西南诸夷中最恭顺者。吴三桂镇滇，弃金沙江外照可、你那、鼠罗、香罗、中甸（皆今康滇间地）于青海，而责其粮赋于土府。僭位后，又割江内其宗、喇普以西赂达赖。土府木懿不受檄，因之7年，瘐死。于是摩些式微，木氏困败。雍正元年（1723），降为土通判，易锡印，摩些益衰。然其地犹纵横二三百里，人口30余万，仍不失为康滇间一大民族。外人犹尊称之为"那哈"，或丽江人。罕以摩些呼之也。

摩些原奉巫教与缅甸式佛教（小乘佛教）。入清以来，喇嘛教始盛。虽自有其语言文字，然安于汉化；世家大族，皆读汉籍，行汉语。人民情俗，在汉族与西番之间。故旅行滇康间者，雇摩些为向导与通译最宜。

二、摩些风俗

记滇边诸民族风俗者,有《皇清职贡图》《云南通志》等书,率多道听途说之词,挂漏乖讹,无当于实。唯余庆远《维西见闻》所记,最为翔实确切,兹转录之如下:

"么些,即《唐书》所载么些兵是也。原籍丽江。明土知府木氏攻取吐蕃六村康普、叶枝、其宗、喇普地,屠其民徙么些戍之。后渐蕃衍。倚山而居,覆板为屋,檐仅容人。自建设以来,男皆剃头辫发,不冠,多以青布缠头。衣盘领白羼,不袭不里,棉布裤不掩膝。妇髻向前,顶束布勒若菱角。耳环粗如藤,缀如新眼果,铜银为之,视家贫富。衣白褐青绿,及脐为度。以裙为裳,盖膝为度。不着裤,裹縢朋,以花布带束之。女红之类,皆不能习。男妇老幼,率喜佩刀为饰。不呈靧①泽,衣至敝不浣,数日不沐,经年不浴。冬不重衣,雪亦跣足,严寒则覆背以羊皮,或以白毡;近年(乾隆时)间有着履屧②者。头目效华人衣冠,而妇妆不改,裙长及胫,亦其旧制,以别齐民也。多畜马牛羊及琵琶猪。(冬日屠豕,去骨足,腌令如琵琶形,故云)为富,头目倍富之。二三百户或百余户或数十户一头目。建设时,地大户繁者,为土千总、把总,为头人;次为乡约,为火头;皆各子其民,子继弟及,世守莫易。称为'木瓜',犹华言官也。对之称为'那哈',犹华言主也。所属么些,见皆跪拜奉物。及对,则屈膝。讼亦赴诉,有不率,头目鞭笞之。农时,助头目工三日。谷将熟,取其青者蒸而舂脱粟,曰'扁米',家献二三升。腊奉鸡米。元日,头目以火饭劳之。火头见头人土官,则拜而侍坐。火头,又头人之所属也。宾主为礼,俯首以手抚胸。久不见及节序,则交拜。父母在,子有往,旬日必告必面,出返必拜。俎高一尺,铺毡踞坐,贫则以席,以草茵。延客,肴不过三,酒一杯;馂余③客携去。卧无衾茵,夜则攒薪置火,各携席藁,袒裸环睡,反侧而烘其腹背,虽盛夏亦然。富者备衾枕毡褥之类,而亦置火于侧,露其上身烘之。有字迹,专象形:人则图人,物则图物,以为书契。无姓氏,以祖名末一字,父名末一字,加一字为名;递承而下,以志亲疏。娶,以牛羊为聘;头目家并用马,均至十数。人死

---
① 靧:音 huì,洗脸。
② 履屧:粗鞋。
③ 馂余:余剩的食物。

为丧服，棺亦竹席为底，尽展死者衣于柩侧，而陈设所有琵琶猪。头目家丧，则屠羊豕，所属么些吊，皆饭之。死无论贵贱，三日后舁至山，厝薪灌酥，焚而弃其骨，取炭一寸瘗之。每六月五日，则祭于瘗炭所；迎神于家，炙小豕祭焉。三年后。不复祭。其人悉性惰而淫，敬佛信鬼，而不善于治生。然朴愚易治。河干山麓，可耕之土，多而不垦。蔬圃果木之利不兴。喜猎而爱犬，犬易三犊。闲则歌男女相悦之词，曰'阿舍子'。词悉比体，音商以哀，彼此唱和，往往奔合于山涧深林中。喇嘛之长至，则头目下少长男女礼拜，视家所有布施。家贫，虽斧俎之属，取以奉之。西藏大喇嘛至，礼拜布施益甚。得其片楮只字，以数十金计。贫者得其粪溲，奉之家中佛龛，焚香而拜。或伏于道左，俟其过，举马尾以拭目，谓可却疾。头目有二

摩些喇嘛（云南康普寺僧）

三摩些喇嘛并立一藏式经塔前，各持一念珠，其二有手摇转经轮。此等僧侣之服装与器物并为纯粹之西藏式，中有一人曾至拉萨习经，精通藏文。

三子，必以一子为喇嘛。归则踞坐中庭，父若母皆拜。病不医药，延其巫曰'多巴'（东巴）禳祝，皆竭资以酬。谷麦未熟，以半值预售其半。及熟，则治衣酿酒，不计餐，坐食之。麦秋一月而饥，西成三月而饥。蔬食菜羹，并日而食；习以为常，而莫之致也。自设流官以来，俱极恭顺畏法。读书识文字者多有之，补弟子员者四人，中式武举者一人。"

三、估倧为西番之一支

滇人所称之估倧（古宗同）西人并于土伯特。余考古宗本西番之一支。盖摩些与西番，原以金沙江为天然分野，自唐迄明，摩些强盛，渐浸江北，征服番族，呼之为"古宗"。（呼雪山以北未被征服之番为"巴苴"。）被征服之番，亦颇化其习俗，与雪山以北之番微异。滇人少入康者，不知西番，故从摩些语呼为古宗。西人以凡与西藏同俗之民族皆为"土伯特"，故有诸异称也。大抵滇人所称之古宗，约可分为二部：近摩些者曰"摩些古宗"，即同化于摩些较深之西番也。远摩些者曰"臭古宗"，即同化于摩些较浅之游牧番人，衣服不洁，体多酥油败臭者也。仍附《维西见闻》所记，以资参证。

"古宗即吐蕃旧民也。有二种，皆无姓氏。近城及其宗、喇普明木氏屠未尽者，散处于摩些之间，谓之'摩些古宗'。奔子栏、阿敦者，谓之'臭古宗'。语言虽同，习俗性情迥别。摩些古宗大致同摩些。惟女髻辫发百股，用五寸横木于顶，绾而束之，耳环细小，与摩些异。臭古宗以土覆屋，喜楼居（即碉房）。近衢市者，男则剃头，衣冠尚仍其旧。僻远者，男披发于肩，冠以长毛羊皮染黄色为檐，顶缀红浅缨，夏亦不改。红绿十字文罽为衣，冬或羊裘不表，皆盘领、阔袖、束带，佩尺五木鞘刀于左腰间，着茜红靴（即番靴），或以文罽（即毡毯）为之。出入乘马，爱驰骋，鞍鞯极丽，多饰以金银宝石。妇发下垂，缀珊瑚绿松石，杂以为饰。衣盖腹，百褶裙盖䐚肕①，俱采䋺②为之，裙或文罽，或彩色布。罽袜，单革软底（实即靬也）。不着裤、履。项挂色石数珠，富则三四串，自肩斜绕腋下。一妇妆饰，有值数百金者。土官头目，剃头辫发；入城用华人衣冠，归则易之，惟帽檐饰以织金为别。垦

---

① 䐚肕：指健壮的小腿。
② 䋺，又作罽，音"计"（jì），毛织之布。

山地，种青稞麦黍，炒为面。畜牛羊，取酥。嗜茶。食则箕踞于地，木碗盛面，釜烹浓茶，入酥酪，和炒面，指掬而食之，曰糌粑。餐止拳大一团。延客置酒盈樽，自酌尽醉；牛羊肉及酥食不尽，以衣裹去。食毕，手指腻，悉揩于衣。无贵贱皆然。其人率膻秽不可近，"臭古宗"所由名欤。兄弟三四人共一妻，由兄及弟，指各有珙，入房则系之门以为志，不紊不争。共生子三四人，仍共妻，至六七人，始二妻，或独妻，则群谓之不友，而女家不许。以其寒，不产五谷，乃如此。亦由污俗，习为故然。故土官头目，家非不裕，亦共娶。兄弟之子女即互配。华人通其妻，亦莫之问，下此更可知也。交易皆与妇人议。妇人辨物高下不爽，持数珠会计极捷。吴、秦人为商于其地，皆租妇执贸易，去则还，而古宗收其所生之子女为酬焉。人死无棺，生无服，延喇嘛卜其死之日，或寄之乔木食鸟，或投之水食鱼，或焚于火，骨弃不收。阿敦子以上，人死则延喇嘛诵佛经三日，吹笳而雕至，剥肉抛以食之。剥

古　宗

阿敦子附近之古宗，夏日着毪衫，袒臂赤足，戴牛毛假发辫贯象箍为饰，项下悬护身符数绺，貌甚朴野，性实和善。

工取其髅骨一，臁肕骨二，以为值。髅为器售之，臁为笊售之。喇嘛以藏佛经为富，皆古宗字，来自西藏，曰《番藏》，部二百余函，多藏至三四部，皆绘帙锦绒，髹楗金饰。其学即习佛经。字如乌迹篆，自左至右横书之。能历法，月大小及闰，与时宪书有前后之异。日月食时刻皆同，分秒则不能推矣。头目之制，见头目之仪，与摩些同。惟诉讼，以贿之多少为曲直。制窃盗之法最酷，或断其手，或剜其目，炙酥灌之。人信佛，奉喇嘛较摩些为尤谨。习勤苦，善治生，甚灵慧。耕耘之暇，则行货为商。所制鋈银铁器精工，虽华人亦不能为。歌曲词虽难解。而抑扬顿挫，节奏可听。琵琶三弦胡琴之类，俱备七均，特形制不同中土耳。弓矢火器，亦能为之。此皆非摩些所能。第其性皆强悍，偏执而难制，稍不如意，则纠党互斗，喇嘛排解之乃散。其受治于流官，俱执自明以来之旧规为说。流官至其地，矫之微不近情，辄鸣鼓聚众，执杖露刃而逐之。官以不顺激变，皆隐忍不上闻，益足以长其奸。近更桀骜。然顺以抚之，亦可驯也。"

四、那马即民家①

云南西部，大理、腾越附近，有汉化甚深之一大民族，称为民家（Minchia）。人口约与摩些相当，主要分布地在丽江以南，然有少数混居丽江以北，及维西、小维西等处。尽通汉语，奉喇嘛教甚早。明代摩些征服维西时，呼之为"那马"，那马，犹"喇嘛"，因其教以名之，实非人人皆喇嘛也。维西僻远，汉人少至，后之修滇志者，知有民家，而不知那马即民家也，竟并存之。至余庆远，始为沟通。余氏云：

"那马本民家，即僰人也。浪沧、弓笼皆有之。地界兰州。民家流入，已莫能考其时代，亦多不能自记其姓氏，摩些谓之那马，遂以那马名之。语言实与民家无异。男女衣服之饰，杂用古宗、摩些之制，而受制于摩些头人土官。妇女嫁而已养子者，夫喜之，谓其妻贤而有色，人始悦之也。养三四子嫁者，夫犹喜之。既嫁之后，遂不许与人近。人与其女通，父母不止禁，而不敢令其兄知；知则杀其通者。同堂兄弟之子女，即互配。死无棺，置尸床于庭，设死者衣冠，家人哭不绝声。姻娅吊，

---

① 民家：清代对今白族的泛称，又称"白爨""僰人"，"那马"是纳西族对白族的称呼。

于百步之外哭。友吊，于五十步之外哭。哭于尸所，以所携尊酒灌尸口毕，擗踊①卒哭而拜。邻以宴而款以酒。五日后，舁而焚之。葬骨立墓，岁时俱祭。丧服尤严，五世后之族兄弟之姻娅皆有服。一时轻重之服俱遇，则先服其重者，而补轻服于后，其服无节而遇恒多，故其人长年多白衣冠也。"

五、生熟栗粟②

栗粟，亦作傈僳，亦作力些。人口较摩些少，性较凶悍，而受约束于摩些。有生熟二种：生栗粟分布维西以北，怒江、澜沧江间之大山中，以猎为业。善用弓矢，炼草药为毒箭，长二尺余，弓与人齐，射三百步许，中人见血必死，唯速剜创肉可免。射中走兽，不追，翌日迹而得之，则已死矣；毒入肠，弃之，余部可食。熟栗粟住怒江河谷，南逾永昌境，北与怒子（今怒族）混居，性较顺，多与汉人亲昵。《维西见闻》所记，分析未明（原文附后），故补足之。

"栗粟，近城四山，康普、弓笼、奔子栏皆有之。男绾髻，戴簪，编麦草为缨络，缀于发间。黄铜韧束额，耳戴铜环。优人衣旧，则改削而售其富者衣之。常衣杂以麻布棉布织皮，色尚黑。裤及膝，衣齐裤，縢裹以白布。出入常佩利刃，妇绾发束箍，耳戴大环，盘领衣，系裙，曳裤。男女常跣（以上为生熟栗粟通习）。喜居悬岩绝顶，垦山而种，地瘠则去之，迁徙无常。刈获则多酿为酒，昼多酖酺③，数日尽。粒食罄，遂执劲弩药矢猎。登危峰石壁，疾走如狡兔。妇从之，亦然。获禽兽，或烹或炙，山坐共食。虽猿猴，亦炙食。烹，俟水一沸即食，不尽无归。不餍，复采草根木皮食之。采山中草木为和合药。男女相悦，暗投其衣，遂奔而从，跬步不离。婚以牛聘，丧则弃尸。不敬佛而信鬼。借贷，刻木为契。负约，则延巫祝，置膏于釜，烈火熬沸，对誓，置手膏内，不沃烂者为受诬。失物，令巫卜其人，亦以此法明焉。触怒，则弩刃俱发。著毒矢处肉，辄自执刃刳去。性刚狠嗜杀，然摩些头目土官能治之（以上为生栗粟之习）。年奉头目麦黍共五升，新春必率而拜焉。栗粟种类，在滇省各夷中，为最劣。维西者杂处于各夷中，而受制于摩些长，犹较驯顺（谓熟栗粟）。"

---

① 擗踊：捶胸顿足。哀痛貌。
② 栗粟，今傈僳族。
③ 酖酺：音 dān pú，因嗜酒而聚在一起。

六、怒子与俅夷①

怒子夷，居怒江沿岸，北抵察哇龙，南与栗粟住地相混；性最驯怯，业农与猎；汉族垦民至，每每让畔而去。自怒江逾山而西，凡俅江（独龙河）流域左右，皆俅夷也。一作佝子。其人甚凶犷，裸体缋面，以猎为业，号为"野人"，与怒子迥异。汉人不察者，仍每以怒子呼之，或曰生怒、熟怒皆误也。西文怒子作 Lutyu，俅夷作 Kjutyu 或 Chintyu。怒子为类似熟栗粟之民族。俅子为类似珞瑜之民族。住地不同，性习亦判然有别也。然内属以来，俅强怒弱，怒常役属于俅夷；故谈者常混怒俅为一族，余庆远《维西见闻》，亦未分辨。其文云：

"怒子，居怒江内，界连康普、叶枝、阿墩之间，迤南地名罗麦基，接连缅甸。素号野夷。男女披发，面刺青文（俅夷之俗也，怒子无之），首勒红藤，麻布短衣，

怒子与其弹弓

怒子住怒江流域之峡谷中，为世界最和平之
民族，身材短小，以猎为业，猎具简陋而技甚精，
虽幼孩亦优为之。（采自美国《国民地学杂志》）

---

① 怒子：怒族。历史上又作"潞蛮""弩人"等称。俅夷：独龙族。历史上又有"俅人""撬"等称。

男着裤，妇女以裙，俱跣。覆竹为屋，编竹为垣。谷产黍麦，蔬产薯蓣及芋。猎禽兽以佐食。无盐，无马骡。无盗，路不拾遗，非御虎豹，外户可不扃。人精为竹器，织红纹麻布，摩些不远千里往购之。性怯而懦。其道绝险，常苦栗栗之侵凌，而不能御也。雍正八年（1730），闻我圣朝已建设维西，相率到康普界，贡黄蜡80斤，麻布15丈，山驴皮10，麂皮20，求纳为民，永为岁例。头人闻于别驾。上闻奏，许之，犒以砂盐，官严谕头目俱约其栗栗。迩年，其人以所产黄连入售。内地夷人亦多负盐至其地交易，其人敬礼而膳之，不取值，卫之出。自贡以来，受约束，知法度。省志乃谓其刚狠，好杀。过矣。"（按：省志所指为傈夷，余氏所记为怒子也。）

七、开辟康滇间地之三大动力

西康巴、理塘之南，与云南大理以北之地，为横断山脉与南岭山脉纵横掎扼之部。雪岭瘴谷，盘错其间，水流奔放，山崖壁立，崎岖险境，寒燠万变；历数千年，汉族莫敢涉其场。虽自汉以来，云南历为郡县，然所建置，不出滇池、洱海、永昌、昆弥诸境；丽江以北，未尝有人过问也。唐之中世，南诏建国于洱海，吐蕃略地于西康，金沙江水，实为两地之天然界线。唐之末世，吐蕃崩裂，西康复为无数小部；摩些远祖曰普王者，为南诏将，"大破吐蕃，取十六城，俘其五酋"（《木氏宦谱》），渐霸金沙江南北，南诏莫能制。段氏篡诏，改号大理，摩些即自称诏。创文字，立制度，兴政化，约束附近诸族，隐然为一帝国。此开辟康滇间地之第一动力也。

元宪宗三年（1253），忽必烈自师南征：自临洮南越大渡河，经行山谷2000余里，至金沙江，乘革囊及筏以渡，摩些主迎降，遂灭大理。抚乌白蛮，得8府4郡37部；留大将乌兰哈达戍之而还。后遂因之以置云南行省。明清之有云南，皆承元世成业耳。使无元之建设，则今之云南，亦如西康、青海，或未可知。此开辟康、滇间地之第二动力也。

不仅此也，蒙古之文化与血液，亦随军力传播于康、滇之间。及今犹可验者，约有三事：

（一）浑脱　北人剥羊皮，吹气扎缚，浮水而渡，称为"浑脱"。李开先《塞上曲》云："不用轻帆并短棹，浑脱飞渡只须臾。"是也。今西宁、湟水多有之。本非南方所有。元世祖征大理，用其法攻渡金沙江。土人惊奇，由是习之。今丽江至永宁各渡，多用此法。

（二）羊骨卜　《维西见闻录》云："夷人食羖，于膊骨皆焚香而悬于佛堂门，为卜。其卜也，炉焚柴香，再拜，取骨置炉上，祝以所谋。炙灼阅时，反骨，裂纹直者吉，丫叉文明而有理者次之，乱者凶。《辽史》载契丹以羊骨灼占，谓之羊卜。《徐沙村集》云：'蒙古炙羊骨卜曰"跋焦"。'维西夷人卜法，习自番俗也，而同于契丹、蒙古。"可见维西夷卜法，有为蒙古人所教者。

（三）江卡蒙古官　今云南维西、阿墩子与西康盐井、江卡等处，多传关于忽必烈之神话。佥谓世祖曾率兵，由江卡征服西藏，因得圣僧八思巴，与之俱归。考之史籍，无此明文。然今江卡地方，有蒙古遗族甚多。其酋不称土司而称"台吉"。台吉，固蒙古官号也。其人咸自谓为元世祖遗军之后，但不能明考耳。要之：元征大理以后，既留乌兰哈达戍之，其有蒙人留住康、滇之间，而与土著之文化及血液以若干影响，固决无可疑也。

明之末世，厄鲁特蒙古顾始汗据青海，扶持喇嘛黄教，以政治势力为之推行，于是抚有卫藏、西康之全部。值摩些木氏国衰。遂侵蚀金沙江以北，巴、理、乡、稻等地，输入黄教，扑灭巫师。中甸、木里、永宁等处之喇嘛寺，似皆建于此时。及于清初，吴三桂割维西以贿达赖（当时达赖仍在青海、蒙古保护之下），于是喇嘛教势力大盛。使此纵横华离诸山谷中之复杂民族，渐趋于道一同风之景者，嘛喇教输入之力。此开辟康滇间地之第三动力也。

民俗篇后记

世人对于西康土著，恒有误认。以此对于番人常存轻视心、鄙薄心、疏远心、厌憎心，以至汉、番情感隔阂，距离日远。本篇故特为辨正，俾国人能识番之真象。

篇中地图与漫画，皆余手制。图片，取于美国《国民地学杂志》者为多，皆探险家骆克所摄。骆克摄影术绝精，经翻印后犹较普通照片明晰。然其人无学问，观察多误，文字说明亦不佳，余皆为之改译补正。此外有采自台克满《西康游记》者，因原图太小，版片模糊，余曾修正其轮廓，以犹较良于画也。

篇中关于风俗礼仪各节，多得余妇罗哲情措之助。语言文字各节，多得李蔚苍君之助。康滇间诸族各节，多得法教士华朗廷之助。

任乃强全集·第一卷

第三篇 地文篇

第一章　地　形

一、西康高原

西康全部为一大高原，世称西康高原。此高原与西藏高原暨青海高原，实相衔接，西人合称为土伯特高原。我国地书，随政治区划分之为三部而赐以三种名称也。

西康高原之名称，虽因政治区划而取得。然其适当境界，又决不能与政治区域一致。从来学者未能明定其界线。余熟察康青藏全局地势，为之规划如下：

北界　巴颜喀拉山脉全线。北为青海高原，南为西康高原。

西界　自东经92°、北纬36°之巴颜喀拉山脉，至东经92°、北纬33°之当拉岭山脉间，画一向西微突之弧线；自此至腾格里湖东方之杉松岭，再画一向西微突之弧线；复自杉松岭循丹达山脉（坊间地图作伯舒拉岭）向东南斜行，至波密东南之巴哈里山。西为西藏高原，内为西康高原。

南界　自巴哈里山南行，折东，逾亚必曲龚峡，斜达维西西境。其外为珞瑜、"野番"地，内为西康高原。又自维西东至金沙江套之石鼓，自石鼓东北至雅龙江套之洼里，自洼里东北至大渡河曲之田湾。其南为云南峡谷区域，及建南山地，其内为西康高原。

东界　自大渡河曲循邛崃山脉直达四川西北之羊膊岭，与巴颜喀拉山脉衔接。其东为四川盆地，西为西康高原。此种界划，可以下列各条说明之：

青海自洮河以西、祁连山以南之地，实为一大牧场，地貌大体平坦，海拔平均4000米，（唯柴达木低地下降达2000米，故或称其为盆地。）形势与西康高原一致。徒以巴颜喀喇山脉之大雪岭，横亘其间，障碍交通，历为羌、番之天然界线。藏人习惯称山脉以北青海之地为"安木多"。山脉以南青海辖地，则其西康区域称为"喀木"。故青海、西康两高原，应以此山脉为天然界线。

西藏高原地形，分为两部。自冈底斯山以东，喜马拉雅山以北，斯文海定山脉

(外喜马拉雅山脉)① 以南，雅鲁藏布江流域，称为"藏普"，为峡谷区域，农业地带。斯文海定山脉以北，昆仑山脉以南，内陆湖萃集之地，称为"羌塘"，为荒原区域，畜牧地带。羌塘与西康高原连为一片，实无峻岭深谷为之界划，故藏人习惯，将金沙、澜沧、怒江上游，甲得六十四族之地，亦呼为羌塘也。上举自巴颜喀拉山脉至当拉岭，自当拉岭至杉松岭之二弧线，虽非显著之山脉，而为羌塘内陆流域与西康大河流域之分水线，故可用为西康高原与藏北荒原区域之界线。丹达山脉之内方，概为海拔 4000 米以上之牧业区域，昔时入藏大道，所谓"穷八站"是也。丹达山脉以外，概为藏河支流之峡谷农业区域，入藏大道所谓"富八站"是也。又藏人呼丹达以东为"康巴"，以西为"藏巴"。故以丹达山脉为西康高原之西南界，极其适当。

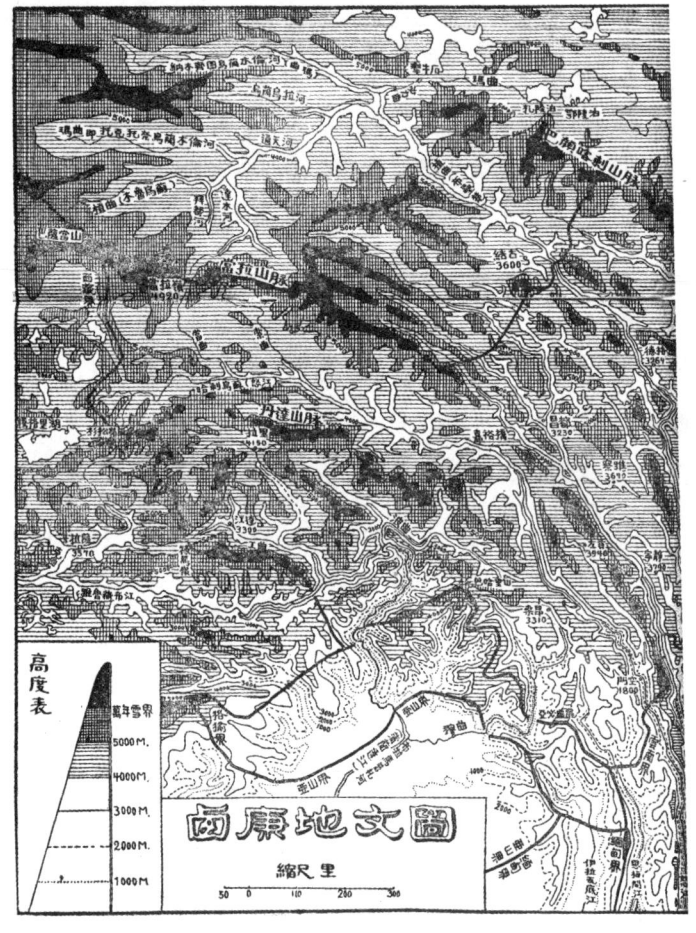

西康地文图

---

① 即念青唐古拉山脉。

近人张其昀氏著书分全国为二十三天然区域，以云南红河以东，金沙江以南，为云贵高原；红河以西，与西康建南之地，为西南三大峡谷，殊嫌未当。查西康全部，海拔 3000 米以上之地，占百分之九十三四，3000 米以下之峡谷，仅得百分之六七。此不得称为峡谷区域也。建南八县，与滇北之永宁、永北、华坪、蒗渠①，及金沙江沿岸地方，山谷盘错，地形复杂，其海拔，河谷深达 1000 米以下，山岳高出 4000 米以上，平均高度约 2500 米，虽亦由高原受江河侵削而成，然其高原本体，实较西康高原低落一级，天然区域，可附于云贵高原，而不当附于西康也。若以此部与云南迤西划为峡谷区域，固甚妥当。唯其界划，应在维西、石鼓、丽江、洼里、田湾附近，不当以西康混入之也。

近人多以大雪山脉为四川盆地之西舷，误也。四川盆地西部之千米同高线，在灌县、大邑、天全、名山、雅安、荥经、峨眉、马边、雷波附近。自此峻阪②直上，达于邛崃山脉与大凉山脉之脊，皆为 4000 米左右之台地。与西康高原本体，比肩而相似。虽有大渡河深刻之峡谷介于其间，要认可此河谷为高原之裂罅，不当认此山脉为盆地之突埂也。至于山脉北段，竟扩为广原，与西康高原连合一体，尤是此山脉为西康高原东界之明证。阅《西康地文图》可以知矣。

二、西康高原中之峡谷

西康高原，在某地质时代，当为一绝大之内陆海。青海、西藏二区，均含其内。如此海水，沉积深厚之土壤，填实于纵横零乱之地褶间，形成一广坦绝伦之湖床。其后地壳上升，湖水枯缩，汇为数大水槽，与多数荡泽。因地壳升降之缓急，使此诸水，或闭为湖泊，或流为江河。其为江河者，或东入太平洋，为黄河，为长江，为澜沧；或南入印度洋，为怒江，为藏江③，为印度河。西康高原，属于长江、澜沧与怒江流域。

高原诸水，当未出高原以前，平流纤缓，初无愤激之气。及其行达高原边际，峻阪陡落，矢激而进，飞瀑漫涛，势不可当。于是又向南一面，凿成急峡数道，奔放入海。自东而西数之，曰大渡河谷、雅龙江谷、金沙江谷、澜沧江谷、怒江河谷。凡五大谷，约略并行。

---

① 蒗渠：今宁蒗县。
② 峻阪：陡坡。
③ 指雅鲁藏布江。

凡流水侵蚀力，恒与其斜度为正比例。诸大河水之出高原也，原只凿成深峡于高原边际。但其下游侵蚀既深，则急斜河床渐次牵连于上游部分。干流既深，又复牵连于支流部分。如此渐次向上蔓延，若干万万年后，遂使平旷高原之本身，雕刻成无数树枝形之裂罅矣。

流水之侵蚀力，不仅与其斜度为正比例，又与其水量为正比例。西康高原诸大河之水量，大渡河为最小。然其地位，恰当西康与四川最接近之部，由4000米以上之高原，骤落于1000米以下之盆地，故其刻划之深，反冠于其他各河。但究为水量所限，不能向北深入。千米以下，不过百余里（就高原边界起算）。2000米以下，不过400公里。3000米以下，不过200公里而已。水量最大者为金沙江。然自出高原南界至四川盆地边际，尚有1500公里之行程，以1500公里之长，降落3000米之海拔，斜度不为太大。故金沙江下游之侵蚀力，远不如大渡河之猛锐，自丽江以下，有千余里可以通航。唯因其水量大，故向高原内部侵蚀之力特强。1000米以下之地，凡有800公里；2000米以下者，500公里；3000米以下者复千余里。合成2000公里深长之峡谷，横亘于高原中央。雅龙江谷之一切状况，俱介于二水之间，毋庸一例论列，一览地图，便可神会。怒江为西康第二大河，水量之大，比于金沙。其所成之峡谷，垂直的深入与水平的深入，皆与金沙伯仲。澜沧江与二水相伴流出高原，地床斜度，初无轩轾。唯以其水量小，故其峡谷侵入虽远，而深刻不著。2000米以下之深度，仅维西以下有之。其在西康高原者，概在2000—3000米之间。其他各小河，皆此五水之支流，其刻画高原之深度与长度，皆可于其流入干流之部位，及其本身水量之大小，而推知之。例如，打箭炉河，自西康高原之主干山脊，东流百里，入大渡河。其处恰当该河谷2000米以下之部分，依上方式，可以推知其水流之疾，雕凿之深而短矣。（自瓦斯沟至打箭炉，皆双屏对立之绝峡；水如连瀑，奔驰雷吼，然仅30公里而尽。）又如理塘河（无量河），发源于西康高原之中心，而汇雅龙江于2000米以下之深谷，故其上游平阔迂徐（理塘以下），中流渐急而谷面渐狭以深（墨洼以下），下游遂成鬼斧神工不可俯窥之深峡矣（木里以下）。吾人苟能默识西康高原之境界，则任取一比较精确之西康水道图，由其流域面积以推知其水量大小，由其下游部位以推知其河谷深度。则西康地形，不待阅地文图而后知也。兹仍依据实测所得之西康各地高度，作《西康地文图》，冠于篇首。阅者取以玩索，自能豁然。

三、西康高原之躯干

西康高原，水皆南流，河谷愈南愈深，亦愈碎裂。北纬30°以南，高原本形被毁坏者十之五。30°以北，被毁坏者十之一。虽云毁坏，尚不掩其本来面目。兹取北纬29°、30°、31°、32°附近各地，作一比例之横切面图，以解证之。

草原，高原之躯干也；山岳，高原之枝节也；河谷，高原之罅穴也。地形虽有种种，要当认为高原之部分。牛羊，高原之虮虱也；森林，高原之腋毛也；农田，高原之脂腻也；矿产，高原之膏血也。物产虽有种种，要可认为高原之宝藏。谓西康为峡谷区域者，为误解西康之地貌。谓西康为荒漠区域者，为埋灭高原之宝藏。故吾人固当知西康为高原，尤当知其为含有多数峡谷之高原。唯其为含有多数峡谷之高原，故能农、牧、林、矿皆备，而值得吾人开发之者也。

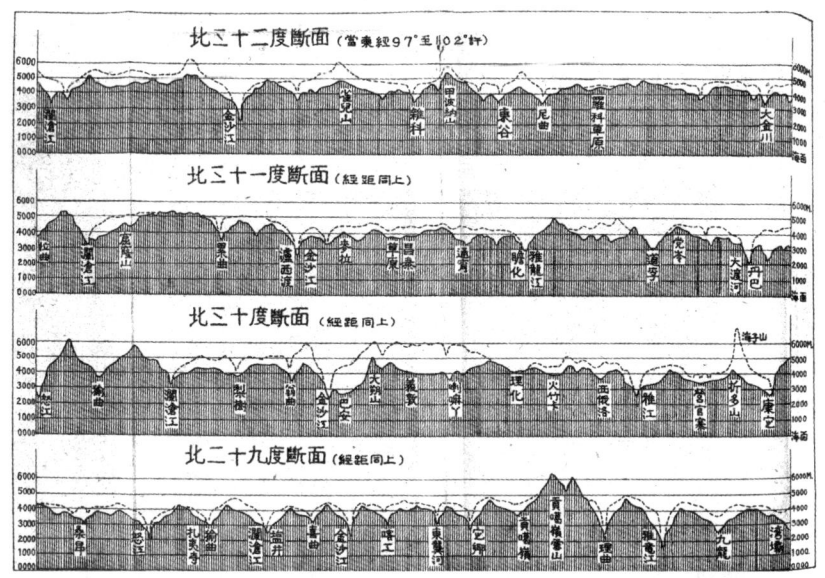

说明：图以每五厘米表水平距离二百里，每五毫米垂直距离一千米，实线表切断地面，虚线表远处地面，数字表海拔高度，骈线示切断面。切线迁就著名地方，并非恰与纬度符合

四、西康高原之地形分类

余初入康地，骤观各处高原河谷之状态，觉其复杂华离，不可条理。其后阅历已多，渐得其异地相似之点。于是类别地形，融合会通，得其组织定型。觉此广博

区域，复杂华离之地貌，概可归纳于一公式中，予研究康地者以若干便利。其式为：

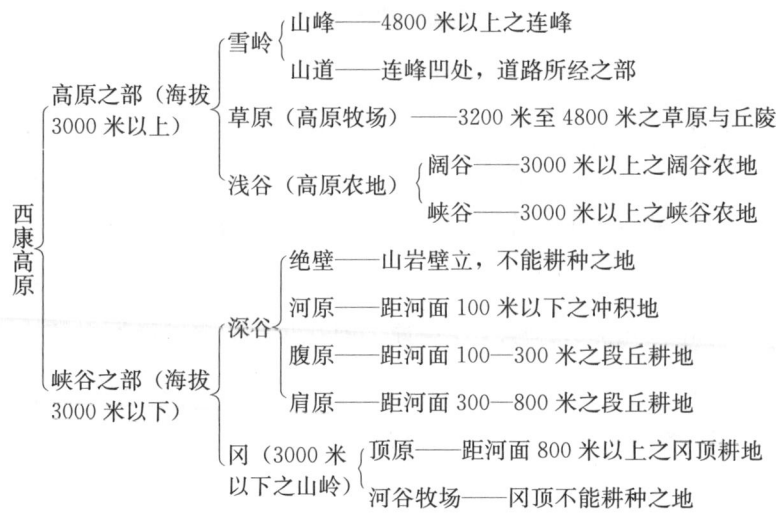

藏人习惯分地形为四类：曰"塘"，曰"捉"，曰"冈"，曰"龙"。"塘"为荒寒不生产之平野，可译之为荒原。如理塘、羌塘是也。英文作 Tang。"捉"为高旷之牧场，可译之为草原。如康定之上下牛厂是也。英文作 Drok。"冈"为河谷两侧之山原，其义为段丘。英文作 Gang，康人通读如工。如盐井县之碧油工，巴安之喜松工是也。"龙"为深邃狭长之河谷，可译之为河谷。英文作 Rong，其义为 Valley。如瞻对为雅龙，札夷、左贡为察哇龙是也。（"捉"亦作"捉克"，"龙"亦作"龙巴"，义同。）"塘"与"捉"同为高原之本体，"冈"与"龙"同为河水所造成。似此分类，既不合自然地理之原则，又不能包举地形之全部。故余另为分析，制成下表。并于以下各节举例以说明之。

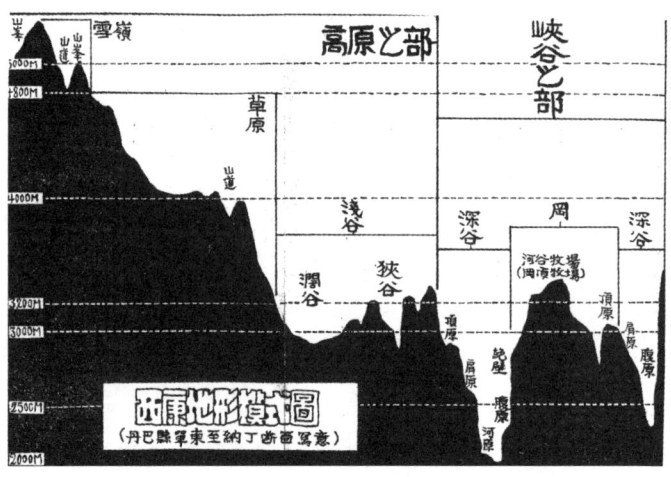

西康地形模式图

五、雪岭与山口

　　西康之冰雪线，南北微异。南部约 5000 米，北部反更高出三四百米。因南部比较湿润，北部比较干燥故也。高原中之山岭，超越此高度者，四时积雪，终古不化。附近雪线之下部，则为冰河漂石聚集之区。直至 4800 米以下，始能于每年盛夏发生青草一季，如此之地，番人呼为"贡噶"，其意为雪岭。如打箭炉附近之海子山、大炮山、郭达山、雅加埂雪山（皆汉名）、木雅贡噶、墨地贡噶，甘孜瞻化间之喀洼罗里，盐井、阿敦间之喀洼革颇等是也。其详当于山脉章述之。

　　西康雪岭，大都峰峦相叠，连为长埂，妨碍两面交通。土人选其两峰之间山脊低落部分为路，称之为"拉"（La），或书作"拿"或作"喇"，其义相当内地之"垭口"，英文解为 Pass，法文解为 Col 者是也。其峰峦部分，汉人称为山者，番人称之为"热"（Ri）（或作"里"、或作"日"），因其与番人生业无甚关系，故多未具名称。唯少数奇瑰峰峦，被认为神山者，始有名字。若道路所经之陷落山脊，因与番人关系密切，反特著名。凡旧译康藏地图，对于番人所称之某拉、某喇，皆译为山。其实非山，特连岭中最低陷之一段山脊耳。正当译义，当为"山口"，或"山道"。例如折多山，番名折拉，实为海子山脉南迤连岭中最低之山脊，约高出海面 4300 米，自此南北数百步外，即为更高百米以上之连峰，故折多山之称，颇不适当。莫若称为折多山口或折多山道，或直称折拉之为当也。

　　坊间地图所谓伯舒拉岭，与唐古拉大山脉或当拉山脉者，番语只云伯舒拉、唐古拉或当拉，皆山口之名。汉人以此山口之名名此山道连峰之全部，而冠以山脉二字也。唐古喇与当拉，为一音之转译。伯舒拉为八宿拉之异译。皆康地著名大雪山口也。其他著名山口甚多，统于山脉章详。

六、高原牧场

　　西康高原之顶部，除少数雪岭外，大都为丰腴多脂之浅丘，与宏阔广坦之河谷。海拔在 4000 米左右。无峻崖削壁与急瀑湍流。其地距雪线已近，少雨而多雹。八月雨雪，九月冻结。明年四五月间，冰解雪融，土壤松润，百草怒发，成为佳美之牧场。夏日温度颇高，蝇虻纷集，牛马皆放牧于丘陵高处。秋风飘至，高山草黄，复渐徙于河谷。因其地冬恒冻土数尺，积千百万年来，地表岩石，受所含水分结冰膨胀之压力，尽已崩散，化为良壤。故其被土之厚，恒数十百尺。腐草败藓，含蓄其内，养分丰厚，肥沃无伦。然惜以太寒，不能树艺。畜牧以外，无他用途。外人不知者，骤然见此，莫不惊其荒旷，叹为惰农。其实非农地也。

兹举西康高原牧场之最广阔著名者如下：

（一）理塘草原　占有理化（理塘）县之大部。东至崇喜，南接稻城雄登寺，西抵大朔山，北连白玉东境之昌泰草原与瞻化（新龙）北境之阿色草原。海拔高度4000—4600米，为西康高原之中心。理塘附近，最为平坦肥沃，清代曾经开垦，颗粒无收。赵尔丰经边之时，理塘李粮员条陈栽桑养蚕于此，亦可笑矣。

（二）祝庆草原　占德格、邓柯两县之大部。以祝庆为中心，东抵绒坝岔，西达青海结古界，南至甄科，北以子拉山脉与石渠接界。东北以雅龙江与俄洛草原连界。海拔高度3500—4800米。四周河谷之少数部分可以种麦。近人见其广坦，竟有建议宅省于此者，是亦可笑。

（三）石渠草原　即今石渠县境地。与祝庆草原衔接，而有子拉山脉捍隔之。海拔3600—5000米。雅龙河谷之小部，可以种麦。石渠赋税，仅粮90余石，而有牲税35000余元，与酥油300余斤者，以其为高原牧场也。

（四）俄洛草原　即俄洛色达番地。东包卓斯甲地，南包道孚之鱼科、炉霍之罗科马、甘孜之大塘坝，西抵雅龙江谷，北连巴颜喀拉山脉。海拔高度3600—4500米。地形平坦，全无农业。

（五）木雅草原　为折多山附近，纵列于康定县境之狭长形草原。东抵打箭炉，南至玉龙石，北包革西麻，西南分支至高日寺山。海拔高度3400—4500米。折多山脉突起其间形成具有浅脊之大草原。四周多有可耕之河谷。

（六）玉树草原　凡巴额喀喇山以南，当拉岭以北，青海南部，金沙江、澜沧江上游，玉树二十五族之地皆是。为康青藏间最大之草原，海拔高度3400—5000米，仅结古以下之金沙江河谷有农业，其余皆牧场。愈向西北，地势愈高，牧民愈少。极西北直与西藏北部之羌塘衔接，为西康高原人口最稀少之部。

（七）纳夺草原　为金沙、澜沧两河谷间之高台地。清代为纳夺各土司辖地，民国属同普县。北与玉树草原连接，南达贡觉、乍丫、江卡之间。世俗所称之宁静山脉，实即草原之曳尾也。海拔高度3500—4500米。

（八）三十九族草原　为三十九族土司辖地。东抵内乌齐，南逼怒江之谷，西南包有阿兰多，西北以当拉岭与玉树草原为界。为怒江上游一大草原。海拔高度3800—5000米。仅东南部怒江支流河谷之下方有农业。

（九）八宿草原　为怒江河谷与伯舒拉山脉间一狭长草原。以八宿为中心，南连冷卡桑昂，西连硕达罗松。海拔高度3000—4800米，仅怒江支流河谷有农业。

七、高原农地

海拔3000米以上之高原，不能农作之原因有二：

（一）气温太低：地面气温，每高1000米约降低4.4℃。故海拔3000米以上之地，常较海面低10℃左右。例如四川雅州平原，海拔约为750米，与其纬度相当之巴塘平原，高约2800余米，故巴塘四时温度，恒较雅州低9.24℃。雅州能种之稻、竹、茶、棉巴塘概不能种。与巴塘同纬度之理塘平原，约高4100余米。故理塘四季温度，恒较巴塘低7℃。巴塘能种植豆麦蔬果，理塘概不能种。若其纬度向北之同高地方，温度更低，农作更难。但凡南北直向之纵谷，能受南洋气流之浸润者，其农地恒达3400米左右云。

（二）雹灾太重：西康高原纬度甚低，夏季未有短期之高温，可以栽培大麦蔬菜等农作物。但因海拔太高，距雪线已近，夏季地面蒸腾之湿气，容易变成冰雹，损毁禾稼。故虽有高温，不能利用。唯普通之雪线，恒随纬度增加而降低。西康之雪线，则反随纬度而增高。因西康南部较润湿，北部较干燥故也。是故西康之西北部，农地极限，常较中南部高三四百米。

西康高原，自海拔3000米以上之地，本不宜于农作。唯因南来暖气流与雪线向北升高之故，3400—3500米之地，犹有麦类栽培。如此地方，大都为平缓阔张之高原河谷，与草原四周短小之峡谷沿岸。要其高度，恒在3000米以上。是为高原农地。

西康农地之在峡谷者，概属破碎断续之小面积农地。其得成为大区域者，概为阔谷，尤以雅龙江流域为多。兹举其主要者如次：

（一）属于阔谷者

1. 甘孜平原　雅龙江在甘孜县境，扩为东西长50公里，南北阔25公里之大冲积平原。而其海拔高度为3400米。因此带雪线较高之故，克成北道农业兴盛，人口稠密，财赋最高之区。（参看第五章第九节）

2. 鲜曲平原　雅龙江支流鲜曲流域，自甘孜之东谷区至道孚，七百里内，皆属平流，河谷广阔。其冲积平原，合本支流计，共长一千里左右，阔一二里至五六里。平均海拔高度3200米。人口密度，与甘孜平原相当。分隶于甘孜、炉霍、道孚三县。北道精华，端在是也。

3. 比曲平原　雅龙江支流比曲①，自康定木雅乡那摩堡子以上。本支各流，概在开阔之冲积平原中。木雅乡主要各村，如西俄洛、营官寨、夹梗坝、安良坝、白桑、耙桑、长坝春等，皆在此部。平均高度3300米。

4. 贡觉平原　贡觉县境，为贡曲流域3700米左右之冲积平原，亦有农业。平原以外之丘陵，则牧场也。

5. 乍丫平原　乍丫之麦曲流域，自烟袋塘（高3100米）以上，直至乍丫（察雅县4450米）本支各流，皆为阔谷，而有农业。

6. 察龙平原　怒江支流瑜曲河谷之狭长平原，自毕土以上，至于奔达，中间札夷（3400米）、左贡（3900米）之地，皆是。

7. 麻康平原　宁静县之江卡（县治）、南墩、梨树、石板沟等处，皆有高出海面3700米之小面积阔谷农作地，互以小丘陵隔断。其丘陵部，属于宁静山脉台地（详前节第七项）。其阔谷为高原农地。

（二）属于峡谷者

1. 雅龙上游峡谷　为俄洛草原与祝庆草原间之雅龙江河谷，自绒坝岔至石渠长约千里之地，4000米以下，没有农作。

2. 金沙江上游峡谷　即德格境内之金沙江本支流所成之峡谷。南至三岩，北至结古，中间邓柯、德格、甄科、白玉、麻陇、同普诸河谷皆是。面积广阔，占有西康重要部分。

3. 澜沧江上游峡谷　澜沧江河谷，自宁静县境起，皆为海拔3000米以上之峡谷。在昌都县境，分为三支，曰杂曲，曰昂曲，曰舍曲，沿江皆为农地。出昌都境，便多草场矣。

4. 怒江上游峡谷　怒江自冷卡以上，阅八宿、硕达罗松境，至三十九族南部，皆为3000米以上之峡谷，有农业。其支流上部，多有为小面积之阔谷者。

5. 理塘河峡谷　理塘河自墨洼以上，北至理塘，本支各流，皆峡谷也。如莫拉石、濯桑、德窝等，皆为3000米以上之峡谷农村。

6. 其他小峡谷　其他北纬29°—30°间，金沙江支流之仁波河、巴隆达河等，皆有小段属于高原之峡谷农村。

---

① 比曲，今译作立曲。

八、高原中之浅谷与深谷

高原中,河谷深陷达 3000 米以下者,其两岸山巅,每每仍能保持海拔 4000 米以上之高度。如此之谷,每每成为深邃之峡谷。与高原部分之浅谷,有显然异点。

前节所举之高原农地,皆浅谷之例也。兹举深谷之例:

(一)大渡河峡谷　金川全部(懋功、丹巴二县,抚边、绥靖、崇化三屯),康定之孔玉、鱼通、瓦斯沟三区,泸定全县,为高原东部最深陷之峡谷。

(二)雅龙江峡谷　新龙、雅江、九龙三县,与道孚之查坝乡及木里等地皆是。为西康境内最广长之峡谷。

海拔 3000 米以上之浅谷	海拔 3000 米以下之深谷
谷底与岸山峰顶之距离,最大不过 1000 米	1000 米—2000 余米
谷体,大都开阔宏敞	大都幽邃狭促
两岸多土层,或平易之岩壁	多属坚硬层立之怪石
道路,沿河岸敷设,大都坦易	道路距河水甚远,大都艰险崎岖
农地多属沿河平原	农地多在两岸段丘之上
森林率在河谷阴山之下部	森林蔽满全谷

(三)金沙江峡谷　巴安、德荣、定乡三县,与云南北境各县皆是。为高原中部最深陷之河谷。

(四)澜沧江峡谷　宁静、盐井两县西部,与云南阿墩、维西皆是。为西康最浅短之峡谷。

(五)怒江峡谷　冷卡、门空,与云南菖蒲桶以下之怒江河谷皆是。为高原西部最深陷之河谷。

(六)杂瑜河谷与波密河谷　察隅县境之穆曲河谷,与波密境之波曲河谷,俱属雅鲁藏布江水系,为西康高原西南斜面中最峻急深邃之峡谷。

九、河原八种

溪河沿岸之冲积平原曰河原。成因不同,形状亦异。兹分类论列其形态如下:

(一)由本流冲积土壤所成者:

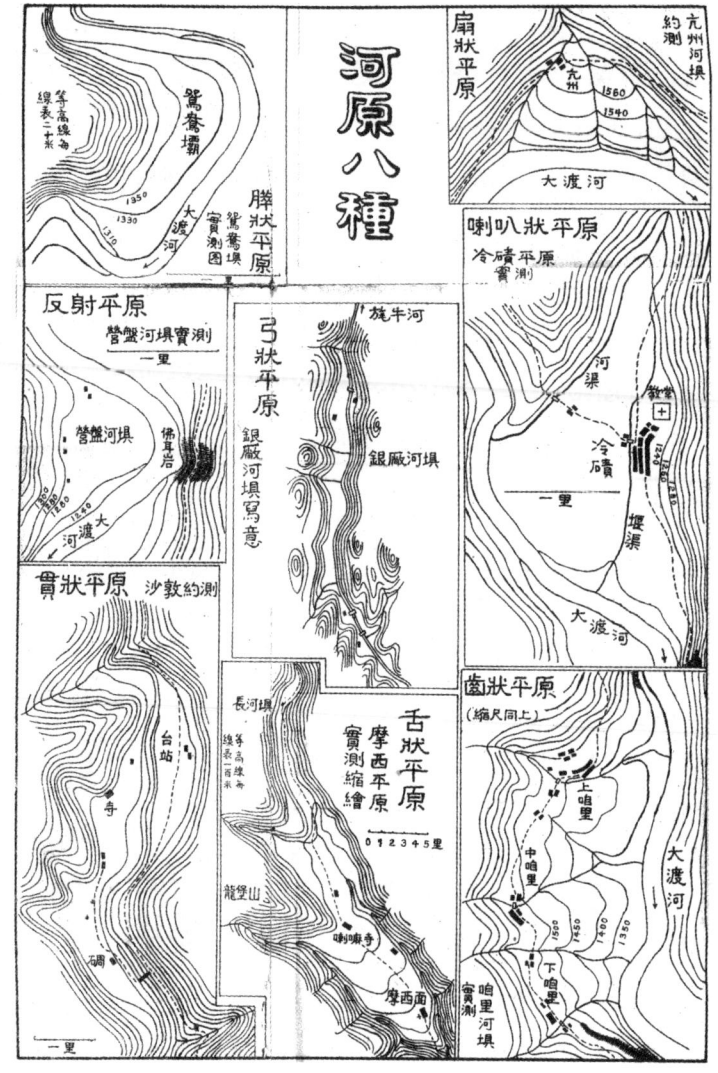

河原八种

1. 脺①状平原　河流剧曲之部，水力激洗，对岸岩壁渐次凿深，则此岸渐次沉淀泥沙，成为河原，附着岸山，恰如脺之附于肝脏。如泸定之鸳鸯坝（在冷竹关与瓦斯沟间之大渡河西岸）是也。

2. 反射平原　河水正向某方流去，忽为坚岩所激，折向反对方向，作某种角度流去，恰如光线反射。如此者，坚岩之对岸必成片状之河原，是为反射平原。如泸定之沙坝（天主堂所在处）、冷碛、佛耳岩对面之瓦斯营盘是也。

---

① 脺：胰脏的旧称。

3. 贯状平原　河水平流之际，沉淀沙土于两岸山脚，成对合状之河原。如新龙之沙敦是也。

4. 弓状平原　河水直行而偏于一岸者，当于对岸形成狭长之弓状平原。如丹巴县之银厂河坝（在牦牛东谷之间）是也。

（二）由支流中积土壤所成者：

1. 扇状平原　恒生于短促急斜支流之汇口。此种支流，所挟粗沙巨砾甚多。汇口苟属比较缓斜之地，则沙砾次第沉淀，成为钝圆锥式之三角形河原。面积大都狭小。如泸定之冘州是也。

2. 喇叭状平原　恒生于较大支流之谷口，成为楔形深入之河原。面积较广阔者多。如泸定之冷碛河坝、沈村河坝皆是也。

3. 齿状平原　数小支流平行来汇，则其汇口平原相连，成为齿状。如泸定之咱里河坝是也。

（三）由两河搬运泥沙汇积而成者：

舌状平原　水量相当之二水，汇合于平缓山嘴之下时，恒成如是之河原。如打箭炉子耳坡下之河原，与摩西平原是也。摩西平原，为舌状平原之最佳标本。

十、腹原与肩原

今日西康海拔 3000 米以下之河谷，若干万千年前，固皆流行于海拔 4000 米以上之高原中，与今日石渠境内之雅龙江相似，是为阔谷。若干年后，渐次深陷成为杂科境内雅龙江之状，是为浅谷。再若干年后，益复深陷，而成为瞻化、雅江境内雅龙江之状，是为峡谷。峡谷生成之原因，为急流侵蚀河床之结果。侵刻渐深，河面渐狭。阅时既久，流向屡更，故虽急峡之中，亦每有段丘遗体，横出于峡壁间成为小面积之农地。其生成较后，而位于峡壁之下部者，恰如巨人挺腹，故曰腹原。其生成较早，而位于峡壁之上部者，恰如巨人耸肩，故曰肩原。

腹原与河面之距离，为 100—300 米，占峡谷农地之最要部分。凡峡谷区繁盛农村，多属此。例如丹巴县之牦牛、东谷、察纳、甲巨、巴旺、巴底、革什咱、宗龙、大寨、梭波、格宗、瞻化之日巴、大盖、甲孜、谷日等，皆是也。其形状约可分为三种：

（一）砌状　层层上升，作半环形。通常发现于数小水汇流入江之处。如巴旺、甲巨是也。

（二）台状　缘附峡岸，突起平台，上下皆呈绝壁状态。瞻化境内最多，如甲孜、谷日皆是也。

（三）瓣状　一端绝壁，一端层层斜上，有似花瓣重叠者。如格宗、日巴皆是也。

肩原与河面之距离，为300—800米。河谷愈深之处，肩原地位愈见重要。例如雅龙江，在新龙境，海拔高3000米左右。农地高度，限于3400米，距河面400米以上，即难耕种。是此带河谷，肩原生产之可能地界，不过上下百米之地，故肩原甚属难得。即偶得之，亦属高寒不良之地矣。若九龙、木里间之雅龙河谷，深陷至1600米以下。农地高度，仍为3300—3400米。距河面1400米之地，皆可种植。故其农地最要部分，多在肩原之上。

肩原形状约可分为三种：

（一）半盆地状　大都发现于1000余米大河谷之两侧。如泸定之岩州是也。

（二）高台状　常见于深邃河谷或其支流河谷之两侧。如泸定之化林坪，康定之大冈、长家山，丹巴之井壁、吉宗是也。

（三）斜坡状　大都见于较浅峡谷之两侧，耕地缺乏之处。如康定灯盏窝农地是也。

大抵高原阔谷，仅有河原而无腹原肩原。浅谷，有河原、腹原而无肩原。峡谷，兼有河原、腹原、肩原，而腹原最为重要。更深之峡谷，每有腹原、肩原而无河原，肩原又复重要于腹原矣。

十一、冈与顶原

河谷深邃之部，支流纷披，助之侵蚀，不唯将高原体干截成连岭，又复将连岭顶部削去，成为冈陵。如4000米以下附丽峡谷之冈陵部分，番语为"冈"，与汉字中"冈"字义略同。

冈之两侧，大都成为峡壁，而有肩原、腹原、河原嵌于其间。冈之顶部，有秀削为奇峰者，多被番人指为神山。有平阔可耕者，余称之为顶原。

顶原距河谷水面，恒800—1000余米。海拔恒在3000米左右。故虽勉堪种植，实非佳良农地。唯维西、阿敦子一带，能成村落。阿敦子，即著名之顶原也。

多数冈顶，成为突兀崎岖之状，不得成为农地，常为河谷住民畜养牛羊之所。如瞻化、查坝、稻城等处之冈顶皆是也。峡谷区域住民之乳肉酥油，大都取给于冈顶牧场也。

十二、绝壁各态

峡谷区域中，属于河原、腹原、肩原、顶原状态者，不过十之二三。属于绝壁状态者，实居十之七八。绝壁形态，随构成之地质而异。通常可以分为四类：

石灰岩构成之绝壁　石灰岩不易风化，而易受流水侵蚀。水流之部，极易凿深。一经脱离水面，即成永古不崩不化之壁立坚岩。故凡石灰构成之峡谷，恒为双屏对合深不见底之状。西康石灰岩，以金沙、澜沧二水之间为多，故二水流域，多具秘峡。如自同普流入金沙江之多曲（Do Chu）河谷是也。如此河谷之绝壁，大都成为与河面直正垂直之状态。且有上方更为突出者。

直立岩层之绝壁　西康有若干部分，硬砂岩或云母片岩之岩层，与地平垂直，相倚而立。如瞻化、雅江、康定、丹巴四县皆是也。峡谷河流，有时顺岩壁而进，则其两岸每成屏状之绝壁。沿河岸之一面，常生狭长平原。有时横贯岩壁而过，则其两岸为对齿状之绝壁。沿岩道路非常艰险。有时斜贯岩层而过，则沿河两岸有断

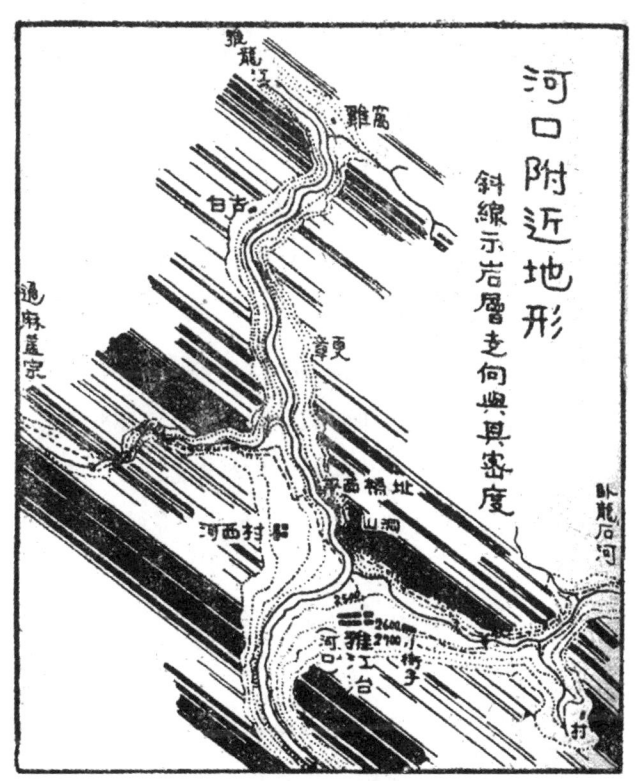

河口附近地形

续无定之狭小河原。其上方成为锯齿形斜对之绝壁。兹作河口附近地形图，以示例。

平叠岩层之峡壁 西康亦有数部自平叠之赤砂岩构成。例如泸定南部之田湾是也。赤砂岩质甚软，难胜激流冲洗，故凡如此地质所成之河峡，亦甚深邃，而多绝壁。但其上部，常作阶状之退缩，成为小区域之农地。因此种岩层不能抗阻河流之激射，故河峡亦无剧烈之曲折也。

火成岩所成之峡壁 火成岩无层理，质虽坚而易受风化。由此构成之峡谷，恒较上列各类为开阔，峡壁缓斜而无阶段，多浮土而不固附，河原、肩原发达，腹原甚少。如泸定县境之大渡河谷是也。

十三、巴塘平原

巴塘平原，南至茶树山，北包七村沟，东至小巴冲附近，巴曲河冲积之开阔河原也。面积 500 余平方公里，海拔高度 2600—3000 米，为西康峡谷中最大之平原，亦 3000 米以下唯一之阔谷。

查西康河谷平原之最辽阔者，首推理塘平原，面积约 5000 平方公里以上。然其高度为海拔 4000 米，实为高原之顶部，仅得为草原牧场，不堪耕种。故其人口稀薄，不得成为政治中心。他如祝庆平原、石渠平原，皆此类也。其次为木雅平原，合泰宁、安良坝、长坝春、东俄洛等处计算，亦约 4000 平方公里。然其高度悉在 3200 米以上，距雪线甚近，两年一获，犹多雹灾，故不能容受众庶之人民，亦不能建设甚大之都市。他如道炉平原（鲜曲阔谷）、甘孜平原、贡觉平原，皆此类也。其他 3000 米以下之峡谷平原，除泸定之冷碛、沈村、摩西数处外，最阔不过数平方公里。唯此巴塘平原，能于 3000 米以下之峡谷区域中，特创异例，开阔平坦，可育百谷，而面积达 500 平方公里以上。亦如西藏高原中之有拉萨平原，足为本区域中适当之政治中心。赵尔丰经营川边之建设省治于此，与近人之主张以巴塘为西康省会，皆有见地。仅目前局势，尚未宜宅省于此耳。（参看《境域篇》省会章）

十四、地形与建置

西康今日，除打箭炉外，尚无万人以上之都市。人口稀少而复散漫，社会无中心组织，关于政治经济文化之一切实施，皆觉难于着手。是故西康建省后之一切建设事务，当以都市建设为其首要。建设都市，必择平旷温暖，足以容纳众多人口，造成社会中心之地。是不能不于河谷中求之也。而西康河谷，外观佳美者，率多在海拔三四千米以上，天寒地燥，景物荒寂，实非聚民兴业之所。其较温润丰腴者，又多属3000米以下之峡谷区域，褊小狭促，不值经营。故自汉迄清，千七八百年中，西康未建郡县。清雍正初，划炉边属四川行省，曾于打箭炉、泰宁、理塘、巴塘四处，建筑城垣，设官置戍，招商兴垦，意欲造成政治重心。然而未能鉴别高度，考验土宜。徒取地形平阔，水泉便利。遂至误选高原顶部之草场为建设都市之所。迄今二百余年，理塘、泰宁，荒旷如昔，城市凋落，反渐有不能维持之势。光绪末年，赵尔丰经营西康，改土归流，设置州县，时当西学东渐，科学昌明，以赵之虚心任重，集思广益，亦首请设厅于三坝。三坝地形，似理塘而更劣，故其县不能自固，三年而徙，七年而废矣。至于傅华封之拟于贡觉建省，俄洛设治，尹昌衡之请安良置县，刘文辉之拟祝庆宅省，皆足使识者发噱。此盖未曾考察西康地文，但凭经过时一孔之窥测，与无识者荒谬之条陈，遂据以立言，治事之失，殆亦国人之通病也。近人之研究西康问题者，并不识西康为何状况，辄据前人之言，或私心臆测，妄拟各种建设方案。无当于事，徒乱听观。不知西康地势，与内地迥不相谋，精于立言如傅华封者，尚有前列之失，况其他乎。余于前编所撰之省会、县界二章，即完全以地形便利为根据，未尝苟同众议，阅此章后，当能信其为较有价值之理论欤。

第二章 地 质

一、西人对于西康之探险

西康之地质考查，始于德人劳策（Ryder），远在三十年前（1898—1900），劳氏由甘肃入川，循大渡河谷入康，经打箭炉、理塘、巴塘，行抵昌都之西，著有图说，皆成巨帙，不唯为西康地质调查之第一人，亦即实测西康地图之第一人也。于时德人李希霍芬（Richthofen），亦正从事华北地质之勘定，著书甚富，同为研究中华地质学者之宗师。唯劳氏学力逊于李氏，所勘又属边区，为国人所不注意，故其享名亦远不如李氏之盛。然关于西康之地质记载，昔无更详于劳氏者。近世坊间绘印之中国地质图，关于西康部分，盖即以劳氏之说为据。

劳氏之后，英、法、美、日各国人士，赴康考查者，虽年有其人，但多为地理探险者，而非地质学家。所得结果，亦多秘未发表，未由知悉。民国七八年间（1918—1919），英人科尔斯（Coales）由打箭炉经甘孜、德格、同普至昌都，又经察雅、贡觉、巴安、白玉等地折回。沿途测量地形，制有精图，在英国皇家学会杂志发表。图中微注地质名词，如石灰岩（Limestone），砂岩（Sandstone），石灰介砂岩（Limestone Crags）及火成岩（Igneous rocks）等，为劳氏后以地质名词注入西康地图之第一人。但其人实非地质专家，所注又过于粗略，不足供研究西康地质之用。此后关于西康之著述，莫详于英人台克满（Teichman）之书。台氏于民国六、七、八年间（1917—1919），纵游西康之昌都、察雅、宁静、巴安、白玉、德格、同普、贡觉、邓科、石渠、甘孜、炉霍、道孚、康定、盐井诸县，及察哇龙、隆庆、结古等地。著《西康游记》（*Travels in Eastern Tibet*）一厚册，于其末章，亦曾论及西康地质云："西康地质组成，以红砂岩与其下层石灰岩之露出者为主，亦间有花岗岩。东亚大部，皆为红砂岩所覆蔽，自中国东部之河南，经四川、陕甘南部，及青海而入土伯特皆然。"

台氏亦非地质学者，所窥甚浅。似此寥寥数语，若无征引价值。然关于西康西北部之调查已无更详于科、台两氏者也。

二、谭寿田、李赓扬之发见

民国十八年（1929）秋，北平地质调查所派谭寿田（锡畴）、李赓扬（春煜）两君，调查川边地质。两君由成都、雅州入建南，由建南转入西康。十九年（1930）春，至康定，受西康政务委员会之请托，考察关外金矿。两君由康定入九龙，经雅江、理化、瞻化、甘孜、炉霍、道孚、丹巴回康定，著有《西康东部矿产志略》一文（先在《边政》发表，近已出有专册），附五十万分之一地质图一幅，与地层剖面图三幅，金矿地图二幅，论西康金矿甚详。凡分地质、矿产二编。地质一编，多有纠正劳氏误解之处。照录于下：

"……西康地质，久经前人考察，夙有图说。但因地层变质甚深，未得精确结果。尤于矿产情形，未尝详细说明。兹故于地层系统，地质构造，及关于矿产重要之点，特别叙述，以资参考。

（甲）地层

西康地质，本属简单。惟变质甚深，地层分辨非易。如漫不详察，往往指鹿为马。旷观全区地层，除冲积层外，共分六层。即：太古界片麻岩系，元古界片岩系，二叠纪灰岩大理岩层，三叠纪页岩片岩层，侏罗纪煤系，及白垩纪赤色砂岩层。就中片麻岩系及煤系特别发育，而侏罗煤系分布尤广，南北延长，不尽其端，东西所及，往往广阔数百里。其分层之复杂，变质之不同，有足令人疑其时代甚古而误认之者。劳策目之为元古代地层，非偶然也。但此次由此系所夹变质较轻之页岩内，采得植物化石，确系中生代之物，宜归入于侏罗纪。此系与西康矿产大有关系。其生成状态，发育情形，应特别注意也。

片麻岩系　此系为最古地层。在本区域东部，分布较广。折多山一带，尤为发育，所含岩石，几全为片麻岩，常有花岗岩侵入体内，惟与片麻岩不易区分。石英脉所见不多，且均细小。片麻岩为花岗质。颇类似花岗岩，所异者惟组织不同耳。如片麻岩组织不甚显著，每易认为花岗岩。劳策所指花岗岩之一部，当为片麻岩。太古界片麻岩所含之石英脉，在他处常含金属矿物，金矿尤多，黑龙江著名金矿，即导源于此。但西康片麻岩系之石英脉，金属矿物甚少。即常有之金，亦未尝采得，西康沙金，不出自此系，而别有来源。故此系与矿产无大关系也。

片岩系 此系为元古界地层，应不整一于片麻岩系之上。但未见两系实地接触，关系尚不明了。在丹巴马耳一带，初见之，故亦可名为丹巴系。岩石以片岩为多，兼有片麻岩及石英岩。石英脉亦偶经目击。片岩为云母片岩，稍有角闪片岩。片麻岩组织较细，为花岗质，与片岩交互而生。石英岩多呈白色或灰白色，有时夹有黑云母，变成片岩，质坚而脆。此系地层，常成层状，大部当由水成岩变质而来。而片麻岩，或由以前侵入于水成地层之火成岩，后经变质者。此系与侏罗煤系，有时分别颇难。所异者，惟此系夹有片麻岩，而位于二叠纪地层之下耳。

灰岩大理岩层 位于元古界片麻岩系之上，成不整一之接触。在丹巴马耳一带，关系极为明显。因大部变质颇深，化石踪迹已泯，时代无由确定。但就四川西南部各处地质情形，及地层位置上下关系而言，大抵属二叠纪。暴露地点虽多，而保存完整，分布清晰者，惟马耳、梭坡一带。岩石在地质变质轻处，为灰岩及页岩。在变质深处，为大理岩与片岩。马耳一带，接于元古界地层之上者，为大理岩，厚约50米。次为云母片岩，含柘榴子石及石英脉，厚约200米。再上为大理岩夹云母片岩。大理岩常带沥青臭味，厚约300米。其他各处，保存不完。康定附近，灰岩大理岩居多，厚在1000米以上，夹绿色变质页岩，并含方铅矿、黝铜矿、蓝铜矿、孔雀石等。下有云母片岩，与太古界地层成断层接触。道孚附近灰岩之下，在灰白色石英岩。九龙、理化、瞻化、甘孜、炉霍境内，均有灰岩或大理岩与侏罗煤系成断层接触。此系含铜铅矿物，而金甚少。与西康沙金无大关系也。

页岩片岩层 此层在灰岩大理岩之上，成不整合之接触。保存不完全，分布亦不宽广。在康定、理塘、炉霍及丹巴境内见之。未采得化石，时代不能确定。就其层位上下关系而言，似属于三叠纪。在康定一带，岩石为绿色页岩，稍变质，露头不全，仅于沟边见之。在理化、温耳一带，岩石为绿色紫色变质页岩。炉霍之北，仅见绿色页岩。在丹巴、梭坡一带，大理岩之上有暗绿色片岩，柘榴子石及石英脉，变质颇深，似属此层。惟与侏罗煤系分界不易，厚度未能计量。总之，此层时有时无，保存不全。厚度极不一律，薄时数十米，厚者至数百米。虽有时有少数石英脉，而不含金属矿物，无矿产上之价值也。

煤系 位于页岩片岩层或灰岩大理岩层之上，成不整一或不整合之接触。就所采化石观察，当属中生代，而以归入于侏罗纪为宜。德人劳策，以其变质颇深，分布宽广，目为元古代物。西康地质，固不甚复杂，而有时难以辨识，有如斯者。岩石极为庞杂，由泥质页岩至片岩，中间经过各级变质情形。如页岩、变质页岩、板岩、千枚岩、片岩应有尽有。由砂岩经石英质砂岩而至石英岩。在理化金厂沟一带，有白灰色浅灰色变质泥灰岩。煤系本夹煤层，而在西康东部，煤层极薄。且重经变质及压挤，错乱破碎，益不足称。惟有时黑色页岩夹杂劣质煤末，随地暴露，借以确证其为煤系而已。岩石色泽性质，各层不同。色由白灰、灰色、黑灰而至黑色，更为浅棕及浅绿色。质由松软之泥质页岩，而至极坚硬之石英岩。此系内含石英脉最多。脉之宽窄极不一律，窄者二分，宽者可至八尺。惟多呈扁豆形，两端狭尽。连续而成一长脉者甚鲜。石英脉内，常含金属矿物，如金方铅矿、黄铁矿、砒黄铁矿、斑铜矿等。在丹巴境内，脉内有时有长石，成伟晶。花岗岩脉，常含多量云母。白云母较多。又有电气石，成巨大晶体，长至尺许。煤系变质深处，除云母晶大量多外，含柘榴子石甚多。晶体大小不等，径由一分至寸许，呈红色及黑棕色。丹巴县城之北杨家渡附近，片岩内含钢玉晶体，大者长三四寸。本系内常含火成岩，在九龙、雅江、康定、理化、炉霍、道孚、丹巴境内均见之。多花岗岩。偶有正长岩，呈块状。又有辉绿岩，成岩层。侏罗煤系分布于西康东部者，在各层中为最广，而其发育之著，亦为向所罕见。至其关系于西康矿产之重要，尤出人意料之外。西康矿产，以金为著。煤系内之石英脉，即为金之所自出。欲知金矿产生之区域，当注意于侏罗煤系之分布也。

赤色砂岩层　位于侏罗煤系之上，大致成整合之接触。在西康东部，不甚发育，惟于康定所定所属玉龙石沟两旁见之。分布狭小，且不连续。岩石以红砂色岩为主，兼夹黏土。暴露不全，颇难测悉厚度。估计之，当在 100 米以上。因无化石，地层时代不能确定，惟四川内部之红色砂岩，黏土分布甚广。按地层上下位置，当为白垩纪之物。而本区域赤色地层，为其向西延长之一部，亦以归于白垩纪为宜。

冲积层　除坚结地层已细述于上外，犹有松散不坚而分布于各溪谷及沟渠中者，通常称之为冲积层，言由高处冲刷来而堆积于低处者。在西康东部，沿雅龙江发育最著。在瞻化之北，有厚至二三百米者。其他各处，厚薄不等。薄亦有至数尺者。所含砾石，圆形者多，角棱者少。质随附近之岩石而异。故各种岩石均有砾石，大小亦不一律，通常径数尺者居多。有时成大块，细微成沙粒者，亦常夹杂其中。时代最新，当为第四纪中期之物。其生成也，本由冲刷而来。但冲来之物，不仅岩石，各层中之石英脉，亦大受剥蚀。煤系之金，伴石英夹杂于冲积层中，而成现在西康有名之沙金矿。故冲积层亦与西康矿产大有关系也。

（乙）火成岩

火成岩变质岩组成各种地层者，已如上述。此外犹有侵入于两种岩石中之火成岩。就观察所知，种类不多。然关系于矿产生成，故另分出，摘要叙述。火成岩中，以花岗岩为最多。大部侵入于侏罗纪煤系内，在各处均见之，成块状露头，广狭不一，长者可至数十里，小者数百米。但露头之大小，不足定岩块之巨细，其下当更连于深处之大岩块也。花岗岩石英少处，常变为正长岩，与花岗岩之区别，不过生成时岩浆分异，有酸基之差，石英结晶不多耳。酸性岩石外，尚有基性岩石，以辉绿岩居多。均夹于煤系内，成岩层。在丹巴附近，康定二道桥一带，均有经目击。岩石呈深绿色，质坚而重，辉石占大部分。以上三种火成岩，均曾经动力之影响，一部现变质状态，所含矿物，排列一致。花岗岩受变而呈片麻组织。辉绿岩受变质，与伴生之水成岩同呈弯曲之状。推火成岩生成之时代，当在中生代白垩纪以后，或在新生代第三纪之初。至其生成原因，不外受动力挤压之影响。地下岩浆，膨涌上升，侵入于地壳各种地层内，或成巨大岩块，或成细薄岩层。当岩浆上升之际，岩质分异，酸性者集于一处，而成花岗岩或正长岩。基性者集于一处，而成辉绿岩。岩浆本为黏质，成半流动体。然其时尚有种液体及气体随之而出。因气液体较岩浆易于流动，故上升而侵入于各地层中者较远，遇孔洞及隙缝，即沿之以上，填充其间。此汽液混合体所含之物质，为砂质及各种金属原质。现在所见之石英脉，即此种汽液体冷却凝结而成，而所含之金属矿物，亦同时结晶，夹于其中者也。

（丙）地质构造

火成岩鼓动之力渐息，而造山势力又起。二者显著关系，虽不得考悉，然详推因果，蛛丝马迹，或有一线相连。火成岩浆鼓动上升，系受动力挤压之影响。但岩浆上升已成岩石，而动力犹继续不止。此时地壳，当大受波及，有破裂之趋向。地层弱处，断折斯生。惟此种活动，历时甚久，不可以常理揣之也。火成岩生成之后，地表情形，与今大异。地层分布区域，位置高低，亦与现在所见不同。虽当时真象不能确知，然即理推测各种地层，似应顺序排置。片麻岩系在下，其上为片岩系，灰岩层，页岩层，而侏罗煤系及赤色砂岩当在最上部。迨地壳破裂，地层断折之顷，一部坠落。至坠落之深浅，又各处不同。其有侏罗煤系直与片麻岩相接触者，坠落之深，当在千米以上。煤系与灰岩接触者，坠落较浅。至断层生成时代，当在第三纪尤以中新纪为宜。就观察所及，西康东部大断层，最显著者，有五六条。均表示于地质图上，一目了然。惟小断层甚多，不胜枚举。此外与断层同时生成者，为褶皱。惟在西康东部褶皱，与全部构造无大关系。只于侏罗煤系内特别发育。有时地层弯曲极甚，倾斜方向，无法测定。断层与褶皱，极大影响了矿产价值。然在西康地不为害，不过使地层上下移动而变易其位置耳。

(丁) 地文

自地壳破裂地层断折以后，大地时时升降，河流屡屡变迁，沉积剥蚀，交互递嬗，结果所至，而成今日山川分布之形。考其变动原委，沉积物质，不但地质全史可以尽述无遗，即矿产生成亦能了如指掌。其与地文最有关系者，西康沙金矿是也。雪山之高耸巍立，大川之深峻回纡，皆非原旧如斯，一成未变。地层断折之初，地形高低虽有悬殊，而凸凹状态，绝不如今日地形之复杂。其后高处大受侵削，凹处渐次冲刷。岩石松软者先被侵冲而去，坚硬之部，风化较难，遗成峰岚，参差之状著矣。惟此种作用，经时甚久，不易想象。河流冲刷之外，尚有大地缓升，助其功用，增其速率。高山深谷之成，非偶然也。迨至第四纪之中期，西康地形，已呈复杂参差之状。著名山岭，巨大河川，均已生成。其与现在地形殊异者，不过河流尚不如雅龙江、大渡河诸水之深而山峰高者或超过于现在之大雪山耳。惟当此侵蚀冲刷强盛之际，地壳又起变动。影响所及，西康大陆徐徐下降，冲刷势力渐次减小，而沉积作用勃然以兴。物质由高处剥蚀而下者大部堆积于溪谷沟渠之中，未被冲刷以去。为时既久，愈积愈厚，就现存遗迹推测，有厚至二三百米者，此即上述之冲积层也。故冲积之物，种类复杂，大小不一。形状有扁有圆，性质或松或坚。察其所自来，不外由附近各种地层破碎冲刷而至。其中最有关系于矿产者，即沙砾中所含之金粒是也。金粒伴各种物质堆积于各沟渠中，造成西康各处之沙金矿。自后造陆作用渐起，地质变动，由降而升。侵冲势力，因而复兴。不但彼时坠下之物，大部冲刷而去，即以前堆积于溪谷中者，亦大受剥削。水流湍急，挟沙砾而下。侵冲之期甚久，直至今日，势力未消。河渠刻画，往往深过冲积层而直入谷底岩层。雅龙江深处，有侵下层岩数 10 公尺者。冲积层受剥削，重者大部失去，轻者一部存留。因此地层时升时降，侵冲沉积，一急一缓之故，冲积层去留存移随之，而含于其中之沙金，更因而大受影响焉。"

（以上引自谭寿田、李赓扬：《西康东部矿产志略》。）

三、余对西康地质之认识

余之视察西康，先于谭、李两君一载，于时尚未窥见西人关于西康之著述，亦未见有国人关于西康之任何科学记录。盲人瞎马，奔走一年。所阅历地，多与谭、李两君相同。余之目的，端在考察西康之土质气候，民情物产，以为拟具垦殖方案之备。固未曾详细考察其地质。兼以平昔所学，亦未深窥地质学门径，仅于所经历地，略觇主要岩石之种类，以辨土壤性质之优劣而已。余之报告书，所列各县主要岩石，谓泸定为花岗岩，康定东部与丹巴县为云母片岩，雅江、瞻化为硬砂岩，道、炉、甘、理四县为由古内陆海升起风化后之浮土。又谓康定附近之大雪山脉为古火山之蝉联者。折多与丹巴、鱼通等部之片岩，皆由火山变质而成。理化温泉附近，为古火山遗迹。道、炉、甘三县狭长河原，为断层形成之内海所致。

民国十九年（1930）秋，与谭、李两君晤于成都，曾以此种判断相质，大部为其否认。如谓康定南北之大雪山非古火山。丹巴、康定之片岩，为元古界地质之崛起，非由火山变质是也。聆之不胜惭汗。阅两君文，深服其精，故全录入书，而弃自己成见。

虽然，余固国人记述西康地质之第一人也。余之日记，曾有关于西康地质之零碎记录数处，有不涉及西康地层之鉴定者，仍附于下，以资参证。

四、天然之地质博物馆

中国适当之地质研究所，恐无更佳于康定者。康定岩层之复杂，为余游迹所经十余省所仅见。单以铺砌街墙之石块而论，种类已多至五六十种。火成岩中，凡一切深造岩、喷出岩之标本，莫不具备。又多变质岩，并含煤、铁、金、银、铅、铜诸矿。又有角砾、圆砾所成之砾岩城后子耳坡，为长石所成之小岭。对面郭达山，为页岩与砾岩所成之绝壁。逾河峡之跑马山，又时有石灰岩与云母片岩露出。二道桥、榆林宫温泉附近，常有硫黄块杂于土中，与弹性之硫黄膜浮于水面。纯白色之石英块，则群山中时时有之，稍远玉龙石一带，有赤砂岩与黏土。东俄洛附近，则有硬砂岩露出。种类之多，不胜枚举。其岩层，有褶襞①如卷纸者，如绉布者，如鱼鳞积瓦者，以板状结理相叠而直立者，斜立者，方形互叠如堆箱箧者，块然如熔铁骤冷者。形形色色，备诸奇态。其地形，有危峰绝壁，有陵阜坡陀；有绝峡湍流，奔涛激石；有温泉，有海子，亦有平流、浅洲、段丘、河原之属。盖自太古界至中生界各期之地层，会集而暴露于一隅，故其地壳组成之繁杂如此。川、滇、陕、甘诸省各级学校地质标本设备之完善，恐未有能及此者。

---

① 褶襞：皱纹。

五、西康海子

　　番人呼山中小湖曰"错"（Tso），或译作"槎"。汉人呼为"海子"。西康高原中，随处皆有海子。康定一县尤多。约略数之，跑马山后有五色海子，较远约当榆林宫后有蛇海子、白海子，白海子山腰有干海子，榆林宫、雅加埂间有联三海子，雅加埂有吊海子。康定、泰宁间有海子山，周围皆海子也，稍南更有一大海子，其水自牛窝沟入于打曲。其他未为余所知者，尚不知有若干。即康定南较场桥畔之乱石坡，亦乾隆时跑马山海子溃决之漂石所成也。各海子大都在山顶部，高险难至。大者径二三里，或有决口，或否。其在山腹者，多作曲狭长形。蛇海子长二里，阔才数丈。联三海子，亦长湖之有隔埂者。后种海子，概有决口，为激流飞瀑诸奇景。凡海子，四周多火山岩，盖古火山之喷口也。山腹诸海子，为最早喷火口，故其周围岩石坚而不露，细土密被，牧草茸生，为康定夏季最好牧场。山顶诸湖，为最后复喷之火口，故位置最高，岩石晶细而致密，受风化水蚀日浅，崚嶒峻峭，寸草不生。因其死灭已久，故康定不但无火山喷焰，即地震亦少见。

　　康定以西之海子较稀，且非由火山口而成。余所知者，如朱倭海子、雀儿山海子、麻日海子、奔岭海子，皆在大道沿线，面积甚小，成于山凹之积潦①。朱倭海子在炉霍县朱倭西南，觉黎寺外，充谷村之旁。"充谷"为"错果"之转音，番语"错果"，犹云海子上也。雀儿山海子，在德格雀儿山上。雀儿山，番名"错拉"意为有湖泊之山道，汉人讹为"雀拉"，遂曰雀儿山也。麻日海子在瞻化县南麻日村后山间喇嘛寺外，奔岭海子在巴安县西南奔岭村界内，本无名字，汉人以其地名名之也。

　　西康海子之最大者，唯窝咱海子，在拉里西窝咱村界内，大路旁，长 15 公里，阔 5 公里余。传有神牛潜伏之异，盖古时曾有兕②栖是泽也。其地在西康高原之外，天然区域，属于西藏高原。西藏高原与蒙古，并为中亚两大湖泊区域，海子之大于窝咱十百千倍者以千数计。唯西康高原界内，独少大湖。此亦康藏两高原分界之一标准也。

---

① 潦：音 lǎo，指积水。
② 兕：音 sì，雌犀牛。

六、西康温泉

西康各县，皆有温泉。海子最多之康定县，温泉亦最多。余所知者，有三圣祠后温泉，老榆林宫温泉，新榆林宫温泉，折多塘温泉，二道桥温泉，大中谷温泉，小中谷温泉，热水塘温泉。其涌出地方，恒在富有海子之大山下，疑其亦火山产物也。新旧榆林宫温泉，温度最高，殆达 90℃，导之曲流数百步外，始可澡浴。折多塘次之，约 80℃；泉水汹涌，成一大溪。二道桥温度略低，仅 40℃，出地恰可澡浴。三圣宫温度又低，约仅 20℃ 余，在此寒地，不堪浴用，故打箭炉官民，皆就二道桥浴也。中谷以外皆属硫泉，含硫颇富，水既出地，温度低减，硫质析出，或浮于水面而成弹性黄色之胶膜，或沉水底而成脆性黄色之硫块，就浴时，硫化轻①气刺鼻，使人不可久耐也。大小中谷温泉，皆在二道桥上游 20 公里地，遍地涌泉，或含硫质，或含铁质，温度不齐。大中谷附近一泉最大，可浴，测为 42℃，系铁泉。热水塘温泉，在丹巴牦牛河上游，与康定下板厂（自炉赴泰宁大道）之间，以其不当大道，未曾往游。闻道泉水量大温高，似折多塘云。

道孚县温泉，在龙步沟。甘孜县温泉，在雅龙江岸。瞻化县温泉，在通宵村。理化县温泉，在城西 5 里温水塘。巴安县温泉，在城东小巴冲沟内。皆温度适中之天然浴池也。理化温泉附近，皆火山岩流凝结之岩石。泉水含矽质极富，出地后，自水析出，凝附于池周木石上，数年已厚分许。其在地下温度之高，可以想见。近年理化某官，用木板装池，以便就浴。数年后，悉变为石池，坚如金铁。穿连木板之铁线，皆变为石线矣。

七、火龙石

康定火龙石，在老榆林宫河岸近水处，为温泉喷出物堆积而成。此处温泉凡数穴。近河一穴，向上直喷。喷出物质堆成巨笋，以硫质为主，杂有矽砂与黏土。其喷积状况，恰似一火山模型。最高峰顶一大喷口，四周肩际复有数小喷口，口形微凹。水作沸泡状涌出，漫向四周，旋即渗灭。含有物随水所至，淀附于旧层之上。初尚松软，历久愈坚，峰亦逐渐增高。时有游人以石砾堵塞泉口，使之另向他方迸

---

① 硫化轻，即硫化氢。——编者注

出。故其堆积物质，常呈顿挫骈叠之状。现在峰顶拔地一丈以外，周约二丈。游人上下，辟有梯道。土人皆呼为火龙石，奉为神物。

八、西康地震

一般观念，谓海子温泉及地震，皆与火山岩之生成有密切关系。西康多火成岩，亦多海子温泉与地震。据土人言，西康地震以炉霍为最频数，自光绪十九年（1893）至民国十八年（1929）曾经大震三次，小震无数。剧烈成灾者，为民国十二年二月八日（公历1923年3月24日）当日初更甫过，全县突然震动，自县治延东，至道孚、大寨间，所有房屋，完全倾塌，压死2700余人。虾拉沱天主教堂，建筑最坚，亦同崩圮，压死法教士及其妻子共6人。幸为时仅十许分钟而定，逃避出屋者，皆免于死。至今此带山陵，多有皱裂未合者。或裂而复合，判为二级者。炉霍农村，经此剧变，约废十分之一。

但炉霍县境确无火山岩，亦无温泉与海子，乃能造成如此大震者，势必另有原因。大抵自道孚、炉霍沿鲜水河一带，为西康显著之大断层。炉霍地震，当与此断层极有关系。

九、金川得名之由

今丹巴县与懋功、抚边、绥靖、崇化四屯地，自唐以来，号为金川。顾名思义，必为产金之区。然遍查史籍档案，与故老所传，皆未闻此带曾有金矿。民国三四年（1914—1915）时开办之二楷金厂，虽在金川支流河原中，但其金屑来源，实为道孚鱼科之地壳，非金川也。余查金川境内，云母片岩极发达，故遍地皆含云母碎片，映日发光，无论农田牧地，山岩水渚，莫不璀璨闪烁，炫耀眼帘。旅行其间者，风尘扑面，眉目亦具金光，衣袂鞍缰之属，无不烂然矣。昔人盖误认云母碎片为金，故曰金川。清光绪时，章谷屯员王培城撰《章谷八景诗》"有飞水流金"一律云："锦江百里号金川，金洒平川万点妍。浩瀚无边皆丽水，汪洋何处问廉泉。砂翻晓日辉辉灿，浪卷疏星的的圆。异质天成三品贵，殊方名迹不虚传。"诗虽不佳，亦可见金川景物，与昔人心理也。

余在丹巴境，衣履沾泥，皆放金光，因忆川省谣传：康藏遍地金屑，人出藏境，衣物皆被搜查，不能携出，唯草履不脱。履中挟存金沙，可以换银八两。笑谓同行云："此鞋若不刷泥，携回川中，可以换银八两。"同行皆哑然。

十、西康之地质区带

若就土壤之性质以区分西康，则可分成下列之三个区带：

东部变质岩带　自折多山海子山北逾党岭，南逾玉龙石山，为一直线形连岭，其东为大渡河流域丹巴、康定、泸定三县之地，多变质岩，云母片岩尤多。土壤缺乏黏质细泥而含多量云母。岩层坚硬，富于铜铅等矿。多温泉与海子。

中部浮土带　前述直线形连岭以西，雅龙江流域全部，西抵错拉山（雀儿山）、大琐山为止，所有道孚、炉霍、甘孜、瞻化、雅江、理化、稻城、定乡等县，与俄洛、色达、石渠、杂科诸地，地盘以硬砂岩为主，深没于浮土之下，非在深邃河峡中，不易暴露。其土壤疏松轻脆，似北方之黄土，厚有达百余丈者，不含云母碎片，亦无石灰质。

西部石灰岩带　自错拉、大琐以西，直至瓦合山，凡金沙、澜沧两江流域，德格、白玉、同普、昌都、贡觉、宁静、察雅等县，及怒江下游，门空地方，其岩石以石灰石为主，介以赤色砂岩，大都裸露。土壤积于河谷，浅薄者多，率含石灰与黏土，绝无云母碎片。

极西怒江上游一带，则又与中部相似矣。

第三章 山 脉

一、横断山脉辨

世称西康诸山为横断山脉者，包括大雪山脉、素龙山脉、宁静山脉、怒山山脉、伯舒拉岭、野人山脉诸脉在内。查"山脉"一词，19世纪以前，率解为山峰联属之系统。连山之侧，众水所汇，故曰："二山之间，必有一水。""山之所趋，水亦从之。""不审龙脉，不辨江源。"是所谓山脉，即分水也。其说与堪舆①学术相表里。堪舆家谓地高三尺为龙，故凡属分水，虽平原土埂，亦得为脉。制地图者，但须于二水系间，施以晕㵼②，但取某一著名山峰，名之曰某某山脉。治地学者，莫敢非之。凡过去地图所标之横断山脉，曰大雪山脉、素龙山脉、宁静山脉、怒山山脉等云，皆凭此法而命定者也。

20世纪以来科学昌明，治地学者，倾重实验。山脉研究，渐归重于地质构造，近世地学，大都就山之成因，分为褶曲、拗褶、断层、喷积、侵蚀五大类。分水构成之山脉，仅限于侵蚀山岳一种。若褶曲、拗褶与断层所成之山岳，大多为流水所横断，则与分水之说，大相径庭。近人翁咏霓先生著《中国山脉考》论之极详，固属地学之圭臬，百世不能易者也。横断山脉一词，是否仍应存在，翁氏前文，尚未论及，唯其所引李希霍芬、彭伯利、克鲁包德金、傅德莱、维理士、戴普勒诸家图说，皆无横断山脉之名。李希霍芬称为印度马来山系，傅德莱称为印边山系，维理士称为云岭山系，戴普勒为研究华南山脉之最详者，乃以康东山脉列于昆仑山系，康西自怒江以东称为湄公帚形山脉，怒江以西称为缅甸弧形山脉。

解释诸山脉之成因者，李希霍芬氏谓昆仑南支歧出，自川边南下，以成大雪山、

---

① 堪舆：即风水。"堪"为高处，"舆"为下处。
② 晕㵼：指晕㵼法，旧时以不同粗细长短的线条，表示地面起伏变化的一种方法。

云岭、怒山诸脉，由印边以直下马来者也。其说为时人言中国山脉者之所宗，而实未脱山脉一源说之废调，似无保存价值。维理士解为西藏古陆区与东岸古陆区间之褶曲带，较有理致。戴普勒师承其说，谓成于第三纪之褶曲作用，与喜马拉雅山同时云。

大抵上述各家，足迹皆未至康，凡所著说，仍出悬揣，非如对于华北诸山之具真知灼见也。从来探险西康者，多非地质与地理学家，故未能确切判断西康山脉之构成。余于地学，亦略涉猎，赴康日，曾留心于其山水分布大势。窃认为世人悬拟之西康山脉，皆与实际不合。兹于下列各节，述其概要，而归纳其要点如下：

（一）西康高原东南边际，为一大褶曲带。其褶曲轴自东北向西南，凡数大支，约略平行，在高原边际，构成若干雪峰。

（二）西康高原西北部伟大山脉，皆由自西北走向东南之褶曲带所成，在北者为巴颜喀拉山脉，在南者为当拉山脉，中间为噶拉山脉，三脉并行，至高原中心，巴颜喀喇折东向，当拉山脉折南向，噶拉山脉扩为帚形，直抵理塘草原。

（三）西康高原的西南诸山，为包绕喜马拉雅东端之弧形褶曲带所构成。

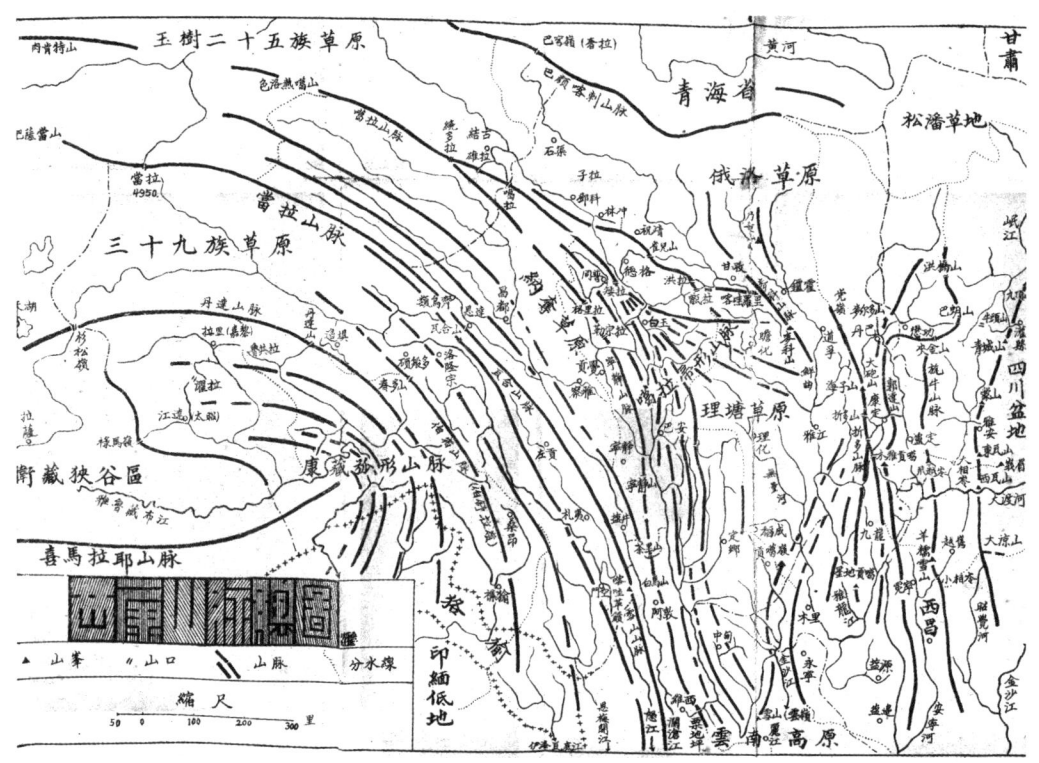

西康山脉总图

（四）西康主要山脉，皆成于地壳之褶曲与断层，虽亦有成于侵蚀者，但概卑小不著名。

（五）西康内部，有三个稳定区：理塘草原，俄洛草原，纳夺草原。此三部分，无显著之褶曲，亦无伟大之山岳，所有山陵，皆由侵蚀作用而成。

（六）西康高原北高南低，故高原之水，平行南流，非地壳之褶曲轴皆南北向也。世所称之横断山脉，只能代表西康之分水线，不能代表西康山脉之构成。大雪山脉、素龙山脉、宁静山脉或云岭山脉等名称，尤不妥当。

二、折多山与海子山（附大雪山脉考）

自打箭炉出关，所逾雪岭，以折多山为最近。故言康藏山岳者，必首称折多。傅华封至欲以折多为川康分界。其实炉城附近诸山，高于折多者以百计。折多幸当南路之冲，遂特著名耳。

折多山，番名折拉（Ge La）。有水自此东流，番名折曲（Ge Ch'u）。其与毛家沟汇合处，有村曰折多（Gedo），番语两水汇合之处曰"多"也。清代设塘房于此，曰折多塘。自炉出关者，经折多塘逾此山，故遂呼曰折多山，非康人原名也。

折多山口高度，诸家所测互异，约举如下：

费吉孙（Fergusson）　12000 英尺（合 3640 米①）

吉尔（Gill）　14500 英尺（合 4400 米）

柯尔斯（Coales）　13500 英尺（合 4100 米）

保威尔（Bower）　14700 英尺（合 4450 米）

何舍（Hosie）　13900 英尺（合 4210 米）

大卫氏（Davies）　15000 英尺（合 4550 米）

雷克西尔（Rockhill）　14300 英尺（合 4340 米）

台克满（Teichman）　14000 英尺（合 4250 米）

古纯仁（Fr-Gone）　4420 米

谭锡畴估计　4600 米

余之估计，为 4300 米，即约合 14200 英尺。实为此带连山最低之部。自此北迤，愈远愈高，直至康定北境之海子山顶，已高出海面 7000 米左右矣。

---

① 本书英尺与米，因各自所用仪器不同，得出的结果多为约数。其准确换算标准为：1 英尺＝0.3048 米。

海子山，番人未著名字。其东北与大炮山间，有低凹之山道，高于海面 4200 米，为自炉赴泰宁捷径，番名热喇拉（Zhara La），道侧有海子，汉人呼为海子山埂，遂并称其旁之无名雪山为海子山也。其峰孤峭矗拔，深入雪线，有如玉柱撑空，遥自千里以外之峨眉山，亦能望见。土人传其四周皆海子，向南一海最大，纵横径数里，水向东决，自牛窝沟汇于打曲。余所见，唯其东北山道侧之海子耳。

海子山与折多山间之连峰，实为大渡河、雅龙江间之地脊，世称折多山脉。中段叠山如城，绝无通路。以海子山为最高，折多山为最低。折多山南，复略高起。由是渐崎岖下跌，至烂泥坝，犹高 4500 米左右。直南逾玉龙石梁子，没于九龙县东境。别支自烂泥坝分出，斜连于九龙之瓦灰山。清康熙中，派员协同天主教士，踏勘西域地形，探江河源，制有图本。胡氏《大清一统舆图》依是绘成。图中无折多山名，而于提茹之北，格达（噶达，即泰宁）之南，标有大雪山三字，准以地望，即今之海子山也。后世地书，称大渡河与雅龙江间之连山曰大雪山脉，即据是命名。今日旅行康地者，不知大雪山所在，乃称海子山与折多山间之连峰，为折多山脉焉。

三、大炮山

前条之海子山，隔山埂低阈[①]（虽海拔 4200 米，但在两大山间，仅如门阈）与大炮山相对。大炮山高度，在 4500—4600 米之间，为丹巴、康定之天然界线。有一较低之部，为自炉赴丹巴者所必经。余六月经此，积雪未消。其脊薄如刀背，陡如缘壁，往来行人，不得骑乘。对面海子山，峰高雪重，四围峻削，每有冰雪崩坠，旋转裹附，渐成大球，及麓而碎，响如轰炮。陈光宗君谓余曰："此大炮山得名之由也。"后遇精藏语者云："番语马为'打'，卸为'颇'，此山道曰打颇拉，谓逾者必下马行也。汉人讹为大炮拉，遂又解为炮响之山云。"此说甚是。然大炮山三字，既已通行，余亦不欲易之。

大炮山与海子山，虽有浅埂相连，气脉实不相属。盖自折多山脉之噶达梁子分支而斜连于郭达山脉者也，其分支而北者，直趋丹巴，而连于麦尔多山，约略呈丁字形。麦尔多在大小金川之间，为康东圣山之一。

---

① 阈：音 yù，门槛。

四、郭达山（附郭达造箭辨）

西康村镇附近，必有一山被指为其村镇之神山。打箭炉之神山，即郭达山也。在炉城东，峭壁逼水，直上雪界，无路可登。登者须绕从二道桥上灯盏窝。至绝顶，可以望见四川蔡、蒙、九顶诸山。然人迹恒不至，唯羚羊成群栖息焉。山神所在，为一木桩，树于山腰绝壁，市人可以望见之处。每岁新正，有人来此祈年，新其封识。一般市民祷山神者，不必赴此，但祷于城内之将军庙。相传诸葛武侯南征，遣裨将郭达造箭于此，后骑山上神羊仙去，故其地曰"打箭炉"，山曰"郭达山"。甚者，谓遥能望见之木桩，即郭达遗箭也。今炉城有武侯祠、诸葛街与将军庙。庙中塑神像，甚狞丑，骑独角羊。有木牌署"敕封某爵汉朝郭达将军神位"。每年六月十五日，为神诞辰，世人备彩舆鼓乐百戏舁神像游街。万众膜拜，信其事为实然焉。

余考武侯南征，取道雅州、大相岭，入越嶲郡（今建南地）渡泸水（今金沙江），至益州（今云南省会）①，史迹甚明。其道去炉城绝远，险阻难通，何至遣人造箭于彼。且古代之箭，以镞缚箭竹为之。今建南夷，尚存其制。相岭越嶲一路，富有铁与箭竹。打箭炉附近，恰不产是，何为遣人造箭于彼。又考"打箭炉"三字，初见于《明史》，明以前，但称"鱼通"，不曰"打箭炉"也。果其地因郭达造箭而著名，则晋、唐、宋、元间，应已称之。何为初见于《明史》乎。遍查《三国志》及魏、晋、唐、宋诸史志，并无郭达其人。乾嘉以来诸地志，始载郭达造箭之说。《诸葛忠武侯集》收集关于武侯之遗文、遗事、遗迹，至为详备。所引郭达造箭一条，亦系依据乾隆《雅州府志》。然则打箭炉因郭达箭而得名之说，特《雅州府志》之谰言耳。尝阅《雅州府志》竟将罗贯中《三国演义》所传武侯《记泸水文》采入文艺，又将金环三结列入土司世家。足见编撰者之不通，与其书之无价值。不识世人何以遂信此谬说而辗转引据之也。（《大清一统志·打箭炉厅志》及近世一切地书，皆引用此说。）

再查魏源《圣武纪》，书"打箭炉"为"达箭炉"，足见"打箭炉"三字，系译番音，乾嘉间尚无定译，由《雅州府志》之宣传，与打箭炉市之建置，而后始成定译耳。考番语，称两水汇合之处曰"多"。打箭炉当二水汇流之处，北自大炮山来者

---

① 益州：西汉元封二年（前109）汉武帝先后派唐蒙、王然于、郭昌等开拓云南，滇王常羌归附，西汉王朝除封其为"滇王"外，正式在云南设益州郡，其郡治在今晋宁（属今昆明市）。

曰"打曲",西自折多山来者曰"折曲",故番名其地曰"打折多"(Dagedo or Datsen do)。或因汉人初至,译写为打箭炉。后至者因附会为造箭之说,《雅州府志》从而采之,修建街市祠庙者又从而点缀证实之也。

打箭炉既非因郭达造箭而得名,则郭达山非因郭达仙去而得名,已毋庸辨。顾附会造箭之说者,何据而称其人为郭达乎。余尝反复探求,乃知郭达者,"噶达"之转音也。噶达为泰宁故名。泰宁去炉城百余公里,有大喇嘛寺,雍正八年(1730)自拉萨移第七世达赖坐床于此,改称惠远寺,即今之泰宁寺也。雍正十二年(1734)复送达赖回藏。由是番人谓噶达为圣地,到处尊奉噶达之神。打箭炉距噶达甚近,故其祀噶达之神甚虔。又以城东高山之脉,来自噶达也,故安噶达之神于此。汉人之初至者,不识其由,随音译字,因字造谣,于是有郭达造箭之说云耳。

五、木雅贡噶

西康最高之雪山,当推木雅贡噶①(Minya Konka)在打箭炉西南百余公里,玉龙石之东侧,泸定县之西方。峰顶作三角尖锥形,高出海面7500米以上(据哈姆博士精测)。此带雪线,不过高5500米许。故木雅贡噶恒有2000米在冰雪中也。相连6000米以上之雪峰凡七座。以雷多马因梭罗(Reddomain Solo)与奇布龙吉贡噶(Chiburongi Konka)为巨擘,皆高出海面7000米外。奇布龙吉尖矗如冰塔,自康定榆林宫可以望见,土人称为玉笋;雷多马因自折多山、雅加埂、高日寺山等处皆可望见。木雅贡噶地位最南,故非至玉龙石者不可辨之也。

如此骈列而凝聚之七大雪山,生于名城打箭炉附近,而复逼临汉地。乃数千年来,汉人熟视若无睹也。历来康藏图籍,皆未着墨及此。清季之年,有英人柏里拉(Pereira)来川康探险,谓此带有一高山,足与额菲尔斯峰②匹敌。1928年6月,美国探险家骆克(Rock),因探险康滇间之贡噶岭(Konkaling Peaks)望见此带雪峰,询知其为木雅贡噶,疑柏里拉所指即此。遂于1929年3月,率队来此探险,摄得彩色照片数十幅,粗测地图一份回滇。撰有简报,在美国《国民地学杂志》(1930年10月)发表。由是惹起一般西人注意。其年,两广地质调查所哈姆博士(Dr. A. Heim)率队来此,测量地图,考查地质,历时数月而去。其报告今尚未见。兹节译

---

① 木雅贡噶:又作木雅贡嘎,即今贡嘎山。主峰高7556米,为世界第十一高峰。
② 即珠穆朗玛峰。

骆克原著如下：

"当余等到达玉龙石时，即暂住于昔时明正土司避暑所住之房屋内。此屋现为一面貌和蔼之土伯特领袖曰宗本者所居。彼亦竭诚欢迎余等。

天气晴朗，裨助于余等此行不少。余问宗本，由何处可以窥见木雅贡嘎全景。彼谓自此上玉龙石谷，逾横岭而东，有一高石，可瞰布曲河谷（Buchu Longba）。逼视雪峰，如对觐焉。

余等力请宗本引导。渠谓现在积雪深厚，莫辨坡陀①，横岭殆不能登。言间，流露十分危险，不胜恐惧之意。

余行至15000英尺左右时，果见横岭积雪深厚，幸均冻结坚固，绝不因余等身体之重量而有洞穿之虞。因此一往直前，行至16500英尺高之处。

于此忽有如白云涌起者，高出霄汉，即所谓木雅贡嘎也。遥测此宏大崇高之山峰，殆出海面25600英尺以上。

余此时不胜狂喜。念此从来未为白人所能想见之地，余何幸而得独先瞻仰之耶。

由北至南，无往而非伟厚之雪层，高峰之巅，已入云汉，附属各小雪山，无有能与匹敌者。其最高处，为一无顶锥形山峰。其侧面有冰河环绕，长约数里。此冰河更与其他直接由木雅贡嘎主山而来之冰河，互相连接。

其南面稍微偏西，有一雪山，名曰娘波贡嘎（Nyambo Konka）与之相连，为木雅贡嘎之尽头处。各雪山之冰河与溪流，共入于V形之布曲谷内。此谷甚长，殆全顺此山脉而行。此外尚有一较小之溪谷，名贡嘎龙巴，亦此雪山所成之溪谷，为消纳木雅贡嘎主要冰河之所。两水汇合，是为曹沽（Tsauku）发放急流，而入于铜河。

木雅贡嘎雪峰（骆克 摄）

---

① 山势起伏貌。亦作"坡陁"。

最美丽之雪山，仅略低于木雅贡嘎，而直起于其北面者，曰龙吉马因及打多马因（Daddomain）。由测斜仪证明，知其高度各为22500—21500英尺。浮云拥蔽山巅，状如锯齿。其西面斜坡之雪线，降至18000英尺以下。

此间风景佳胜，难以言语形容，若非余来此地，白种人其遂无能望见如此之奇峰异景者乎。

春季为旅行此地最不容易之季候。因重雪封锁，足以阻滞考察者之进行也。于是余决定更越其最北之吉西山垭（Djesi La）（亦曰玉龙石山，为自玉龙石河谷逾榆林宫河谷之岭道。）再三日程，到北东面之打箭炉暂息。

吉西垭为深雪积压。骡马过此，深堪栗惧。前行牲畜，常突然自跃入深沟中。

吉西山垭之北东面，积雪更为深厚。余等之犛①牛。似特能适应此种环境，虽负满载重物，亦能怡然躺卧于雪上，俨若世界上无更舒适于此者。

……

开始攀登吉西垭口以前，余等张幕于筑有小石坛之横岭之对面。石坛者，用以焚烧松枝祭祷山神之用者也。此种石坛所在地，常能使来祭者望见美丽无匹、随步异形之神圣雪山之奇景。

翌日，一极愉快之日也。余等攀援张幕处所对面之横岭，至16500英尺处，选得第二个可以摄制各处雪山风景之地方。由此观察木雅贡嘎之形状，觉其为一三角形雪峰，惟又与埃及三角塔之形状不同。一缕白云，拥蔽尖顶，其外形隐约可见而已。

木雅贡嘎山之石壁，为黑灰色岩石，与吉西谷间之花岗岩相似。由山脉之北端起，直至打箭炉，完全一致。由吉西垭直达吉西谷上部之折吉谷间，有一冰河，河身甚狭，其尽头处有一瀑布，下流入于雷溪谷。[按，番语称谷为"龙巴"。折吉谷（Tsidji Longba）者，汉人呼为"窄窄沟"，其下游即榆林宫河也。雷溪（Riuchi）者，汉人呼为"桓河"，谓其与窄窄沟合流处为正交形也。]

因欲从西面窥测木雅贡嘎峰，遂便道入窥雷溪谷。雷溪谷与东方一带高出海面20000英尺以上之雪山互相衔连，每个溪谷，均为冰堤所填充。

主要山脉之极东部，有三大雪山，极为美丽，与雷溪谷相连。所谓雷溪谷者，指中部雪山与奇布龙吉贡嘎及其北部之一段溪谷而言也。其南有一无名山峰，余为尊崇国民地学社社长起见，特以社长之名，名此山曰格洛斯温勒山（Mt.

---

① 犛：音lí，牦牛。

Grosvenor），以资纪念。此雪山之岩石，似为黄红色之片麻岩所成。此山可由打箭炉上方之山看见，惟不能于木雅贡噶望见之。

由此最美丽雪山中之一，可以俯瞰雷溪谷之源头，及吉西山垭，无非一极壮观之美丽冰雪。附近有雷多马因梭罗雪山，高23000英尺，打箭炉教士率误认此山为木雅贡噶。殊知木雅贡噶虽可由吉西垭上望见，但在完全晴明之日，亦不过仅能望见尖顶之小部而已。

木雅贡噶连峰甚多，其高度均在20000英尺以上。由与雷多马因梭罗平行之第二行山脉迤逦驰去。以木雅贡噶为最高。至于鲁溪贡噶（Riuchi Konka），则可视为与雷多马因梭罗相连续者。此外尚有距打箭炉极近之山脉，由吉西垭上俯视，逼临于吉西之谷者，雅加埂山（Yachagan）是也。高出海面凡22000英尺，包含有二雪峰，其间缺裂极深。

余等在打箭炉逗留约两星期之久。从事整理色板、冲洗相片等事，一面给予随从人等及骡马以休息之机会。补充食料以后，即行重返木雅贡噶，以竟余考察未完之事，未几，重到玉龙石旧日设幕之所。

余等决定沿冰河上行，遂与宗本及另一土伯特人名朱麦者同行。朱麦和蔼可亲。其后领导余等至贡噶寺，木雅贡噶山麓之唯一小寺院也。

因需布置一切，故余等先行寄送书信及礼物与该寺之呼图克图。该寺属于白教（Karmapa），为红教之另一支派。木里土司先曾作函介绍余于此呼图克图，系寄予其叔父者。词意甚为恳切。其叔父在该寺担任司库。其所以如此者，无非望得寺中各小喇嘛之敬爱与扶助。

除观赏四围之风景外，即从事采集玉龙石谷间之各种植物标本，并准备到木雅贡噶山大冰河岸下面采集其余一部分。余等在此，深托山神福庇，天气晴朗，得竟考察之全功。

此六月初旬间事也。在玉龙石13800英尺左右地带，仍寒冷萧条异常。当时设幕于芝米拉（Tsemi La）山垭之下，此为余等到寺院必由之路。适值大雪降落，一夜之中，积雪之重，致使帐幕坍塌，亦云大矣。由芝米山垭16000英尺处南向，可望见第二重雪山，高出海面约20000英尺，景致殊佳。

木雅贡噶为雾所笼罩，其无顶山峰，高出云海以上，得见之时，不过一刹那间耳。

由芝米拉下行，蜿蜒入于芝米谷，其进口处，有一土伯特族之小村落。前曾言之，此山脉之南端，曰娘波贡噶，高出海面21000英尺。其山谷之低下部分，密生桧桦及石楠之属。其上部，则生橡树。过布曲谷所攀越之横岭，为布曲谷与贡嘎谷之分水岭。再由贡嘎谷上行，至大冰河。其侧即此寺院所在。

呼图克图之叔父，业于余等到达时他去。另有四僧人在寺，消磨其岁月于祈祷默念之中。闻余等至，咸来寺外迎接。此寺院难与外界往来，不啻一世外之武陵源也。此寺院每岁，因为芝米山垭之积雪所封锁，不能与玉龙石之牧人相往来者，约六月阅。

余等经护送至一方形石屋内。其中有天井，惟已满驻骡马之属。由一古式简陋楼梯上升，可达一平台。由此转入经楼，及一窄小屋内。其侧有一经堂，为呼图克图栖息之所。当余等来此之时，该呼图克图已先往玉龙石，留住于其附近之卢里新寺院中。

天气晴朗时，由一小窗，可瞰冰河之谷，及木雅贡嘎之全景。惜余等在此之时，未曾一次见及也。墙垣上有壁画，为山神夺尔吉鲁杵（Dordjelutru）之像，足以代表木雅贡嘎之尊严。又其幽暗经堂内，有一金箱。满嵌半贵重之珠宝。其内有一肉身，因余之帐幕适与经堂之格门相对，得窥见该金箱与肉身之全形。

凡金装肉身，必有可钦之事迹可记。余因询知客僧以此肉身之事迹，彼谓："此地为前呼图克图示寂之所。此肉身即前呼图克图之遗体。其死距今已60余年矣。"

白教较黄教之起源尤早。据该僧云："此寺之设立，远在600余年以前。"察其语气，似非夸妄。

……

此小寺院，建筑于冰河旁之一狭小平地上。四围均为极美丽之石楠丛林所荫蔽。

山神对于余等之造访，显似极为宽容。次晨四钟，余即兴起，瞻视此巨大之雪山，与冷静而带灰色或青绿色之无云天空。随即唤起从人，急取早餐，攀登寺后树木阴森之斜坡，而至布曲谷与贡嘎谷间之分水横岭。约一小时后，缘石级斜坡而上，经一奇异地方，广生各种颜色之高山花草。最后来到一狭小石嶂，高约17200英尺，殆全为泥片岩与泥板岩之破片而成。日光照耀于木雅贡嘎，烟消云散，清晰无比。于是得久久观察此雪山之面目，与东面各处悬崖之形势。

余坐一大圆石上饱享此宏大美丽之奇险风景。其远处下方，可以仅见之雪山，亦属此喇嘛寺管辖范围。余尽量摄取此巍峨山景之照片及色版后始下。

在经堂之门外，余所住之寝室壁上，挂有粗布一幅，上书藏文。僧侣告余，此为木雅贡嘎及本寺之历史，其后经余研究，始悉其系赞颂夺尔吉鲁杵之词。大意谓地球上无有更美丽之地方过于木雅贡嘎者。在此山中经过一夜，胜于在家中静坐默祷 10 年。人能来此焚献松枝一条，胜过在家祈祷千百次。

据此幅所述，谓印度教士巴德马撒布哈［Padma Sambha（即莲花生）］，红教之始祖也。夺尔吉鲁杵地位与星雷瑞（Shenrezig）亦作陈雷西（Chenresi）者相当。星雷瑞，印度之亚福洛克斯佛（Avalokitesvara）也。二神实同出一源云。又谓凡住居于此神秘山岳上喇嘛寺中之一切神灵，对于来朝拜此山之居士，不咎其已往罪戾完全予以自新之路。最后并作警语云：如有不信此说而惑于异端者，必有邪恶不幸之事集于其身。末幅并附书有山神之咒语。"

著者案：木雅，为番人对于打箭炉附近，雅龙江中下游之泛称。严格解释，则仅指康定比曲流域之地。此带雪山，在比曲流域与大渡河域之间，故番人称为木雅贡噶，以别于墨地贡噶，与贡噶岭之贡噶也。前附《康定附近地形图》系余就骆克之文字图画及余所调查者估制，尚未见哈姆实测图本。

六、川康间之山脉

川康间之山脉，世传有邛崃山脉一干，已于第一篇中述之，盖就分水为山脉也。若从纯正地理学言之，则此名词完全不能成立。因自巴朗至峨眉，中间经历若干不同之地质构造。且邛崃山为大相岭之古称，大相岭为川康间山脉较低陷之连锁，不当为任何山脉之主峰也。邛崃山脉之西，复有大雪山脉一干，其名未当，亦详前节。

余之意见，川康间有数大纵列之山脉，生于地壳之褶曲及断层。与河谷正交者多，并行者少。虽其间有连横之分水脊，而实非脉也。世俗所称之邛崃山脉、大雪山脉等名称，应节删除，易以下列称呼：

瓦屋山脉　此山脉包有东西瓦屋山。北连周公山（禹贡蔡山）麂子冈，自飞仙关逾青衣水，连于蒙山，遥接青城、九顶。南逾大渡河峡，连于大小凉山。为四川盆地西方之内舷。（参看山脉总图）

牦牛山脉　此山脉包有四川盆地与大渡河谷间之重要岭道。如飞越岭、蒲麦地、二郎山、马鞍山等。北连鱼通梁子、夹金山、巴朗山。南自纳尔坝之乔白马逾大渡河，为羊糯雪山（越嶲、冕宁界山）。山中旧产野牛，即古牦牛国地也，故曰牦牛山脉（俗传打箭炉为古牦牛国地，非是，另有考）。为四川盆地之外舷。横连此二大山脉而为纵断之分水者为大相岭。

贡噶山脉　前节所言之木雅贡噶，北连龙吉马因、打多马因、雷多马因、泸溪贡噶、奇布龙吉，又北连于雅加埂雪山，又北五色海子雪山，逾瓦斯沟邃峡，连于郭达山，又北为孔玉梁子，为达龙梁子，逾大渡河峡为丹巴南境之马耳山。折东为夹金山，为巴朗山，与邛崃山脉合并。其南由娘波贡噶逾布曲河峡，与折多山脉相依并行，走入建南境内，为雅龙江与安宁河之分水（参看地质图与山脉总图）。

折多山脉　自折多山北连海子山、格达梁子、农戈山、党岭，没于俄洛草原。南连烂泥坝与玉龙梁子，入九龙境。别支自烂泥坝分出，直抵木居河曲，逾峡为瓦灰山，为储龙山，为墨地贡噶。逾雅龙江峡，为瓜别土司，为泸宁营间之雪山。横连贡噶山脉与折多山脉间而作纵断之分水者，为大炮山。

麦尔多山脉　大炮山之北地层复杂，山脉零乱，未易明白条析。但就分水言之，则丹巴之南有白盖山，逾大金川峡而有麦尔多山，又北为中梁子，为空卡山，为万里城山，为茂笔山，仍与邛崃山脉合并。可认为贡噶山脉之分支北出者。

七、贡噶岭与云岭

西康稻城县南，地名贡噶岭，有大喇嘛寺。赵尔丰改土改流时，奏设县丞于此。民国初，拟设贡噶县，未成。贡噶岭得名之由，以其南有大雪山。番人谓雪山为"贡噶"，谓圣洁而孤高之寺庙为"岭"。贡噶岭原为寺名，汉人遂呼其旁之雪山亦为贡噶岭也。其山高度，微逊于木雅贡噶。数峰骈列，斜排于理塘、木里界间。有数小河横穿而出，曰贡噶河，曰董利河，皆成深邃之绝峡。

贡噶岭亦自褶曲构成。其褶曲轴为浅弧形，东北越理塘河、雅龙江、比曲，而抵于雅江县之宜马宗。西南逾隆达河、明丫河、金沙江，为丽江之雪山，止于象眠。

此所云丽江雪山，在云南丽江县之北，当金沙江剧曲部之内方，四时积雪，亦如贡噶岭，而高度逊之。《徐霞客游记》[①] 称为雪山，他书或称之为云岭，谓云南得名即由地在此山之南故也。查魏源《圣武纪》云："汉元狩中，初开僰道，彩云见南中，遣使迹之。云南以此得名。见《云南通志》及顾炎武《肇域志》。"是云南得名非由云岭也。《大清一统舆图》，亦著雪山、象眠山而无云岭之名。是所谓云岭者，特因其南为云南而附会之名称，非此山旧名也。

---

① 《徐霞客游记》：徐霞客，明地理学家，名弘祖，字振之，号霞客。足迹遍布大半个中国，游历所得，逐日记述。死后，季会明等将其整理成富有地理学与文学价值的名著《徐霞客游记》。

云岭与贡噶岭，为一山脉，与宁静山殆无干涉。而世俗地书，妄称宁静山脉为云岭山脉，指为南岭之本源，殊可嗤笑。

八、喀哇罗里与麦科山脉

西康北部诸山，以喀哇罗里（Kawaluji）为最雄奇。喀哇罗里者，在瞻化县北，当甘孜、炉霍界间，为一圆锥形之雪峰。尚未经人测量，余估其高度在 7000 米以上。四季没于冰雪中者约 1200—1300 米。番语雪为"喀哇"，甲胄为"罗里"，意谓山以冰雪为甲胄也。台克满解为"常雪之巅"。番人之崇敬此山，亦如木雅贡噶。山神何名，尚未发现。每年六七月，四方番民来此顶礼，只及山腰嘛呢堆而止，莫得登其巅也。

喀哇罗里之西，逼临雅龙深峡，逾峡再西，为横亘甘孜县南境之大雪山。此带雪山，与喀哇罗里横连成一字形，平均高度相若，地质亦同，只其尖峰不及喀哇罗里，土人亦以喀哇罗里呼之。朝山者不朝此中雪峰，而远赴喀哇罗里，其意若曰喀哇罗里为此带雪峰之代表。是土人亦知此带雪岭，虽隔江峡，仍是一山脉也。

喀哇罗里山脉西端，包甋拉、洪拉（皆甋科通绒坝岔路，高 4800 米左右），斜连于雀儿山。噶拉帚形山脉之北干也。其东，则与麦科山脉斜连。

麦科山脉者，鲜曲与麦科河两断层间之地垒。亦即瞻化、炉霍两县之界线。其脉与喀哇罗里斜交。东南止于鲜曲之瓦日沟。西北经罗锅梁子，与甲波纳雪山相连。平均高度 4200—4300 米。道孚境内之神山，若门土山、特日山、铜佛山，皆隶属之。主峰在瞻化县正东。高 5000 余米。富于金矿。自此流向各方之河流，若麦科河、仁达沟、甲斯弓河、拉日麻河，皆以产金著名。

九、雀儿山

雀儿山在德格县境，祝庆草原之南，为与喀哇罗里伯仲之雪岭。自邓柯县林葱之南，斜达德格县甋科之北，长约 200 余公里。中间有低凹部，为甘孜经绒坝岔、玉龙，至德格之孔道。道旁有海子，番语海子曰"错"，故称此山道曰"错拉"（Tso La）。汉人衍其音为雀儿山，非有其他意义也。

雀儿山为老年时代之山岳，故虽高似喀哇罗里，而峻峭不如。错拉山道口，约高海面 4700 米。东西百余里间，无灌木。然而地势坦夷，不似折多大炮诸山之崎岖也。

雀儿山脉，自林葱之南，横越金沙江大峡，至邓柯南部，与噶拉山脉正干并行，止于结古附近。其峡自石灰质成，深邃异常，绝无通路。故自德格至邓柯者，皆绕道祝庆，逾拿渣噶日拉（Lotse Karo La 从《建省记》译）而道林葱，不能沿江行也。

十、噶拉山脉

噶拉山脉者，自昆仑分支，与巴颜喀喇并行，斜贯玉树草原，自结古之南，入西康境。西名肉肯山（Zurken），色洛热噶山（Sheror Dzagar），噶康里山（Gaik Kangri）皆在青海省境。其在结古之南，有重要山道数处，曰绕多拉（Roudo La 4550米），曰雄拉（Shung La 4800百米），曰噶拉（Gur La 4540米），皆通昌都之路。噶拉（《玉树地图》作果拉）为康青省界，故以名此山脉。自噶拉又东南，斜亘于邓柯南境，与雀儿山脉并行，而俯瞰之。平均高度6000米左右，为邓柯同普之天然界山。自同普北境折向东南，经矮拉（Nge La），才高3700余米，为此山脉之最低部。故德格、同普交通，取道于此。（其侧有村名矮坝，一作艾坝。矮拉因此得名，非由其山之低落也。）矮拉以南，复高耸为大雪山，分成数派，自白玉附近渡金沙江峡，作帚形分布，扩散于白玉、瞻化、理化诸县境。山脉庞多，不可胜举。由德格经白玉至巴塘一路之不能免于往复升降崎岖跋涉者，以必横过此帚形褶曲地带故也。

雀儿山脉与宁静山脉，皆当认为此帚形地褶之一部分。不过位于南北两面之游离褶带，而非发自噶拉干脉者耳。

十一、宁静山

坊间地图所绘之宁静山脉，是否适用，尚属疑问。大抵金沙、澜沧之分水线，并非一显著褶曲带，或可认为一已经衰老之山脉。要自今日视之，仅为一浅丘弥望之草原（前述之纳夺草原）而已。此草原愈南愈狭，侵蚀作用亦愈显著，至巴塘、江卡之间，成为宽数十里之平岭。复因江卡河之侵蚀，分为二歧。东歧即邦木塘与南敦间之平岭，为径最狭，贡道经焉。土人呼曰邦拉（Bum La），为巴塘、麻康两部落之界山。清雍正中，议以喀木西部赏藏，周瑛、郝玉麟等勘界，立碑于此。谓西陲自此宁静，故赐名曰宁静山。番人未尝解此名也。汉人未谙西康地形者，恒误解宁静山为若何高峰，故周瑛等取作界标。于是以为江澜（金沙江、澜沧江）分水间之主山，而有宁静山脉之名。

虽然，纳夺草原之两侧，沿金沙、澜沧江水之部，则固有显著之山脉构造也。特多被两江支流冲断，而与分水无关系耳。近金沙江者，为噶拉帚形山脉之南支。近澜沧，为属于当拉山脉之一派。宁静山近金沙江，属于前者。其脉在噶拉附近，已与干脉分行，为纳夺、德格两土司之界山。其经卡工（同普县地）之西者，为格里拉（Gele La），高4400米。贡觉之北者，为勒宗拉（Nadzong La），高4800米。又南逾贡觉河，为贡觉三岩之界山，平均高5000米。又南在喜松工西者，为祖拉（Dru La），高4580米。又南逾翁曲（Ong Chu）河峡，为宁静山高4000米。又南为茶里山，高4800余米，为康、滇旧界。又南为阿敦子之白马山，入云南境。此山脉未著名称。正可称为宁静山脉。唯此宁静山脉，非坊间地书所云之宁静山脉也。

十二、当拉山脉与瓦合山

当拉岭与当拉山脉并由山道当拉（Tang La）著名。当拉在青海南境，木鲁乌苏与哈喇乌苏之间，拉萨、西宁往来之大路也。其地当羌塘（Chang-Tang）东部，正译为塘拉。昔人皆译当拉，兹故仍之。此山道高出海面4900余米。其左右山脊，皆高出海面六七千米，是为当拉岭。虽非奇峰绝壁，而四时积雪，断绝交通，唯此一径，可通行旅，故当拉在青藏之间，甚为著名。

当拉岭西入西藏北部之羌塘，曰巴萨当岭（Mt. Basudan），脉远不知所界。其东为澜沧江与怒江之分水雪岭，横亘几千余公里。青海之玉树二十五族与西康之三十九族，借以为游牧之界标。如此雪岭，延达类伍齐附近，夷为5000米以下之山岳。其著名之山口曰瓦合山。

瓦合山，在恩达县西45公里，为昌都、丹达间最高之山道。实自数条平列山脉骈合而成。正脉即瓦合拉。其西有海子，已涸，俗称干海子。干海子西曰葛博拉，《卫藏图识》作胳膊梁，一柱峰即在其侧。《圣武纪》云："康熙五十九年（1720），滇兵三百，营于瓦河一柱峰下，中夜风雪，人马俱僵。"即此地也。又西逾瓦合塘曰蚌拉，其下为瓦合寨。又西曰擦达山，其下有大平原，农业发达，麻里寨在焉（麻里，一作麻利，亦作麻密）。又西为以打拉，即麻里大山也。其下为嘉裕桥、瓦合山之东，逾鹿角坝，曰景拉（《卫藏图识》作喇贡山。喇贡鹿角，为一语之异译，盖因地以名山也）。其下为恩达塘。自恩达塘至瓦合寨80公里，皆此山道之躯干。迤西

75公里间,皆高于海面4200余米。大体平阔,荒寒特甚,三时①封雪,盛夏乃消,草木不生,鸟兽俱绝。逾山者须三更起行,始能及站。故称南路剧险。

当拉岭东部之地褶,概为东南走向而骈列。瓦合山由是构成。澜沧江上游各支,概自西北向东南平行流走者,亦此诸并行地褶使然也。

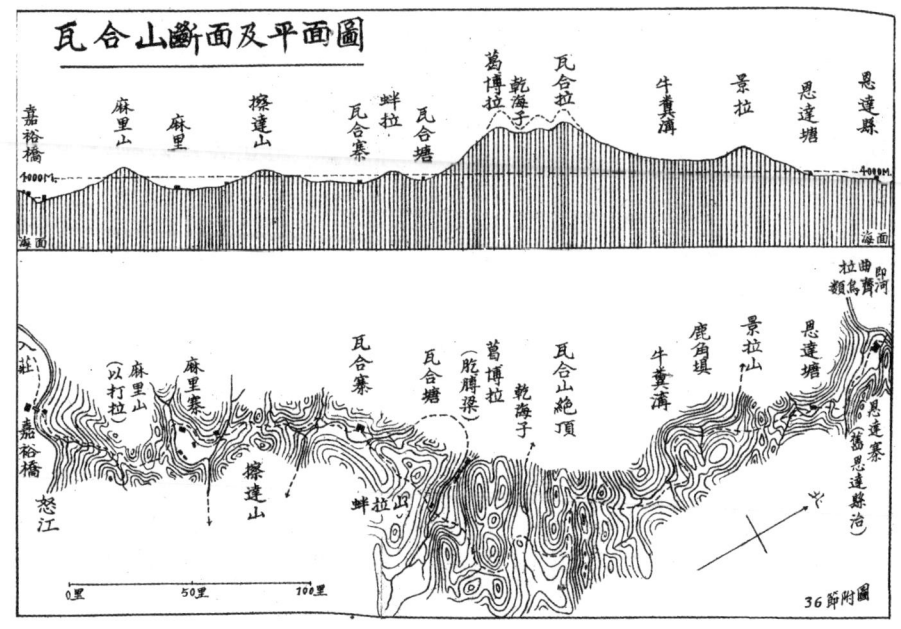

瓦合山断面及平面图

十三、喀哇革颇——怒山山脉

西康东部之神山,莫尊于木雅贡噶。北部之神山,莫尊于喀哇罗里。而西南之神山,莫尊于喀哇革颇(Kaakerpu or Khaovakarpo)。汉人呼为雪山者是也。在阿敦与门空之间,与澜沧、怒江平行,高出海面6000米左右,长亘百里,积雪晶莹,美于贡噶。每年夏月,番族不远千里朝之,亦如冬季之朝峨眉也。汉人辨黑水者,认此山为"世界之脊",已于前编言之。

构成喀哇革颇之山脉,绵延甚远。南抵永昌,北达瓦合,殆成一长3000余里之直线。若更推而远之,则北连当拉而入于羌塘,南入缅甸而极于南海,盖数万里矣。喀哇革颇,为其最南伸出雪线之部。北部有伸出雪线更高,且广于此者,如札夷寺

---

① 三时:此处指秋、冬、春三季。

附近，与左贡寺附近之雪山是也。唯北部雪峰虽高，而山座亦高。不如喀哇革颇，位于两大深峡之间，壁立万仞，仰之弥高，故能得番人特殊之崇敬。而汉人亦以世界之脊相似也。

近世地书，通称此山脉为怒山山脉。实则全山系中，并无怒山之名。若谓怒族住地，亦不甚妥。怒族所住，在此山脉之西。若山两侧，怒族固不若傈僳之多也。余意以为与其称为怒山山脉，毋宁称为喀哇革颇山脉。若嫌其名太长，可称雪山山脉，或称为瓦合山脉亦可。盖瓦合为最著名之山道，喀哇革颇为最著名之山峰也。番语，喀哇革颇，为雪丈人之意。西康诸山脉中，雪岭之长，亦当以此山脉为首屈，故省称雪山山脉，于义甚乎。

十四、康藏弧形山脉

喜马拉雅山脉，为横亘西藏南部之伟大褶曲构造。其褶曲轴，与当拉岭瓦合山至喀哇革颇之褶曲轴，约略正交，而不相连接。介于其间之褶曲构造，似因受喜马拉雅东向势力所排挤，不得成为与瓦合山脉并行之褶带，而乃变成弧形褶曲，以冠于喜马拉雅之东首，愈近喜马拉雅山脉者，曲度愈大。愈远者，曲度益愈小，至于几与瓦合山脉并行而止。其各层最密接之中心部分，即当波密之中央。波曲河谷之曲折深邃，与夫雅鲁藏布江之突转西流，皆此故也。

如此弧形山脉之走入缅甸境内者，皆有西向弯曲之势，法人戴普勒（Deprat）所称之缅甸弓形山脉，实即此弧形构成之长尾也。如此弧形山脉，介在康藏之间，故曰康藏弧形山脉。

前编所记之丹达山脉或伯舒拉岭者，实此弧形山脉之最外一轮。唯其为最外一轮，故弧度甚缓，几与当拉岭至喀哇革颇之褶曲轴平行。相与挟持怒江，入于南海。自此以外之水，则横亘内弧诸山脉，而汇于雅鲁藏布江。

十五、沙鲁里山考

《大清一统舆图》于理塘西北毛丫、崇喜两土司间，标有沙鲁里山。《大清一统志》亦列是名。于是近世地书，皆称雅龙、金沙两江间之山丛为沙鲁里山脉，或缩称为素龙山脉，沙鲁、素龙，一音两译，当是一山，可以不辨。唯既奉此山为此带山丛之主峰，则其必有此山，且必为特著之山峰可知矣。然余在理化，遍查此间，全属浅丘纵横之高原脊部，实无特异峰峦，有足当此山脉主峰者。遍询亦无此山名，心甚怪之。回川后，查考诸籍山注，皆惝恍其辞，无可指执。初意以为其山在理化极北昌泰边境，余足所未能至，目所未能望见也。近与李蔚苍君谈边事，李君言："昔在理塘教学，曾住毛丫牛厂中半年，从牛厂喇嘛学。喇嘛年事已高，博学多闻。谓塔子坝冈右圮碉（在理塘崇喜小道间，今只存瓦砾一大堆。余过此时，土人亦言其地原为喇嘛寺，因阻汉兵，为岳大将军所焚。）为昔唆啰土酋官寨。明清之间，唆啰最强，曾征服毛丫曲登（均在理化北境）、格木（大瑣塘附近之牧部）、莫拉石（理化东南之大部落）及瞻对之一部。理塘营官，被其逼走三次。清之初世，理塘营官乞四川首长发兵击败之。部亡寨毁，其民分属理塘与五瓦述，今之格木娃，皆其遗裔。汉人称之为查录，不曰唆啰也。"因念唆啰、沙鲁、素龙音相近。番人称山峰曰"热"，或书作"日"，称山脊道为"拉"。日与拉，皆与里音近。沙鲁里山，本亦作沙鲁日山，疑即唆啰日或唆啰拉之异译也。若果为唆啰日之异译，则余敢判其山为塔子坝附近之最高峰，盖唆啰全盛时代之神山也。唆啰既败，番人以此山表其故部，故曰唆啰日。如果为唆啰拉之异译，则其山当为理化东北之大山道。此山道为经塔子坝至崇喜大道中之最高山脊，为理塘河与莫拉石河之大分水线，亦即故唆啰与理塘两部之界山，唆啰入侵理塘，必须经此，故理塘番呼之为唆啰拉也。惜余过此两地时，未曾访问名称，征其传说，迄今无术指定。唯所谓沙鲁里山之因唆啰部落而得名，且在唆啰故境以内，则可深信。《大清一统舆图》系以康熙时派员随同天主教士踏勘所制之《内府舆图》为蓝本。《一统志》亦皆取材此役。时值唆啰新亡，番人脑中，咸有印象，故其时此山甚著名。《卫藏图识》成于乾嘉之间，去前者六七十年，故译名微异，曰沙布山［《图识》无沙鲁里山，有沙布山。注云："在沙鲁布。"查番人称某部之民曰某"波"，或作"布"，或作"普"（po），亦作"巴"（Ba），亦作"娃"或"哇"（wa），沙鲁布者，即唆啰巴之意。沙布山为唆啰巴山之缩译也。《图识》去《一统志》之成，才数十年，译名便难参证若此。］已与前书不协。足证当时人民，对唆啰之印象已淡，山名亦已随之而淡，迄今去唆啰之亡，且200年矣，人民对唆啰之印象已泯，故山名亦随之而没。设无耆宿喇嘛，间接传此史事于余，则余虽躬履其地，手制其图，亦不解其即为世人所称之沙鲁里或素龙山。地学之难若此。

十六、山岳琐记

记康藏山岳之书，似莫早于《大清一统志》，其次为《卫藏图识》，皆仅就驿道沿线诸山，列举名称，微著地位而已。其名称或依番音，或从汉语，大都征信古人，未有定译。后之来者，过其地而不辨为何山，阅其书而不识为何地。于是记游者侈为异称，纂述者兼收并列，骈拇枝指，叠床架屋，阅者厌烦，游者迷惘。自《四川通志》以下，悉犯此病。

近人胡吉庐著《西康疆域溯古录》列举西康山名 100 余座，有说者凡 60 余座。皆属南路沿线之山口山峰，或山坳著名地方，而杂采于《一统志》《卫藏图识》《四川通志》诸书者也。骤观其表，似已集过去记山者之大成。核其实，乃以会过去记山者之大错：一名异译，遂析为两，一也。（如鲁工喇即努卜公拉，或鲁工拉，而析为二山。是不知会通《一统志》与《四川通志》之失。）一地异名，遂两存之，二也。（如大冈山即达俄冈山而两存之。且分系于打箭炉与理塘之下，则沿《图识》之误。）两山相似，颠倒其名，三也。（如丹达山即斜共拉或沙工喇在阿兰多之东。鲁工拉即努卜公拉在阿兰多之西。乃云"丹达山顶即鲁工喇与沙工喇山相连"。）拾小遗大，取近遗远，四也。（西康大山，概不在大道附近。而昔人所记，端只大道附近。大道沿线之山岳躯干，皆非山口，而昔人所记，端只山口。山口高大艰险者，多不在城镇附近，而昔人所记，端只详于城镇附近，例多不胜举。）人云亦云，漫无把握，五也。（书中所列五字以上之山名，大都为抄袭《一统志》等书而得，虽曾具说，实则本人亦不解所在也。如云"阿拉木公山，在康定县西，高 800 余丈"。今康定县境，何尝有是山乎？）夫康遍地皆山，若必一一列举，虽涂百千万页，不能竟也。要当详其脉络，挈其体要，晓其形势，明其关系。不然，则皆废语耳。兹编但略述山脉分布概况，著其特殊之雪岭，与重要山口之名称形势，扫除琐屑无谓之名称，盖以矫前人之失焉。

常人未知山岳之实际高度，但从山座与山脊之距离以言山高（如云郭达山高 700 余丈，南无脊山高 500 余丈是）。于是山座卑者，冈陵之脊为名山。山座高者，雪岭之体为培塿。过去诸书，所载西康名山，率有此弊。查西康北部，多属 4000 米以上之高原。南部，多属 3000 米以下之峡谷。而山脊高度，南北相差不足千米。故北部山岳，势多平缓，南方山岳，势多峻峭。因此，北部诸山，远不如南部之著名。而高原内山，又不似近河诸山之著名。是故，若就山之外形以言山，是犹未知西康诸山之真也。

记康藏山岳者，皆云有"南无脊山"在打箭炉东。盖抄《一统志》成文，实无人知是山所在也。查打箭炉东门外实系南方。其南至雅加埂，东抵大渡河谷，西齐榆林宫河谷，中间有大雪山，高出海面6000余米，高于炉城山者约5000米，东西南北纵横各百余里，四围陡绝，人莫得望见其脊，更无能登之者。相传其上有五色海子，余于民国十八年（1929）夏，曾自榆林宫登之，自晨至午，甫及半山，足疲软不复能举，望见其上冰河骈叠，生物尽绝，度不可再进而返。土人云，欲至海子，须裹三日粮，重裘结队而往，皆昔人相传如此，究亦无人至矣。所谓南无脊山者，当指此言。

旧籍所传西康各地山名，有为番人固有称呼者。如鲁贡喇（《一统志》作努卜工拉岭，在拉里东，英文作Nubkang La）、昂拉（《建省记》作工拉，在昂地南。英文作Gam La）是也。（但汉籍每于番人原称之下，续以山字、岭字，或梁子二字。虽曰重言以见意，实叠复宜删。）有因番语，附会汉义者，如打颇拉为大炮山，错拉为雀儿山是也（均详前）。有因附近番村以为山名，与番名原义相符，而字音剧变者，如折拉为折多山（因折多塘以名山。详前节）。纳日拉（Rathi La）为三坝山（废义敦县番名纳日桑巴，省称纳日，汉名立敦三坝，省称三坝。其西大山道，番名纳日拉，汉名三坝山，取义虽同，而音已大异矣。）是也。有与番名全不相干，而为汉人新赐之名称者，如邦拉（Bum La）为宁静山，勒直黑喀拉（Nadreheka La）为松林口（泰宁迤西之官寨子，番名勒直黑喀，松林口在其西。番人因称之为勒直黑喀拉。汉人以其下富于森林，称松林口）是也。辨夫此，乃可言康地之山。

番人知名之山，不出两类。一为重要之山脊过道，能称为"拉"。一为秀美之峰峦雪巘①，通称为"神山"。汉人知名之山，除上二类外，又有于风景佳胜之山麓部分而称为山者。如小天都所依之岩壁，为南无脊山（小天都在打箭炉东25公里，瓦斯沟头道水后山岩下。旧建官吏行馆。清果亲王过此，乐其飞瀑流泉之胜，题为小天都。其后削壁直上，入于雪界，即五色海子之山）是也。有因村落所在而释之为山者，如丹巴县署后之大盖山（大盖，番村名，实在山麓，其山顶无番名，汉人呼为大盖山）。康定瓦斯沟上方之大冈山（大冈，番村，在瓦斯沟上，为一肩原，上下皆岩壁，实非山峰，汉人以其地位高，称大冈山）是也。有因路行艰难，而称之为山者，如理化（理塘）之乱石窖山（在理化西，实高原脊部之河谷砾地，仅为高原土埂之侧面部分，并非山也）。康定之金钗埧（在灯盏窝金矿之下，实一岩壁，而旧籍则列山内）是也。

---

① 巘：音yǎn，山峰，山顶。

第四章 水 道

一、释 水

藏语，称水为"却"（chu），小溪为"怯泥"。大河曰"取窝"。《大清一统志》及《一统舆图》译作"楚"。《西藏图略》《西藏赋》及《卫藏图识》译作"楮"有时作"渠"（如理塘之理曲，作立渠），有时作"楚"（如江孜之年曲作年楚是。盖转录他书，故致歧出也），有时作"出"（如称黄河为"骂出"是）。明僧宗泐望河源诗自记，作"处"（黄河为"扶处"）。果亲王《西藏志》作"渚"。近人亦有译作"区"者。英文作Chu。泆文作Khio。余觉"曲"字较佳，即叶藏人原音，且以表水性之曲行也。又旧译康藏河名，每于称某楚某楮某曲后，复赘一河字，殊嫌重复。本书凡援藏名者，只称某曲，意译与用汉人固有名称者，始曰江河。

藏语称湖为"错"（Tso）[①]，亦译作"槎"，亦作"濯"，住康汉人呼为"海子"者是也。所指不必为大面积之湖泊，虽小池泽，亦得通用此称。康藏第一大湖，在拉萨北鄙，番名郎错，译义为天湖。蒙古语译义为腾格里诺尔。腾格里，天地；诺尔，湖也，亦作淖尔。汉语亦从蒙古语，称之为腾格里海。西人入藏之初，多未习藏语，故沿汉、蒙古语称为Tengri L.，实非正译。正译当为天湖（God L.）或朗错（Nam Tao）。

康藏距海洋甚远，其人亦知有海洋，称之为"甲错"，诗歌中往往有之。藏语称中华为"甲"，又以喻地之最大者，故冠甲于错，示水之至大者也。

藏语称河谷曰"龙巴"（Longba），亦译"绒坝"，简称曰"龙"。亦有多数溪河，不称某曲，而称某龙巴者。如木雅贡噶东麓诸溪是也。

康藏大河，为汉人所习见者，每自为之另立汉名。如门达沟（甘孜侧）、曰多沟

[①] 作者系英文译音，非按藏文转写。"错"的拉丁转写应为Mtsho。

（甘孜东谷乡）、尼马沟（炉霍）、泰宁河（泰宁）之类，多以沿河村落地名名之。又如巴隆达河（宁乡南境），则用滇北土人称呼。大渡河、金沙江、澜沧江、怒江等，皆汉人旧籍所已著，而度与之合者。又如木鲁乌苏、喀剌乌苏，则沿用蒙古语也。

西康河流，虽无交通之利，然农田之所附集，牧场之所归宿，道路之所敷设，仍多沿于河流。故谓河流为西康之血脉，亦无不可。阅西康地图者，但能辨其水道，即可了然于其形势云。

西康大水，凡分四系六干。自东向西数之，曰大渡河、雅龙江、金沙江，皆入江者，是为一系。澜沧、怒江，皆单独入海，各成一系。雅鲁藏布江干流虽在康外，其支流波曲、穆曲，并为康境大水，亦自成为一系。以下分节知其原委，考其异名。

二、大渡河异名考（附岷山辨）

大渡河发源于四川松潘县西境。松潘自黄胜关外，为一大草原，为故漳腊营辖包坐、撒路、阿树、阿坝等二十六土千百户部民游牧之地。丘陵起伏，高寒而无峻岭，地书所谓岷山，其实一大高原也。高原之水，西北流者汇于黄河，东北流者汇于洮水（黄河支流）、白水（嘉陵江西支），东南流者汇于岷江，西南流者汇于大金川，即大渡河之上源也。其分水脊，名羊膊岭，但呈微凸，实非崇山。近世地书指为岷江，其实非是。《禹贡》"岷山导江"，《汉书》作"汶山"。其山在今茂县境，大禹导江自北，实未穷及江源，亦犹"导河自积石"，非河源为积石也。后儒释解此义，妄指岷江导源之高原浅岭为岷山，陋也。

大金川经松冈、党坝、绰斯甲、巴底、巴旺诸土司境至章谷屯，即今丹巴县，会小金川。南流经康定之孔玉、鱼通境，称大鱼通河。自瓦斯沟汇打箭炉水，南入泸定县境，始名大渡河。又南入越嶲县境，自紫打地折东流，成直角，绕汉源县南。自王公堰，穿大峡，入峨边县境。峡以上，世称"河道"，以下称铜河。自嘉定西南，挟青衣水入于岷江。导源部海拔4000米，丹巴县1600米，泸定1450米，紫打地800米，金口500米，嘉定300余米，自嘉定至金口，与紫打地至王公堰，可以行船。

大渡河僻在西徼邛徕山外，为禹迹之所遗，六经所不载。迨汉通西南夷，始发见之。当时称呼，因人而异。大抵对鱼通以上称"笮水"，《史记·大宛列传》"乃令骞因蜀犍为，发间使，四道并出：出駹、出冉、出徙、出邛、出僰，皆各行一二千里。其北方闭氐、笮，南方闭巂、昆明"。谓北出駹（今茂县地），出冉（今汶川县地），出徙（今天全县）者，闭阻于氐族及笮水；南出邛（今西昌县）、出僰（今宜宾县）者，阻闭于嶲水、昆弥水也。笮即悬渡，今谓之溜索。鱼通以上，水激岸峭，援笮而渡，故曰笮水。亦称其部落曰笮国（详交通篇）。泸定以下，称沫①若水。《司马相如传》"西至沫若水，南至牂牁为徼"又云"关沫若，徼牂牁，镂零山，梁孙原"。谓以此水为关徼，别外夷也。此沫若原只一水，后儒因史有昌意②降居若水，李冰凿离堆避沫水之害二事，遂释此为二水。不知沫水者，激水也。沫字是形容词，原非专名。沫若乃专名耳。李冰离堆在灌县，所指沫水，为岷江，去邛、笮诸部甚远，固非大渡河。昌意所居之若水，为今宜宾县之金沙江，《水经注》谓"若水至僰道县（今宜宾）又谓之马湖江"（雷波古马湖府有马湖水入江）是也。亦非大渡河。沫与若均非西边徼之水。果汉之沫若为二水，则一内一外，不能同时为徼。况《相如传》两言沫若，皆不分离。"关沫若"四句，牂牁、零山、孙原，皆指一地，沫若何乃独合二水而记之耳。故此沫若乃是一水，准以地望，非大渡河无以当之。盖相如巡边时，土人呼其水为沫若水，因直记之耳。至班固《后汉书·地理志》乃以此为㳉③水，而称青衣江为大渡水。志称"㳉水出汶江县徼外（今之金川、松潘等地，皆为汉汶江县徼外），南至南安（今乐山、夹江、峨眉，皆汉南安地），东入江"。又，"大渡水出青衣县东南（汉青衣今雅安地），至南安入㳉"。原委甚为明白。㳉，亦作渽，《水经》书作涐水是也。郦道元注《水经》，亦曾列大渡水名，而实非涐。汉魏以后，西南陷没，㳉与涐字，皆不复见。唐开黎州，置大度戍，今汉源县地也。李晟追击吐蕃于大渡河外，即指此河。宋太祖以玉斧划地图，弃大渡河外之地。《寰宇记》"大渡河自吐蕃界，经雅州诸部落，至黎州东界，流入通望界"（通望故县，在今峨眉县南）。是唐宋间，始称此水为大渡河。自是以后，成为定名。汉魏之大渡水亦正名为青衣水矣。

清康熙三十九年（1700），平打箭炉番乱，建泸定桥，御制碑文，指此河为古泸水。盖由当时道路谣传打箭炉为武侯造箭之地，故拟此水为武侯五月所渡之泸水。非也。彼泸水为今之金沙江，以其水色深碧，故称曰"泸"。夏月多瘴，故号难渡。杨慎《丹铅录》引《沈黎古志》云："孔明南征，由今黎州路。黎州（今汉源县）400余里两林蛮（今冕宁县）。自两林南瑟琶部三程至嶲州（今西昌县），十程至泸水，泸水四程至弄栋即姚州（今姚安县）也。今之金沙江，在滇蜀之交，一在武定

---

① 沫：音 mèi。
② 昌意：传说中黄帝之子。黄帝妻嫘姐所生，居若水。
③ 㳉：音 zāi，亦名"沫水"，其余见本书辨析。

府元江驿，一在姚安之左却（皆指渡口）。据《沈黎郡志》孔明所渡，当是今之左却"是也。

清咸同间，孔玉、鱼通、越巂、峨边等县，开矿甚盛。其矿以铜为最，铅次之。矿地皆在此河沿岸，迄今未衰。故土人呼此河为铜河。西人考察地理者，缘土人称为 Tung Ho。无称大渡河者。

西康诸河，皆有藏名。唯大渡河无之，此亦藏族未曾据有此河之一证。然唐代吐蕃盛时，亦曾屡渡此河，与蜀将争松、茂、黎、雅之地，不能竟无名称。特番人皆不治史，故不知耳。查今之藏人，呼大金川地方为甲龙。"龙"，犹龙巴，"甲"则大汉之义也。又呼泸定桥市为甲桑曲卡，番语桥为桑巴，促读为桑，河水为"曲"，渡头为"卡"，故呼雅龙渡为雅曲卡（俗书作娘区卡，即今雅江县也），杂曲渡口为杂曲卡（俗作杂渠卡，即今石渠县也）。按此以推，古昔番人，似呼此河为甲曲，意犹汉人之河也。建泸定桥后，始呼为甲桑曲，犹云汉桥之水也。甲解作茶，亦通。

三、打箭炉河

入大渡河之水大都短促，无足称述。足称者唯打箭炉水。

打箭炉河凡三源。北源曰打曲，发源于丹巴界上之大炮山，番语曰打颇拉，故此河曰打曲。汉人呼雅拉沟，又曰二道桥水。自康定北循此沟通丹巴与泰宁，最先经过三村，皆有桥，曰头道桥、二道桥、三道桥。二道桥温泉最佳，故特著闻，得以名此水也。西源曰折曲，以发源于折多山，番语曰"折拉"故名。至折多塘、毛家沟，从滥泥坝北流来汇。毛家沟与滥泥坝，皆汉称也。折多塘为出关必宿之台站亦此水沿岸唯一之村落，故汉人呼此河为折多水。其水过折多，穿绝峡，至驷马桥，与南源汇。南源曰玉龙，发源于玉龙石北方之吉西山垭，经榆林宫，至驷马桥，与西源汇。榆林宫者，正译为"玉龙工"，或"玉龙冈"。番语河谷为"龙"，河岸村落多称为"工"，如巴安之喜松工（Shioongong），盐井之碧油工（Pau-Yongong）是也。玉龙是此河谷名，沿河只此一村，故曰"玉龙工"。其地有温泉，甚佳。昔明正土司筑室于此，供射猎及澡浴时住息。于是汉人不学者，呼之为"榆林宫"。甚或谓果亲王曾驻节此，故得称宫也。余过此，查无榆树，又无宫室，骇此传说不类。后寻绎藏语文义，知其如此。今世汉人，皆呼此水为榨榨沟，亦无知有玉龙之称者。

西南二源既汇，折东北流，约一里余，入打箭炉南关，穿将军桥与上中下三桥，与北源汇于东关外。自此穿绝峡，奔腾东泻，雷轰电转，势如飞瀑，凡30公里内，下降1200余米，至下瓦斯，入大渡河。瓦斯，番地名，当入炉孔道有上中下三市，逼处水岸，汉人称"瓦斯沟"。既以名市亦以名水。

《大清一统舆图》标此河为炉河，其于打箭炉，亦书作炉，意谓打箭炉水，非谓泸水也。《四川通志》则作"泸水"，亦作"浉水"，以为大渡河之一源，既乖古义，且亦不称。若称瓦斯沟，则易与市名混淆。余故称之为打箭炉水（参看康定附近地形图）。

四、雅龙江

雅龙江，发源于青海南境之奢拉。奢拉，巴颜喀喇山中段之山脊凹部也。高5100米，当自结古赴西宁要道。其道即沿雅龙江源敷设焉。初名杂曲（Dza Chu），番语称河之浅而多石者为杂曲也。一作札曲（《西藏六十年大事纪》），一作咱曲（《玉树二十五族图》），一作仄曲（《大清一统舆图》），皆只一音之异译耳。自蒙古尔津族地，经称多族境，流入西康。贯石渠县，及德格县之杂科，入甘孜县境。石渠县地，番名杂曲卡（或作杂渠卡），其与杂科，皆缘此河得名。杂曲入杂科境，始有农地。出杂科后，扩为一大阔谷，长百余里，阔一二十里是为甘孜平原，北道重要农业区域也。甘孜市肆之兴，户口之众，赋税之厚，胥赖于此。自甘孜东境折南，穿一绝峡（番名自噶格龙），入瞻化县境，复为深峡之谷，于是改称雅曲（Nya Chu），番语谓鱼为"雅"，犹言多鱼之河也。又称瞻对为雅龙（Nyalong），犹言雅曲河谷也。汉人因呼为雅龙江，意犹瞻对河也。"雅"当读如"娘雅"。有书作鸦砻江者，失之远矣。此河在瞻对境内，作一大曲，东南流，汇鲜曲之水，入雅江县。雅江县番名雅曲卡，或作娘曲卡，犹言雅曲渡口也。清初称为中渡，故《卫藏图识》称此为中渡河。河自雅江直南，至墨地龙之洼里金厂附近，纳理塘河水，辗转向北，至九龙县之三垭南方，复折向南，余称此部为雅龙江套。自是以下，为宁远、盐源县境，易名打冲河。经迷易司①，受安宁河，自倮果街入金沙江。故亦称小金沙江，又曰大金河。除甘孜外，全流在峡谷中，滩泷激滑，多有瘴疠。胜清以前，未尝有通达之士，识此河水，辨其源流，故无古籍名字，可资聚讼，然犹或解之为黑水、泸水、若水。水若能言，将自辨矣。

---

① 迷易司：今米易县。

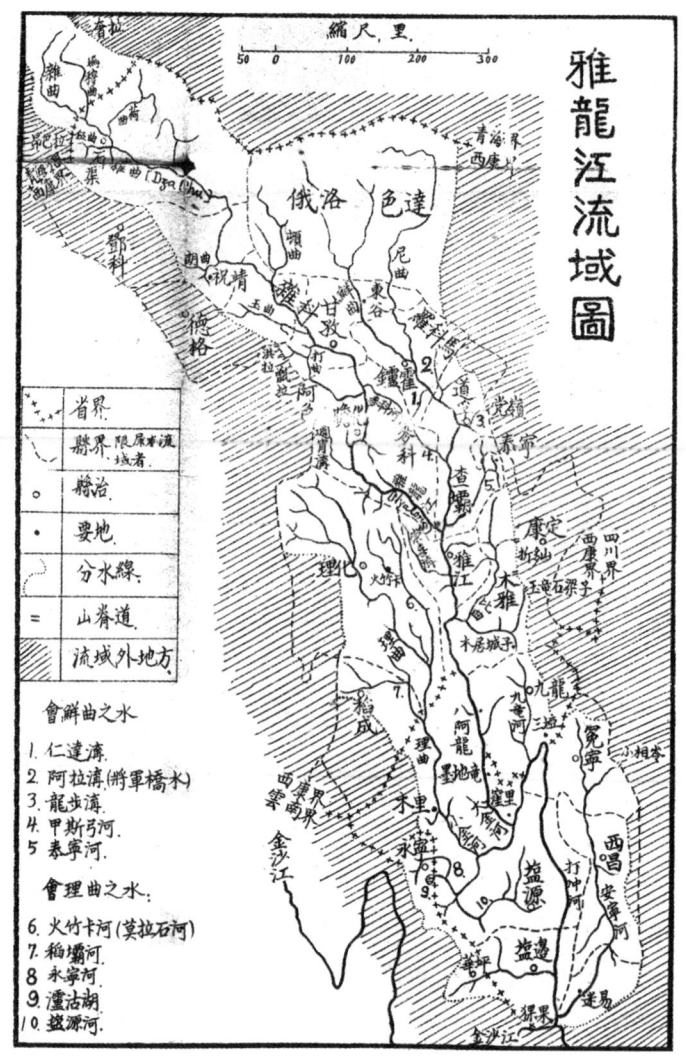

雅龙江流域图

五、入雅龙之水

入雅龙之水，鲜曲与理塘河最大，亦最紧要。

鲜曲（She Chu），《一统舆图》作谢楚。民国六年（1917）之《川边新图》已作鲜水河。民国十九年（1930）谭寿田君之《西康地质图》作鲜曲，兹故仍之。自俄洛番境流出，入甘孜东谷乡，沿岸已有农作。过东谷寺及朱倭土司寨下，两岸村落益盛。至炉霍与尼曲汇。尼曲（Ni Chu）自色达境流出，经甘孜尼坝村（Nipa），入炉霍境，与鲜曲汇。《一统舆图》作阿牙哈图河，未识何义，藏语河名，从无如此累赘者，大约是蒙古语也。二水既汇，仍称鲜曲，经道孚县治外，折南，穿瓦日、查坝等部，入雅龙江。道孚以上，河谷浅阔，长 150 公里，农产丰盛，村落繁密，汇甘孜雅曲阔谷，隐约衔连，为北道产业中心。汉人对于此河，随地异名。东谷附近称东谷河，炉霍附近称炉霍河，道孚附近称道孚河（《建省记》称道坞河）。道孚以下称瓦日沟，查坝境内称查坝河。入河之水，除尼曲外，较有名者如次：

仁达沟　自瞻化（新龙）麦科山北流，入炉霍河，以汇口有仁达村，故名。

阿拉沟　自罗科马草地流入道孚河，以沿岸有阿拉村（属炉霍）故名。

龙步沟　发源于道孚、丹巴界上之党岭。至觉乐寺，与松林口流来之水合。西行至道孚，汇于鲜曲。

甲斯弓河　自瞻化河东区雪山，流经甲斯弓入查坝河。

泰宁河　自噶达梁子流经泰宁八美，入查坝河。

以上诸水，上游皆饶金矿。此其汉名，番名未详。

理塘河（Litang R）　番名理曲（Li Chu）。发源于理化西北境，曲登草原中。平流经理塘寺外，故曰理曲。《一统舆图》作里楚，义同。贯穿理化具境，入于木里土司地界，土名木里河。木里者，麻理之异译，理曲下游之义也。官书称无量河。经木里寺外，曲流入雅龙江。沿河沙金甚富，采矿者呼为小金河，以别雅龙为大金河也。入河之水，下列各支较著（皆从汉称）：

火竹卡河　自理塘草原东部，流经火竹卡（南路塘站）穿莫拉石三村，汇于理曲，又曰莫拉石河。

稻坝河　自稻城县西北大山脊，东流过稻城［番名稻坝（Tao pa）］，东南流入理曲。中下游有农地，下游皆石峡也。

永宁河　自云南永宁县南境北流，经永宁折东，汇泸沽湖水，及盐源河，北流入于理曲，沿流番倮混居，产业颇盛。

此外，直注雅龙之水之较有名者，亦附于次（凡称曲者皆番名）：

玛穆曲（Marmu Chu）　亦作雅龙东源。

荷曲（Ho Chu）　在玛穆东。皆自草地南流来汇。

伍曲（Wu Chu）　即石渠河，旧石渠县治在其沿岸。

朗曲（Nam Chu）　即祝庆河，祝庄寺在其下游。

顿曲（Dung Chu）　自俄洛番地南流，至上杂科入江。

玉曲（Yi Chu）　即玉龙河，自雀儿山东流，经玉龙，至下杂科入江。

打曲（Da Chu）　汉名打火沟，自阿色牛厂北流。绕大金寺外入江。

麦科河　在瞻化境，自麦科山北流，至大盖寺附近入江，故亦曰大盖河。上游以沙金著名。番名似为麦曲。

通宵沟　在瞻化西南，自古路通宵二村流入雅曲，即《一统舆图》之楚穆河也。

中渡河　自高目寺山西流，经卧龙石、八角楼至中渡，即雅江县治入江。其谷为南路要道，俗称卧龙石河或八角楼河。番名未详。《一统舆图》混为坝拉河，非也。

崇喜沟　自崇喜土司西北境，流经崇喜寨，及西俄洛，至马岩入江。番名未详。

坝拉河（Bara Chu）　为康定西部主水，上源甚多，以出自泰宁南境塔公寺经白桑、耙桑村者为最长；出自折多山，经安良坝，与出自高日寺山，经东俄洛者为较著。皆汇于营官寨，南流经甲梗坝、色乌龙，至菩萨龙入江。上游皆阔谷，多牛厂，下游深狭，多农村。法人古纯仁《川边地图》标作 Tara Khou，谭寿田《西康地质图》标为比曲。

九龙河　发源于木居城子山，经九龙县治，直南入雅龙江。九龙县之繁盛村落，咸附丽[①]焉。

安宁河　发源于冕宁县北之加官山，经冕宁，与打冲河并行而南，为广阔肥美长数百里之河原。至锦川桥以下，始入山地。过迷易司，入江。西昌县在其中流东岸，适当平原正中，此其所以能为宁远之心脏也。

六、金沙江源考

清康熙平定青海后，曾命人乘传诣西番各部，探考江河源流，著为舆图。当时使臣，专赖蒙人为之译导，故其地名多用蒙语。然江河原委，均经迹访目验，核与近世西人实测图本，无甚出入。唯名定差异殊大耳。近世言边徼水道者，如《四川通志·水道提纲》、黄懋材《西徼水道》、胡吉庐《西康疆域溯古录》等，大都摭拾《大清一统志》与《一统舆图》诸旧籍，裂缀附会，自欺欺人，实无身经目击之证，亦未参考较近之实测图本也。民国初，甘省某君测制之《玉树二十五族地图》，虽非精密，然所订正名称甚多。兹据此图，参校各种西图与《一统舆图》，撰写《金沙江源考》，以订壹是。

金沙江，有南北二源，南源，番名植曲（Dre Chu），《玉树图》作州曲，番语，

---

① 附丽：依附，附着。

水多乱石之义也。蒙古穆鲁斯乌苏（Murus-Usso），汉名通天河。发源于巴萨当山（Mt. Basudan）之北，番名植曲贡噶，《玉树图》称州曲公喀，《一统舆图》作巴萨东拉木山。黄懋材《江源考》云："巴萨通拉木山，即犁牛石。"非也。犁牛石乃北源所出，属巴颜喀拉山脉。明僧宗泐《望河源诗》自记云："河源出自抹必力赤巴山。番人呼黄河为抹处，犁牛河为必力处。赤巴者，分界也。其山西南所出之水，则流入犁牛河，东北所出之水，是为河源。"此所谓"抹处"，西图作"玛曲"（Machu），番人于黄河作如此称。所谓必力处，即《一统舆图》之布垒楚，乃北源之一支流。北源，番名曲玛（Chn Mar），亦作Chumur，即将黄河之名颠倒以示二水之相近而相反也。蒙古名为纳穆齐图乌兰木伦（Namchutu Ulan Muen，从《一统舆图》译）。其水源在河源西六七百里，与巴颜喀喇山脉平行东流，至河源相近处，折南，与南源汇。犁牛河即必力处或布垒楚（正译必力曲），本为其一细短之支流，与河源同一山脊，相背而驰，昔时由藏入青者，多循此谷而进，以是知名。其发源处，有巨石兀立，形似小犊，番人称乳犁之犊为"必力"，故称此水为必力曲（必力处或布垒楚同）。汉人译其意为犛牛河。犛本音茅，一音犁，义皆通。俗读"犁"音者多，故曰犁牛河。《新唐书》与《明一统志》，俱已著称。《明志》并称其石为"乳牛石"。乳牛，即小犊之义也。其山脊曰"抹必力赤巴"，犹云黄河与犁牛河分水。宗泐之说甚确。此水虽非北源正流，援"随决入而纳通称"之例，则北源亦得称为必力曲或布垒楚也。

大抵江源如帚，分散甚阔。举凡青海西部，巴颜喀拉山脉以南，当拉山脉以北之水，悉汇入焉。而南源得水最多，曰托克托柰乌兰木伦（Toktonai Ulan Muren《玉树图》作雀麻头云）；曰达木河（Dam R.），（《玉树图》作当木云，《一统图》及其他各书俱作阿克达木河）及其他小水（如拜都河等），不可胜记。此带为大高寒之草原，河流对于生业，殆无关系。而番、蒙、汉名，错杂涽混，未易辨析。学者识此梗概已足，实毋庸訾訾于某书某说，亦毋庸琐琐求其小支细流以自扰可耳。

两源既合，仍称植曲，或布垒楚，流经结古东南，入西康境。穿邓科、德格、白玉、武成（三岩）、巴安等县，两岸多灰岩绝峡，少有河原。繁荣村镇，率在支流之两侧。除邓科外，县治皆不傍江，职是故也。出巴安境，流行于康滇界间，左岸为得荣县。右岸属阿敦县。过奔子栏，受耿中桥水（世称交界河）始全入滇。

江水既南入滇，两岸河原渐多，沉蓄沙金极富，宋元之世，采金已盛，故曰金沙江，亦曰丽水，一曰丽江。沿岸多有巨镇。至丽江县之石鼓汛，突转北流。至永宁县西境，又突转南，中间包绕大雪山（世称云岭者是），为N字形，余称之为金沙江套。自此折南，转东，受雅龙江水。包宁远境，至宜宾县汇岷。以下称扬子江。旧籍或指为若，或指为绳，或指为泸，或称黑水。唯金沙、丽水，名不可移耳。

黄懋材《金沙江源流考》："犁牛河即必力处……必力处即布垒楚。……故此江上游，在青海境则称木鲁乌苏。至吐蕃境则称布垒楚。至巴塘则称巴赖楚。入云南丽江府境，则称丽水。夫犁也，鲁也，垒也，赖也，实皆丽之转音，非有异也。"牵合汉、蒙、番古今异名异译为一字，骤听之若可信，其实非是。夫丽江为滇境金沙江之专称，番蒙之族未尝解此名也。"必力""木鲁"，各有意义，去其一音，即不成文，何得与丽牵涉。"布垒"，"必力"，一音之译。"巴赖"又好事者故作异书，并非至巴塘始称巴赖（《一统志》且有"布赖楚""布拉楚"诸译，皆无取义。）世人不解番言，妄译汉字，辗转欺误，为弊殊重。兹故略为诠正之。至于西人，则通称此水为扬子江（Yantze R.），从下游名也。或金沙江（Chinska Kiang），从汉籍名也。或植曲（Dre Chu 法 Ndjre Khio），从藏番名也。称布垒楚者已少（法文作 Fleuve Eleu）。木鲁乌苏、曲玛等名，只标于未汇合之南二源上，无以之称全流者。更无通天河、犁牛河等名色。

七、入金沙江之水

金沙江全长3000余公里。上游在青海境，高原旷渺，源流扩散，如巨帚然。中游纵贯西康中央，为数条纵列山脉所制，深狭直率，无大支流，恰似乔木立地，绕干微生丛枝而已。下游横穿云南北境，直达四川，虽盘曲迂回，与康境异，而支流短小，则若相同。入江之水，雅龙最大，巴隆达河次之。其他无长过250公里者。兹举其著：

结古河　有三源。北源曰札洗曲（Drashi Chu），西源曰巴曲（Ba Chu），南源曰果曲（Gor Chu），同汇于结古附近，通称巴龙河（Barung Chu），东流穿急峡入江。

邓科河　番名朗曲（Hlung Chu），或译"朗克楚"者是也。"克"字音甚微。发源于子拉山，南流至邓科入江。

德格河　番名只曲（Dzi Chu），发源雀儿山，穿柯鹿洞峡，经德格，至刚拖入江。沿流为北康要道。

麦学河　番名麦曲（Me Chu），发源于麦学（Mesho）北方大雪山，经麦学，至冷学南境入江。为德格南境大水之一。

甑科河　番名甑曲（Dzen Chu），发源于甑科（Dzenko）东北之甑古拉（Kzengo La）雪山，经甑科至河坡附近入江。德格、白玉间之大河也。

白玉河　番名恶曲（Ngu Chu），或译"恩曲""恩渠"，发源于昌泰牧场西北，流至白玉附近入江。白玉县境繁盛村镇皆在此河沿岸。

同普河　有二源。北源曰金曲（Do Chu），南源曰赭曲（Dze Chu），皆发源于纳夺草原，而汇于同普。同普番名郎松（Rangsum），犹言天气佳也。自此以下，穿绝长深峡，至波罗寺入江。峡中乏农牧之利，故此正流，反无名字可称。

贡觉河　番名玛曲（Mar Chu），"玛"同麻康之"麻"，犹言下河也。发源于波多拉则卡（Podo-Latse-ka 贡觉、宁静界山），北流穿贡觉平原，至虾拉多（Sharundo）附近，与勒曲（Na Chu）、累曲（Re Chu）汇。累曲发源于纳夺草原。南流150公里来汇，以下通桥累曲，至三岩边境入江。

巴塘河　番名巴曲（Ba Chu），发源于冷卡石番境。穿七村沟，至巴塘附近，受小巴冲水。至茶树山外入江。源流虽非长远，然以造成巴塘平原故，较之其他支流，享名独高。《一统志》为尊此水，竟称金沙江为"巴楚"云。

翁曲（Ong Chu）　亦发源于波多拉则卡，而向南流，至竹巴龙对岸入江。自巴塘至贡觉路，即循此河敷设。

喜曲（He Chu）　汉名江卡河，或宗岩河。发源于宁静县北境之梨树山。南流过宁静县治（麻康江卡），与盐井县之宗岩，自云南阿敦县北境入江。

巴隆达河　巴隆达河不识所由名。发源于巴安东境之大朔山（Dashu La）过大朔塘，南流经定乡县（乡城县）之定波村，入德荣县。大朔，亦译大所，故《一统舆图》标为"所楚河"，似清初采访时，土人呼为朔曲（Shu Chu）也。古纯仁《川边地图》标为定曲（Tine Chu），与汉人称定波河义合。似近世定乡番人呼之为"定曲"也。至德荣县之喀工村，受茨乌河水。南流经德荣县治，又称索美河。德荣土名"索美"也。又南至奔都，受东龚河水。至古学，受定乡河水。至阿里贡附近，入金沙江。全流南向深陷，迎受滇南暖湿气流，故其河谷湿润多雨，农村发达，水量亦富。东龚河者，发源于义敦三坝南之雪山。南流经理化属之东龚村，定乡属之火竹乡，德荣属之八日村，至奔都汇流。番名麻曲（Ma Chu），定乡河番名硕曲（Shuo Chu），《一统舆图》作硕楚河，定乡汉人称蜀溪河，官坊图书，又有称锡楚卡河者，皆硕曲异译。有二源，其一自理化西南之黄土冈，经过喇嘛丫。其一出自格姆牛厂，经过义敦废县，至二郎湾东南相汇。直南穿定乡县。折西，入巴隆达河。

巴隆达河之重要部分，悉在定乡、德荣两县。其地现同"野番"，外人所不能往。以故中西地图，对此多从阙略。亦有意为揣度，标绘入图者，则源流相差悬绝，莫所适从。唯黄懋材《西輶日记》，能从巴塘土司土民指导，为目验之言。与法教士古纯仁《川边地图》及近人蔡廉洲所绘《得荣地图》，大体符合。兹记，即折衷三书，参与巴安土兵曾经其地者之质证，编成之。（图详见境域篇）

交界河　上源未详，下游穿耿中桥入金沙江，亦名耿中桥水。雍正以来，此桥为康滇交界，故曰交界河。《西輶日记》云："此水从东北来深广不亚于巴隆达河，其发源必远在理塘之上。"查耿中桥与理塘间，隔有大山数重，与董义河（在贡噶岭西南，入金沙江）、贡噶岭河（贡噶岭在此河谷，下游不详所界）、稻坝河（详前）三大横谷，此河无自理塘流来之理。大约上源不出滇之北境，以其贯穿东阿龙"野番"境地，外人不得探察之，故多臆说也。

金沙江流域图

八、澜沧江源流

澜沧江有二源，东源曰杂曲（Dza Chu）《一统志》《卫藏图识》并作匝楚，发源于当拉山脉之让龙玛拉（Zanglungmug）（结古入藏道所经）。初名彰曲（Dzang Chu），下游始转音为杂曲。发源处属玉树二十五族之格尔吉族境，故《一统舆图》称之为格尔吉河也，东南流出囊谦（亦译南称，一译隆庆，为海南大土司）境，入西康纳夺牧场受植曲（Dze Chu）之水。此植曲与金沙江同名而实异，发源于结古极西之植拉（Dze La），故名。经龙喜寺（Lungshi Gomba）（结古至昌都必经路）附近，受拉曲（La Chu）之水，入西康纳夺境，与杂曲汇。二水既合，仍称杂曲，南流至昌都，穿四川桥，与西源汇。昌都汉人称此为"川河"，谓入川所必渡也。

西源曰昂曲（Ngom Chu），发源于当拉山脉之萨鲁拉，初名吉曲（Dje Chu），属玉树南境东南流，入西康境。至类乌齐东北之子多喜（Tsdose），与自囊谦（Nangchen）流出之坝曲（Bar Chu）（《玉树地图》作巴儿曲）汇。以下始称昂曲，番语水流汹涌之义也。亦作鄂穆曲（Ngomu Chu），义同。穿俄洛桥、云南桥，与东源汇。昌都汉人称为滇河，谓入滇所必经也。诸水在青海境，皆平流，沿河唯有牧场，无农地。入康境，渐成深峡，始有农村，唯亦不盛。自昌都以下，愈益深邃，亦愈温暖宜农。又东南流至察雅西境之东哇（Dowa），受乍丫河水，与类乌齐河，水量始大，而江亦深狭奇险，成为秘域矣。

乍丫河，番名麦曲（Me Chu），发源于贡觉南境之波多拉则卡，向西北流，经察雅（乍丫）麻贡（烟袋塘）受王卡、巴贡诸小水，入江，为察雅县境之主河。

类乌齐河，番名舍曲（Se Chu），意犹金河也。又名折曲（Dzi Chu）。发源地与昂曲相近，并行东南流，经类乌齐寺与恩达县，入察雅境，入澜沧江。

澜沧江受此诸水，斜贯察雅、宁静两县西南境，入盐井县。察雅人称之为拉曲（La Chu），盖以龙喜寺流来之水名之也。宁静称之为绿河，以其水深澄碧绿也。自宁静入察哇龙者，皆援溜索而度，故又名溜筒江。盐井县江岸，涌起盐泉，故又名擦曲（Tas Chu），番语食盐曰"擦"也。自欧曲卡入云南境，始名澜沧江。《西徼水道》云："后汉显宗时，通博南山道，渡兰津。行者苦之，歌曰：汉德广，开不宾①。度博南，越兰津。渡兰沧，为他人。兰沧之名始于此。"下游入越南境，称湄公河（MeKong R.），入于南海。在西康五大干流中，河床最高。

澜沧江与怒江流域

九、怒江源流

怒江上源，至今尚不明了。大抵当拉山脉以南腾格里湖以东，丹达山脉以北之水，皆汇焉。上游有喀喇乌苏渡。当青藏往来要道，在拉萨东北400公里，为皮船流口，其水流黑，蒙语黑为"喀喇"，水曰"乌苏"，清军平定青海，因从蒙语为喀喇乌苏。从来蒙、藏诸番，皆知此水，而不悉其源流。清康熙中，派员履查，始知

---

① 宾：服从，归顺。

其下游穿嘉裕桥入云南,即怒子江也。当时似亦曾探其上源。《一统志》云:"源出卫之拉萨北,二百八十里。有泽名布喀,广四百五十余里,其水西北流百余里,入厄尔吉根池。池广一百三十余里。又东北流五十余里入喀喇池。池广一百二十余里。从南流出,名曰喀喇乌苏。"近世图籍,言怒源者,莫不因之。西图,则于当拉岭流出之当曲(Tang Chu),与当错(Tang Tso)(《一统舆图》作东租或作东错泊)流出之索曲(Su Chu)标绘较明,喀喇乌苏上源,乃以虚线示之。当曲与索曲,即《一统志》之沙克河与索克河,一般认为喀喇乌苏之支流也。诸河并自西康三十九族西境,流入硕达罗松界,汇边坝,硕般多、洛隆宗与噶如(属三十九族)之水,经嘉裕桥下。他书或称敖楚(胡惟德译《西藏图》),或称偶楮(《西藏志》),或称卫楚(《溯古录》),或称色尔楚(《一统舆图》),或称鄂尔宜楚(《一统志》),大抵凭土人传言以入书,而土人又每即以所习见支流之名以名正流故也。据余所知,则番人实呼为甲姆恶曲(Chiama Ngo Chu),其义为汉人女子之眼泪水,相传文成公主下嫁吐蕃,嫔婢过此,掩袖大哭,集泪而成此水云。

怒江过嘉裕桥,穿八宿境。达桑昂东北之冷卡,沿岸农村始盛。至门空,受瑜曲之水,自梭罗山下入云南境,两岸皆怒族村落,始称怒江,或怒子江,入于缅甸。西人通称萨尔温(Salween R.),似出缅甸语,华人或称此为萨伦江,即萨尔温之缩译也。

榆曲(Yu Chu)者,番语水色碧绿之义。发源于八宿草原,与澜沧、怒江并行而流。经左贡、札夷诸大寺,至门空附近入怒。为怒江支流第一。其河谷称察哇龙(Tsawa-rong),为云南入藏要道,清雍正时所开也。

十、入雅鲁藏布江之水

汉文地书所称之雅鲁藏布江,藏人只称藏波(TsangPo),即《唐书》之臧河也。发源于冈底斯山,东流经日喀则(Shigatse),年曲(Nyan Chu)自江孜来汇,即《唐书》之跋布川也。又东流至曲水(Chu Shul)、克曲(Kyi Chu)自拉萨来汇,即《唐书》之逻些川(逻些读如拉萨)。《水道提纲》称为噶尔招木伦江(似系译蒙古称)是也。又东入西康界受工曲、波曲之水,穿绝峡,出白马冈,入于印缅间之亚山部(阿萨密)。再受穆曲之水,平流入印度之孟加拉湾。印度呼为布拉马普札河(Brahmaputrar R.)一译作蒲兰蒲达江,《海国图志》称为大金沙江。除穆曲即绰多穆楚,已详境域篇外,兹记工曲、波曲原委如次:

工曲（Kong chu），以工部境内干流得名，又名廉曲（一作年渚），发源于禄马岭。东流经工部江达（Kong Po Giamdo）即民元①所置之太昭县治也，故又称江达河（Giam-do R.）。东南至错木（Tso Mu）村，有水自硕格宗来汇。硕格宗，当译错谷（Tso Gong），番语为湖岸地之义。其地有湖，《水道提纲》称巴宗祖池，又云苏马错湖，而称此水曰"巴楚"云。廉曲既汇此水，南流百余公里，入于藏河。

波曲（Po Chu），以全流在波密境内，故名。即博藏布江（Po Tsang-Po R.）也。"博"当作"波"。昔人于藏河之大支流，常系以藏布二字（如萨楚藏布河、萨噶藏布河、鄂宜楚藏布河、朋出藏布河，俱见《水道提纲》），非其本名如此也。《一统志》谓其下流入滇，为龙川江。《西徼水道》谓其下游入缅，为槟榔江者，皆误。此水凡三源，其一出自巴哈里山，与察隅之聋曲同源背驰。其一出硕般多南之春多山，与硕般多之硕布曲同源背驰。二水合流，即称波曲。西流至汤木，与西源汇。西源出于丹达山与鲁贡拉，自阿兰多合流，称卫曲。南流至汤木，入于波曲。至白马冈，入于藏河。

于此有一未能判决之问题，即拉里河流归何水是也。拉里河发源于卫部东境，东南流数百里至拉里，即民元所置之嘉黎县，汇鲁共拉流出之水，向南流去，入于人迹罕到之绝峡，莫能明见其所届。《一统舆图》标为桑楚而联于阿兰多（哈南多）之卫楚。《水道提纲》称为冈布藏布河，谓其下游入冈布部落，汇博藏布河，经罗喀布占国，入雅鲁藏布江。所谓冈布，即工部。博藏布江，即波曲。罗喀布占，即珞瑜，当系指白马冈部。是此河于阿兰多之西南方，经工布境，与波曲汇也。印度测量局制之《土伯特地图》，则引此水直南入于工曲支流之错谷河（即《水道提纲》之巴楚）。三者，除第一说显然不合外，第二说在地书中最有势力。余疑此河既称冈布藏布，则应是工部境内之主水，不能与流经江达之廉曲全无关系。果如前说所记，其首在拉里部，其尾在波密部，中间仅曾经过工部之边境，则不应称为工部藏布（冈布藏布）。既称冈布藏布，则应单独入江，不应与博藏布合流。反复推寻，觉第三说较有价值。然边荒多异，市虎②足疑，非经目验，殊难剖解。西图于未知水道，皆以虚线表之，其智亦可师矣③。

---

① 民元：指民国元年，即1912年。
② 市虎：《淮南子·说山训》："三人成市虎。"意为有几个人谎称市上有虎，听之人便信以为真。比喻说的人多了，易使人弄假成真。
③ 现已测定，拉里河（易贡藏布）东南流在林芝地区的通麦镇与波曲（帕隆藏布，又称博藏布）汇南流经排龙门巴民族自治乡（应即文中所说的罗喀布占部）汇入雅鲁藏布江。

第五章 经纬度与气象

一、西康经纬度

清康熙、乾隆之世，曾派专员，率西人能测绘者，乘传赴省藩各部，测量星度，占候节气，制为地图，藏之内府，即所谓《内府舆图》是也。其例，系以百里为方，每二方为一纬度。经度以北京为中线，而以虚线记之。其图既甚粗放，经纬更多误差。其属西康之部，大约自打箭炉经巴塘入藏，沿道要地，曾经粗测而已。自是以后，中国地学家，无能究研经纬度者。西康僻远，到者尤稀。坊间地图，大都以《一统舆图》为蓝本，经纬亦唯因之。英法教士之入康探险者，所制地图，虽具经纬，实未实测。实测西康纬度者，始于柯尔斯氏（Oliveor Goales）。柯氏于民国五六年间（1916—1917）入康，经行甘孜、德格、昌都、察雅、巴塘、白玉等处，曾将各要地纬度测定。雷克西尔（Rockhill）、爱克（A. K.）诸氏继之，先后测得各地纬度如下：

甘孜	北纬	31°38′03″（柯）
德格	北纬	31°49′02″（柯）
昌都	北纬	31°09′11″（柯）
察雅	北纬	30°34′43″（柯）
白玉	北纬	31°13′29″（柯）
宁静	北纬	29°41′39″（雷）
巴安	北纬	30°0′30″（爱）
结古	北纬	33°0′58″（爱）
类乌齐	北纬	30°23′40″（雷）

实测西康经度者，始于谭寿田、李赓扬两君。两君于民国十九年（1930）入康考察地质，同时测量经纬度。其测经度，用10—200米之短波无线电收音机，与菲律宾马尼拉天文台无线电广播授时，校正时差。其所测得各地经度如下（测量地点详后表）：

康定	东经	101°56′52″
九龙	东经	101°25′51″
雅江	东经	101°02′25″
理化	东经	100°15′29″
瞻化	东经	99°16′00″
甘孜	东经	100°59′09″
炉霍	东经	100°04′31″
道孚	东经	101°07′32″
泰宁	东经	101°29′03″
丹巴	东经	101°51′04″

谭、李两氏，同时用测北极星高度法，测量各地之纬度。其所得结果，与前柯氏所得，微有不同。如甘孜，较短19″是也，兹列两氏测得之各地纬度如下：

康定　　　　　北纬　　　　　30°02′57″

（四月五日，在西康图书馆体育场测，历时2小时10分。）

九龙　　　　　北纬　　　　　28°58′47″

（五月十八日，在县署前院测，历时2小时20分。）

雅江　　　　　北纬　　　　　30°01′22″

（五月二十八日，在县署北200步江岸测，历1小时。）

理化　　　　　北纬　　　　　29°59′57″

（六月十六日，在县署门前测，历时4小时40分。）

瞻化　　　　　北纬　　　　　30°56′28″

（六月二十八日，在关岳庙门前测，历1小时9分。）

甘孜　　　　　北纬　　　　　31°37′44″

（七月十六日，在县署东南百余步测，历1小时。）

炉霍　　　　　北纬　　　　　31°23′00″

（七月十九日，在街市北头测，历时40分钟。）

道孚　　　　　北纬　　　　　30°58′55″

（七月二十八日，在街市南头测，历时1小时又10分。）

泰宁　　　　　北纬　　　　　30°33′52″

（七月三十一日，在街市南头测，历时50分。）

丹巴　　　　　北纬　　　　　30°52′55″

（八月五日，在通俗报社前测，历1小时。）

旧日舆图，对于打箭炉纬度，一般列于北纬 30°稍北，略无大差。于其经度，则互差甚大，《一统舆图》列于西 14°44′许，即约当公共东经 101°47′许。英国参谋部制《中国地图》列于 101°50′许。印度测量局《土伯特图》列之于 102°51′许。台克满《西康地图》列之于 102°11′许。法国古纯仁《川边地图》列之于 102°22′许。自谭、李两君报告发表而后，打箭炉之地位确定。然自理化（理塘）甘孜以西，皆为谭、李所未到，故欲于西康地图上确定经纬度线，今日尚非其时。今世所能知者，仅识其大体在北纬 28°33′，及东经 103°与 102°之间，纬度恰与四川、西藏相当，经度则约略与云南、青海相同耳。

二、高度之测定

西康与四川同纬度，而气候相差悬绝者，以高度不同故。四川盆地，平均高出海面才 500 米。西康高原，平均有 3500 米。如此高出海面之度，称为海拔。测量之法，最精者用水准仪，然非测小区域地图者不常用之。通常用气压表。盖地面空气愈高，则愈稀薄而气压小，故可由气压大小，以推知一地方之高度也。（大抵在常温时，每气压减少 1 毫米，约高 11—12 米。）由气压改算高度，计算艰难，不便于用，于是有算成高度之气压表，称为高度表。近世测量西康各地高度之旅行家，如劳策（Loczy）、马竹尔（Madrol-le）、柯尔斯、台克满等，所用皆此物也。此外又有利用水之沸点升降度数一法，缘气压小则水之沸点低，故借沸点之下降，可以推知气压减少之度，亦即可以求得其地高度。在通常状况中，每地高 300 米，沸点降低 1℃。例如海面气压为 760 厘米，水之沸点为 100℃，康定气压为 550 厘米，水之沸点为 90℃强，则可知其高于海面 2400 余米是也。西康各教堂西人，常用此法测计各地高度。著者旅康之初，携有普通气压表一枚，行抵康定，即已滞坏无用。因未携有百度温度表，遂无测高之具，乃凭生物分布状况，以判各地之高。至道孚，遇法国窦教士，谈及此事，彼亦常用同法判断各地高度，可谓无独有偶也。其法须取他人测定某地高度为标准，观察其地生物与他地异同之点，而判断之。大抵，凡北纬 30°左右之地，1600 米以下始有稻，2600 米以下始有玉蜀黍，3400 米以下能种麦类（有时达 4000 米），3000 米以下始有阔叶树（但耐塞柞能达 3800 米），4000 米以下始有乔木林，4700 米以下始有木本植物，5000 米以下始有高等植物，5300 米以上，即苔藓亦难生矣。据此标准，以判各地高度，虽非精确，尚能得其大致。

三、西康各要地高度表

关于大渡河谷各地高度,余曾于民国十八年(1929)用气压表测量,又于民国二十年(1931)持测高器重行测量一次。关于西康北路沿线,与金沙江迤西之地,民国五、六、七年间(1916—1918)柯尔斯、台克满两氏,曾经用测高表测定。关于南路沿线各地,清光绪二十五六年(1899—1900)时,勒得尔(Ryder)曾经测定。关于滇边部分,法教士古纯仁曾经测定。唯因天气与时令关系,气压随时略有变化,故各家所记,亦微不同。要其概数则相近也。兹据上列各种记载,及其他图书所记,表列西康各要地之海拔高度如下:

地名	异名	高度(英尺)	高度(米)	测定者
康定	打箭炉	8400	2540 2579 (2550) 2604 2560 2600	玛竹尔(Madrolle)(法) 劳策(Loczy)(奥) 勒得尔(Ryder)(英) 柯尔斯(Coales)(英) 康定天主教堂 任筱庄(著者)
雅加埂			3770	任
摩西面			1540	任
紫打地	安顺场		790	任
富林			650	任
汉源	清溪	5750	(1750)	勒
大相岭		9200	(2790)	勒
飞越岭			2750	任
泸定	泸定桥	4850	(1480) 1500 1150	勒 古纯仁(Gore.)(法) 任
瓦斯沟		5300	(1600) 1350	勒 任
大炮山	打颇拉		4650	古
丹巴	鲁密章谷	7450	(2250) 2100	白教士(英) 任
以上大渡河谷要地海拔				

续表1

地名	异名	高度（英尺）	高度（米）	测定者
海子山		14000	4240 4500	台克满 古
泰宁	格达	11700	3540 3400	谭 台
松林口		13500	4100 4650 3500	台 古 窦教士估计（法）
道孚	道坞	10260	3216 (3100) 3000 2980 2914	庆路易（英） 台 窦（估计） 白 柯
炉霍	霍尔章谷	11400	3449 (3450) 3250	柯（在市后山道上） 台 白
罗锅梁子	拉子卡拉	13100	3928 3960	台 柯
甘孜		11300	3287 (3480) 3500	柯 台 白
绒坝岔		11600	3271 (3500)	柯 台
玉龙			3607	柯
雀儿山	错拉		4630	柯
柯鹿洞	扩鹿朵		3553	柯
德格	德格更青		3264	柯
冈拖		10000	(3033) 3030	台 柯
同普	郎松	11300	3282 (3420)	台 柯
噶拉梁子		14600	4261 (4430)	台 柯
觉雍		13400	3884 (4060)	台 柯
觉雍梁子	LazhiLa	14600	4416 (4425) 4450	古 台 柯
拖巴	妥坝	13070	3792 (3960)	台 柯

续表2

地名	异名	高度（英尺）	高度（米）	测定者
甲丕山	Jape La	15800	4690 (4780) 4810	柯 台 古
热垭山	Tamo La	14900	4485 4540 (4520)	柯 台 古
昌都	察木多	10600	3243 (3210) 3230	柯 台 古
浪荡沟	Lamda	11000	3315 (3330)	柯 台
纳贡山	Namtso La		4634	柯
恩达			3934	柯
类乌齐			3678	柯
囊谦	隆庆	13500	(4090)	台
洛古拉卡	Luguraka	12400	(3750)	台（在澜沧江沿岸）
享拉山	Shung La	15800	(4790)	台
结古	界谷多	11900	(3600)	台
直布达	Drebonda	11800	(3580)	台（在金沙江沿岸）
安木巴山	Ngamba La	14600	(4420)	台（青康界上）
石渠	色许寺	13500	(4090)	台
子拉		15800	(4790)	台（石渠邓科界由）
邓科		11200	(3390)	台
拿渣噶日	Latse Kare	14100	(4270)	台
祝靖寺		13300	4030	台
郎多	郎曲入雅龙处	12400	(3750)	台
甄科雪山	甄古拉	15800	(4780)	台
甄科		11800	(3570)	台
河坡		10400	(3150)	台
白玉		10700	3111 (3250)	柯 台
泸西渡	泸洗章谷竹卡	9900	(3000)	台（金沙江沿岸）
牛坝拉	女扒拿	14000	(4250)	台（巴安、白玉界山）
党村	巴安七村沟	9930	(2820)	台
瞻化	瞻对		2700 3000	任 谭寿田、李赓扬约测
以上北路要地海拔				

续表 3

地名	异名	高度（英尺）	高度（米）	测定者
折多山		15000	4300	勒氏
安良		12500	(3780)	勒
东俄洛		12050	(3650)	勒
高日寺			4450	古
雅江	河口中渡	9400	(2850) 2300	勒 古
博浪弓山		15000	(4550)	勒
西俄洛		12200	(3700)	勒
火竹卡		13300	(4040)	勒
理化	理塘	13800	(4180) 4187	勒 劳
黄土冈		16200	(4910)	勒
喇嘛丫 （剌龙）		12800	(3870)	勒
义敦山	拉日拉	15300	(4640) 4900	勒 古
大朔山			(5260)	古
巴安	巴塘	9400 9000	(2850) 2687 2730	勒 柯 台
牛古渡			3664	柯
喜松工		12000	3765 (3640)	柯 台
祖拉		15100	4708 (4570)	柯 台
波多拉则	朵拉	14000	4443 (4250)	柯 台
贡觉	贡觉宗		3607	柯
竹巴龙		8500	(2570)	台
宁静山	邦拉	13500	(4100)	台
宁静县	麻康江卡	12500	(3790)	台
公所拉		15200	(4600)	台
石板沟		12700	(3850)	台
拉子大山	Puchung La	13900	(4210)	台

续表 4

地名	异名	高度（英尺）	高度（米）	测定者
察雅	乍丫	12000	3670 (3640)	柯 台
烟袋塘	烟木多魔	10400	(3150)	台
王卡		12000	(3640)	台
包敦大山	Ipu La	15300	4263 (4640)	柯 台
猛卜 （昌都之东）		13000	3792 (3946)	柯 台
以上南路要地海拔				
榆林宫	玉龙工		2850 (2820)	李、谭 任
玉龙梁子	吉西拉		(4200)	谭、李
玉龙石			(3500)	谭、李
城子山	木居城子山		4660 (4400)	古 谭、李
九龙县	大浦子		2600	谭、李
八阿龙			2285	古
木里渡	（小金河渡）	7500	(2280)	云南地图（英文）
木里寺		9500	(2880)	云
永宁县	（云南）	9500	(2880)	云
隆达		15000	(4550)	云
中甸		11500	(3480)	云
行多	（距耿中桥五里）	7600	(2320)	云
奔子栏	崩子南	7250	(2200)	云
阿敦子		11500	(3480)	云
竹拉	（Djrou La） 在阿敦之北		(3600)	古
呼里	澜沧江渡		2370	古
碧油工	毕用工、浦雍拱	11500	3300 (3480)	古 云
盐井县	擦卡龙	9500	(2880) 2540	云 古
中岩	朔和寺	11700	3540	云

续表 5

地名	异名	高度（英尺）	高度（米）	测定者
达拉		15000	(4550) 4630	台 古
札夷寺		11300	(3420) 3440	台 古
左贡寺		13000	(3940) 4000	台 古
邦达	崩都	13400	(4050)	台
门空			1800	任（估计）
梭罗山			4000	古
茨肯	（茨古北对岸）		2000	古
小维西		6100	1600	云
维西		8000	(2430) 2800	云 古
栗地坪		12000	(3640) 3600	云 古
巨甸		6450	(1960)	云
石鼓		6200	(1900)	云
丽江		8200	(2500)	云
金沙江渡	（丽江至永北）	4600	(1400)	云
永北		7300	(2210)	云
华坪县		4200	(1280)	云
三磊子	（金沙江北岸）	3800	(1160)	云
盐源县		8800	(2660)	云
西昌县		5300	(1610)	云
泸沽		5700	(1750)	云
冕宁县		6200	(1850)	云
小相岭		10000	(3040)	云
越嶲县		6100	(1860)	云
以上康滇川三省界间要地海拔				
鲁贡拉		17490	(5450)	印度测量局制土伯特图
拉里	即嘉黎县	13690	(5150)	以下同
江达	即太昭县	10900	(3300)	
桑昂	即科麦县	10900	(3310)	

续表6

地名	异名	高度（英尺）	高度（米）	测定者
竹瓦寺		8746	(2650)	印度测量局制土伯特图
鸡贡	Tsachung	6691	(2050)	印度测量局制土伯特图
闵村	Min	3100	(950)	在亚必曲龙南方界外，当穆曲之岸
以上康藏印缅边境要地海拔				

［注］表中括弧内数字为自英尺改算成公尺之约数。

四、西康气温

空气之温热，大部得自地球之辐射热，小部得自地表热之传导，与既热空气之对流，并非直接得于通过空气之日光也。空气愈高则愈稀薄，护温力愈小，不能保蓄地表放出之热力，是故空气愈高愈寒。大抵海拔5000米以下之地，每高差1000米，气温降低4.4℃，5000米以上，每千米降低6.8℃。西康高原，平均海拔4000米，故其气温平均低于同纬度之海面17℃有奇。不能耕种之草原，实占最大部。唯诸大河谷，有深陷至海拔1500米以下者，且多纵向南方，便于迎受南洋奔来之温湿气流，故其气温，与内地相差无几，凡属农地，皆在此部。

西康高原之躯干部分，为强烈之大陆性气候，日中甚热，夜中甚冷。夏季晴日，午后二三时间，亦常达20℃—30℃，日落以后，遽降至12℃。冬季土壤冻结，深达三四尺许，温泉之水，出地即凝，堆叠有似银山，朔风长号，生物俱绝，其平均气温，常在－10℃矣。

西康峡谷区域，大都为V字形之长槽，其两侧面，每因高度差异，而备四时气候。例如泸定江面，海拔约1100米，其左右鸟径5公里距离之岸山，已有达5000米以上者，即较低之山脊，亦在海拔3000米左右。故当季春孟夏之交，河面气温已30℃，岸山高处才15℃—16℃，极高部则在零下矣。樱桃一物，在内地售期甚短，通常不过15日，在泸定则延续至一二月久。盖沿河樱售罄时，低山者已多成熟，低山者将售罄时，高山者又复成熟。假使种植得宜，则泸定四时可餐鲜樱；以暮春景色，能四时不断于其纵横数十里内之地也。台克满《西康游记》云："余等自宁静山下之空子顶下行达金沙江岸，恰如越春季而至中夏。当在空子顶（海拔12000英尺）时，大麦仅出土数英寸，迨至金沙江岸（8500英尺），则已入收获期矣。"空子顶至金沙江岸，仅一日程，因高度不同，景色之差如此。

西康河谷，南北向者，无不温暖；东西向者，无不寒冷。例如怒江与澜沧江之上游，在海拔同高之部，澜沧江能农作者，怒江不能耕种。又如康定与雅江，海拔纬度俱相若，而雅江气候温和，农业发达，康定则寒冽殊甚者，其一为横谷，其一为纵谷故也。若夫山脉之东西横亘者，则山阳暖于山阴倍蓰①（例如春多山与喜马拉雅山，同高之处，在山阴则冰河积雪，在山阳则草木向荣）。唯纵列山脉，两侧气温相同（如折多山、大朔山是）。足见南洋温暖气流，关系西康气温之大，亦不亚于高度与纬度云。

兹复以简单语句形容西康之气温曰：

高原以昼夜为冬夏。河谷因纵横判冷暖。

坡陀随高下定温差。山岭以阴阳别寒燠。

五、西康之风

西康地位，恰当亚细亚季候风带之中央部分，又恰在高原与溪谷之交替界间。冬季南北气压，相差悬绝，故自中亚高原（蒙古、新疆、青海等部）掠过西康而入南洋之气流，势如流星掣电，飞湍走瀑，但闻天空呜呜怒号，彻昼彻夜，人畜当之，每每被迫却行，难于驻足。高原顶部，风尤酷烈，溪谷低下之区，风从上层射过，地面略较宁谧，故游牧民户，冬季皆伏河谷，非能避寒，为避风矣。余于民国十九年（1930）一月自瞻化赴理塘，南行顺风，若被推走，重裘如裸，欲憩不能。其后自理塘赴温泉澡浴，北行逆风，若泅逆流，衣袂如矢，呼吸俱窒，行15里，二时始达，入室如赴襁褓焉。然夏季南风，却不甚著。盖此高原之南方，河谷则曲折盘错，而多森林；山岭则重屏叠嶂，而递降落，南来气流，迭受地面凸凹之反射，超腾而过高原之本体，故地面不觉其有强风，山脊之风乃大也。

此系就高原躯干部分言之。若夫峡谷部分，则南北季风，皆不显著，唯山风谷风，朝夕更迭，四时无已。此种风，起因于河谷山顶气压之不平。昼间山顶受日光强，发生低气压，于时河谷为高气压，空气向上流行，成为谷风。夜间山顶因放热易而速冷，成高气压。谷中放热徐缓，温度轻高，为低气压。故空气向下流行，而成山风。此种风，唯山半地方，最为明显，河谷底部与山岭间，反难觉察，例如雅江县之麻盖宗，其感山风谷风，常较河口（雅江治）为著是也。

---

① 倍蓰：蓰，音 xǐ，五倍；倍蓰，喻很多倍。

以上，皆属西康之定风。其不定风，随地势而异，殊不一致。深狭之河谷内，常有顺河流动之强风，或向上行，或下行，大都起于日中，而势力微，似由河谷较坦阔与缺乏森林部分发生低气压之所诱起。若夫高原阔谷，则每日午后，常有大风顺谷流行，属于西风者为多，扬尘撼树，亦颇雄劲，关外旅行者，每多过午即息，为避此风也（关外道路，多沿阔谷敷设）。其起因，当由午际阔谷中发生低气压所致，故阴昙①天气，常无此风也。草原牧场之部，一望平衍，地面情况，彼此无殊。故其气压亦常一致，局部之不定风，甚不常见，但每每为发生旋风之起点。

西康旋风之发生于草原者，每每旋转他去，成大风暴。以暮夏初秋为多。其结果，常不为暴雨而成雹灾。起于河谷者，始为暴雨。其驰走范围，恒不能越此河谷。暮春初夏之月，频频发生，其成因，似与季风转掕有关。秋日季风转掕时，虽亦有之，不似春日之盛。

六、丹巴白神戏水

丹巴县治当大金、小金、单东、旄牛、大渡五大河谷会合之处。此五河谷，深阔之度相若，岩岸形质相若，相互间之角度亦相若，恰如平分五指星鱼②而仰卧之也。沿城之下游，有甲索桥，上游有西河桥。西河桥之北，为大石壁，上插山椒，下临三江汇合处。其上面，有纯白矽岩一块，嵌青石间，远望如人趺坐，正对县城，俗呼白罗汉，呼其山为白神山。每年三四月间，每有怪风起于江中，卷起水柱，腾喷数丈，俗称"白神戏水"，土人争传，其水能达白神坐处云云。治城关岳庙中，供有白神像，旁镌碑，纪戏水事，文甚鄙俚，要皆无识者为之也。余疑此种怪风，与沙漠及海洋中之龙卷，成因相同。盖此五大河谷偶然发生同向中央流动之相当气流时，因其压力均衡，互相抵触排挤，遂成旋风，又为夹江岩岸约束，不得横流扩展，故乃扶摇羊角③而上，突出峡外。于时中心气涡，压力极薄，几同真空，以致卷起江水，为螺旋柱，随之腾达，至数丈外，风势扩散，气涡放弛，水始插散而下。白石与县城，适在水柱之相对两方，故县人望见水柱，如向白石飞去，遂有此传说耳。他处无此地势，亦无此异风。

---

① 阴昙：昙，音 tán，云彩；阴昙，阴云密布。
② 星鱼：棘皮纲动物，俗称海星为星鱼。
③ 扶摇：急骤盘旋而上的暴风；羊角：旋风名；《庄子·逍遥游》："抟扶摇羊角，而上者九万里。"

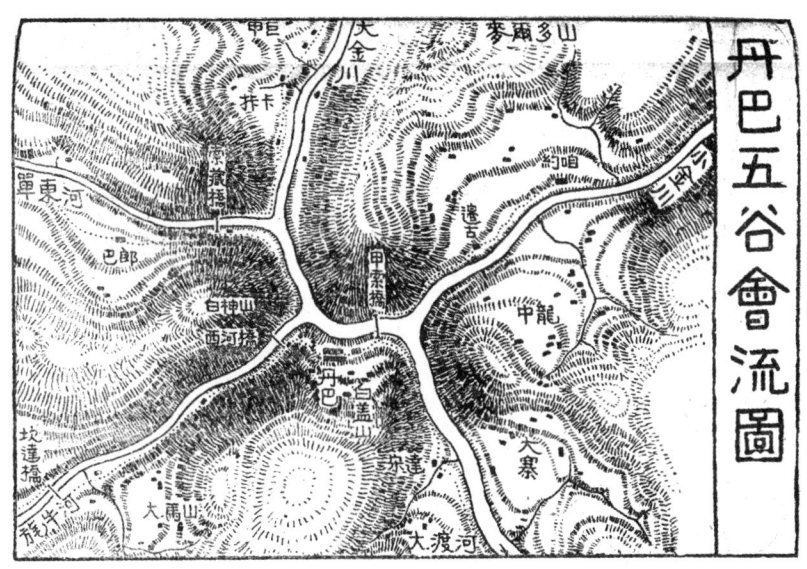

丹巴五谷会（汇）流图

七、西康降水

西康降水，雪多于雨。降雨多在河谷部分。河谷愈深者，降雨愈多。盖主要致雨之云为下层云，其高度不过 1800 余米（距海面），河谷高过 3000 米者，已不能见此类之云，更不能致疾骤雨也。中层云亦能致雨，大都由地面或南来之温暖气流冲犯云层而成。但其雨不能持久，且多属于细雨。是故西康降雨量，亦与高度有关。兹列各种云层之高限，以资参考：

高层云	卷云	27000 英尺（约合 8230 米）	
	卷积云	20000 英尺（约合 6100 米）	
中层云	层卷云	15000 英尺（约合 4500 米）	
	积卷云	12000 英尺（约合 3600 米）	
下层云	层积云	6000 英尺（约合 1800 米）	
	乱云（雨云）	4500 英尺（约合 1400 米）	
	积云（绵云）	4000 英尺（约合 1200 米）	西康鲜有
	层云（高雾）	1900 英尺（约合 600 米）	西康无

每年春夏之交，即季风转捩期后，为西康河谷雨期之始。其雨多属短期经过之阵雨。细雨连朝虽亦偶有，然究不多见。是为春季雨期，为时约 20 日。过此多晴，亦多暴雨，天变叵测，未易捉摸。故旅行西康者，鞍马之间，宜携雨具，否则难免

冠履淋漓也。秋季以后，始不复雨，即雨亦多为雪为霰，不湿衣物。番人远行，必于秋冬春三季者，以此。

秋季北风将至之前，河谷亦为雨期。北风既至，则降雪为最常见。大凡2000米以下之处，雪着地多为半融状态，或竟作雨状。2000米以上，则晶质坚固，着体不濡。迨至季风转捩已定，即当阳历11月至来年1月，三个月中，始为燥季。台克满游记曾云："当余等在西康遨游之冬季三个月中，仅见雪二日，余皆晴明爽朗，爱日常临，……入于春季，乃复有雪。"

雨雪交代之季即阳历九、十月间，为雹灾流行之候。唯2000米以下之河谷无之，而3000米地以上为最盛。其理另详又下节。

霜害，唯海拔2600米以上之农地有之。以下者，虽有霜，不为害。4000米以上之草原，则因空气干燥之故，霜露俱罕觏矣。

西康降水量之测量，尚无适当机关。唯各地耶稣教堂之西人，曾有施行粗测者。据徐家汇天文台制印之《中国各地全年平均雨量图》所记，打箭炉为885.0厘米，巴安为570.6厘米，成都880.0厘米，云南为1040.0厘米，西安为460.9厘米，开封为631.2厘米，太原为351.0厘米，济南为473.5厘米。是西康全年降水量，较黄河流域各省要多，而与四川盆地及云南高原伯仲也。西康虽高寒，而农业上有优于黄河流域之点，即在于此。

八、西康雪线

地面空气，愈高愈寒，达一定高度后，所含水分，完全结成冰针而浮游。使其处为陆地，则地上之水结冰不化。冰雪与水汽分界之线，称为雪线。雪线高度，随各地纬度与地势而异。其与纬度之关系，约如下表：[①]

赤道上	平均高出海面	15260英尺	约合	4610米
10°	平均高出海面	14764英尺		4460米
20°	平均高出海面	13478英尺		4070米
30°	平均高出海面	11484英尺		3470米
40°	平均高出海面	9000英尺		2730米

---

① 所列纬度，均指北纬度数。

续表

50°	平均高出海面	6334 英尺	1940 米
60°	平均高出海面	3818 英尺	1170 米
70°	平均高出海面	1278 英尺	390 米
80°	平均高出海面	451 英尺	140 米

平均高度云者，谓每年夏季之雪线高，冬季之雪线低，此乃其平均数也。例如甘孜雅龙江南岸，为著名之喀哇罗里连岭，其高约为海拔 6000 余米。甘孜约高 3300 米。民国十八年（1929）秋，余在此驻月余。初至时，平原昼间气温 30℃许，喀哇罗里之雪，约到半山，相当海拔 4700 米处，即此地此时之雪线也。九月十六日，骤阴寒，平原温度降至 10℃许，对山积雪，下达海拔 4000 米许。唯翌日晴后，仍复上升至 4300—4400 米许，即此时之雪线也。十月十五日，午后，暴风雪，雅龙江两岸皆白，然未淀积。明日天晴，仍退回 4000 米高处。至十月十五日，甘孜气温，仍在 15℃左右。旋赴瞻化。迨十二月初，甘孜人来，则谓遍地结冰，是其时雪线已降至（当地）地面以下矣。查甘孜当北纬 31.5°有奇，雪线平均高度，应在 3300 米许，即适与地面相齐。然甘孜每年四月播种，九月收获，地面十一月冻结，二月末解冻，突过雪线者，不过四月阅耳。

地势影响雪线之例，西藏喜马拉耶（雅）山脉，甚为显著。其山南北同高之地，北已积雪，南侧犹暖。其雪线高度，南北相差约 500 米。盖南侧常浸渍于印度洋之温暖气流中，北则否也。西康之康定、雅江、理塘、巴安四城，纬度并在北（纬）30°左右，然巴安、雅江两处，因在巨大纵谷之中，常受南来暖气浸浴，其平均雪线，即比康定、理化（理塘）为高。康定、雅江高度亦且相若，然康定每年有五六个月在冰雪中，雅江则仅一月而已。

真正雪线，在湿润空气中，表现较为正确，若在干燥空气中，则每有温度虽已达于冰点，而水分不能凝结之事。西康南部诸山，如喀哇革颇、贡噶岭、雪山等，积雪界线，较北部诸山为低且厚，职是故也。世人对此，每多误解。如台克满《西康游记》谓："每年以十一、十二及一月为最干燥，因其空气稀薄，故日光之力，易使山雪融化蒸发，扫现道路，其早冬雪线之高，当为全年任何时所不及。春季，则冰雪封山，行旅为之裹足焉。"又云："昌都之真雪线，殆不低于 18000 英尺。南部接近云南、缅甸之地，凹陷较深，其雪线亦较北方燥区为低，乃一般感觉，以为其地甚高也。"其意，盖以真正积雪界限为雪线，而不以结冰之正当界限为雪线。不知冬燥时，山道雪化路出，乃由空中缺乏水分所致，如果水分增加，仍当积雪封山，是其真正雪线，并未升高也。

九、雪线与雹灾

西康秋季，几于每日午后，皆有雹降达地，酿成灾害。雹之成因，虽有种种学说，唯以其为空中水汽凝结成冰，反复升降，反复融凝，以致重量增加，为大气浮力所不能载①而下坠地，则为不易之理。故其生成，必生暴热之后。地面暴热时，热气蒸腾，为力甚盛，故能使空中冰球，往复上升，有如小儿以管承豆而吹之也。西康高原农田，阔谷部分最多，其高度，率在 3000 米以上，其夏秋雪线高度，不过 4000 余米。于时地面因无云及其他覆蔽物，日光之热，地能完全吸收，完全放射之，故地面空气，常常发生高温。尤以每日午后，放热最盛。热气上腾，冲入雪线，足使雪线以上之冰片，升降往复，结成雹块。此西康秋季多雹灾，且俱发生于午后之大原因也。冬季，空中水汽缺乏；春季，南风渐盛，雪线渐高，且地气不盛，故皆无雹。夏季，地气虽盛，南风正强，雪线甚高，雹之生成不易。唯秋季北风新至时，雪线低而地气亦盛，此其所以多雹也。

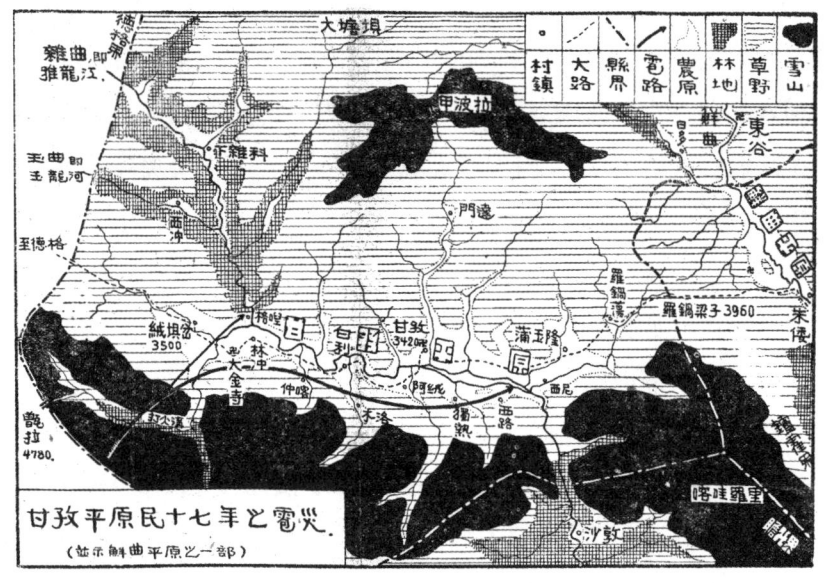

甘孜平原民（国）十七年之雹灾

---

① 关于冰雹，除大气浮力外，尚有地心引力，当浮力小于引力时，雹即下坠。

西康多数旷原沃土，放弃不耕者，并非完全由于气温太低，不堪耕植，最大原因，乃由收获之际，常有雹灾也。查其雹灾情形，地势愈高者愈重，峡谷区内则无之。地愈裸露者愈重，森林地内则无之。愈近雪山者愈重，平坦地方较稀。甘孜县境，当为灾情较重之区，以其兼具此三条件也。余曾建议，于甘孜境造林弭雹，惜当局未能采施。

十、西康气候区带

西康气候，可由纬度、高度、湿度、地形等，分为若干区带。兹依温冷之序，比较说明之如下：

（一）燠热区　察隅之穆曲河谷，自绒密以下，气候郁热，与云南腾越河谷、缅甸龙川江谷相似。雨多晴少，盛产芭蕉、兰蕙、藤竹之属。稻可再稔。而溽湿殊甚，瘴疠流行。番人畏热，弃而不居，另建村落于南岸高数百千米之肩原、腹原上。是为西康最暖之部。

（二）温暖区　泸定以下之大渡河谷，正向南方，又复深陷，两之森林，日光直射，气温常较内地为高。阳历5月，已达摄氏30℃左右。两广流行之麻风癞，在此区内甚为发达，一逾海拔2000米以上，即不复见，足知其常年气温，略与岭南伯仲矣。怒江自冷卡以下，金沙江自奔子栏以下，雅龙江自墨地龙以下，气候俱与此部相似，盛产稻及玉蜀黍，常年不见霜雪。是为西康次暖区域。然皆在高原边际，占有西康面积极小。

（三）温和区　大渡河自丹巴以下，雅龙江自噶喇以下，金沙江自三岩（武成县）以下，澜沧江自盐井以下，各约四五百里间之河谷部分，为西康气候最良之地，冬暖夏凉，盛产小麦、玉蜀黍及阔叶树类，雨量颇大，霜雪甚稀，如雅江、丹巴、维西、巴塘之竹巴龙等处，夏日最热不过30℃，冬日最寒不过零度，春秋日长，冬夏日短，体健者四时可衣夹衣。是为西康最温和宜人之地。惜其面积才当全康五六百分之一而已。

（四）凉爽区　海拔2000米以上之峡谷区域，如打箭炉河谷与查坝、瞻对、德格、白玉、同普、定乡（乡城）、昌都、札夷等河谷内，每年冰期仅三四个月，夏季亦短，春秋佳日，约占全年十分之六，番汉居之，无不适宜。盛产麦类、豆类、蔓菁及针叶乔木，虽有霜雪，而无雹灾，雨量较稀，而不妨农。为西康比较温和宜人之地。

（五）阔谷区　海拔3000米以上之河谷，多属高原型之阔谷。其气候具大陆性，夏热冬寒，春秋日短。每年十月降雪，三月始化，余此半年，温度颇高，恰足供从容种植豆麦一季。雨量较小，每易致旱。秋多雹灾，春多霜害，每日午后，恒有大风，虽为农地，而与上列各区气候迥别。如甘孜、炉霍、道孚、泰宁、木雅、乍丫、江卡等地是也。

（六）寒农区　海拔3400—3800米（有时达4000米）之河谷区域，为西康农地之极限。大都属于河流上游之浅谷地方，矮林与农地错杂之区。全年只有春秋冬季，夏季日中虽能达于26℃，日落即降至18℃左右。农作限于大麦、蔓菁等耐寒种类。霜雹俱重，农时甚促。如杂科、甑科、麻陇、通宵、喇嘛丫等地是也。

（七）草原区　海拔4000米以上之地，概属高原顶部之广大牧场，为绝对大陆性气候。夏日日中甚热，夜中凉爽。降水尚丰，野草甚茂。春秋佳日，倏然即逝。冬令遍地冰雪，寸草无存矣。不能农作，亦无木类。风皆强烈，入冬尤甚。如理塘、昌泰、祝靖、纳夺、俄洛、色达及宁静山一带是也。面积占有西康之大部。

（八）雪山区　海拔4800米以上之山岳，为三时积雪，或终岁积雪之地，无农作，无木类，亦无鸟畜，唯夏季雪融时，生长苔藓一度而已。气压极小，呼吸甚促，汉人当之，每不能耐。是为西康最恶之区。

十一、康定之气象记录

国人服官康藏者，前后不下万人，或留数年，或终其身，然能将识见所及记以示人，如松筠、姚莹、徐瀛、傅嵩炑者，已不多觏，能将一地之天气变化，兹日记载无缺者，竟不可得。唯南溪赵一清之《西康日记》曾将康定阴晴风雨，逐日记入，罕有缺漏。康定当西康东部峡谷区与高原区交界处，其气象变化，足以代表康东大部地区。此故摘取其记之关于天气者，编制成表，以见康定气象之一般。〔自民国三年三月十六日（1914年3月27日）到康定起，至民国四年六月十六日（1915年8月10日）离康定止。依旧历分月列表，附记国历月日。〕

民国三年甲寅[①]

---

① 甲寅：干支纪年，甲寅年即1914年。

春三月（阳历 3 月 27 日至 4 月 24 日——记自 4 月 11 日起）①

16 日	阴？（初到炉城）	17 日	雨，寒甚，四山积雪	18 日	霁，夜又雨
19 日	微雨	20 日	晴？	21 日	晴？（接康定印）
22 日	晴？	23 日	雨，寒甚	24 日	晴？
25 日	晴？	26 日	阴，夜雪（出巡）	27 日	晴？（宿提茹）
28 日	晴，转雪（东俄洛）	29 日	雪以雹（营官寨）		

[注] 附？号者，系原书未曾明记气象，著者就文推测，补拟之字。

夏四月（阳历 4 月 25 日至 5 月 24 日）

初 1 日	晴，午后大雪（长坝春）	初 2 日	晴（返署）	初 3 日	晴？
初 4 日	晴？	初 5 日	晴？	初 6 日	阴寒，夜雨
初 7	晴	初 8 日	晴	初 9 日	晴？
初 10 日	晴？	11 日	晴朗	12 日	雨终日
13 日	雨势更加	14 日	晴	15 日	晴？
16 日	晴？	17 日	晴朗	18 日	晴
19 日	晴？	20 日	晴	21 日	晴
22 日	阴	23 日	晴或阴？	24 日	晴或阴？
25 日	阴	26 日	晴	27 日	晴？
28 日	晴	29 日	阴	30 日	晴

夏五月（阳历 5 月 25 日至 6 月 22 日）

初 1 日	晴	初 2 日	晴	初 3 日	晴？
初 4 日	晴	初 5 日	晴？	初 6 日	雨时降时止
初 7 日	天阴，微寒	初 8 日	晴	初 9 日	晴
初 10 日	晴	11 日	晴	12 日	阴，旋复晴
13 日	晴？（全市大祈雨）	14 日	晴	15 日	晴？
16 日	阴，晚雷雨	17 日	雨	18 日	雨
19 日	晴霁，夜雨	20 日	早雨，旋霁	21 日	雨
22 日	雨	23 日	晴	24 日	终日雨，至晚尤甚
25 日	晴	26 日	晴	27 日	晴？
28 日	晴？	29 日	晴？		

[注] 按，阳历 5 月，为此带之春雨期，常年降雨甚多。本年春旱成灾，6 月 6 号，即十三日②，全市祈雨。记云："时久旱未雨，炉城人集八大喇嘛寺僧徒，负经游行城四隅，求雨，男女负经从行者数千人，行歌互答，金鼓喧阗③，僧徒吹喇叭，呜呜不绝，亦自有趣。凡遇亢④旱祈雨，类如是也。"十五日，"议办平粜⑤。旱灾已成矣"。十六以来，连日大雨，直至二十四日始晴，春雨征象，仍著于此数日焉。

---

① 表中为阴历月日，本节表下同。
② 指阴历五月十三日。
③ 阗：音 tián，充满。
④ 亢：音 kàng，过度；极。
⑤ 平粜：音 pín tiào，平价售出粮食。

闰五月（阳历 6 月 23 日至 7 月 22 日）

初 1 日	晴，微热	初 2 日	晴？	初 3 日	晴？
初 4 日	晴	初 5 日	晴	初 6 日	晴，炎热
初 7 日	晴，连日炎热	初 8 日	晴，炎热？	初 9 日	晴，炎热？
初 10 日	雨（赴鱼通）	11 日	晴？（在鱼通）	12 日	晴？（鱼通）
13 日	晴？夜大雨（鱼通）	14 日	雨，旋霁（鱼通）	15 日	晴（鱼通）
16 日	晴？（鱼通）	17 日	晴？（瓦斯沟）	18 日	晴？（柳杨）
19 日	晴？（返署）	20 日	晴？	21 日	晴？
22 日	晴？晚雷雨	23 日	晴？	24 日	晴
25 日	阴，微雨	26 日	晴？	27 日	晴？
28 日	阴，微雨。暮，大雨倾盆	29 日	雨终日	30 日	雨？

[注] 赴鱼通 10 日中，所记皆鱼通气候。鱼通属大渡河谷，海拔低于炉城千余米，故其天气与炉城悬殊。记中屡云"炎热异常"，盖以此也。此 10 日中，康定气候若何，未有记明。即返署后各日，亦多阙载天气。但于二十九日记云："是日，雨终日不息。县屡地旱，得雨，将来杂粮尚可望数分收成。惜雨下太晚。"足见以前多晴日也。

夏六月（阳历 7 月 23 日至 8 月 20 日）

初 1 日	微雨，旋霁	初 2 日	晴	初 3 日	晚，晴。雨
初 4 日	微雨	初 5 日	—	初 6 日	—
初 7 日	阴	初 8 日	阴或雨？	初 9 日	阴或雨？
初 10 日	雨	11 日	雨	12 日	雨，寒
13 日	雨，午际大雨	14 日	雨	15 日	晴，午后雨
16 日	雨，寒甚	17 日	微雨，旋止，寒甚	18 日	阴或雨？
19 日	阴？	20 日	晴	21 日	雨，上午霁
22 日	雨	23 日	雨	24 日	早起雨霁
25 日	早微雨，旋止，下午复雨	26 日	—	27 日	—
28 日	—	29 日	旋雨旋霁		

[注] 此炉城之秋雨季也。此季特征，为连日夜雨，昼则旋雨旋霁。为时亘一旬至三旬久，与春雨期景色相似，皆由季风转捩而起也。本年炉城春旱，春雨季不甚显著，唯秋雨季绵连 30 余日云。

秋七月（阳历 8 月 21 日至 9 月 19 日）

初 1 日	天晴	初 2 日	—	初 3 日	微雨
初 4 日	早仍微雨，旋止	初 5 日	早起晴，旋雨	初 6 日	微雨
初 7 日	微雨	初 8 日	微雨	初 9 日	早，微雨，午际大雨
初 10 日	微雨，旋止	11 日	微雨	12 日	早起天晴
14 日	晴	13 日	晴（太白昼见）	15 日	晴
16 日	晴，入夜雨	17 日	晴	18 日	晴

续表

19 日	雨	20 日	上午雨，午后晴	21 日	晴
22 日	晴	23 日	晴？	24 日	晴
25 日	晴	26 日	晴？	27 日	晴？
28 日	晴？	29 日	晴	30 日	晴

　　[注] 十一日以前，皆属秋雨季。原记有云，"连日均时雨时止。阴霾四塞"是也。十二日，即 9 月 1 号（阳历），已渐渐入晴季。

秋八月（阳历 9 月 20 日至 10 月 18 日）

初 1 日	晴？是夜大雨	初 2 日	早起仍雨	初 3 日	晴
初 4 日	晴	初 5 日	晴	初 6 日	晴
初 7 日	早，微雨，下午雨	初 8 日	晴	初 9 日	阴或晴？
初 10 日	微雨，旋止	11 日	晴？	12 日	微雨，旋止
13 日	晴	14 日	晴	15 日	晴
16 日	晴，下午雨	17 日	雨，午后，雨势转加	18 日	雨
19 日	阴雨？	20 日	天阴微寒	21 日	晴
22 日	晴	23 日	晴	24 日	晴，午后微雨
25 日	晴	26 日	晴？	27 日	晴
28 日	晴	29 日	晴		

　　[注] 此月为炉城秋冬交替之月，亦即降雨降雪之分界月。原记初一日云："是夜大雨，寒气侵人，大有初冬景象。"初六日又云："时值秋令，到晚凉生，已如内地初冬光景。"十二日即阳历 10 月 1 号，虽仍有雨，但高处已皆积雪，特着河谷间者为雨耳。

秋九月（阳历 10 月 19 日至 11 月 16 日）

初 1 日	晴	初 2 日	早，雨。转雪，午，大雪	初 3 日	雪霁
初 4 日	晴	初 5 日	晴	初 6 日	晴
初 7 日	晴	初 8 日	晴	初 9 日	晴？
初 10 日	晴	11 日	晴	12 日	晴
13 日	晴	14 日	晴？	15 日	晴？
16 日	晴	17 日	阴	18 日	晴
19 日	晴	20 日	晴	21 日	晴
22 日	晴	23 日	晴	24 日	晴
25 日	晴	26 日	晴	27 日	晴
28 日	晴	29 日	阴		

　　[注] 此月为炉城冬季开始，北风大至，空气寒燥，晴多雪少，与前月判然不同。

冬十月（阳历 11 月 17 日至 12 月 16 日）

初1日	晴	初2日	晴	初3日	晴？
初4日	晴	初5日	晴	初6日	晴
初7日	早起晴，旋阴，寒	初8日	晴	初9日	晴
初10日	晴	11日	晴	12日	晴
13日	晴	14日	晴？	15日	晴
16日	晴	17日	晴	18日	晴
19日	晴	20日	下午天阴，寒甚	21日	晴？（炉城大火）
22日	晴	23日	—	24日	阴，寒甚，河水结冰
25日	大雪，祈寒	26日	积雪渐化，寒甚	27日	晴
28日	晴	29日	晴	30日	晴

冬十一月〔阳历 12 月 17 日至民国四年一月十四日（1915 年 1 月 14 日）〕

初1日	晴	初2日	早，阴寒，旋晴	初3日	晴
初4日	晴	初5日	晴	初6日	阴，寒甚
初7日	晴	初8日	晴	初9日	晴
初10日	晴	11日	晴	12日	晴
13日	—	14日	早阴寒，旋晴	15日	晴明
16日	天阴寒甚（国历元旦）	17日	天阴寒甚	18日	天阴寒甚
19日	晴朗	20日	晴	21日	天阴寒甚
22日	晴	23日	晴。是夜，天阴寒甚	24日	晴
25日	晴	26日	晴明	27日	天阴，旋晴
28日	晴	29日	晴		

〔注〕本月，炉城冰雪线降至地下，故原记初三日云，"月来霜重寒甚"。十六日，即国历元旦，记云，"日已西斜，寒风透骨"。廿日记云："连日天气虽晴，仍寒冷异常。"

冬十二月（阳历 1 月 15 日至 2 月 13 日）

初1日	晴	初2日	晴	初3日	晴
初4日	晴	初5日	晴	初6日	晴
初7日	晴	初8日	晴	初9日	晴
初10日	晴	11日	晴	12日	早起天阴
13日	晴	14日	早起天阴，风寒欲雪	15日	大雪
16日	晴？屋上雪融	17日	晴	18日	晴

续表

19 日	晴	20 日	晴	21 日	晴
22 日	晴？	23 日	晴	24 日	晴
25 日	晴	26 日	晴	27 日	阴，旋晴。夜，寒甚
28 日	早，雨雪，大风	29 日	天晴雪消	30 日	阴，旋晴。午后，复阴寒

[注] 是月为炉城极寒之月。原书廿七日记云："是夜，严霜围屋，衾枕无温，不能安席。"廿八日云："雪风砭骨。看公事，稍执笔，手冷如冰。约计今年寒度，尚未臻此极点。……无人不说寒甚语。午后，风势转劲，窗棂战战有声。闭门爇①炉，不敢外出。"

民国四年（1915）乙卯②春正月（阳历 2 月 14 日至 3 月 15 日）

初 1 日	晴。夜，寒风欲雪	初 2 日	晴	初 3 日	终朝天阴，微寒
初 4 日	晴。午后大风，寒甚	初 5 日	阴，雨雪	初 6 日	晴
初 7 日	晴朗	初 8 日	晴。晚，寒风欲雪	初 9 日	阴，雨雪
初 10 日	晴朗	11 日	晴	12 日	晴。连日和暖
13 日	晴	14 日	阴。微雨雪。旋复晴	15 日	天阴，微寒
16 日	晴	17 日	雪	18 日	早起雪霁
19 日	晴。晚忽下雨	20 日	晴（乡匪攻城）	21 日	晴，夜微雨
22 日	缺（炉城军溃）	23 日	缺（走鱼通）	24 日	缺（在鱼通）
25 日	晴（走泸定）	26 日	缺（在泸定）	27 日	天阴微寒（泸定）
28 日	天阴仍寒（泸定）	29 日	晴（泸定）	30 日	缺（在泸定途中）

[注] 是月，炉城冰雪线渐由地下升出地表。南风亦渐渐吹至。地面徐徐回入润季。故入阳历 3 月（十六日为阳历 3 月 1 日）以后，渐有微雨也。又，自廿日叛军陈步三率乡匪攻城，镇守使张毅败走泸定。赵自鱼通绕道会之。鱼通、泸定，均在大渡河谷，其气候与炉城迥异，未易据文推测。故凡原书阙者均仍之，三十日，闻匪窜天全讯，始回炉城。赵于是卸知事任，到镇署办事，合附注明。

春二月（阳历 3 月 16 日至 4 月 13 日）

初 1 日	下午，微雨	初 2 日	阴？夜大雪	初 3 日	大雪
初 4 日	—	初 5 日	晴	初 6 日	晴
初 7 日	晴	初 8 日	晴。晚，雨雪	初 9 日	大雪
初 10 日	晴	11 日	—	12 日	晴
13 日	—	14 日	晴	15 日	天阴，微寒
16 日	雨雪	17 日	雪霁	18 日	阴寒，晚，微雨
19 日	阴，旋晴	20 日	晴	21 日	晴

---

① 爇：音 ruò，点燃。
② 乙卯：干支纪年，即 1915 年。

续表

22 日	雨雪杂下	23 日	晴	24 日	晴。午际，微雨。旋霁
25 日	晴	26 日	晴	27 日	晴
28 日	晴，微热	29 日	晴		

［注］本月为炉城春季开始，天气诡变时期。阴晴无定，雨雪不常。

春三月（阳历 4 月 14 日至 5 月 13 日）

初 1 日	晴	初 2 日	天阴，微寒	初 3 日	晴
初 4 日	晴	初 5 日	天阴，微寒	初 6 日	晴
初 7 日	晴	初 8 日	天阴，微寒	初 9 日	天阴，寒甚。夜雪
初 10 日	天阴，微寒。时飞雪片	11 日	天阴，寒甚。夜雨	12 日	雪霁
13 日	晴	14 日	晴	15 日	晴
16 日	晴，渐炎热	17 日	天阴，寒甚。午际雨	18 日	晴
19 日	晴	20 日	晴	21 日	晴
22 日	天阴，微寒	23 日	晴	24 日	晴
25 日	阴	26 日	天阴，微寒。午后雨	27 日	晴
28 日	天阴，微寒	29 日	天阴，微雨。旋止	30 日	晴

［注］本月特多阴日，盖季风转捩期中，南北温冷混合故也。

夏四月（阳历 5 月 14 日至 6 月 12 日）

初 1 日	天阴，微寒	初 2 日	阴	初 3 日	天仍阴暗。犹寒
初 4 日	晴	初 5 日	晴	初 6 日	天阴，微雨
初 7 日	晴	初 8 日	天阴，微寒	初 9 日	天阴，旋晴
初 10 日	雨，旋晴	11 日	天阴，微雨。夜，大雨雪	12 日	仍雨雪，四山皆白
13 日	雪霁	14 日	晴	15 日	雨。午后晴
16 日	晴	17 日	晴	18 日	晴
19 日	晴（张毅免职）	20 日	晴	21 日	阴寒，晚，大雨
22 日	晴。下午忽雨	23 日	终日雨	24 日	终日雨
25 日	终日雨。午后闻雷	26 日	雨	27 日	晴
28 日	晴	29 日	微雨，旋晴	30 日	晴

［注］阳历 5 月前后，为炉城之春雨季，故多夜雨与阴日。

夏五月（阳历 6 月 13 日至 7 月 11 日）

初 1 日	晴	初 2 日	晴，转雨。夜，复雨	初 3 日	阴。微雨，旋霁
初 4 日	晴	初 5 日	晴	初 6 日	晴
初 7 日	晴	初 8 日	晴	初 9 日	天寒。忽雨
初 10 日	晴	11 日	晴	12 日	雾。大雨，午后晴
13 日	晴	14 日	阴，微雨。夜，大雷雨	15 日	早起，雨犹未止。大水
16 日	阴，微雨。夜，大雷雨	17 日	阴	18 日	阴，仍雨，晚，大雨
19 日	晴	20 日	晴	21 日	晴
22 日	晴	23 日	晴	24 日	晴
25 日	雨。微有寒意	26 日	天阴，微雨	27 日	终日雨
28 日	晴	29 日	天冷，微雨		

夏六月（阳历 7 月 12 日至 8 月 10 日）

初 1 日	晴	初 2 日	晴	初 3 日	晴
初 4 日	晴	初 5 日	微雨，旋霁。夜，大雨	初 6 日	雨止
初 7 日	晴	初 8 日	晴明，晚，微雨	初 9 日	天阴，微雨
初 10 日	阴，微寒	11 日	阴。夜，大雨	12 日	雨
13 日	雨	14 日	天雨，旋霁	15 日	晴
16 日	晴（离炉返川）				

赵君所记，只示一年中气象变化之大致，固非常年皆恰如此。唯春秋雨季时期，及冬夏天气常态，皆于上表具之矣。

再，民国三年（1914）之炉城秋雨，为正常状态，可于此表见之。其春雨，则非正常态度。兹故复截取两年阴历六月份所记。与余民国十八年（1929）六月过康定日所记，比列为表，以见春雨期中，各年气象互差之状。

月日	赵记		余记	
阳历 6 月	民国三年（1914）	民国四年（1915）	民国十八年（1929）	
			天气	最高温度
1	晴	晴		
2	晴	晴		
3	晴	阴		
4	晴	雨	（甫至康定）	
5	晴	雨	细雨	17℃

续表

月日	赵记		余记	
阳历6月	民国三年（1914）	民国四年（1915）	民国十八年（1929）	
6	晴	雨	细雨	16℃
7	—	雨	雨	15℃
8	—	雨	雨	17℃
9	阴	晴	雨	18℃
10	雨	晴	雨	17℃
11	雨	晴	晴	20℃
12	晴	晴	细雨	18℃
13	雨	晴	阴	—
14	雨	雨	快晴	26℃
15	雨	雨	快晴	28℃
16	晴	晴	快晴	30℃
17	雨	晴	晴	—
18	晴	晴	晴夜雨	—
19	晴	晴	午后雨	24℃
20	—	晴	午后晴	23℃
21	—	雨	阴	20℃
22	—	晴	晴	—
23	晴	晴	阴	22℃
24	—	雨	（离康定）	
25	—	晴		
26	晴	雨		
27	晴	雨	（缺记）	
28	晴	雨		
29	—	阴		
30	—	雨		

第六章　正　译

一、译　弊

从来康藏译名，率有五弊：从用蒙语，累赘不通，一也；不解番义，妄释汉文，二也；番汉拼联，叠床架屋，三也；任用方音，漫无标准，四也；转译西名，不顾旧籍，迷惘莫知所谓，五也。有此五弊，非唯番汉之间，不能应用，即汉与汉间，亦无以资会通，故必有标准译制，而后译之为用乃大。

转译蒙语，如朗错译腾格里诺尔，折曲译木鲁乌苏；奢拉译巴颜喀喇，喇嘛寺译珠克特亨，等是也。无论其译音累赘，且难正确，纵使准确简明，番中蒙语，抑何能通。譬如"中华"，土伯特与阿拉伯人称为"槚拉"，欧人转译为"卡拉"，日本人写其音为"支那"，遂以名国。国人当之，学者不欲，不学者不解矣。又如"琉球"，我国古称"中山"，日本称为"冲绳"。今不称中山或琉球而援日人称为冲绳，讵非惑乎。此译法之最劣而不经济者也。

夫译番名，能得原义而意译之，固为最上。不然者，毋宁译音。译义便于国人之了解，译音便于旅行之探寻，要皆当不失原意。乃旧日之直译番名者，每多不顾原音原义，但求汉文字而微有意义，而音能与番音仿佛，借以取巧欺世，以致误解纷兴，番汉茫然，非唯无益，流弊滋大，如打折多译作"打箭炉"，遂有郭达造箭之说。俄洛什译作"卧龙石"，遂有诸葛宿此之谣。雄其林本在江岸，译作"雄鸡岭"，人遂误其地为山岭。鲁学（Rusho）本属荒原，译"梨树"，人遂误其地有林木。他如锐乌杞译"类伍齐"，玉龙工译"榆林宫"之类，皆是。此译名之最不忠实，而易致误解者也。

番语称桥为桑巴（"三巴"同），康熙朝，大军西征时，岳钟琪破怒江桥（番名响叶桑巴今称嘉裕桥）藏军，史臣记战功者，争夸"夺三巴桥之险"。不知"三巴"即桥，桥即"三巴"也。番语名为"奔巴"。乾隆颁金瓶于藏，创掣签判决活佛之法，从藏语称为"奔巴"，后世史书，皆称"金奔巴瓶"，不知"奔巴"即瓶，瓶即"奔巴"也。他如"康"即"喀木"而胡吉庐之《溯古录》屡称"喀木康"。"楚"或"曲"即河，而官私图书皆作"某楚河"。于山亦然。昔人游戏文有"天地乃宇宙之乾坤，吾心实中怀之在抱"，又"关门闭户掩柴扉"等趣语，此译无乃似之。

汉字读音，各省不同，施于译，本属不便，唯前人译就之字，如非大差者，宜遵用之，庶免异译朋兴，彼此不识。例如 Russia，日人译"露西亚"，本较我译"俄罗斯"为佳，但我国元、明之世已经译定，则不能舍"俄"而称"露"也。后藏首府，本名细噶只，英译为 Shigatse，较确，然雍、乾官书，皆已作"日喀则"，通行既久，则不宜更为异译，使识此地者反不知其所指。而从来译康藏地名者，每多不遵旧译，故作异字。例如西藏之拉萨，唐世本已译作"逻些"（"些"读如"梭"），后世称乌斯藏，遂失旧名。至清雍、乾、嘉时，记西藏者，或作"拉擦"（《卫藏图识》），或作"拉撒"（《西藏志》），或作"喇萨"（《圣武纪》）。自和宁《西藏赋》始作"拉萨"。后世学者尊其文，重其名，遂莫不遵之矣。然在今日尚有译作"拉沙"者。其他类比者绝多。度当时人，未必皆不曾见他人前译而遵循之，实多有各从方音，故易一二字以标新异者。方音不通于全国，故其译无益于同文，是译之徒劳而无功者也。

英法文字，译藏音，本较汉文为便。近世西人之研究康藏者，又多通晓藏语，故其图书，所译地名悉较汉译为佳，而亦去汉译颇远。国人每有转译之者，竟不知所指为汉语何地，任意乱译，益使阅者迷惘。例如宫廷璋译《西藏之过去与现在》一书，译瞻对（雅龙）（Nyarong）为"里郎"，炉霍（章谷）（Drango）为"邓柯"，八宿（Pashu）为"巴许部"。刘光炎译 Lhasa 为"拉沙"，江孜（Gykantse）为"扬子"，日喀则为"西克茨"。汪今鸾《余之西藏观》译日喀则为"施嘎资"，察雅（Draya）为"大拉鸦"，纳夺（Hlato）为"赫拉多"，章谷（Drango）为"特郎哥"，三岩（Sangen 即武城县）为"桑津"等，率多可笑。是固由译者未先翻阅国籍之所至。亦由政府及各学术机关，未先定有标准译名之所致也。

二、标准译名举例

藏文系拼音文字，同义之字，因上下增减符号，而发音遂异，因前后相接之字不同，而发音又异。汉文则强顽无变化之单音字也，用于誃①译，不便实多。况一

---

① 誃：音 chǐ，张口，这里指用一种语言翻译另一种语言。

字读音,各地不同,漫无标准,纷歧百出。譬如有机化学名词,使无政府或某学术机关为之制定标准译名,则任何巧译,皆徒劳耳。

标准译名者,谓能深得原语组成之意义,分段制成一定之译字,依原有排列方法而拼砌之,俾识此标准者,一见所译,即能明白其地位,想象其意义,无复歧途迷惘之憾,国人皆利其便而共遵之,庶能尽译事之功能矣。

今世中国,尚无康藏人地标准译名之规定,译著图书者,深以为苦。兹为记叙本书之便利,为国人会通群书之便利,为译西书者审定译名之便利,谨就个人所知者,拟定康藏地名译用标准,与国人商榷之。

康藏地名中,有极习见者数音,应选为标准译之基础字,兹逐字解释如下(作者系用英文译音,非按藏文拉丁转写。圆括号内为整理者所加拉丁转写):

松多(Songdo)(Gsum-mdo) 两水之交曰"松多"。如喜松工西北之热喜松多(翁曲支流上游,妥拉、祖拉之间),结古西南之日吉松多,丹达山下之察罗松多(图详《境域篇》)是也。亦作"桑多"(Somdo)(Sum-mdo),藏文微异,而义实同。

多(Do)(Mdo) "松多"恒单用于草原无人户之地。若两水交处有村落市镇者,常称曰"多"。如打折多(打箭炉)位于打曲、折曲合流处,折多(折多塘),位于折曲与毛家沟汇流处,察木多(昌都)位于杂曲、昂曲汇流处,结甘多(Jyekundo)(结古)位于巴曲、折喜曲汇流处,硕般多(硕督)位于硕曲、胄曲汇流处,等是也。

宗(Dzong)(Rdzong) 大村镇具有碉堡,住有番官者曰"宗"。《清一统志》所称之前藏31城,后藏17城云者,实皆宗也。《西藏志》作"纵"。其言曰:"凡所为'纵'者,傍山碉房,乃其头人碟巴据险守隘之所,俱是官署。"英人贝尔云:"宗为坚固之堡垒,亦即土伯特小区部之政治中心,住有宗璊(Daong-pon)与其属员。""宗璊"即藏中之县官,故谓宗为藏语之县治亦可也。如洛隆宗、达隆宗(边坝)、贡觉宗(贡县,旧译官角宗)、僧格宗(属懋功县,旧为金川重镇)与波密境之松宗、薄宗,皆是也。

仲(Tsong)(Grong) 村落曰"仲",一书作"中",桑昂有仲村(村字,系汉人所加)。康定有中古、吉石中等地。

学(Sho)(Shog) 村中住有头人曰"学巴"者,其村常系一"学"字。如德格之墨学、杜学是也。宁静之梨树,番名鲁学。

古(Go)(Vg) 村中住有头人"古巴"者,其村常含一"古"字。如牛古

（巴安）、古学（宁静，俗称古树）是也。

贡巴（Gomba）（Dg）　嘛喇寺曰"贡巴"。有译作"干巴"或"工巴"者，有意译为寺者，究以"贡巴"二字为宜。凡大喇嘛寺所在，皆有住民附居成为市街。虽小寺，亦附近农牧番民之会集中心也。故康藏中之寺院，殆较城镇为更重要。康藏地图之有价值否，即可由其收载贡巴之多少而推知之。

岭或林（Ling）（Gi）　圣灵雅洁之地曰"林"，通译作"岭"，实皆河岸平地之村落，非山岭也。唯旧籍已通作岭，兹两存之。如炉霍县之雄鸡岭，稻城县之贡噶岭（清设县丞处，为平地寺院侧之大村，非指其附近雪山），印藏间之大吉岭皆是也。

龙（Lung or rong）（Rong）　河谷曰"龙巴"，亦省称"龙"。河谷之中心村落，亦常曰"龙"。如巴安之竹巴龙，雅江之菩萨龙、八衣龙、九龙、木里间之八阿龙、墨地龙、三崖龙，丹巴之宗龙（粮册作中路，失其义也）等，皆村镇名也。瞻化（新龙）全境称"雅龙"，县治所在之一村亦曰"雅龙"（他村皆另有名字，唯此村并无别名），故雅龙兼为村名。或译作"绒"（雅江粮册，称八衣绒、菩萨绒）。凡称龙之村落，例临大河，而有津渡，余初疑渡头曰"龙"，近始悟其不是。

曲卡（Chuka or Chukha）　河边曰"曲卡"。凡渡头村落，皆在河边，故亦可译为渡头。如雅江，番名雅曲卡（或作娘区卡），意谓雅龙江之渡头也。清初称为中渡（另有上下二渡），清末称为河口，皆含译义意味。石渠，番名"杂曲卡"（或作杂渠卡），则谓杂曲沿河之地，所指甚广也。

果（Go）（Vgo）　尽头曰"果"，山头曰"日果"。水源曰"曲果"。湖边曰"错果"，或译作"谷"。炉霍觉黎寺下湖边村曰"错果"，粮册书作"充谷"者是也。工布境亦有湖边村曰"错果"。又或作"古"。康定县北有两地，曰"中古"，曰"中谷"，实即"仲果"之异译。仲果，犹言村落之尽头也。

桑巴（Zang-pa）　桥曰"三巴"。"桑巴""三坝"并同。有桥之地，亦常称"三巴"。如嘉裕桥本名撒叶三巴（Zhang ye sangpa）是也。废义敦县，原名"立敦三巴"，赵尔丰请设通判于此，称三坝厅。盖误取落尾二音也。

达（Da）（Mdav）　河谷出口处之村，多曰"达"。如丹巴之宋达，白玉之喜达，同普之酱达等。凡西康村落，称达者甚多。

工（Gong）　沿河较高处之村落曰"工"。如巴安之喜松工，盐井之碧油工（毕用工、蒲雍拱并同），雅江之博浪工，康定之榆林宫（玉龙工）等是也。

顶（Tin）（Steng）　上方曰"顶"，颇与汉文音义相似。如丹巴之怖鹄顶，理化（理塘）之千把顶，巴安之空子顶等是也。

什（She）（Shod）　河谷尽处，逾山之他方，其地名多曰"某什"。通常书作"石"。如玉龙石与玉龙水源隔吉西拉，俄洛石（卧龙石）与东俄洛河谷水源隔高日寺山等，皆与其隔山地名有关。又有押部分名称者，如理化（理塘）之莫拉石，巴安之冷卡石等是也，尚未得解。

玉（Yu）（Yui）　温暖之河谷村落曰"玉"。如白玉（白玉县治）、绿玉（属巴安县）等是也。

域（Yui）　地域称"域"，亦曰"瑜"。如杂瑜、珞瑜是也。康定之孔玉乡，应作"孔瑜"。鱼通乡，应作"瑜通"。

邦（Pong）（Spang）　台地曰"邦"，平坝之村镇，亦常被称为"邦"。如印藏间之喀林邦，雅江县之脚泥邦，白马冈之仁敬邦，皆是也。一书作"绷"，作"梆"。

坦（hang）　高寒平旷之地曰"坦"。或译荒原。通书作"塘"。如理塘、羌塘是也。唯巴塘、邦木塘等之"塘"字，系汉人加入，以示塘站之意，非藏语也。

坝（Pa）　某地方之人曰"某巴"。番俗无姓，常以地名代族姓，故某巴，亦可作某地解。唯后者通常书作"坝"字。如仓坝（道孚），噶坝（瞻化），芬坝、霞坝（理化），妥坝（昌都），边坝（达隆宗）等是也。通常所指为一小区域，不仅一村。

科（Ko）（Kho）　牧多农少之谷曰"科"。如道孚之鱼科，甘孜之杂科、东科（即东谷），炉霍之罗科，瞻化（新龙）之麦科是也。地名有称科者，大都为部落名所蜕化，如邓科、甄科是也。

浦（Pu）（Phu）　洞穴曰"浦"。如甘孜乃龙山之乃浦，绒坝岔之里浦是也。汉译地名，有书"洞"者，如柯鹿洞（德格），札马拉洞（理化）实皆"多"之谬译，并非洞穴也。

拉（La）　山脊通道曰"拉"。或作"拿"，或"那"，并同。

日（Ri）　山峰曰"日"。或作"热"，或作"里"，并同。

冈（Sgang）　山肩曰"冈"。有村曰"工"。工与冈义略同。以上均详《山脉章》。

曲（Chu）　江河曰"曲"或作"渚"，作"楮"，作"楚"，作"区"。

错（Tso）（Mtsho）　湖泊曰"错"。或作"磋"，作"濯"。以上详《水道章》。

噶（Ga）（Sgar）　无碉而住番官之村曰"噶"。噶字常嵌字中，或冠首，不必系字尾。如宁静县，番名麻康噶妥克。炉霍县有村曰噶拉宗是也。

麻（Mar）　下方曰"麻"。如宁静县称麻康，犹言下康区也。康定西部曰木雅，台克满解为麻雅，谓雅龙江之下游地方也。皆冠首字。如系语尾，解作本源之义。如道孚之革西麻，义为革西之母地。瞻化之吴日麻，拉日麻，义同。

小（Hsiao）　康藏多有二地名读音相似者，汉人为便于分别称呼计，常于其不著之地名上，加一"小"字。西人从而译之，实非番语之真。如盐井县北接宁静界有地名昌多工（Tshe-mdo-gong）本与昌都（Chabmdo）字异义，汉人则呼之为小昌都。废义敦县之南，有地名波美（Po-Meu），本与波密（Spo-smad）异义，而汉人称之为小波密是也。至维西县之小维西（Hsiao wai Hsi），则已成通称，番语原义，久失之矣。

孜（Tse）（Rtse）、拖（To）（thog）　二字常系地名之尾，如江孜（西藏境）白孜（雅江境）、冈拖（德格境）、噶拖（白玉境）等是也。"孜"或作"子"，"拖"或作"妥"，并常见于村名内，于义未详。

靖（Chen）　地名后系"靖"字者，常属有喇嘛寺之地。如德格贡靖［德格更庆（Dege Go nchen）Sde-dge-dgon-chen 即德格县治］、祝靖（祝庆）是也。其义未详。大约亦是表圣灵之意。

岩（Gen）（Ngan）　地势险恶之处曰"岩"。与"雄岩邑也"之"岩"字，约略同义。如三岩（武成县）、宗岩（属盐井县）、马岩（属雅江）是也。

空（Kang）　房舍曰"空"。地名有称空者，如门空（属盐井县）、空子顶（属巴安）是也。

三、标准译名表

兹取西康各要地制成标准译名表以便译者参核。

通称栏，列官书档案中最习见之汉文译名，限于一种。其他图书所标异译，悉列异称栏内。标准译栏所列，为著者根据藏语原意审定之译名，唯多属现世所不通行者，即本书亦不全采用之，仅创此栏，冀国人能渐次采用，庶若干年后能定于一是耳。西名栏，以英文为主，法文助之。凡属法文，皆于文前标一法字。英文译字，亦有繁简之异，如"康"字，柯里斯作 Kham，台克满作 Kam 是也，要其大体，相去甚近，表内不详列举，以节篇幅。

第一表　部分名称

通称	异称	标准译	西名
卡拉	明正，西炉，渔通	槚拉	Chala 法 Kiala
木雅	明雅，明牙，木鸦	麻雅	Menya 法 Mounia
川甘青康间地	旧无适当名称	甲龙	Gyarong
革什咱	单东，格什，革西	格什	Geshi
余科	鱼科，瑜科	瑜科	Yuko 法 Yukho
罗科马		罗科	Loko 法 Lokho
俄洛	果罗克，鄂罗克，郭罗克	果罗	Golok 法 Ngolo
色达	色他	色达	Seda 法 Setas
霍尔	荷尔科，霍尔厄，霍尔巴	霍尔	Horchong 法 HorNga
章谷	炉霍	章果	Drango 法 TchangouKhouo
朱倭	竹窝	竹倭	Driwo 法 Khouo
孔撒	孔色，空撒	孔撒	Kongsar 法 Khongser
麻书	麻孜，麻日	麻书	Mazur 法 Mazer
白利	白里	白利	Beri 法 Berim
东谷	东科	东科	Tongkor 法 Tongou
杂科	咱科	杂科	Tzako
德格	朵甘，德盖	德格	Dege 法 Degue
林葱	灵葱，林冲	林葱	Lintsung 法 Lintsong
杂渠卡	色须，石渠	杂曲寺	tzachuka
纳夺	那夺，纳税	纳夺	Lhato
里塘	理塘，理坦，理化	劣坦	Litang
崇喜	崇禧	崇什	Tchongshi
毛丫	毛雅，毛鸦	毛雅	Maoya
曲登		曲东	Chudon 法 Kudon
格姆	格牧娃	格姆	法 Kemououa
长坦	昌台	昌泰	Changtai
瞻对	雅龙，尼雅龙，瞻化	雅龙	Nyarong or yulung 法 Niarong
巴塘	巴安	巴部	BaorBabo 法 batang
冷卡石	临卡石，宁卡石	冷卡什	Lengkashi 法 Linkhachu
得荣	得绒（即得荣县境之地）	德龙	Derong 法 Derong
东阿龙	东岩龙，诺且寺	东阿龙	法 Tongouarong

续表

通称	异称	标准译	西名
木里	（麻理，谓理）曲之下游也	麻理	Mili 法 Mely
欧曲卡		欧曲卡	法 Ngulkhiokha
盐卡洛	擦卡洛，盐井	擦卡龙	Tsakalo（Tsakarong）
江卡	麻康，宁静	麻康	Markhang（Menkam）
贡觉	官角，宫角，贡县		Gonjo 法 Gonjkio
三岩	山崖，桑昂邦，三暗巴，三隘，武成	三岩	Sangen 法 Sanguen
乍丫	察雅，乍雅	乍丫	Draya 法 Tchraya
察木多	昌都	昌多	Cham'do
三十九族	甲得，（甲得宜厄）	甲德	Gyade
八宿	巴宿，巴苏，班舒	八宿	Pashu
类乌齐	类伍齐，内五旗	锐乌杞	Riwoche
察哇龙	察龙，察娃冈	察哇龙	Tsuawarong 法 Tsaouarong
冷卡		冷卡	Nuchugin
桑昂	桑昂曲宗，科麦	三昂	Sangan
杂瑜	咱义，察隅	杂瑜	Dzayul
波密		波部	PoorPame
硕督	洛隆宗，硕般多，边坝（三部合称）	硕达罗松	Shotalhosum
拉里	嘉黎	拉里	Larig

第二表 南路要地（自东至西为叙别道要地加米号）

通称	异称	标准译	西名
工布		工部	Kongpo
打箭炉	康定县，炉城，西炉，渔通	打折多	Darchendo, or Dartsendo, Dachienlu
折多塘		折多	Cheto（Gedo）
折多山		折拉	GeLa
安良坝	阿娘坝	安良坝	A-niang-pa
营官寨	俄松多	俄洛、松多	Ngolosongdo
东俄洛		东俄洛	Tung-Ngolo
卧龙石		俄洛什	Nolgoshi（Wolongshih）
河口	中渡，娘区卡，雅江	雅曲卡	Nyachuka
麻盖宗	麻盖，麻盖中	麻盖仲	Maketsung

续表 1

通称	异称	标准译	西名
西俄洛		西俄洛	His-Ngolo
火竹卡		荷曲卡	Ho-chu-ka
里塘	理化，理坦，勒塘	理坦	Li-tang
喇嘛垭	剌麻丫	喇龙	Ra-rong
二郎湾		郎达	Nainda
三坝	义敦，立敦三坝，三坝塘	喇日三巴	Rathi-Sangpa
大朔山	大锁山，大所山，巴山	大宿山	DashuLa
巴塘	巴部	巴	Ba
牛古渡	女古渡	纽古	Nyugu
喜松工	（别道自牛古通乍丫）	喜松工	Shisongong
热喜松多		锐喜松多	Rishisongdo
波多拉则喀		波多拉孜卡	Podo-Latse-ka
夺泽	（合洛加宗大路）	多孜	Dotse
竹巴龙	竹巴笼	竹坝龙曲卡	Drubanang Druka
邦木塘	邦木	邦木	Bum
宁静山	凝静山，邦拉	邦拉	Bum La
南墩		南敦	Hlandun
古树	谷黍	古学	Gusha
江卡	宁静，满康，麻康	麻康噶拖	MarkamGartok
梨树		鲁学	Rusho
石板沟		阿胜旺果	Asenyewango
阿足	阿足塘，阿楚	阿楚	AtsurorAdzou
洛伽宗	拉子，洛家宗	喇子	RadziorRodzidzong
乍丫	察雅，札雅庙	乍丫橝敦	DrayaJyamdun*
烟袋塘	麻贡，烟木多	烟多	Yenmdo
昂地		昂村	Gam
纵达		宗多	Dzondo
王卡		王卡	Wangka
巴贡		巴贡	Bagung
窟窿山		以浦拉	IpulaorIpila
包墩		邦德	Bomde

续表 2

通称	异称	标准译	西名
猛卜	猛布	门堡	Mengpu
察木多	昌都	羌多	Chamdo
俄洛桥	（番语昂洛三卡，昂曲上桥渡头之义也）	昂洛桑卡	Ngurozanka
恩达塘	恩达县（另有恩达寨）	恩达	Enda
瓦合山	瓦河山	郎却拉	NamchoLa
嘉裕桥	三巴桥，嘉玉桥，佳裕桥，晓叶桑巴，撒叶三巴	桑叶桥	Shangye-sangpa
洛隆宗	罗隆宗，洛龙宗	隆宗	LhongDzong
硕般多	硕督，说板多，苏班多，舒班多	硕般多	shuopando
边坝	宾巴，冰坝，达隆宗	边坝	Pemba-or-Dalong-Dzong
丹达山	斜贡拉，下共拉，沙工拉，蝦工后	斜工拉	ShiarGang-La
阿兰多	哈南多	阿拉多	Alado -or -alando
鲁共拉	鲁卜公拉岭	鲁共拉	NubkongLa
拉里	嘉黎	拉里	Lhari
瓦子山	卓喇山，濯拉	错拉	TsoLa
江达	太昭，工布江达	江达	Giamda
禄马岭	工补巴拉，鹿马岭，干补拉	工部拉	KongbuLa
拉萨	逻些，拉撒，拉沙	拉萨	Lhasa

第三表　北路要地

通称	异称	标准译	西名
海子山	（自打箭炉北行一站半）	热喇拉	ZharaLa
泰宁	格达，噶达	噶达	Gata
长坝春		长坝仲	Trambadrung*
中古	中谷，纵鄂，仲恶	仲古	Drung-ku
八美		巴美	Barme
吉石中	吉色中，结色中	折什仲	Tyesodrong (Geshidzong)
官寨子		拉折卡宗	NadrehekaDzong
松林口		拉折卡拉	NadrehekaLa
可卡	札巴，夹坝	卡坝	Chyaba
道坞	道孚，锐失里	道坞	Dawu 法 Regni

续表

通称	异称	标准译	西名
大寨	（汉名大砦，番名冲勒）	冲勒	Tromne
呷拉中	呷拉宗，噶拉中	噶喇	Gara
章谷	炉霍，霍尔章谷	章果	Drango 法 Tchangou
朱倭	竹窝，倬倭	竹倭	Driwo
罗锅梁子		拉孜卡	Latseka
甘孜	朵甘思（明代），甘子	甘孜	Kandze 法 Kandseu
大金寺	达结寺	达结寺	DrajyeGomba
绒坝岔	绒坝擦，绒坝叉	龙坝擦	Rongbatsa
玉龙		玉龙	Yilung
雀儿山		错拉	TsoLa
柯鹿洞	扩络垛，窟窿洞	科隆多	Kolondo
德格	德格，德化，德格更庆	德格贡靖	DegeGonchen
龚丫	龚垭	羌喇，或将剌普藏	Changra-or-Jyangra-podrar
刚拖	刚拖	刚拖	Gangto 法 Kangto
矮坝	矮，艾坝	矮郎	Ngenang（Aipa）
同普	绒松	朗松	Rangsum
卡工	（旧同普县曾设此）	卡工普藏	KargungPodrang
觉雍	足雍	觉雍	Chorzhung
拖巴	妥坝	拖坝	Toba
四川桥	（昌都东北）	杂曲桥	Dze-chu-sangba

第四表　自巴安经德格结古入藏沿路要地

通称	异称	标准译	西名
党村	（在巴安北四十里）	党村	Dam
邦喜	茂坞嘉	邦什	Baongshi-or-maoshi
牛坝拉	女扒拿，武花山	女扒拉	NgupaLa
盖玉	噶惹波作	噶惹	Gaji-or-Gazhi-podro
测溪喜	测竹石，喜达	测曲什	Tsechushi-or-sheda
白玉	白瑜	白玉	Pelyul-or-beyu
噶拖寺		噶拖寺	Gato-Gomba
河坡		霍尔波	Horbo

续表

通称	异称	标准译	西名
冷学		林学	Lingsho
杜学		德学	Dasho-or-Desho
德格	（见前）	贡靖	Gonchen
祝靖	竹庆	祝靖	Dzochen
林葱寺	林葱，灵冲	鄂若寺	GozeGomba
郎吉岭		罗吉林	Nojeiling
邓科	邓柯，登科，丁科，春科	登科	Tengko
子拉山	恩科山	子拉	DziLa
菊母寺	觉母寺（并非尼寺，汉人误呼觉母寺）	菊寺	Ju-Gomba
石渠	色须，色许，杂渠卡	色许寺	Seshu-Gomba
安巴拿		安坝拉	Ngamba-La
直布达		直邦达	Drebonda
结古	玉树县，戒谷多，界谷	结古多	Jyekundo
龙喜寺	喇什	龙什寺	Rashi-or-Lungshi-G.
隆庆	南称，郎青	南靖	Nangchen

第五表　打箭炉经滇边入藏沿路要地

通称	异称	标准译	西名
榆林宫	玉林宫	玉龙工	Yulongong
玉龙石山		吉西拉	DjesiLa
玉龙石		玉龙什	Yulongshi
城子山	木居城子山，己丑山	奇卜岭	ChiprinLa
九龙	九龙县，大浦子（土名）	奇卜龙	chiplung
八阿龙	坝窝龙	八阿龙	Baurong
墨地龙*		墨地龙	Mutirong
库鲁		古鲁	Kulu
木里		麻理	Mili-or-muli
哩䃶	哩䃶桥	李龙	Leilung
龙达	隆达桥	郎达	Randa
中甸		中甸	Chun-tien
崩子栏	奔子濉，卜自立，绷折拿	崩子栏	Pangtzula

续表

通称	异称	标准译	西名
阿敦子	阿敦县	阿敦子	Atun-tzu 法 Atentseu
梅李树		梅李学	法 Merechu
札夷		札瑜寺	DrayuGomba
左贡	坐公，若公	左贡	Dzogang
邦达		邦达	Bomda
曲渣		曲渣	Chudra*
波村*	（别路通昌都）	波村	Bo
八宿	（合嘉裕桥大路）	八宿	Bashu

四、康藏地名类别

西康现在通行之地名，约可分为五类，辨此五类，可以译著康藏图书矣。

（一）新译番名　大都为新近发见，不甚知名之村落名称，其名译自番人之口，音读应甚真切，但因言者发语有轻重，而听者音感遂异，番汉发音难婉合，而译者拟译互异，汉字各地有方言，而书者着字又异，于是人各一译，莫衷一是。编纂康藏图书者，对于处置此等译名，甚感困难，非率性删略以避之，即注加冗繁之异译于其侧下，不如此，则阅者将茫然莫解也。

（二）遵用旧译　大都为大道沿线之著名地方。地位愈重大者，译名愈固定。盖因官书辗转记载，于势易趋统一也。例如理塘、巴塘、江卡、乍丫、昌都、甘孜、瞻对、拉里等。其译音大都去番名原音甚远，通行既久，番人反多弃真名以从之。如巴塘，已成今世番人与西人之顺口称呼，仅少数有学问番人解其为巴而已。又如瞻对，乃清初世不正确之译音，与番语原义殆不相属，而今世番人亦解此称是也。

（三）成文汉字　前条各例，虽失原音已远。然因汉文无字义可解，望而知为音译。每有好事文人，于译音时，故将汉文配成字义，以便记忆，如打箭炉、茶树山（在巴安南，本茶学，村名）、古树、梨树、石板沟、类乌齐、冰坝、大炮山、雀儿山、窟窿洞等（并详前节），后人便之，更相遵用，然其去原音更远，而愈易致误会矣。

（四）意译番名　从来入藏汉人，鲜解藏语者，故于地名，罕见意译。唯巴贡与包敦间之窟窿山，为适当之意译。此山"多石穴。大者如堂皇，小者如钟盎"（《卫藏图识》），番名"以浦拉"，"浦"洞穴也，"以浦"洞穴繁多也。盛绳祖略解藏语，又亲见山形如此，故能定此意译耳。又雅曲卡，清初称中渡、河口，亦为相当之意译。

（五）纯粹汉名　如宁静山（邦拉），乃划界时新命，以祝西陲宁静之意（清人有避讳作凝静山者）。泰宁（噶达），乃筑城时命名，亦具庆祝意。他如懋功（美诺）、绥靖、崇化、抚边（并平金川后所命），泸定桥（甲桑曲卡）、大较场（康定）、头道桥、二道桥、三道桥（康定北）、头道水、二道水、三道水（瓦斯沟）等，皆是。

五、正译余话

大渡河谷，原属番族聚居之地，所有地名，本出番语。但因番人绝迹已久，番语原义失传，今世所流行者，大半已为固定之汉字。其实应属前节之二项译名，非汉语固如此也，例如泸定之冷碛，穆坪（今宝兴县）之硗碛，此"碛"字皆与类乌齐之"齐"字，同为"杞"字之异译。番语常称平坝中村落为"杞"也。又如泸定之昂州、冗州二"州"字，与沈村之"村"字，实皆番语"仲"字之异译。泸定桥市，番名原为"阿龙"，清初译安乐村，康熙以后，始易今名。又大坝、烹坝，皆非平坝，足知其"坝"字出自番语。（仲、龙、坝解，均详第六章第二节。）

国人记载康藏之书，远不如西书之翔实扼要。故近年边疆志士，多喜从西文研究之。已有译本四五种，惜皆不佳。其不佳之处，不外两点：（一）不悉康藏自然状况与社会情形，妄以自所习见者揣度之，遂多扣盘扪烛之误。[①]（二）不解西文转译藏语之习惯与方法，又不肯参考本国名义，辄于地名人名，妄自译音，致读者莫知所指。致于译艺之高低、精粗，尚其小焉者。余之标准译名表，特设西文栏，即图为译西文者指迷径耳。

西文图书，偶然亦有误字，译者不察，转误愈大。如宫廷璋译贝尔《西藏之过去与现在》一书，其地图，译 Dango 为邓柯，乃在甘孜之东，不知此系原图误遗一 R 字，当作章谷（Drango），即炉霍县也［原图拉里部（Larig）亦遗首一字母］。又如台克满《西康游记》，所附路线图，标窟窿山（Ipu La）为 Ipi La，则误书 U 为 i

---

[①] 扣盘扪烛：音 kóu pán mén zhú，苏轼《日喻》："生而眇（盲）者，不识日，问之有目者。或告之曰：'日之状如铜盘。'扣盘而得其声。他日闻钟，以为日也。或（有人）告之曰：'日之光如烛。扪烛而得其形。'"喻认识片面，难以得到真知。

也。兼解藏英语者，自能纠正之。

　　西人习惯，称西藏、青海、西康皆为 Tibet，此字当译作"土伯特"，不宜译作"西藏"或"藏"，已于《境域篇》论之。台克满之书，称《东部土伯特游记》，查其游迹，全属昌都、类乌齐以东之西康地域，未涉藏卫边境。Eastorn Tibet 云者，从彼国习惯以名所游之西康地方，近有译之为《东藏游记》或《西藏东部游记》者大误。

　　译西书之难，莫难于译地名人名。尤莫难于译还原名。例如杂瑜之绒密，为旧曾设置察隅县治之处，藏语正译为"龙美"，谓河谷会合处也。汉人首先至此地者为边军管带程凤翔，程，湖南人，读其音为"绒密"，遂成官文定名。后至者，自当遵之，以杜歧异。然英人先程至此测图者，译其地为 Rima，此 R 字，当为卷舌音，与"绒"或"雷""锐"等字音相近，本去原音未远。然使不解此者译之，必将书为里马、雷马等字，去汉人通称，不可以道里计矣。又如西人记瞻对者，每言及鹿传霖改流事，写鹿传霖为 Lou Tchanlin，不学者每译为庐长林云云。

第七章 纠 谬

一、康藏谬说之源泉

往昔国人，对于康藏概置未理。近世渐知留心，而误解纷出，自误误人者，比比皆是也。查其误人最深者，莫如康熙五十九年（1720）上谕，后世种种谬说，每多援之而起。兹故录其全文，以便纠正（括弧内系著者加注）。

"朕于地理，从幼留心，凡古今山川名号，无论边徼遐荒，必详考图籍，广询方言，务得其正。故遣使臣至昆仑西番诸处，凡大江、[①] 黄河、黑水、金沙、澜沧诸水发源之地，皆目击详求，载入舆图。今大兵得藏，边外诸番，悉心归化，三藏阿里之地，俱入版图。其山川名号，番汉同异，当于此时考证明核庶可传信于后。大概中国诸大水，皆发于东南诺莫浑乌巴西大干内外，其原委可得而缕析也。黄河之源，出西宁外枯尔坤山之东，众泉涣散，不可胜数，望之灿如列星，蒙古谓之敖敦他拉，西番谓之梭罗木，中华谓之星宿海，是为河源。汇为萨陵、鄂陵二泽，东南行，折北，复东行，由归德堡积石关入兰州。岷江之源，出于黄河之西，巴颜哈拉岭七七喇哈纳（"纳"即"拉"），番名岷尼雅克撮（撮即曲），《汉书》所谓'岷江在西徼外，江水所出'是也。而《禹贡》导江之处，在今四川黄胜关外之乃褚山。古人谓江源与河源相近，《禹贡》'岷山导江'乃引其流，非源也，斯言实有可据。其水自黄胜关流至灌县，分数十支。至新津县复合而为一，东南流至叙州府，与金沙江合流。金沙江之源，自达赖喇嘛东北，乌尼尹乌苏岭流出。乌尼尹乌苏岭，又谓之乳牛山也。其水名穆鲁斯乌苏。东南流入喀木地。又经中甸入云南塔城关，名金沙江。至丽江府，又名丽江。至永北府，汇打冲河。东流经武定府，入四川界。至

---

① 大江：即长江。

叙州府，流入岷江。经夔州府，入湖广界。由荆州至武昌府，与汉江合。汉江源出陕西宁羌州北嶓冢山，名漾水。东流至南郑县，为汉水。入湖广界。东南流至汉阳县汉口，合岷江。此诸水在东南诺莫浑乌巴西大干之内。源发于西番，委入于中国也。澜沧江有二源，一源于喀木之格尔几杂噶尔山，名杂褚河（即杂曲）。一源于济鲁肯他拉，名敖穆绰河（即昂曲）。二水汇于察木多庙之南，名拉克褚河（即拉曲）。流入云南境，为澜沧江。南流至车里宣抚司，名九龙江，流入缅国。澜沧之西，为哈拉乌苏，即《禹贡》之黑水，今云南所谓潞江也。（参看第七章第二节）其水自达赖喇嘛东北，哈拉脑儿流出，东南流入喀木界。又东南流入怒夷界，为怒江。入云南大塘隘，更名潞江。南流经永昌府潞江安抚司境，入缅国。潞江之西为龙川江。龙川江之源从喀木所属春多岭流出。南流入云南大塘隘，西流为龙川江至汉龙关入缅国。（参看第七章第四节）此诸水在东南诺莫浑乌巴西大干之外，皆流入南海也。又云南边境，有槟榔江者，其源发自阿里之冈底斯东，达木朱喀巴卜山，译言马口也。一泉流出，为雅鲁藏布江，从南折东，流经藏角地，过日噶公喀尔城旁，合噶尔诏模伦江。又南流，经公布部落地，入云南古勇州，为槟榔江。出铁壁关入缅国。（参看第七章第四节）而冈底斯之南，有山名郎千喀巴卜，译言象口也。有泉流出，入马皮木达赖，又流入郎噶脑儿两河之水，西流至桑南地。冈底斯之北，有山名僧格喀巴卜，译言狮子口也。有泉流出，西行，亦至桑南地。二水合而南行，又折东行，至那克拉苏穆多地，与冈底斯西马卜家喀巴卜山所出之水汇。马卜家喀巴卜者，译言孔雀口也。其水南行，至那克拉苏穆多地，汇东行之水，东南流至厄纳忒可克国，为冈噶模伦江，即佛法所谓恒河也。《佛国纪载》魏法显顺恒河入南海，至山东之渤海入口，应即此水矣。梵书言四大水出于阿耨达山，下有阿耨达池。以今考之，意即冈底斯是唐古特称。冈底斯者，犹云众山水之根，与释典之言相合。冈底斯之前，有二湖连接，土人相传为西王母瑶池，意即阿耨达池。凡梵书言普陀山有三。一在厄纳忒可克之正南海中山上，有石天宫观自在菩萨游舍，是云真普陀。一在浙江之定海县海中，为善财第二十八参观音菩萨说法处。一在土伯特，今番名布塔拉山也，亦谓观音见身之地。释氏之书，本自西域，故于彼地山川，亦可引为据也。（此两段均系根据藏典所传，无甚谬误。）《禹贡》'导黑水至于三危。'旧注以三危为山名，而不能知其所在。朕今始考其实，三危者，犹中国之三省也。打箭炉西南，达赖喇嘛所属，为危地。拉里城东南，为喀木地。班禅额尔德尼所属为藏地。合三地为三危耳。哈拉乌苏由其地入海，故曰：'导黑水至于三危，入于南海'，至于诸番名号，虽与史传不同，而亦有可据者。今之土伯特，即唐之突厥，（突厥，当是吐蕃之误。）唐太宗时，以公主下降。公主供佛像于庙，今番人名招，招者，译言如来也。其地犹有唐时中国载去佛像。明成化中，乌斯藏大宝法王来朝，辞归时，以半驾卤簿送之，遣内监护行，内监至四川边境，即不能前进而返，留其仪仗于佛庙，至今往来之人，多有见之，此载于《明实录》者。（按：此属事实，即今之塔公寺，番人传为文成公主遗物。）尔等将山川地名，详细考明，具奏。"

此文能将西陲山水脉络分成条理，又能参译藏典，解释三普陀与四大出水口之意义，不可谓非三百年前最有价值之纪地文字。然偶有意为牵附之处，便已荒谬绝伦。如"三藏"为"三危"古地，潞江（怒江）为《禹贡》黑水是也。至今言康藏者，莫不遵此谬说，故特纠之。

二、三藏非古三危　潞江非古黑水

世因康、藏、卫皆藏俗，故称三藏。藏语"卫"，居中之谓也。明清之间，或译"乌斯"，或译为"危"。清世祖以其三部，而有危字，遂妄指为《禹贡》三危。当时王公大臣，阿意承旨，莫敢疑难，遂成一时天经地义之解释。嘉乾间学者，如魏源、盛绳祖等，明知其非，亦莫敢驳，但自标其书为康藏卫三部，不犯三危而已。

查禹至康熙末世，恰 4000 年，中间语言音义，何止百变，以 4000 年后异域之译音，证解 4000 年前中华之古字，此一奇也。《禹贡》始别九州，尚无郡国。当时华夏政治区划，如此简陋，而文化落后之西番，已经分析三区，入著禹述，且必待 4000 年后，始再为华夏所访知，此二奇也。禹贡导水，皆自山始。独于黑水，乃举纵横数千里之区域名称，为一水源地，此三奇也。近世大经师井研廖季平，在成都讲学时，曾解"彼美人兮西方之人兮"之"美"字为美国，足与此说辉映。但廖因此解，为成都学界所哗逐。康熙之说，乃能支配二三百年学者之思想。谰言胡说，亦有幸不幸焉。

三藏固非三危，潞江亦非黑水。若谓蒙语潞江上源曰哈喇乌苏，于解为黑水，则中国之黔江、泸水，皆当解为黑水，以彼当之，不更接近禹迹乎。且禹与蒙人，时距 4000 年，地距数万里（蒙人兴于黑龙江流域），语言文化，相差 30 余世纪，岂能相解于此水之名义原委，而待其发明耶。若谓潞江入于南海，故为黑水，则潞江以内之澜沧江，亦入于南海，且入于东亚之南海，不更宜为大禹所知耶！

三、雅鲁藏布江更非古黑水

清光绪中，川督丁葆桢，资遣江西贡生黄懋材，由川入康，由康入滇，由滇入缅，周历印度，泛海还国，著有《西辀日记》《西徼水道》等书，其《黑水考》，文长 400 余言，历驳诸家解黑水者，独创雅鲁藏布江为《禹贡》黑水之说。士林疑其为目验语，莫敢非之。实则彼亦为康熙上谕所误耳。其言曰：

"《禹贡》三言黑水，当以导黑水至于三危入于南海为正文。夫禹治徼外之水，必择其最大者而施功。康熙五十八年（1719）上谕：'《禹贡》导黑水于三危，……合三地为三危耳。'夫澜、潞二江，仅涉喀木之境。惟雅鲁藏布江，发源阿里，遍历后、中、前三藏之地，五千余里，折而南下，经缅甸国，又五六千里，注于南海，首尾万余里，大小支流汇纳数百，水势浩瀚，无与为匹，实西南徼外第一巨流。然则《禹贡》黑水，舍此更无足以当之者。"

夫禹于九州之水，凡属干流，莫不记录。若其足迹，则导河才至积石，导江才至岷山，积石、岷山以西诸水，除黑水外，更无一名。果《禹贡》之黑水为雅鲁藏布江也，则江河以西，黑水以东，中间如大渡河、雅龙江、金沙江、澜沧江、潞江诸巨流，应皆为禹迹所曾至，又当以《禹贡》何水拟之耶。夫雅鲁藏布江唐代始为华人所知，称为藏河（《唐书·吐番传》），亦不能详其原委，禹乃能详其原委耶。

四、余之黑水考（附昆仑三危辨）

《禹贡》凡三言黑水。"华阳黑水惟梁州。""黑水西河惟雍州。""导黑水于三危，入于南海。"如此三者为一水，则三危应在雍州之西北，黑水自此发源，流经雍州、梁州西境，入于南海，乃合。然以今世地形按之，实无如此山水。于是解《禹贡》者，纷为异说，各是其是。兹先举诸说之梗概：

（一）谓居延川为黑水　居延川，亦名黑河。《甘州志》《肃州志》《张掖记》皆谓其为《禹贡》之黑水。然此水北流不经梁州西境，不入南海，胡渭曾驳之，以为此是《禹贡》之弱水也。

（二）谓布隆吉河为黑水　甘肃敦煌县东南，有三危山。其旁大水，有布隆吉河。《水经注》指以为禹贡之黑水，且谓其绕流吐蕃界而入南海。然此水西流入喇喀泊，未曾入南海也。

（三）谓大渡河为黑水　《水经注》"水黑曰庐。"故或以武侯所渡之泸为黑水。清世祖谓"大渡河即泸水也"。故或以大渡河为古黑水。然此水虽在梁州西境，与雍州无涉。亦不入南海。

（四）谓雅龙江为黑水　雅龙江上源接近雍州西徼，又向南流，近人多谓禹迹所至，不能更越此河。又或以其下流合金沙江，经云南省北，为武侯所渡之泸，泸即黑水之义，故以雅龙江为《禹贡》黑水。其不合与前条同。

（五）谓金沙江为黑水　唐樊绰《蛮书》"丽水为黑水。一名漾濞江。而罗些城（即拉萨）北有三危山。"查金沙江上源，并未达罗些城。罗些城北，亦无三危山。故绰所言，亦是臆测之论。

（六）谓澜沧江为黑水　明李元阳作《黑水辨》谓澜沧江自吐蕃北来，盖与雍州相连。自西北向东南，徘徊云南郡县之间，至交趾入海。今水内皆为汉人，水外皆为夷缅，故禹以之为梁州西界。引《元史》"至元二年（1265），大理国劝农官张立道使交趾，并黑水，跨云南以至其国"为证。夫云南汉人，为庄蹻所殖。其郡县，则秦汉所开。其开辟后于岭南。其与中国之交通，亦难于岭南也。使禹果至其地，则当已知岭南诸水。何为闽粤诸江，未入《禹贡》，反能知澜沧江流入南海耶。

（七）谓潞江为黑水　其说创于清世祖。已详前节。

（八）谓伊拉瓦底江为黑水　《云南志》称伊拉瓦底江为大金沙江，徒见其江面之阔，而不悉其源。但知自西方来。清人张机、黄贞元等，遂指为《禹贡》之黑水。谓大金沙江、澜、潞三水，虽皆入南海，大水远近，则迥不同。大金沙江之水，十倍于澜、潞，其源又较三江最荒远也。此说更无价值，不值一驳。

（九）谓雅鲁藏布江为黑水　为黄懋材之创说。亦与张机、黄贞元说有关。盖黄认雅鲁藏布江下游入槟榔江而称为大金沙江也。

（十）雍州、梁州各有黑水说　近世模棱派地学家，多如是主张。至雍、梁二州之黑水，究各为何水，仍多争执。大抵不出以上诸河，未复析录。

余考《禹贡》黑水，即今金沙江北源，纳木齐图乌兰木伦河（曲玛河）。谓为布垒楚河亦可。禹迹实未曾越大渡河与南岭，详按《禹贡》自明。然在雍州西境，则经历颇广。"导弱水至于合黎，余波入于流沙。"可知其已抵沙漠之缘。"织皮昆仑析支渠搜，西戎即叙。"可知其已至昆仑、析支、渠搜之地。国籍言昆仑者多奇诞，要皆谓其有三峰。（《十洲记》谓三角，《尔雅·释丘》曰三成。）《山海经注》谓"永平间，窦固出敦煌昆仑塞，击破白水卤于蒲类海上"。蒲类海即今之罗布泊，则古昆仑山当在罗布泊东，敦煌附近，约当今世三危山之地。查今世之阿尔金山脉，为昆仑山正干，古之昆仑，当系指此。三危为其支峰，于例得受通称。《禹贡疏》谓昆仑为国名，似《禹贡》之昆仑，原非山名。三危乃山名，在昆仑国内，周秦汉世，始呼为昆仑山也。"析支"亦国名。《后汉书·西羌传》："赐支者，《禹贡》所谓析支也。"汉之"赐支"，为川名，即今黄河上源，积石山以西之部，其地当即《禹贡》之析支国。查黄河自大积石山东南以上，深峡绝壁，亘数百里，今世尚无通道。宜非禹所能行。故禹导河自积石止，而又曾至析支，盖未知析支之水即河源也。郑康成解"析支"为山。疑系指今之巴颜喀喇山。山与析支川（即河源）近，宜可通称析支。自析支川跃巴颜喀喇山，为金沙江北源，即布垒楚河也。其水发源于昆仑山脉之东坡，溯源循昆至三危，为返雍州便道，故曰"至于三危"也。昆仑、析支，既为雍州西境，则金沙江上游，恰是雍州西界。梁、雍之界，在中国境为中条山脉。中条发于巴颜喀喇，故巴颜喀喇之东段，亦为雍、梁分界。布垒楚河初依山脉而东，继别山脉而南，禹即不至梁州西境，亦当知其为梁州西界也。禹迹未逾大渡河，更不曾至康、滇之间，故不知此水为江之上源，徒见其南流不返，遂曰："入于南海。"夫近如光绪之世，好游如黄懋材，亲往印、缅探险后，尚执定雅鲁藏布江为伊拉瓦底江之上源，安能保《禹贡》无误测乎。若必胶执入于南海者求之，则与刻舟求剑何异。盖当时西戎，语言未清，知识未启，禹迹所至，诹译无资，唯见西南诸河，水深岸峡，望之黝然，与东北诸河不同，遂泛称之为黑水。于时人体顽健，舟车粗陋，故能登山而不能渡江海，西南诸水，皆足拒阻禹迹，故《禹贡》所记，西极黑水也。

尝考大禹刊旅雍州路线，似系由河入渭，分溯泾、沕、漆、沮、沣，穷源而上荆、岐，转上南山，西达鸟鼠，观察渭源。故曰："泾属渭沕，漆沮既从，沣水攸同，荆岐既旅，终南惇物，至于鸟鼠。"其曰："导渭自鸟鼠同穴，东汇于沣，又东汇于泾，又东过漆沮，入于河。"皆追忆旧迹，志其水系耳。又自鸟鼠横渡黄河，历张掖、酒泉诸平野，至于猪野。故曰："原隰底绩，至于猪野。"又西逾合黎山，循弱水，阻于沙漠，乃反登三危，抚三苗豪杰。故曰"弱水既西"。（按此句今文列为雍州首句，次序殊乖。疑古文此句在至于猪野与三危既宅之间。）"三危既宅，三苗丕叙。"乃循昆仑山脉，至黑水源，循之下行，转登析支，望其南去。故曰"导黑水于三危，入于南海"。自析支夷境，循析支川（黄河上游）阻于峡，绕积石，再得见河。浮筏入河套而返冀州、河曲。故曰："浮于积石，至于龙门西河，汇渭沕。"河套,即渠搜夷地,禹自三危至此,顺道抚循昆仑、析支、渠搜,与极西织皮之族。故曰:"织皮、昆仑、析支、渠搜,西戎即叙。"自此上研岐导山,嶓冢导水。故《禹贡》叙州,终于雍,而导山水皆始于雍也。至于梁州,则禹北至岷山,抚西倾,西至蔡蒙,底平和夷而已。(岷山,今汶川之九顶山,非羊膊岭也。西倾,部落名,今白水江上游之地,在川甘之间。蔡山,今雅安之周公山,或谓峨眉,非是。蒙山在名山县。和夷即僰人,今宜宾县南方地是。)未尝越大渡河。"华阳黑水",盖想象之边界耳。

西北禹迹图

五、关于大金沙江诸谬说

清收缅甸后,地图中突有大金沙江一名,乃指潞江以西,入缅之大水,对丽江之金沙江而言也。《一统志》与《海国图志》,皆以雅鲁藏布江为大金沙江。其他诸家,多有以伊洛瓦底江或槟榔江为大金沙江者。当时概念,只知印缅间之大水,俱自吐蕃流来。吐蕃与缅甸间,隔有珞瑜"野番",人迹所莫能到,水道遂无由理。光绪以前图志,大都以绰多穆楚河(穆曲)下游连于梅恩开江,以为龙川江(即伊洛瓦底江)之正源。博藏布江(波曲)之下游连于槟榔江,以为单独入海之水。《禹贡锥指》,则以诸水合流入海,称大金沙江。《一统志》则以博藏布江为龙川江之上源,而槟榔江之上游为雅鲁藏布江（与康熙上谕同一主张），以为是大金沙江之干流也。《海国图志》，始从西图，以雅鲁藏布江连于印度之兰蒲达江，下游入于恒河。黄懋材游印缅后，见槟榔江宏阔浩大，深信康熙之说，谓其上游为雅鲁藏布江，反痛驳魏氏之非。斥云："移缅甸之江于东印度，混二水为一水。岂知大金沙江经流阿瓦都城，再南至跋散入海，西去孟加拉之恒河，五六千里，何缘相会。且孟拱孟养西北一带，崇冈叠嶂，连绵千余里，山阴之水，悉汇于蒲兰达江，山阳之水，悉汇于大金沙江，界线分明"云云。聚讼纷纭，率多可笑。近世珞瑜地界，已经英人探检明白，诸水源流系统，一目了然，固毋庸再事争讼辩驳。唯此大金沙江一名词，颠倒中华学者二三百年，究竟有何意义，乃能具此魔力，殊不可解。质言之，中国文人好事而已。好事而不探究实际，但凭獭祭耳食①，管窥臆测，以相争讼，此其所以为书蠹也欤。

六、卫为印度之谬说

傅嵩炑《西康建省记·康藏卫问答篇》，据一经商喇嘛之说，指印度为卫地。近世作者，如胡吉庐之《西康疆域溯古录》，华企云之《西藏问题》，皆深信之。傅氏之书云：

嵩炑于西康，遇喇嘛，问以西藏人情。答曰："藏坝娃狡诈过于康坝娃。"……"卫坝娃更狡"……"贸易五十年矣，是以周知四方人情。"余曰："汝康人乎，藏卫人乎？"喇嘛曰："藏人也，故知藏。昔由打箭炉贩茶入藏，故知康。嗣往亚山贩茶入藏，故知卫。"余曰："亚山在何处？汝往贩茶而知卫人耶？"喇嘛曰："亚山即阿赛密。"余曰："由何路前往？"喇嘛曰："独吉岭。"余曰："独吉岭之外乃印度？"喇嘛曰："然。即卫也。"余曰："康地余已游历，藏卫我尚不知。前藏、后藏之外，即为卫欤？"喇嘛曰："康藏卫者，乃中国自古称番地之名，非番地自有此地名也。"余曰："番地无康藏卫之名，番人何以知康坝娃、藏坝娃耶？"喇嘛曰："乃前人相传，言汉人以丹达山以东为康，丹达山以西为藏，故相称如此。且有遗书。自大番神赞普娶中国大唐皇上之女，文成公主为妻，两家和好。迄后中国恐外人侵略番地，收

---

① 獭祭耳食：獭食，常将所捕之鱼——陈列水边，如陈物而祭，称"獭祭"，故常以"獭祭"比喻罗列故实，堆砌成文。耳食：谓不加审查，轻信传闻。

印度一带以为番之拱卫。故番人知旧书者，皆谓印度为卫，并不知藏与康。惟曰逻些、札什伦布、昌都、滿康而已。"……余曰："汝言印度一带为卫，果有书可考乎？"喇嘛曰："从前达赖喇嘛有书。康熙五十九年（1720），准噶尔泽旺阿拉布坦率兵攻藏，其书遗失。惟工布喇嘛尚存有残书，珍之若宝。"……华人以康藏卫名番地，迄今文献不足，无所考证，遂以捕风掠影之谈，而强断之。谓前藏为危，即曰卫，其误已甚。据喇嘛之言思之，所谓卫者，拱卫藏与康也。于卫字有取义。似此喇嘛，即谓之为康藏卫之文献亦可。"

查明世宗时，第三世达赖喇嘛锁朗嘉穆错，往青海厄鲁特部行教，诫其人盗杀曰："汝辈行为，宜常似在卫与藏熬茶时之纯谨。"（见藏文《锁朗嘉穆错起居注》）乾隆《一统志》，曾将康卫藏四至道里，明白载出，皆唐古特人自所指定。是卫为唐古特之一部，藏人能自知之，何得谓非自有之名乎。"卫"字，元明译作"乌斯"。清康雍两朝译"危"。乾隆以后始作"卫"。英文译作"U"。译无定字，固与字义无涉。况隋时吐蕃已强，早经取得印缅北部之地，后魏名僧法显游抵印度时，已经知之，何待大唐再收此带为番之拱卫乎。当唐太宗遣嫁文成公主时，吐蕃势力正强，亦不待唐为之取地拱卫也。大抵此商未曾习史，亦无学问，不谙藏中掌故，姑为妄言以媚汉官。傅氏又附益其拱卫之说耳。藏中信史，存者尚多，且必工布喇嘛之书为足证乎。

七、西康非古康国

曹树翘《乌斯藏考》云："察木多为古康国。其即乐府中之西域文康也欤。周拾上云乐已称之矣。"查康为周代同姓之国，康叔所封，文武之胙，不应远封绝域。若谓夷国，则一部二十四史，西南夷无称康国者，仅汉代有康居国，《唐书》有康国，皆在葱岭外，去藏甚远，去西康尤远。至乐府中之"文康"，是否为地名国名，尚多疑问，何得遂以察木多为古康国乎。且西康部落，后汉始通中原。当时史家，不能传其江山风俗。至隋唐后，始有记载，亦无康字影迹。即在清初，亦只称巴尔喀木，或喀木，至清末叶，始省称为康，岂得妄指为古康国乎。

按：曹氏全文，成于祭獭。偶有自出主张之处，皆甚荒诞可笑。如云："乌斯藏者，古之姑臧也。乌姑音近。……以乌斯藏为姑臧，岂不典雅乎。"夫姑臧在甘肃正北，乌斯藏在西藏偏南，地距万里，文言数译，岂可混为一地，以博典雅？又云：

"唐僧三藏陈玄奘,游往西国,穷览圣迹。……凡所游历百八十国。大诏寺壁,绘其师徒四众像。对河牛魔山,正月三十日,有打牛魔王之戏。……若三藏实至于斯。有师有徒。不明其妄。"则竟引据俗本《西游记》之说,为三藏别出一解,尤堪捧腹。其文采载《小方壶斋丛钞》。该钞所采,以此文最无价值。

八、打箭炉非古牦牛国

黄懋材《西輶日记》谓打箭炉为古牦牛国地。近人如傅华封、胡吉庐等,莫不遵之。余考元明时,打箭炉仅属小村,宋以前,则荒谷耳,决无建国之理。汉世所云牦牛国,实大渡河谷诸小部夷族之总称,并非国号。牦牛即牦牛。当时汉夷语言不通,但见其地多牦牛,遂呼为牦牛夷耳。诸部原受羁縻于苲国。苲即"筰"字,"筰"字同。于义为溜索桥。《史记》所谓渡索寻橦是也。本非国名,乃大渡河两岸夷人渡河之具。汉人奇其制,而称其人,以名为国。国都在今汉源县境,与邛国比邻,有农业。大渡河谷之北部牧民,畜养牦牛,尚未知耕,常以畜产来此交易,受其役属焉。武帝元鼎六年(前111)灭其国,置沈黎郡。郡界甚晦,大抵包有大渡河谷,北至金川各牧部,即所谓牦牛夷也。于时交通未便,统治艰难,不久废郡,改置牦牛县,并于蜀郡西部,设二都尉理之。"一居牦牛,主徼外,一居青衣,主汉人。"《后汉书》当时所称之西徼,即指今之邛徕山脉,北阻零关(今天全县北之玲珑关),南阻越嶲之孙水(今紫打地之美罗河是也),故曰:"关沫若,徼牂牁,镂零山,梁孙原。"徼内皆汉人,徼外为渡索寻橦①,畜养牦牛之部落。其牦牛县,县治屡迁,久已湮没无考。唯以理度之,必在邛徕山脉之西,大渡河之东,而与零关接近。已非沈黎旧治。大约是今泸定县北境,岩州地方。决非打箭炉。何以知其在邛徕山脉以西?因当时以山脉为汉夷界,山以西地,始便主治徼外也。何以知其未逾大渡河?通观《史记》《两汉》《通典》诸书,言西徼事,未云渡河。即揆汉代官民,亦无术渡此激流以制远夷也。何言接近零关而非沈黎旧治。"后汉安帝元初二年(115),牦牛夷叛攻零关,杀长吏。"(《通典》)足知牦牛去零关甚近。《三国志·张嶷传》亦言当时越嶲入蜀,取道牦牛,入零关,零关去沈黎绝远,故知其然。至于揆其地为岩州,则因此河谷两岸,地皆狭促,唯岩州较宽坦而近零关,且宋元明川茶入藏之路,均经此也。

---

① 渡索寻橦,即溜索。康地东部多有张索于河两岸,上穿竹筒,人附其上过渡。

市镇兴废，今古无恒。考古国者，最忌以今之繁盛地方当之。于边徼犹然。要当考其地形，判其交通变革之序，斟酌时代之宜，以决定之。虽难精确不移，亦可以无大过。如打箭炉者，谓为汉代旄牛夷部之地，尚无不可。若如近世诸书所云："为旄牛国都"，"为汉旄牛县治"，则失之远矣。

九、巴塘非古丁零羌与白狼国

巴塘旧有喇嘛寺曰丁林寺。清末汉人，遂谓其地为汉之丁零羌地。黄懋材《西輶日记》云："或云丁林为古丁零羌之遗种。或云巴塘即白狼王唐菆故地。皆无考。"查汉之丁零羌，在凉州西境，当今青海东部，与巴塘无余。

巴塘为汉白狼国之说，近人无疑之者。傅华封、胡吉庐等主之尤力。其唯一根据，以其音相近耳。不知巴塘番名只称为"巴"，为独音地名。其称巴塘者，清平藏乱后，设粮台塘汛于南路各地，华人不习呼独音地名，称为"巴塘"，亦如邦木塘、阿拉塘之"塘"字，皆追加字，非原名固如此也。白狼与巴，初无近似之音，亦可知也。

查白狼为羌之一种，汉、隋、唐书俱屡见之。试举数条如下：

《隋书·党项传》："党项羌者，三苗之后也。其中有宕昌白狼，皆自称猕猴种。东接临洮、西平，西拒叶护，南北数千里。处山谷间，每姓别为部落，大者五千余骑，小者数千余骑。织牦牛尾及羖羺毛。以为屋，服裘褐，披毡，以为上饰。……牧养牦牛羊猪，以供食，不知稼穑。其俗淫秽，蒸报，于诸夷中最为甚。……"

据此则白狼为党项之一部。其时党项种落分布地，在吐谷浑之南。既东接临洮，西拒叶护，则是巴颜喀拉山脉与黄河间一带地方，恰当西康北境。所记习俗，亦直是一牧民状态。以今日西康地方揆之，凡石渠、德格、俄洛、色达、霍尔、昌泰、理塘一带牧场，皆当与有关系。宕昌在河曲之部，前人已经考定。唯白狼无考。理想度之，必在康境，即为党项极南之部，不出俄洛、德格、理塘之间。绝与巴塘无涉。因隋代巴塘为附国，已有的考，且亦非牧国也。

《隋书·附国传》："……西有女国。其东北连山，绵亘数千里，接于党项，往往有羌。大小、左封、昔卫、葛延、白狗、向人、望族、林台、春桑、利豆、迷桑、婢药、大硖、白兰、北利、摸徒、那鄂、当迷、渠步、桑悟、千碉并在深山穷谷，无大君长,其风俗略同于党项,或役属吐谷浑或附附国。"

隋之附国,即今巴塘地。女国当今昌都地。其东北之其字,在未有标准明白之汉文,可指附国,亦可指女国,若系指附国,则所谓大小、左封等20余部,当为今理化(理塘)德格之地。若系指女国,则其地当在党项之西,吐谷浑之西南,附国之西北,恰当今宁番四十七族之地。总之,是西康北部之草原地带也。当时吐蕃未强,故此带尤为独立部落。吐蕃强盛后,吐谷浑、党项、女国皆被逼内徙。此等部落,当然为所服役,故其名不复见于唐后史籍。唯白兰、白狗之名《唐书》犹见。疑其地必在最东部,故能后亡也。以此,推定白兰、白狗,皆在巴塘(附国)之北,巴颜喀喇山之南(党项之南),昌都东北(女国东北),即是今德格地。白兰、白狼,一音之异写耳。

《新唐书·东女国传》,谓其国境"东南属雅州罗女蛮白狼夷"。

据此,则白狼在雅州与昌都之间。理塘、昌泰一带,足以当之。

又据《后汉书》记白狼槃木王唐菆奉贡,表率100余国。其后白狼楼薄王唐缯内属,率种70万户口。可知白狼并非一国之名,实为多数部落之冠称。譬如霍尔有7部,瓦述有10余部,瞻对有6部,鲁密有20部,远人但称之曰"霍尔",曰"瓦述",曰"瞻对",曰"鲁密",不细分也。

据以上各条,可以判定白狼为羌族之别种。其地在巴颜喀拉山脉之南,雅州之西,昌都之东,巴塘之东北,即今德格、理化(理塘)间之大牧场地带。其人属羌种。每姓别为部落,多者不过5000余骑,皆号白狼。又复自有种号。后汉时之白狼槃木、白狼楼薄,为其尤著名者。至汉以后,种渐分化。至唐,为吐蕃所灭。巴塘为隋唐之附国,与白狼同时为吐蕃所灭。两者一农一牧,始终未相隶属,更不得为一地也。

十、折多非云鬼多气喘非因大黄

姚莹《康輶纪行》,记折多山云:"番人谓鬼为'折',此山多鬼,故名。"胡吉庐《溯古录》:"折多,犹云鬼多也。"折多应作何解,已详《山脉章》。番语云"折",虽可解作"鬼","多"则不解为"多",世安有主词为番语,而状词为汉文之地名乎。怪姚、胡二氏,何以未念及此。

盛绳祖《卫藏图识》云:"折多过山。山虽长,不甚峻,产大黄,药气熏蒸,过者多气喘。"王世睿《进藏纪程》云:"俗乎为药山,人畜至此皆气喘,不堪捷步,须口含阳起石，粉草，或广槟榔解之。"此说深入人心，实非物理。西康高地，因空气薄，气压小，故行者气喘，体内氧气供给不足故也。与大黄药气无关。善夫《康輶纪行》驳之云："以余所经，不独折多为然，理塘尤甚。盖自折多至巴塘乃止。良由水性寒重，使人气下之故，非关大黄。"姚氏不知空气氧气之用，但以水性寒重解之，虽不入理，犹胜妄解。

十一、西人谬说

索伦者，满洲犷勇之民族也。清朝募以为兵，征讨各方，所到有功。平藏与征服廓尔喀，皆曾用之。清高宗《平廓尔喀碑》竖在西藏布达拉寺下，中有"福康安等，深感朕意，弗辞劳苦，于去岁冬月，即率索伦、四川降番等精兵，次第由西宁冒雪而进"等语。英人查理贝尔在拉萨日，尝转译为英文，附录于所著之《西藏今昔》卷后。彼译"索伦"为 Solon，并为之注云。"上部土伯特甲龙部（Gyarong）之一地。1863 年并入中国，故征服廓尔喀之军队中，有西藏人甚明"云云。查"甲龙"为甘肃、青海、四川间番族住地，素隶中国。并非 1863 年所征服。其处亦无称为 Solon 之地。唯西康中部，雅龙、金沙二谷之间，理塘北部，为唆啰旧境，旧译"素龙"，亦译"沙鲁里"，音与此近。但其地去甲龙甚远。贝尔是否误引"素龙"，误注"甲龙"，殊难断定。总之，贝尔之书，切欲磨灭中国施于西藏之恩惠，借为摆脱中国宗主权之口舌。竟至于强称满洲之索伦兵为西藏之土兵，可谓荒谬之至也。

其他西人谬说，与地名解释无关者，不录。

十二、昌都炉霍名义辨

昌都县，番名"羌木多"（ཆབ་མདོ་）。英文译 Chamdo。"木"字当 m，音微，故促读为"昌都"。"羌"即羌塘之义，"多"作两水汇合处解，谓其地当杂曲、昂曲汇流处。二水皆自荒漠旷野中流来，番人解荒野为"羌塘"，故称此地为羌木多也。《四川通志》乃谓其"左水为昌河，右水为都河，故曰昌都。"是盖微解藏语"多"字之义，而不解"羌木"全义者所发之谬说也。

民国十八年（1929），余在炉霍。炉霍汉人，解释其地名者，亦指鲜曲为炉河，尼曲为霍河，谓县城当两城之会，故曰炉霍。此与《四川通志》之释昌都，如出一辙。余曾虚心考查，鲜、尼二河曾否有近似炉霍二音之土名，历久无所获。后查炉霍建置历史，始知其为纯粹之汉名。"霍"谓霍尔，"炉"谓西炉。同治中，设炉霍屯，原隶属打箭炉厅，而辖霍尔诸部，故命名炉霍。土人则至今称其地为"章谷"也。

附录：西康三十六县名义

兹将西康三十六县名义，逐一解释，以结本篇。

康定（Kamting）（Dar-mdo）[①]　番名"打折多"，旧译"打箭炉"。宣统三年（1911）改流时，西康已全部略定，赵尔丰请设府治于此，取名康定，以矜其功。其地实属西炉非康地也。（参看境域篇《西炉与西康》节）

泸定（Louting）（Lcags-zam-kha）　番名阿龙。康熙四十三年（1704）建桥于此。于时误认大渡河为泸水，故名泸定桥。设巡检治之。改流之役，因以为县，仍其旧称。

丹巴（Dampa）（Rong-brag）　番名"鲁密""章谷"。乾隆平定金川，设章谷屯于此。改流时，设章谷设治委员，民国元年（1912）置县，划定县境，包括丹东、巴底、巴旺三土司，与明正土司属鲁密二十四村，及旧屯地，命名丹巴，集三土司属之首字也。（"丹东"通作"单东"）

九龙（Chiulung）（Brgyad-zil）　番名"奇卜龙"。民国九年（1920）设县，叶音为九龙。汉人土名为"大堡子"，谓其有碉寨也。有指为即硕督县者，大谬。

安良（A-Nyang）　番名"阿娘坝"。叶前二音。置县未成。

道孚（Tao Fou）（Rtavu）　番名"道坞"，清末改流仍之。民国改道孚县，仍叶原音。另有土名"锐失里"（Resene），不甚通行。

炉霍（Louho）（Brag-vgo）　详前节。

甘孜（Kandze）（Dkar-mdzes）　番语原名"甘孜"。麻书、孔撒两土司俱驻牧于此。清同治中，设麻书汛，但汉番仍呼甘孜。清末改流，复其名。

德格（Dege）（Sde-dge）　番名"更靖"，属德格土司，故曰"德格更靖"。土司亦驻于此。清末改流，置德化州。民国改德格县。俱缘德格土司慕化为义。

邓科（Dengko）（Vdan-khog）　番名"朱玛哈坎"（Droma Hlakang），又名

[①] 为排版方便，藏文用转写。

"丁科"，在春科寺对岸。清末改流，置登科府。民国，改邓柯。旋为邓科县。

石渠（Shihchu）（Ser-shul）　番名"色许寺"（Seshu Gomba），又名"杂渠卡"。清末改流，置石渠县，谐色许音，用"杂渠卡"之一字。

同普（Tungpu）（Vjo-mdav）　番名"朗松"，犹言天气佳也。清末改流，置同普县。县治原在卡工附近，其小地名唐普 thang-phu 音类同普，故名。

白玉（Pelyul）（Vbal-yul）　番名"白瑜"。改流时叶其音为白玉。

巴安（Ba Ngan）（Vbav-thang）　番名"巴"。清设巴塘粮台。改流之役，置巴安府，谓巴区从此安定，既不失原音义，又恰合地区范围，为西康各县县命名中之最佳者。

义敦（Liedeng or Sangba）（Rta-sho）　番名"立登三巴"。清末改流，设三坝厅。民国改义敦县。均叶土音之一部。

理化（Li Fiwa）（Li-thang）　番名"理塘"（Li tang）。清末，继巴塘改流，设理化厅，意谓理塘亦慕化改流也。至今番藏英法人士，仍称理塘，称理化者甚鲜。

瞻化（Tchan Fiwa）（Nyag-rong）　番名"雅龙"。清初收抚西炉时，称为"瞻对"未解何义，疑是土名译音未正也。清末改流，称怀柔县，为纯粹之汉名。民国二年（1913），以其与腹县同名，改称瞻化。义与理化同。

雅江（Ya chiang）（Nyag-chu）　番名"雅曲"卡。雍正中，清军西征，设三渡于雅龙江，此为中渡，设中渡汛。清末改流，设河口县于此。于时自泸定桥至巴塘，仅此一渡，故曰"河口"。民国避同名，改雅江县，以其在雅龙江岸也。

稻城（Tao Chang）（Vdab-pa）　番名"道坝"（Vdab pa）（稻坝）。清末改流，同时兴办农垦，为此名，所以预祝其成功也。

定乡（Ting Hsiang）（phyag-phreng）　番名乡靖（Hsiang Cheen），由喇嘛寺得名。靖字解详前。汉人以其寺碉坚固，译为乡城。改流之役，用兵最久，乱定设县，故名定乡。

得荣（Derong）（Sde-rong）　番名"德龙"，泛指巴龙达河谷下游之部。亦译"得绒"，荣、绒音近。（川人读荣如云，则音不合。应读如容。）故改流后，称得荣县。取其义吉祥也，治所，土名"索美"（Choume）。

盐井（Yen Ching）（Tshawa-kha）　番名"擦卡龙"，"擦"盐也。"卡龙"，河谷渡头也。其地江岸涌泉，煮盐成市，故名。清末改流，置盐井县。其实非井，改"涌盐"或"盐泉"则合也。

武成　番名"三岩"（sa-ngan），号称"野番"。清末，赵尔丰经边，征服此部较后，因置县曰"武成"，用《尚书》成语，示西康大定也。西籍仍称"三岩"（Sangan）。

宁静（Ning Ching）（Smar-khams）　番名"麻康""噶拖克"。"麻康"，部名。"噶拖克"，示其首长所在。清初称其地为江卡，盖"噶拖克"（Sgar thog）之谬译也。其地水不无渡，江卡字义，实不相称。改流时，仍称"江卡"。民国初，以宁静山在其境内，改称宁静县。①

贡县（Kung hsen）（Go-Vjo）　番名"官角宗"。改流时称"贡觉"。民国去觉字，为贡县。

察雅（Chaya）（Brag-g·yab）　番名"乍丫楷敦""乍丫""擦雅"，同音，为部名。"楷敦"地名。有喇嘛寺，清初称察雅庙。乾嘉以来，称乍丫。改流初，设乍丫理事官。其后依《清会典》改称察雅县。

昌都（Chandou）（Chab-mdo）　解详前节。

恩达（Enta）（Lnga-mdav）　番名"恩达"。清初设塘拨于此，称恩达塘。民元，尹昌衡西征，兵力达此而止，因设县以御藏军。以旧名具绥抚之意，仍之。

科麦（Kome）（Gsang-sngags-chos）　番名"桑昂曲宗"，一作"桑阿曲"宗，寺名也。其寺驻僧官，统辖杂瑜、冷卡、察哇龙、门空等地。清末，边军西征，逐其官，设桑昂设治员。内府改其名为科麦县②。边区上粮曰"升科"，谓此地高寒无稻，科粮唯麦也。

察隅（Dzayul）（Rdza-yul）　番名"杂瑜"，一作"咱义"，为隶桑昂营官之小区域。清末，边军收复其地，置察隅县③，叶杂瑜音，兼含"察木多""察哇龙"边隅之意。于时进军，系自察木多，经察哇龙以入也。

九集　民国二年（1913），藏军进犯，陷桑昂、杂瑜。边军亦进收类乌齐、三十九族之地，增一县治于类乌齐。初拟名"类集"县，后改"九集"县。九指三十九族言。未及报部而陷。

硕督　番名"硕般多"（Sho pa mdo）。民元尹昌衡西征，拟以兵力直达藏境，而划界于江达，预拟设县于此，称为硕督。昌衡字硕权，时为四川都督。外为叶音，内实自耀。

嘉黎　番名"拉里"（Lha ri）。以其地在鲁共拉与濯拉二山道之间也。清设粮台

---

① 今芒康县。
② 今西藏察隅县。
③ 今西藏察隅县。

于此，仍其故称。尹督西征，请置嘉黎府于此。叶音不正，实取嘉惠边黎之意。

太昭　番名"工部绛达"（Kong-po-rgya-mdav）。旧译"江达"。尹督拟与藏人划界于此，预请置太昭县。渠号"太昭"，故以自矜炫也。九集以下，置县均未完成，西人无称之者，故未著西名。

地文篇后记

前年夏,《民俗篇》竟业。续撰本篇未半,值成都巷战,寓室落弹如雨。避地返里,遂从张表方师为南中国之游。去岁返川,川局已剧变矣。渝城寄食,不克再返成都,赓续前事。既而就重庆大学聘,得赁屋作久居计,始自成都运来图籍稿本,续事撰述。今年夏,本篇稿就,绘图又历三个月久,始得寄京。每念全书共11篇,材料久集,腹稿夙成,徒以人事缠扰,未能写定。体衰力敝,渐不从心。而绘图作画,又必须手自操作。是非闭户一年,不克成业也。适值重大农院改组,因辞职谢客,专力此务。纸墨未伸,江安之命①复至。固辞未获,乃以图稿自随。今后幸无大故,其能按期蒇事矣欤。

民国二十三年(1934)八月十日
南充任筱庄记

---

① 作者时被任命为四川江安省三中校长。